A PARTICIPAÇÃO SOCIAL
NAS SOCIEDADES COMERCIAIS

PEDRO PAIS DE VASCONCELOS
Professor da Faculdade de Direito de Lisboa

A PARTICIPAÇÃO SOCIAL NAS SOCIEDADES COMERCIAIS

2.ª EDIÇÃO

Reimpressão da 2.ª edição de Setembro de 2006

A PARTICIPAÇÃO SOCIAL
NAS SOCIEDADES COMERCIAIS

AUTOR
PEDRO PAIS DE VASCONCELOS

EDITOR
EDIÇÕES ALMEDINA, SA
Rua Fernandes Tomás, 76-80
3000-167 Coimbra
Tel.: 239 851 904
Fax: 239 851 901
www.almedina.net
editora@almedina.net

PRÉ-IMPRESSÃO
G.C. – GRÁFICA DE COIMBRA, LDA

IMPRESSÃO E ACABAMENTO
DPS - DIGITAL PRINTING SERVICES, LDA.

Abril, 2014

DEPÓSITO LEGAL
249016/06

Os dados e as opiniões inseridos na presente publicação
são da exclusiva responsabilidade do(s) seu(s) autor(es).

Toda a reprodução desta obra, por fotocópia ou outro qualquer processo,
sem prévia autorização escrita do Editor,
é ilícita e passível de procedimento judicial contra o infractor.

INTRODUÇÃO

1. Objecto da investigação

Este livro tem como conteúdo uma investigação sobre a participação do sócio na sociedade comercial. Mas o que é a participação social, como se pode pensá-la, compreendê-la, trabalhá-la na Ciência do Direito, concretizá-la na *Prudentia Juris*, explicitá-la na comunidade jurídica, ensiná-la na Academia? O que é esse *ente* que é a participação social?

Vale a pena recorrer a S. Tomás[1]:

Deve portanto saber-se, como diz o Filósofo no V livro da Metafísica, que em sentido estrito o ente é afirmado de dois modos: do primeiro modo, é c que se divide pelas dez categorias; do segundo, o que significa a verdade das proposições.

A diferença entre estes dois modos está em que, no segundo, pode chamar-se ente a tudo aquilo de que é possível formar uma proposição afirmativa, mesmo no caso de isso não corresponder a nada na realidade. É neste sentido que as privações e as negações são designadas como entes. Na verdade, dizemos que a afirmação é o contrário da negação ou que a cegueira é na vista.

Mas no primeiro modo não pode chamar-se ente senão quando corresponde a algo de real. Por isso, no primeiro modo, a cegueira e coisas semelhantes não são entes. Em consequência, não tomamos a designação de essência a partir de ente afirmando do segundo modo, uma vez que nele se chamam

---

[1] TOMÁS DE AQUINO, *O Ente e a Essência*, Edições Contraponto, Porto, 1995, Cap. I, pág. 71.

entes a certas coisas que não têm essência, conforme se vê nas privações, mas tomamos essência a partir do ente no primeiro modo. Por esta razão, o Comentador declara nessa mesma passagem que o ente afirmado no primeiro modo é o que significa a essência de uma coisa.

É, pois, imprescindível perguntar pelo ser, como objecto; pelo seu sentido, como perspectiva adequada à tematização desse objecto e horizonte necessário à sua elaboração; e pela sua determinação, como explicitação da constelação de acepções em que se desdobra o seu sentido[2].

Como o ornitorrinco de ECO[3], a participação social tem características que são próprias de outras realidades, que costumam ser dicotomizadas, e a nenhuma das quais se consegue perfeitamente reconduzir. O que bem se compreende, se se recordar que as sociedades comerciais são relativamente recentes na história milenar dos conceitos do direito privado e que a participação social é algo de muito mais novo do que o *instrumentarium* conceptual a que se pretende usualmente referi-la. Pedindo emprestadas palavras de ECO[4], *o juízo é a faculdade de pensar o particular como conteúdo do geral, e se já se deu o geral (a regra, a lei), o juízo é determinante. Mas se se deu só o particular e se deve achar o geral, o juízo é então reflexionante.*

Pensar a participação social enfrenta o problema de colocar algo – a participação social – perante conceitos jurídicos que têm sido cientificamente referidos a outras realidades que, sem serem completamente diferentes, o são todavia suficientemente para suscitar dificuldades[5].

Tal obriga, por um lado, a partir do particular para o geral, isto é, dos principais aspectos do regime jurídico do sócio na sociedade,

---

[2] MAFALDA FARIA BLANC, *Estudos sobre o Ser*, Gulbenkian, Lisboa, 1998, pág. 15.

[3] UMBERTO ECO, *Kant e o Ornitorrinco*, Difel, Algés, 1999, págs. 95 e segs..

[4] UMBERTO ECO, *Kant e o Ornitorrinco*, cit., pág. 96.

[5] MÜLLER-ERZBACH, *Das private Recht der Mitgliedschaft als Prüfstein eines kausalen Rechtsdenkens*, Hermann Böhlhaus Nachfolger, Weimar, 1948, pág. 18.

para uma qualificação; e por outro, a repensar alguns dos principais conceitos jurídicos operativos, como o de direito subjectivo e de *status*, de modo a torná-los efectivamente úteis, num *juízo reflexionante*, para se conseguir *achar o geral*.

O objecto desta investigação é, pois, a participação social, no seu modo multímodo de ser do sócio, no seio da sociedade (posição, *status*), como a sua posição perante a sociedade (relação), como aproveitamento da utilidade económica do seu investimento na sociedade (direito subjectivo), e como seu quinhão na sociedade (objecto, parte social). Todos estes são modos de ser do sócio, são modalidades de existência que integram e se integram num mesmo e complexo ente jurídico.

2. *Iter* da investigação

I. Do que ficou exposto decorre a opção por um método indutivo. Não se parte de uma pré-assumida natureza jurídica da participação social, mas antes dos particulares aspectos do regime jurídico dos sócios nas sociedades comerciais.

II. A primeira tarefa desta investigação consiste num exercício tipológico sobre as sociedades comerciais. Usamos aqui o plural, em vez do singular, porque no nosso entender o conceito geral abstracto unificado de sociedade existe apenas no pensamento, mas não na realidade, corresponde ao segundo sentido de ente a que se refere S. TOMÁS no excerto atrás transcrito, existe apenas como realidade pensável, construída indutivamente, como um género ao qual, num modo de pensar subsuntivo, seriam reconduzidas todas as espécies e casos individuais de sociedades, através da adição ou do reconhecimento de notas específicas, de especificidades, que as distinguiriam umas das outras. Este conceito matriz que, no direito português, costuma ser sedeado na definição de contrato de sociedade escrita na artigo 980.° do Código Civil, deve, em nosso entender, ser reconduzido àquilo que é: o conceito de sociedade civil simples.

Este conceito de sociedade civil simples não serve para as sociedades comerciais. É demasiadamente restrito. Não consegue englobar as sociedades unipessoais, as sociedades não lucrativas e as sociedades de simples fruição. Também o exercício em comum, não existe em todas as sociedades comercais: é típico nas sociedades em nome colectivo, é vulgar nas pequenas sociedades por quotas e até em algumas pequenas sociedades anónimas, mas não existe, a não ser simbolicamente, nas grandes sociedades anónimas, principalmente nas sociedades abertas.

Em vez de um conceito geral abstracto de sociedade a que devam ser subsumidas todas as sociedades comerciais, existe, em nossa opinião, uma pluralidade de tipos societários. Há tipos legais – sociedade em nome colectivo, sociedade por quotas, sociedade anónima e sociedade em comandita, simples e por acções – e há tipos sociais de sociedades – de pequeno comércio (familiar ou não), de sociedades instrumentais, de sociedades *offshore*, etc. – que se vão construindo na prática.

Para além dos tipos – legais e sociais – de sociedades comerciais, há uma multidão de casos concretos de sociedades, diferentes umas das outras.

A atracção conceptualista pelo conceito geral de sociedade, arrastou consigo a construção de um conceito geral de participação social, comum a todos os tipos e a todos os casos de sociedades comerciais. Este conceito geral de participação social não passa de uma abstracção sem correspondência na realidade.

III. Após o discernimento dos tipos, legais e sociais, das sociedades comerciais, passamos ao regime jurídico dos sócios.

De acordo com a tradição, apreciamos, em separado, aquilo que se costuma chamar *os direitos e obrigações dos sócios*. Primeiro são analisadas as situações activas dos sócios, tal como tratadas na lei e como vigentes na prática. Preferimos referi-las como *poderes* em vez de *direitos* dos sócios. Nem todos os poderes são direitos subjectivos autónomos: geralmente cada um dos chamados direitos dos sócios mais não é do que um poder instrumental, de um direito global do sócio – o direito social. Estes poderes são, na realidade, a disponibilidade de meios posta ao alcance do sócio, para assegurar e realizar, com êxito, a utilidade económica que pretende obter da sua participação na sociedade.

Também preferimos a expressão *deveres* a *obrigações* dos sócios, para exprimir as situações passivas em que ficam vinculados pela sua qualidade de sócios, porque nem sempre se trata propriamente de obrigações, embora muitas vezes assim aconteça. Não obstante, cedemos à tradição, sempre que for preciso ou sempre que for mais eficiente, usar as expressões *direitos dos sócios* ou *obrigações dos sócios*. A ciência exige um mínimo de uniformidade, de consenso e de estabilidade na designação verbal das coisas, sem os quais o diálogo se torna muito difícil. Na componente passiva da participação social não nos limitamos às vinculações legais do modo como são estruturadas no texto legal. É importante ter em conta os tipos sociais de vinculações, firmados como tipos de frequência – poderiamos chamar-lhes os usos da vida – que não deixam de exercer uma influência relevante na vida jurídica das sociedades comerciais. Em particular, no que concerne aos deveres de lealdade, ensaiamos uma série tipológica de tipos de comportamentos desleais, ou, mais exactamente, de tipos de sócios desleais, que a experiência da vida societária tem construído. Como tipos de frequência, são fragmentários e meramente exemplares.

No tratamento dos poderes e vinculações dos sócios, distinguimos os diversos regimes dos diferentes tipos, tentando discernir o sentido das diferenças. Há sociedades diferentíssimas, quer em tipo legal, quer em tipo social, quer em concreto, em relação às quais seria gravemente inadequado, desrazoável e até injusto, um tratamento unitário.

IV. O terceiro passo da investigação assenta na explicitação do conteúdo e do objecto da participação social.

O conteúdo, de acordo com a metodologia que adoptamos já em outras obras, engloba os chamados direitos e obrigações, os poderes e vinculações dos sócios. A sua descrição já foi feita e, por isso, resta apenas explicitá-los e classificá-los, de acordo com a tradição, em patrimoniais e administrativos, em distinguir os que têm eficácia real, obrigacional e potestativa, em discriminar os deveres de acção dos deveres de abstenção. É matéria técnico-jurídica e classificatória.

Cabe depois abordar o objecto. A doutrina alemã raramente distingue e usa o mesmo substantivo – *Mitgliedschaft* – para referir a participação social e o seu objecto. Embora nesse espaço jurídico-cultural o hábito esteja estabelecido e não suscite dificuldade, esta prática não deixa de ser equívoca. Por isto, importa distinguir e clarificar que o objecto da participação social não é a própria participação social: é a *parte social*. A parte social é aquele quinhão que o sócio tem na sociedade, com que participa nela e que determina o seu poder de voto, a sua participação nos resultados, até a intensidade do seu interesse.

A parte social é de diversa natureza consoante o tipo legal da sociedade. A parte social na sociedade em nome colectivo ou na comandita simples, é muito diferente da quota e da acção. Há uma escala de objectivação progressiva, desde uma posição contratual até um título de crédito ou um valor mobiliário. Seja qual for o tipo, é interessante investigar o seu modo de titularidade pelo sócio, seja ela individual, contitularidade, comunhão conjugal, usufruto, penhor, e também a sua aquisição e a sua disposição.

O estudo da parte social como objecto de direito é produtivo para a conclusão sobre a natureza jurídica da participação social.

V. Finalmente, cabe abordar a natureza jurídica da participação social. É este o objectivo principal da investigação. As partes anteriores foram funcionalmente orientadas a suportar esta útima.

Ao contrário do que sucede em textos técnicos, nos trabalhos de investição, a natureza jurídica nunca deve ser ponto de partida: é ponto de chegada. Também neste trabalho assim sucede.

Mas, sobre a natureza jurídica da participação social existe muito desentendimento, mais até, talvez, do que controvérsia. Os autores entendem-na diversamente e as sua divergências são sobretudo consequência dos modos desiguais como assumem o Direito e os seus principais operadores. Por isso, torna-se necessário começar esta parte por uma apreciação dos vários modos como é compreendida.

Em primeiro lugar, há quem assuma os *direitos e obrigações* dos sócios atomisticamente, sem unidade, cada um de per si, como se tratando de direitos subjectivos e obrigações autónomas, decorrentes da lei e dos estatutos. É um modo de pensar muito característico do século XIX, do início do movimento da codificação do direito comercial, do positivismo legalista, da escola francesa da exegese, embora não se encerre nestes parâmetros e ainda hoje seja corrente, principalmente no foro. Mais hodierna é uma concepção mais unitária que engloba numa unidade, mais tensa ou mais difusa, a participação social. O grau de unidade é variado, desde a concepção do estatuto do sócio na sociedade como um *conjunto de direitos e obrigações*, até a um único direito subjectivo complexo – o *direito social*.

Em segundo lugar, cabe apreciar a concepção da participação como uma relação jurídica. Este modo de pensar é natural num ambiente juscultural que continua poderosamente influenciado pela metodologia pandectista e pela escola savignyana da relação jurídica. A transição da escola francesa – da revolução francesa e do napoleonismo – dos direitos subjectivos, como cerne e matriz da ordem jurídica, para a escola alemã das pandectas, do conceptualismo, para a relação jurídica, é histórica, filosófica e política. Trata-se de uma mudança profunda de referencial em que o direito subjectivo deixa de ser o ponto de ancoragem do sistema jurídico: esse papel passa a ser protagonizado pela relação jurídica, em cujo âmbito, num plano já secundário, o direito subjectivo desempenha um papel auxiliar.

Para além da relação jurídica, a participação social é também compreendida como posição jurídica: como posição jurídica do sócio na sociedade, perante a sociedade, na relação jurídica societária. O entendimento da participação social como posição jurídica não desmente as demais. É-lhes complementar mas não as afasta. É compatível com elas, mas representa, em nossa opinião, um progresso metódico em relação a ambas. É mais plástica e permite melhor centrar no sócio e na sociedade, naquele sócio e naquela sociedade, a compreensão da participação social e, embora com perda de generalidade, permite uma concretização mais próxima do caso.

O próximo passo é naturalmente o direito subjectivo. No singular. Já não a pluralidade dos direitos subjectivos autónomos uns dos outros, mas antes o direito subjectivo singular, global e complexo. Neste modo de pensar, o sócio é titular de um só direito subjectivo – o direito social – que engloba na sua complexidade e elasticidade toda a posição activa do sócio e até, com função e natureza ancilar, a sua componente passiva.

Neste momento torna-se imprescindível assentar ideias sobre o que se entende por direito subjectivo. As divergências de concepção sobre o direito subjectivo são profundíssimas. É preciso revisitar o direito subjectivo.

Como ponto de partida, afastámo-nos da tradicional referência a SAVIGNY e WINSCHEID, ao século XIX alemão. Em nossa opinião, o direito subjectivo tem a sua raiz no nominalismo occamiano e, mais concretamente, na querela sobre a pobreza evangélica, que antagonizou o papado com a ordem franciscana, numa polémica dura, entre João XXII e GUILHERME DE OCCAM, e que veio a ter consequências importantíssimas no futuro do pensamento europeu, nos domínios religioso, político e, inevitavelmente, jurídico. Dedicamos algumas páginas e alguma atenção ao texto que materializa o cerne desta querela – o *Opus nonaginta dierum* de Occam – e ao modo como dela nasceu um novo modo de entender o direito, já não objectivamente como a *ipsa res justa*, como *suum*, mas subjectivamente como *moralis facultas*, como *potestas*, como *meum*. Esta mudança de perspectiva entre o direito entendido como uma ordem objectiva do ser e do dever ser, que é uma ordem de dever, por um lado, e, por outro, o livre arbítrio, a liberdade originária, a faculdade moral, o poder individual, subjectivo, de afirmação pessoal, é de tal modo radical, que dilacerou a Europa e a própria Cristandade. Na visão occamiana, o que caracteriza o direito – aquilo que séculos mais tarde veio a ser designado como direito subjectivo – é o poder de reivindicar em juízo, contra os outros e contra o Estado, de exigir o respeito, de lutar pelo que é próprio, pelo que é meu. A ordem jurídica passou, a partir daqui, e até ao regresso do objectivismo nos séculos XIX e XX, a assentar sobre a pedra angular do direito subjectivo, da liberdade pessoal.

Mas as concepções objectiva e subjectiva mantiveram-se coexistentes, embora divergentes. Do subjectivismo veio a concepção do direito subjectivo como poder, primeiro como poder de liberdade, depois como poder de vontade; do objectivismo, o entendimento do direito subjectivo como afectação, pela ordem jurídica objectiva – ou seja, pelo Estado – de meios ou de poderes à tutela de interesses ou à realização de fins. Ainda hoje, não há consenso nesta matéria. Pensamos que nunca virá a haver. Não se trata de um detalhe de definição, é a velha querela dos universais que continuará a assombrar o pensamento de matriz europeia.

Sem tentar resolver a questão ou demonstrar que uma das visões que a integram está certa e a outra errada, o que não tem sentido, importa viver com ela. A fortíssima carga ética, ontológica, ideológica e política que trazia consigo está, hoje, praticamente neutralizada. Importa compatibilizar posições, mais do que harmonizar.

O surgimento do direito subjectivo na Idade Moderna tinha afastado o *status* como uma relíquia do pensamento jurídico-político medieval. Mas o *ancién régime* não tinha acabado de um dia para o outro, nem nos territórios nem nos espíritos. O *status*, como posição da pessoa na sociedade, na comunidade, constituinte de privilégios e vínculos, tinha sido o principal operador da subjectividade no direito feudal. A Idade Moderna, a Revolução, e o Liberalismo tinham-no substituído pela igualdade, pelos direitos fundamentais, pelo contratualismo e pelo direito subjectivo. Mas o *status* manteve-se, e voltou a manifestar-se com GEORG JELLINECK. Os autoritarismos da primeira metade do século XX recuperaram-no, na versão larenziana de *Gliedstellung*, ou na versão ascarelliana de *status*. Esta última logrou alcançar uma inegável influência no Brasil (onde ASCARELLI se exilou) e em Portugal, embora na Itália seja menos frequente. É banal encontrar, em autores portugueses e brasileiros a participação social qualificada como *status socii*.

A concepção do *status* como posição pessoal perante a comunidade é adaptada por ASCARELLI à posição do sócio na sociedade e perante a sociedade. Vários autores objectam que esta adaptação é heterodoxa, e ASCARELLI concorda, mas aceita-a como uma concepção *técnica*. O *status* pode e deve manter-se, na actualidade, com um novo sentido. Ele é, hoje, particularmente hábil para estruturar regimes jurídicos especiais de protecção, como por exemplo, o de consumidor, de deficiente, de mãe solteira ou de refugiado, além de continur a ser próprio para protagonizar funções sociais, como por exemplo, a de juiz, de militar, de diplomata, de sacerdote, de titular de órgãos políticos ou do Estado. O *status* não é um operador jurídico defunto. Importa contar com ele na qualificação da natureza jurídica da participação social como o estatuto do sócio, principalmente nas sociedades abertas, como o estatuto do investidor.

VII. Percorrido este caminho chegamos a conclusões. Não concluimos por uma qualificação em detrimento de outras. Como na doutrina alemã mais significativa, combinamos modos de ver, de entender e de qualificar a participação social. São compatíveis e têm a sua parcela de verdade. Assim como a Lua não pode ser vista numa só perspectiva, também a apreensão da natureza jurídica da participação social convoca mais de um operador, e uma perspectiva plural e integrada.

Com este trabalho pretendemos – esperamos – contribuir para uma melhor compreensão jurídica da participação social nas sociedades comerciais.

CAPÍTULO I
Os tipos de sociedades comerciais

3. O conceito geral de sociedade

I. A generalidade da doutrina portuguesa entende a definição de sociedade constante do artigo 980.° do Código Civil como o género do qual as sociedades comerciais constituem uma espécie: o conceito geral de sociedade. Já defendemos que a sociedade civil simples, tipificada nos artigos 980.° e seguintes do Código Civil não corresponde ao conceito geral abstracto de sociedade ao qual se subsumiriam as sociedades em nome colectivo, por quotas, anónimas e em comandita, e que a definição contida no próprio artigo 980.° do Código Civil é privativa desse mesmo tipo e não se adequa nem aplica aos demais tipos. O que está nos artigos 980.° e seguintes do Código Civil não é a *sociedade em geral*, é apenas a sociedade civil simples[6]. Mantemos esta opinião.

II. No direito português, a construção do conceito geral de sociedade surge pela primeira vez no artigo XLIV do título IV das Ordenações Filipinas, onde se lê que *contrato de companhia é o que duas pessoas ou mais fazem entre si, ajuntando todos os seus bens ou parte deles, para melhor negócio e maior ganho.* Esta definição filipina descende directamente da *societas* romana e dela recolhe a generalidade dos traços, incluindo a distinção entre a *societas omnia bonorum*, na referência a

---

[6] PAIS DE VASCONCELOS, *Contratos Atípicos*, Almedina, Coimbra, 1995, págs. 65-70, 92, 175.

16 *A Participação Social nas Sociedades Comerciais*

todos os seus bens (sociedade universal), e a *societas unius rei*, quando menciona *parte deles* (sociedade particular)[7].

No início do século XIX, JOSÉ DA SILVA LISBOA[8] define sociedade como *um contrato, pelo qual duas, ou mais pessoas se ajustam por palavra, ou escrito, a entrar em comunicação de todos os seus bens, ou de uma parte deles, ou de algum particular negócio, e tráfico; a fim de participarem do ganho, ou da perda, que possa resultar do manejo social, em proporção da quota de capital, ou indústria, com que cada um haja contribuído para*

---

[7] JOSÉ DUARTE NOGUEIRA, *O Contrato de Sociedade no Direito Romano e no Direito Português Actual*, Separata de Lusíada, n.os 1 e 2, 2001, Coimbra Editora, págs. 593-609, principalmente, 602 e segs., faz uma comparação profícua da *societas unius rei* com a actual sociedade civil e a sociedade em nome colectivo. Em relação à definição do artigo 980.° do Código Civil, escreve: *trata-se de uma definição legal que quase se poderia esperar encontrar na obra de um jurisprudente romano, se estes tivessem sido dados à enunciação de conceitos e definições* (pág. 603).

[8] JOSÉ DE SILVA LISBOA, *Princípios de Direito Mercantil e Leis da Marinha para Uso da Mocidade Portuguesa Destinada ao Comércio*, tomo V, Lisboa, 1818, pág. 51, esclarece mais: *A sociedade que definimos é a convencional e expressa, que dela distingue do simples consórcio, ou qualquer associação, em que os sócios se acham ligados em comunhão de bens, sem alguma prévia convenção, e que todavia tem direitos e encargos recíprocos e a bem comum. Tal é a sociedade dos co-herdeiros e a das corporações de universidades e as mãos-mortas; a das congregações, colégios, ou grémios de pessoas de várias profissões e ofícios, e as dos credores em alguma casa de negócios falida. Tal é também em geral a dos homens reunidos em alguma tribo, ou nação. Entre as sociedades convencionais se conta a sociedade conjugal entre marido e mulher. Não é do nosso objecto tratar destas sociedades, mas sim das puramente mercantis.*

Sociedade mercantil é propriamente a parceria que se faz entre comerciantes para alguma especulação e comércio, ou exercício do tráfico, em grosso ou por miúdo. As sociedades mercantis principais são as Companhias de Seguros e os Bancos de Depósito, e de Desconto, as Companhias exclusivas. São mui frequentes as Sociedades de Coproprietários de Navios, e Embarcações. (...)

A Sociedade Mercantil pode ser universal ou particular.

Sociedade universal é aquela, em que duas, ou mais pessoas se acordam em negociar a benefício comum em modo que nenhum género de negócio, e especulação se possa fazer, e empreender senão por conta e risco dos associados.

Sociedade particular é a em que se limita a companhia, e respectivos ganhos, ou riscos somente a certos artigos, transacções e tráficos. É frequente darem os comerciantes a seus caixeiros certo interesse nos negócios da sua casa, ou em certos ramos dela. Tais sociedades pertencem à classe das sociedades particulares.

a Companhia, parceria, ou monte mor, e comum, segundo as honestas con-
verções que acordarem.

Segue-se-lhe FERREIRA BORGES[9] na *Jurisprudência do Contrato-*
mercantil de Sociedade[10] e no *Diccionario jurídico-comercial*[11]. Em harmonia com o pendor conceptual-definitório que trespassa a sua obra,
define a sociedade *em geral* como *um contrato pelo qual duas ou mais pes-*
soas convém voluntariamente em pôr alguma coisa em comum para melhor
negócio lícito e maior ganho com responsabilidade na perda. Esta definição
doutrinária, surgida em 1830, está mais próxima da definição filipina
do que a definição legal que, três anos mais tarde, escreveu no Código
Comercial. No título XII, artigo XXII (547), com que inicia o regime legal *das sociedades com firma,* antecessoras das actuais sociedades
em nome colectivo, surge a definição: *a sociedade em geral é um contrato*
pelo qual duas ou mais pessoas se unem pondo em comum bens ou indústria
com o fim de lucrar em todas, ou em algumas das espécies das operações mer-
cantis, e com o ânimo positivo de se obrigar pessoalmente como sócios, e volun-
tariamente. O conceito definitório da *sociedade em geral* aparece imputado ao tipo das *sociedades com firma,* e na parte propriamente geral do
direito das sociedades deste Código, não se encontra uma definição.

O conceito geral abstracto de sociedade, vem depois fazer car-
reira no Código de Seabra, cujo artigo 1240.° estatui que *é lícito a*
todos os que podem dispor dos seus bens e indústria associar-se com outrem,
pondo em comum todos os seus bens ou parte deles, a sua indústria, simples-
mente, ou os seus bens e indústria conjuntamente, com o intuito de repartirem
entre si os proveitos ou perdas, que possam resultar dessa comunhão. Em
1881, INOCÊNCIO DE SOUSA DUARTE[12] define a sociedade em geral

---

[9] Sobre o papel de FERREIRA BORGES no movimento de codificação do
direito comercial e sobre a génese dos Códigos portugueses do Século XIX, RUY
DE ALBUQUERQUE/MARTIM DE ALBUQUERQUE, *História do Direito Português,* II,
Lisboa, 1983, págs. 227 e segs..

[10] FERREIRA BORGES, *Jurisprudência do Contrato-mercantil de Sociedade,* Londres, 1830, págs. 1-3.

[11] FERREIRA BORGES, *Diccionario jurídico-comercial,* 2.ª ed., Porto, 1856,
pág. 385.

[12] INOCÊNCIO SOUSA DUARTE, *Dicionário de Direito Comercial,* Empresa Literária de Lisboa, Lisboa, 1880, pág. 435.

como *um contrato pelo qual duas ou mais pessoas se unem, pondo em comum bens ou indústria, com o fim de lucrar em todas ou algumas espécies das operações mercantis, e com ânimo positivo de se obrigar pessoalmente como sócios e voluntariamente.* O Código Civil de 1966, no artigo 980.°, definiu o contrato de sociedade como aquele *em que duas ou mais pessoas se obrigam a contribuir com bens ou serviços para o exercício em comum de certa actividade económica, que não seja de mera fruição, a fim de repartirem os lucros resultantes dessa actividade.* Nem a lei das sociedades anónimas de 22 de Junho de 1867, nem o Código Comercial de 1888 contêm definições, quer da sociedade em geral quer dos diferentes tipos societários.

A sede legal do conceito geral de sociedade vem das Ordenações e transita, depois, para os dois Códigos Civis. O Código de Ferreira Borges não define um conceito geral de sociedade comercial que seja comum a todos os seus tipos. Debalde se procura uma tal definição das *disposições gerais*, nos artigos I (526) a XII (537) do Título XII. A definição de *sociedade em geral* é deslocada para o artigo XXII (547) com que se inicia a Secção II *Das sociedades com firma.* A definição doutrinária de sociedade em geral da autoria de FERREIRA BORGES migra para o tipo legal das *sociedades com firma.* O Código Comercial de 1888 e o Código das Sociedades Comerciais de 1986 abstêm-se de definir.

Veio daqui uma ideia, praticamente geral e comum, segundo a qual o conceito e a disciplina gerais e abstractos da sociedade encontrariam o seu lugar próprio nos Códigos Civis, enquanto as especialidades relativas aos diferentes tipos de sociedades teriam regulamentação própria em leis especiais, no Código Comercial, no Código das Sociedades Comerciais e em leis extravagantes. A matéria legal das sociedades dividir-se-ia entre sociedades em geral e sociedades em especial; as primeiras regidas pelas leis gerais de direito privado, as outras por leis especiais. Os tribunais têm seguido esta orientação[13].

---

[13] Constitui um bom exemplo desta orientação o STJ 30.VI.98 (JSTJ0001 0149/ITIJ/Net): *I – Para que se possa falar de "sociedade" como conceito jurídico (regular ou irregularmente constituída, civil ou comercial) é indispensável que a respectiva formação*

Esta visão é duma geometria expressiva e até intuitiva. É simples e fácil de entender. Porém, só aparentemente adere à realidade.

III. O conceito definitório de sociedade que está no artigo 980.º do Código Civil é muito apertado e traduz uma evolução restritiva do seu antecessor filipino.

Nas Ordenações o conceito tem os três elementos clássicos: o carácter contratual com pluralidade de partes (*contrato* [...] *que duas ou mais pessoas fazem entre si*), as entradas com bens (*juntando todos os seus bens ou parte deles*), e o fim (*para melhor negócio e maior ganho*).

A definição doutrinária de Ferreira Borges, escrita no *Diccionario* e na *Jurisprudência*, é ainda muito próxima da letra das *Ordenações*: lá está o *contrato pelo qual duas ou mais pessoas convém voluntariamente*, lá está o *pôr alguma coisa em comum* e lá está o fim de *melhor negócio lícito e maior ganho com responsabilidade na perda*. Transposta para o Código de 1833 e deslocada para o tipo legal *das sociedades com firma*, esta definição, embora mantenha o referente da *sociedade em geral*, não altera o que respeita ao carácter contratual e à pluralidade de partes, evolui substituindo o *pôr alguma coisa em comum* por *pondo em comum bens ou indústria* e, onde estava o fim de alcançar *maior negócio e melhor ganho*, que vinha das *Ordenações*, está agora *o fim de lucrar em todas, ou em algumas das espécies das operações mercantis*. De novo, em relação à fórmula filipina, nasce em Ferreira Borges a referência à responsabilidade dos sócios: *o ânimo positivo de se obrigar pessoalmente como sócios, e voluntariamente* está tanto no *Dicionário* como na *Jurisprudência*, como ainda no artigo XXI (547) do Código de 1833.

No Código Civil de Seabra, permanece o elemento contratual pluri-pessoal, mantém-se a referência a pôr em comum bens e indústria, e quanto ao fim nasce a referência à repartição dos lucros: *com o intuito de repartirem entre si os proveitos ou perdas, que possam resultar dessa comunhão.*

---

tenha obedecido aos requisitos do art. 980.º do Código Civil (correspondente ao art. 1240.º do Código de Seabra).

O Código Civil de 1966, no artigo 980.°, mantém o carácter contratual e a pluralidade de partes, mantém a contribuição com bens ou serviços, mantém o fim de repartição de lucros e acrescenta duas notas: o exercício em comum e que a actividade social não seja de mera fruição.

Desde a fórmula das Ordenações Filipinas até ao actual Código Civil, há uma tendência clara para um progressivo aumento do detalhe[14]. Todavia, como é sabido, em matéria de conceito geral abstracto e de definição *per genus et differentiam*, a introdução de notas causa restrição, o acréscimo de compreensão paga-se com o decréscimo de extensão. A preocupação de aperfeiçoar a definição dando-lhe maior precisão resultou, por um lado, na redução da sua extensão e, por outro, numa rigidez que a impediu de acompanhar a evolução do definido.

IV. A definição de sociedade que está no artigo 980.° do Código Civil não consegue já abranger todas as sociedades comerciais, tal como existem na lei e na vida. A restrição da definição exclui do seu âmbito as sociedades não directamente lucrativas, a sua rigidez impediu que acompanhassem a evolução no sentido da unipessoalidade e da exclusão do exercício em comum.

FERRER CORREIA[15], já antes do actual Código das Sociedades Comerciais, admitia que *o carácter inovador e mutável da matéria sujeita à lei comercial (pode) exigir um conceito de sociedade aberto ou, pelo menos, mais amplo que o civil, de forma a compreender situações que não caberiam no último.* Entende ser legítimo *preferir ao conceito de sociedade civil do artigo 980.° do Código Civil um quadro conceitual mais amplo, susceptível de compreender todas as empresas colectivas que se proponham exercer actividades económicas mercantis, embora o seu fim imediato não seja a obtenção de um lucro a distribuir ulteriormente pelos sócios.* Discorda que o fim de

---

[14] Esta tendência para o detalhe prossegue com MENEZES LEITÃO, *Direito das Obrigações*, III, 2.ª ed., Almedina, Coimbra, 2004, págs. 246 e 251, que introduz no conceito ainda mais uma nota: a organização.

[15] FERRER CORREIA, *Lições de Direito Comercial*, Reprint, Lex, Lisboa, 1994, págs. 216-217.

conseguir lucros a repartir pelos sócios deva ser considerado essencial; em sua opinião o que deve ser essencial é *o exercício de uma actividade económica comum, tendo em mira realizar o proveito económico dos sócios por qualquer modo que seja.* De um modo que antecipou o que veio a ser a evolução futura do direito das sociedades, o autor prossegue: *Assim interpretada, a nossa lei, passará a estar de acordo com a tendência moderna para ver nas sociedades comerciais mecanismos jurídicos de organização de empresas colectivas, mecanismos capazes de definir e realizar a actuação da empresa no mundo dos negócios. (...) Não se vê razão,* prossegue, *para negar às empresas que exercem uma actividade económica, embora não imediatamente lucrativa, a possibilidade de utilizar tais mecanismos; pois são indubitavelmente os esquemas fornecidos pelo direito das sociedades os que melhor servem, mesmo aí, os interesses das partes e os interesses gerais do comércio.* Como conclusão, argumenta: *De resto, a não se aceitar esta solução, que caminho restaria? O de chamar a essas empresas "que não são sociedades" associações sui generis, ou contratos de tipo associativo e fim económico? Dum modo ou doutro, supomos que não seria possível assegurar-lhe o benefício da personalidade jurídica, nem, ao menos, o da autonomia patrimonial. Tanto basta para dever concluir-se que por aí não é caminho.*

No n.º 3 do artigo 1.º do anteprojecto de FERRER CORREIA[16], foi proposta uma definição de sociedades nos seguintes moldes: *São para todos os efeitos consideradas sociedades as empresas colectivas que tenham por fim o proveito económico dos associados, embora não se proponham obter lucros a repartir por estes.* Na justificação desta definição, a partir da inclusão das cooperativas de entre as sociedades no Código Comercial de 1888, argumenta-se que será *lícito concluir que o próprio legislador comercial introduziu uma nova nota no conceito civilístico de sociedade, ao permitir a substituição do intuito lucrativo pelo escopo mutualístico.* E conclui-se que *o fim de conseguir lucros a repartir pelos sócios não parece, assim, possa considerar-se essencial, nem mesmo no plano da legislação mercantil vigente. Essencial é, sim, o exercício de uma actividade económica comum, tendo em vista realizar o proveito económico dos sócios por qualquer modo que seja*[17].

---

[16] FERRER CORREIA, *Anteprojecto de Lei das Sociedades Comerciais, Parte Geral,* I, com a colaboração de António A. Caeiro, Separata do BMJ n.ºs 185 e 191, pág. 1.

Prossegue o texto citado: *Nas ideias expostas se inspira o n.° 3 do artigo 1.° do presente anteprojecto. Não convém efectivamente deixar perdurar a dúvida de qualificação que se pôs em relevo nos números anteriores. É bom que a nova lei marque categoricamente a sua posição no assunto, e essa posição deverá estar de acordo com a tendência moderna para ver nas sociedades comerciais os mecanismos jurídicos de organização das empresas colectivas, os considerados mais capazes de definir e realizar a actuação da empresa no mundo dos negócios. E com efeito, não se vê razão para negar às empresas que exercem uma actividade económica, embora não imediatamente lucrativa, a possibilidade de usar tais mecanismos; pois são indubitavelmente os esquemas fornecidos pelo direito das sociedades os que melhor servem, mesmo aí, os interesses das partes e os interesses gerais do comércio*[18].

Estas palavras sábias e percursoras de FERRER CORREIA foram esquecidas e ainda hoje a generalidade dos manuais continua a sujeitar as sociedades comerciais aos limites apertados do conceito definitório do artigo 980.° do Código Civil[19].

V. Não obstante esta resistência conceptual[20], a lei acabou por aceitar a unipessoalidade[21] e a constituição de sociedades comerciais por negócio jurídico unilateral[22].

---

[17] FERRER CORREIA, *Anteprojecto de Lei das Sociedades Comerciais*, cit., pág. 17.

[18] FERRER CORREIA, *Anteprojecto de Lei das Sociedades Comerciais*, cit., pág. 17-18.

[19] Representativo desta tendência geral, MANUEL ANTÓNIO PITA, *Direito aos Lucros*, Almedina, Coimbra, 1989, págs. 17-28, aprecia a questão, mas acaba por concluir no sentido de ser essencial ao próprio conceito de sociedade, o fim de produzir lucros no património social, destinados a ser depois distribuídos a título de dividendo ou de quota de liquidação.

[20] É paradigmática a defesa da pluripessoalidade por JOSÉ GABRIEL PINTO COELHO, *Lições de Direito Comercial, Obrigações Mercantis em Geral, Obrigações Mercantis em Especial (Sociedades Comerciais)*, Souto, Lisboa, 1946, págs. 278 e segs..

[21] ANA MARIA PERALTA, *Sociedades Unipessoais*, Novas Perspectivas do Direito Comercial, Almedina, Coimbra, 1988, págs. 256 e segs..

[22] MENEZES CORDEIRO, *Manual de Direito das Sociedades*, I, *Das Sociedades em Geral*, Almedina, Coimbra, 2004, pág. 399-402 alude à constituição de sociedades comerciais por negócio jurídico unilateral e ainda, além dele, por diploma legal e por sentença judicial.

Em 1972, o artigo 14.°, n.° 2 do Decreto-Lei no 271/72, de 2 de Agosto, permitiu expressamente a constituição de uma sociedade unipessoal, por cisão simples, totalmente controlada pela sociedade cindida. Mais tarde, em 1973, a regulamentação da cisão, no Decreto-Lei n.° 598/73, de 8 de Novembro, embora sem o dizer de um modo tão expresso, manteve esta permissão. A nova sociedade resultante da cisão é constituída por acto da exclusiva autoria da mesma sociedade cindida que não pode ser qualificado como contratual: é uma sociedade unipessoal constituída por negócio unilateral[23]. Pouco mais tarde, na sequência das nacionalizações, em 1976[24], a lei veio permitir a constituição, pelo Estado, de sociedades unipessoais e a sua

---

[23] O Decreto-Lei, n° 271/72, de 2 de Agosto introduziu "ex novo" o regime jurídico das sociedades "holdings", admitindo, entre elas, as sociedades de controlo, cujo único objecto consistiria na gestão de uma carteira de títulos. Ao reger sobre a aplicação do novo regime a sociedades já anteriormente constituídas, o artigo 14°, n° 2 determinou expressamente que as sociedades que, além de prosseguirem uma actividade económica directa, tivessem ainda a titularidade de uma carteira de acções de outras sociedades, *podem (…) formar, só por si, e com a totalidade das suas participações, uma outra sociedade que tenha por objecto a gestão de uma carteira de títulos e cujas acções aquelas ou conservarão em carteira (…) ou logo atribuirão (…) aos seus próprios accionistas, em proporção das acções de que cada um seja titular.* Neste caso, a nova sociedade pode ser uma sociedade unipessoal, originariamente e por tempo indeterminado. Foi nesta linha que, mais tarde, a nova legislação sobre a fusão e a cisão de sociedades, contida no Decreto-Lei n° 598/73, de 8 de Novembro, veio permitir que a nova sociedade constituída por cisão simples viesse a ser originariamente unipessoal, embora pudesse também não o ser, caso em que as respectivas participações seriam atribuídas rateadamente aos sócios da sociedade cindida (cfr. artigo 18.°, n.° 1, alínea a), e artigos 24.° a 26.° do Decreto-Lei n.° 598/73, de 8 de Novembro).

[24] Decreto-Lei n.° 65/76, de 24 de Janeiro, cujo artigo 1.° estatuía: *As sociedades anónimas em que o Estado, directamente ou por intermédio de empresas públicas ou nacionalizadas, detenha a maioria do capital poderão constituir-se ou continuar a sua existência com qualquer número de associados.* Hoje, o n.° 2 do artigo 273.° do Código das Sociedades Comerciais dispensa a exigência de um mínimo de cinco accionistas nas sociedades anónimas em que o Estado, directamente ou por intermédio de empresas públicas ou outras entidades equiparadas por lei para este efeito, fique a deter a maioria do capital, as quais podem constituir-se apenas com dois sócios.

continuação por tempo indefinido[25]. Mais tarde ainda, o Código das Sociedades Comerciais, apesar de manter, como regra geral, no n.° 2 do artigo 7.°, a exigência da pluralidade de sócios, veio permitir que a sociedade seja constituída por uma só pessoa, quando a lei o permita. Em especial, na disciplina legal das sociedades coligadas, o Código veio admitir, no artigo 488.°, a constituição por negócio unilateral de sociedades unipessoais (domínio total inicial), e no artigo 489.°, a redução subsequente à unipessoalidade (domínio total superveniente); nos artigos 270.°-A a 270.°-G, veio posteriormente a admitir e regulamentar as sociedades unipessoais por quotas[26].

As sociedades unipessoais não cabem no âmbito apertado da definição do artigo 980.° do Código Civil[27]. No direito societário italiano, em que já era admitida a sociedade unipessoal por quotas, por influência da 12.ª Directriz[28], a recente reforma introduziu uma nova redacção do artigo 2328 do *Codice Civile* que veio permitir expressamente a constituição de sociedades anónimas por contrato ou por acto unilateral[29]. Também o § 2 da *Aktiengesetz*, está previsto que a

---

[25] Sobre a constituição de sociedades comerciais por Decreto-Lei, PAULO OTERO, *Da Criação de Sociedades Comerciais por Decreto-Lei*, Estudos em Homenagem ao Prof. Doutor Raúl Ventura, II, Faculdade de Direito da Universidade de Lisboa, Coimbra Editora, Coimbra, 2003, págs. 103 e segs..

[26] No relatório do Decreto-Lei n.° 257/96, de 31 de Dezembro, o legislador confessa finalmente a vantagem em consagrar abertamente a unipessoalidade das sociedades comerciais.

[27] COUTINHO DE ABREU, *Curso de Direito Comercial*, II, *Das Sociedades*, Almedina, Coimbra, 2002, págs. 6-7, considera os casos de unipessoalidade. Também MENEZES CORDEIRO, *Manual de Direito Comercial*, II, Almedina, Coimbra, 2001, pág. 212, entende que, não obstante os casos de unipessoalidade, *a matriz societária é de tipo contratual* e que *nestas condições, mesmo as sociedades não-contratuais acabam por obedecer a um desenho que figura a existência de um contrato.*

[28] Sobre a transposição da 12.° Directriz em matéria de unipessoalidade, MENEZES CORDEIRO, *Direito Europeu das Sociedades*, Almedina, Coimbra, 2005, págs. 486 e segs..

[29] O n.° 1 do artigo 2328 do *Codice Civile*, sob a epígrafe (*Atto costitutivo*) tem o seguinte teor: *La società può essere costituita per contrato o per atto unilaterale.* Sobre o assunto, ENRICO BELLEZZA, *Principi ispiratori e linee Guida del D. Lgs. 17 gennaio 2003 n. 6, in applicazione dei principi stabiliti dalla Legge Delega 3 ottobre 2001 n.° 366*

sociedade anónima seja constituída por uma ou mais pessoas[30]. A pluralidade de sócios não pode manter-se hoje como uma característica essencial do conceito de sociedade comercial[31].

As conclusões de FERRER CORREIA sobre a unipessoalidade foram premonitórias e acabaram por se realizar. A pluralidade de sócios pode cessar sem que deixe de existir um património autónomo afecto à realização de um fim e dotado de personalidade jurídica. Este património não se confunde com uma fundação porque o seu fim não lhe é exterior e pode ser livremente modificado pelo sócio único. Mas não deixa de ser uma sociedade porque mantém os estatutos e todas as condições necessárias para, sem mediação de um novo acto de fundação, regressar à pluripessoalidade[32]. Assim sucede em todas as sociedades unipessoais, mas é particularmente claro na sociedade unipessoal por quotas. Foi pena que o legislador demorasse tanto tempo a aceitar o contributo de FERRER CORREIA, e só o tivesse vindo a fazer por impulso da legislação comunitária.

VI. Também a lucratividade das sociedades, tal como consagrada na definição do artigo 980.º do Código Civil, se revelou, por um lado, excessivamente restritiva, excluindo do seu âmbito de extensão as cooperativas, e por outro, excessivamente rígida, não conseguindo comportar as sociedades não lucrativas que integram os actuais grupos de sociedades.

---

e le principali novità da esso dettate, Il nuovo diritto societario, 2.ª ed., La Tribuna, Piacenza, 2005, págs. 102 e segs..

[30] § 2 (*Gründerzahl*) *An der Feststellung des Gesellschaftsvertrag (der Satzung) müssen sich eine oder mehrere Personen beteiligen, welche die Aktien gegen Einlagen übernehmen.*

[31] A este propósito, MENEZES CORDEIRO, *Manual de Direito das Sociedades*, cit., pág. 383(1075) manifesta alguma perplexidade quanto à redacção do artigo 7.º do Código das Sociedades Comerciais. MARIA ELISABETE RAMOS, *Constituição das Sociedades Comerciais*, Estudos de Direito das Sociedades, 5.ª ed., Almedina, Coimbra, 2002, pág.35, considera excepcional a constituição originariamente unipessoal de sociedades comerciais.

[32] FERRER CORREIA, *Sociedades Fictícias e Unipessoais*, Atlântida, Coimbra, 1948, págs. 326 e segs..

A opção pela exclusão das cooperativas do âmbito das sociedades e a sua remissão para o campo das associações respondeu a uma intenção política de as submeter ao controlo governamental, no tempo do regime político anterior a 1974, afastando-as do regime de liberdade de constituição e funcionamento próprio das sociedades comerciais. As *sociedades cooperativas*, inicialmente instituídas pela Lei Basilar de 2 de Julho de 1867, de António Corvo, vieram depois a ser previstas no Código Comercial de 1888 como sociedades comerciais[33]. Em 1971, para atalhar à prática, cada vez mais espalhada nos meios da oposição ao regime político então vigente de se organizar em cooperativas para evitar a necessidade de obter a prévia autorização governamental obrigatória para as associações, a lei veio submeter ao regime jurídico das associações as cooperativas *que se proponham exercer, ou efectivamente exerçam, actividade que não seja exclusivamente económica*[34]. Conseguia-se, assim, sujeitar a constituição de cooperativas *políticas* a controlo governamental prévio imposto pela redacção original do artigo 158.° do Código Civil. Já depois da Revolução de 1974, em 1980, o Código Cooperativo[35] consumou o afastamento das cooperativas em relação às sociedades, quer a sua actividade seja económica, quer não. A razão teórica para a exclusão das cooperativas do âmbito das sociedades reside, segundo a opinião comum, no seu carácter não lucrativo. Melhor se diria que, nas cooperativas, a lucratividade é indirecta, isto é, a vantagem económica (ou outra) produz-se directamente no património (ou na titularidade) dos seus membros. Diferentemente do que é típico nas sociedades, não há formação de um lucro no património da própria sociedade que, depois de apurado no balanço, seja distribuído pelos sócios como dividendo. A definição do artigo 980.° do Código Civil, exigindo entre as suas notas a

---

[33] Artigos 207.° a 223.° do Código Comercial.

[34] Decreto-Lei n.° 520/71, de 24 de Novembro.

[35] Aprovado pelo Decreto-Lei n.° 458/80, de 9 de Outubro, hoje já revogado. O Código Cooperativo actualmente em vigor foi aprovado pela Lei n.° 51/96, de 7 de Setembro, em cujo artigo 2.° são definidas como *pessoas colectivas autónomas, de livre constituição, de capital e composição variáveis, que, através da cooperação e entreajuda dos seus membros, com obediência aos princípios cooperativos, visam, sem fins lucrativos, a satisfação das necessidades e aspirações económicas, sociais e culturais daqueles.*

repartição dos lucros, exclui a subsunção das cooperativas ao seu conceito. Com MENEZES CORDEIRO[36] entendemos, não obstante, que as cooperativas são, numa perspectiva substancial, não meramente formal, verdadeiras sociedades. Podem ser comerciais ou civis conforme o respectivo objecto.

Se a exclusão das cooperativas pode encontrar fundamento, não no modo especial indirecto da sua lucratividade, mas antes no carácter não económico de muitas delas, já a exclusão das sociedades não lucrativas não encontra justificação aceitável. A lógica e a estrutura dos grupos de sociedades exige muitas vezes a existência, no seu seio, de sociedades cuja função não é a obtenção e distribuição de lucros. Assim sucede, desde logo, com as sociedades gestoras de participações sociais (SGPS) que *têm por único objecto contratual a gestão de participações sociais noutras sociedades, como forma indirecta de exercício de actividades económicas*[37] e funcionam como unidades de controlo ou de parqueamento de participações sociais. Do papel que desempenham nos grupos em que se inserem não faz parte a formação de lucros nem a sua distribuição como dividendos. Há também sociedades inseridas em grupos que apenas estruturam partes ou sectores determinados de uma ou mais das empresas que os formam, muitas vezes com funções puramente técnicas como a contabilidade, o economato ou a prestação de serviços comuns a outras sociedades do grupo, e das quais se pretende apenas o exercício de funções técnicas, de coordenação ou de obtenção de sinergias funcionais, e não propriamente a formação e distribuição de lucros. À falta de melhor denominação, podemos designá-las *sociedades instrumentais* ou *veículos especiais*[38]. Em todos estes casos, e outros poderiam ser mencionados, a sociedade serve para potenciar a obtenção de vantagem económica e de lucro noutras

---

[36] MENEZES CORDEIRO, *Manual de Direito das Sociedades*, II, *Das Sociedades em Especial*, Almedina, Coimbra, 2006, pág. 7.

[37] Regidas actualmente pelo Decreto-Lei n.° 495/88, de 30 de Dezembro, tiveram a sua origem como *sociedades de controlo*, instituídas pelo Decreto-Lei n.° 271/72 de 2 de Agosto.

[38] Tradução literal já muito utilizada em Portugal de *special vehicles* do calão societário anglo-americano, onde é também muito utilizada a expressão *spe*, abreviatura de *special purpose entity*.

sociedades do grupo, mas não nelas mesmas. Seria absurdamente artificial e desrazoável recusar a estas últimas sociedades a qualificação societária só pelo facto de a vantagem económica que visam obter ser indirecta e o lucro que da sua actuação emerge ser formado e distribuído alhures. Além do mais, porque as próprias SGPS têm apenas uma actividade económica indirecta e normalmente não formam nem distribuem lucros. As SGPS não têm fim lucrativo directo e nem por isso deixam de ser qualificadas por lei como sociedades comerciais.

Estas sociedades, as SGPS e as sociedades instrumentais, além de não prosseguirem um fim directamente lucrativo, é duvidoso que satisfaçam a exigência, formulada no artigo 980.º do Código Civil, de que a actividade prosseguida não seja *de mera fruição*. Em relação às SGPS, a simples percepção dos dividendos correspondentes às participações de que sejam titulares é claramente uma actividade de simples fruição. Poder-se-á dizer que, além da fruição, a sua actividade envolve ainda o controlo das participações sociais detidas, mas tal não torna produtiva ou especulativa a sua actividade. Já as sociedades de gestão de investimento imobiliário (SGII)[39] e as sociedades de locação financeira[40] têm como actividade principal o arrendamento de imóveis e de outros bens e a percepção das respectivas rendas, o que constitui sem dúvida fruição dos bens locados. A actividade das sociedades instrumentais poderá, nalguns casos, limitar-se à prática de simples fruição. Também nestes casos não é sustentável negar a qualificação de sociedades comerciais, quando a lei assim mesmo as qualifica expressamente.

No direito francês, foi discutida a questão do intuito lucrativo como elemento essencial do conceito de sociedade e factor de distinção entre a sociedade e a associação, no caso da *Caisse rurale de la commune de Manigod*, que concedia crédito aos seus associados a taxas de juros reduzidas, e que acabou por ser considerada uma associação pela *Cour de Cassation*. Esta decisão foi muito contestada. Actualmente e desde a lei de 4 de Janeiro de 1978, vigora, no direito francês das

---

[39] Regidas pelo Decreto-Lei n.º 135/91, de 4 de Abril.
[40] Regidas pelo Decreto-Lei n.º 72/95, de 24 de Junho.

sociedades, um conceito mais amplo de lucro segundo o qual deve ser constituída como sociedade um *groupement* que *se constitue pour procurer à ses membres un gain pécuniaire ou matériel qu'ils se partageront*, e como associação quando for *constitué à des fins desinteressès sans recherche d'un avantage matériel*[41].

VII. Finalmente, o exercício em comum, incluído como nota no conceito definitório do artigo 980.º do Código Civil, pode faltar em muitas das sociedades de capitais e não pode existir nas sociedades abertas cotadas[42]. O exercício em comum é natural nas sociedades em nome colectivo, em que existe tipicamente uma grande proximidade, e até intimidade, entre os sócios e em que a autonomia entre os sócios e a sociedade não é intensa. Nas sociedades por quotas, o exercício em comum é ainda natural, embora menos do que nas sociedades em nome colectivo. O tipo das sociedades por quotas é já de sociedades de capitais, embora mantenha ainda muito da proximidade pessoal entre os sócios e destes com a sociedade. Já nas sociedades anónimas, que são típicas sociedades de capitais, não é normal haver exercício em comum, embora ele possa existir em pequenas sociedades anónimas, com um limitado número de sócios que mantenham relações de proximidade e de cooperação. Mas não é natural. O que é típico das sociedades anónimas, é o anonimato dos sócios, com relacionamento directo com a sociedade, mas não entre si. Nas sociedades anónimas abertas, com cotação em bolsa, com accionistas anónimos, cuja identidade muda todos os dias, o exercício em comum é simplesmente inexistente. E não pode, com tal fundamento, ser-lhes recusada a qualificação de sociedades.

VIII. São estas as razões que nos levaram já e nos continuam a levar a recusar, ao conceito definitório de sociedade contido no

---

[41] PHILIPPE MERLE, *Droit Commercial – Sociétés Commerciales*, 9. Ed., Dalloz, Paris, 2003, págs. 56 e segs..

[42] FLUME, *Allgemeiner Teil des Bürgerlichen Rechts*, Erster Band/Zweiter Teil, *Die Juristische Person*, Springer, Berlin, Heidelberg, New York, Tokyo, 1983 § 8 I, pág. 261: *Es widerspricht einfach den Tatsachen, daß, wer eine Aktie kauft, damit den anderen Aktionären "verbunden" wird*.

artigo 980.º do Código Civil, o papel de conceito geral abstracto de sociedade em geral ao qual devam ser subsumidos, como sociedades em especial, todos os diversos tipos de sociedades comerciais. A definição de sociedade inscrita no artigo 980.º do Código Civil é, em nossa opinião, privativa e exclusiva das sociedades civis simples, cuja regulação está nos artigos subsequentes do Código Civil.

Melhor seria uma definição como aquela que consta do n.º 3 do artigo 1.º do Anteprojecto de FERRER CORREIA: *São para todos os efeitos consideradas sociedades as empresas colectivas que tenham por fim o proveito económico dos associados, embora não se proponham obter lucros a repartir por estes.* Com a ressalva de ser hoje desactualizada a referência à colectividade, desmentida pela admissão das sociedades unipessoais, é muito adequado e actual o alargamento do intuito ao fim de proveito comum dos associados, sejam eles um ou mais, embora não se proponham obter lucros a atribuir a título de dividendos. Reconhecemos que a definição do anteprojecto não transitou para o articulado do Código das Sociedades Comerciais, mas daí não nos parece ser lícito concluir, sem mais, pelo afastamento do seu conteúdo e sentido, atento o facto de o Código ter evitado – e bem – o recurso a definições legais, e atento ainda o regime dos tipos societários legais que nos parece incompatível com o alargamento às sociedades comerciais da definição do contrato de sociedade civil contida no artigo 980.º do Código Civil.

4. Série de tipos de sociedades comerciais

a) Raízes dos tipos societários

No direito comercial português, existem hoje quatro tipos principais de sociedades comerciais: sociedades em nome colectivo, sociedades por quotas, sociedades anónimas e sociedades em comandita[43].

---

[43] O número de tipos legais de sociedades comerciais pode ser de cinco se forem entendidos como dois tipos as comanditas simples e as comanditas por acções. Tendemos para considerar que se trata de dois subtipos de um único tipo

Têm raízes diferentes. A sociedade em nome colectivo vem da velha *societas unius rei* romana[44], da sociedade particular das Ordenações Filipinas[45], da sociedade com firma do Código de Ferreira Borges[46], da sociedade em nome colectivo do Código de Veiga Beirão; a sociedade por quotas nasceu já no século XX por transposição da *GmbH* alemã. A sociedade anónima vem das companhias mono-

---

das comanditas. Mas não fazemos grande questão da diferença, que nos parece de interesse diminuto. Para uma descrição minuciosa dos tipos societários legais, MENEZES CORDEIRO, *Manual de Direito das Sociedades*, II, *Das Sociedades em Especial*, cit..

[44] JOSÉ DUARTE NOGUEIRA, *O Contrato de Sociedade no Direito Romano e no Direito Português Actual*, cit., passim. ARANGIO RUIZ, *La società in diritto romano*, Jovene, Napoli, 1965, págs. 3 e segs., situa a origem do contrato romano de *societas* no *consortium*. Dá-nos, porém, conta de um fragmento de GAIO, descoberto no Egipto, em Fevereiro de 1933, no qual a sociedade é referida como segue: *Sed ea quidem societas, da quo loquimur, id est quae nudo consensu contrahitur, iuris gentium est, itaque inter omnes homines naturali ratione consistit. Est autem aliud genus societatis proprium civium Romanorum. Olim enim morto patre familias inter suos heredes quaedam erat legitima simul et naturalis societas, quae appelabatur ercto non cito, id est dominio non diviso: erctum enim dominium est, unde erus dominus dicitur: ciere autem dividere est, unde caedere et secare dicimus. Alii quoque, qui volebant eadem habere societatem, poterant id consequi apud pretorem carta legis actione. In haec autem societate fratrum suorum ceterorumque qui ad exemplum fratrum suorum societatem coierint, illud proprium erat, quod vel unus ex sociis communem servum manumitendo liberum faciebat et omnibus libertum adquirebat: item unus (rem co)mmunem man(cipando eius faciebat, qui mancipio accipiebat...)* e que entende a sociedade como um consórcio *ercto non cito*, um património familiar indiviso. Sem nos prolongarmos nesta controversa questão, que ultrapassa o âmbito da nossa investigação, compulsando a Digesto (D.17.2) constatamos que não é possível encontrar nas fontes romanas, nem uma definição de sociedade *per genus et differentiam*, nem sequer uma sua visão suficientemente unitária para poder assumir a paternidade da definição do artigo 980.° do Código Civil.

[45] *Ordenações Filipinas*, Liv. IV, Tit. 44: *Contrato de companhia é o que duas pessoas, ou mais fazem entre si, ajuntando todos os seus bens, ou a maior parte deles para melhor negócio e maior ganho.* MANUEL ANTÓNIO MONTEIRO DE CAMPOS COELHO DA COSTA FRANCO, *Tractado practico juridico e cível*, Lisboa, 1768, pág. 2, referindo-se às Ordenações, define a sociedade como um *contrato de companhia que uma ou mais pessoas celebram entre si, comunicando todos os seus bens, ou parte deles, para melhor negócio e mais avultado lucro.*

[46] FERREIRA BORGES, *Diccionario Jurídico-Commercial*, cit., págs. 385-388.

polistas coloniais, das companhias pombalinas[47], das companhias de comércio do Código de 1833, das sociedades anónimas da Lei de 22 de Junho de 1867[48] e das sociedades anónimas do Código de 1888. A sociedade em comandita vem da comenda medieva[49] e do contrato de dinheiro a ganho[50], da sociedade de capital e indústria do Código de 1833[51], e da sociedade em comandita do Código de 1888. Correspondem a configurações muito diferentes da sociedade como estrutura jurídica da empresa comercial.

A sociedade em nome colectivo descende em linha directa da *societas* romana[52], que é definida por MAX KASER[53] como a união de duas ou mais pessoas para realizar um fim comum com meios comuns. No Livro IV, Título XXXIV das Ordenações Filipinas[54],

---

[47] RUI FIGUEIREDO MARCOS, *As Companhias Pombalinas. Contributo para a história das sociedades anónimas em Portugal*, Almedina, Coimbra, 1977.

[48] O texto integral da Lei de 22 de Junho de 1867 sobre as sociedades anónimas, encontra-se publicado no *Dicionário de Direito Comercial*, de SOUSA DUARTE, editado em Lisboa, 1880, nas págs. 455-467. Também em JOÃO JACINTO TAVARES DE MEDEIROS, *Comentário da Lei das Sociedades Anónimas, de 22 de Junho de 1867*, Livraria Ferreira, Lisboa, 1886, está o texto comentado da Lei das Sociedades Anónimas de 22 de Junho de 1867, e ainda, em apêndice são transcritas as leis de sociedades anónimas francesa de 24 de Julho de 1867, belga de 18 de Maio de 1873 e brasileira de 4 de Novembro de 1882.

[49] FERNANDO OLAVO/GIL MIRANDA, *Sociedade em Comandita*, Separata do BMJ 221, 223 e 224, Lisboa, 1973, págs. 9 e segs..

[50] FIGUEIREDO, *O Contrato Comercial de Dinheiro a Ganho, no antigo Direito Português*, RFDL, XVII (1964), págs. 249 e segs..

[51] Artigo XXXII (557): *Diz-se sociedade de capital e indústria aquela, que se contrai por uma parte entre uma ou mais pessoas, que fornecem fundos para uma negociação comercial em geral, ou para uma operação mercantil em particular: – e por outra parte por um ou mais indivíduos, que entram na associação com a sua indústria somente.*

[52] D. 17.2.

[53] MAX KASER, *Direito Privado Romano*, Gulbenkian, Lisboa, 1999, págs. 255.

[54] *Ordenações Filipinas*, Livro IV. Título 44. Consultámos a 10.ª edição, segundo a de Coimbra de 1824, impressa em Coimbra, na Real Imprensa da Universidade, em 1833. O título XLIV tem como epígrafe *Do contrato da sociedade e companhia*. A definição com que inicia o seu texto refere o contrato de companhia. Não obstante a referência a companhia, o conteúdo do título XLIV nada tem a ver com as companhias privilegiadas de comércio, com o capital representado por

é referida como o contrato *que duas pessoas ou mais fazem entre si, ajuntando todos os seus bens, ou parte deles, para melhor negócio ou maior ganho.* No Título XII do Código de 1833, a *sociedade com firma* é definida, no artigo XXII (547), como *um contrato pelo qual duas ou mais pessoas se unem pondo em comum bens ou indústria com o fim de lucrar em todas, ou algumas das espécies das operações mercantis, e com ânimo positivo de se obrigar pessoalmente como sócios, e voluntariamente*[55]. No § 1.º do artigo 105.º do Código Comercial de 1888 (de Veiga Beirão), a sociedade em nome colectivo *é caracterizada pela responsabilidade, solidária e ilimitada, de todos os associados.* Segundo o n.º 1 do artigo 175.º do Código das Sociedades Comerciais, *na sociedade em nome colectivo o sócio, além de responder individualmente pela sua entrada, responde pelas obrigações sociais subsidiariamente em relação à sociedade e solidariamente com os outros sócios.*

---

acções e a responsabilidade dos seus sócios limitada aos capitais investidos. Pelo contrário, este título trata das *sociedades universais* (de todos os bens) ou *particulares* (de parte deles, assim como de certo trato ou negócio). A este propósito, Ferreira Borges, *Jurisprudência do Contrato-mercantil de Sociedade*, cit., pág. 34, em anotação ao §29, (*Da sociedade anónima ou companhia*), comenta: *Nós designamos hoje esta associação pelo nome de* COMPANHIA. *Companhia, antigamente, era entre nós sinónimo de sociedade. A cit.* Ord. L. 4. tit. 44 *inscreve-se — do contrato de sociedade e companhia — e daí em todo o título fala de companhia. Hoje ainda que se possa dizer companhia por sociedade, companheiro por sócio, contudo, estritamente falando, hoje, em acordo com todas as Nações comerciais, entende-se por companhia a associação incorporada por carta ou alvará de instituição; tal como o foi entre nós a Companhia do Comércio da Índia,* (...).

[55] Já na primeira página da *Jurisprudência do Contrato-mercantil de Sociedade*, em 1830, Ferreira Borges definia a sociedade em geral como *um contrato pelo qual duas ou mais pessoas convém voluntariamente em pôr alguma coisa em comum com o fim de partilhar o benefício que daí possa resultar.* Muito próxima da sociedade com firma, correspondente à actual sociedade em nome colectivo, o Código de Ferreira Borges prevê e regula a sociedade de capital e indústria, que é definida, no artigo XXXII (557), como *aquela que se contrai por uma parte entre uma ou mais pessoas, que fornecem fundos para uma negociação comercial em geral, ou para uma operação mercantil em particular; — e por outra parte por um ou mais indivíduos, que entram na associação com a sua indústria somente.* Este tipo corresponde à sociedade em comandita. No artigo XXXVIII (563) encontra-se um preceito interessante, que faz a ligação entre os dois tipos e que é do seguinte teor: *a sociedade de capital e indústria pode formar-se debaixo duma firma social, ou existir sem ela. Tendo firma social são-lhe aplicáveis as regras estabelecidas na secção II — Das sociedades com firma.*

A sociedade por quotas, como tipo societário, tem origem recente, na *GmbHG* alemã de 20 de Abril de 1892[56], que logo originou a Lei de 11 de Abril de 1901. Em ambas estas leis, a sociedade por quotas não tem uma definição, mas antes um regime típico. No Código das Sociedades Comerciais, o n.º 1 do artigo 197.º identifica a sociedade por quotas como aquela em que *o capital está dividido em quotas e os sócios são solidariamente responsáveis por todas as entradas convencionadas no contrato social*.[57]

As sociedades anónimas têm origem nas *companhias privilegiadas*[58], principalmente desde o Regimento de 27 de Agosto de 1626 da *Companhia da Índia Oriental*, seguido da *Companhia Geral para o Estado do Brasil*, de 1649. O casuísmo estatutário, com ausência de lei geral, que caracteriza estas e as subsequentes companhias, não impede

---

[56] O tipo da sociedade por quotas foi criado no direito alemão, onde havia surgido em 1892, directamente pelo legislador, sem mediação de um tipo social ou juscultural. Nas palavras de KARSTEN SCHMIDT, *Gesellschaftsrecht*, 4. Aufl., Heymanns, 2002, Köln, Berlin, Bonn, München, § 33 II 1, pág. 986, a sociedade por quotas é uma criação do engenho do legislador (*ist die GmbH eine Kunstschöpfung des Gesetzgeber*). Esta importação do novo tipo alemão de sociedade para o direito português sugere, de certo modo, a actual transposição de Directrizes comunitárias. Sobre a origem da sociedade por quotas, também RAÚL VENTURA, *Apontamentos para a Reforma das Sociedades por Quotas de Responsabilidade Limitada*, Separata do BMJ 182, págs. 8 e segs., e *Sociedades por Quotas*, I, Almedina, Coimbra, 1987, págs. 8 e segs. e ANTÓNIO AGOSTINHO CAEIRO, *A Exclusão Estatutária do Direito de Voto nas Sociedades por Quotas*, Separata do vol. XVIII do Suplemento do Boletim da Faculdade de Direito da Universidade de Coimbra, pág. 8, SANTOS LOURENÇO, *Das Sociedades por Cotas*, Lisboa, 1926, págs. 60 e segs..

[57] Para a história do tipo da sociedade por quotas em Portugal, a sua origem e a sua comparação com os demais tipos legais de sociedades comerciais, RAÚL VENTURA, *Apontamentos para a Reforma das Sociedades por Quotas de Responsabilidade Limitada*, cit., e ANTÓNIO AGOSTINHO CAEIRO, *A Exclusão Estatutária do Direito de Voto nas Sociedades por Quotas*, cit., págs. 5-39.

[58] RUI FIGUEIREDO MARCOS, *As Companhias Pombalinas*, cit., págs. 132 e segs., entende o Regimento de 27 de Agosto de 1626 da Companhia da Índia Oriental como marco basilar na história do direito das sociedades em Portugal. Sobre a génese histórica das companhias coloniais, v. também, MARIA DE LURDES CORREIA E VALE, *Evolução da sociedade Anónima*, Estudos Sociais e Corporativos, II, 6.

o discernimento de um sentido comum, progressivamente desenvolvido. Não têm firma que identifique, ao menos parcialmente, os sócios, mas antes uma denominação relativa ao seu âmbito de actividade, daí a designação *sociedades anónimas*; os sócios são em número muito elevado e ilimitado, com entradas representadas por acções, donde a designação *sociedades por acções*; e a limitação da responsabilidade ao capital das entradas. A evolução do seu regime, sempre inspirada pelas companhias estrangeiras, culminou na *companhia de comércio* do Código de Ferreira Borges que, no artigo XIII (538), a define como *uma associação de accionistas sem firma social, qualificada pela designação do objecto da sua empresa, e administrada por mandatários temporários, revogáveis, accionistas ou não accionistas, assalariados ou gratuitos*[59]. No artigo 1.º da Lei de 22 de Junho de 1867 são já designadas *sociedades anónimas* e referidas como *aquelas em que os associados limitam a sua responsabilidade ao capital que cada um subscreve e são qualificadas por uma denominação particular, ou pela indicação clara do seu objecto e fim*. O Código de Veiga Beirão e o Código das Sociedades Comerciais não as definem, mas o regime que lhes dão não se afasta do que já então ficara sedimentado. Recentemente, foi criada a sociedade anónima europeia – *societas europaea* – pelo Regulamento (CE) n.º 2157/2001 do Conselho, de 8 de Outubro, entrado em vigor em 8 de Outubro de 2004, e cujo regime foi complementado, no direito português, pelo Decreto-Lei n.º 2/2005 de 4 de Janeiro. Trata-se de uma sociedade anónima, designada pela sigla *SE*, que tem como característica principal o seu âmbito comunitário, abrangendo o espaço jurídico de todos os membros da União Europeia, tem sede no território de um Estado Membro e é aí registada[60].

---

[59] A responsabilidade limitada não foi incluída na definição e ficou a constar do artigo XVIII (543): *Os accionistas duma companhia não respondem por perdas além do montante do seu interesse nela*. Também a representação do capital por acções foi omitida na definição e ficou a constar do artigo XIX (544): *O fundo da companhia é dividido em acções; e pode ser dividido em fracção de acção dum valor igual. A acção pode ser exarada em forma de título ao portador. Neste caso opera-se a cessão por simples tradição do título*.

[60] MENEZES CORDEIRO, *Direito Europeu das Sociedades*, cit., págs. 855 e segs.. LUTTER/HOMMELHOF, *Die Europäische Gesellschaft*, Otto Schmidt, Köln, 2005,

As sociedades em comandita têm a sua origem no contrato de comenda, pelo qual, o *tractator* agia no comércio em nome próprio financiado pelo *commendator*[61]. Este mantinha-se oculto, e recebia como contrapartida, não uma remuneração fixa, como no mútuo, mas uma percentagem do resultado do negócio, o que permitia contornar a proibição de comerciar que atingia o clero e a nobreza, classes que verdadeiramente detinham o capital, e evitar a proscrição da usura. Assim se conseguia reunir capital e empresa, contribuindo para pôr fim à enorme recessão económica que foi a Idade Média. No Livro I, Título LXVII, § 52, das Ordenações Manuelinas encontra-se uma referência ao *contrato de dinheiro a ganho*, que mais tarde vem a ser referido em FERREIRA BORGES como *conta d'ametade*[62]. No Código de 1833, surgem separadas a *sociedade de capital e indústria* e a *associação em conta de participação*; a primeira, é definida, no artigo XXXII (557) como *aquela, que se contrai por uma parte entre uma ou mais pessoas, que fornecem fundos para uma negociação comercial geral, ou para uma operação mercantil particular; – e por outra parte por um ou mais indivíduos, que entram em associação com a sua indústria somente*; às segundas, no artigo XLVI (571), é negada expressamente a qualidade de *sociedades mercantis* e são definidas como *reuniões, que formam dois ou mais comerciantes, sem firma, para lucro comum e social, trabalhando um, alguns ou todos em seu nome individual somente*[63]. No Código de Veiga Beirão, a comandita não é definida, mas dele consta, no artigo 199.°, que *pode*

HABERSACK, *Europäisches Gesellschaftsrecht*, 2. Aufl., Beck, München, 2003, § 12, págs. 396 e segs., MIOLA, *Lo satuto di Società europea nel diritto comunitario: dall'armonizzazione alla concorrenza tra ordinamenti*, Rivista delle società, 48.°, 2003, págs. 322 e segs., e RESCIO, *La Società Europea tra diritto comunitário e diritto nazionale*, Rivista delle società, 48.°, 2003, págs. 965 e segs..

[61] FERNANDO OLAVO/GIL MIRANDA, *Sociedade em Comandita*, Separata, cit., págs. 9 e segs..

[62] FERREIRA BORGES, *Jurisprudência do Contracto-Mercantil de Sociedade*, cit., pág. 38.

[63] Para melhor compreensão deste artigo, que tem uma redacção complexa, transcreve-se o seu teor: *As associações em participação não são verdadeiras sociedades mercantis; e podem definir-se reuniões, que formam dois ou mais comerciantes, sem firma, para lucro comum e social, trabalhando um, alguns ou todos em seu nome individual somente. Esta sociedade também se denomina momentânea, e anónima.*

Os tipos de sociedades comerciais 37

ser constituída em comandita simples, quando não há representação do capital por acções; e em comandita por acções que representem o capital social, abrangendo assim as entradas dos sócios em nome colectivo e os fundos prestados pelos sócios comanditários; no artigo 200.º, lê-se que *na associação em comandita são elementos distintos: a sociedade em nome colectivo e a comandita de fundos*; no artigo 202.º que o *sócio comanditário que consentir que o seu nome figure na forma social, e os que assim fizerem uso dela, serão pessoal, ilimitada e solidariamente responsáveis pelos actos em que essa firma intervier* e, no artigo 204.º, que *a responsabilidade dos sócios comanditários é restrita ao valor dos fundos por que se obrigaram*. Por sua vez, no artigo 224.º contém-se a definição de *conta em participação* que se dá *quando o comerciante interessa uma ou mais pessoas ou sociedades nos seus ganhos ou perdas, trabalhando um, alguns ou todos em seu nome individual somente*. No Código das Sociedades Comerciais, sob a epígrafe *Noção*, consta do artigo 465.º que *na sociedade em comandita cada um dos sócios comanditários responde apenas pela sua entrada; os sócios comanditados respondem pelas dívidas da sociedade nos mesmos termos que os sócios da sociedade em nome colectivo*. A *associação em participação* foi regulada fora do Código das Sociedades Comerciais, no Decreto-Lei n.º 231/81, de 28 de Julho, que no artigo 21.º a definiu como *a associação de uma pessoa a uma actividade económica exercida por outra ficando a participar nos lucros ou nos lucros e perdas que desse exercício resultarem para a segunda*[64].

b) Relacionamento tipológico no mesmo plano

Os vários tipos de sociedades comerciais, sociedade em nome colectivo, sociedade por quotas, sociedade anónima e sociedade em comandita, relacionam-se tipologicamente num mesmo plano. Em termos conceptuais, é possível induzir um conceito geral de sociedade comercial que constitua o vértice de uma pirâmide que tenha na base as espécies de sociedades, as sociedades em especial. Foi isto o que fez o Código das Sociedades Comerciais, ao incluir numa parte geral os aspectos comuns às várias espécies de sociedades. Em termos tipoló-

---

[64] CALVÃO DA SILVA, *Associação em Participação*, Estudos de Direito Comercial Almedina, Coimbra, 1996, págs. 79-93.

gicos, porém, não existe um tipo de sociedade comercial que possa ser colocado como vértice de uma pirâmide de subtipos de sociedades. Os tipos de sociedades comerciais não são subtipos, mas sim tipos, porque não existe um tipo geral de sociedade comercial. Quando se fala de sociedade comercial em geral, é um conceito geral abstracto e não um tipo que se está a referir. Este conceito geral de sociedade comercial é construído pela concentração das características comuns a todas as sociedades comerciais, com abstracção das características específicas de cada tipo[65].

Como se disse, não se encontra um tipo central, paradigmático, um tipo representativo ou normal que possa ser assumido como género. Em termos de frequência, existe uma distância muito grande entre as sociedades por quotas e as sociedades anónimas, por um lado, ambas muito frequentes, e as sociedades em nome colectivo e as comanditas, por outro, acentuadamente raras. O legislador não pôde, assim, aproveitar um tipo central que pudesse ser assumido como género e teve de construir um género de sociedade comercial, não correspondente a qualquer tipo jurídico estrutural, através do recurso a uma parte geral do direito das sociedades comerciais. Ainda assim, o tipo das sociedades anónimas, como tipo mais sofisticado, que não o mais frequente, como tipo representativo das sociedades de capitais, foi usado como paradigma em relação às sociedades por quotas e às comanditas por acções, e o tipo das sociedades em nome colectivo, foi usado como paradigma das relações entre os sócios comanditados.

c) Relacionamento tipológico em série

Mas os tipos de sociedades comerciais relacionam-se também em série. Num dos pólos desta série de tipos está a sociedade em nome colectivo, paradigma das sociedades de pessoas; no outro, a sociedade anónima, paradigma das sociedades de capitais. No pólo pessoal, há uma clara predominância das pessoas dos sócios, do *intuitus personae*,

---

[65] PAIS DE VASCONCELOS, *Contratos Atípicos*, cit., págs. 24 e segs., principalmente, pág. 65.

da contratualidade estrutural, da responsabilidade pessoal; no pólo capitalista, domina o capital, esbate-se o *intuitus personae*, os sócios tornam-se fungíveis e nas sociedades abertas são tratados como meros *investidores*, a responsabilidade é limitada ao capital e a estrutura assume carácter institucional.

O que distingue os vários tipos de sociedades comerciais e os localiza na série são diferenças que existem nas suas várias características típicas. Pode proceder-se à explicitação da série através da posição pessoal dos sócios, da estrutura orgânica e da responsabilidade patrimonial.

i. A posição pessoal dos sócios

Nos diversos tipos de sociedades comerciais, são tipicamente diferentes as posições pessoais dos sócios.

Na sociedade em nome colectivo a posição pessoal dos sócios tem muito maior relevo do que o capital, que pode até nem existir se houver apenas sócios de indústria. A pessoa de cada sócio é importante na sua posição em si mesma e o relacionamento entre os sócios, no âmbito da sociedade, envolve confiança e intimidade pessoal. Os sócios são pessoalmente identificados no contrato e podem ser conhecidos por terceiros através do registo. A transmissão entre vivos da parte social ou a entrada de um novo sócio exige unanimidade, o que significa que cada consócio a pode vetar e que, quando permitida, se traduz numa quase refundação da sociedade. A sucessão por morte na quota do sócio falecido está em princípio afastada: regra geral, a quota é liquidada e paga ao sucessor, pela sociedade ou pelos restantes sócios, que podem também optar por dissolver a sociedade e, só como terceira solução, o n.º 2 do artigo 184.º do Código das Sociedades Comerciais permite que os sócios sobrevivos se decidam pela sucessão na quota, mas desde que o sucessor nisso consinta expressamente e sem que este consentimento possa ser dispensado no contrato. Não pode ser executada a parte social, o que poderia perturbar a intimidade dos sócios com a entrada do adquirente em execução, mas apenas os respectivos lucros ou a quota de liquidação.

40 *A Participação Social nas Sociedades Comerciais*

Na sociedade por quotas o papel dos sócios não é tão forte, embora seja ainda mais intenso do que nas sociedades anónimas. A identidade dos sócios consta também do contrato e tem publicidade registal. A transmissão de quotas entre vivos exige forma escrita[66] e registo e, salvo na cessão entre cônjuges, ascendentes e descendentes ou sócios, não é livre: deve ser previamente autorizada pela própria sociedade, não lhe sendo oponível enquanto não for por ela consentida, conhecida ou reconhecida. A cessão de quotas pode ser proibida no pacto, o que permitirá ao sócio que se exonere, desde que verificadas certas condições, mas pode também o consentimento da sociedade ser dispensado, o que permite configurar sociedades por quotas mais ou menos pessoalizadas. O consentimento é prestado por deliberação da sociedade que, se o recusar, deve adquirir ou fazer com que seja adquirida a quota do sócio a quem não permitiu que cedesse. Não há, em princípio, obstáculo à sucessão na quota nem à sua execução judicial, embora sejam correntes estipulações no contrato que determinem a sua amortização em tal caso.

Na sociedade anónima, a identidade dos sócios não consta dos estatutos nem tem publicidade no registo, salvo no que respeita ao registo das acções nominativas e das acções ao portador registadas e no que respeita às acções escriturais. A transmissão das acções é, em princípio, livre e a sua limitação é fortemente condicionada. Quando permitida, a recusa do consentimento para a transmissão deve ser decidida pela assembleia geral que, num regime semelhante ao das sociedades por quotas, deve fazer adquirir as acções por outra pessoa. Este regime permite também que, nos estatutos, se pessoalize mais ou menos a sociedade. Embora possam ser introduzidas nos seus estatutos estipulações que permitam separar classes de sócios, através da atribuição de classes de acções, no seu regime típico, os sócios são fungíveis: podem ser estes ou outros, a sua identidade não interessa. Nas sociedades anónimas abertas, principalmente nas cotadas, os sócios

---

[66] O artigo 4.º-A do Código das Sociedades Comerciais permite que o suporte em papel e a respectiva assinatura sejam "substituídos por outro suporte ou outro meio de identificação que assegurem níveis pelo menos equivalentes de inteligibilidade, de durabilidade e de autenticidade".

variam quotidianamente. A despersonalização das sociedades abertas é tal que no Código dos Valores Mobiliários os sócios passam a ser tratados como *investidores*.

Na sociedade em comandita, há duas categorias de sócios, os sócios capitalistas – *comanditários* – e os sócios empresários – *comanditados*. Os primeiros limitam-se a investir capitais, a auferir lucros ou a suportar perdas, mas não exercem nem gerem a empresa. Os sócios comanditados têm uma posição pessoal correspondente à dos sócios das sociedades em nome colectivo; os comanditários têm uma posição a cuja transmissão se aplica o regime das sociedades por quotas, nas comanditas simples, e aos das sociedades anónimas, nas comanditas por acções. A transmissão entre vivos da parte social de um comanditado não carece, porém, de unanimidade como na sociedade em nome colectivo, sendo suficiente a deliberação (artigo 469.º, n.º 1); já a sucessão *mortis causa* na parte do comanditado segue o regime da sociedade em nome colectivo (artigo 469.º, n.º 2).

ii. Estrutura orgânica das sociedades

A estrutura orgânica evolui em complexidade e sofisticação conforme os tipos societários mais pessoalistas ou mais capitalistas.

Na sociedade em nome colectivo, a estrutura orgânica mal se distingue da compropriedade. A assembleia geral é composta por todos os sócios e quase se confunde com a gerência que é também, em princípio, composta por todos os sócios. Salvo estipulação especial, cada sócio tem um voto igual, independentemente do capital por si subscrito (artigo 190.º, n.º 1), mas pode ser estipulado diferentemente que o voto seja por capital. Já o sócio de indústria, que não subscreve capital, tem um voto correspondente, pelo menos, *ao menor número dos votos atribuídos a sócios de capital*. Todos os sócios têm, em princípio, idênticos poderes de gestão, tal como na compropriedade. Cada sócio, como gerente, pode praticar individualmente actos de gestão sem necessidade de prévia deliberação do órgão nem de ser acompanhado por qualquer outro, mas qualquer um dos outros sócios-gerentes pode opor-se àquele acto de gestão, sendo então

42 *A Participação Social nas Sociedades Comerciais*

a divergência resolvida por deliberação maioritária. Esta regra é comum às sociedades em nome colectivo (artigo 193.°, n.° 1 do Código das Sociedades Comerciais) e às sociedades civis simples (artigo 985.°, n.° 2 do Código Civil), e difere da compropriedade apenas naquilo em que nestas a maioria de votos é qualificada pelo valor (artigo 1407.°, n.° 1 do Código Civil). Não tem órgão com funções específicas de fiscalização, que é exercida directamente pelos sócios.

Na sociedade por quotas, já qualificável como sociedade de capitais, a pessoa do sócio continua a ter assinalável relevância, partilhada, porém, com o capital. A assembleia geral mantém-se próxima da gerência e dela não se distingue bem sempre que, como muitas vezes sucede, todos os sócios sejam gerentes. Podem porém existir gerentes não sócios e podem também nem todos os sócios ser gerentes, casos em que o universo pessoal de ambos os órgãos se torna distinto. O voto na assembleia geral é por capital (artigo 250.°), o que representa uma radical diferença em relação à sociedade em nome colectivo, mas o sistema de voto na gerência mantem-se por cabeça (artigo 261.°), como na sociedade em nome colectivo (e também na anónima). Diferentemente do regime das sociedades em nome colectivo, há uma clara separação de competências entre a assembleia geral e a gerência (artigos 246.° e 259.°). As sociedades por quotas podem ter um conselho fiscal, ou um revisor oficial de contas (ROC), que são obrigatórios quando tenham um mínimo de dimensão (artigo 262.°). No caso especial das sociedades unipessoais por quotas, o sócio único desempenha as funções de assembleia geral e pode nomear gerentes não sócios (artigo 270.°-E), o que permite manter a distinção entre a assembleia geral e a gerência.

Na sociedade anónima, paradigma das sociedades de capitais, a estrutura orgânica é sofisticada e bem diferenciada. Tem, aliás, três estruturas alternativas (artigo 278.° do Código das Sociedades Comerciais)[67]:

---

[67] Do relatório do Decreto-Lei n.° 76-A/06, de 29 de Março, recolhemos, a este propósito o seguinte excerto: "Também a ampliação da autonomia socie-

Os tipos de sociedades comerciais 43

– uma mais simples, com assembleia geral, administração e conselho fiscal ou fiscal único, que é a tradicional e que é adoptada pela generalidade das sociedades fechadas;
– outra mais complexa, recolhida da experiência alemã, com assembleia geral, conselho de administração executivo, conselho geral e de supervisão, e revisor oficial de contas;
– e uma terceira, de influência americana, mais adequada às grandes sociedades anónimas abertas e cotadas em bolsa, composta pela assembleia geral, por um conselho da administração e uma comissão de auditoria que faz parte do conselho de administração, e ainda um revisor oficial de contas.

A assembleia geral reúne em princípio a universalidade dos sócios, embora a participação possa ser limitada nos estatutos a sócios titulares de um mínimo de acções ou votos, sem prejuízo de se agruparem (artigo 379.º). É permitida a representação (artigo 380.º). O voto é por unidades de capital (acções) mas deve manter-se unitário (artigo 385.º). O conselho de administração é claramente distinto da assembleia e as respectivas competências são fundamentalmente de gestão e representação (artigos 373.º, 405.º e 406.º). Os seus membros são eleitos pela assembleia geral e não têm de ser sócios. No modelo alemão, além da assembleia geral há ainda o conselho geral e de supervisão (artigos 434.º a 445.º) e o conselho de admi-

---

tária, designadamente através da abertura do leque de opções quanto a soluções de governação, é uma das linhas de fundo desta reforma. O direito das sociedades é direito privado e, como tal, deve considerar-se determinado e conformado pelo princípio da autonomia privada. E a autonomia privada postula, de entre as suas concretizações principais, a liberdade de escolha do modelo de governação, vertente essa que se aprofunda nesta reforma. Com efeito, em 1986, o Código das Sociedades Comerciais então aprovado, deu um importante sinal de abertura ao disponibilizar dois modelos possíveis de estruturação do governo societário. Contudo, impunha-se agora dar continuidade a este regime, proporcionando três modelos de organização de administração e da fiscalização igualmente credíveis, somando aos dois figurinos actuais a possibilidade de se optar por um terceiro modelo de organização, típico das sociedades anglo-saxónicas, que compreende a existência obrigatória de uma comissão de auditoria dentro do órgão de administração".

nistração executivo (artigos 424.° a 433.°). O conselho geral e de supervisão é um órgão de fiscalização com a correspondente composição (artigo 434.°, n.° 4). Tem funções de designação do conselho de administração executivo, de representação da sociedade perante ela, e de fiscalização da sua gestão. O conselho de administração executivo, com funções de gestão, é designado pelo conselho geral e de supervisão ou, se o estatutos assim o determinarem, pela assembleia geral (artigo 425.°). No modelo americano, a inserção de uma comissão de auditoria no seio do conselho de administração torna dispensável o conselho fiscal, cujas funções são exercidas pela comissão de auditoria. As sociedades anónimas cotadas, devem obrigatoriamente ter ainda um secretário da sociedade, que as demais sociedades anónimas e sociedades por quotas podem facultativamente prever nos seus estatutos.

Na sociedade em comandita, o poder de voto resulta do capital, mas os sócios comanditados, em conjunto, não podem ter menos de metade dos votos dos que cabem, em conjunto, aos comanditários. Em princípio, só os comanditados podem ser gerentes; mantendo-se ocultos os comanditários que se limitam a trazer capitais para a sociedade.

iii. Responsabilidade patrimonial

Também no que respeita ao regime jurídico da responsabilidade patrimonial é notória uma evolução desde o tipo mais pessoal da sociedade em nome colectivo até ao tipo mais capitalista da sociedade anónima.

Na sociedade em nome colectivo, os sócios são responsáveis pessoal e ilimitadamente pelo passivo social, subsidiariamente em relação à sociedade e solidariamente entre si; porém, os sócios de indústria, nas relações internas, só respondem pelo passivo social se assim for estipulado no contrato (artigos 175.° e 178.°, n.° 2). Este regime é semelhante ao das sociedades civis simples, com a diferença de nestas poder ser estipulada a limitação ou mesmo a exclusão da responsabilidade dos sócios que não sejam administradores, desde que a sua administração não compita exclusivamente a não sócios (artigo 997.° do Código Civil).

Na sociedade por quotas[68], a responsabilidade dos sócios está tipicamente limitada ao capital investido. Os sócios, em princípio, não respondem pelas dívidas da sociedade, mas pode ser estipulado no pacto que um ou mais sócios respondam pelo passivo da sociedade, solidária ou subsidiariamente, até certo montante. No regime típico da responsabilidade perante terceiros, os sócios das sociedades por quotas respondem apenas pelo capital subscrito por si próprios e ainda pelo subscrito pelos outros sócios.

Na sociedade anónima os sócios respondem apenas pela realização das suas entradas e não pelas dívidas da sociedade.

Na sociedade em comandita, só os comanditados respondem pelo passivo social e fazem-no como os sócios da sociedade em nome colectivo.

5. Elasticidade dos tipos de sociedades comerciais

I. Os tipos de sociedades comerciais, no direito português, inserem-se numa tipologia legal taxativa. Só aqueles tipos de sociedades comerciais são admitidos e está vedada à autonomia privada a criação de novos tipos. A esta característica, que está legalmente consagrada no artigo 1.º, n.º 2 do Código das Sociedades Comerciais, chama a doutrina *tipicidade das sociedades comerciais*.

A doutrina societária portuguesa não dedica muito interesse à problemática da tipicidade das sociedades comerciais[69]. Em geral,

---

[68] RAÚL VENTURA, *Sociedades por Quotas*, I, Almedina, Coimbra, 1987, págs. 53 e segs..

[69] OLIVEIRA ASCENSÃO, *Direito Comercial*, IV, *Sociedades Comerciais – Parte Geral*, Lisboa, 2000, págs. 44 e segs., MENEZES CORDEIRO, *Manual de Direito Comercial*, II, cit., págs. 145 e segs., BRITO CORREIA, *Direito Comercial*, II, *Sociedades Comerciais*, 4.ª tiragem, AAFDL, Lisboa, 2000, págs. 93 e segs., PEREIRA DE ALMEIDA, *Sociedades Comerciais*, 3.ª ed., Coimbra Editora, Coimbra, 2003, págs. 27 e segs., PINTO FURTADO, *Curso de Direito das Sociedades*, 5.ª ed., Almedina, Coimbra, 2004. págs. 25 e segs., COUTINHO DE ABREU, *Curso de Direito Comercial*, II, *Das Sociedades*, cit., págs. 72 e segs.,

pouco excede a referência, a descrição sumária de cada tipo e a fundamentação em razões de segurança e de ordem pública ligadas à limitação da responsabilidade.

OLIVEIRA ASCENSÃO[70] diz que *os tipos de sociedades comerciais não são fechados*, explicita que *as partes não estão impedidas de moldar aspectos do regime da sociedade* mas só podem fazê-lo *de maneira que não altere o desenho essencial da sociedade escolhida – ou seja, justamente, o tipo de sociedade adoptado* e conclui haver *aqui um paralelismo com o que se passa com os direitos reais*.

COUTINHO DE ABREU[71] vai mais longe. Reconhece que há uma considerável liberdade de conformação do regime das sociedades de cada um dos tipos: nos espaços não ocupados por lei e nos espaços ocupados por lei dispositiva há lugar a cláusulas atípicas (cláusulas que, respeitando o núcleo essencial do tipo, se desviam num ou noutro aspecto das típicas características do tipo); porém, as cláusulas atípicas que contrariem as notas essenciais do tipo escolhido serão nulas (podendo tal nulidade parcial determinar a invalidade de todo o negócio), a menos que se conclua que essas e outras cláusulas configuram uma sociedade de tipo diverso do nomeado pelos sócios. Na sua esteira, PEDRO MAIA[72] aborda o tema e desenvolve uma comparação tipológica entre os vários tipos de sociedades com alguma profundidade.

Em nossa opinião, foi RAÚL VENTURA[73] quem, ao estudar o tipo da sociedade por quotas, mais profundamente equacionou a relação entre o tipo legal, como tipo ideal lógico, o tipo real «corrente» e os casos concretos. Muito importante, na sua análise, foi a preocupação

---

[70] OLIVEIRA ASCENSÃO, *Direito Comercial*, IV, *Sociedades Comerciais*, cit., pág. 44.

[71] COUTINHO DE ABREU, *Curso de Direito Comercial*, II, *Das Sociedades*, cit., págs. 74-75.

[72] PEDRO MAIA, *Tipos de Sociedades Comerciais*, Estudos de Direito das Sociedades, 5.ª ed., Almedina, Coimbra, 2002, págs. 7 e segs..

[73] RAÚL VENTURA, *Apontamentos para a Reforma das Sociedades por Quotas de Responsabilidade Limitada*, cit., págs. 43-46.

de, na legislação, não desconsiderar nem impedir a elasticidade dos tipos legais de sociedades. Referindo-se, no caso, à sociedade por quotas, afirma com razão que *desse tipo legal faz parte a própria elasticidade*.

II. KARSTEN SCHMIDT[74] distingue formas (*Rechtsformen*) e tipos (*Typen*) de sociedades. As primeiras correspondem ao que, no nosso direito, são os tipos legais de sociedades: são definidos na lei. Os segundos correspondem aos tipos sociais, reais, de frequência que se revelam na vida societária e na prática empresarial. Para além dos tipos legais estruturados na lei (tipos jurídico-estruturais), sociedade em nome colectivo, sociedade por quotas, sociedade anónima e sociedade em comandita, considera também modelos de configurações e até de combinações societárias que são frequentes e paradigmáticas como, por exemplo, *Kapitalgesellschaft & Co.*, *Unterbeteiligung an einem Gesellschaftsanteil*[75], *Konzern* e *Holdingstruktur*. O autor distingue ainda modificações do tipo *Typusvariationen*[76] e configurações atípicas (*atypische Gestaltungen*).

A distinção de KARSTEN SCHMIDT é de aproveitar, embora não necessariamente nos mesmos precisos termos. A tipicidade legal taxativa não impede que a autonomia privada construa soluções adaptadas às suas conveniências. Podemos distinguir adaptações internas e externas. As primeiras resultam da estipulação nos estatutos, dentro dos limites de elasticidade dos tipos; as segundas, de combinações de sociedades e de estipulação ou pactos anexos aos estatutos.

---

[74] KARSTEN SCHMIDT, *Gesellschaftsrecht*, cit., § 3 II, págs. 49-52.

[75] Esta figura corresponde à associação à quota.

[76] Na primeira modalidade, cita, a propósito do tipo legal da sociedade por quotas, as sociedades familiares em que os sócios são tipicamente marido e mulher e pouco mais servem que para incorporar, no todo ou em parte, o património conjugal; as sociedades capitalistas que estruturam investimentos dos sócios; as sociedades pluripessoais e as sociedades unipessoais; e ainda as sociedades que estruturam uma empresa, as sociedades complementares que estão associadas a outras em casos como o da *GmbH & Co. KG*; e ainda as sociedades instrumentais ou não lucrativas.

48   *A Participação Social nas Sociedades Comerciais*

III. A elasticidade dos tipos legais de sociedades comerciais permite a estipulação de modificações no direito dispositivo do tipo[77]. O direito das sociedades comerciais é direito privado e, como tal, dominado pelo princípio da liberdade e da autonomia. As limitações injuntivas à autonomia privada são excepcionais e só encontram fundamento e justificação na ordem pública. A ordem pública societária assenta fundamentalmente nos princípios de protecção dos credores, das minorias e dos investidores[78]. Fora do seu âmbito, é lícito estipular livremente[79]. É esclarecedor o regime do poder de voto na sociedade em nome colectivo, estatuído no artigo 190.º: tipicamente o voto é por cabeça, mas pode ser estipulado outro critério, desde que não seja suprimido. Tem natureza injuntiva a limitação final que impede a supressão do direito de voto, mas tem já carácter dispositivo a primeira parte que determina que a cada sócio caiba um voto. Também na sociedade anónima podem ser adoptadas diversas estruturas orgânicas típicas (artigo 278.º), embora nada impeça os sócios de estipularem a existência de outros órgãos, como a banal comissão de vencimentos ou, mais raros, conselhos estratégicos e comissões de ética.

---

[77] Raúl Ventura, *Apontamentos para a Reforma das Sociedades por Quotas de Responsabilidade Limitada*, cit., págs. 43-46.

[78] Klaus J. Hopt, *Gestaltungsfreiheit im Gesellschaftsrecht in Europa – Generalbericht*, Gestaltungsfreiheit im Gesellschaftsrecht, Walter de Gruyter, Berlin, New York, 1998, págs. 128 e segs..

[79] Perante a crescente rigidificação do direito das sociedades comerciais, surgiu um movimento de *deregulation* dirigida a uma sua maleabilização através da autonomia privada de modo a evitar a sua obsolescência perante a vitalidade da sociedade, da economia e do comércio na actualidade. Este movimento conduziu já à introdução no direito francês das sociedades, da sociedade anónima simplificada – *SAS* – em que a autonomia estatutária é muito mais ampla. Cfr. Yves Guyon, *Zur Gestaltungsfreiheit im französischen Gesellschaftsrecht*, em *Gestaltungsfreiheit im Gesellschaftsrecht*, Walter de Gruyter, Berlin, New York, 1998, págs. 298-299, e Philippe Merle, *Droit Commercial – Sociétés Commerciales*, cit., págs. 698 e segs.. A hiper-regulamentação das sociedades é acusada de *paternalismo jurídico* por Wiedemann, *Erfahrungen mit der Gestaltungsfreiheit im Gesellschaftsrecht*, Gestaltungsfreiheit im Gesellschaftsrecht, Walter de Gruyter, Berlin, New York, 1998, pág. 10.

Há outros preceitos inderrogáveis no tipo legal que não são de ordem pública, mas que desempenham a função de delimitação do tipo. A estipulação que seja com eles incompatível tem como consequência a recusa da qualificação como de certo tipo. Esta recusa da qualificação pode conduzir à qualificação como de outro tipo ou à qualificação como atípica.

Exemplificando, uma sociedade por quotas não pode ter o seu capital representado por acções. Se assim for estipulado no respectivo pacto, a consequência não é necessariamente a invalidade da cláusula, mas pode antes ser a sua qualificação como sociedade anónima, se o demais estipulado no pacto o permitir. Se numa sociedade que os fundadores designaram como anónima, cada sócio tiver uma quota do valor do capital que subscreveu, a sociedade não será anónima e haverá apenas que corrigir a sua denominação. Se a estipulação estatutária for compatível com um outro tipo de sociedade, não chegará a haver invalidade, nem sequer conversão, mas antes qualificação como desse tipo. A qualificação dada pelos fundadores à sociedade (estipulação do tipo) é importante, mas não é absolutamente determinante e pode ser afastada quando não corresponda ao tipo e seja uma *falsa qualificação*[80].

IV. A elasticidade dos tipos tem limites, para além dos quais a própria qualificação deve ser recusada.

---

[80] PAIS DE VASCONCELOS, *Contratos Atípicos*, cit., págs. 129-137. Não acompanhamos a decisão tomada pelo STJ 5.III.92, BMJ 415, 666, que considerou contrário ao princípio da tipicidade que uma sociedade por quotas tenha "conselho de administração". A simples designação dada nos estatutos ao órgão não viola o princípio da tipicidade, desde que o regime jurídico estipulado com ele não colida. Não tem importância, nem é contrário à ordem pública, que os sócios de uma sociedade por quotas prefiram designar a gerência por "conselho de administração". Esta referência, porém, pode não ser totalmente neutra e ter o sentido de determinar a aplicação, por estipulação estatutária, do regime do conselho de administração à gerência daquela sociedade, dentro do possível com as necessárias adaptações. Caberá, depois, na concretização, aferir, no regime do conselho de administração da sociedade anónima, aquilo que pode ser aplicado transtipicamente àquela sociedade por quotas e aquilo que não pode; e ainda quais as adpatações necessárias.

A incompatibilidade da estipulação com o tipo legal pode conduzir à qualificação da sociedade como legalmente atípica. Assim sucederá, por exemplo, se nos seus estatutos for estipulada a representação do capital por quotas e por acções, e a limitação da responsabilidade apenas até certo valor. Uma sociedade como esta não é qualificável como de qualquer dos tipos legais. É legalmente atípica. A atipicidade legal tem como consequência a insusceptibilidade de qualificação do estipulado como sociedade comercial, isto é, que aquele acto praticado pelas partes não opera na ordem jurídica a constituição de uma sociedade comercial.

Se a actividade projectada incluir a prática de actos de comércio, estar-se-á perante o exercício colectivo do comércio em comunhão. De acordo com o estatuído no artigo 1404.º do Código Civil, este exercício em comum reger-se-á pelas regras da compropriedade, *com as necessárias adaptações*. O exercício do comércio e a prática de actos de comércio, podem ser actuados a título singular ou plural: singular, quando da autoria de um comerciante individual ou de uma sociedade comercial; plural quando da autoria de um conjunto de pessoas singulares ou de um conjunto de sociedades comerciais. Este exercício em comum diverge da sociedade em nome colectivo principalmente na falta de personalidade colectiva e rege-se fundamentalmente pelas regras convencionadas entre os intervenientes; salvo estipulação em contrário, os bens postos em comum ficarão em regime de comunhão e qualquer dos consortes poderá exigir a sua divisão; e a administração, na falta de convenção, seguirá o regime do artigo 1407.º do Código Civil.

Outro limite da elasticidade dos tipos societários pode ser discernido na proscrição do pacto leonino ou de cláusulas leoninas. No n.º 3 do art. 22.º, o Código das Sociedades Comerciais comina com nulidade a cláusula que exclua um sócio da comunhão dos lucros ou que o isente de participar nas perdas da sociedade, *salvo o disposto quanto a sócios de indústria*. Esta proibição é tradicional e também o Código Civil, no seu art. 994.º, a consagra.

É típico que os sócios participem nos resultados positivos ou negativos da sociedade, e que o façam proporcionalmente às respectivas entradas. Mas, o regime de proporcionalidade, ínsito no artigo 22.º do Código das Sociedades Comerciais, é expressamente dispositivo. Podem por isso os sócios, nos contratos, pactos e estatutos das sociedades, estipular o que entenderem quanto ao critério de partilha dos resultados. Contudo, a sua liberdade de estipulação tem um limite. Não pode ser completamente eliminada a partilha. Não é lícito estipular que um ou mais sócios não recebam uma parte dos lucros, se os houver, ou não suportem uma parte das perdas que a sociedade sofra. A sociedade é tipicamente parciária, é-lhe inerente a partilha dos resultados do negócio[81].

FERRER CORREIA[82], ao estudar a proibição do pacto leonino, suscita como questão prévia à da nulidade da cláusula, a da qualificação do negócio como sociedade. *Há que indagar primeiro* escreve, *se por parte do sócio visado se quis efectivamente constituir uma sociedade, ou se, em vez disso, realizar algum outro negócio jurídico: um empréstimo, uma doação.* Nada obsta, prossegue, a que um indivíduo, querendo ajudar outros a constituir o capital de uma sociedade, lhes faça doação ou empréstimo de determinado valor para esse fim. *Não há nisto qualquer ofensa do preceituado no artigo 994.º (do Código Civil), precisamente porque o negócio que esse indivíduo quis realizar não foi uma sociedade, mas uma doação ou um mútuo.*

A observação de FERRER CORREIA é arguta. O pacto leonino, antes de ter como consequência a invalidade da cláusula, pode dar lugar à recusa da qualificação como sociedade do estipulado pelas partes. Neste sentido, a proscrição do pacto leonino revela um limite à elasticidade do tipo. Pode ser estipulado o que as partes entenderem quanto à partilha do resultado, mas alguma partilha terá de haver.

Ainda outro limite à elasticidade do tipo se encontra na pluralidade de sócios e no seu número mínimo. Só recentemente foi admi-

---

[81] MENEZES CORDEIRO, *Manual de Direito Comercial*, II, cit., pág. 226, considera a proibição de pactos leoninos *um dado estruturante do Direito das sociedades comerciais.*

[82] FERRER CORREIA, *Pacto leonino: espécies; proibição e seus fundamentos*, RLJ, 115.º, pág. 107.

tida a unipessoalidade das sociedades. Primeiro, como situação anómala e transitória, que só podia perdurar por seis meses, solução que se encontra ainda na alínea d) do artigo 1007.º do Código Civil. A unipessoalidade veio a ser admitida expressamente por lei, como situação não anómala, primeiro, no caso das sociedades resultantes de cisão simples, nos moldes do Decreto-Lei n.º 598/73, de 8 de Novembro; depois, na sequência das nacionalizações, para as sociedades anónimas em que o Estado detivesse a maioria do capital, directamente ou por intermédio de empresas públicas, por força do Decreto-Lei n.º 65/76, de 24 de Janeiro; mais tarde, já no actual Código das Sociedades Comerciais, no caso de cisão simples (artigo 118.º, n.º 1, alínea a)) e dos grupos constituídos por domínio total inicial ou subsequente (artigos 488.º e 489.º); e finalmente na admissão das sociedades unipessoais por quotas (artigos 270.º-A a 270.º-G). A unipessoalidade que, antes, era tida como incompatível com a própria essência da sociedade, é hoje uma realidade normal. Enquanto a unipessoalidade não foi admitida, a pluralidade de sócios constituía limite de elasticidade de todos os tipos societários. Hoje já não pode ser assim considerada na sociedade anónima, nem na sociedade por quotas, embora o possa ser na sociedade em nome colectivo, e se deva manter na sociedade em comandita. O n.º 1 do artigo 142.º do Código das Sociedades Comerciais, mantém o impedimento da subsistência prolongada, para além de um ano, de sociedades comerciais com um número de sócios inferior ao mínimo legal, *excepto se um dos sócios for o Estado ou entidade a ele equiparada por lei para esse efeito* (o que significa a continuação da solução consagrada no Decreto-Lei n.º 65/ /76, de 24 de Janeiro), e o artigo 143.º admite que, nesta situação, qualquer sócio requeira ao tribunal que lhe conceda um prazo razoável para a recomposição do número mínimo legal. Deste regime resulta que, embora a simples pluralidade de sócios não tenha já a qualidade de limite de elasticidade do tipo nos moldes em que o teve, se mantém ainda com essa natureza, embora não absolutamente, o número mínimo de sócios.

Poder-se-á mencionar ainda – sempre exemplificativamente e nunca com carácter de exaustividade – um outro limite de elasticidade do tipo consistente no modo de representação das partes sociais dos sócios. Na sociedade anónima, a parte social não pode deixar de ser representada por acções; na sociedade por quotas tem de o ser por quotas; e na sociedade em nome colectivo, não o pode ser nem por quotas, nem por acções. Na sociedade em comandita, a parte do comanditário na comandita simples segue o regime da quota na transmissão, e é representada por acções, na comandita por acções; mas a parte dos comanditados não pode sê-lo nem por umas nem por outras.

V. Dentro do âmbito dos seus limites de elasticidade, a estipulação de modificações ao modelo típico pode ser interna ou externa.

Os fundadores da sociedade, no seu estatuto original, ou os seus sócios, em alterações de estatutos, podem estipular cláusulas que, sem exceder os limites de elasticidade do tipo, o adaptem às suas necessidades ou conveniências concretas. Numa sociedade em nome colectivo, por exemplo, podem estipular que o voto, sem deixar de ser por cabeça, seja qualificado por capital (dupla maioria) ou que seja mesmo só por capital, incutindo, assim, um cariz menos pessoalista e mais capitalista à sociedade. Podem também estipular modificações nos regimes de transmissão das partes sociais, de composição dos órgãos de gestão, de vinculação perante terceiros, de distribuição de resultados, para mencionar apenas os casos mais correntes. Sem deixar de ser do mesmo tipo legal, são diferentes uma sociedade por quotas familiar, entre marido e mulher, em que ambos têm iguais quotas e poder de voto e cada um pode obrigar sozinho a sociedade, e uma outra com uma pluralidade de sócios, com quotas diferentes, com liberdade de transmissão de quotas, com gerentes profissionais não sócios. Uma está mais próxima da sociedade em nome colectivo e outra da sociedade anónima. A lei não impede que nos estatutos de uma sociedade anónima com cinco sócios se estipule que o capital é representado por acções de categorias "A", "B", "C", "D", e "E", que as acções de cada categoria pertencem a cada um dos sócios, e que a sua alienação depende de prévia autorização da sociedade, que a pode recusar desde que as adquira ou faça adquirir pelos outros sócios *pro rata* das acções que detiverem e ainda que estes têm direito de preferência na sua transmissão. Este regime, permitido pelos artigos 302.° e 328.° do Código das Sociedades Comerciais, é mais característico da sociedade por quotas do que da sociedade anónima e torna-se acentuadamente mais pessoalista.

Outras adaptações do tipo são externas. Não são obtidas por estipulação estatutária, mas por entendimentos ou acordos extra-estatutários entre os sócios – *acordos parassociais*.

Estes entendimentos ou consensos entre os sócios podem ser tácitos, e muitas vezes são-no, mas também é vulgar a sua estipulação expressa em acordos parassociais. É frequente e constitui um uso muito respeitado, em sociedades anónimas com número limitado de accionistas, mesmo sem expressa estipulação estatutária, ser reconhecido a cada accionista com pelo menos 10% do capital o direito de fazer eleger um administrador ou, similar mas não igualmente, um administrador por cada 10% de capital. Neste caso, a maior pessoalização da sociedade, resulta de um consenso entre os sócios que não é inserido, pelo menos expressamente, nos estatutos.

As modificações do tipo social em relação aos tipos legais, podem ainda ser conseguidas através de constelações ou grupos de sociedades. O caso frequente, na Alemanha, da configuração de uma sociedade em comandita que tem como comanditado uma sociedade por quotas ou uma sociedade anónima corresponde a uma manipulação do tipo que, sem colidir com o princípio da tipicidade das sociedades comerciais, permite maleabilizar a rigidez da tipicidade legal. Não é muito diferente o que sucede nos grandes grupos de sociedades em que as coligações societárias e a utilização de sociedades instrumentais para estruturar macro-empresas complexas e para, no seu seio, autonomizar e personalizar áreas de negócio e até departamentos técnicos, permitem ultrapassar a singeleza dos quatro modelos em que se encerra a tipicidade legal.

6. A relação entre os sócios e a relação entre os sócios e a sociedade

a) O relacionamento societário

As sociedades comerciais têm sócios, pelo menos um sócio. Há relações jurídicas que se estabelecem entre os sócios duma mesma sociedade, assim como há relações jurídicas que se estabelecem entre a sociedade e os seus sócios. Esta dualidade de relações tem sido sede de divergências e desentendimentos, melhor talvez, de mal-entendidos na doutrina. Designamos globalmente como *relacionamento societário* ou *relações jurídicas societárias* aquelas que se estabelecem entre a sociedade e os sócios e aquelas que se estabelecem entre os sócios de uma mesma sociedade. Dentro desta designação global, distinguiremos as relações entre os sócios de uma mesma sociedade e as relações entre a sociedade e os respectivos sócios.

No estudo da participação social, não há consenso nesta matéria. Tem sido enfatizado, como principal, o relacionamento entre a sociedade e os sócios em detrimento do relacionamento dos sócios entre si, que seria secundário. Também a posição inversa tem sido assumida, entendendo como principal o relacionamento entre os sócios e só como secundário o dos sócios com a sociedade.

Uma das relações não exclui, em princípio, a outra. As sociedades comerciais envolvem relações jurídicas dos sócios entre si e relações jurídicas entre os sócios e a sociedade. Mas a sua configuração e peso relativo varia com os diferentes tipos societários. Não é idêntica e não deve merecer resposta unitária a questão do relacionamento societário nos quatro principais tipos de sociedades comerciais. Na sociedade em nome colectivo, na sociedade por quotas, na sociedade anónima e na sociedade em comandita, são diferentes as relações entre os sócios e a sociedade e as dos sócios entre si, é diferente o relacionamento societário.

A sociedade em nome colectivo tem uma natureza mais pessoalista e contratual do que a sociedade por quotas. Esta, por sua vez, é mais pessoal e mais contratual do que a sociedade anónima.

A sociedade em comandita tem uma configuração dual: no que respeita aos comanditados o relacionamento é igual ao da sociedade em nome colectivo; no que concerne aos comanditários, na comandita simples tem semelhança com o da sociedade por quotas, na comandita por acções, corresponde ao relacionamento próprio da sociedade anónima.

Quanto menos densa a textura da sociedade, quanto menos autonomia exista entre a sociedade e os sócios, mais importante será a componente contratual e correspondentemente menos a institucional. Também aqui é útil discernir uma série de tipos, num pólo da qual se pode colocar a sociedade de pessoas sem personalidade e no outro a sociedade anónima aberta ou a sociedade unipessoal instrumental.

Pode a este propósito ser construída uma série tipológica. Num dos seus pólos situa-se a sociedade civil simples não personalizada. Os tipos legais de sociedades comerciais, no direito português, não incluem sociedades sem personalidade jurídica. A sociedade em nome colectivo, que em alguns dos sistemas jurídicos estrangeiros não tem personalidade, é no direito português, sem dúvida, uma pessoa colectiva (artigo 5.°)[83]. Já a sociedade civil simples pode ter ou não ter per-

---

[83] No direito francês, o artigo L. 210-6 do *Code de Commerce* confere expressamente a todas as sociedades comerciais *la personalité morale à dater de leur immatriculation ou registre du commerce et des sociétés*. V. comentário a este artigo por PAUL LE CANNU, *Code de Sociétés*, 20. ed., Dalloz, Paris, 2003, n.° 49 *bis*, pág. 147, *La société en nom collectif a, dès son immatriculation, une personnalité juridique autonome distincte de celle des personnes qui la composent ou la dirigent*. No direito alemão, as sociedades de pessoas (*Gesellschaft bürgerlichen Rechts, offene Handelsgesellschaft, Kommanditgesellschaft* e *stille Gesellschaft*) não têm personalidade jurídica. No direito inglês, as *partnerships*, não têm personalidade jurídica, não são *companies* nem *corporations*, e são definidas como *the relationship which subsists between persons carrying on a business in common with a view of profit* (*Partnerships Act* 1980, Section 4.2), cfr. GEOFFREY MORSE, *Company Law*, Sweet & Maxwell, 15th. Ed., London, 1995, págs. 33 e segs., PAUL L. DAVIES, *Gowers Principles of Modern Company Law*, 6th. Ed., Sweet & Maxwell, London, 1997, págs. 3 e segs., WALMSLEY, *Butterworths Company Law*, 10th. Ed., Butterworths, London, Dublin and Edimburgh, 1995, págs. 373 e segs.. Sobre as *Partnerships*, também, RAÚL VENTURA, *Apontamentos para a Reforma das Sociedades por Quotas de Responsabilidade Limitada*, cit., págs. 29 e segs..

sonalidade jurídica[84]. Quando a não tenha, dá lugar a relações jurídicas apenas entre os sócios, mas já não a relações com a sociedade que,
não sendo pessoa colectiva, não permite a imputação de situações,
posições ou relações jurídicas. Esta sociedade civil simples não personalizada não passa de um contrato entre os que, ao porem bens em
comum, criam uma comunhão. No seu seio, existe um contrato e
uma comunhão. No pólo mais pessoalista e contratualista da série
tipológica, está a sociedade civil simples não personalizada. Neste
pólo, o relacionamento societário reduz-se a relações jurídicas entre
os sócios; não há aqui relações jurídicas dos sócios, enquanto tais, com
a sociedade.

No outro pólo da mesma série tipológica, pode ser colocada a
sociedade aberta, ou a sociedade instrumental unipessoal inserida
num grupo onde desempenha a função de incorporar uma unidade
de negócio ou mesmo uma unidade técnica ou logística sem fim
lucrativo. São realidades diferentes. Ambas estas sociedades são perso-
nificadas. A sociedade unipessoal instrumental nem sequer é contratual, tem apenas um sócio cujo relacionamento jurídico se resume
a uma só relação jurídica com a sociedade. Este é o caso simetricamente oposto ao da sociedade civil simples não personificada. Mas
esta sociedade unipessoal instrumental não tem autonomia suficiente
para ser juridicamente entendida fora do grupo em que se insere.
Mais relevante como modelo típico, como paradigma, é a sociedade
aberta cotada. Nesta, não há, em princípio, relações jurídicas entre os
sócios, com a possível excepção de acordos parassociais. O relacionamento societário resume-se praticamente e tipicamente a relações
jurídicas entre a sociedade e os respectivos sócios.

Entre ambos os pólos é possível existir toda uma série de casos
intermédios, mais próximos de um pólo ou do outro. Em termos
muito gerais pode dizer-se que as sociedades de pessoas estão mais
próximas do pólo contratual e pessoalista e que as sociedades de capitais estão mais próximas do pólo institucional e capitalista.

---

[84] PAIS DE VASCONCELOS, *Teoria Geral do Direito Civil*, 3.ª ed., Almedina,
Coimbra, 2005, págs. 202-208.

b) Relação entre os sócios

I. No âmbito do relacionamento societário, as relações entre sócios são normais. Nas sociedades sem personalidade jurídica são exclusivas, nas sociedades de capitais são acidentais ou secundárias. Há que distinguir o relacionamento interno no tipo legal de sociedade, o relacionamento interno que pode resultar de estipulação dos sócios no âmbito dos limites de elasticidade do tipo e ainda o relacionamento externo resultante dos acordos parassociais ou outras convenções semelhantes.

II. No regime dos tipos legais de sociedades, as diferenças encontram-se principalmente na sociedade civil simples não personalizada, que embora não seja comercial é aqui convocada por utilidade de comparação, na sociedade em nome colectivo, na sociedade por quotas e na sociedade anónima. A sociedade em comandita é um misto de sociedade em nome colectivo no que respeita aos sócios comanditados, e de sociedade por quotas ou sociedade anónima no que concerne aos sócios comanditários.

Nas sociedades de pessoas sem personalidade, não existe, para além dos sócios, um ente que constitua uma pessoa jurídica e com quem os sócios possam estabelecer relações jurídicas. Apenas os sócios têm personalidade jurídica e é só entre eles que se estabelecem as relações jurídicas societárias. Assim, a dívida do sócio relativa à sua entrada tem como credores os demais sócios, assim como o seu crédito de dividendos tem como devedores os outros sócios. Em relação ao património social, todos os sócios são dele contitulares em mão comum[85]. A sociedade sem personalidade jurídica é, por um lado, um contrato e uma teia de relações contratuais entre os sócios e, por outro lado, um fenómeno de comunhão em mão comum de todos os sócios sobre o fundo comum.

Já não é assim na sociedade em nome colectivo. Neste caso, a sociedade é pessoa jurídica e os sócios estabelecem com ela rela-

---

[85] WIEDEMANN, *Die Übertragung und Vererbung von Mitgliedschaftsrechten bei Handelsgesellschaften*, Beck, München, Berlin, 1965, págs. 30-31.

ções jurídicas societárias. A obrigação de entrada tem a sociedade como credora e a dívida de dividendo tem-na como devedora. Os sócios respondem pelo passivo social perante os credores da sociedade e, quando paguem alguma quantia nesta qualidade, ficam com direito de regresso contra a sociedade e contra os seus consócios (art. 175.º, n.º 3). Estabelece-se aqui uma relação ou uma teia de relações jurídicas entre sócios que têm como conteúdo a regulação do regresso. Também na transmissão em vida da parte social, é necessário o consentimento de todos os demais sócios (art. 182.º, n.º 1). Não se trata do consentimento da sociedade, mas sim do de todos os outros sócios. Não é suficiente o consentimento da maioria dos outros sócios, não há sequer uma deliberação: tem de haver o consentimento de cada um dos demais sócios. Também aqui ocorre o relacionamento jurídico entre os sócios e não entre estes e a sociedade. Já quando o n.º 4 do mesmo artigo 182.º rege quanto à eficácia da transmissão perante a sociedade, o relacionamento jurídico é estabelecido com a sociedade. Finalmente, no regime da sucessão por morte na parte social, o artigo 184.º, n.º 1 prevê que os demais sócios satisfaçam ao sucessor a quem couberem os direitos de falecido. Também no n.º 3 do artigo, a divisão da parte social do falecido entre os sócios sobrevivos se traduz apenas no relacionamento entre estes. Mais uma vez, aqui, o relacionamento jurídico estabelece-se entre os sócios e os sucessores do sócio falecido, sem intermediação da pessoa colectiva sociedade. Nos demais números do artigo 184.º, o relacionamento societário ocorre entre a sociedade e os sócios. São estes os casos em que mais abertamente o tipo legal da sociedade em nome colectivo prevê relações jurídicas directamente entre sócios da sociedade ou entre estes e terceiros, credores ou sucessores dos sócios. No restante, o tipo legal assenta o relacionamento entre os sócios e a pessoa colectiva societária.

Como sociedade de capitais, a sociedade por quotas tem um relacionamento societário mais centrado sobre as relações entre a sociedade e os sócios. As relações entre sócios só se estabelecem quando ocorre solidariedade entre eles no âmbito da estipulação de responsabilidade pessoal por dívidas da sociedade, no artigo 198.º, ou

60 A Participação Social nas Sociedades Comerciais

em consequência da responsabilidade solidária pela parte não realizada por um sócio remisso (artigo 207.°). No mais, dificilmente se encontram relações jurídicas entre os sócios no tipo legal da sociedade.

Na sociedade anónima não se estabelecem tipicamente relações jurídicas directamente entre os sócios. A posição jurídica de cada um dos accionistas contém uma relação com a própria sociedade.

Na sociedade em comandita, há que distinguir. Os sócios comanditários têm uma posição jurídica correspondente à dos accionistas, na comandita por acções, ou semelhante à dos quotistas, na comandita simples. Os comanditados têm uma posição jurídica correspondente à dos sócios das sociedades em nome colectivo.

III. Os tipos de sociedades comerciais são elásticos e permitem uma margem ampla de estipulação no seu interior, nos respectivos contratos, pactos e estatutos[86]. A autonomia privada permite estipular entre os sócios e inserir nos contratos, pactos e estatutos, cláusulas que têm natureza contratual. Estas cláusulas, dentro dos limites da autonomia privada e dos limites de elasticidade dos tipos são em número ilimitado e não vale a pena, ou sequer tem utilidade, tentar enumerá-las. É útil exemplificar.

O exemplo mais representativo de estipulação interna de relações jurídicas entre sócios é o que resulta do artigo 24.° do Código das Sociedades Comerciais. Da leitura conjugada dos n.ᵒˢ 1 e 5 do artigo 24.° decorre que essa estipulação, embora formalmente inse-

---

[86] Tanto na prática, como na doutrina e ainda como na lei, o instrumento que contem a estipulação do regulamento interno societário é referido por vezes como contrato, como pacto ou como estatutos, da sociedade. A esta diversidade de designação não corresponde a diferença de regime jurídico. De acordo com os usos dominantes, usaremos em princípio, a expressão contrato ou contrato social para a sociedade em nome colectivo e a sociedade em comandita, a expressão pacto para a sociedade por quotas e a expressão estatuto ou estatutos para a sociedade anónima. Casos haverá, porém, em que a expressão *estatutos* poderá ser usada em sentido compreensivo, englobando todos os casos referidos.

rida no contrato, pacto ou estatuto da sociedade tem a natureza de contrato entre os sócios. Esta natureza contratual decorre do respectivo regime de vinculação, segundo o qual os direitos especiais dos sócios, que assim tenham sido constituídos, *não podem ser suprimidos nem coarctados sem o consentimento do respectivo titular, salvo regra legal ou estipulação contratual expressa em contrário.*

A necessidade de consentimento do sócio contraria o regime de socialidade, próprio da personalidade colectiva, que permite a modificação, extinção e coarctação de direitos dos sócios por maioria, sem necessidade do seu consentimento e mesmo contra a sua expressa vontade. Ao contrário, a contratualidade exige o seu assentimento. Os direitos especiais dos sócios estipulados de acordo com o artigo 24.º do Código das Sociedades Comerciais têm aquele mínimo de contratualidade que lhes vem da necessidade do consentimento do próprio para a legitimidade de qualquer vicissitude.

O regime do artigo 24.º distingue consoante os tipos societários. Na sociedade em nome colectivo, os direitos especiais são, em princípio, intransmissíveis, são *intuitu personae*. Na sociedade por quotas, o regime de transmissão é distinto consoante seja de natureza patrimonial: em caso afirmativo, transmitem-se com a quota; em caso negativo seguem o regime da sociedade em nome colectivo. Na sociedade anónima, os direitos especiais incorporam-se nas acções, designadas *acções privilegiadas*[87] que conforme essa incorporação se distinguem em categorias especiais, e transmitem-se com as acções em que se incorporam. Diferentemente dos demais tipos, na sociedade anónima, o consentimento não é individual, mas antes prestado por deliberação dos accionistas titulares das acções da respectiva categoria.

A contratualidade destas relações é influenciada pelo sentido do tipo societário em que se inserem. Na sociedade em nome colectivo, sociedade de pessoas, o direito especial é do sócio e está-lhe pessoal-

---

[87] PAULO OLAVO CUNHA, *Os Direitos Especiais nas Sociedades Anónimas: as Acções Privilegiadas*, Almedina, Coimbra, 1993, pág. 8.

mente ligado de tal modo que não pode ser atingido sem o seu consentimento pessoal e não pode ser transmitido a outro sócio, é rigorosamente pessoal. Na sociedade por quotas, tipo de sociedade de capitais com características ainda algo pessoais, distinguem-se os direitos especiais com carácter pessoal, que seguem o regime da sociedade em nome colectivo, e aqueles que têm natureza patrimonial, que se englobam na quota de capital do sócio e seguem o seu destino. Na sociedade anónima, paradigma da sociedade de capitais, os direitos especiais despersonalizam-se acentuadamente, objectivam-se pela incorporação nas acções e colectivizam-se na respectiva categoria, no seio da qual regressa a socialidade nas deliberações pelas quais é formado o consenso. Se nas sociedades em nome colectivo os direitos especiais são tipicamente individuais, nas sociedades anónimas são tipicamente colectivos.

A contratualidade das relações emergentes dos direitos especiais sofre ainda uma outra limitação, por influência da socialidade própria da personalidade colectiva. Para que sejam *suprimidos ou coarctados*, não é necessário o consenso de todos os sócios mas apenas o consentimento dos respectivos titulares: no que respeita aos demais sócios, é suficiente a maioria. A sua inserção no contrato, pacto ou estatuto societário impregna estas relações da socialidade própria da sociedade, em tudo o que não seja necessário à defesa do titular do direito especial.

Não obstante a influência da socialidade societária e do sentido próprio de cada tipo de sociedade, os direitos especiais dos sócios estipulados nos moldes do artigo 24.º do Código das Sociedades Comerciais instituem relações jurídicas societárias directamente entre os sócios. São relações jurídicas que existem a propósito da sociedade e no seio da mesma.

IV. Há ainda relações jurídicas que se estabelecem directamente entre sócios de uma mesma sociedade, a propósito dessa sociedade, emergentes de estipulações negociais dos sócios fora do âmbito material do contrato social, do pacto ou dos estatutos. São relações emergentes de acordos parassociais.

Os acordos parassociais são pactos anexos ou acessórios[88] ao contrato de sociedade, celebrados entre todos ou alguns dos sócios, que visam regular o respectivo comportamento na sociedade, na qualidade de sócios da mesma[89]. Em relação à sociedade, constituem *res inter alios acta*[90]. Entre o contrato de sociedade e o acordo parassocial existe uma relação de dependência funcional unilateral, pois o primeiro pode subsistir sem o segundo, mas o segundo não pode manter-se sem o primeiro. Vinculam apenas os sócios que o subscrevem e não são oponíveis à própria sociedade. Por isso, não podem ser anuladas deliberações sociais com fundamento na sua violação.

Se não podem ser opostos à própria sociedade, os acordos parassociais podem ser opostos entre os sócios que deles sejam parte. Nesse âmbito, pode ser judicialmente exigido o cumprimento de estipula-

---

[88] LOBO XAVIER, *Anulação de Deliberação Social e Deliberações Conexas*, Atlântida, Coimbra, 1976, pág. 80(44) alude aos acordos parassociais a propósito da conexão negocial.

[89] Na recente reforma do direito societário italiano, foram introduzidos no *Codice Civile* dois artigos sobre os acordos parassociais, os artigos 2341-*bis* e 2341--*ter* integrados numa nova secção (Secção III-*bis* – *Patti parasociali* – do Capítulo V, do Título V do Livro V). O artigo 2341-*bis*, refere-se aos *patti parasociali* como *i patti, in qualunque forma stipulati, che dal fine di stabizzare gli asseti proprietari o il governo della società: a) hanno per oggetto l'esercizio del diritto di voto nelle società per azioni o nelle società che le controllano; b) pongono limiti al trasferimento delle partecipazioni in società che le controllano; c) hanno per oggetto o per effetto l'esercizio anche congiunto di un'influenza dominante su tali società.*

É assim, por um lado, introduzida na definição legal uma nota funcional e, por outro uma restrição de âmbito material às sociedades anónimas e àquelas que as controlarem. Além disto, este artigo limita a duração dos acordos parassociais a cinco anos, prorrogáveis por novos períodos com igual limite, e entende como sendo dessa duração aqueles que sejam estipulados sem prazo. Neste último caso, confere às partes no pacto parassocial, o poder de denúncia (*recesso*) mediante pré--aviso com antecedência de cento e oitenta dias.

FILIPPO SODDU, *I patti parasociali*, Il nuovo diritto societário, 2.ª ed., La Tribuna, Piacenza, 2005, pág. 74, entende que os pactos que ficarem de fora deste limite mantêm-se válidos e são regidos pelo direito comum dos contratos, mas podem ser nulos por fraude à lei se constituírem *il mezzo per eludere lapplicazione di una norma [societária] imperativa.*

[90] TRLisboa 25.X.01, CJ 2001, 4, 130.

ções que contenham e a indemnização pela sua violação. Para assegurar o seu cumprimento, as partes costumam estipular promessas de compra e de venda e direitos de preferência com os quais esperam conseguir o afastamento dos sócios infiéis e evitar a entrada de indesejáveis. Se contiverem promessas de compra e venda de acções, como é relativamente frequente, poderá ser pedida a sua execução específica, nos termos do artigo 830.º do Código Civil. Uma vez que normalmente não estão registados e não são celebrados por escritura pública, estas promessas não têm eficácia real e não são oponíveis fora do âmbito dos contratantes. É também usual a estipulação de cláusulas penais compulsórias de valor tão avultado que suscitam geralmente a eventualidade da sua redução. Independentemente de cláusulas penais, a violação dos acordos parassociais dá lugar a responsabilidade civil contratual. A responsabilidade civil não dispensa a ilicitude e a culpa, que no caso se presume (artigo 799.º do Código Civil). Esta presunção de culpa pode ser ilidida nos termos comuns[91].

Os acordos parassociais não podem reger sobre a acção dos administradores no exercício da gestão (artigo 17.º, n.º 2). Os seus membros podem comprometer-se a votar a eleição de administradores, o que é corrente, mas não podem, no próprio acordo estipular acerca da gestão que por esses administradores deverá ser exercida. A razão de ser desta limitação *é obvia: que os administradores, no exercício das suas funções, sejam livres e responsáveis na realização do interesse social*[92].

Após longo tempo em que foi controversa e até maioritariamente negada a licitude dos acordos parassociais, então usualmente denominados *sindicatos de voto*[93], o Código das Sociedades Comerciais

---

[91] STJ 11.III.99, BMJ 485, 432 Este acórdão foi anotado por PINTO MONTEIRO em RLJ, ano 132.º, 41 em moldes muito interessantes e com os quais estamos de acordo, principalmente no que concerne à distinção entre ilicitude e culpa na violação do acordo parassocial.

[92] CALVÃO DA SILVA, *Acordo Parassocial Respeitante à Conduta da Administração e à Divisão de Poderes entre Órgãos Sociais*, Estudos Jurídicos, Almedina, Coimbra, 2001, pág. 247.

[93] FERNANDO OLAVO, *Sociedades Anónimas, Sindicatos de Voto*, O Direito, ano LXXXVIII, 1956, págs. 187-198, CAVALEIRO DE FERREIRA, *Acerca do Problema do*

veio a prever no art. 17.º a celebração de acordos parassociais. Desde então proliferaram os acordos parassociais nas sociedades portuguesas, desde os mais simples aos mais complexos. São conhecidos casos de séries de acordos parassociais em cascata, com âmbitos pessoais progressivamente reduzidos e, também casos de elevada complexidade interna, que chega a incluir estruturas orgânicas dotadas de socialidade.

Os acordos parassociais são hoje uma banalidade. Permitem maleabilizar e adaptar a excessiva rigidez dos tipos legais societários às conveniências dos sócios. Servem principalmente, por um lado, para consolidar maiorias de poder que sem eles seriam instáveis e, por outro, para estabilizar políticas de gestão plurianuais. São úteis também para regular as divergências entre sócios. Há estipulações que ficam em privado entre os sócios, ou alguns sócios, através das quais regem entre si o modo como irão agir no âmbito da sociedade. Isto é de elevadíssima importância sempre que é necessário reunir capitais e até competências de vários grupos. A entrada de um ou mais *parceiros estratégicos* numa sociedade ou num grupo de sociedades exige a regulamentação, entre outras matérias, de processos de decisão, de arbitragem de dissídios e do termo da associação, do desinvestimento.

Sindicato de Voto nas Sociedades Anónimas, em Scientia Iuridica, IX, 1960, págs. 493 e segs. – em especial pág. 509, onde conclui que *"o convénio que restringe, por maneira irretratável e indefinidamente, a liberdade de exercício de voto em assembleia geral das sociedades é nulo"*. PALMA CARLOS, Anotação a STJ 4/5/67, O Direito, ano 103, págs. 231 e segs., FERNANDO GALVÃO TELLES, *União de Contratos e Acordos Parassociais*, ROA, XI, 1951, págs. 37-103, AMÂNDIO DE AZEVEDO, *Sindicatos de Voto*, Athena, Porto, 1974, LOBO XAVIER, *A Validade dos Sindicatos de Voto no Direito Português Constituído e Constituendo*, ROA, 1985, págs. 639-653, MARIA DA GRAÇA TRIGO, *Os Acordos Parassociais sobre o Exercício do Direito de Voto*, Universidade Católica, Lisboa, 1998. No direito estrangeiro, FORSTMOSER, *Aktionärbindungsverträge*, Innominatverträge, Festgabe zum 60. Geburtstag von Walter R. Schluep, Schultess, Zürich, 1988, págs. 359 e segs.. SANTONI, *Patti parasociali*, Jovene, Napoli, 1985, ASCARELLI, *In tema di sindacati azionari*, Problemi giuridici, II, Giuffrè, Milano, 1959, págs. 565-578, GUIDO ALPA, *Patto parasociale a favore della società*, Riv. Dir. comm., LXXXI, 1983, págs. 407-412, PHILIPPE MERLE, *Droit Commercial – Sociétés Commerciales*, cit., págs. 365 e segs..

Com os acordos parassociais torna-se possível manipular os tipos societários exteriormente, através da estipulação de relações jurídicas que se estabelecem directamente entre os sócios, sem a intermediação da sociedade enquanto pessoa jurídica. É típico dos acordos parassociais que a própria sociedade não seja neles parte.

Os acordos parassociais são, em princípio, confidenciais, ou pelo menos reservados. São algo que respeita àqueles que neles participam e que estes raramente publicitam. Há, porém, uma tendência, por parte das entidades reguladoras, no sentido de conhecer e tornar públicos os acordos parassociais celebrados entre sócios de sociedades que estejam sujeitas à sua supervisão. Assim, o CVM exige, no artigo 19.º, que sejam comunicados à CMVM os acordos parassociais *que visem adquirir, manter ou reforçar uma posição qualificada em sociedade aberta, ou assegurar ou frustrar o êxito de oferta pública de aquisição.* Também O RJICSF, no seu artigo 111.º, obriga a registo no Banco de Portugal *os acordos parassociais entre accionistas de instituições de crédito relativos ao exercício do direito de voto* e artigo 55.º do Decreto-Lei n.º 94-B/98 de 17 de Abril, exige o registo no Instituto de Seguros de Portugal (ISP) dos *acordos parassociais entre accionistas de empresas de seguros* sujeitas à sua jurisdição *relativos ao exercício do direito de voto* (...) *sob pena de ineficácia*[94]. Atento este regime de revelação obrigatória do acordo, podemos distinguir entre acordos parassociais *patentes* e *confidenciais.*

As relações jurídicas parassociais são externas à sociedade, mas existem a propósito da sociedade e visam regular indirectamente o seu funcionamento. Por isso as incluímos no âmbito do relacionamento societário, no que respeita às relações entre sócios.

c) Relação entre os sócios e a sociedade

Nas sociedades com personalidade jurídica o relacionamento societário estabelece-se normalmente entre o sócio e a sociedade.

---

[94] José Vasques, *Direito dos Seguros*, Coimbra Editora, Coimbra, 2005, pág. 216.

Uma vez registada, a sociedade tem personalidade jurídica, é uma pessoa colectiva, é um sujeito de direito que pode ser titular de relações jurídicas, quer com os seus sócios, quer com terceiros. O relacionamento societário que antes do registo se estabelecia entre os sócios, passa a unir os sócios com a sociedade.

A relação jurídica entre o sócio e a sociedade é una e complexa. É una porque se estabelece apenas uma relação jurídica entre cada um dos sócios e a sociedade; é complexa, porque contém no seu âmbito uma pluralidade de situações jurídicas activas e passivas, de natureza vária, unificada em redor da posição subjectiva de sócio. A unidade da participação social pode ser posta em causa quando a sua titularidade seja plural. Pode haver contitularidade, usufruto, penhor ou pode haver também o destacamento de direitos[95]. Não obstante, cada titular, seja qual for o conteúdo do seu direito, não deixa de ter com a sociedade apenas uma relação jurídica complexa.

A relação jurídica societária é complexa e móvel. No seu âmbito existem poderes e vinculações de variada natureza. Há poderes de domínio, poderes creditícios, poderes potestativos; há vinculações pecuniárias, obrigações de *facere* e de *non facere*, há sujeições.

A mobilidade do conteúdo da relação jurídica que se estabelece entre o sócio e a sociedade decorre de várias causas. Por um lado, o contrato, pacto ou estatuto da sociedade pode ser modificada por deliberação social e até a própria lei que os rege pode ser alterada. Por outro, as deliberações tomadas pelos órgãos sociais têm influência no conteúdo concreto da posição jurídica do sócio. Finalmente as circunstâncias que envolvem a vida da sociedade e do sócio podem ser de molde a modificar o conteúdo da sua posição jurídica.

---

[95] PAIS DE VASCONCELOS, *Direitos Destacáveis – O Problema da Unidade e Pluralidade do Direito Social como Direito Subjectivo*, Direito dos Valores Mobiliários, I, Coimbra Editora, Coimbra, 1999, págs. 167 e segs., OSÓRIO DE CASTRO, *Valores Mobiliários. Conceito e espécies,* Universidade Católica Portuguesa, Porto, 1988, págs. 55 e segs..

CAPÍTULO II
Os poderes dos sócios

7. A componente activa da posição jurídica do sócio

I. A posição jurídica do sócio da sociedade comercial, além de situações jurídicas passivas, contém também situações jurídicas activas. Estas situações jurídicas são usualmente designadas *direitos* dentro de uma tendência generalizada para referir como tais, além dos direitos subjectivos propriamente ditos, também os poderes que os integram. A benefício de expressão e de comunicação não deixaremos de o fazer sempre que tal se revelar útil para a clareza do texto e a compreensão do leitor.

Estas situações jurídicas activas, em nossa opinião, são *poderes*, correspondem à disponibilidade de meios jurídicos para a prossecução do fim próprio do direito subjectivo global do sócio. Assim, em vez de direito ao lucro, melhor se deveria referir o poder de exigir e receber a quota parte do lucro da sociedade no termo do exercício ou na liquidação; melhor que direito de voto se falaria no poder de voto; assim sucessivamente nos parece mais correcto referir o poder de participar nos órgãos sociais, o poder de exigir e obter informação, o poder de preferir na subscrição de aumentos de capital e de transmissão da parte social, o poder de dispor da própria parte social, o poder de exoneração da sociedade e os poderes especiais. Estes poderes não têm um sentido autónomo, sem a sua integração no âmbito mais vasto de um direito subjectivo do sócio, e não têm outra função ou utilidade senão enquanto meios susceptíveis de contribuir para o êxito desse direito. Como melhor se demonstra adiante, são poderes integrantes do direito subjectivo do sócio.

70   *A Participação Social nas Sociedades Comerciais*

Porém, toda a ciência pressupõe um consenso mínimo sobre o léxico e o significado das palavras, sem o qual fica prejudicado o diálogo científico e o debate académico. Por isso apenas, serão por vezes mantidas as designações tradicionais dos poderes do sócio integrados na participação social, como *direitos*.

II. Na componente activa da posição jurídica do sócio trataremos em seguida do poder de participar no lucro da sociedade, do poder de participar nas deliberações sociais, do poder de informação, do poder de participar nos órgãos sociais, dos poderes das minorias, do poder de preferência na subscrição de aumentos do capital e da alienação das partes sociais, do poder de disposição da própria parte social, do poder de exoneração e dos poderes especiais.

Este poderes podem ser classificados em *poderes patrimoniais* e *poderes administrativos*.

A classificação dos poderes como patrimoniais assenta num critério que tem como factor classificativo o seu exercício visar a recepção de dinheiro pelo sócio. Fundamentalmente engloba o poder de participar no lucro. No seu âmbito inclui, entre outros, os poderes de cobrar o dividendo, a quota de liquidação, os suprimentos ou prestações suplementares e outros, congéneres, que sejam estipulados nos estatutos ou deliberados nos órgãos da sociedade.

Os poderes administrativos são os que visam habilitar o sócio a participar na orgânica da sociedade. Entre eles avulta o poder de participar em assembleia, de votar, de ser investido em cargos socais e os exercer. São eles nomeadamente o poder de votar, de intervir em assembleia gerais e de nelas formular propostas, de exigir e obter informações, de requerer a convocação de assembleias gerais e de exigir a inclusão de assuntos na ordem de trabalhos de assembleias já convocadas, de impugnar deliberações dos órgãos sociais, de exigir responsabilidade aos titulares dos órgãos sociais, de alienar ou onerar a sua parte social, de alienação potestativa de acções, de preferência na subscrição de aumentos de capital, etc..

8. Poder de participar no lucro da sociedade

Os sócios associam-se na sociedade para distribuírem entre si o lucro emergente da actividade social. É típico da sociedade comercial o intuito lucrativo. A lucratividade da sociedade comercial embora não necessária, é típica, e essa tipicidade surge bem clara na definição constante do artigo 980.º do Código Civil.

O lucro é a diferença positiva entre o custo e a receita da actividade económica da sociedade. Se a receita for maior que o custo, há lucro; se for inferior, há prejuízo. O lucro, nas sociedades comerciais, envolve dificuldades e complexidades que têm suscitado problemas de difícil solução.

a) Poder de exigir que a gestão da sociedade seja orientada para o lucro

I. As sociedades comerciais têm tipicamente intuito lucrativo, embora possam não o ter. Não são instituições altruístas nem de solidariedade social. O seu fim não é o de criar ou manter o emprego, nem de promover o crescimento ou o desenvolvimento da economia. A sua gestão deve ser orientada para a obtenção de lucro.

Os titulares dos órgãos de gestão das sociedades comerciais têm o dever de as gerir, como diz o artigo 64.º, na sua nova redacção, com respeito pelos deveres de cuidado (*duty of care*) e de lealdade (*duty of loyalty*). Recai sobre os gerentes e administradores um dever de boa gestão, de gestão prudente e competente[96], em que devem revelar "a disponibilidade, a competência técnica e o conhecimento da actividade da sociedade adequados às suas funções e empregando nesse âmbito a diligência de um gestor criterioso e ordenado" e ainda exercendo a gestão "no interesse da sociedade, atendendo aos interesses de longo prazo dos sócios e ponderando os interesses dos outros sujeitos relevantes para a sustentabilidade da sociedade, tais como os seus trabalhadores, clientes e credores".

---

[96] BRITO CORREIA, *Os Administradores de Sociedades Anónimas*, Almedina, Coimbra, 1993, págs. 595 e segs..

II. Na concretização do dever de boa gestão, é necessário distinguir entre, de um lado, os gerentes das sociedades em nome colectivo e das sociedades por quotas e, de outro lado, os administradores das sociedades anónimas. Esta distinção é necessária porque, nestes tipos societários, é diferente a posição dos gestores em relação aos sócios no que respeita à gestão.

Nas sociedades em nome colectivo e nas sociedades por quotas, os gerentes têm o dever de exercer a gestão. Os gerentes da sociedade por quotas, segundo o artigo 259.°, devem gerir a sociedade *com respeito pelas deliberações dos sócios*. No que respeita à sociedade em nome colectivo, não existe no Código uma regra correspondente, mas deve entender-se que o mesmo regime se aplica. Na falta de regra expressa a remissão para *o disposto para as sociedades por quotas* no que respeita à assembleia dos sócios, pode razoavelmente ser entendida como abrangendo também o poder que assiste à assembleia de influenciar e determinar as orientações de gestão. Trata-se de uma regra que é própria das sociedades de pessoas e mais forte razão tem de ser vigente na sociedade em nome colectivo do que na sociedade por quotas.

Na sociedade anónima, dos artigos 373.°, 405.° e 406.° resulta que, diferentemente do que sucede nas sociedades em nome colectivo e por quotas, os administradores gozam de uma ampla autonomia de gestão[97] e até de matérias de competência reservada. *Apenas nos casos em que a lei ou o contrato de sociedade o determinarem*, é que os administradores têm a obrigação de subordinar a gestão às deliberações dos accionistas. *Sobre matérias de gestão da sociedade, os accionistas só podem deliberar a pedido do órgão de administração* (artigo 373.°, n.° 3). Pode dizer-se, numa analogia com os sistemas políticos, que o regime de partilha do poder nas sociedades em nome colectivo e

---

[97] Este regime é influenciado pelo n.° 1 do § 76 da *Aktiengesellschaft*: *(Leitung der Aktiengesellschaft) 1. Der Vorstand hat unter eigener Verantwortung die Gesellschaft zu leiten*. A independência da gestão inexiste no caso das sociedades subordinadas em que, nos termos do artigo 503.°, os gestores estão obrigados a acatar as instruções da sociedade subordinante, mesmo que desvantajosas.

por quotas é de cariz parlamentarista, enquanto nas sociedades anónimas assim não sucede[98].

Além disto, na sociedade em nome colectivo, a gestão é exercida normalmente, embora não necessariamente, pelos próprios sócios, e o mesmo sucede quase sempre na sociedade por quotas. Na sociedade anónima, todavia, embora não seja raro que os accionistas, ou os principais accionistas, acompanhem de perto a gestão e desempenhem cargos de administração pessoalmente ou através de pessoas por si designadas, o regime de gestão dispensa os administradores, quer de consultar os accionistas sobre matéria de gestão, quer de obedecer às suas orientações. A administração das sociedades anónimas é tipicamente e legalmente exercida com autonomia em relação à assembleia geral e aos accionistas. Mesmo nas sociedades anónimas com estrutura orgânica dualista, o conselho de administração só tem a obrigação de informação perante o conselho geral e está sujeita tão só à sua fiscalização, mas não à sua orientação (artigo 432.°).

Na sociedade anónima, o conselho de administração têm pois uma autonomia de gestão em relação à assembleia geral e aos sócios, que não existem na sociedade em nome colectivo e na sociedade por quotas.

III. Se os gestores têm um dever de boa gestão, perguntar-se-á se os sócios têm um correspondente direito à boa gestão por parte dos gerentes e administradores ou, melhor dito, um poder de lhes exigir uma boa gestão e uma pretensão de indemnização em caso de gestão incompetente, negligente ou mesmo danosa.

A resposta a esta pergunta deve começar pela consideração de que, nas sociedades com personalidade jurídica, como são todas as sociedades comerciais no direito português, os sócios não têm uma relação jurídica directa com os gestores. Os sócios, no âmbito da sociedade, têm relação jurídica com a própria sociedade e uns com os

---

[98] CALVÃO DA SILVA, *Conflito de Interesses e Abuso do Direito nas Sociedades*, Estudos Jurídicos, Almedina, Coimbra, 2001, pág. 109: *a Assembleia Geral não poderá invadir o âmbito de competência da Administração*.

outros. Os gestores, enquanto tais, têm uma relação jurídica de gestão com a sociedade, mas não com os respectivos sócios. No regime de responsabilidade civil dos administradores perante os sócios (e terceiros), segundo o artigo 79.°, *deparamos* (...) *com uma imputação delitual. Não há vínculos jurídicos específicos, entre os administradores e os sócios* (...) *nessa qualidade: tudo passa pela sociedade, pessoa autónoma*[99].

A relação jurídica societária dos sócios não se alarga aos gestores enquanto tais: confina-se à sociedade e aos consócios. Os gestores, enquanto tais, têm uma relação jurídica de gestão com a sociedade. Para além de outras matérias que agora não nos interessam como, por exemplo, a remuneração, a garantia de duração do mandato e a compensação pela sua interrupção prematura, esta relação envolve o dever de boa gestão, de que, na gestão, o gestor actue com diligência e competência. Salvo se especialmente estipulado, o gestor não se obriga a um resultado, embora possam ser estipulados objectivos de gestão que devam ser alcançados.

A apreciação, em geral, da gestão e, em especial, do desempenho dos administradores cabe à assembleia geral ordinária. Segundo o artigo 455.°, n.° 2, a apreciação geral da administração *deve concluir por uma deliberação de confiança em todos ou alguns dos órgãos de administração e des fiscalização e respectivos membros ou por destituição de algum ou alguns destes*. É esta a sede, por excelência, da apreciação pelos sócios da qualidade da gestão da sociedade e do desempenho de cada um dos administradores. O descontentamento dos sócios, nestas matérias, traduz-se no voto de desconfiança e na destituição. É este o modo que a lei oferece aos sócios para sancionar os administradores cuja gestão seja insatisfatória. A deliberação de desconfiança deve conduzir à destituição, seja do órgão em bloco, seja de um ou mais administradores. Não se compreende como poderia o conselho de administração ou um ou mais dos seus membros continuar no exercício de funções sem a confiança da sociedade, atenta, principalmente, a autonomia que a lei lhes confere na gestão. A assembleia

---

[99] MENEZES CORDEIRO, *Da Responsabilidade Civil dos Administradores das Sociedades Comerciais*, Lex, Lisboa, 1997, pág. 496.

geral não pode deixar de votar, ou a confiança, ou a desconfiança: não pode alhear-se da questão[100].

Embora a apreciação da gestão e a votação da confiança e da desconfiança sejam protagonizadas pelos sócios em assembleia geral, essa actuação não lhe é juridicamente imputável: é um acto da sociedade. É a sociedade que aprova ou rejeita a gestão, que manifesta a confiança ou a desconfiança na administração e nos seus membros, que os mantém em funções ou que os destitui. Não se trata de acto dos sócios.

Os sócios têm o poder de, na assembleia, interpelar a administração e cada um dos administradores, de lhes pedir explicações sobre a gestão em geral e sobre cada acto de gestão, de os criticar, e de lhes exigir uma gestão mais diligente, mais agressiva ou mais prudente, mais dirigida a resultados a curto, a médio ou a longo prazo. Não pode deixar de ser reconhecido aos sócios o poder de exigir da administração e dos administradores uma gestão lucrativa, orientada para o lucro. Mas a sanção que está ao seu alcance resume-se à destituição.

Em nossa opinião, os sócios não têm o poder de recorrer a tribunal para condenar a administração ou um ou mais administradores, a agir desta ou daquela maneira na gestão, nem a abster-se deste ou daquele acto, nem a adoptar ou a abster-se, ou interromper certa estratégia de gestão, com o fundamento de serem ou não serem as melhores. Não está na competência dos tribunais substituir-se aos conselhos de administração no exercício da gestão da sociedade, nem ordenar que sejam seguidas ou evitadas estratégias de gestão. Seria, por exemplo, totalmente desrazoável que um tribunal, a pedido de um sócio, condenasse uma sociedade a deslocalizar a produção para o leste europeu, ou a proibisse de o fazer.

Se a gestão for insatisfatória para os sócios, estes poderão destituir a administração; se for insatisfatório o desempenho de certo

---

[100] SOARES MACHADO, *A Deliberação de Confiança na Apreciação Anual da Situação da Sociedade*, ROA (1995), págs. 597 e segs..

administrador, poderão os sócios votar-lhe a desconfiança e destitui-lo com justa causa[101].

O regime do artigo 455.° está legislado a propósito da sociedade anónima. No seu âmbito, aplica-se tanto à administração e seus membros, como ao conselho fiscal e seus membros, como ainda ao conselho geral e respectivos membros e bem assim aos membros do conselho de administração executivo e da comissão de auditoria. A fórmula do artigo 455.° ao referir os *órgãos de administração e fiscalização e respectivos membros* assim o impõe. Uma vez que trata do funcionamento e dos poderes da assembleia geral, este regime é aplicável também à sociedade por quotas, por remissão do artigo 248.°, n.° 1, e à sociedade em nome colectivo, por remissão do artigo 189.°, n.° 1, em ambos os casos com as adaptações necessárias.

Resta ainda mencionar o caso das sociedades não lucrativas. Há sociedades, como por exemplo as SGPS, que tipicamente não têm como fim, a título principal, a obtenção de lucro e a sua distribuição pelos sócios como dividendo. Nas sociedades subordinadas, a gestão é feita com vista à obtenção de lucro na sociedade subordinante. Nestas sociedades, não se justifica que os sócios exijam, na assembleia geral, que a gestão seja orientada para o lucro da própria sociedade. O mesmo sucede nas sociedades instrumentais que, nos grupos em que se inserem, desempenham outras funções e prosseguem outros fins que não o próprio lucro directo.

IV. Os gestores podem ser sócios ou terceiros. Na sociedade em nome colectivo, em princípio, todos os sócios são gerentes, mas nada impede que sejam designados pelos sócios gerentes terceiros (artigo 191.°, n.° 1 e n.° 2). Também na sociedade por quotas, os gerentes não têm de ser sócios (artigo 252.°, n.° 1), mas na normalidade dos casos, são sócios e frequentemente todos os sócios. Na sociedade anónima nada impõe, também, que os administradores sejam sócios, e

---

[101] A causa invocada para a destituição é relevante para a questão de o administrador destituído ter, ou não ter, direito a ser indemnizado pela sua destituição. Esta matéria está, porém, fora do âmbito desta obra.

Os poderes dos sócios 77

normalmente não o são, embora não seja de estranhar a designação de accionistas para o exercício do cargo ou a aquisição de acções por administradores que antes não eram accionistas[102].

Esta realidade aconselha a distinção entre gestores que são sócios e gestores terceiros, e também entre os sócios que são gestores e os que o não são. Ao reger sobre a gestão, nos artigos 64.º e seguintes, o Código das Sociedades Comerciais não faz esta distinção. No entanto, esta distinção impõe-se na prática e na vida das sociedades. Há situações e posições socialmente típicas que são muito diferentes, no seu sentido, e que não é aconselhável ignorar.

Em primeiro lugar, é verdadeiramente rara a designação de gerentes não sócios em sociedades em nome colectivo. Mesmo nas sociedades por quotas, o que é mais usual é que todos os sócios sejam gerentes; por vezes, com menor frequência, a gerência é cometida a apenas alguns deles; a designação de gerentes não sócios é rara e quase sempre ocorre em substituição de sócios que, por qualquer razão, não podem ou não querem ser gerentes, e por cuja conta exercem o cargo. A designação de gestores profissionais só é socialmente típica nas sociedades anónimas.

Em segundo lugar, é também socialmente típica, nas sociedades anónimas, a designação de gestores profissionais por conta de certos sócios – normalmente de certos accionistas ou grupos de accionistas – cujos interesses na sociedade especialmente acautelam, de quem geralmente recebem instruções e perante quem respondem pelo exercício do cargo. Este sistema não é o que está na lei, mas é o que funciona na prática. Há mesmo um uso, razoavelmente seguido, segundo o qual, cada accionista ou grupo de accionistas designa um administrador por cada dez por cento de capital de que é titular[103].

---

[102] Com alguma frequência, é estipulado nos estatutos que os administradores caucionem a sua responsabilidade com o depósito de certo número de acções, o que, acrescido à recente tendência para remunerar os administradores com *stock options*, tem tornado accionistas os administradores profissionais.

[103] Este uso é frequentemente consagrado em acordos parassociais, mas é também muitas vezes espontaneamente seguido.

É esta realidade, de haver administradores profissionais especialmente afectos a certos accionistas ou grupos de accionistas, que dá lugar ao regime do artigo 83.°: os sócios (ou grupos de sócios) são responsáveis pelos *seus* administradores, se os tiverem. Ora, se os sócios são solidariamente responsáveis com esses gestores, é justo que tenham sobre eles influência; embora, em nossa opinião, seja a influência que exercem sobre os administradores que justifica que os sócios sejam com eles solidariamente responsáveis, e não o contrário.

De tudo isto resulta que, embora a lei não faça distinção, não tem muito sentido tratar indistintamente situações e posições que são relevantemente diferentes, como são as dos gestores que são sócios e as dos que o não são, e bem assim as dos sócios que são gestores e os que não exercem essas funções.

Nas sociedades por quotas em que todos os sócios sejam gerentes e todos eles assinem sem reservas os documentos de prestações de contas, é dispensada outra forma de apreciação ou deliberação sobre eles (artigo 263.°, n.° 2)[104]. É de bom senso que assim seja, uma vez que a sua aprovação está já assegurada pela concordância da totalidade dos sócios. Há neste caso uma simbiose entre as posições jurídicas de sócios e de gerentes. Esta coincidência de posições jurídicas pode ser desenvolvida numa outra simbiose, agora, entre o dever de lealdade do sócio e o dever de diligência do gestor.

A simbiose do dever de lealdade, como sócio, e do dever de diligência, como gestor, por parte do sócio gestor, ultrapassa a simples soma[105]. Na posição jurídica do sócio-gestor, ou do gestor-sócio, o dever de lealdade como sócio intensifica-se, pelo facto do sócio ser também gestor, e também o dever de diligência como gestor se intensifica pelo facto de o gestor ser também sócio. O dever de lealdade do sócio é mais exigente quando ele seja também gestor porque nessa sua situação ele tem ao seu alcance mais poderes e, por isso, pode mais no seu cumprimento e deve, por isso, ser-lhe exigido um nível de cumprimento correspondentemente mais exigente. Também o gestor

---

[104] RAÚL VENTURA, *Sociedades por Quotas*, III, cit., págs. 213-214.
[105] *Infra* III. 20. I.

que é sócio tem o seu dever de diligência na gestão intensificado pelo facto de ser sócio: ao contrário do gestor não sócio, ele tem uma relação de lealdade com os demais sócios e as suas obrigações de não discriminação entre os sócios são agravadas.

É justo que ao gestor-sócio seja exigida uma maior responsabilidade na gestão do que ao gestor profissional que dessa gestão se limita a fazer profissão sem que, como sócio, tenha outro vínculo de lealdade perante a sociedade e os seus consócios. Esta intensificação dos deveres de lealdade e de diligência na posição jurídica do sócio-gestor, só deve verificar-se quando o sócio seja gestor por causa da sua qualidade de sócio. Não nos parece que se justifique esta intensificação de deveres no caso do gestor profissional que adquire algumas acções da sociedade que administra, sem que essa sua posição accionista tenha influência na sua investidura na gestão.

V. A deficiência de gestão pode constituir ou envolver a prática de actos ilícitos por parte dos gestores. Quando assim suceder, estes incorrem em responsabilidade civil perante os sócios, nos termos do artigo 79.º. Nos casos previstos no artigo 83.º, o accionista é solidariamente responsável com o *seu* gestor.

Não constitui acto ilícito, por parte dos gestores, o simples inêxito da gestão. A gestão das sociedades não é uma ciência exacta e está povoada de incerteza, de riscos e de imprevisto. Se depois da gestão correr mal pode ser relativamente fácil discernir porquê, nem por isso, essas causas eram mais previsíveis antes de acontecerem. Toda a gestão comercial tem risco. O lucro é a contrapartida do risco. Não se pode querer o lucro sem aceitar o risco. Por isto, o inêxito da gestão, não tem, em si e em princípio, o que quer que seja de ilícito.

Mas os maus resultados podem ser causados por comportamentos ilícitos por parte de um, ou mais, ou mesmo todos os gestores. Assim sucederá quando a gestão for exercida em proveito dos próprios gestores em vez de o ser em proveito da sociedade, ou em proveito de algum ou alguns sócios em detrimento dos demais, ou mesmo em proveito de terceiros. Assim não sucederá, nos dois últimos casos, quando a sociedade seja subordinada e a sua gestão seja

80   *A Participação Social nas Sociedades Comerciais*

feita em benefício da subordinante. Também será ilícita a gestão quando exercida com violação da lei, dos deveres funcionais dos gestores, ou com imprudência ou negligência graves.

VI. Os sócios podem exigir que a sociedade seja bem gerida. No âmbito da boa gestão, podem exigir que a gestão seja orientada para o lucro. Só assim não sucederá nas chamadas sociedades não lucrativas.

A exigência de que a gestão seja orientada para o lucro deve ser formulada e sancionada na assembleia geral. Nessa sede, os sócios podem interpelar e criticar os administradores quanto à qualidade da gestão e ao seu desempenho no exercício da função. A sanção da gestão insatisfatória consiste no voto de desconfiança e na destituição. Só quando deficiência de gestão constitua acto ilícito é que os sócios poderão responsabilizar civilmente os gestores e exigir deles a indemnização dos danos que tais ilícitos lhes causem, nos termos do artigo 79.º. A responsabilidade pode ser penal, quando a actuação dos gestores constitua crime, por exemplo, nos casos dos artigos 509.º e segs..

b) Lucro directo e indirecto

O lucro pode ser encarado numa perspectiva ampla ou numa perspectiva restrita. Na primeira, constitui lucro a vantagem económica proporcionada pela actividade social; na segunda, apenas é considerado lucro a vantagem económica que se forma e apura na titularidade da sociedade para, depois, ser distribuída aos sócios. O intuito dos sócios ao constituírem a sociedade e ao continuarem no seu seio é o de retirar dela uma vantagem económica. Essa vantagem pode ser auferida pelos sócios fundamentalmente de dois modos: pode haver um lucro formado na sociedade e depois distribuído pelos sócios; e pode haver uma vantagem económica que se repercute directamente na esfera jurídica patrimonial dos sócios sem se ter beneficiado primeiro a sociedade.

Nas sociedades sem personalidade jurídica, que têm a dupla natureza de um contrato e de uma comunhão de mão comum entre os sócios, a diferença é mais ténue do que em sociedades com personalidade jurídica. Naquelas, o lucro forma-se sempre na esfera jurídica dos sócios, indiferentemente de se apurar, ou não, primeiro na mão comum. Nestas há uma dualidade de pessoas jurídicas – a sociedade e os sócios – e, num caso, a vantagem económica forma-se na pessoa jurídica sociedade e depois é transmitida, como dividendo, para os sócios; no outro, forma-se directamente na esfera jurídica patrimonial dos sócios.

É hoje consensual a concepção segundo a qual o lucro se deve formar na esfera jurídica da sociedade para ser depois distribuído aos sócios. É esta claramente a inspiração do artigo 980.° do Código Civil. Mas nem sempre foi assim. Como se mostrou a propósito do conceito de sociedade[106], nas Ordenações Filipinas, no Código de Ferreira Borges e na doutrina do século XIX as definições de sociedade falavam apenas em *melhor negócio lícito e maior ganho*[107]. É no Código Civil de Seabra que surge a referência ao *intuito de repartirem entre si os proveitos*, retomada depois no Código de 1966.

Pode, pois, distinguir-se uma concepção ampla e uma concepção restrita de lucro. Para os sócios, pode ser mais vantajosa qualquer das duas concepções. Na prática da vida das sociedades comerciais e dos negócios, ambas são utilizadas. Na política que imprimem à sociedade, os sócios podem estar mais interessados em beneficiar directamente no seu património das vantagens económicas da sociedade do que no património da sociedade. Evita-se assim uma transmissão de valores, que está sujeita a imposto.

A lucratividade indirecta, na concepção ampla, encontra-se nos agrupamentos complementares de empresas (ACE), nos agrupamentos europeus de interesse económico (AEIE), nos consórcios que, de acordo com a concepção restrita, não são qualificados como sociedades comerciais.

---

[106] *Supra* I.3.

[107] FERREIRA BORGES, *Jurisprudência do Contrato-mercantil de Sociedade*, cit., pág. 1, e *Diccionario jurídico-comercial*, cit., pág. 358.

É hoje pacífico que o lucro que é tido em consideração, nas sociedades comerciais, é o lucro restrito que se forma no património da sociedade, para ser depois distribuído entre os sócios[108].

c) As sociedades não lucrativas

Vem do direito inglês a prática das *non profit making societies*. Estas sociedades, que na prática portuguesa têm sido entendidas como *sociedades não lucrativas,* desempenham, no direito em que se inserem, um papel e uma função muito diversas do que no direito português se considera serem sociedades comerciais. Servem para suportar *charities* e outras instituições que, no direito português são qualificáveis como associações.

No direito português aproximam-se delas, sem contudo lhes corresponderem, as sociedades desportivas[109]. Nestas, na realidade, a produção e a distribuição dos lucros segue um regime muito especial. Trata-se de sociedades híbridas, entre a associação, correspondente ao antigo clube tradicional, verdadeiramente desportivo e não comercial, e os grandes clubes hodiernos intensamente profissionalizados, em que a componente de desporto é progressivamente ultrapassada pela de espectáculo e em que a natureza civil originária vai progressivamente evoluindo para a comercial[110].

No actual direito português a estipulação de proibição de realização e distribuição de lucros, impede a qualificação do ente como sociedade, seja civil seja comercial. Tratar-se-á, então de uma associação sem fim lucrativo, mas não de uma sociedade.

---

[108] MANUEL ANTÓNIO PITA, *Direito aos Lucros*, cit., pág. 65.

[109] ANTÓNIA PEREIRA, *O Direito aos Lucros nas Sociedades Desportivas*, Quid Juris, Lisboa, 2003.

[110] A exploração de espectáculos públicos é uma actividade (empresa) objectivamente comercial, segundo o artigo 230.º, n.º 4, do Código Comercial.

d) As sociedades instrumentais como veículos especiais (spe – special purpose entities)

É muito vulgar, na arquitectura de grupos de sociedades, a inserção de sociedades que, na lógica do grupo em que se inserem, não têm por função obter e distribuir lucro, mas antes uma outra utilidade.

É corrente, na configuração de um grupo de sociedades que estruture um grupo económico sofisticado e coeso, concentrar, por exemplo, os serviços de contabilidade e controlo numa sociedade que, na realidade, não desempenha uma função lucrativa própria, embora coopere na lucratividade do grupo. Assim sucede com outros serviços, muitas vezes de utilização comum por várias sociedade do grupo, que importa autonomizar funcionalmente por motivos de racionalidade empresarial. As sociedades instrumentais têm sido também utilizadas, na prática, para o parqueamento de participações sociais, ou para a deslocalização de lucros ou perdas fiscais.

As sociedades instrumentais aproximam-se das fundações. Geralmente são instituídas para a prossecução de um fim específico com utilidade, mas não para a produção e distribuição directa de lucro. O seu fim real é o de obter vantagens e utilidade para um ou mais beneficiários, tal como nas fundações. Diversamente das fundações, o seu fim não é de interesse social, mas sim de interesse do grupo em que se inserem ou de quem as constitui ou controla. São pessoas colectivas de direito privado, de fim interessado, privado, muitas vezes unipessoais.

Estas sociedades, de acordo com o respectivo tipo legal, podem produzir lucro e distribui-lo. Não costumam, porém, fazê-lo, salvo de um modo simbólico. A sua gestão não é dirigida à obtenção e distribuição de lucro.

e) As sociedades vazias (shell ou shelf companies)

A constituição de sociedades comerciais é normalmente morosa. Nuns países mais, noutros menos. Em Portugal, é excessivamente demorada, complicada e burocrática a sua constituição.

84   *A Participação Social nas Sociedades Comerciais*

Nem sempre os agentes no mercado podem esperar todo o tempo que a burocracia estatal obriga a demorar para conseguir a obtenção da autorização da respectiva firma pelo Registo Nacional das Pessoas Colectivas, e para os demais actos e formalidades necessários. Há oportunidades de investimento e de negócio que não podem esperar. O comércio exige rapidez e agilidade que não se compadecem com ritmos lentos.

Para evitar estas demoras, nasceu uma prática de, em vez de constituir uma nova sociedade, proceder à aquisição de uma sociedade já constituída. Esta sociedade foi constituída e mantida sem actividade para ser alienada a quem a quisesse adquirir. É assim que sucede, na maior parte dos casos, com as sociedades *offshore*, mas também é possível adquirir assim sociedades *inshore*. Estas sociedades são denominadas, na prática do comércio societário, como *shell companies*, por delas terem, na prática, apenas o invólucro (*shell*), ou também *shelf companies*, por serem oferecidas já prontas, para aquisição de quem as quiser comprar, como mercadorias nas prateleiras (*shelves*) das lojas de consumo em massa. Por vezes, mas nem sempre, é necessário adaptar o seu objecto social e raramente a respectiva firma.

Em casos mais raros, são adquiridas sociedades que já tiveram, mas deixaram de ter, movimento e que estão disponíveis sem activo nem passivo. Quando assim sucede, pode ocorrer o perigo de surpresas emergentes do surgimento de passivos ou responsabilidades ocultas ou desconhecidas. Por isto, o recurso a sociedades vazias que já tiveram actividade é normalmente limitada ao interior do mesmo grupo societário, o que permite controlar o risco.

As sociedades vazias são muito frequentemente utilizadas como sociedades instrumentais. Enquanto se mantêm em situação latente, à espera de serem adquiridas ou activadas, as sociedades vazias não têm actividade nem lucratividade.

f) As sociedades gestoras de participações sociais

As sociedades gestoras de participações sociais – *SGPS* – são sociedades que se caracterizam por ter o seu objecto social limitado à gestão de participações sociais noutras sociedades, *como forma indirecta de exercício de actividades económicas*. São regidas pelo Decreto-Lei n.º 495/88 de 30 de Dezembro.

Com a tipificação das SGPS, foi intuito do legislador dominar o fenómeno económico-societário-empresarial das sociedades *holding*. A intervenção legislativa, nesta matéria, veio já do início dos anos setenta, em que o Decreto-Lei n.º 271/72, de 2 de Agosto, havia instituído as então designadas *sociedades de controlo*.

Segundo a lei, a participação numa sociedade é considerada forma indirecta de exercício de actividade económica desta quando não tenha carácter ocasional e atinja, pelo menos, 10% do capital com direito de voto da sociedade participada, quer por si só quer através de participações noutras sociedades em que a *SGPS* seja dominante e considera-se também que a participação não tem carácter ocasional quando é detida pela *SGPS* por período superior a um ano (artigo 1.º do Decreto-Lei n.º 495/88). Em casos especiais, são admitidas participações inferiores a 10% (artigo 3.º, n.º 3 do Decreto-Lei n.º 495/88). As *SGPS* podem prestar serviços às participadas, mediante contrato escrito (artigo 4.º do Decreto-Lei n.º 495/88) e sofrem de limitações quanto à propriedade de imóveis, à alienação ou oneração das participações antes de corrido um ano sobre a sua aquisição e à concessão de crédito às participadas (artigo 5.º Decreto--Lei n.º 495/88).

As *SGPS* têm vantagens fiscais que justificam uma sua importante expansão no tecido societário português, além de serem particularmente úteis para a montagem e o controlo de grupos de sociedades[111].

Contrariamente ao conceito geral do artigo 980.º do Código Civil, as *SGPS* não envolvem o exercício em comum de uma actividade económica, que não seja de mera fruição nem, pelo menos a título principal, o fim de repartição dos lucros resultantes daquela actividade.

---

[111] MENEZES CORDEIRO, *Manual de Direito das Sociedades*, I, cit., págs. 831 e segs.

86 A Participação Social nas Sociedades Comerciais

g) Lucro final e lucro intermédio

O lucro é obtido ao longo da vida da sociedade. Embora a sociedade possa ser constituída por um prazo curto, na realidade, não é costume estipular um termo para a sociedade. Normalmente as sociedades comerciais são constituídas sem prazo. Os investimentos nem sempre são de reprodução rápida e é vulgar a sociedade não conseguir obter lucro nos primeiros anos de actividade. Por outro lado, criou-se hoje uma prática, nas sociedades cotadas, de apurar lucros, ou previsões de lucros, trimestralmente, dividindo o exercício anual em *quarters*.

A opção entre distribuir o lucro a final ou no termo de cada exercício depende dos sócios. A autonomia privada permite-lhes estipular nos estatutos quando deve o lucro ser apurado e distribuído. Por razões fiscais o apuramento do lucro não pode deixar de ser anual. Mas a sua distribuição pode, nos estatutos, ficar estipulado que seja a final, na liquidação, ou ao fim de certo número de anos, ou que não se dê nos primeiros anos, ou ano sim ano não. Porém, para que assim seja, é necessário que tal fique estipulado nos estatutos.

Se nada for estipulado, os artigos 217.º e 294.º, respectivamente acerca da sociedade por quotas e da sociedade anónima, determinam que só por deliberação tomada com os votos favoráveis correspondentes a três quartos do capital social pode deixar de ser distribuída metade dos lucros apurados no termo do exercício. A lei nada estatui, nesta matéria, quanto à sociedade em nome colectivo.

O lucro final é apurado na liquidação da sociedade, após o pagamento do passivo, e distribuído pelos sócios.

h) O apuramento do lucro do exercício

I. O lucro do exercício é apurado pela contabilidade da sociedade, nas contas anuais que são, primeiramente aprovadas pela gestão, depois pelo conselho fiscal ou fiscal único se existirem e finalmente sujeitas a deliberação dos sócios em assembleia geral anual.

II. O apuramento do lucro culmina operações complexas de contabilidade, que seria aqui deslocado detalhar. As operações contabilísticas que conduzem ao apuramento dos resultados são hoje tema de graves distorções, que são consequência de se ter permitido a banalização da chamada *contabilidade criativa* que aproveita toda a espécie de deficiências (*loopholes*) duma legislação sobre contabilidade excessivamente detalhada e imperfeita, para desrespeitar, na prática, aquele princípio fundamental que tão bem espelhado estava na versão originária do artigo 29.º do Código Comercial, que mandava que a sociedade tenha livros que *dêem a conhecer, fácil, clara e precisamente as suas operações comerciais e fortuna*[112]. Auditoras e consultoras de raiz estrangeira importaram para Portugal (e para todos os outros países de sistema liberal-capitalista) a prática da fraude à lei, em matéria de escrituração e contabilidade, como se se tratasse de uma prática lícita e profissionalmente qualificada. Falências enormes e escandalosas levaram já ao colapso da maior, mais respeitada e mais conhecida das auditoras, e processos criminais em curso levaram à prisão alguns gestores demasiadamente *desembaraçados*. Mas nunca é demais enfatizar

---

[112] A nova redacção do artigo 29.º do Código Comercial foi-lhe dada pelo Decreto-Lei n.º 76-A/06 de 29 de Março a pretexto de eliminar a obrigação de o comerciante ter livros de escrituração mercantil, e com o fim de, deixando de ser obrigatória a sua legalização, evitar "centenas de milhar de actos por ano nas conservatórias, que oneram as empresas". Na nova redacção do artigo 29.º – "Todo o comerciante é obrigado a ter escrituração mercantil efectuada de acordo com a lei". Dentro do espírito do "programa simplex", foi desprezada a função primordial da escrituração do comerciante, que não pode deixar de continuar a ser a de [da-] *a conhecer, fácil, clara e precisamente as suas operações comerciais e fortuna*. Foi uma opção simplista e infeliz. Para alcançar a finalidade anunciada "em 2.º lugar" no relatório do aludido Decreto-Lei e estatuída na alínea c) do n.º 1 do artigo 1.º do seu articulado, bastaria substituir na redacção original do artigo a palavra *livros* por *escrituração mercantil*, que passaria a ser do seguinte teor: "Todo o comerciante é obrigado a ter escrituração mercantil que dê a conhecer, fácil, clara e precisamente as suas operações comerciais e fortuna". A mutilação do preceito retirou-lhe o que era mais importante: indicar o sentido rector fundamental da escrituração mercantil. Num tempo em que a escrituração mercantil, não obstante ser "efectuada de acordo com a lei", nunca foi tão opaca e tão pouco representativa da realidade, e não pode deixar de ser severamente criticada. Esperamos que, o mais cedo possível. seja corrigido este erro legislativo.

88 *A Participação Social nas Sociedades Comerciais*

que, de entre vários processos contabilísticos formalmente permitidos pela multidão de preceitos legais e regulamentares disponíveis, a escrituração deve ser feita de modo a revelar e exprimir com transparência e exactidão a verdade da real situação do património e dos negócios da sociedade. Não são lícitas práticas consistentes em manter fora do balanço (*off-balance*) operações, negócios, movimentos, activos e passivos da sociedade, nem a manipular de outro modo as contas da sociedade[113].

III. Os conselhos fiscais e fiscais únicos, não obstante os poderes e a responsabilidade que a lei lhes atribui, são muitas vezes excessivamente complacentes com as administrações eleitas pelas mesmas maiorias a quem devem a sua própria eleição. Os seus cargos são demasiadas vezes encarados como sinecuras. Os membros pofissionais que os integram, geralmente auditoras e seus funcionários, nem sempre agem de acordo com o espírito do sistema e, não raro, na sua actuação, mais ensinam e ajudam a contabilidade criativa do que a combatem ou impedem. Sem generalizar, pode dizer-se que nem sempre exercem satisfatoriamente a sua função de fiscalização e controlo das contas e demais operações da sociedade. Nada de melhor se adivinha para os demais órgãos de fiscalização.

i) A prestação de contas

I. As contas do exercício são prestadas anualmente pela gestão aos sócios. Depois de elaboradas e aprovadas pelo órgão de gestão, devem ser apresentadas ao conselho fiscal ou fiscal único, se existirem, e postas à disposição dos sócios para exame. A lei estabelece prazos rigorosos que, na prática nem sempre são respeitados. Nas sociedades mais pessoalizadas com gestão consensual e sem divergências entre sócios, é vulgar serem ignorados os prazos de prévia elaboração das contas pelo órgão de gestão, da sua apresentação ao órgão de fisca-

---

[113] Sobre as reservas ocultas, GUIDO ROSSI, *Utile di bilancio, riserve e dividendo*, Giuffrè, Milano, 1957, págs. 39 e segs..

lização, quando exista, e de disponibilidade para prévia apreciação pelos sócios. Assim sucede também frequentemente quando todos os sócios estão presentes ou representados no órgão de gestão, nas sociedades integradas em grupos, principalmente nas sociedades instrumentais e nas sociedades unipessoais.

II. Na Parte Geral do Código das Sociedades Comerciais, o artigo 65.º estabelece regras para todos os tipos legais de sociedades. De acordo com a sua letra, os membros do órgão de gestão devem elaborar e submeter aos órgãos competentes da sociedade, o relatório de gestão, as contas do exercício e os demais documentos de prestação de contas. A obrigação impende, formalmente, sobre cada um dos gestores, individualmente considerado, naquela qualidade.

Na realidade, não é nem deve ser assim que se passam as coisas. No exercício das suas funções de gestão, o respectivo órgão promove que seja feita e mantida actualizada e em boa ordem a contabilidade da sociedade. As contas são fechadas durante o primeiro trimestre do ano seguinte. Durante o exercício a contabilidade é controlada pelo órgão de fiscalização e pelos auditores da sociedade, quando existam. As contas vão sendo feitas ao longo do exercício e acompanhando *pari passu* o andamento dos negócios da sociedade. Nas sociedades bem geridas, as contas são fechadas e apreciadas, pelo menos, mensalmente. Não são ainda definitivas e podem ser revistas mais tarde, perante novos dados. Só as contas finais do exercício são definitivas. As contas são um meio de controlo da vida económica da sociedade, imprescindível para que os ganhos e as perdas sejam detectadas a tempo, de modo a permitir as correcções e inflexões da gestão, indispensáveis para prevenir e evitar, perdas graves e irreversíveis. A contabilidade é um poderoso e imprescindível instrumento de controlo da gestão da sociedade. Não é só no termo do exercício que a gestão deve elaborar as contas e enfrentar as surpresas que esta revelar.

A redacção da lei só encontra razoabilidade em responsabilizar todos e cada um dos gestores pela realização das contas. Não são eles pessoalmente que as fazem, mas é sob a sua orientação e responsa-

90   *A Participação Social nas Sociedades Comerciais*

bilidade que são feitas. O artigo 38.º do Código Comercial autoriza expressamente o comerciante a incumbir outrem da realização das suas contas.

III. A elaboração das contas obedece às regras do Plano Oficial de Contabilidade (POC), aprovado pelo Decreto-Lei n.º 410/89, de 21 de Novembro. Recentemente, o Decreto-Lei n.º 35/05, de 17 de Fevereiro, veio determinar a aplicação também, em certos casos, das Normas Internacionais de Contabilidade (NIC), em transposição da Directriz n.º 2003/51/CE, do Parlamento Europeu e do Conselho, de 18 de Julho.

O regime de contabilização consagrado no POC assenta fundamentalmente na avaliação com base no *custo histórico*. Este custo histórico, normalmente o custo de aquisição, é corrigido e actualizado de diversos modos, que não cabe aqui mencionar. Não obstante, tem conduzido a distorções graves, principalmente na avaliação do activo imobilizado.

Há hoje uma forte pressão, nos principais mercados, para que a avaliação contabilista, tanto de activos como de passivos, passe a ser feita de acordo com o valor real (*fair value accounting*), o que pressupõe a sua reavaliação anual e a explicitação clara dos respectivos critérios. Ambos os sistemas têm vantagens e inconvenientes, cuja discussão é hoje muito activa. Há que acompanhar com atenção esta evolução.

IV. Quanto ao processo de aprovação das contas, a lei distingue. Quanto à sociedade anónima estabelece o regime mais completo e sofisticado, nos artigos 451.º e seguintes; a respeito da sociedade por quotas, prevê um procedimento mais simples, no artigo 263.º; e nada estatui especificamente a propósito da sociedade em nome colectivo e das comanditas. As diferenças decorrem do diverso regime do direito de informação dos sócios. Tipicamente, na sociedade anónima os sócios estão mais afastados da gestão do que na sociedade por quotas e nesta mais do que na sociedade em nome colectivo. Nas comanditas, depende de serem simples ou por acções.

Uma vez prontas, as contas finais devem ser apreciadas pelo

órgão de gestão que lhe pode introduzir modificações. As contas devem ser discutidas e verificada a sua correspondência à realidade. Os gestores são individualmente responsáveis pela fidelidade e verdade das contas. As contas são objecto de deliberação pelo órgão de gestão e devem ser assinadas, em princípio, por todos os gestores. O gestor que com elas não concorde deve recusar a sua assinatura e explicar a razão da sua recusa, oralmente na reunião do órgão e por escrito no correspondente documento (artigo 65.º, n.ᶜ 3).

Depois de aprovadas pelo órgão de gestão, as contas devem ser entregues ao órgão de fiscalização, se a sociedade o tiver. Este deve apreciá-las e emitir parecer sobre elas, conjuntamente com o relatório de gestão e o relatório do Revisor Oficial de Contas (ROC) e a certificação anual de contas. Se houver reservas ou recusa de certificação, o órgão de fiscalização deve pronunciar-se sobre elas e manifestar a sua concordância ou discordância em relação às mesmas. Em ambos os casos, deve fundamentar a sua posição, embora a lei só o exija expressamente no caso de discordância. O órgão de fiscalização deve remeter ao órgão de gestão o seu parecer no prazo de quinze dias. Passados outros quinze dias, o relatório, as contas, o relatório do órgão de fiscalização e outros documentos de prestação de contas, são submetidos à apreciação e deliberação dos sócios. Até lá, devem estar disponíveis para ser consultados pelos sócios, para que estes os possam estudar de modo a poderem pronunciar-se informada e conscienciosamente sobre eles.

j) Deliberação sobre o apuramento dos lucros

As contas culminam com o resultado do exercício. Este resultado pode ser positivo ou negativo. O resultado positivo corresponde ao lucro do exercício; o resultado negativo, ao prejuízo.

O apuramento do lucro decorre da contabilidade e das contas. Porém a sua determinação não é puramente aritmética e depende de decisões de política societária que são submetidas pela gestão à deli-

92   *A Participação Social nas Sociedades Comerciais*

beração dos sócios. Nas contas, devem ser efectuadas reintegrações e amortizações de elementos do activo, e constituídas ou reforçadas provisões para diversos fins.

O valor do resultado apurado depende, por um lado, da avaliação ou reavaliação do activo e, por outro, das amortizações, reintegrações e provisões constituídas. Nesta matéria a gestão enfrenta normalmente dificuldades. Perante a incidência fiscal de IRC convém-lhe reduzir o lucro tributável, procedendo a amortizações, reintegrações e provisões, mantendo os activos contabilisticamente desvalorizados. Perante esta tendência, a lei fiscal estabelece limites máximos para além dos quais deixam de ser fiscalmente relevantes. Porém a distribuição de dividendos supõe o apuramento de lucros. Para minimizar o imposto, convém reduzir o lucro; para maximizar o dividendo, convém fazer o contrário. Dentro dos limites da lei fiscal, a sociedade tem alguma liberdade, no âmbito da qual pode adoptar uma prática mais prudente traduzida em amortizações, reintegrações e provisões mais elevadas, ou mais arriscadas com a sua limitação ao mínimo. Uma política mais prudente de amortizações, reintegrações e provisões reforça a solidez financeira da sociedade; uma política contrária debilita-a.

Estas políticas têm consequências no apuramento do lucro do exercício e são frequentemente fonte de controvérsia e discórdia entre os sócios. Além de reduzir o custo fiscal da gestão e de reforçar a solidez financeira da sociedade, as políticas de elevadas amortizações, reintegrações e provisões, provocam uma redução do lucro distribuível e, com ele, do dividendo. Os sócios podem, legitimamente, ter interesses e opiniões diferentes nestas matérias. O lucro é a contrapartida do risco e não há negócios sem risco; porém a assunção de riscos excessivos pode ter consequências catastróficas. Também a prudência é, em princípio boa; mas em excesso pode fazer perder oportunidades de negócio. É difícil sindicar a política da sociedade nesta matéria.

Salvo quando se demonstre a existência de excesso abusivo de amortizações, reintegrações ou provisões com o fim de prejudicar minorias, como no caso do sócio tirano[114], os tribunais não devem intrometer-se nesta decisão, que cabe inteiramente aos sócios. Quando haja que decidir sobre o eventual excesso abusivo de amortizações, reintegrações e provisões, o processo adequado é o da impugnação da deliberação dos sócios que aprovou as contas, com fundamento na alínea b) do n.º 1 do artigo 58.º do Código das Sociedades Comerciais (deliberações abusivas).

Estes casos não se confundem com os vícios específicos das contas e do seu processo deliberativo próprio. Segundo o artigo 69.º do Código das Sociedades Comerciais, a ilegalidade na elaboração dos documentos de prestações de contas e a irregularidades das próprias contas dá lugar à anulabilidade das deliberações que as aprovar; a sanção é já, porém, de nulidade quando haja violação da lei no que respeita à "constituição, reforço ou utilização da reserva legal, bem como de preceitos cuja finalidade, exclusiva ou principal, seja a protecção dos credores ou do interesse público".

k) Deliberação sobre a distribuição dos lucros

I. Em princípio, o lucro deve ser apurado e distribuído no termo do exercício. O relatório de gestão, segundo a alínea f) do n.º 5 do artigo 66.º, deve conter uma proposta de aplicação de resultados *devidamente fundamentada*. Se houver lucro, esta proposta deve submeter aos sócios o destino que lhe deve ser dado. Pode ser retido como reserva, pode ser distribuído, e pode ser parcialmente retido e parcialmente distribuído. Também nesta matéria os sócios têm um elevado grau de discricionariedade na deliberação, dentro dos limites estabelecidos na lei.

II. O apuramento e distribuição do lucro podem ser antecipados.

O artigo 297.º prevê que, nos estatutos, os sócios tenham esti-

---

[114] Quanto ao *sócio tirano*, *Supra*, III. 20. h) iii. Tal não afasta a aplicação do regime especial estatuído no artigo 69.º do Código das Sociedades Comerciais.

pulado a atribuição de adiantamentos sobre os lucros do exercício. Neste caso, é necessário, por um lado, que haja uma resolução do órgão de gestão nesse sentido, precedida de parecer concordante do órgão de fiscalização; por outro, a elaboração de um balanço intercalar *ad hoc*, com a antecedência mínima de trinta dias, certificado pelo ROC.

A atribuição de adiantamentos sobre os lucros só pode ocorrer uma vez em cada exercício e na sua segunda metade. Os respectivos valores devem respeitar o princípio da integridade do capital e não podem exceder metade do valor que, de acordo com o balanço especialmente elaborado para o efeito, seria distribuível.

RAÚL VENTURA[115] considera o artigo 297.° aplicável por analogia à sociedade por quotas. Desde que prevista no pacto social, não vemos razão para não permitir a aplicação transtípica deste regime. Trata-se de matéria de interesse exclusivo dos sócios, que não envolve questões de ordem pública.

III. A lei, no artigo 33.° do Código das Sociedades Comerciais, proíbe a distribuição dos lucros que sejam necessários para cobrir prejuízos transitados ou para formar ou reconstituir reservas legais ou estatutárias (n.° 1); também não podem ser distribuídos lucros enquanto não estiverem amortizadas as despesas de constituição, de investigação e desenvolvimento, excepto se cobertos por reservas livres (n.° 2); e não é permitido distribuir verbas oriundas de reservas ocultas (n.° 3).

Além disto, a lei impõe, nos artigos 218.° e 295.°, que as sociedades por quotas e as sociedades anónimas mantenham uma reserva legal constituída pelo mínimo de uma vigésima parte dos lucros do exercício, até que alcance, pelo menos, um quinto do capital da sociedade, num valor que, no que respeita às sociedades por quotas, não deve ser inferior a dois mil e quinhentos euros.

A lei estabelece também mínimos de distribuição dos lucros

---

[115] RAÚL VENTURA, *Sociedades por Quotas*, I, cit., págs. 334-335.

pelos sócios. Nos artigos 217.º e 294.º, é imposta a distribuição de um mínimo de metade dos lucros do exercício, salvo preceito estatutário ou deliberação tomada com os votos correspondentes, pelo menos, a três quartos do capital social.

Respeitados estes limites, os sócios têm a liberdade de deliberar qual a parte dos lucros a distribuir.

l) A retenção de lucros

I. Os lucros que seja lícito distribuir mas que seja deliberado reter constituem reservas livres. A constituição de reservas livres é feita através da retenção de lucros na própria sociedade.

II. A retenção de lucros, através da constituição de reservas, tem vantagens e inconvenientes para a sociedade e para os sócios. Para a sociedade, tem a vantagem de reforçar a sua robustez financeira, acautelar antecipadamente perdas futuras e reduzir a dependência de capitais alheios cujo custo pode ser elevado e cuja obtenção pode ser problemática; tem o inconveniente de reduzir os dividendos, criando tensões entre os sócios e fazendo baixar a cotação das acções, tornando mais difícil o financiamento no mercado primário. Para os sócios, a retenção de lucros na sociedade tem vantagens para quem investir a longo prazo, tornando economicamente mais sólida a participação social e mais valiosa a médio e longo prazo, e dispensa ou reduz a exigência bancária de prestação de caução pelos sócios; tem o inconveniente de reduzir, pelo menos naquele exercício, o dividendo.

As vantagens e inconvenientes da retenção de lucros dependem muito do tipo legal e do tipo social de sociedade. Na sociedade em nome colectivo é relativamente indiferente, para a sociedade, reter ou distribuir mais ou menos lucros, porque a sua ténue autonomia inerente ao regime de responsabilidade limitada torna fácil a comunicação económica entre os patrimónios da sociedade e dos sócios. Ainda assim, não é totalmente indiferente, atenta a limitação patrimonial dos próprios sócios. É nas sociedades de capitais que a retenção se torna relevante e, por isso, não vigora para a sociedade em nome colectivo um regime correspondente ao dos artigos 217.° e 294.° do Código das Sociedades Comerciais. A rigorosa autonomia patrimonial entre a sociedade e o sócio, característica da sociedade por quotas e da sociedade anónima, torna muitíssimo relevante, para o sócio, a decisão sobre a distribuição ou retenção do lucro do exercício. Se a sociedade for constituída com um termo de duração, não será muito importante para os sócios que o lucro seja distribuído anualmente ou só a final; quanto menos distanciado no tempo for o termo, menos relevante será a diferença. Se, porém, a sociedade for constituída com duração indeterminada, como sucede quase sempre, a dilação da distribuição dos lucros para a liquidação é uma violência quase confiscatória para os sócios que não tenham uma maioria suficiente para deliberar a dissolução. Os sócios que se encontrem nessa circunstância ficam privados do lucro até que a liquidação ocorra, não se sabe quando, em tempo que está fora do seu domínio; ficam totalmente dependentes de decisão alheia.

Mais importante que a distinção entre sociedades de pessoas e sociedades de capitais, ou entre tipos legais de sociedades, é a consideração dos seus tipos sociais e até das suas circunstâncias.

Nas grandes sociedades anónimas abertas cotadas em bolsa, a retenção do lucro do exercício terá normalmente consequências catastróficas na cotação das suas acções. Na decisão sobre o montante do lucro a distribuir aos accionistas não pode deixar de ter um peso muito determinante a reacção do mercado secundário, dos grandes accionistas, dos accionistas institucionais, designadamente os fundos, e até a vulnerabilidade a *take overs* hostis. Dificilmente uma grande sociedade anónima aberta cotada pode deixar de distribuir, se não todo, pelo menos quase todo o lucro do exercício.

Nas sociedades anónimas fechadas, a retenção de lucros é geralmente justificada com o argumento da necessidade de constituir reservas livres para robustecer a situação financeira da sociedade perante os perigos e incertezas de ordem económica e de mercado, e até política, que sempre existem na circunstância. O argumento tem força persuasiva e normalmente corresponde à realidade; porém, não são raros os casos em que a retenção de lucros é feita com o objectivo oculto de prejudicar os accionistas minoritários, conduzindo-os à venda das suas acções aos sócios maioritários ou à própria sociedade, ou a terceiros, por preços degradados correspondentes ao seu valor de rendimento.

Nas pequenas sociedades anónimas e nas sociedades por quotas, é muito frequente a retenção de lucros por dificuldades de liquidez. Não obstante o apuramento de lucro contabilístico, a sociedade não tem dinheiro para pagar os dividendos. Nessa circunstância, os usos variam entre a retenção com constituição ou reforço de reservas e a deliberação de distribuição com retenção do pagamento a título de suprimentos. Também nestas sociedades sucede por vezes a delibera-ção abusiva de retenção de lucros com o fim de prejudicar mino-rias, que pode dar lugar à respectiva impugnação judicial com funda-mento na alínea b) do n.º 1 do artigo 58.º do Código das Sociedades Comerciais.

Para além da tipicidade legal ou social das sociedades, é preciso ter em consideração as circunstâncias em que é tomada a deliberação de reter total ou parcialmente os lucros do exercício, tanto as cir-cunstâncias internas da sociedade (a sua situação económica e finan-ceira, o estado dos seus negócios), como as circunstâncias externas (situação do mercado em que se insere, conjuntura económica geral e perspectivas económicas futuras). A retenção pode ser imprescindí-vel à saúde económico-financeira da sociedade, pode mesmo ser uma condição da sua sobrevivência; pode ser apenas útil ou vantajosa; pode mesmo ser supérflua e desnecessária, ou até abusiva.

III. Em caso de divergência entre os sócios, prevalece o voto da maioria. Não cabe ao tribunal decidir sobre a conveniência da socie-dade, porque lhe falta legitimidade para tanto. Não lhe compete deci-dir se a sociedade deve distribuir cinquenta e cinco ou oitenta e cinco por cento dos lucros do exercício e muito menos fixar o montante dos lucros a distribuir.

Só quando for invocado abuso (deliberação abusiva) pode o tribunal apreciar e decidir. Na formação da decisão deve ser tida em conta a fundamentação da proposta de distribuição de resultados, exigida pela alínea f) do n.º 5 do artigo 66.º do Código das Sociedades Comerciais, e deve ser feito uso da prova pericial, sendo aconselhável que o tribunal se apoie em técnicos com conhecimentos especiais na matéria, tal como previsto no artigo 649.º do Código de Processo Civil. Ainda que a fundamentação da proposta venha a ser desmentida pela realidade, a deliberação de distribuição de resultados só deve ser anulada quando for julgada abusiva.

IV. Nos artigos 217.º e 294.º do Código das Sociedades Comerciais, está prevista a possibilidade de, nos estatutos, ficar estipulado um regime de distribuição ou retenção dos lucros diferente. É o que resulta indubitavelmente da expressão *salvo diferente cláusula contratual* com que tem início o texto do n.º 1 de ambos os preceitos. O regime de obrigatoriedade de distribuição de pelo menos metade dos lucros do exercício, salvo deliberação de, pelo menos, três quartos do capital, é supletivo. Só vigora se outra coisa não constar dos estatutos[116].

O regime de retenção de lucros estatuído nos artigos 217.º e 294.º é supletivo. Faz parte da disciplina dispositiva dos tipos legais da sociedade por quotas e da sociedade anónima. O tipo legal da sociedade em nome colectivo nada contém nesta matéria. Daqui se conclui que a matéria está incluída no âmbito da autonomia privada

---

[116] Sobre este regime, em detalhe, FILIPE CASSIANO DOS SANTOS, *A Posição do Accionista Face aos Lucros do Balanço*, Studia Iuridica, Universidade de Coimbra, Coimbra Editora, Coimbra, 1996, págs. 89 e segs.. Ver também OLIVEIRA ASCENSÃO, *Direito Comercial, IV, Sociedades Comerciais – Parte Geral*, cit., págs. 355 e segs., BRITO CORREIA, *Direito Comercial, II, Sociedades Comerciais*, cit., págs. 161 e segs., PEREIRA DE ALMEIDA, *Sociedades Comerciais*, cit., págs. 82 e segs., PINTO FURTADO, *Curso de Direito das Sociedades*, cit., págs. 138 e segs., MANUEL ANTÓNIO PITA, *Direito aos Lucros*, cit., págs. 97 e segs., FERRER CORREIA/MANUEL DE ANDRADE, *Suspensão e Anulação de Deliberações Sociais*, RDES, III, págs. 329 e segs., principalmente 358 e segs., ANTÓNIO CAEIRO/NOGUEIRA SERENS, *Direito aos Lucros e Direito ao Dividendo Anual*, RDE, Ano V, n.º 2, Julho – Dezembro de 1979, pág. 369 e segs., em especial págs. 377, 380 e 381.

e excluída do campo da heteronomia. Trata-se de relações inter-privadas dos sócios em que não interfere o interesse público ou de terceiros, ou considerações de ordem pública ou de bem comum. Os sócios podem estipular o que entenderem quanto à distribuição dos lucros, com o limite apenas da proibição do pacto leonino. Mas é preciso distinguir dois momentos ou dois âmbitos diferentes de actuação da autonomia dos sócios nesta matéria: o da conformação do contrato, pacto ou estatutos, seja na sua versão inicial seja em posteriores alterações, e o das deliberações anuais de apuramento e distribuição dos lucros. Na conformação inicial dos estatutos, a vontade negocial dos sócios tem de ser unânime; nas modificações estatutárias subsequentes, está sujeita a maioria qualificada; nas deliberações anuais é, em regra, simplesmente maioritária.

Na vigência do regime anterior ao actual Código das Sociedades Comerciais, no artigo 119.°, n.° 1 do Código Comercial e no artigo 20.° da Lei de 1901, também se permitia que os sócios estipulassem livremente nos estatutos sobre o destino dos lucros apurados no balanço. Podiam estipular que dos lucros apurados fosse retida e destinada a reservas uma parte, por deliberação dos sócios. Não eram raras estas cláusulas. Sem elas, porém, os lucros não podiam deixar de ser distribuídos, a não ser que todos os sócios nisso conviessem.

A diferença de regimes não é neutra. Permite até identificar dois subtipos de sociedades. Num deles, o lucro só pode deixar de ser distribuído integralmente aos sócios com o consentimento de todos eles; no outro, uma maioria pode deliberar, contra uma minoria, afectar lucros a reservas livres. É mais contratual e mais pessoal a sociedade em que é necessário o consentimento unânime dos sócios para a retenção de lucros; é mais institucional e mais autónoma a sociedade em que a maioria pode impor a sua vontade à minoria no que respeita à retenção de lucros. Numa série bipolar, num pólo está a sociedade em que os lucros apurados não podem deixar de ser distribuídos, salvo por deliberação unânime dos sócios; no outro, aquela em que basta a maioria simples para deliberar a retenção. São soluções intermédias a exigência de maiorias qualificadas mais ou menos exigentes, a estipulação de verificação da necessidade das reservas com

100 *A Participação Social nas Sociedades Comerciais*

maior ou menor rigor, a limitação da percentagem dos lucros a reter, do número de exercícios seguidos ou interpolados em que pode haver retenção, ou outras que a autonomia privada e a natureza das coisas possa suscitar.

V. Já antes da entrada em vigor do Código das Sociedades Comerciais, era corrente estipular que os lucros seriam distribuídos aos sócios ou afectos a reservas conforme deliberado pelos sócios na assembleia em que fossem apurados; também era vulgar nada estipular nessa matéria. Na falta de estipulação, os tribunais sistematicamente anulavam as deliberações que determinassem a retenção de lucros contra o voto de algum sócio. Havendo estipulação, era admitido que os sócios deliberassem como entendessem. Esta liberdade de deliberação sobre a retenção de lucros veio a ser posta em causa com invocação de abuso do direito num caso em que, por um lado, a retenção se prolongava já por muitos anos e a sociedade já não precisava dela e, por outro, deixava um sócio minoritário completamente privado da sua participação no lucro da sociedade, enquanto os sócios maioritários se atribuíam parte dos resultados a título de remunerações e gratificações de gerência[117]. Este caso – *caso Bóia & Irmão, Lda.* – é exemplar e pode constituir um precedente a seguir quando a retenção, embora estatuta-

---

[117] TRCoimbra 6.III.90, CJ 1990, 2, 45, STJ 7.I.93, BMJ 423, 540, e TRCoimbra 2.VII.91, CJ 1991, 4, 89. Estas três decisões têm a peculiaridade de corresponderem a litígios entre as mesmas partes. A primeira foi confirmada pela segunda. A primeira e a segunda tiveram por objecto uma deliberação tomada em 21.III.87, a terceira uma deliberação tomada em 23.III.89, ambas da mesma sociedade por quotas. Constituída já em 1943, a sociedade tinha um sócio com uma quota de quarenta por cento e uma outra quota de sessenta por cento, da titularidade da viúva e herdeiros do outro sócio já falecido, e retinha a totalidade dos lucros desde 1962, *"em ordem a assegurar a viabilidade e estabilidade da empresa, e a realização de investimentos"* A reserva legal estava completa e eram distribuídas gratificações aos gerentes, todos eles contitulares da quota maioritária. O sócio minoritário, sempre privado da sua parte dos lucros, impugnou as deliberações e obteve vencimento de causa. A Relação de Coimbra confirmou a sentença do Tribunal de Aveiro, com fundamento em abuso do direito referindo a *clamorosa*

Os poderes dos sócios

riamente permitida, seja desnecessária ou supérflua e se traduza, como bem se escreveu no Supremo, numa *clara ruptura do sistema de*

ofensa do sentimento jurídico dominante. O STJ confirmou esta decisão. Do aresto merece transcrição a parte final:

Ora, na hipótese <u>sub judice</u>, verifica-se que, durante um quarto de século, a sociedade ré obteve lucros e não os distribuiu pelos sócios. Antes os destinou a assegurar a viabilidade e a estabilidade da empresa e à realização de investimentos, dependente como estava o seu progresso destes últimos.

É verdade que a parte dos lucros destinada a garantir a viabilidade e estabilidade da empresa não poderia ser daí distraída, sob pena de se pôr em perigo a existência da própria ré, e, por isso mesmo, tal destinação não merece qualquer crítica. Mas já choca o senso comum de justiça dos homens sérios e honestos que, durante cerca de vinte e cinco anos, e em obediência a uma política de progresso contínuo, se houvesse esquecido, e em absoluto, o direito dos sócios a quinhoar nos lucros do exercício (artigo 21.º, n.º 1, alínea a) do Código das Sociedades Comerciais). E isto é tanto mais chocante quanto é certo que – a par do autor, titular de uma quota representativa de 40% do capital social, e que, ao longo de tantos anos, nenhuma fracção dos lucros recebera – a gerência da ré, constituída por co-titulares da quota de 60.000$00 a partir de 1980, e ano a ano, se passasse a autodistribuir, em assembleia geral, e para além de ordenados, a gratificação que em cada ano tinha por mais conveniente e adequada (e, obviamente, a sair dos lucros apurados).

A deliberação em análise tomada em assembleia geral de 21 de Março de 1987, e que, mais uma vez, afastou o autor do recebimento de qualquer parte dos lucros do exercício, culminou, pois, um longo processo, em linha contínua, que vinha de há um quarto de século atrás, e não pode, por isso mesmo, deixar de ser havida como contrária aos bons costumes. De facto, situada no fecho deste longo processo, tal deliberação envolveu uma clara ruptura do sistema de equilíbrio que deve existir entre o interesse social no reforço e valorização do activo e o dos sócios <u>uti singuli</u> na distribuição periódica dos lucros, e isso, num quadro de tal gravidade, que o grupo social representativo da ética dominante não poderia deixar de se sentir revoltado.

O abuso do direito configurado no artigo 56.º, n.º 1, alínea d) do Código das Sociedades Comerciais – abuso do direito de voto por parte do sócio ou sócios que aprovaram a deliberação contrária aos bons costumes – prescinde, como se viu, da consciência por banda desse sócio ou sócios, do excesso praticado.

Deste modo, e apesar de, <u>in casu</u> nada se haver provado sobre as intenções ou propósitos dos co-titulares da quota de 60.000$00, óbvio é que, sendo a deliberação em questão claramente contrária aos bons costumes, tem a mesma, na moldura do artigo 56.º, n.º 1, alínea d), do Código das Sociedades Comerciais, de ter sido por nula.

No acórdão de 2.VII.91, O Tribunal da Relação de Coimbra confirma a mesma orientação, embora com uma argumentação mais sucinta em que não deixa de referir *que já anteriormente se havia entendido em Acórdão proferido por este mesmo tribunal e em processo semelhante a este e com intervenção das mesmas partes, ter existido abuso*

equilíbrio que deve existir entre o interesse social no reforço e valorização do activo e o dos sócios uti singuli na distribuição periódica dos lucros. A retenção de lucros, mesmo quando prevista nos estatutos para ser objecto de deliberação pela assembleia geral, não deixa de ter uma finalidade reitora que consiste no reforço e consolidação da solidez financeira da sociedade e no seu autofinanciamento. Tal torna ilícitos os desvios e perversões deste regime que visem ou resultem na retenção supérflua de lucros com consequente privação da participação dos sócios nos resultados.

VI. São também frequentes os casos em que os sócios nada estipulam sobre a retenção de lucros. Quando assim sucede, se a sociedade for anónima ou por quotas, pode hoje ser deliberada pelos sócios a retenção até metade dos lucros por maioria simples; só pode ser retida mais de metade dos lucros mediante deliberação por maioria qualificada de três quartos dos votos correspondentes à totalidade do capital. Na sociedade em nome colectivo, na falta de estipulação estatutária, deverão os lucros do exercício ser distribuídos na totalidade da sua parte distribuível. Na sociedade em comandita simples, aplica-se a regra própria da sociedade em nome colectivo (artigo 474.º); na sociedade em comandita por acções, a da sociedade anónima (artigo 478.º).

No que respeita à sociedade por quotas e à sociedade anónima, quando nada tenha sido estipulado nos respectivos estatutos, regem respectivamente os artigos 217.º e 294.º. O texto destes preceitos conheceu já duas versões, uma originária e outra, a actual, introduzida pelo Decreto-Lei n.º 280/87, de 8 de Julho. Estas duas versões merecem ser comparadas.

---

do direito. Decide que através dessa deliberação os sócios maioritários da sociedade recorrente excederam manifestamente os limites impostos pela boa fé e pelo fim social e económico do direito que exercitaram – art. 334.º do C. Civil, e em reforço da sua decisão alude à *posterior repetição (àquele Acórdão) da actuação dos sócios maioritários da sociedade recorrente vem, afinal, confirmar o juízo então emitido.*

Artigo 217.º
(versão originária)

1 – Os sócios têm direito a que lhes sejam atribuídos os lucros de cada exercício, tal como resultam das contas aprovadas, exceptuada a parte destinada à reserva legal e, nos termos do número seguinte, a outras reservas.

2 – Sem prejuízo de disposições contratuais diversas, os sócios podem deliberar que seja destinada a reserva uma parte não excedente a metade do lucro do exercício que, nos termos da lei, lhes seja distribuível.

3 – Se, pelo contrato de sociedade, os gerentes ou fiscais tiverem direito a uma participação nos lucros, esta só pode ser paga depois de postos a pagamento os lucros dos sócios.

Artigo 217.º
(versão actual)

1 – Salvo diferente cláusula contratual ou deliberação tomada por maioria de três quartos dos votos correspondentes ao capital social em assembleia geral para o efeito convocada, não pode deixar de ser distribuído aos sócios metade do lucro do exercício que, nos termos desta lei, seja distribuível.

2 – O crédito do sócio à sua parte dos lucros vence-se decorridos 30 dias sobre a deliberação de atribuição dos lucros, salvo diferimento consentido pelo sócio; os sócios podem, contudo, deliberar, com fundamento em situação excepcional da sociedade, a extensão daquele prazo até 60 dias.

3 – Se, pelo contrato de sociedade, os gerentes ou fiscais tiverem direito a uma participação nos lucros, esta só pode ser paga depois de postos a pagamento os lucros dos sócios.

Artigo 294.º
(versão originária)

1 – Salvo diferente cláusula contratual ou deliberação unânime dos accionistas, não pode deixar de ser distribuído aos accionistas metade do lucro do exercício que, nos termos desta lei, seja distribuível.

Artigo 294.º
(versão actual)

1 – Salvo diferente cláusula contratual ou deliberação tomada por maioria de três quartos dos votos correspondentes ao capital social em assembleia geral para o efeito convocada, não pode deixar de ser distribuído aos accionistas metade do lucro do exercício que, nos termos desta lei, seja

2 – O crédito do accionista à sua parte nos lucros vence-se decorridos 30 dias sobre a deliberação de atribuição dos lucros, sem prejuízo das disposições legais que proíbam o pagamento antes de observadas certas formalidades, pode ser deliberada, com fundamento em situação excepcional da sociedade, a extensão daquele prazo até mais 60 dias, se as acções não estiverem cotadas em bolsa.

2 – O crédito do accionista à sua parte nos lucros vence-se decorridos que sejam 30 dias sobre a deliberação de atribuição de lucros, salvo diferimento consentido pelo sócio e sem prejuízo de disposições legais que proíbam o pagamento antes de observadas certas formalidades; pode ser deliberada, com fundamento em situação excepcional da sociedade, a extensão daquele prazo até mais 60 dias, se as acções não estiverem cotadas em bolsa.

3 – Se, pelo contrato de sociedade, membros dos respectivos órgãos tiverem direito a participação nos lucros, esta só pode ser paga depois de postos a pagamento os lucros dos accionistas.

A versão original do artigo 217.º, no que respeita ao regime da retenção dos lucros, vem dos projectos FERRER CORREIA (artigo 81.º), VAZ SERRA (artigo 56.º) e RAÚL VENTURA (artigo 83.º). Em todos eles se consagrava o direito do sócio aos lucros apurados no exercício, deduzidos dos destinados a integrar a reserva legal. Admitia-se que, por deliberação simplesmente maioritária dos sócios, fosse retida para reservas uma parte não excedente de metade dos lucros distribuíveis. Em todos os projectos, o regime era supletivo, podendo ser estipulado no contrato regime diverso. A autonomia dos sócios na estipulação estatutária tinha limite apenas na proibição do pacto leonino. Foi este o regime que ficou expresso na primeira versão do artigo 217.º[118]. Em relação ao artigo 20.º da Lei de 11 de Abril de 1901, introduziu a possibilidade de, por deliberação simplesmente maioritária dos sócios e mesmo sem estipulação contratual que o permitisse, ser retida até metade dos lucros para reservas livres. No regime

---

[118] Sobre a versão inicial do artigo 217.º, RAÚL VENTURA, *Sociedade por Quotas*, I, cit., págs. 315 e segs..

anterior, os sócios tinham direito à distribuição da totalidade dos lucros, salvo diferente estipulação no pacto. Agora, o artigo 217.º veio dispensar a permissão estatutária para a retenção de uma parte dos lucros não superior a metade. RAÚL VENTURA[119] considera esta uma solução salomónica entre o regime do artigo 20.º da Lei de 1901 e o artigo 991.º do Código Civil que permitia a retenção sem limite dos lucros das sociedades civis, por simples deliberação maioritária.

Na versão original do Código, havia uma pronunciada diferença de regime entre a sociedade por quotas e a sociedade anónima. Na primeira versão do artigo 294.º, foi também estatuído o carácter supletivo do regime legal – *salvo diferente cláusula contratual* – e a admissibilidade de retenção até metade dos lucros distribuíveis mas, para a retenção de mais de metade dos lucros, em vez de se contentar com a maioria simples para a correspondente deliberação, exigiu a unanimidade dos acionistas. Ficou assim consagrado um direito de veto por parte de qualquer accionista, indiferentemente do número das suas acções, para cujo exercício seria suficiente a simples não comparência na assembleia. Se a estipulação da *"diferente cláusula contratual"* exigia a unanimidade, o mesmo sucedia com a deliberação de retenção de lucros.

O desequilíbrio das soluções consagradas para a sociedade por quotas e a sociedade anónima não consegue encontrar justificação na diversidade de tipos legais nem sequer no carácter de sociedade de capitais da segunda, já que a primeira não é uma pura sociedade de pessoas. O regime originário do artigo 217.º facilitava demasiadamente a retenção de lucros, embora com o limite de metade, com o inerente sacrifício da minoria; o artigo 294.º, ao contrário, dificultava demasiadamente a constituição de reservas livres e o autofinanciamento da sociedade. Este regime suscitou fortes críticas que conduziram à sua modificação pelo Decreto-Lei 280/87, de 8 de Julho, que unificou o regime de ambos os tipos legais numa solução intermédia: salvo diferente cláusula contratual, ou deliberação dos sócios tomada por maioria qualificada de *três quartos dos votos correspondentes*

---

[119] RAÚL VENTURA, *Sociedade por Quotas*, I, cit., pág. 330.

106   *A Participação Social nas Sociedades Comerciais*

ao capital social, não pode ser retida uma parte dos lucros distribuíveis superior a metade.

A flutuação destas parcelas do regime dispositivo dos tipos legais da sociedade por quotas e da sociedade anónima, pode suscitar surpresas e injustiças para os sócios. Ao negociarem e estipularem os articulados dos pactos sociais ou estatutos das sociedades por quotas e anónimas que constituem entre si, os sócios contam com o regime jurídico então em vigor para o tipo legal. A maioria das sociedades às quais hoje se aplicam os artigos 217.º e 294.º foram constituídas antes da entrada em vigor do Código das Sociedades Comerciais. Os seus fundadores não terão razoavelmente previsto as duas mudanças de regime. Maior ainda terá sido a surpresa daqueles que constituíram sociedades por quotas e anónimas no curto tempo que mediou entre a entrada em vigor do Código das Sociedades Comerciais, em 1 de Novembro de 1986, e a modificação dos seus artigos 217.º e 294.º pouco tempo depois.

Os sócios de sociedades constituídas após a entrada em vigor do Código das Sociedades Comerciais e antes da modificação dos artigos 217.º e 294.º depararam com um regime jurídico que não quiseram e com o qual não contaram. Mais do que isso, contavam com o regime originário. A modificação introduzida constituiu uma surpresa. Nas sociedades por quotas constituídas antes da entrada em vigor do Código das Sociedades Comerciais, a lei provocou duas modificações de regime sucessivas: primeiro, a retenção de até metade dos lucros distribuíveis mediante deliberação da assembleia geral tomada por maioria simples; depois, veio exigir para tal deliberação uma maioria qualificada de três quartos da totalidade do capital. Nas sociedades anónimas constituídas antes da entrada em vigor do Código, primeiro, exigiu a unanimidade para a deliberação da retenção de lucros; depois, reduziu a exigência para três quartos do capital.

O regime dos artigos 217.º e 294.º do Código das Sociedades Comerciais, quer na sua versão originária, quer na subsequente, entrou em vigor para todas as sociedades comerciais a que se aplica, independentemente de estarem ou não já constituídas. Nada no diploma preambular do Código das Sociedades Comerciais permite aplicar os preceitos dos artigos 217.º e 294.º, nas suas versões, apenas às sociedades cuja constituição lhes seja posterior. Por isso, não deve ser admitida uma diferenciação de regime entre elas. O risco de modificação da lei não é anormal. Todos os dias se legisla, e as fortes críticas que se abateram sobre a redacção original daqueles dois preceitos deixava de algum modo prever que viriam a ser alterados, como veio a suceder.

A solução encontrada para a sua redacção, embora algo rígida, não deixa de ser equilibrada. A redacção originária era excessivamente protectora dos sócios da sociedade anónima, com perigos graves para a saúde financeira da sociedade. Há casos em que é imprescindível reter lucros: por exemplo, quando se sabe de antemão que, feitos investimentos apenas reprodutíveis a médio ou longo prazo, haverá prejuízo nos próximos exercícios. Seria insensato exigir a unanimidade dos votos dos sócios titulares da totalidade do capital para a deliberação de retenção de lucros para a constituição das correspondentes reservas. Seria também imprudente e permitiria graves injustiças permitir que uma maioria pudesse privar de dividendos a minoria por simples deliberação maioritária, principalmente em sociedades constituídas por tempo indeterminado.

Na redacção dos estatutos das sociedades, os fundadores poderiam ter estipulado no mesmo sentido das matérias que já tinham regulação legal supletiva. Normalmente evitam fazê-lo, por o considerarem redundante. Mas a redundância é apenas aparente. Se no pacto social de uma sociedade por quotas constituída antes do Código das Sociedades Comerciais fosse estipulada uma cláusula que impedisse a retenção de lucros salvo deliberação unânime de todos os sócios, esta cláusula pareceria redundante durante todo o tempo anterior à entrada em vigor do Código; mas após essa entrada em vigor, a cláusula mantém a sua eficácia autónoma e afasta a regra supletiva do artigo 217.º. A ausência de estipulação pode ter dois diferentes sentidos jurídicos: pode ter o sentido de remeter para a lei supletiva a regulamentação da questão, fixando essa regulamentação no regime supletivo vigente ao tempo, mas pode também significar a entrega daquela disciplina à lei, incluindo as suas subsequentes possíveis modi-

108   *A Participação Social nas Sociedades Comerciais*

ficações. O primeiro dos sentidos envolve a recepção daquele regime jurídico no contrato em moldes invariáveis, uma recepção fechada; a segunda, não uma recepção, mas antes uma remissão de conteúdo variável, uma remissão aberta.

É na concretização que podem ser corrigidas as aplicações perversas. Quando nada tenha sido expressamente estipulado, não pode deixar de ser tido em consideração o tempo da constituição, e bem assim a razão e circunstâncias em que se deu a omissão. É razoável presumir que os sócios fundadores, ao constituírem a sociedade, o fizeram no quadro do tipo legal tal como estava em vigor nesse tempo. A omissão de estipulação expressa poderá significar uma recepção fechada ou uma remissão aberta. Depende da interpretação do contrato. Nos casos em que simplesmente se desinteressaram da matéria, terá havido uma remissão aberta; quando tenham considerado a questão e deixado de estipular sobre ela por terem convindo na vigência do regime supletivo e na redundância da estipulação expressa, terá havido uma recepção fechada. Neste caso, haverá uma estipulação tácita com o conteúdo correspondente ao do preceito supletivo então em vigor. Esta estipulação tácita resulta *com toda a probabilidade* da omissão de estipular, de acordo com as circunstâncias do caso (artigo 217.º do Código Civil). Esta estipulação tácita, com o conteúdo e sentido que tem, é suficiente para afastar a aplicação do preceito supletivo da lei. Como defendemos já[120], a aplicação da disciplina dispositiva do tipo, na falta de estipulação das partes, deve ser afastada quando se conclua que estas não teriam querido celebrar o contrato com aquele regime e que teriam estipulado diferentemente se lhes ocorresse que viria a haver uma modificação legal nesse sentido. É o respeito pela autonomia privada que o impõe, na ausência de razões de ordem pública (que o carácter supletivo do regime permite concluir que não existem).

Outra via possível de solução, alternativa à anterior, assenta no abuso do direito. No caso de uma sociedade por quotas de constituição anterior ao Código das Sociedades Comerciais, em que nada

---

[120] PAIS DE VASCONCELOS, *Contratos Atípicos*, cit., págs. 383 e segs.

tenha sido estipulado sobre a retenção dos lucros na convicção dos sócios de que tal estipulação seria desnecessária atenta a redacção da lei então em vigor, a deliberação de retenção tomada já na vigência do artigo 217.º por maioria qualificada de três quartos, mas com os votos contrários dos demais sócios, deve ser tida por abusiva, por contrariar o sentido da estipulação inicial dos sócios agora maioritários. Ao constituírem a sociedade, estes concordaram que os lucros não deveriam ser retidos e estão agora a contrariar essa sua anterior atitude, agindo desonestamente contra a boa fé e os bons costumes. O mesmo sucederia no caso de uma sociedade anónima constituída na vigência da versão originária do artigo 294.º em que os sócios se tenham abstido de estipular sobre a retenção de lucros por entenderem consensualmente que só seria possível com o acordo de todos; uma deliberação de retenção por maioria qualificada com invocação da subsequente redacção do artigo 294.º não poderia deixar de constituir abuso do direito.

A aplicação dos preceitos supletivos dos artigos 217.º e 294.º a sociedades constituídas antes da sua entrada em vigor, ou da entrada em vigor da sua actual redacção, não pode ser feita de um modo simplesmente lógico-formal e não dispensa uma ponderação cuidadosa.

m) O vencimento do dividendo

Segundo o n.º 2 do artigo 217.º e o n.º 2 do artigo 294.º, o crédito ao dividendo vence-se passados trinta dias sobre a respectiva deliberação. Salvo consentimento do sócio ou imposição legal especial, o pagamento não pode ser diferido por mais de sessenta dias. Este diferimento não é permitido nas sociedades cotadas.

Nos referidos preceitos, a lei admite a dilação do pagamento do dividendo por mais sessenta dias, desde que assim seja deliberado *com fundamento em situação excepcional da sociedade*. Não obstante a existência de lucro e a regularidade contabilística do seu apuramento, a sociedade pode não dispor de liquidez para o pagamento imediato do dividendo. Somados os prazos, a sociedade não pode atrasar o pagamento do dividendo por mais de noventa dias. A duração do prazo indicia que esta dilação não visa resolver problemas estruturais de falta de liquidez. Apenas as dificuldades passageiras de tesouraria que a sociedade possa ultrapassar com a mobilização de recursos menos líquidos ou com o recurso ao crédito.

No silêncio da letra da lei, deve entender-se que esta deliberação pode ser tomada por maioria simples. Não encontra apoio na letra da lei, nem no seu espírito, a exigência de uma maioria qualificada. A simples dilação de mais sessenta dias, após os trinta iniciais, não tem a gravidade da retenção de lucros em reservas. Nada impede, porém, os sócios de estipularem nos estatutos de modo diferente. Este regime não é de ordem pública e permite o comando da autonomia privada.

Durante os trinta dias iniciais, a sociedade só fica constituída em mora depois de interpelada[121]. Independentemente de interpelação, a mora tem início no termo daqueles referidos trinta dias, ou dos subsequentes sessenta dias, que constituem um *prazo certo* subsumível à alínea a) do n.º 2 do artigo 805.º do Código Civil.

A acta da assembleia que tenha deliberado a distribuição do dividendo constitui título executivo para a respectiva cobrança judicial.

O dividendo deve ser pago ao sócio, a quem for sócio ao tempo do pagamento. Nada impede que, durante o exercício, ou entre o tempo da aprovação das contas, da deliberação de distribuição do dividendo e o do seu efectivo pagamento, ocorra a transmissão de partes sociais. Esta sucessão de sócios poderia suscitar dúvidas quanto à legitimidade para cobrar e receber o dividendo, isto é, criar perplexidade na sociedade sobre a pessoa a quem pagar: ao antigo ou ao novo sócio. A resposta é simples: ao sócio que se legitimar como tal ao tempo do pagamento. Entre o sócio antigo e o novo sócio, entre transmitente e o adquirente, pode ser regulada convencionalmente a questão. Não é rara a estipulação da proporcionalidade, em que o dividendo, embora pago pela sociedade ao adquirente, deve, depois, ser partilhado na proporção do tempo ou da parte do exercício em que cada um tenha sido sócio. Esta convenção é eficaz apenas entre

---

[121] RAÚL VENTURA, *Sociedades por Quotas*, I, cit., pág. 343.

os que a tiverem estipulado e não é, em princípio, oponível à sociedade, a não ser que esta tenha sido também parte na mesma. Em relação à sociedade constitui *res inter alios acta*.

n) Poder de cobrar a amortização da participação social

No Código das Sociedades Comerciais só é prevista a amortização de quotas[122] e de acções, não sendo mencionada a amortização de partes de sociedades em nome colectivo. A omissão da possibilidade de amortização na sociedade em nome colectivo e da exoneração na sociedade anónima, e a previsão de ambas na sociedade por quotas, principalmente a partir do n.º 4 do artigo 232.º, permite discernir a diferença e sentido entre ambas. No n.º 4 do artigo 232.º estatui-se, no tipo legal da sociedade por quotas, que *se o contrato de sociedade atribuir ao sócio o direito à amortização da quota, aplica-se o disposto sobre a exoneração de sócios.* Daqui se pode concluir que a exoneração é voluntária constituindo um *poder* do sócio, enquanto a amortização parece ser imposta ao sócio pela sociedade. A amortização, quando constitua um *poder* do sócio é tratada como exoneração.

A amortização não corresponde, em princípio, a um poder do sócio mas, quando ocorra, constitui no seu património um crédito patrimonial à respectiva contrapartida.

o) Poder de cobrar a quota de liquidação

Não é frequente a estipulação estatutária de um tempo limite de duração da sociedade. Nos pactos, contratos e estatutos constitui uma constante a estipulação da duração ilimitada da sociedade. Quando a sociedade não tem um limite de duração estipulado, é difícil que o sócio tenha em vista a realização do lucro do seu investimento através da quota de liquidação. Já assim não será quando seja estipulado um limite não muito longo de duração. Nesse caso, os sócios podem

---

[122] Sobre a amortização, com detalhe, ANTÓNIO SOARES, *O Novo Regime da Amortização de Quotas*, AAFDL, Lisboa, 1988.

112 *A Participação Social nas Sociedades Comerciais*

até abster-se de cobrar dividendos anuais e deixar para a liquidação da sociedade a realização do lucro do seu investimento.

Na grande maioria dos casos, porém, em que é estipulada a duração ilimitada da sociedade, não deixam os sócios de ter *direito* a receber a quota que lhes couber na liquidação da sociedade, quando deliberarem dissolvê-la. Neste caso, embora tal não constitua propriamente o objectivo projectado, os sócios têm o poder de cobrar e receber a quota de liquidação, se houver um saldo de liquidação.

Em ambos os casos trata-se de um poder creditício que integra a participação social. Normalmente a quota de liquidação é paga em dinheiro, embora a liquidação possa envolver a distribuição de bens aos sócios (artigos 147.º e 156.º) ou transmissão global do activo e passivo (artigo 148.º).

9. Poder de participar nas deliberações sociais

a) As deliberações sociais

I. As sociedades formam a sua vontade funcional através de deliberações sociais. As deliberações sociais são actos jurídicos com características muito peculiares. Por um lado, são acto dos sócios; por outro, são acto da sociedade. Enquanto acto dos sócios, a deliberação é um acto colectivo formado por uma pluralidade de actos jurídicos unitários – os votos – que são imputáveis à autoria de cada um dos sócios. Enquanto acto da sociedade, a deliberação é, no seu todo, um acto jurídico unitário, embora complexo, imputável à autoria da sociedade. Na linguagem jurídica corrente e também na da própria lei, surgem, por isso, referidas como deliberações dos sócios e como deliberações da sociedade[123].

---

[123] Sobre a alternativa designativa entre deliberações dos sócios ou da sociedade, PINTO FURTADO, *Curso de Direito das Sociedades*, cit., págs. 393-394 e EDUARDO LUCAS COELHO, *Formas de Deliberação e de Votação dos Sócios*, Problemas

Parece-nos útil distinguir. Nem todas as deliberações são dos sócios; também os gestores deliberam e o mesmo sucede com os membros dos órgãos de fiscalização. Todas elas são deliberações sociais, porque ocorrem no âmbito orgânico da sociedade. As deliberações dos sócios são tomadas maioritariamente em assembleia geral, mas podem também sê-lo por escrito sem reunião de assembleia. Também as deliberações dos gestores são geralmente tomadas em reunião presencail do conselho de administração ou em reunião de gerência. O carácter presencial não é absoluto e sofre excepções: o conselho de administração pode funcionar por meios telemáticos e é admitido também o voto por correspondência[124].

Assim, referir-nos-emos a deliberações sociais como um género que inclui todas as deliberações tomadas no âmbito da orgânica da sociedade; especialmente referiremos deliberações dos sócios, dos gestores ou dos fiscais e, dentro de cada uma destas classes, as deliberações da assembleia geral ou por voto escrito, ou do conselho de administração, da gerência, ou do conselho fiscal do conselho geraç e de supervisão, da comissão de auditoria ou do fiscal único.

II. A aludida peculiaridade das deliberações sociais, de co-envolver actos individuais dos sócios, os votos, e o acto global resultante, a deliberação propriamente dita, torna-se particularmente patente no caso das deliberações abusivas. Aqui o vício incide primordialmente sobre o voto que, esse sim, é abusivo e só atinge a deliberação como acto da sociedade quando esta não possa subsistir sem o voto inquinado (artigo 58.º, n.º 1, alínea b)). O mesmo sucede em todos os

---

de Direito das Sociedades, Almedina, Coimbra, 2002, págs. 334 e segs.. Sobre a relação entre o voto do sócio e a deliberação da sociedade, EDUARDO LUCAS COELHO, *A Formação das Deliberações Sociais*, Coimbra Editora, Coimbra, 1994, págs. 155 e segs.

[124] O n° 8 do artigo 410.º admite que, *se não for proibido pelos* estatutos, o conselho de administração reuna e delibere *por meios telemáticos, se a sociedade assegurar a autenticidade das declarações e a segurança das comunicações, procedendo ao registo do seu conteúdo e dos respectivos intervenientes.* A alínea a) do artigo 411.º admite que os estatutos prevejam o voto por correspondência.

114 *A Participação Social nas Sociedades Comerciais*

outros casos em que o vício incide sobre o voto, como por exemplo no caso em que o sócio está impedido de votar (artigos 251.° e 384.°, n.° 6). O carácter unitário do voto surge também claro no artigo 385.° que não permite que um sócio com mais de um voto exerça em sentido diferente os votos de que é titular, embora o possa fazer com os votos que exerce em representação. No n.° 4 deste artigo a lei prevê expressamente a nulidade do próprio voto. Ao voto, como acto jurídico autónomo do sócio, aplica-se o regime geral dos actos e negócios jurídicos.

Como acto da sociedade, a deliberação é um acto unitário complexo que integra os votos dos sócios e que se forma quando seja alcançada a maioria suficiente; quando não seja alcançada maioria suficiente, há uma ausência ou recusa de deliberação, que na doutrina se costuma designar como *deliberação negativa*[125]. A deliberação social, como acto da sociedade, tem natureza negocial: a sua força jurídica decorre da autonomia privada e nela é particularmente relevante a vontade negocial da sociedade[126].

As deliberações são, em regra, tomadas em assembleias, nas quais os sócios participam presencialmente ou por representação[127]. O método de assembleia é o típico da tomada de deliberações. A lei prevê, todavia, no artigo 54.°, n.° 1, para todos os tipos legais de sociedades, a tomada de deliberações não presenciais, *unânimes por escrito* e, no artigo 247.°, para as sociedades por quotas, a tomada de deliberações

---

[125] Sobre as deliberações negativas, VASCO LOBO XAVIER, *Anulação de Deliberação Social e Deliberações Conexas*, cit., pág. 328(72) e segs., EDUARDO LUCAS COELHO, *A Formação das Deliberações Sociais*, cit., págs. 179-183.

[126] EDUARDO LUCAS COELHO, *A Formação das Deliberações Sociais*, cit., págs. 210-211, qualifica a deliberação social como negócio jurídico. Recusa-lhe a natureza contratual e parece aceitar a sua qualificação como negócio jurídico plurilateral.

[127] Na reforma do direito societário italiano, a *legge delega* n.° 366 de 2001 admite a possibilidade de utilização de meios electrónicos de comunicação para a convocação, a participação e até o voto em assembleias gerais. Sobe o assunto, SILVIA TURELLI, *Assemblea di società per azioni e nuove tecnologie*, Rivista delle società, 49.°, 2004, págs. 117 e segs..

por correspondência. No artigo 270.°-E, a respeito das sociedades unipessoais por quotas, a lei refere-se a *decisões do sócio*, em vez de deliberações[128].

O sentido correcto do substantivo *deliberação* corresponde ao acto de formação de uma vontade individual ou colectiva. Na linguagem própria das pessoas colectivas e das sociedades, generalizou-se porém o uso de um sentido restrito a actos colectivos ou colegiais. Preferiríamos, por isso, usar o termo deliberação também para as decisões dos órgãos com um só membro. Todavia, como no caso das sociedades unipessoais por quotas, a lei usa o termo *decisões* (artigo 270.°-E); aceitá-lo-emos como um uso linguístico específico e consagrado.

III. A deliberação é um acto formal que deve cumprir um processo genético próprio e ser documentado em acta. A acta constitui uma forma *ad probationem*, sem a qual a deliberação não deixa de existir nem sofre a sua validade e eficácia, mas não pode ser provada (artigo 63.°). Mas a formalização não é uma mera formalidade burocrática que possa ser afastada, ou menosprezada, com fundamento no princípio da desformalização dos actos comerciais. A sua importância é crucial em dois aspectos: na determinação da existência da deliberação e do respectivo conteúdo. Se, por exemplo, três administradores de uma sociedade anónima, que se encontram na sala do conselho de administração, conversam sobre determinado assunto da sociedade e chegam sobre ele a certa conclusão, tal não constitui, sem mais, uma deliberação do conselho de administração.

A formalização em acta permite distinguir as deliberações propriamente ditas de consensos informais que muitas vezes são preparatórios de deliberações, mas que nem sempre lhes vêm a dar origem. Por outro lado, ao serem exaradas em acta, as deliberações ganham certeza quanto ao seu conteúdo, permitindo distinguir o que os

---

[128] A lei segue aqui uma opinião muito espalhada segundo a qual a deliberação é essencialmente colectiva, o que não é correcto, porque ignora que o processo deliberativo é também inerente à formação da vontade e da decisão individual.

A Participação Social nas Sociedades Comerciais

membros do órgão quizeram que fosse deliberado e as muitas outras conversas, consensos, dissensos e outras considerações que não assumem o estatuto de deliberação. Para que haja uma deliberação imputável à sociedade e a um dos seus órgãos, não é, pois, suficiente que os sócios, os gestores, ou os membros de um conselho fiscal ou de um conselho geral, tenham acordado ou assentado em algo. Salvo o caso infrequente de falsidade da acta, só vale como deliberação de um órgão da sociedade o que como tal constar exarado em acta. A exigência legal de acta, no artigo 63.º, está formalmente referida, apenas, às deliberações dos sócios, mas deve aplicar-se, *a eadem ratio*, a todas as deliberações dos demais órgãos.

IV. As deliberações são actos internos da sociedade. Em princípio, não têm eficácia externa e carecem de um outro acto da sociedade, com natureza executiva ou de comunicação, para que o que foi deliberado venha a ter eficácia externa, isto, é, perante terceiros. A este princípio, são apontadas excepções, no que respeita a deliberações como as que designam não-sócios para a titularidade de cargos sociais, que aprovam actos de gestão dos administradores cuja eficácia esteja condicionada ao consentimento da assembleia, ou ainda as que nomeiam ou excluem gestores, na medida em que lhes passam a caber poderes para actuar nas relações externas em nome da sociedade[129].

Em nossa opinião, mesmo nos casos aludidos, as deliberações sociais, sejam elas da assembleia geral, do órgão de gestão ou do órgão de fiscalização, não deixam de ser actos internos que não ultrapassam a formação da vontade funcional. Com as deliberações não devem ser confundidos os actos que dão execução às deliberações, que as comunicam ou publicitam. Assim não deve ser confundida a deliberação pela qual uma sociedade, em conselho de administração, se resolve a fechar certo contrato e o contrato que, em sua execução, venha a celebrar, assim como são actos diferentes a deliberação pela qual a sociedade resolve praticar um acto ilícito e esse acto. Também se não

---

[129] LOBO XAVIER, *Anulação de Deliberação Social e Deliberações Conexas*, cit., págs. 101(7) e segs..

confunda a deliberação de designação de um administrador e o contrato de administração que com ele, depois, a sociedade vem a celebrar, que muitas vezes é informal, nem as deliberações sujeitas a registo com a respectiva inscrição no Registo Comercial. São actos muito próximos que são juridicamente conexos, mas conceptualmente distintos.

b) O poder de requerer a convocação da assembleia geral e de incluir assuntos na ordem de trabalhos de assembleias já convocadas

I. Os sócios que sejam titulares de, pelo menos, cinco por cento do capital podem requerer ao presidente da mesa a convocação da assembleia (artigo 375.°, n.os 2 a 7). Devem fazê-lo por escrito em que justifiquem a necessidade de reunião da assembleia e indiquem a ordem de trabalhos que pretendem[130]. A assembleia deve ser convocada nos quinze dias seguintes, para reunir dentro dos quarenta e cinco dias subsequentes à publicação da convocatória. A recusa de convocação deve ser justificada e, perante a recusa, os sócios a quem foi recusada esta pretensão podem requerer a convocação judicial.

Tendo já sido convocada uma assembleia, podem os sócios que sejam titulares de igual percentagem do capital, requerer ao presidente da mesa a inclusão de assuntos na ordem de trabalhos (artigo 378.°). Esta pretensão deve ser formulada dentro dos cinco dias subsequentes à publicação da convocatória. Este aditamento à ordem de trabalhos deve ser comunicado aos demais sócios até cincos dias antes da reunião da assembleia, por carta registada, ou até dez dias, por aviso publicado. Se for recusado o aditamento à ordem de trabalhos, os sócios em questão podem requerer a convocação judicial de uma

---

[130] CALVÃO DA SILVA, *Convocação de Assembleia Geral (Art. 357.°, n.° 2, do C.S.C.)*, Estudos de Direito Comercial, Almedina, Coimbra, 1996, págs. 265 e segs., sustenta ser suficientemente clara a indicação «Substituição de um Administrador da Sociedade», como ordem de trabalhos, no requerimento de convocação de uma assembleia geral, por parte de um accionistas titular de mais de 5% do capital da sociedade.

118 *A Participação Social nas Sociedades Comerciais*

assembleia com essa ordem de trabalhos.

O regime jurídico ora descrito consta do Código a propósito da sociedade anónima, mas deve ser aplicado também à sociedade por quotas, à sociedade em nome colectivo e à sociedade em comandita, por remissão dos artigos 248.º, n.º 1, 189.º, n.º 1, 474.º e 478.º.

II. Estes poderes asseguram aos sócios o acesso ao principal órgão da sociedade, a assembleia geral.

A convocação da assembleia geral permite aos sócios, principalmente aos sócios minoritários, interpelar o órgão de gestão sobre o andamento dos assuntos da sociedade, pedir informações, sugerir e propor o que se lhes afigurar conveniente para a sociedade e para a tutela dos seus interesses no seu seio. É, por exemplo, particularmente importante para a impugnação de deliberações do conselho de administração da sociedade anónima.

Também o poder de aditar matérias à ordem de trabalhos tem uma enorme relevância para a tutela dos sócios, principalmente quando a sociedade seja dominada por um ou mais sócios, para assegurar aos demais sócios que os assuntos do seu interesse não deixam de ser tratados pela assembleia geral. Constitui um meio muito útil para a defesa das minorias.

c) Limitação a um mínimo de participação

I. Entre os direitos dos sócios está consagrado, em geral, no artigo 21.º, n.º 1, alínea b), o *direito a participar nas deliberações de sócios*. No mesmo referido preceito consta expressamente que esse direito pode ser limitado por *restrições previstas na lei*.

A participação abrange a assistência, a discussão e o voto[131]. O sócio pode entrar e estar presente na assembleia e assistir aos respectivos trabalhos desde o início até ao termo. Pode também intervir

---

[131] CARLOS OLAVO, *Deveres e Direitos dos Sócios nas Sociedades por Quotas e Anónimas*, Estruturas Jurídicas da Empresa, AAFDL, Lisboa, 1989, pág. 70.

nos trabalhos, designadamente expondo as suas opiniões, fazendo perguntas, pedindo informações e debatendo questões, apresentando propostas. Pode emitir o voto e formular declarações em que o justifique.

Em regra não há limites à participação da totalidade dos sócios nas assembleias gerais ou noutras formas de deliberação. Assim sucede nos tipos legais da sociedade em nome colectivo e da sociedade por quotas em que todos os sócios têm direito a participar nas assembleias gerais e nos demais órgãos sociais. Na sociedade anónima, porém, a lei prevê a limitação da participação de accionistas nas assembleias gerais.

II. A limitação da participação de accionistas na assembleia geral das sociedades anónimas justifica-se pela natureza das coisas[132].

Nas grandes sociedades anónimas, que têm muitas vezes um número elevadíssimo de accionistas, pode haver grandes dificuldades logísticas e até físicas em permitir a participação de todos os accionistas nas assembleias. Há salas e recintos fechados com capacidade para dezenas de milhar de pessoas. Não é impossível reunir assembleias em estádios, pavilhões desportivos e até em salas de espectáculos. Porém, nem sempre será aconselhável ou pragmático reunir assembleias gerais com a participação de um número excessivamente elevado de accionistas. As assembleias gerais não devem transformar-se em comícios que não permitam a serenidade e o esclarecimento racional das questões em debate. A inflação e o chamado *capitalismo popular* conduziram à admissão de acções com valores nominais muito reduzidos. Basta lembrar que, há algumas dezenas de anos, era comum o valor nominal de mil escudos, valor que tinha então alguma importância, incomparável ao valor nominal de cinco euros de algumas acções hoje cotadas na Bolsa de Lisboa e com valores de cotação inferiores, até por vezes a um euro, de algumas acções cotadas nesta Bolsa.

---

[132] A necessidade de limitar o número de accionistas presentes na assembleia geral da sociedade anónima e de permitir o seu agrupamento para participação é já mencionada pelo VISCONDE DE CARNAXIDE, *Sociedades Anónimas*, F. França Amado, Coimbra, 1913, págs. 80 e segs..

120 *A Participação Social nas Sociedades Comerciais*

Tal permite que essas sociedades tenham muitos milhares de accionistas. Seria de bom senso fixar o valor nominal das acções em valores minimamente significativos. Não obstante, mesmo com valores nominais e cotações respeitáveis, as grandes sociedades anónimas têm naturalmente um número tão elevado de accionistas que não é praticável reuni-los todos em assembleia geral.

Além desta dificuldade decorrente do seu número elevado, também um valor demasiado baixo da participação social pode desaconselhar a admissão à deliberação em assembleia geral. Com os actuais valores nominais e de cotação de muitas acções, se fosse permitida a participação em assembleias gerais de todo e qualquer accionista, haveria sócios presentes, a intervir e votar, com participações de valores ridículos. Um valor excessivamente baixo de participação não estimula a seriedade na participação e na intervenção. É verdade que o mecanismo das maiorias permite sempre derrotar propostas insensatas de sócios com participações ínfimas. Todavia, a admissão de todos esses accionistas à intervenção, à formulação de perguntas e a obrigatoriedade de lhes dar resposta, poderia perturbar e tornar impraticável o funcionamento da assembleia. Também por esta razão não é prudente nem razoável permitir a participação nas assembleias gerais de sócios cujas participações sociais não tenham um mínimo de valor. É, pois, razoável e justificado estabelecer um mínimo de valor accionário para a participação na assembleia.

III. A lei só prevê limites mínimos de participação nas assembleias gerais das sociedades anónimas. Esta opção encontra justificação na natureza das coisas. Só na sociedade anónima – e na comandita por acções – ocorre a indeterminação e até a indeterminabilidade do número de accionistas e do valor das respectivas participações. Na sociedade em nome colectivo e na sociedade por quotas consta do próprio contrato a identidade dos sócios e o valor das suas participações[133]. Não há, pois, incerteza neste domínio que justifique o estabeleci-

---

[133] Neste sentido, também ALEXANDRE SOVERAL MARTINS/MARIA ELISABETE RAMOS, *As Participações Sociais,* Estudos de Direito das Sociedades, 5.ª ed., Almedina, Coimbra, 2002, pág. 101.

mento prévio de limites mínimos à participação nas assembleias gerais.

As limitações fixadas para a sociedade anónima são objectivas, assentam em critérios objectivos, de quantidade e de valor. É diferente excluir certo ou certos sócios da participação em assembleias gerais por critérios subjectivos, seja qual for o número das suas acções ou o valor da sua parte social, e limitar a participação de sócios em geral, por apenas critérios de número mínimo de acções ou valor mínimo da sua parte. Esta objectividade revela-se com clareza no regime do n.º 3 do artigo 384.º, que proíbe limitações subjectivas do direito de voto. Só as limitações objectivas são lícitas. Limitações subjectivas que determinassem a exclusão da participação deste ou daquele sócio, pessoalmente identificados, seriam ilícitas por contrariarem a alínea b) do n.º 1 do artigo 21.º do Código das Sociedades Comerciais e o princípio da igualdade ou, melhor dito, da paridade, entre os sócios. Os limites à participação em assembleias gerais são ilícitos se forem subjectivos.

IV. O mínimo de participação pode ser fixado na lei[134] ou nos estatutos da sociedade. Cabe perguntar se não há limites para a restrição, nos estatutos, da participação na assembleia geral a um mínimo

---

[134] O STJ 23.III.93, CJ STJ, 1993, II, 21, julgou que não é inconstitucional a norma limitativa do número de presenças às assembleias de accionistas que visa evitar que a discussão e votação dos assuntos sejam dificultados pelo elevado número de pessoas participantes. Tratava-se, no caso, do artigo 34.º do Decreto-Lei 42.641, de 12 de Novembro de 1959, que limitava a trezentos o número máximo de accionistas que podiam estar presentes nas assembleias gerais dos bancos. Houve tempos em que foi proibida a participação de empregados bancários nas assembleias gerais dos respectivos bancos, ainda que accionistas. O artigo 28.º do Decreto-Lei, n.º 41.403, de 27 de Novembro de 1957 e o artigo 32.º, do Decreto-Lei 42.641 de 12 de Novembro de 1959, eram ambos do seguinte teor: *Os empregados das instituições de crédito não podem, por si ou por interposta pessoa, tomar parte nas respectivas assembleia gerais*. Esta proibição veio a ser considerada inconstitucional e, revogada esta lei pelo artigo 5.º do Decreto-Lei n.º 298/1992, de 31 de Dezembro, que aprovou o RGICSF. Pode ser recordada como uma curiosidade do regime corporativo que a gerou.

de quantidade de acções ou de valor da participação.

A estipulação destas restrições pode ser originária, aquando da constituição da sociedade, ou superveniente, em alteração dos estatutos. Se for originária, obteve necessariamente o consenso unânime dos sócios; se for superveniente, poderá ter sido deliberada por maioria qualificada, contra o voto de uma minoria de sócios. Na sociedade anónima, a deliberação exige *dois terços dos votos emitidos, quer a assembleia reúna em primeira quer em segunda convocação* (artigo 386.°, n.° 3); no primeiro caso, o *quorum* constitutivo é de *um terço do capital social* (artigo 383.°, n.° 2), o que permite que a deliberação seja tomada com os votos correspondentes a dois terços de um terço, isto é, a 22,22%; no segundo, a assembleia pode deliberar *seja qual for o número de accionistas presentes ou representados e o capital por eles representado* (artigo 383.°, n.° 3), o que permite que a deliberação seja tomada por uma maioria qualificada de dois terços dos votos presentes, sejam eles quais forem. Estas regras aplicam-se também nas sociedades em comandita por acções.

É assim formalmente possível, numa sociedade anónima, limitar ou impedir a participação na assembleia de uma minoria accionista incómoda, através de uma alteração dos estatutos que nele introduza uma cláusula limitativa da participação que imponha um mínimo que essa minoria não consiga alcançar, nem sequer agrupada. Se, porém, se demonstrar que a introdução de tal cláusula nos estatutos não é exigida pela natureza das coisas[135] e visa limitar ou excluir aqueles sócios de participar na assembleia, então a limitação, embora sob uma forma aparentemente objectiva, será real e substancialmente subjectiva e, como tal, ilícita. A deliberação que introduzir tal cláusula é anulável por abusiva (artigo 58.°, n.° 1, alínea b)) se preencher os respectivos requisitos.

d) A participação agrupada

---

[135] *Infra* 11. *b)* II.

Na sociedade anónima, o artigo 379.º limita a participação dos accionistas nas assembleias gerais àqueles que *tiverem direito a, pelo menos, um voto*. Os accionistas que não tenham direito de voto podem estar presentes e participar nos trabalhos da assembleia, desde que os estatutos o não proíbam (n.º 2). Sempre que os estatutos exijam a titularidade de um mínimo de acções, os accionistas podem agrupar--se para alcançar esses mínimos e participar assim na assembleia, representados por um deles (n.º 5)[136].

O agrupamento cria um grupo de accionistas. Este grupo é representado por um dos seus membros na participação na assembleia. Não tem personalidade jurídica, nem uma grande densidade. Quer nas relações internas, quer nas relações com terceiros, os accionistas agrupados mantêm a sua individualidade e separação. Mesmo nas relações com a sociedade, é só no que concerne à participação na assembleia que o grupo se revela. Aqui, o agrupamento limita-se à representação de todos por um deles. Cada um mantém a autonomia do seu voto, devendo o representante do grupo emitir o voto separado de cada um deles, conforme as instruções que deles tiver (artigo 385.º, n.º 2).

Na relação entre o representante do grupo e os agrupados regem as regras do mandato com representação. Não há apenas uma autorização, mas um verdadeiro mandato, porque o representante não está apenas autorizado a agir, não tem a faculdade de o fazer; está obrigado contratualmente a fazê-lo, a sua actuação é vinculada. Deve consultar os agrupados e pedir-lhes instruções de votos sobre todos os pontos da ordem de trabalhos e relatar a sua actuação, depois da assembleia.

---

136 CUNHA GONÇALVES, *Comentário ao Código Comercial Português*, Empreza Editora J. B., Lisboa, 1914, I, págs. 456 e segs., J. G. PINTO COELHO, *Estudo sobre as acções das sociedades anónimas*, RLJ, anos 88, págs. 161 e segs., até ano 89, pág. 371. FERRER CORREIA, *A Representação dos Menores Sujeitos ao Pátrio Poder na Assembleia Geral das Sociedades Comerciais*, Estudos Jurídicos, II, Coimbra, 1962, págs., 105 e segs., PINTO FURTADO, *Código Comercial Anotado – Das Sociedades em Especial*, II-II, Almedina, Coimbra, 1979, págs. 605 e segs..

124   *A Participação Social nas Sociedades Comerciais*

e) *A representação na participação*

I. O sócio pode, em regra, fazer-se representar na participação na assembleia. Na sociedade em nome colectivo, o artigo 189.º, n.º 4, estatui que o sócio só pode fazer-se representar, na assembleia geral, pelo seu cônjuge, por ascendente ou descendente, ou por outro sócio. Na sociedade por quotas, o artigo 249.º, n.º 5, mantém a limitação da representação ao cônjuge, ascendente ou descendente, ou a outro sócio, mas acrescenta *a não ser que o contrato de sociedade permita expressamente outros representantes*. Na sociedade anónima, o artigo 380.º dispõe que o respectivo estatuto *não pode proibir que um accionista se faça representar na assembleia geral*.

II. É notória uma gradação de regime consoante o carácter mais ou menos pessoalista ou capitalista do tipo legal da sociedade. No tipo legal da sociedade em nome colectivo a representação está limitada a familiares muito próximos e a outros sócios, o que permite salvaguardar a intimidade da sociedade de estranhos. O tipo da sociedade por quotas é mais aberto, embora pouco, e já admite a representação por estranhos, desde que o contrato o permita *expressamente*. No tipo legal da sociedade anónima, o círculo de possíveis representantes alarga-se apenas com a referência a administradores.

Apesar da letra da lei apontar em sentido diferente, não nos parece que seja injuntivamente proibido estipular no contrato de uma sociedade em nome colectivo o seu alargamento a outras categorias de pessoas para além do círculo apertado previsto no n.º 4 do artigo 189.º. É certo que a comparação da redacção deste preceito com a parte final do n.º 5 do artigo 249.º sugere, numa interpretação *a contrario* fortemente literal, que aquele alargamento é apenas permitido na sociedade por quotas, mas não se descortina um fundamento de ordem pública para uma tal imposição à autonomia dos sócios. A autonomia dos sócios na estipulação de cláusulas estatutárias pode ser postergada ou comprimida quando assim seja imposto pela ordem pública, pelo bem comum, ou pelos bons costumes. Na sua ausência, não deve a autonomia privada ser prejudicada por uma redacção menos feliz da lei. Pela mesma razão, não vemos que não possa ser estipulada no contrato de uma sociedade em nome colectivo ou no pacto de uma sociedade por quotas a proibição da representação voluntária de sócios nas respectivas deliberações; tal significa uma forte pessoalização da sociedade, mas não contraria a ordem pública nem os bons costumes. No tipo legal da sociedade anónima é injuntivamente vedada a proibição da representação voluntária, com os limites subjectivos acima aludidos. Embora não seja, também aqui, claro o fundamento de ordem pública para uma tal proibição, que nos parece desrazoavelmente autoritária. A letra da lei é tão clara que não vemos que possa ser ignorada. Entre a sociedade anónima, por um lado, e a sociedade em nome colectivo e a sociedade por quotas, por outro, há na lei uma diferença marcante: naquela, o âmbito pessoal dos possíveis representantes constitui um limite mínimo; nestas, um limite máximo.

O n.º 3 do artigo 54.º estatui que, *em deliberações tomadas nos termos do n.º 1*, o representante só pode votar em representação *se para o efeito estiver expressamente autorizado*. O n.º 1 refere-se a deliberações tomadas em assembleias gerais universais não convocadas, em que todos os sócios convenham em deliberar sem precedência de convocação, e a deliberações unânimes por escrito. Nas deliberações tomadas por voto escrito, previstas e reguladas no artigo 247.º, é vedada, pelo n.º 1 do artigo 249.º, a representação no exercício do voto. Por remissão do n.º 1 do artigo 189.º, este regime aplica-se também à sociedade em nome colectivo[137].

III. A representação para o exercício do voto está sujeita à forma escrita. Deve ser formalizada por carta dirigida ao presidente

---

[137] BRITO CORREIA, *Direito Comercial*, III, *Deliberações dos Sócios*, AAFDL, 3.ª tiragem, Lisboa, 1997, pág. 36, estende esta proibição *segundo parece* à sociedade anónima *por analogia*. Não comungamos desta opinião. As deliberações por voto escrito estão previstas e reguladas no artigo 247.º na disciplina do tipo legal da sociedade por quotas, aplicável à sociedade em nome colectivo por remissão do n.º 1 do artigo 189.º, não são admissíveis no tipo legal da sociedade anónima. Não encontramos fundamento para a admissão desta forma de deliberar na sociedade anónima nem, consequentemente, para a aludida proibição da representação no voto.

126   *A Participação Social nas Sociedades Comerciais*

da assembleia geral. Assim está determinado no n.º 4 do artigo 249.º, quanto à sociedade por quotas, aplicável à sociedade em nome colectivo por remissão do n.º 1 do artigo 189.º, e no n.º 2 do artigo 380.º para a sociedade anónima. Esta carta designa-se tradicionalmente por *carta mandadeira*.

Substancialmente, a carta mandadeira é uma procuração. A carta deve ser dirigida à sociedade. A lei, num excesso de minúcia diz que deve ser dirigida ao presidente da assembleia geral. Não o devia ter feito. O presidente da assembleia geral nem sequer é um órgão da sociedade, embora seja quem, na sua orgânica, tem competência para dirigir o funcionamento da assembleia. Se a carta for dirigida simplesmente à sociedade, ou a um dos seus órgãos (assembleia geral, gerência ou administração, ou mesmo conselho geral, concelho fiscal ou fiscal único), deve internamente ser remetida ao presidente da assembleia geral e nem por isso deixará de ser válida e eficaz. O erro de endereçamento é uma mera irregularidade sem consequência na validade e na eficácia da carta mandadeira.

IV. O representante é um procurador. A sua procuração enquadra-se num mandato com representação. No exercício dos poderes de representação, o procurador está sujeito às instruções do *dominus* mandante. Essas instruções podem constar da própria carta ou ficar entre o sócio e o representante. No primeiro caso, são conhecidas pela sociedade, e são-lhe por isso oponíveis nos termos do artigo 269.º do Código Civil, em caso de abuso da representação; no segundo caso, só lhe são oponíveis quando nas circunstâncias do caso, a sociedade conheça ou não deva desconhecer essas instruções[138].

No exercício dos respectivos poderes, o representante deve respeitar as instruções dos sócios que represente. No imprevisto, deve agir de acordo com o que razoavelmente se lhe afigurar de interesse

---

[138] BRITO CORREIA, *Direito Comercial*, III, *Deliberações dos Sócios*, cit., pág. 323. Sobre as instruções e as limitações, na procuração, e as respectivas consequências jurídicas, PEDRO LEITÃO PAES DE VASCONCELOS, *A Procuração Irrevogável*, Almedina, Coimbra, 2002, págs. 75-79.

do representado e que preveja que ele quereria se o tivesse previsto. Segundo o critério do artigo 1162.º do Código Civil, pode deixar de executar ou afastar-se da execução das instruções que tiver recebido, *quando seja razoável supor* que ele o aprovaria *se conhecesse certas circunstâncias* que não seja possível comunicar-lhe em tempo útil. De acordo com as regras gerais, o representante deve relatar aos agrupados a sua actuação na assembleia e responde pela eventual violação do mandato.

O n.º 3 do artigo 54.º exige a *autorização expressa* para o exercício do voto em representação *em deliberações tomadas nos termos do n.º 1*, isto é, nas deliberações unânimes por escrito e nas assembleias gerais universais consensualmente não convocadas. Este regime justifica-se atento o carácter muito pessoal destas formas de deliberar em que, ou os sócios estão todos presentes e concordantes ou, *prevendo esta eventualidade, um accionista confere ao seu representante poderes especiais para o efeito*[139]. Esta exigência é ainda útil porque faculta à sociedade, na pessoa do presidente da sua assembleia geral, e aos demais sócios, o conhecimento da concessão de tais poderes ao representante.

V. A lei regula ainda a representação solicitada para a participação nas assembleias gerais da sociedade anónima em geral e, em particular da sociedade aberta. O regime geral da representação solicitada está no artigo 381.º do Código das Sociedades Comerciais; as suas especialidades de regime para as sociedades abertas constam do artigo 23.º do Código dos Valores Mobiliários.

O regime legal é muito pormenorizado e não vale a pena descrevê-lo na integralidade do seu detalhe. Aplica-se a quem solicitar

---

[139] EDUARDO VERA-CRUZ PINTO, *A Representação do Accionista para Exercício do Direito de Voto*, AAFDL, Lisboa, 1988, págs. 46 e 47: *dado o carácter extraordinário desta assembleia, o legislador entendeu dever reforçar a responsabilidade do sócio nessa decisão, limitando a possibilidade de representação. Neste sentido, poder-se-á dizer que, para haver deliberações unânimes por escrito, ou assembleias universais com poder de deliberar sobre certo assunto, excluindo possíveis excepções permitidas por lei: ou estão todos os sócios pessoalmente presentes; ou prevendo esta eventualidade, um accionista confere ao seu representante poderes especiais para o efeito.*

mais de cinco procurações. A representação vale apenas para uma assembleia, independentemente de reunir em primeira ou em segunda convocação. A procuração é sempre revogável, e a presença do representado na assembleia importa a sua revogação. O pedido de representação deve conter um mínimo de referências detalhadamente indicadas na lei. A sociedade não pode solicitar a representação, para si ou para outrem, directa ou por interposta pessoa; assim como os membros do conselho fiscal não podem solicitar nem ser indicados como representantes. Só podem ser indicadas como representantes pessoas com direito de voto ou administradores da sociedade. Uma vez aceite a solicitação e dadas as correspondentes instruções, o solicitante pode rejeitar a representação, ficando então obrigado a comunicar com urgência a rejeição. O exercício da representação deve ser relatado aos representados, a quem o solicitante deve, a expensas suas, enviar a acta da assembleia. Não sendo respeitada esta disciplina, não pode o solicitante representar mais do que cinco accionistas. No que respeita às sociedades abertas, a lei acrescenta ainda, para constar do pedido da solicitação, a indicação dos direitos de voto que são imputados ao solicitante e o fundamento do sentido de voto a exercer pelo mesmo; o *documento tipo* utilizado na solicitação deve ser enviado à CMVM e à entidade gestora do mercado com a antecedência mínima de cinco dias úteis.

Este regime legal, no excesso de detalhe que contém, constitui um caso manifesto de hiper-regulamentação, típico de uma certa concepção tecnocrática e dirigista da legislação que inquina as leis económicas portuguesas e comunitárias. Na ânsia de tudo prever, de antecipadamente não deixar espaço para lacunas e de introduzir rigor regulativo que não comporte dúvidas nem desvios, nem deixe margem de manobra na aplicação, esta péssima técnica legislativa, ao evitar cláusulas e critérios gerais, acaba por inevitavelmente deixar questões por resolver e por criar lacunas. Assim, por exemplo, segundo o n.º 7 do artigo 381.º, se não for respeitada a disciplina do artigo, o solicitante não pode representar mais do que cinco accionistas. Se ele tiver obtido mais procurações, qual a solução? Mantêm-se cinco e desconsideram-se as demais, deixando esses accionistas sem participação? Qual o critério de escolha dos cinco accionistas que se mantêm?

A prioridade no tempo da emissão das cartas mandadeiras? Ou na recepção? Ou a importância da participação? Ou a idade? E em caso de empate? Melhor teria sido dar ao preceito menos detalhe e mais critério.

f) O voto por correspondência

I. O n.º 9 do artigo 384.º, introduzido na revisão de 2006 do Código das Sociedades Comerciais, veio admitir o voto por correspondência com assinalável amplitude: só não será admissível se os estatutos o proibirem.

O preceito determina que, "se os estatutos não proibirem o voto por correspondência, devem regular o seu exercício, estabelecendo, nomeadamente, a forma de verificar a autenticidade do voto e de assegurar, até ao momento da votação, a sua confidencialidade". No caso de o voto por correspondência não ser proibido, os estatutos devem optar entre:

- "Determinar que os votos assim emitidos valham como votos negativos em relação a propostas de deliberações apresentadas ulteriormente à emissão do voto" e
- "Autorizar a emissão de votos até ao máximo de cinco dias seguintes ao da realização da assembleia, caso em que o cômputo definitivo dos votos é feito até ao 8.º dia posterior ao da realização da assembleia e se assegura a divulgação imediata do resultado da votação".

Do modo como se encontra redigida a lei, devemos concluir que o voto não pode ser emitido por correspondência quando os estatutos, não obstante o não vedarem expressamente, não contenham todavia a regulamentação do seu exercício. Tratar-se-á, então de uma exclusão implícita do voto por correspondência.

Isto é particularmente importante nas sociedades que já estavam constituídas antes da reforma de 2006 do Código das Sociedades Comerciais em relação às quais, o voto por corrrespondência conti-

130   *A Participação Social nas Sociedades Comerciais*

nua vedado, não tanto por uma proibição estatutária expressa, mas antes por omissão da respectiva regulamentação.

II. O Código dos Valores Mobiliários, no seu artigo 22.º, já previa a possibilidade do voto por correspondência nas sociedades abertas.

Em regra, o voto pode ser exercido por correspondência em todas as matérias constantes da convocatória. O n.º 2 do artigo 22.º admite que os estatutos excluam o voto por correspondência em todas as matérias, salvo as alterações de estatutos e a eleição dos titulares dos órgãos sociais.

A CMVM emitiu instruções quanto ao exercício do voto de correspondência nas sociedades abertas[140]. A convocatória deve expressamente indicar que o voto pode ser exercido por correspondência e o modo do seu exercício, a sociedade não deve impor um prazo de antecedência excessivo para o seu exercício, é recomendável a utilização de meios electrónicos, o secretário da sociedade deve assegurar a autenticidade e a confidencialidade do voto, a declaração de voto deve identificar o ponto da ordem de trabalhos e a proposta a que se refere, o modo de escrutinar o voto por correspondência deve constar dos estatutos da sociedade ou da convocatória, a presença ou a representação do acionista na assembleia deve valer como revogação do voto por correspondência, a sociedade deve fixar os termos em que é admitido o voto por correspondência electrónica e, nesse caso, dispor dos meios técnicos necessários. O voto por correspondência deve ser considerado relevante para efeitos de *quorum* constitutivo da assembleia e deve ser interpretado no contexto da ordem de trabalhos.

---

[140] Estas recomendações estão publicadas em http://www.cmvm.pt/recomendacoes_entendimentos_pareceres/recomendacoes/voto/recomendacoes_voto.asp

g) A unidade do voto

I. Embora na linguagem comum e na letra da lei seja corrente contar quantos votos tem cada sócio, este só tem verdadeiramente um voto. Quando se escreve na lei e se diz na linguagem própria do direito das sociedades, que o sócio tem tantos votos, tal não significa mais do que a quantificação do peso do seu voto, do seu *voting power*. Mas, com maior ou menor peso de voto, o sócio só pode votar unitariamente, só pode emitir um voto, numa única declaração de vontade. Não pode partilhar o peso do seu voto em dois ou mais sentidos. Se estiverem várias propostas em votação alternativa, o sócio não pode distribuir o seu voto por elas, tanto nesta, tanto naquela e tanto noutra. É este o sentido da unidade de voto a que alude o artigo 385.º.

Assim, quando o artigo estatui que o accionista não pode fraccionar o seu voto nem deixar de votar com todas as suas acções, o sentido é o de que o accionista só tem um voto e que esse voto é exercido em bloco, unitária e totalmente. O seu voto pode ter um peso maior ou menor[141].

II. Na sociedade em nome colectivo, segundo o artigo 190.º, n.º 1, cada sócio tem um voto igual, salvo diferente estipulação no contrato; se houver sócios de indústria, o n.º 2 do mesmo artigo estatui que *o sócio de indústria disporá sempre, pelo menos, de votos em número igual ao menor número de votos atribuídos a sócios de capital*. Daqui se retira que, no caso típico em que a cada sócio de capital cabe um voto, a cada sócio de indústria caberá também um voto; se, por estipulação

---

[141] RAÚL VENTURA, *Sociedades por Quotas*, II, Almedina, Coimbra, 1989, págs. 222-223, distingue dois sistemas, um em que cada sócio tem um voto apenas, embora com peso diferenciado consoante o capital correspondente, e outro em que cada sócio tem uma pluralidade de votos conforme as fracções de capital que lhe corresponda; e acaba por preferir o segundo por ser *muito mais simples (de) contar*. Na verdade, o sistema é apenas um, porque o sócio, ao votar, emite só uma declaração. A diferença é meramente designativa, e aí concordamos que, embora não seja muito rigoroso, é muito mais simples de dizer e de contar tantos votos para cada sócio.

132 *A Participação Social nas Sociedades Comerciais*

contratual, houver diferença de peso de voto entre os sócios de capital, cada sócio de indústria deverá ter, pelo menos, um voto com o peso igual ao do sócio de capital cujo voto menor peso tiver[142]. Esta regra estabelece um mínimo, mas não um máximo para o peso do voto do sócio de indústria; o contrato pode atribuir-lhe um peso de voto superior.

Na sociedade por quotas, cada sócio tem um voto com o peso, em regra, correspondente a *um voto por cada cêntimo do valor nominal da quota* (artigo 250.º, n.º 1). Pode ser estipulado no pacto que, como direito especial, seja atribuído um peso de voto correspondente a dois votos por cêntimo a sócios cujas quotas não excedam o valor de vinte por cento do capital. Não se consagra aqui um caso de voto plural, porque o sócio não pode exercer o seu voto em sentidos diferentes, mas apenas a duplicação do peso do voto de certos sócios[143]. Ao fixar um valor ínfimo para a unidade de conta do peso do voto, a lei evitou dificuldades anteriormente sentidas na divisão de quotas e nos aumentos e reduções de capital, quando o valor da quota tinha de ser divisível por quantias superiores, designadamente quando houve que redenominar o capital das sociedades em euros.

Na sociedade anónima, o n.º 1 do artigo 384.º estatui que, *na falta de diferente cláusula contratual, a cada acção corresponde um voto.* Seja qual for o número de acções de que seja titular, o accionista tem de votar unitariamente com o peso de voto correspondente à totalidade das suas acções e não pode fraccionar o seu voto (artigo 385.º, n.º 1). Quando votar também em representação de outros sócios, como usufrutuário, como credor pignoratício, ou como *representante de uma associação ou sociedade cujos sócios tenham deliberado votar em sentidos diversos, segundo determinado critério,* deve separar o seu voto dos votos que emite em representação de cada um dos seus representados ou inte-

---

[142] RAÚL VENTURA, *Novos Estudos sobre as Sociedades Anónimas e Sociedades em Nome Colectivo, Almedina,* Coimbra, 1994, pág. 318.

[143] EDUARDO LUCAS COELHO, *A Formação das Deliberações dos Accionistas,* cit., pág. 57 e segs, entende como voto plural *a atribuição a uma ou mais acções de mais votos do que às outras,* e não a votação por um mesmo accionista de modos diversos com diferentes acções.

ressados (artigo 385, n.ºs 2 e 3). Tal não desmente a unidade do voto, antes a confirma, porquanto cada um dos representados tem o seu voto unitário que não pode ser confundido com o do representante, nem com o de cada um dos demais representados. A violação destas regras *importa a nulidade de todos os votos emitidos pelo accionista* (artigo 385.°, n.° 4).

Na sociedade em comandita, há que distinguir entre a comandita simples e a comandita por acções. Para ambas rege o artigo 472.°, n.° 2, segundo o qual o contrato deve regular, *em função do capital,* o peso de voto dos sócios, não podendo os sócios comanditados, no seu conjunto, ter um peso de voto inferior a metade do que couber aos sócios comanditários. No mais, as comanditas simples regem-se pelas regras da sociedade em nome colectivo, com as necessárias adaptações, e as comanditas por acções regem-se pelas regras da sociedade anónima, *mutatis mutandis.* Aos sócios de indústria aplica-se o n.° 2 do artigo 190.° e só os sócios comanditários das comanditas por acções podem ter a sua parte social representada por acções.

III. Nas disposições finais e transitórias do Código das Sociedades Comerciais, o artigo 531.° mantém *os direitos de voto plural constituídos legalmente antes da* (sua) *entrada em vigor.*

O direito de voto plural é um direito especial que, em regra só poderia ser suprimido ou coarctado com o consentimento do seu titular (artigo 24.°, n.° 5)[144]. O n.° 2 do artigo 531.° permite, porém, que esses direitos sejam *extintos ou limitados* por deliberação simplesmente maioritária da assembleia geral, mesmo sem o consentimento do respectivo titular. Contudo, se a constituição do direito de voto plural tiver tido uma contrapartida consistente numa contribuição do sócio para a sociedade, para além da entrada, o sócio que dele for privado tem direito a uma *indemnização equitativa.* Essa indemnização, segundo o n.° 4 do artigo deve ser pedida judicialmente no prazo de

---

[144] No direito francês das sociedades, mantém-se a permissão do voto duplo em casos muito específicos, cfr. PHILIPPE MERLE, *Droit Commercial – Sociétés Commerciales,* cit., págs. 361 e segs..

sessenta dias a contar da data em que teve conhecimento da deliberação ou, se esta tiver sido impugnada, do trânsito em julgado da decisão que a tiver mantido[145].

Este regime significa, por um lado, a antipatia do novo Código em relação ao voto plural e, por outro, o respeito pela autonomia privada dos sócios na sua constituição e pelos equilíbrios intra-societários que, no caso, possam ser quebrados pela simples extinção do direito ao voto plural.

IV. Com o voto plural não deve confundir-se o *voto divergente*. Este corresponde ao caso em que o sócio com mais de uma quota ou o accionista com uma pluralidade de acções exercem o voto num sentido, com uma quota ou certo número de acções, e noutro sentido com outra quota ou com outras acções.

No direito italiano, CAMPOBASSO[146], admite expressamente o *voto divergente*, em homenagem ao princípio da autonomia das acções. O accionista detentor de uma pluralidade de acções pode, segundo o Autor, exercer o seu voto apenas com parte das suas acções e até votar em sentido diverso com diferentes acções – *voto divergente* – quando, por exemplo, seja detentor fiduciário de acções de diferentes fiduciantes, de quem tenha recebido instruções de voto nesse sentido. Admite, assim, como inevitável, o voto divergente quando o accionista seja representante ou fiduciário de outros accionistas. Em sua opinião, o voto divergente já não será admissível sempre que implicar um comportamente incoerente, contraditório ou contrário à boa fé. Nega ainda que o accionista possa, com a legitimidade que lhe é conferida por certas das suas acções, impugnar deliberações que votou favoravelmente com outras das suas acções.

---

[145] A redacção deste preceito não é feliz. A palavra *deve*, com o seu sentido injuntivo, deve ser entendida como referida apenas ao prazo para a proposição da acção, mas não deve ser interpretada como impedindo que as partes cheguem a acordo nessa matéria sem necessidade de litígio judicial.

[146] CAMPOBASSO, *Diritto commerciale*, 2, *Diritto delle società*, 5.ª ed., UTET, 2002, pág. 208.

DI SABATO[147] é mais reservado nesta matéria. O sócio, em seu enteder, pode fazer seus os dividendos correspondentes a uma parte das suas acções e ceder a um terceiro os emergentes de outras acções; pode também construir penhor ou usufruto sobre uma parte do seu lote de acções ou exercer o seu voto em relação a uma parte mas não a todo esse lote de acções. Existem, porém, poderes decorrentes das acções que não são mensuráveis quantitativamente e não podem, por isso, deixar de ser referidos à pessoa do sócio, seja qual for o número de acções de que seja titular. É, entre outros, o caso do poder de intervir na assembleia e de participar nas deliberações, ou de as impugnar, desde que alcance os respectivos mínimos. Nestes casos, não seria possível exercer o direito de um modo autónomo e diferenciado por cada acção. Por razão de coerência, porém, o sócio não pode tomar a palavra numa assembleia e defender uma proposta, com parte das suas acções, e contrariá-la com outra parte das acções que lhe pertencem. Embora a coerência não constitua um princípio jurídico, o comportamento contraditório pode ser privado de licitude. Assim, o voto pode ser divergente se exercido em representação de diferentes accionistas, mas não o pode ser se for imputável a um único sócio. Conclui que o voto não pode deixar de ser unitário, salvo em casos especiais, como o da representação de outros sócios, ou de penhor ou usufruto de parte da quota ou das acções.

A questão tem o maior interesse. Somos de opinião que o voto deve, em princípio, ser unitário. O regime do artigo 385.º é muito claro nesse sentido e a sua aplicação é extensível aos demais tipos societários por remissão dos artigos 189.º, n.º 1, 248.º, n.º 1, 474.º e 478.º. No caso em que o sócio represente outros sócios, não há voto divergente, mas apenas votos diferentes imputáveis a diversos sócios. O mesmo se deve entender nos casos em que parte da quota ou do lote de acções do sócio seja objecto de usufruto ou de penhor: em relação a essa parte há uma diferença qualitativa e de titularidade da qual resulta uma diversidade de imputação subjectiva e objectiva do

---

[147] FRANCO DI SABATO, *Diritto delle società*, Giuffrè, Milano, 2003, págs. 194-195.

136   *A Participação Social nas Sociedades Comerciais*

voto. Esta diversidade de imputação alarga-se, por força da letra do n.° 3 do artigo 385.°, aos casos em que o voto seja exercido em representação de associações ou sociedades cujos sócios assim o tenham deliberado. O mesmo regime deve ser aplicado *a eadem ratio* às acções detidas fiduciariamente por instituições financeiras ou fundos.

h) Limites máximos de participação e participações qualificadas

I. Na redacção original do artigo 183.° do Código Comercial, o respectivo § 3 impedia que qualquer accionista, fosse qual fosse o número das suas acções, exercesse na assembleia direitos superiores a dez por cento do capital da sociedade ou a vinte por cento dos votos apurados[148]. Este regime tinha como finalidade proteger as minorias e evitar o domínio da sociedade por sócios maioritários[149]. Este objectivo falhou e banalizou-se a prática de *pôr acções em nome de outras pessoas* e de constituir grupos de sociedade com participações em cascata, de modo a contornar aquela limitação. Os grandes accionistas apresentavam-se nas assembleias com as suas acções distribuídas em lotes de dez por cento, frustrando na prática o objectivo legal.

Em 1972, por ocasião das reformas do direito das sociedades que então foram iniciadas sob a égide de RAÚL VENTURA, o Decreto-Lei n.° 154/72, de 10 de Maio, veio substituir o texto dos §§ 3 e 4 do artigo 183.° do Código Comercial. Passou, então, a ser permitida a limitação do número de votos de cada accionista na assembleia, pessoalmente ou por procuração, quer em relação a todas as acções, quer

---

[148] Era o seguinte o seu teor: *§ 3.° Nenhum accionista, qualquer que seja o número das suas acções, poderá representar mais da décima parte dos votos conferido por todas as acções emitidas, nem mais de uma quinta parte dos votos que se apurarem na assembleia geral.*

[149] ADRIANO ANTHERO, *Comentário ao Código Comercial*, I, cit., págs. 352--353, comenta assim o § 3 do artigo 183.°: *O pensamento do código, neste §, é não deixar monopolizar na mão dum accionista, por meio de representação ou acumulação de um grande número de acções, a preponderância nas deliberações da assembleia. (...) Se não fosse esta restrição, qualquer accionista opulento poderia até adquirir a maior parte das acções, para que só ele decidisse das deliberações da assembleia.*

em relação a uma ou mais categorias de acções, desde que não para accionistas pessoalmente determinados, sem prejuízo das deliberações para as quais fosse exigida certa maioria do capital da sociedade e com excepção das acções pertencentes ao Estado[150]. Esta redacção manteve-se até à entrada em vigor do Código das Sociedades Comerciais e permitiu que os accionistas passassem a participar nas assembleias com todas as suas acções, reduzindo drasticamente a presença dos chamados *accionistas pintados*.

II. A alínea b) do n.º 2 do artigo 384.º do Código das Sociedades Comerciais permite expressamente que, nos estatutos da socie-

---

[150] O artigo 183.º do Código Comercial ficou com o seguinte teor, até ser revogado com a entrada em vigor do Código das Sociedades Comerciais:

Artigo 183.º

A assembleia será convocada e dirigida pelo presidente ou por quem as suas vezes fizer.

§ 1.º Aos secretários incumbe toda a escrituração relativa à assembleia geral.

§ 2.º As deliberações serão sempre tomadas por maioria absoluta de votos, excepto nos casos em que os estatutos exigirem maior número.

§ 3.º Os estatutos podem limitar o número de votos de que cada accionista dispõe na assembleia, quer pessoalmente, quer como procurador, admitindo-se que o façam para todas as acções ou apenas para acções de uma ou mais categorias, mas não para accionistas determinados; a limitação não funciona, todavia, nos casos em que a lei ou os estatutos exijam para a validade das deliberações sociais uma certa maioria do capital, salvo quando aqueles estabeleçam diversamente, e não funciona também em relação aos votos que pertençam ao Estado ou a entidades para o efeito a ele equiparadas por legislação especial.

§ 4.º Não obstante cláusula contratual diversa, estipulada ao abrigo do parágrafo anterior, e com reserva da excepção constante do mesmo parágrafo, os privilégios de voto não podem ser exercidos na medida em que, por força deles, um accionista represente na assembleia mais da décima parte dos votos conferidos por todas as acções emitidas.

§ 5.º Sempre que os estatutos exijam a posse de um certo número de acções para conferir voto em assembleia, poderão os accionistas possuidores de um menor número de acções agrupar-se de forma a completarem o número exigido e fazerem-se representar por um dos agrupados.

§ 6.º As actas das diferentes sessões serão assinadas pelo presidente e secretários e lavradas no livro respectivo.

dade anónima, seja estipulada uma limitação semelhante à que estava prevista na redacção originária do artigo 183.° do Código Comercial, embora com maior amplitude: pode ser limitado o voto acima de um certo número de acções, desde que emitido por um mesmo accionista, seja em nome próprio, seja em representação de outrem.

Este regime nada tem de excepcional e corresponde mesmo ao que foi a pureza do regime das sociedades anónimas no século XIX e até 1972. Corresponde, no fundo, à exigência de uma maioria qualificada estabelecida de um modo especial. Tem como fundamento evitar o domínio da sociedade por accionistas com maiorias absolutas, e assegurar um maior peso relativo do accionista sobre o capital. Evita ou dificulta muito o esmagamento dos pequenos e médios accionistas e os *take overs* hostis. Dificulta também muito a deliberação que elimine a respectiva cláusula estatutária, a qual deve ser tomada com respeito pela limitação. As sociedades em que exista esta estipulação são relativamente menos capitalistas do que as demais. Esta é uma modificação permitida pela elasticidade do tipo legal, que é virtuosa naquilo em que deixa um maior campo de actuação à autonomia privada numa matéria que é, por excelência, sua. Os sócios são livres de estipularem estas cláusulas nos estatutos iniciais, que então obtiveram necessariamente o consenso dos accionistas fundadores; os accionistas subsequentes aceitam-nas tacitamente quando adquirem as suas acções.

No n.° 3 deste preceito estatui-se que esta limitação pode ser estabelecida em relação a todas as acções ou a certos tipos de acções, mas não a accionistas determinados. Nas versões anteriores deste preceito, e já desde a legislação de 1972, esta limitação não valia em relação aos votos do Estado ou de "entidades equiparadas", mas este privilégio do Estado veio a desaparecer na reforma de 2006.

III. Na vigência do Código das Sociedades Comerciais, no regime das sociedades coligadas, surgem novas situações de inibição de voto superior a certas percentagens. No n.° 3 do artigo 485.°, é estabelecida a inibição do voto, no que exceder dez por cento do capital da sociedade participada quando, em situações de participação recíproca, a sociedade que mais tarde tenha procedido à comunicação haja adquirido acções da outra sociedade. Este regime é aplicado, por remissão do n.º 2 do artigo 487.º, à aquisição pela sociedade dominada de acções da sociedade dominante.

Também no domínio do Código dos Valores Mobiliários o artigo 192.º estabelece, em caso de incumprimento do dever de lançamento de uma oferta pública de aquisição (OPA), a inibição do voto no que corresponder às acções que *excedam o limite (de participação) a partir do qual o lançamento (da oferta pública) seria devido* e também às acções *que tenham sido adquiridas por exercício de direitos inerentes* àquelas acções ou *a outros valores mobiliários que confiram direito à sua subscrição ou aquisição.*

Também este regime tem por vezes conduzido, na prática, à dispersão artificial das posições accionistas por titulares fiduciários, em moldes análogos ao que sucedia na vigência da redacção primitiva dos §§ 3 e 4 do artigo 183.º do Código Comercial.

i) O conflito de interesses

I. A lei inibe o exercício do voto pelo sócio em caso de conflito de interesses com a sociedade. O sócio pode, não obstante, participar na assembleia, aí intervir e discutir o que estiver em questão, só está inibido de votar. A inibição do voto por conflito de interesses está consagrada no n.º 6 do artigo 384.º quanto à sociedade anónima e no artigo 251.º quanto à sociedade por quotas. A disciplina do artigo 251.º é aplicável à sociedade em nome colectivo e à comandita simples, por remissão dos artigos 189.º e 474.º; a do n.º 6 do artigo 384.º aplica-se também às comanditas por acções, por remissão do artigo 478.º.

Embora a epígrafe do artigo 251.º utilize a expressão *impedimento de voto,* preferimos a *inibição* por nos parecer mais correcta e estar em consonância com a mais recente terminologia do Código dos Valores Mobiliários.

140 *A Participação Social nas Sociedades Comerciais*

II. O fundamento desta inibição é da natureza das coisas. Sempre que alguém actua sobre interesses alheios pode suscitar-se a possibilidade de conflito. Quando houver uma situação objectiva de conflito, a pessoa em questão deve abster-se de agir. A inibição de agir sobre interesses alheios em caso de conflito de interesses seria sempre imposta pelos bons costumes e pela boa fé, ainda que não estivesse expressa na lei, como está. Na formulação do seu regime jurídico específico, porém, tem a legislação alguma elasticidade de concretização, mediada pela natureza das coisas, e pode adoptar as soluções julgadas mais adequadas.

Há conflito de interesses quando o interesse do sócio só pode ser satisfeito com prejuízo para a sociedade[151]; se assim não for, haverá concurso de interesses, mas não conflito. É suficiente que exista uma possibilidade objectiva de conflito. Não é necessário que o conflito tenha já deflagrado. O que se pretende evitar com a inibição de agir em conflito de interesses é o perigo e a desconfiança que doutro modo se propiciariam, suscitando inevitavelmente a suspeita de sacrifício, pelo agente, do interesse alheio em benefício do seu próprio. A experiência ensina que assim é, e o Direito não deve ser ingénuo. O Direito Comercial e, no seu âmbito, o Direito das Sociedades, não ignoram que a ambição do ganho económico, do enriquecimento pessoal, isto é, a ganância (*greed*), são os principais móbeis do comércio, do mercado e das sociedades comerciais. Por isso, não é prudente permitir que se criem situações potencialmente perigosas e lesivas da confiança, sempre que possam ser evitadas sem entorpecimentos excessivos para o funcionamento ágil e eficiente do comércio. É neste sentido que a natureza das coisas aconselha fortemente, quando não impõe mesmo, que sejam evitados e prevenidos os casos de actuação sobre interesses alheios em situação objectiva de conflito de interesses[152].

---

[151] Neste sentido, RAÚL VENTURA, *Sociedades por Quotas*, II, cit., pág. 296.

[152] Não acompanhamos, assim, completamente RAÚL VENTURA, *Sociedades por Quotas*, II, cit., pág. 306, quando opina que a disciplina legal do impedimento de voto por conflito de interesses não constitui consagração de princípio fundamental de direito que se imponha ao legislador.

Na inibição do voto por conflito de interesses, o que releva são os interesses objectivos em presença. O interesse, como é pacífico, é a relação (*quod inter est*) entre as necessidades, fins ou objectivos da pessoa e os meios que são hábeis para as satisfazer ou os realizar. Os interesses subjectivos correspondem àquela relação tal como representada na consciência do interessado; são objectivos quando a aptidão dos meios é efectiva, independentemente da consciência que dela tem o interessado. Como bem se compreende, interesse subjectivo e interesse objectivo nem sempre coincidem.

III. No Código das Sociedades Comerciais constam dois preceitos de teor muito semelhante sobre a inibição do voto por conflito de interesses, o artigo 215.º e o n.º 6 do artigo 384.º. Num quadro comparativo, notam-se as seguintes semelhanças e diferenças:

Artigo 251.º	*Artigo 384.º*
Impedimento de voto	*Votos*

1 – O sócio não pode votar nem por si, nem por representante, nem em representação de outrem, quando, relativamente a matéria da deliberação, se encontre em situação de conflito de interesses com a sociedade. Entende-se que a referida situação de conflito de interesses se verifica designadamente quando se tratar de deliberação que recaia sobre:

6 – Um accionista não pode votar, nem por si, nem por representante, nem em representação de outrem, quando a lei expressamente o proíba e ainda quando a deliberação incida sobre:

a) Liberação de uma obrigação ou responsabilidade própria do sócio, quer nessa qualidade quer como gerente ou membro do órgão de fiscalização;

a) Liberação de uma obrigação ou responsabilidade própria do accionista, quer nessa qualidade quer na de membro de órgão de administração ou de fiscalização;

b) Litígio sobre pretensão da sociedade contra o sócio ou deste contra aquela, em qualquer das qualidades referidas na alínea anterior, tanto antes como depois do recurso a tribunal;

b) Litígio sobre pretensão da sociedade contra o accionista ou deste contra aquela, quer antes quer depois do recurso a tribunal;

c) *Perda pelo sócio de parte da sua quota, na hipótese prevista no artigo 204.º, n.º 2;*

d) *Exclusão do sócio;*

e) *Consentimento previsto no artigo 254.º, n.º 1;*

f) *Destituição, por justa causa, da gerência que estiver exercendo ou de membro do órgão de fiscalização;*

g) *Qualquer relação, estabelecida ou a estabelecer, entre a sociedade e o sócio estranha ao contrato de sociedade.*

2 – O disposto nas alíneas do número anterior não pode ser preterido no contrato de sociedade.

c) *Destituição, por justa causa, do cargo de administrador ou desconfiança no director;*

d) *Qualquer relação, estabelecida ou a estabelecer, entre a sociedade e o accionista, estranha ao contrato de sociedade.*

7 – O disposto no número anterior não pode ser preterido pelo contrato de

O n.º 1 do artigo 251.º tem três alíneas que são específicas das sociedades por quotas e não encontram, por isso, correspondência no n.º 6 do artigo 384.º. Na sociedade anónima não há lugar a deliberações sobre a perda da parte social pelo sócio remisso, nem sobre a sua exclusão, nem sobre a concessão de autorização para o exercício de uma actividade concorrente. Estas três alíneas eram supérfluas no n.º 6 do artigo 384.º.

A alínea f) do n.º 1 do artigo 251.º corresponde à alínea c) do artigo 384.º, embora tenha sida omitida, nesta última, a referência à destituição do membro do órgão de fiscalização. A alínea g) do artigo 251.º tem um teor quase igual ao da alínea d) do artigo 384.º, com apenas a substituição da palavra *sócio*, por *accionista* na segunda, e a omissão de uma vírgula na primeira. Finalmente, o n.º 2 do artigo 251.º corresponde ao n.º 7 do artigo 384.º.

Diferentes são o corpo do n.º 1 do artigo 251.º e o corpo do n.º 6 do artigo 384.º. Algumas diferenças são obviamente irrelevantes e não merecem uma particular atenção. Em ambos consta que o sócio *não pode votar, nem por si, nem em representação de outrem, quando* (...). No corpo do n.º 6 do artigo 384.º, é referido o *accionista*, em

Os poderes dos sócios   143

vez de o *sócio*, como se o accionista não fosse um sócio; esta diferença não tem sentido nem conteúdo normativo. O n.º 2 do artigo 251.º refere *as alíneas do número anterior*, enquanto o n.º 7 do artigo 384.º menciona *o número anterior*. Diferente é também a omissão, no corpo do artigo 251.º, da referência feita no corpo do n.º 6 do artigo 384.º à expressa proibição legal, referência que é supérflua e redundante e cuja omissão não pode fundar uma conclusão *a contrario sensu*.

IV. É controversa a omissão, no corpo do n.º 6 do artigo 384.º, da referência que é feita no corpo do artigo 251.º ao conflito de interesses − *quando, relativamente a matéria da deliberação, se encontre em situação de conflito de interesses com a sociedade* − e principalmente do segundo período do mesmo − *Entende-se que a referida situação de conflito de interesses se verifica designadamente quando se tratar de deliberação que recaia sobre* (…). Daqui se tem concluído que a enumeração de casos de conflito de interesses no artigo 251.º é exemplificativa, enquanto a do n.º 6 do artigo 384.º é taxativa. Esta conclusão é formalmente possível, mas substancialmente infundada. Importa, por isso, dedicar-lhe alguma atenção.

RAÚL VENTURA[153] aborda o assunto. Em sua opinião, o artigo 251.º contém uma enumeração exemplificativa, enquanto no artigo 384.º, n.º 6, essa enumeração é taxativa. E interroga-se: *eu não descortino o motivo que tenha induzido o legislador a proceder, neste campo, diferentemente para sociedades por quotas e para sociedades anónimas*. Comenta: (…) *quando se chega às sociedades anónimas* (…), *vejo o aspecto da <u>segurança</u> prevalecer sobre o da <u>justiça</u> por faltar a cláusula geral do conflito de interesses e, consequentemente, o elenco de casos de impedimento de voto ser taxativo. Dir-se-á talvez que nas sociedades anónimas há justiça a menos; eu prefiro dizer que nas sociedades por quotas há segurança a menos.* Mas acaba por concluir: *De qualquer forma, não podemos ignorar que a disciplina concreta nos dois tipos de sociedades ficou diferente.*

É notório que a redacção do n.º 6 do artigo 384.º está mais próxima do *projecto* RAÚL VENTURA ao omitir a cláusula geral sobre o

---

[153] RAÚL VENTURA, *Sociedades por Quotas*, II, cit., págs. 282-284.

144   *A Participação Social nas Sociedades Comerciais*

conflito de interesses e bem assim a referência expressa ao carácter exemplificativo da enumeração, e ainda ao referir o caso da proibição legal[154] e que a do artigo 251.° é mais inspirada pelo *segundo projecto* FERRER CORREIA e também pelo *projecto VAZ SERRA*. Se entre os projectos de FERRER CORREIA e de VAZ SERRA, a diferença é de redacção, já o projecto RAÚL VENTURA diverge daqueles em sentido.

As formulações de FERRER CORREIA e de VAZ SERRA são mais amplas e mais elásticas no recurso que fazem a uma cláusula geral da inibição do voto em caso de conflito de interesses, cuja concretização é auxiliada por uma tipologia exemplificativa. Na impossibilidade de prever taxativamente todos os possíveis casos de conflito de interesses consagra o critério e deixa a sua concretização ao aplicador, no caso concreto. Evita o envelhecimento prematuro da lei e permite o seu enriquecimento com uma jurisprudência que se irá progressivamente formando e que contribuirá, também ela, para a decisão por comparação de casos. Ao contrário, a formulação de RAÚL VENTURA, é mais rígida e mais restritiva, pressupõe a intervenção do legislador sempre que se revelar inadequada ou desactualizada, não permite elasticidade nem ductilidade na aplicação, que se quer apenas subsuntiva, mas permite prever de antemão com segurança quais são os casos em

---

[154] No *projecto* RAÚL VENTURA sobre as sociedades por quotas, o preceito tem o seguinte teor:

Artigo 60.° (Impedimento de voto)

1. Nas deliberações que incidam sobre as relações entre os sócios, tais como decorrem da lei ou do contrato, o sócio está impedido de votar:

a) Quando a lei especialmente o proíba;

b) Quando a deliberação verse sobre o cumprimento de qualquer sua obrigação, como sócio ou como gerente, ou sobre a responsabilidade resultante da falta de cumprimento dessas obrigações;

c) Quando a deliberação verse sobre procedimento judicial intentado ou a intentar pela sociedade contra o sócio ou por este contra aquela;

d) Quando a deliberação verse sobre o consentimento da sociedade a qualquer acto do sócio, exceptuados os relativos à gerência de que porventura esteja incumbido.

2. Nas deliberações não abrangidas pelo número anterior, estão impedidos de votar os sócios que, por si ou por interposta pessoa, tenham um interesse estranho à sua qualidade de sócio, a satisfazer directamente pela deliberação ou pela execução.

que o voto é ou não é, inibido. No primeiro, traduz-se na concretização de uma cláusula geral; no segundo, na aplicação subsuntiva de uma tipologia taxativa. A primeira tem virtualidade expansiva do seu âmbito de aplicação; a segunda é restritiva.

Os dois sistemas são em princípio possíveis, cada um com as suas vantagens e inconvenientes e cada um com a sua filiação filosófico--metodológica. Mas não nos parece que possam coexistir ambos no mesmo Código. Não há justificação para uma tão radical contradição sistemática e nada na diferença entre sociedades por quotas e anónimas o permite. É, pois, necessário integrar sistematicamente ambos os preceitos de modo a salvaguardar a harmonia sistemática do Código das Sociedades Comerciais.

V. A origem desta desarmonia é clara e é conhecida. O Código das Sociedades Comerciais resulta de justaposição de vários projectos, com filosofias e sistemas diferentes, que foram deficientemente integrados na sua última forma. Houve um anteprojecto de VAZ SERRA sobre as acções das sociedades anónimas, um anteprojecto de FERRER CORREIA sobre uma parte do regime geral das sociedades, várias versões de um anteprojecto de RAÚL VENTURA sobre sociedades por quotas que, nas palavras de FERNANDO OLAVO[155], foi *depois retomado e reelaborado pelo Prof. Vaz Serra e este anteprojecto por sua vez pelo Prof. Ferrer Correia com a colaboração da Dr.ª Maria Ângela Coelho e dos Drs. Vasco Lobo Xavier e António A. Caeiro.* Houve ainda o anteprojecto de RAÚL VENTURA sobre a associação em participação e a associação à quota, um estudo de RAÚL VENTURA, com a colaboração de BRITO CORREIA sobre a responsabilidade civil dos administradores das sociedades anónimas e dos gerentes das sociedades por quotas, além de dois anteprojectos de FERNANDO OLAVO, sobre a sociedade em nome colectivo e a sociedade em comandita, este último com a colaboração de GIL MIRANDA.

---

[155] FERNANDO OLAVO, *Alguns Apontamentos sobre a Reforma da Legislação Comercial*, BMJ 293, pág. 19.

146 *A Participação Social nas Sociedades Comerciais*

Na sua versão final, o regime da inibição do voto em assembleia geral por conflito de interesses acabou por ficar salomonicamente distribuído: um sistema para as sociedades por quotas (e ainda em nome colectivo e em comandita simples) e outro para as sociedades anónimas (e comanditas por acções).

Esta matéria não ficou bem legislada. Deveria ter sido concentrada num só artigo situado na parte geral. A questão é comum para todos os tipos legais de sociedades comerciais. As especificidades, como as das alíneas c), d) e e) do artigo 251.° poderiam ser introduzidas nesse artigo com referência ao tipo legal a que correspondem ou evitadas com uma fórmula geral.

Há diferenças de técnica legislativa e de simples redacção que não têm justificação nem sentido e que deveriam ter sido evitadas por uma revisão mais cuidadosa. Só uma estranha negligência na revisão final do Código pode ter permitido que à disciplina da mesma questão tivesse sido dedicado um artigo inteiro (artigo 251.°) no domínio da sociedade por quotas e dois números de um artigo (n.ᵒˢ 6 e 7 do artigo 384.°) no domínio da sociedade anónima. Não tem justificação, também, a omissão na alínea b) do n.° 6 do artigo 384.° da frase *em qualquer das qualidades referidas na alínea anterior* que está na alínea b) do n.° 1 do artigo 251.°; esta frase poderia estar em ambas as alíneas ou em nenhuma delas, mas não se justifica que esteja numa e não na outra. É ainda estranha a fórmula da alínea c) do n.° 6 do artigo 384.°: porquê a destituição de um e a desconfiança no outro, porque não a desconfiança e a destituição de ambos? Finalmente, é estranha a diferença de redacção entre o n.° 2 do artigo 251.° e o n.° 7 do artigo 384.°: porque razão, em relação ao n.° 1 do artigo 251.°, são referidas apenas as suas alíneas, enquanto no n.° 7 do artigo 384.° se refere todo o número anterior, incluindo o respectivo corpo. Tudo isto revela uma deficiência de revisão final do Código que não pode deixar de ser tida em conta na concretização.

VI. Há que distinguir os conflitos de interesses internos e externos. Os primeiros são aqueles que se suscitam no interior da sociedade entre o sócio, nessa qualidade, e a sociedade; os segundos os que surgem entre o sócio, na qualidade de terceiro, e a sociedade. Ambos os artigos em apreciação os distinguem bem. São casos de conflitos internos os mencionados nas alíneas a) a f) do n.° 1 do artigo 251.° e nas alíneas a) a c) do n.° 6 do artigo 384.°; são externos os referidos na alínea g) do n.° 1 do artigo 251.° e na alínea d) do n.° 6 do artigo 384.°.

No que respeita aos conflitos externos de interesses, ambas a alínea g) do n.° 1 do artigo 251.° e a alínea d) do n.° 6 do artigo 384.° estão redigidas em termos genéricos: *qualquer relação, estabelecida ou a estabelecer, entre a sociedade e os sócios (accionistas), estranha ao contrato de sociedade.* Esta fórmula é aberta e abrange todo o relacionamento entre a sociedade e o sócio em que este intervenha numa posição que não a de sócio. É tão ampla e tão elástica que não é compatível com um sentido de taxatividade que seja imputado a qualquer dos preceitos.

Deve, pois, ser, desde já, afastada a taxatividade dos casos de conflito externo de interesses, quer na sociedade anónima, quer na sociedade por quotas. A taxatividade ficaria, assim, residualmente reduzida aos casos de conflitos internos de interesses. Mas ainda a limitação da taxatividade às relações internas na sociedade anónima, seria uma conclusão apressada e insustentável.

Uma leitura atenta das alíneas a) a f) do n.° 1 do artigo 251.° e das alíneas a) e b) do artigo 384.° permite discernir algo de interessante. Em primeiro lugar, que entre as alíneas do n.° 1 do artigo 251.°, duas têm um conteúdo genérico — as alíneas a) e b) — e quatro referem casos específicos — as alíneas c), d), e) e f); enquanto entre as alíneas do n.° 6 do artigo 384.°, duas têm um conteúdo genérico — as alíneas a) e b) — e uma refere um caso específico — a alínea c). As alíneas c) d) e) e f) do n.° 1 do artigo 251.°, assim como a alínea c) do n.° 6 do artigo 384.° referem casos de conflito interno de interesses. Em relação a ambos os artigos, os casos específicos referidos nas alíneas mencionadas são susceptíveis de ser incluídos (subsumidos) nas alíneas genéricas: no n.° 1 do artigo 251.°, a perda de parte da quota pelo sócio remisso, a exclusão do sócio e a destituição do sócio gerente ou membro do órgão de fiscalização são subsumíveis à alínea b),

148   *A Participação Social nas Sociedades Comerciais*

e o consentimento para exercício de actividade concorrente à alínea a); no n.º 6 do artigo 384.º, a destituição por justa causa do titular de órgão social são subsumíveis à respectiva alínea b).

Daqui se pode concluir que, no que respeita aos casos de conflitos internos de interesses, também taxatividade não existe, por um lado, porque as alíneas a) e b) do n.º 1 do artigo 251.º e do n.º 6 do artigo 384.º são suficientemente amplas e genéricas para abranger todos os casos possíveis de conflitos de interesses entre a sociedade e os seus sócios nessa qualidade; por outro, porque os casos específicos referidos nas alíneas c), d), e) e f) do n.º 1 do artigo 251.º e na alínea c) do n.º 6 do artigo 384.º são subsumíveis às anteriores alíneas dos respectivos números.

Assim, embora com uma formulação diferente, é nossa opinião segura não haver taxatividade, nem nos casos de conflitos externos, nem nos de conflitos internos de interesses, em ambos os artigos 261.º e 384.º, n.º 6.

Qual então, perguntar-se-á, a razão da inserção das alíneas que referem casos específicos (alíneas c), d), e) e f) do n.º 1 do artigo 251.º e alínea c) do n.º 6 do artigo 384.º)? A resposta está nos números seguintes de ambos os artigos: no n.º 2 do artigo 251.º e no n.º 7 do artigo 384.º. Estes preceitos excluem da autonomia dos sócios, na estipulação estatutária, o afastamento destes casos de inibição de voto. Não são válidas as cláusulas estatutárias que contrariarem o regime de impedimento do voto estatuído *nas alíneas do número* um do artigo 251.º e *no número* seis do artigo 384.º. A especificação de casos nas alíneas c) a f) do n.º 1 do artigo 251.º e c) do n.º 6 do artigo 384.º, além de contribuir para apoiar com exemplos a concretização da cláusula geral de inibição do voto por conflito de interesses, tem ainda por função afastar a autonomia estatutária dos sócios, impedindo-os de incluir nos estatutos cláusulas que permitam o voto naquelas matérias. Esta proibição é formulada em especial, em relação às alíneas c), d), e) e f) do n.º 1 do artigo 251.º e à alínea c) do n.º 6 do artigo 384.º, e em geral quanto às matérias das alíneas a) e b) de ambos. A especificação enfatiza, por um lado, a inibição do voto e, por outro, a proibição de estipulação estatutária em contrário.

VII. Resta ainda uma dificuldade na interpretação e concretização destes preceitos. Há uma diferença de redacção entre o n.º 2 do artigo 251.º e o n.º 7 do artigo 384.º. O primeiro refere *disposto nas alíneas do número anterior* e o segundo *o disposto no número anterior*.

Numa análise acentuadamente exegética, RAÚL VENTURA[156] conclui desta diferença de redacção que a regra geral estabelecida no n.º 1 (do artigo 251.º) e exemplificada nas alíneas do mesmo número pode ser preterida no contrato de sociedade, o qual pode estipular que, fora dos casos enumerados nas alíneas do n.º 1, o sócio pode votar em situação de conflito de interesses com a sociedade. Adivinha a objecção de que assim ficariam sem protecção os sócios cujos interesses não estão em conflito com a sociedade e responde que existem outras formas de protecção, dos interesses desses sócios, designadamente a anulabilidade admitida no art. 58.º, n.º 1, al. b). Não acompanhamos esta construção. No projecto do Código, o n.º 2 do artigo 254.º e o n.º 7 do artigo 384.º tinham a mesma redacção: *o disposto no número anterior não pode ser preterido nem ampliado pelo contrato de sociedade*. Seria completamente destituído de sentido, por um lado, conferir injuntividade às alíneas e recusá-la ao corpo do n.º 1 do artigo 251.º, por outro lado, dar ao n.º 1 do artigo 251.º esse estranhíssimo regime e manter o n.º 6 do artigo 384.º. Na falta de uma razão justificativa substancial para uma tal diferença de regimes entre ambos, e ela não se descortina, imputamos a diferença de redacção a mais uma das gralhas e falhas com que o Código veio a entrar em vigor, muitas das quais vieram depois a ser objecto de correcção. Esta é apenas mais uma.

Também não acompanhamos a construção de RAÚL VENTURA[157] quando conclui que a enumeração de casos nas alíneas do n.º 1 do artigo 251.º *é taxativa relativamente a todas as deliberações de sócios cujo objecto se encontra previsto no Código das Sociedades Comerciais, quer em preceitos isolados, quer no art. 246.º*. Para chegar a essa conclusão parte da consideração de que o legislador não terá *ido buscar casos*

---

[156] RAÚL VENTURA, *Sociedades por Quotas*, II, cit., págs. 286-287.
[157] RAÚL VENTURA, *Sociedades por Quotas*, II, cit., págs. 285-286.

150   *A Participação Social nas Sociedades Comerciais*

desgarrados quando poderia ter incluído na enumeração outros que lhes são próximos, como a exoneração em relação à exclusão, a destituição sem justa causa em relação à destituição com justa causa, ou o consentimento para o exercício de actividade concorrente em relação a outras autorizações mencionadas na lei. Conclui, depois, *a contrario*, que o voto é permitido nos demais casos previstos na lei que o legislador poderia ter incluído na enumeração, mas em que não o fez.

Como bem demonstra PERELMANN[158] a opção entre a conclusão *a contrario sensu* e a analogia *a eadem ratio* não é formal e exige a sindicação do sentido dos preceitos em questão. No caso em apreciação, é injustificadamente desrazoável a concretização *a contrario*. Pelo contrário, verifica-se a mesma razão de ser − *ratio juris* − da inibição do voto por conflito de interesses em relação a todos os tipos legais de sociedades. Quando a razão de ser de ambos os preceitos é a mesma, não nos parece admissível a conclusão *a contrario* fundada apenas numa diferença de redacção.

VIII. Qual a consequência jurídica da emissão do voto com violação da inibição por conflito de interesses? A proibição legal está dirigida ao voto, como acto jurídico, e não à deliberação. A lei não proscreve as deliberações tomadas com conflito de interesses dos sócios votantes com a sociedade, mas sim directamente o voto. Assim sendo, a consequência legal deve atingir o voto em si.

Se o sócio, não obstante a inibição, votar, o seu voto é nulo. Se esse voto for necessário para a formação da maioria deliberativa, esta não poderá deixar de ser afectada. A doutrina fala então, a esse propósito, de anulabilidade da deliberação[159].

---

[158] PERELMANN, *Logique Juridique − Nouvelle rhétorique*, 2 ed., Dallloz, Paris, 1979, págs. 55-57, 130.

[159] Assim, RAÚL VENTURA, *Sociedades por Quotas*, II, cit., págs. 308, OLIVEIRA ASCENSÃO, *Invalidades das Deliberações dos Sócios*, Problemas do Direito das Sociedades, Almedina, Coimbra, 2002, págs. 396-397 e Estudo em Homenagem ao Prof. Doutor Raúl Ventura, II, Faculdade de Direito da Universidade de Lisboa, Coimbra Editora, Coimbra, 2003, págs. 17 e segs., BRITO CORREIA, *Direito Comercial*, III, *Deliberações dos Sócios*, cit., págs. 165, 317.

Pensamos que, em caso de nulidade do voto, este não deve ser contado no apuramento. Se se tratar de um caso especificamente previsto na lei, por exemplo, nas alíneas c), d), e) e f) do n.º 1 do artigo 251.º ou na alínea c) do n.º 6 do artigo 384.º, o presidente da mesa deve simplesmente desconsiderá-lo e, se ele for imprescindível para a maioria deliberativa, deve proclamar a proposta como não tendo alcançado os votos suficientes. Se se tratar de um caso genericamente previsto, o presidente, espontaneamente ou a solicitação de um qualquer sócio, deve advertir a assembleia, principalmente o sócio em questão, sobre a possibilidade de o voto ser nulo, e mencionar essa ocorrência na acta, mas não deve impedir nem deixar de contar o voto no apuramento. O sócio que se não conformar poderá recorrer a juízo e pedir a declaração da nulidade do voto. Se esta vier a ser declarada e a votação não lograr sem ele a maioria necessária, a deliberação deve ser tida como não tomada. Esta solução parece-nos mais correcta do que a da anulabilidade-anulação e por isso a preferimos, não obstante a diversa opinião da generalidade da doutrina.

IX. Por todas as razões expostas, concluímos pela identidade de sentido e de regimes jurídicos de inibição do voto por conflito de interesses em todos os tipos legais de sociedades, não obstante as diferenças e deficiências de redacção assinaladas.

Propomos, pois, que sejam revogados o artigo 251.º e os n.ºs 6 e 7 do artigo 384.º e que, em seu lugar, seja incluído na parte geral do Código das Sociedades Comerciais um novo preceito, possivelmente um artigo 54.º-A que regule a inibição do voto em caso de conflito de interesses que, no n.º 1, contenha uma cláusula geral, no n.º 2, uma tipologia expressamente exemplificativa de casos mais significativos, no n.º 3, que os votos emitidos em violação deste regime não sejam contados no apuramento da deliberação, e no n.º 4 a estatuição expressa do carácter injuntivo do preceito.

j) O voto abusivo

I. A alínea b) do n.º 1 do artigo 58.º do Código das Sociedades Comerciais inclui entre os casos de deliberações anuláveis as que

152   *A Participação Social nas Sociedades Comerciais*

sejam apropriadas para satisfazer o propósito de um dos sócios de conseguir, através do exercício do direito de voto, vantagens especiais para si ou para terceiros, em prejuízo da sociedade ou de outros sócios ou simplesmente de prejudicar aquela ou estes, a menos que se prove que as deliberações teriam sido tomadas mesmo sem os votos abusivos. A doutrina designa estas deliberações como deliberações abusivas.

Nas deliberações abusivas há duas dimensões de ilicitude: aquela que atinge a deliberação em si mesma, e a que inquina os *votos abusivos*. Do texto deste preceito, principalmente da segunda parte ressalta que a deliberação só é afectada na sua globalidade se para a sua formação tiverem contribuído votos abusivos sem os quais ela não poderia ter sido tomada. Se uma vez desconsiderados os votos abusivos se mantiver a maioria necessária, a deliberação é válida. É, pois, o vício do voto que vicia a deliberação[160].

II. Interessa, agora, o vício do voto abusivo. Em geral, esse vício é identificado com o abuso do direito. A história assim o determinou. Antes da entrada em vigor do Código das Sociedades Comerciais e da sua consagração na lei, as deliberações abusivas eram consensualmente consideradas casos de abuso do direito de voto[161]. Ainda hoje,

---

[160] OLIVEIRA ASCENSÃO, *Invalidades das Deliberações dos Sócios,* Problemas do Direito das Sociedades, cit., pág. 398.

[161] Assim, GALVÃO TELLES, *Amortização de Quotas,* ROA (1946), n.os 3 e 4, págs. 64-69, e *Anulação de Deliberações Sociais. Actos Abusivos,* Anotação ao Acórdão do STJ 21.IV.72, O Direito, ano 104, 1972, págs. 319 e segs., MARTINS DE CARVALHO, *Deliberações Sociais Abusivas,* Economia e Finanças, (1952), XX, I, págs. 212 e segs., MANUEL DE ANDRADE, *Sobre a Validade das Cláusulas de Liquidação de Partes Sociais,* RLJ, ano 87, 1955, págs. 305 a 308, TEÓFILO DE CASTRO DUARTE, *O Abuso do Direito e as Deliberações Sociais,* 2.ª ed., Coimbra, 1955, ALBERTO PIMENTA, *Suspensão e Anulação de Deliberações Sociais,* Coimbra, 1965, págs. 83 e segs., FERRER CORREIA, *Lições de Direito Comercial,* cit., págs. 405 e segs., VAZ SERRA, *Anotação ao STJ 21.XI.72,* RLJ ano 107, 1974-75, págs. 5 e segs., FERRER CORREIA/VASCO LOBO XAVIER/MARIA ÂNGELA COELHO/ANTÓNIO CAEIRO, *Sociedades por Quotas de Responsabilidade Limitada – Anteprojecto de Lei – 2.ª redacção e exposição de motivos,* Separata da RDE, ano III, 1977, n.os 1 e 2, ano V, n.º 1, Coimbra, págs. 140-141, PINTO FURTADO, *Código Comercial Anotado – Das Sociedades em Especial,* II-II, cit., págs. 517 e 539 e segs., ANTÓNIO CAEIRO, *Temas de*

Os poderes dos sócios

há na doutrina, na jurisprudência e até na prática jurídica uma tendência muito espalhada para concretizar as deliberações abusivas como simples casos de abuso do direito de voto e nos moldes do artigo 334.º do Código Civil[162]. Essa transposição não nos parece bem fundada.

A alínea b) do n.º 1 do artigo 58.º não fala, em lado algum, de contrariedade manifesta à boa fé, aos bons costumes ou ao fim social e económico do direito de voto, assim como não comina o acto de *ilegítimo*. Diversamente, refere deliberações *que sejam apropriadas para satisfazer o propósito* de um ou mais sócios *de conseguir, através do exercício do direito de voto*, ou vantagens especiais em prejuízo da sociedade ou de outros sócios, ou o prejuízo da sociedade ou de outros sócios independentemente de alguma vantagem. Há pois duas situações que são previstas: a obtenção de vantagens em detrimento da sociedade ou de outros sócios, e o simples detrimento sem as correspondentes vantagens. Na primeira situação, está-se perante a desfuncionalização do voto; na segunda, é de emulação que se trata.

A desfuncionalização, em direito privado, nada tem de ilícito em si. Nada impede que, no âmbito do direito privado e no exercício da autonomia privada, a pessoa aproveite uma figura jurídica típica para outro fim que lhe não é próprio, mas que permita alcançar. Se a desfuncionalização não envolver fraude à lei ou mesmo a sua violação directa, nada tem de ilícito. Assim sucede com os negócios indirectos[163]. O desvio do fim na deliberação não é, pois, em princípio e sem mais, causa de invalidade da deliberação.

Direito das Sociedades, Almedina Coimbra, 1984, pág. 147, MOITINHO DE ALMEIDA, *Anulação e Suspensão de Deliberações Sociais*, 4.ª ed., Coimbra Editora, Coimbra, 2003, págs. 121 e segs., COUTINHO DE ABREU, *Do Abuso do Direito*, Almedina, Coimbra, 1999, págs. 136 e segs., STJ 20.III.64, BMJ 135, 482, STJ 7.VII.77, BMJ 278, 265.

162 Assim, BRITO CORREIA, *Direito Comercial*, III, *Deliberações dos Sócios*, cit., pág 339.

163 PAIS DE VASCONCELOS, *Contratos Atípicos*, cit., págs. 243-254, e *Teoria Geral do Direito Civil*, cit., pág. 478.

154 *A Participação Social nas Sociedades Comerciais*

Mas o que está previsto na primeira parte da alínea b) do n.º 1 do artigo 58.º não é a simples desfuncionalização. É mais do que isso: é a desfuncionalização orientada à vantagem (especial) dos sócios ou de terceiros e ao detrimento da sociedade ou de outros sócios. A desfuncionalização, neste caso, não é neutra nem inocente: é funcionalmente orientada ao mal, a um resultado axiologicamente negativo. A obtenção de vantagens especiais para o sócio ou para terceiro em detrimento da sociedade ou de outros sócios trás consigo um desvalor que, esse sim, releva para a invalidade.

Na segunda parte da alínea b) do n.º 1 do artigo 58.º refere-se uma acção puramente emulativa. A deliberação serve para simplesmente prejudicar a sociedade ou os outros sócios. Este prejudicar gratuito de outrem é contrário ao plano devido do ser, é ilícito. O Direito não tolera a pura maldade, sobretudo, não a ajuda.

Quer na primeira parte da alínea b) do n.º 1 do artigo 58.º quer na segunda, a deliberação abusiva envolve uma incompatibilidade axiológica com o plano ético do Direito que justifica a sanção da invalidade.

III. A parte final do preceito, quando faz depender a invalidade de se apurar que a deliberação não teria sido tomada sem os votos abusivos, vem transferir o acento tónico da invalidade, da deliberação para os votos.

Por um lado, este regime jurídico explicita uma distinção, no campo dos votos que formam a deliberação, entre aqueles que são abusivos e os que são inocentes. Não há deliberação abusiva sem votos abusivos. Mas a simples ocorrência de votos abusivos na deliberação não é suficiente para a inquinar. É necessário que os votos inocentes não sejam suficientes para a formação da maioria deliberativa. Se os votos abusivos forem supérfluos, a deliberação pode manter-se válida, porque teria sido tomada apenas com os votos inocentes. A deliberação é válida se, descontados os votos abusivos, os votos inocentes forem suficientes para a formação da maioria deliberativa.

Por outro lado, o mesmo regime obriga a ajuizar o carácter inocente ou abusivo dos votos que formaram a deliberação. Este é o único caso, no regime geral dos vícios das deliberações socais em que é necessário sindicar a licitude de cada um dos votos emitidos, em que o objecto da valoração jurídica se transfere do acto deliberativo global para o acto de cada voto.

IV. Os critérios de qualificação dos votos como inocentes ou abusivos estão no próprio preceito da alínea b) do n.º 1 do artigo 58.º, e não no artigo 334.º do Código Civil. A sua concretização enfrenta dificuldades e tem suscitado divergências.

Em primeiro lugar, é preciso que a deliberação em questão *seja apropriada*, isto é, que tenha a aptidão objectiva para causar um certo efeito ou alcançar um certo objectivo, que seja susceptível de o fazer. Se o não for, se for fruste, ainda que movida por essa finalidade, não é qualificável como tal.

Em segundo lugar, é necessário que seja apropriada *para satisfazer o propósito de um dos sócios*. Levanta-se aqui uma dúvida: este propósito deve ser actual e subjectivo, ou é suficiente que seja virtual e objectivo? A questão tem sido confundida com a do carácter subjectivo ou objectivo do abuso do direito. Não é raro encontrar na fundamentação de decisões judiciais a asserção de que o abuso do voto deve ser concretizado objectivamente como no artigo 334.º do Código Civil. Mas não é bem disso que se trata. A questão está em saber se, para preencher a previsão da alínea b) do n.º 1 do artigo 58.º, é necessário que o autor do voto tenha efectivamente uma intenção subjectiva e actual de, com ele, alcançar um daqueles resultados e que a deliberação seja objectivamente apta para tanto ou, em alternativa, se é suficiente que, mesmo sem uma intenção actual e subjectiva do sócio que vota, a deliberação, com o conteúdo que tem e nas circunstâncias em que é tomada, é objectiva e efectivamente apta para *satisfazer um propósito* que aquele sócio possa subjectivamente ter, independentemente de actualmente o ter ou não. A primeira é mais subjectiva e a segunda mais objectiva, embora nenhuma seja puramente subjectiva ou objectiva. A relevância desta alternativa é evidente, atenta a dificuldade que sempre rodeia a prova de intenções. Menos casos de abuso serão decididos na primeira alternativa do que na segunda.

156 *A Participação Social nas Sociedades Comerciais*

Em terceiro lugar, é imprescindível que o intento (subjectivo ou objectivo) se dirija à obtenção, através do voto, de *vantagens especiais* para si ou para terceiros. Qual o sentido da expressão *vantagens especiais*. Na economia do preceito, parece-nos claro que o que se refere são vantagens que beneficiem aquele sócio mas não os outros. Essas vantagens não são comuns, nem gerais; são só para aquele sócio. São vantagens que só ele obtém, só para si ou só para o terceiro, ou para ambos, mas não para a generalidade dos sócios.

Em quarto lugar, exige-se que as aludidas vantagens especiais sejam obtidas *em prejuízo da sociedade ou de outros sócios*. Também aqui se pode duvidar entre uma versão subjectiva e outra objectiva. É necessário que exista (e se prove) um intuito actual e subjectivo do sócio de prejudicar a sociedade e os outros sócios, ou é suficiente que esse seja o resultado do voto e a consequência das *vantagens especiais* independentemente de isso ser querido pelo sócio. A intencionalidade do sócio deve incluir o detrimento, ou basta que esse detrimento seja uma consequência do seu voto?

Em quinto lugar, em alternativa, exige-se que o voto do sócio seja intencionalmente dirigido apenas a prejudicar a sociedade ou outros sócios, sem obtenção de vantagens especiais para si.

Em todas estas interrogações está sempre presente e não pode nunca ser desconsiderada a grande questão que a concretização deste preceito suscita: basta que o voto do sócio, atento o conteúdo da deliberação e as circunstâncias envolventes, beneficie o sócio ou terceiros em detrimento da sociedade ou de outros sócios, basta que prejudique a sociedade ou outros sócios, e que assim suceda apenas efectualmente, ou é necessário que haja um processo intencional, volitivo, subjectivo, doloso, do sócio que o oriente nessa direcção?

Na alternativa objectiva, o voto é abusivo mesmo que o sócio não queira obter, para si nem para terceiros, vantagens especiais, não queira prejudicar a sociedade nem os seus demais sócios, desde que assim aconteça independentemente da vontade do sócio[164]. Na alter-

---

[164] No sentido objectivo, BRITO CORREIA, *Direito Comercial*, III, *Deliberações dos Sócios*, cit., pág. 342.

nativa subjectiva, é necessário que haja um processo intencional do sócio finalisticamente dirigido àquele resultado[165].

Pensamos que a mais correcta e mais justa resposta a estas questões é a seguinte: o voto é abusivo quando a deliberação seja *objectivamente* apta a satisfazer um propósito *subjectivo* que um ou mais sócios votantes tenham de obter aquelas vantagens especiais, para si ou para terceiros, em detrimento da sociedade ou de outros sócios, ou de causar danos à sociedade ou a outros sócios. A concretização implica um juízo objectivo sobre a deliberação enquanto tal e um juízo subjectivo quanto ao intuito do voto. Não é suficiente um deles: é necessária a conjunção. É preciso que, sendo a deliberação objectivamente *apropriada* para resultar em vantagens especiais para um ou mais sócios ou terceiros em detrimento da sociedade ou de outros sócios, se verifique como móbil de um ou mais votos um *intuito subjectivo* do ou dos respectivos autores de alcançar esses resultados. É, assim, necessário demonstrar o intuito subjectivo actual do sócio ou dos sócios que votam, e também que a deliberação tem efectivamente a aptidão para satisfazer esse intuito[166].

V. A importância da distinção entre os votos abusivos e os votos inocentes emerge ainda do n.º 3 do artigo 58.º segundo o qual os sócios que tenham formado maioria em deliberação abrangida pela alínea b) do n.º 1 respondem solidariamente para com a sociedade ou para com os outros sócios pelos prejuízos causados.

---

[165] Esta é a posição tomada por PEDRO MAIA, *Deliberações dos Sócios*, Estudos de Direito das Sociedades, 5.ª ed., Almedina, Coimbra, 2002, págs. 202-203.

[166] Neste sentido o TRPorto 26.IX.96 (JTRP00019333/ITIJ/Net): *I — No artigo 58.º, n.º 1, alínea b) do Código das Sociedades Comerciais, visam-se sanções para o voto abusivo ou disfuncional, isto é, para situações em que o voto é exercido fora da sua função que é, eminentemente, a de estar ao serviço dos interesses da sociedade. II — São pressupostos das deliberações abusivas que ela seja adequada ao propósito ilegítimo dos sócios (requisito objectivo) e que haja intenção de obter uma vantagem especial para os sócios votantes ou terceiros, ou de causar prejuízos à sociedade ou aos restantes sócios (requisitos subjectivos, não cumulativos).* Esta é também, segundo compreendemos, a posição de FILIPE CASSIANO DOS SANTOS, *A Posição do Accionista Face aos Lucros do Balanço*, cit., pág. 97.

158   *A Participação Social nas Sociedades Comerciais*

Uma aplicação puramente literal deste preceito conduziria à responsabilização de todos os sócios que tivessem votado a favor da deliberação abusiva, independentemente do carácter abusivo ou inocente dos seus votos. Porém, um tal regime seria inaceitavelmente injusto. A mais elementar justiça impõe que seja feita uma distinção, e que apenas os sócios a quem forem imputáveis votos abusivos sejam sujeitos a responsabilidade civil. Justifica-se aqui, em nossa opinião, uma interpretação restritiva da letra do n.º 3 do artigo 58.º de acordo com o seu espírito.

Para fundamentar esta restrição é útil um exemplo. Numa sociedade anónima com cinco sócios, cada um com acções correspondentes a vinte por cento do capital, é tomada, em assembleia geral, uma deliberação em que votam a favor três sócios e contra os outros dois. Um dos sócios vencidos recorre a juízo e acusa a deliberação de abusiva. Fica provado que os pressupostos da alínea b) do n.º 1 do artigo 58.º se verificaram, mas apenas em relação a um dos sócios que votou a favor. A deliberação é anulada, porque sem o voto daquele sócio, não alcança a maioria necessária. O accionista cujo voto foi considerado abusivo responde, segundo o n.º 3 do artigo 58.º pelos prejuízos causados à sociedade ou aos seus demais sócios. Perguntar-se-á, então, se os outros dois accionistas que votaram favoravelmente a deliberação, sem que lhes seja imputável o pressuposto subjectivo do abuso, isto é, sem o *propósito de obter vantagem especial para si ou para terceiros em prejuízo da sociedade ou de prejudicar aquela ou aqueles*, cometeram algum acto ilícito. Se votaram sem aquele propósito, se são alheios ao propósito do seu consócio, fizeram-no inocentemente. Não se trata, em nossa opinião, apenas de falta de culpa; mais do que isso, não há ilicitude no seu agir.

A admitir-se a responsabilização dos sócios que votassem com inocência a deliberação abusiva, tal constituiria, para eles, um caso de pura má sorte. Note-se que não falamos aqui do caso em que estes accionistas soubessem do propósito abusivo do seu consócio, embora não comungassem dele, ou que, no caso, fossem considerados auxiliares ou instigadores (artigo 490.º do Código Civil). No caso que agora exemplificamos, provou-se que os outros dois accionistas que votaram favoravelmente não suspeitaram sequer do propósito abusivo. Seria contrário à justiça e gravemente desrazoável, sujeitá-los a responsabilidade civil solidariamente com o autor do voto abusivo.

Um outro exemplo se pode imaginar, mais claro ainda. Numa grande sociedade anónima cotada, uma deliberação é tomada com o voto de um accionista com dez por cento do capital e ainda vários pequenos accionistas que com ele nenhuma relação têm. Impugnada a deliberação por abusiva, ficam provados os pressupostos da alínea b) do n.º 1 do artigo 58.º em relação apenas ao accionista com dez por cento, mas não em relação aos demais autores de votos favoráveis. Sem o voto abusivo a deliberação não teria alcançado a maioria e o tribunal anula a deliberação. Seria completamente injusto e desrazoável responsabilizar os pequenos accionistas com fundamento em terem *formado maioria* naquela deliberação.

Poder-se-á argumentar que a conduta dos autores de votos inocentes não seria culposa e que a própria decisão em que o seu voto foi considerado inocente decidiria pela ausência de culpa. Pensamos que a responsabilidade, neste caso, é aquiliana, uma vez que não ocorre a violação de uma obrigação pré-estabelecida dos accionistas para com a sociedade e os demais sócios de não votar abusivamente ou de cumprir o dever de lealdade. Ainda assim, e não se presumindo a culpa, não deixariam os sócios inocentes de ser onerados com a imputação da ilicitude. Pensamos que a questão vai além da inexistência de culpa: falta a própria ilicitude.

Mas há ainda uma outra razão poderosa para afastar a interpretação literal daquele preceito: o regime dela resultante seria gravemente desrazoável. Imporia aos a todos os sócios, sempre que projectassem votar favoravelmente uma qualquer deliberação, que previamente fiscalizassem os propósitos e as consciências de todos e cada um dos demais sócios que votassem também favoravelmente essa mesma deliberação, ficando responsáveis por não terem discernido o propósito abusivo que eventualmente motivasse o voto de um deles. Seria gravíssimo, mesmo incumprível, um tal dever de vigilância. Além do mais, um regime como este introduziria na vida da sociedade um am-

160   *A Participação Social nas Sociedades Comerciais*

biente de desconfiança e de suspeita sistemática gravemente nocivo para um seu funcionamento saudável.

Por todas estas razões consideramos mais consentânea com os regimes jurídicos das deliberações abusivas e da responsabilidade civil, com a razoabilidade e com a justiça, restringir a responsabilização prevista no n.º 3 do artigo 58.º aos sócios que tenham emitido votos em relação aos quais se verifiquem os pressupostos da alínea b) do n.º 1 do mesmo artigo, isto é, aos autores de votos abusivos, deixando fora da sua aplicação aqueles que tenham emitido votos inocentes por não ser ilícita a sua acção[167].

VI. Os tribunais têm sido chamados com frequência a pronunciar-se sobre deliberações abusivas. Nas suas decisões, têm adoptado fundamentalmente duas formulações na fundamentação: a do recurso à fórmula do abuso do direito, referida ao artigo 334.º do Código Civil, mas numa concretização subjectiva; e a referência ao carácter abusivo do voto, como defendido no texto.

A primeira é porventura mais frequente. Traduz-se na transposição para o âmbito material da deliberação social do instituto do abuso do direito. Em vez da concretização objectiva que lhe é reconhecida no artigo 334.º do Código Civil, é geralmente acompanhada da afirmação de que, na alínea b) do n.º 1 do artigo 58.º, a concretização do abuso é subjectiva[168].

---

[167] No mesmo sentido, MENEZES CORDEIRO, *Manual de Direito das Sociedades*, cit., pág. 666, restringe a responsabilidade solidária aos *votantes em abuso*.

[168] São correntes as decisões dos tribunais em que as deliberações abusivas e a alínea b) do n.º 1 do artigo 58.º são referidas ao abuso do direito. Assim, a título exemplificativo, no STJ 28.V.92 (JSTJ00016283/ITIJ/Net), foi decidido que *existe no Código das Sociedades Comerciais preceito especial disciplinador de "abuso de direito" cometido em assembleias gerais*. Também no TRLisboa, 3.III.94 (JTRL00014721/ /ITIJ/Net) se decidiu: *I – O Código das Sociedades Comerciais consagrou uma concepção subjectiva do abuso do direito. II – Há abuso de direito, quando o sócio maioritário aprova uma deliberação social que não foi imposta pelo interesse social e excede manifestamente os limites da boa fé e os interesses dos restantes sócios*, no TRÉvora, 27.IV.89, CJ 1989, 2, 284, que *na alínea b) do n.º 1 do artigo 58.º do Código das Sociedades Comerciais sanciona-se com anulabilidade as deliberações inquinadas de abuso de direito*.

Os poderes dos sócios   161

A segunda, que nos parece mais correcta no aspecto técnico-jurídico, ao centrar a anulabilidade da deliberação sobre a ilicitude do voto[169], o que permite autonomizar este vício específico em relação à problemática geral do abuso do direito, que é mais ampla. Inválido o voto, por abusivo, a deliberação poderá subsistir se for possível amputá-la do voto viciado; se não for, então a invalidade do voto acarretará a da própria deliberação. O vício incide primordialmente sobre o voto e só secundariamente sobre a deliberação. Não há deliberação abusiva sem, pelo menos, um voto abusivo. Ocorre aqui algo de análogo à redução do negócio jurídico parcialmente inválido: tal como no artigo 292.º do Código Civil, a invalidade de um ou mais votos determina a invalidade de toda a deliberação a menos que se prove que teria sido tomada mesmo sem os votos abusivos. Há porém uma inversão: enquanto no regime geral da redução, esta opera em princípio, salvo prova de que o acto não teria sido praticado sem a parte viciada, no regime das deliberações abusivas é a invalidade que rege em princípio, salvo demonstração que a deliberação seria tomada e subsistiria mesmo sem os votos abusivos.

As deliberações abusivas não devem ser confundidas com o instituto do abuso do direito. Como bem observa MENEZES CORDEIRO[170], os votos abusivos têm sido paulatinamente *colonizados* pelo abuso do direito. Concordamos que as deliberações abusivas e os votos abusivos, a que se refere a alínea b) do n.º 1 do artigo 58.º, não devem ser identificados com o instituto do abuso do direito, nem referidos ao artigo 334.º do Código Civil: a alínea b) do n.º 1 do artigo 58.º aplica-se *às situações nele previstas; as deliberações que incorram, nos termos gerais, em abuso do direito, serão anuláveis por via da alínea a) do mesmo preceito.* No caso de colisão com os bons costumes, há lei expressa: a sanção é de nulidade, nos termos da alínea d) do n.º 1 do artigo 58.º[171].

---

[169] A título exemplificativo, TRPorto 26.VI. 96, (JTRP00019333/ITIJ/ /Net): *No artigo 58.º, n.º 1, alínea b) do Código das Sociedades Comerciais visam-se sanções para o voto abusivo ou disfuncional(...).*

[170] MENEZES CORDEIRO, *Manual de Direito das Sociedades,* cit., pág. 666.

[171] No bom caminho de distinguir a nulidade da deliberação por abuso do direito e a sua anulabilidade por ser tomada com o voto abusivo do sócio maio-

162   *A Participação Social nas Sociedades Comerciais*

k) O poder de impugnar deliberações dos sócios

I. Assim como tem o poder de participar na formação das deliberações sociais, o sócio tem também o poder de as impugnar. As deliberações podem estar inquinadas por vícios jurídicos, e estão-no com alguma frequência. O sócio pode, então pedir ao tribunal, que as anule, que declare a sua nulidade, que constate a sua inexistência, consoante o vício que as afectar.

II. Até há bem pouco tempo a impugnação de deliberações sociais das assembleias gerais[172] constituía praticamente a totalidade da conflitualidade societária. Momentosos conflitos entre sócios, individual ou agrupadamente, entre maiorias e minorias, faziam dos tribunais campo de batalha em processos que se arrastavam e que vinham sendo acrescentados por outros e outros num sem fim de litígios. A morosidade do funcionamento dos tribunais, a sua permissividade em relação à chicana das partes[173], o custo relativamente baixo da justiça e a periodicidade anual das assembleias permitia alimentar com novos processos os litígios.

---

ritário, o TRPorto 13.IV.99, CJ 1999, 2, 196, decidiu, entre outras coisas: *I – É nula, por ofensiva aos bons costumes, a deliberação de uma sociedade por quotas, constituída por dois sócios, um com uma quota de 980 contos e o outro de 20 contos, tomada por unanimidade, de vender, por 500 contos, ao sócio maioritário e a uma irmã deste, o único imóvel da sociedade, por um valor muito inferior ao real. II – Tal deliberação seria ainda anulável por ter sido tomada com o voto abusivo do sócio maioritário, que se encontrava em claríssimo conflito de interesses com a sociedade, não havendo sem ele a maioria simples necessária para deliberar validamente a alienação.*

[172] Por comodidade de expressão, referir-nos-emos em geral a deliberações em assembleia geral e só distinguiremos os casos de deliberações por voto escrito quando houver que o fazer. Assim, salvo quando o sentido do texto o desminta, em princípio, a referência às deliberações em assembleia geral é ampla e inclui também as deliberações por voto escrito sem reunião de uma assembleia propriamente dita.

[173] Ao tolerarem como lícito o que designam por *lide temerária*, os tribunais portugueses têm permitido às partes um grau de chicana que, em geral, não é admitido nos tribunais estrangeiros.

Uma das principais causas desta litigiosidade está na raridade da estipulação de cláusulas de amortização, de exoneração e de exclusão nos estatutos das sociedades. O mito de que o accionista pode sempre sair da sociedade, vendendo as suas acções, ignora que para tanto é necessário que haja comprador a preço justo. Também o mecanismo dos artigos 228.º a 231.º, quanto à sociedade por quotas, supõe a existência de um adquirente. O universo dos sócios torna-se assim, demasiado rígido, e são frequentes os casos em que há *sócios aprisionados* na sociedade, que querem sair, mas não conseguem; há também casos de sociedades que ficam *reféns* de sócios minoritários que perturbam o seu funcionamento e não podem ser excluídos. Muitos dos litígios societários, talvez a sua maioria, têm aqui a sua origem. O *sócio prisioneiro* impugna deliberações como modo de se tornar suficientemente incómodo para persuadir a maioria a comprar a sua parte social por um preço que acha aceitável ou justo; a *sociedade refém* toma deliberações agressivas para a minoria incómoda com o fim de a convencer a deixar a sociedade, vendendo a sua parte social por um preço considerado aceitável ou justo. Em ambos os casos, não é raro serem adoptadas práticas verdadeiramente usurárias, em que os preços em questão são excessivamente altos ou excessivamente baixos. Estas práticas só são evitáveis com a estipulação estatutária de *cláusulas de saída* que permitam que os sócios que não querem permanecer na sociedade possam apartar-se mediante uma contrapartida justa, quer amortizando quer vendendo a sua parte social; e que as sociedades possam ver-se livres dos sócios mal integrados no grupo, amortizando a sua parte social ou excluindo-os mediante uma contrapartida económica justa. As batalhas judiciais de sócios causam por vezes danos graves às sociedades, e podem mesmo fazê-las soçobrar. É importante melhorar a mobilidade subjectiva nas sociedades comerciais, em Portugal.

Sem prejuízo do exposto, não deixa de haver a necessidade de impugnar deliberações sociais viciadas, sem que tal signifique uma táctica como as atrás descritas. A própria impugnabilidade constitui uma garantia de controlo da licitude das deliberações, sendo importante não a dificultar demasiadamente. A impugnação de deliberações sociais é com frequência, mas não é sempre, uma prática de chicana.

164   *A Participação Social nas Sociedades Comerciais*

Os procedimentos judiciais de suspensão e impugnação de deliberações sociais são o modo legalmente típico de controlo pelos sócios da licitude das deliberações das assembleias gerais.

III. O sistema de impugnação de deliberações da assembleia geral, no Código das Sociedades Comerciais, está concentrado nos artigos 56.º a 62.º. Nestes preceitos está regulada a impugnação de deliberações sociais da assembleia geral com fundamento na sua nulidade (artigo 56.º) ou anulabilidade (artigo 58.º)[174].

---

[174] Antes da entrada em vigor do actual Código das Sociedades Comerciais, era entendimento dominante que a invalidade das deliberações das assembleias gerais das sociedades comerciais tinha como consequência apenas a sua anulabilidade (na terminologia de então, *nulidade relativa*). Assim, FERNANDO OLAVO, *Direito Comercial*, II, Lisboa, 1963, pág. 90, e MOITINHO DE ALMEIDA, *Anulação e Suspensão de Deliberações Sociais*, cit., págs. 50 e segs., GALVÃO TELLES, *Anulação de Deliberações Sociais. Actos Abusivos*, cit., pág. 327, é lapidar: *Não há que distinguir entre as deliberações juridicamente inexistentes, nulas ou anuláveis. Todas são meramente anuláveis uma vez que algum vício as inquine e seja qual for a natureza desse vício. Ponto é que estejamos perante uma verdadeira deliberação social: a sua impugnabilidade ficará necessariamente limitada no tempo.*

A impugnabilidade a qualquer tempo, própria de um regime da nulidade (então designada *nulidade absoluta*), seria incompatível com a necessidade de certeza e segurança das deliberações sociais exigida pelo funcionamento das sociedades comerciais, torná-las-ia demasiado precárias, nunca se podendo ter segurança na sua consolidação. À fragilidade das deliberações acrescia a gravidade dos problemas que para a sociedade resultariam das nulidades secundárias de deliberações subsequentes, que poderiam ser induzidas pela nulidade de deliberações em que tivessem assente ou que com elas tivessem uma conexão fundante. A declaração da nulidade de deliberações como, por exemplo, as que modificassem os estatutos da sociedade, lhe aprovassem as contas ou lhe elegessem os titulares dos corpos sociais, vários anos após terem sido tomadas, poderia causar verdadeiros cataclismos jurídicos ao afectar a validade de deliberações posteriores que sem elas não pudessem subsistir. As necessidades de certeza, segurança e celeridade, próprias do Direito Comercial, exigiriam que fosse curto o tempo de fragilidade das deliberações sociais das sociedades comerciais. Daí a exiguidade dos prazos de suspensão e de anulação, francamente inferiores aos do Direito Civil.

Assim se entendia também no direito alemão antes do *Aktiengesetz* de 1937 e no direito italiano até ao *Códice Civile* de 1942, a partir dos quais se introduziu a diferenciação entre nulidade e anulabilidade (impugnabilidade) das deliberações

A acção de declaração de nulidade é uma acção comum declarativa cuja sentença torna indiscutível que a deliberação impugnada era nula. Em regra, pode ser proposta por qualquer sócio, excepto nos casos de nulidades procedimentais, previstos nas alíneas a) e b) do artigo 56.º, – *tomadas em assembleia geral não convocada, salvo se todos os sócios tiverem estado presentes ou representados e tomadas mediante voto escrito sem que todos os sócios com direito de voto tenham sido convidados a exercer esse direito, a não ser que todos eles tenham dado por escrito o seu voto* – casos estes em que deixa de poder ser proposta pelos sócios que,

---

sociais. Em Portugal, foi FERRER CORREIA quem introduziu a diferenciação entre nulidade e anulabilidade de deliberações sociais, em *A Representação dos Menores Sujeitos ao Pátrio Poder na Assembleia Geral das Sociedades Comerciais*, cit., pág. 111, *Suspensão e Anulação de Deliberações Sociais*, RDES, III, págs. 329 e segs. (em co-autoria com Manuel de Andrade), seguido por VASCO LOBO XAVIER, *Anulação de Deliberação Social e Deliberações Conexas*, cit., *passim*.

Os tribunais, porém, não deixavam de admitir a nulidade das deliberações abusivas, às quais aplicavam o regime do abuso do direito, com base no artigo 334.º do Código Civil. Também a inexistência de deliberações que não tivessem o mínimo do formalismo legal era aceite pelos tribunais. Na prática do foro, eram fortes as pressões argumentativas de parte dos sócios que, tendo deixado passar o prazo para a anulação, se esforçavam por encontrar na deliberação um vício que não pudesse deixar de ser causador de *nulidade absoluta* e que os salvaria da caducidade da acção. O primeiro caso em que o STJ qualificou claramente como nula uma deliberação social foi o STJ 11.4.69, *BMJ* 186, 234.

A investigação de VASCO LOBO XAVIER, *Anulação de Deliberação Social e Deliberações Conexas*, cit., veio dar suporte dogmático à admissão da nulidade de deliberações sociais e trazer soluções para os problemas assim suscitados com a invalidade secundária das deliberações conexas. O Autor contesta que as deliberações sociais estejam sujeitas apenas ao regime da anulabilidade: *Ora, se este regime fosse aplicável a toda e qualquer deliberação desconforme com os preceitos legais, isso significaria estar nas mãos dos sócios a produção de não importa que efeitos jurídicos através das deliberações da assembleia geral, efeitos esses que se estabilizariam, caso nenhum associado viesse impugnar judicialmente o acto em causa dentro daquele curto prazo que foi apontado. Por outras palavras, a aplicação exclusiva do regime descrito às deliberações ilegais traria como consequência, em último termo, que os sócios das sociedades mercantis ficariam autorizados a pôr pura e simplesmente de lado toda a ordem jurídica* (ob cit., págs. 123-127).

É marcante a influência dos trabalhos de FERRER CORREIA e de VASCO LOBO XAVIER, no Projecto de Coimbra e, por sua via, no regime da invalidade das deliberações sociais no Código das Sociedades Comerciais.

166 A Participação Social nas Sociedades Comerciais

apesar de não terem participado nem estado presentes ou representados, tiverem posteriormente dado o seu assentimento por escrito à deliberação. Tratando-se de declaração de nulidade, não há prazo de caducidade para a proposição da acção.

O mesmo regime tem a acção em que o sócio pede que seja declarada a inexistência da deliberação. Não há consenso na doutrina sobre a categoria da inexistência dos actos e negócios jurídicos. Contra a sua admissibilidade pronunciam-se autores importantes que entendem não haver a distinguir a inexistência da nulidade[175]. Não cabe aqui discutir essa questão. Mantemos, não obstante a nossa posição[176]. Haverá inexistência (ôntica), designadamente, quando a deliberação não tenha sido tomada sendo falsa a sua menção na acta, ou quando tenha sido apenas escrita numa acta como tomada numa assembleia geral que não tiver reunido[177]. Não são casos tão raros como se possa pensar.

A acção de anulação é uma acção constitutiva cuja sentença tem eficácia anulatória da deliberação impugnada. Pode ser proposta por qualquer sócio que não tenha votado no sentido que fez vencimento *nem posteriormente tenha aprovado a deliberação, expressa ou tacitamente*, e também pelo órgão de fiscalização (artigo 59.°, n.° 1). Diversamente da acção de declaração de nulidade, a acção de anulação está sujeita a um prazo de caducidade curto, de trinta dias (artigo 59.°, n.° 2). A contagem deste prazo tem início, em regra, na data em que foi encerrada a assembleia geral (alínea a) do n.° 2 do artigo 59.°); quando se trate de deliberação por voto escrito, o prazo inicia o seu curso no terceiro dia subsequente ao envio da respectiva acta (alínea b) do n.° 2 do artigo 59.°); se a impugna-

---

[175] Entre eles, MENEZES CORDEIRO, *Tratado de Direito Civil*, I, I, 3.ª ed., Almedina, Coimbra, 2005, págs. 864-869.

[176] PAIS DE VASCONCELOS, *Teoria Geral do Direito Civil*, cit., págs. 573-577.

[177] Este caso não é qualificável como de deliberação unânime por escrito, prevista no artigo 54.° do Código das Sociedades Comerciais, porque na acta se faz constar falsamente ter havido reunião da assembleia, ao contrário daquele, em que se assume não ter havido a reunião.

ção incidir sobre assunto que não constava da convocatória, o prazo conta desde a data em que o sócio que propõe a acção teve conhecimento da deliberação em questão (alínea c) do n.º 2 do artigo 59.º); se a assembleia estiver interrompida por mais de quinze dias, o prazo para a proposição da acção de anulação de deliberação tomada antes da interrupção deve ser proposta no prazo de trinta dias a contar da data em que aquela deliberação foi tomada (n.º 3 do artigo 59.º).

Ambas as acções de declaração de nulidade e de anulação são propostas pelo sócio contra a sociedade (artigo 60.º, n.º 1). A qualidade de sócio é um requisito de legitimidade activa, quer na providência cautelar de suspensão, quer na acção comum de anulação ou de declaração de nulidade ou inexistência[178]. Em todos os casos aludidos, o autor ou requerente deve alegar e provar que é sócio. Ao tempo em que era exigido o protesto como formalidade prévia à impugnação judicial de deliberações sociais era ainda necessário que a qualidade de sócio se verificasse já ao tempo da própria deliberação, pois, sem ela, o protesto não seria possível[179]. Já depois de

---

[178] PINTO FURTADO, *Deliberações de Sociedades Comerciais*, Almedina, Coimbra, 2005, pág. 758, admite a legitimidade de terceiros, não sócios, para a acção de nulidade, de acordo com o regime do artigo 286.º do Código Civil e do artigo 26.º, n.º 2 do Código de Processo Civil.

[179] A exigência do protesto constava do artigo 146.º do Código Comercial e do artigo 46.º da Lei de 11 de Abril de 1901 (Lei das Sociedades por Quotas), que se transcrevem em seguida:

Artigo 146.º do Código Comercial

Todo o sócio ou accionista, que tiver protestado em reunião ou assembleia geral de sócios contra qualquer deliberação nela tomada em oposição às disposições expressas da lei ou contrato social, pode, no prazo de vinte dias, levar o seu protesto com as provas que tiver ao tribunal de comércio respectivo, e pedir que se julgue nula a deliberação, ouvida a sociedade.

Artigo 46.º da Lei das Sociedades por Quotas

O sócio que houver tomado parte em qualquer assembleia geral ou em qualquer deliberação escrita, nos termos da última parte do § 2 do artigo 36.º, poderá protestar perante notário contra as resoluções contrárias à lei ou ao contrato de sociedade,

168 *A Participação Social nas Sociedades Comerciais*

dispensada a necessidade do protesto[180], a exigência da qualidade de sócio ao tempo da deliberação manteve-se na Doutrina e na Jurisprudência, embora já sem suporte legal, por inércia doutrinária e juriprudencial. Foi passando acriticamente de manual em manual e de sentença em sentença: hoje, não é mais do que um erro velho.

Recentemente, tem vindo a formar-se uma orientação jurisprudencial segundo a qual a qualidade de sócio deve manter-se ainda durante toda a pendência da lide, havendo ilegitimidade activa superveniente no caso de o sócio em litígio alienar a totalidade da sua parte social, recusando-se a aplicação do regime de habilitação do adquirente, previsto no artigo 271.º do Código de Processo Civil[181]. Repu-

---

no prazo de cinco dias a contar da assembleia geral, ou da data, em que tiver dado o seu voto escrito.

§ 1.º A acção de anulação das deliberações tomadas deve ser distribuída no prazo de vinte dias, a contar do protesto.

§ 2.º A suspensão das deliberações deve ser requerida no prazo de cinco dias, a contar do protesto, devendo produzir-se o instrumento deste ou cópia legal, e justificar-se a qualidade de sócio.

§ 3.º (...)

§ 4.º (...)

§ 5.º (...)

[180] A exigência do protesto, como pressuposto da impugnação das deliberações sociais, foi dispensada, primeiro, pelo artigo 304.º do Código de Processo Civil de 1939 (quanto à suspensão de deliberações sociais) e, depois, pelo artigo 396.º, n.º 3, do Código de Processo Civil de 1961, que alargou a dispensa do protesto à acção de anulação.

[181] A presente questão tem suscitado pouca pronúncia pelos tribunais superiores.

Do Supremo Tribunal de Justiça podem ser citados dois acórdãos:

– Acórdão de 20.X.94 (JSTJ 00025431) que denega a pretensão por não ter o alienante provado ter vendido a totalidade das suas acções, o que "a contrario sensu" significa que a teria aceite se ele tivesse feito essa prova.

– Acórdão de 20.V.97 (JSTJ 00031852) que julgou apenas que não tem legitimidade "quem, embora tivesse sido sócio, não mantém essa qualidade na altura da tomada da deliberação".

Do Tribunal da Relação do Porto, podem citar-se quatro acórdãos:

– Acórdão de 15.X.2002 (JTRP 00034999) que decidiu a falta de interesse em agir num caso em que se provou em primeira instância que entre auto-

tamos esta orientação incorrecta. Por um lado, porque não encontra qualquer apoio na lei; por outro, porque nada obsta a que o adqui-

> res e ré havia antes sido celebrado um "acordo global", (...) "formalizado através da outorga em (...) de um acordo de promessa de compra e venda de acções e cessão de participações sociais", que "(...) para cumprimento de tal promessa, foi outorgado, além do mais, o contrato de compra e venda das acções datado de (...), onde os accionistas venderam a totalidade da participação social que detinham na sociedade ré".
> – Acórdão de 24.X.2002 (JTRP00033380): I – A legitimidade exprime a relação entre a parte no processo e o objecto deste, a posição que a parte deve ter para que possa ocupar-se do pedido, deduzindo-o ou contradizendo-o; o interesse em agir traduz-se na necessidade objectivamente justificada de recorrer à acção judicial. II – Tendo os autores transmitido as acções representativas do capital social da ré para terceiros, tendo perdido a sua qualidade de sócios desta, deixaram de ter interesse em continuar a demandar a ré na acção de anulação de deliberações sociais, não tendo, também, aplicação o disposto no artigo 271 n.1 do Código de Processo Civil, uma vez que o direito que se pretende fazer valer deixou de ser litigioso.
> – Acórdão de 12.XI.2002 (JTRP00033106): I – Na acção de anulação de deliberações sociais deve declarar-se extinta a instância, por superveniente inutilidade da lide, se os autores, na pendência da causa, venderam integralmente a participação social por eles detida na sociedade ré.
> – Acórdão de 7.XI.2002 (JTRP00034166): I – Nas acções que tenham por objecto a declaração de nulidade ou a anulação de deliberações sociais, não goza de legitimidade activa quem não for sócio, à data da deliberação, ou quem tiver perdido essa qualidade, à data da propositura da acção. II – Assim, se o autor tiver perdido a qualidade de sócio, na pendência da acção, designadamente por alienação das acções de que era titular, ocorre a situação de ilegitimidade superveniente.

Nestes acórdãos não foi, porém, tida em consideração a posição jurídica do adquirente da parte social, nem o âmbito material da transmissão. Ora, sucede que a transmissão de acções pode ser feita em modalidades jurídicas diferentes. Pode ter por objecto acções escriturais ao portador e ser feita em Bolsa, caso em que não é possível identificar o respectivo comprador. Se a venda tiver por objecto acções ao portador tituladas, não integradas em sistema centralizado nem depositadas, pode ser feita por tradição manual (artigo 101.º do Código dos Valores Mobiliários), caso em que pode também não ser possível saber quem foi o comprador. Se a venda tiver por objecto acções nominativas tituladas ou escriturais, fica determinada

170 A Participação Social nas Sociedades Comerciais

rente da participação social tenha na lide um interesse em agir – e, portanto, uma legitimidade activa – em tudo igual à do alienante;

a identidade do adquirente. Assim como sucede quando a venda tem por objecto acções tituladas ao portador e é feita com base em contrato escrito.

É pois necessário distinguir conforme a modalidade jurídica da venda: em certas modalidades, principalmente nas vendas em bolsa, é impossível identificar o comprador; noutras modalidades, como por exemplo a venda fora de Bolsa de acções tituladas nominativas ou tituladas ao portador, quando feitas estas por contrato formal, fica perfeitamente identificado o adquirente-comprador.

Sempre que o adquirente não é identificável, não é possível habilitá-lo ao vendedor. Sempre que o adquirente é identificado e certo, nada obsta a que, nos termos dos artigos 271.º e 376.º do Código de Processo Civil, a sua habilitação seja requerida, quer pelo alienante, quer pelo adquirente. Ora, um dos direitos inerentes à participação social é o poder de impugnação do sócio que lhe assiste pelo facto de o ser.

A questão, no fundo, é de legitimidade activa, o que pressupõe a indagação concreta sobre o interesse em agir, de parte do adquirente da parte social. O interesse em agir é definido conforme a titularidade da relação jurídica litigiosa, conforme a titularidade do interesse directo em demandar e do interesse directo em contradizer. Conforme o acórdão de 8 de Março de 2001 (JSTJ00041134), «o interesse em agir não está expressamente consagrado na nossa lei processual; não obstante a jurisprudência e a doutrina têm entendido que se trata de um pressuposto processual, que se traduz na necessidade de usar do processo, de instaurar ou fazer seguir a acção». Também no seu acórdão de 20 de Outubro de 1999, o Supremo Tribunal de Justiça decidiu que «o interesse em agir consiste em o direito do demandante estar carecido de tutela judicial, representando o interesse em utilizar a acção judicial e em recorrer ao processo respectivo, para ver satisfeito o interesse substancial lesado pelo comportamento da parte contrária» (JSTJ00038856).

Daqui decorre – sem margem para controvérsia – que o interesse em agir tem de ser apreciado em concreto. Conforme as circunstâncias do caso.

Não pode, pois, dizer-se que – em geral e em todos os casos – perde o interesse em agir o autor numa acção de declaração de nulidade e anulação de deliberações sociais, ou o requerente de uma providência cautelar de suspensão de deliberações sociais, quando vende a totalidade da parte social que detinha na sociedade ré ou requerida; assim como se não pode dizer – em geral e em todos os casos – que o adquirente daquela participação social carece de interesse em agir. Depende das circunstâncias.

Embora o alienante da totalidade de uma participação social possa deixar, em virtude dessa alienação, de ter interesse em agir na acção comum de declaração de nulidade e de anulação em que é autor, tal pode também não suceder.

É simplista e precipitada a conclusão de que o interesse em agir se perde sempre que se aliena a participação social. Tal não sucede, por exemplo, quando do

e finalmente porque a parte social transmitida, como realidade jurídica complexa e global, inclui no seu âmbito os interesses que estão

êxito da acção depende o valor dos dividendos ainda por receber pelo autor, ou a sua eventual obrigação de fazer prestações suplementares, ou outro efeito jurídico que se produza na sua esfera jurídica, mesmo depois de cessar a sua qualidade de sócio, porque eficaz a partir de um tempo em que ainda era sócio e independentemente de essa qualidade se manter mais tarde; ou porque se reflecte, por exemplo, no preço pelo qual alienou a sua participação social; ou ainda por outra razão que possa ocorrer, por exemplo, pela eventualidade de invocação pelo adquirente de vícios redibitórios na participação social decorrentes do resultado da lide. A conclusão sobre a perda do interesse em agir não pode ser formal e independente de outras circunstâncias. Tem de ser apreciada e decidida em concreto.

Também se não pode concluir que o adquirente da participação social transmitida não tenha − nunca, em circunstância alguma − interesse em agir na acção pendente proposta por quem lhe vendeu as acções. Como consta do artigo 61.º do Código das Sociedades Comerciais, a sentença que concluir aquela acção é eficaz contra e a favor de todos os sócios e órgãos da sociedade, mesmo que não tenham sido parte ou não tenham intervindo na acção. Assim sendo, a decisão com que terminar a acção comum de declaração de nulidade e de anulação vai inevitavelmente afectar o adquirente da participação social vendida pelo alienante, para o bem ou para o mal. Por isso, tendo vendido essa participação social «com todos os direitos inerentes», o alienante tem o dever de boa fé no cumprimento (artigo 762.º, n.º 2 do Código Civil) de habilitar o adquirente para prosseguir na acção em sua substituição processual.

É esta mais uma razão que exige que a questão da legitimidade, do interesse em agir, seja apreciada na acção principal, onde podem ser devidamente sindicadas as circunstâncias determinantes do interesse em demandar, quer de parte do alienante, quer de parte do adquirente.

Carece, pois, de fundamento a orientação segundo a qual o alienante da parte social perde supervenientemente a legitimidade e não pode habilitar o respectivo adquirente para prosseguir na acção e na providência em substituição processual do alienante, com o fundamento em a parte social não ser uma coisa ou um direito litigioso.

A lei − em rigor − só exige como título de legitimidade activa, nas acções previstas nos artigos 59.º a 61.º do Código das Sociedades Comerciais, a qualidade de sócio ao tempo da proposição da acção e apenas quanto às acções de anulação, que não às de nulidade. A exigência cumulativa da qualidade de sócio ao tempo da deliberação é uma criação − *contra legem* − da jurisprudência que, por ser antiga e aceite pela doutrina, acabou por beneficiar da habituação geral. Mas a exigência cumulativa de que a qualidade de sócio se mantenha durante toda a duração da acção, na mesma pessoa que era também sócio ao tempo da deliberação e da proposição da

172   *A Participação Social nas Sociedades Comerciais*

em litígio[182]. O adquirente da parte social fica, pois, investido na qualidade de sócio que lhe dá legitimidade, quer para iniciar a acção, se

---

acção não encontra fundamento em qualquer lei em vigor. É claramente *contra legem* e constitui uma restrição grave e inconstitucional do direito de acesso aos Tribunais.

PINTO FURTADO, *Deliberações de Sociedades Comerciais*, cit., pág. 758, admite expressamente a legitimidade de estranhos, não sócios da sociedade, na acção de declaração de nulidade de deliberação social. Pode ler-se aí: *mesmo um estranho à sociedade poderá, portanto, intentar uma acção declarativa de nulidade de certa deliberação dela, uma vez que detenha legitimidade processual para o efeito, nos termos da lei de processo, isto é, desde que se mostre um interesse directo em demandar, definido pela utilidade derivada da procedência da acção (art. 26-2 CPC)*. Também LEBRE DE FREITAS, *Código de Processo Civil Anotado*, vol. 2.º, Coimbra Editora, Coimbra, 2001, pág. 90, em anotação ao artigo 396.º, citando Pinto Furtado, escreve: *O sócio deve ter esta qualidade à data da deliberação e à data do pedido de suspensão (...), sem prejuízo de, no caso de transmissão da posição social existente à data da deliberação, transmitente e adquirente se sucederem na mesma qualidade jurídica*.

Por tudo isto, é importante que os tribunais repensem seriamente esta questão, à luz da lei em vigor, que não exige a qualidade de sócio, nem ao tempo em que a deliberação foi tomada, nem durante toda a pendência do processo, mas apenas no momento da proposição da acção ou do requerimento da suspensão. É de igual modo importante que abandonem a consideração simplista e errónea de a parte social transmitida durante a pendência do processo "não ser uma coisa litigiosa", e de não ser, por isso, admissível a habilitação do seu adquirente para prosseguir, em substituição do alienante, os termos do processo. Esta errónea orientação jurisprudencial, além de contrária à lei ordinária ofende ainda, como se disse, o direito constitucional de acesso aos Tribunais.

[182] Não nos impressiona o argumento de a parte social não ser uma coisa ou um direito "litigioso", tal como definidos no artigo 579.º do Código Civil: "diz-se direito litigioso o que tiver sido contestado em juízo". A parte social é litigiosa desde que esteja em juízo – judicial ou arbitral – um litígio que tenha como objecto alguma das suas componentes. A litigiosidade da parte social não se limita ao conflito sobre a sua titularidade – a reivindicação; a impugnação de deliberações sociais está de tal modo ligada à titularidade da parte social que a qualidade de sócio constitui requisito insuprível de legitimidade activa. É o poder de impugnar aquela concreta deliberação social, de a suspender, de a anular, de lhe declarar a nulidade ou a inexistência, como poder concreto e determinado, que está em discussão, que está em litígio e que não pode deixar de ser considerado litigioso. Desse carácter litigioso comunga a parte social no seu todo. É intuitivo que o interesse em que seja suspensa a execução de certa deliberação social, em que seja anulada, declarada nula ou inexistente, em resumo, o interesse de pôr em causa essa deliberação, liber-

estiver em tempo, quer para nela prosseguir mediante habilitação, que pode ser de iniciativa sua ou do alienante, tal como prevê o artigo 271.º do Código de Processo Civil[183].

Quer a acção, quer a correspondente providência cautelar, são propostas contra a sociedade que tomou a deliberação. A acção de anulação proposta com fundamento no carácter abusivo da deliberação, pode ser proposta também contra os sócios cujos votos tenham contribuído para a formação da maioria e de quem pode ser pedida a indemnização dos danos causados (artigo 59.º, n.º 3). Se for proposta mais do que uma acção, serão as mesmas apensadas (artigo 60.º, n.º 2), de modo a terem o mesmo processamento e evitar contradições ou divergências no seu julgamento. O caso julgado obtido na acção de declaração de nulidade e na acção de anulação *é eficaz contra e a favor de todos os sócios e órgãos da sociedade, mesmo que não tenham sido parte ou não tenham intervindo na acção* (artigo 61.º, n.º 1). Transitada em julgado, a declaração de nulidade e a anulação de deliberações sociais *não prejudica os direitos adquiridos de boa fé por terceiros, com fundamento em actos praticados em execução da deliberação*; a boa fé é subjectiva e é excluída pelo conhecimento da nulidade ou da anulabilidade da deliberação em questão (artigo 61.º, n.º 2). Tanto a acção como a suspensão estão sujeitas a registo obrigatório por averbamento na ficha da sociedade, de modo a poderem ser conhecidas por qualquer interessado.

---

tando dela a sociedade, é, por natureza, de quem for dela sócio em cada momento, e não apenas de quem o for ao tempo em que tiver sido tomada ou em que tiver sido introduzido em juízo o correspondente processo. A orientação jurisprudencial criticada está demasiado influenciada pelo hábito de considerar coisas e direitos como litigiosos apenas quando sejam objecto de reivindicação, quando haja litígio quanto à sua titularidade. Este é um caso frequente, mas não é o único. A questão torna-se mais grave, quando se trate de acção de declaração de nulidade de uma deliberação da assembleia geral, em que o vício pode ser arguido a qualquer tempo. Não vemos razão para que um sócio que, após adquirir a sua parte social, detectar uma deliberação social anterior afectada por um vício gerador de nulidade, seja impedido de a impugnar e fique condenado a viver com ela, só por um hábito judicial sem fundamento.

[183] *Infra* 13.V e 41.IV.

174   *A Participação Social nas Sociedades Comerciais*

Antes de propostas as aludidas acções, em simultâneo, ou na sua pendência pode o sócio requerer a suspensão judicial das deliberações impugnadas. O meio processual próprio é o procedimento cautelar de suspensão de deliberações sociais (artigos 396.° a 398.° do Código de Processo Civil). O requerente deve convencer o tribunal de ter a qualidade de sócio, de a deliberação ser contrária à lei ou aos estatutos da sociedade, e que a sua execução *pode causar dano apreciável*. Dentro do regime geral dos procedimentos cautelares, o tribunal faz apenas uma apreciação sumária (*sumaria cognitio*) e o tribunal poderá conceder a providência *desde que haja probabilidade séria da existência do direito e se mostre suficientemente fundado o receio da lesão* (artigo 387.°, n.° 1 do Código de Processo Civil); poderá também o tribunal deixar recusar a suspensão pedida, ainda que a deliberação seja contrária à lei ou aos estatutos, se o prejuízo dela resultante for *superior ao que pode resultar da execução*. O procedimento é urgente.

O procedimento cautelar de suspensão de deliberações sociais tem uma eficácia poderosa. Segundo o n.° 3 do artigo 397.° do Código de Processo Civil, *a partir da citação, e enquanto não tiver sido julgado em primeira instância o pedido de suspensão, não é lícito a associação ou sociedade executar a deliberação impugnada*. Este regime tem o efeito de bloquear a execução da deliberação impugnada logo a partir da citação, o que se assemelha, na prática a uma antecipação da eficácia do decretamento da providência. Não cabe aqui referir as discussões e contradições da doutrina e da jurisprudência sobre a concretização deste preceito, principalmente quanto à deliberação de execução permanente ou imediatamente consumada. Mas vale a pena referir que, diversamente do decretamento da providência, a violação desta proibição de execução não tem consequências criminais[184].

---

[184] Segundo o artigo 391.° do Código de Processo Civil incorre no crime de desobediência qualificada quem violar uma providência já decretada. Em virtude do princípio da legalidade e do carácter fechado dos tipos penais, somos de opinião que a previsão da norma incriminadora não pode ser alargada ao caso em que a deliberação é executada após a citação na providência cautelar de suspensão, com violação do n.° 3 do artigo 397.° do Código de Processo Civil.

No artigo 24.° do Código dos Valores Mobiliários (CVM) é estatuído um regime especial para a suspensão de deliberações sociais de sociedades abertas. Deixa de poder ser requerida por qualquer sócio, mesmo que titular apenas de uma acção, como anteriormente, e o procedimento passa a só poder ser requerido por accionistas que, isolada ou conjuntamente, sejam titulares de, pelo menos, meio por cento do capital da sociedade requerida. Este agravamento do regime de legitimidade activa foi exigido por uma prática chicaneira de adquirir na bolsa uma ou poucas acções de sociedades abertas, para com elas requerer a suspensão de deliberações sociais, *maxime* de aprovação das contas do exercício. Esta prática era gravemente nociva e acabava, muitas vezes, por conduzir a sociedade a adquirir ou fazer adquirir as acções dos impugnantes por preços usurários, para pôr termo ao litígio. Com esta restrição pretende-se pôr termo a esta prática de *fazer a guerra para vender a paz*. Ao accionista, incluindo o pequeno accionista, é oferecida em compensação uma outra faculdade: a de, em alternativa ao procedimento de suspensão, ou cumulativamente com ele, *instar, por escrito, o órgão de administração a abster-se de executar a deliberação que (o accionista em questão) considere inválida, explicitando os respectivos vícios* (n.° 2 do artigo 24.° do CVM). Com esta comunicação fica afastada a boa fé (subjectiva) dos administradores que deixam de poder invocar desconhecimento do facto de ser controvertida a validade da deliberação. Assim *perdida a inocência* nesta matéria, os administradores tornam-se mais vulneráveis à responsabilidade pelos danos emergentes da respectiva execução, quando a deliberação venha a ser declarada nula ou anulada, não podendo valer-se da isenção da responsabilidade, estatuída no n.° 4 do artigo 72.°, para o caso de actos assentes em deliberação da assembleia geral (artigo 24.°, n.° 3, do CVM).

O prazo para requerer a providência de suspensão é de dez dias contados da data da assembleia, ou da data em que o requerente dela teve conhecimento quando não tiver sido regularmente convocado (artigo 396.°, n.os 1 e 3 do Código de Processo Civil). De acordo com o regime geral dos procedimentos cautelares, uma vez deferida, a providência caduca se a acção principal não for proposta no prazo de

176 A Participação Social nas Sociedades Comerciais

trinta dias, se tiver havido contraditório; ou de dez dias a contar da notificação à sociedade da respectiva decisão, se a providência tiver sido concedida sem audiência prévia da sociedade (artigo 389.°, n.° 1, alínea a), e n.° 2, do Código de Processo Civil). Porém, quando a acção principal for de anulação, esta tem de ser proposta no prazo de trinta dias previsto no n.° 2 do artigo 59.° do Código das Sociedades Comerciais, esgotado o qual fica sanado o vício causador da anulabilidade, o que determina a caducidade do procedimento cautelar e da decisão que eventualmente tiver já sido tomada, por inutilidade superveniente da lide. Este regime justifica-se porque são juridicamente distintas a sanação do vício causador de anulabilidade pelo decurso do prazo do artigo 59.°, n.° 2 do Código das Sociedades Comerciais e a caducidade da providência pela não proposição da acção de anulação no prazo do artigo 389.°, n.° 1, alínea a) do Código de Processo Civil. Se o sócio deixar passar o prazo do artigo 59.° do Código das Sociedades Comerciais, sana-se o vício que eventualmente afectasse a deliberação e, por essa razão, a providência de suspensão extingue-se por inutilidade superveniente da lide[185].

---

[185] ADELINO PALMA CARLOS, *Prazo para requerer a anulação das deliberações sociais, quando se haja pedido a suspensão*, Revista dos Tribunais, 62.°, págs. 210 e segs., pág. 212. Também JOSÉ ALBERTO DOS REIS, *Acção de Anulação de Deliberações Sociais*, RLJ, 78.°, pág. 361 e segs., JOSÉ GABRIEL PINTO COELHO, *Anotação ao Acórdão do STJ de 9 de Maio de 1961*, RLJ, 95.°, pág. 39. VASCO LOBO XAVIER, *Anulação de Deliberação Social e Deliberações Conexas*, cit., pág. 94(1) é peremptório: *a providência de suspensão de deliberações sociais de modo algum interfere com o prazo para a acção anulatória dos mesmo actos* e, pág. 95 (1), *nenhum motivo razoável se descortina para que o legislador tenha querido que o prazo de proposição da acção anulatória fosse aqui mais amplo do que nos casos em que se requereu a suspensão, ou em que, apesar de requerida, esta não foi decretada*. Contra esta orientação, na Doutrina, conhecemos apenas PINTO FURTADO, *Deliberações dos Sócios*, Almedina, Coimbra, 1993, págs. 508-512 e *Deliberações de Sociedades Comerciais*, Almedina, Coimbra, 2005, págs. 798-802.

A jurisprudência é unânime no sentido do texto. A título exemplificativo citamos do STJ5.III.92 (JSTJ00015026/ITIJ/Net): *IV — O prazo previsto no artigo 382.°, n.° 1, alínea a) do Cód. Proc. Civil não significa que a notificação da decisão que ordene as providências requeridas ressuscite o prazo já extinto para a propositura da acção de anulação da deliberação social.*

IV. O fundamento da impugnação das deliberações dos sócios tem a sua localização legal básica nos artigos 56.º, para os casos de nulidade, e 58.º, para os casos de anulabilidade.

No n.º 1 do artigo 56.º há que distinguir casos de nulidade procedimental, contidos nas alíneas a) e b), e de nulidade substancial ou de conteúdo, referidos nas alíneas c) e d).

Na alínea a) do n.º 1 do artigo 56.º é considerada causa de nulidade a falta de convocação da assembleia, *salvo se todos os sócios tiverem estado presentes ou representados*. O n.º 2 do artigo equipara à falta de convocação certas irregularidades da mesma: aviso convocatório assinado por pessoa sem competência para o fazer, aviso convocatório omisso quanto à data, hora e local da reunião e ainda não coincidência entre estas e a data, hora e local em que a reunião efectivamente ocorreu. É intuitivo que a não convocação da assembleia seja causa de invalidade, embora não seja já claro porque razão a consequência deva ser a nulidade em vez da anulabilidade. Estes vícios deveriam dar causa a anulabilidade em vez de nulidade, mas a lei parece ter querido agravar o regime da invalidade quando ele seja de molde a dificultar a reacção dos sócios: os sócios não convocados, desconhecendo a existência da deliberação, não a impugnariam[186]. Esta razão não é convincente porque, na falta ou irregularidade de convocação, o prazo para pedir a anulação só iniciaria o seu curso na data em que o sócio tivesse conhecimento da deliberação, em moldes análogos aos da alínea c) do n.º 2 do artigo 59.º. O mesmo se pode dizer quanto às irregularidades equiparadas, no n.º 2 do artigo 56.º, à falta de convocação. O vício é sanável, segundo o n.º 3 do artigo 56.º, pelo assentimento, dado posteriormente e por escrito, pelos sócios *ausentes e não*

---

[186] Neste sentido, concordante, PEDRO MAIA, *Deliberações dos Sócios*, cit., págs. 193-194, e *Invalidade de Deliberação Social por Vício de Procedimento*, ROA, ano 61, 2001, II, págs. 716-717. Esta razão é apontada como possível por OLIVEIRA ASCENSÃO, *Invalidades das Deliberações dos Sócios*, cit., pág. 378, que dela se manifesta discordante. BRITO CORREIA, *Direito Comercial*, III, *Deliberações dos Sócios*, cit., págs. 298 e segs., apoia a solução da lei, que funda na *doutrina dominante em vários países estrangeiros*. PINTO FURTADO, *Deliberações dos Sócios*, cit., pág. 298, considera este regime *perfeitamente natural*.

178 *A Participação Social nas Sociedades Comerciais*

representados ou não participantes. Também a susceptibilidade de sanação desmente a qualificação do vício como causador de nulidade. Finalmente não tem sentido a exclusão do vício quando todos os sócios tenham estado presentes ou representados. Mesmo presente ou representado, o sócio pode discordar e protestar contra a falta ou irregularidades da convocação. A presença concordante de todos os sócios, pessoalmente ou por representação, qualifica a assembleia como universal, válida segundo o artigo 54.º. No caso de estarem presentes ou representados todos os sócios, mas houver discordância de algum em relação a que assim se delibere, deixa de haver nulidade e a consequência passa a ser a anulabilidade por violação dos pressupostos da assembleia universal exigidos no artigo 54.º, n.º 1[187].

Na alínea b) do n.º 1 do artigo 56.º está previsto, como causa de nulidade, outro vício de procedimento: a tomada de deliberação por voto escrito, tal como previsto no artigo 247.º, *sem que todos os sócios com direito de voto tenham sido convidados a exercer esse direito*. Justificam-se aqui as mesmas críticas feitas a propósito da alínea a) do n.º 1 do artigo 56.º.

Só muito artificialmente estes dois casos são qualificados como geradores de nulidade. De tal modo que a doutrina os qualifica de *invalidade mista* ou de *nulidade relativa*[188]. O interesse envolvido é privado e o vício é sanável pelo consentimento das pessoas afectadas. Qualificado como de nulidade, pergunta-se se é de conhecimento oficioso pelo tribunal e se pode o vício ser arguido pelo órgão de fiscalização da sociedade nos termos do artigo 57.º, se pode ser arguido

---

[187] Neste sentido, OLIVEIRA ASCENSÃO, *Invalidades das Deliberações dos Sócios*, cit., pág. 379, BRITO CORREIA, *Direito Comercial*, III, *Deliberações dos Sócios*, cit., pág. 299, e também PEDRO MAIA, *Deliberações dos Sócios*, cit., págs. 193-194, embora sem invocação da violação dos pressupostos da assembleia universal.

[188] OLIVEIRA ASCENSÃO, *Invalidades das Deliberações dos Sócios*, cit., pág. 379, MENEZES CORDEIRO, *Manual de Direito das Sociedades*, cit., pág. 642, CARNEIRO DA FRADA, *Deliberações Sociais Inválidas no Novo Código das Sociedades Comerciais*, Novas Perspectivas do Direito Comercial, Almedina, Coimbra, 1988, pág. 320.

pelos demais sócios? A doutrina divide-se[189]. Em nossa opinião, a opção legislativa pela nulidade é incorrecta e deve ser corrigida numa próxima revisão do Código. Enquanto não o for, porém, está em vigor e ter-se-á de viver com ela. É uma anulabilidade agravada, travestida de nulidade. O órgão de fiscalização ou qualquer gerente, nos moldes do artigo 57.º, deve chamar a atenção para o vício e pode propor a acção de declaração de nulidade, se nenhum sócio o fizer. Quanto aos sócios que estiveram presentes ou representados, não nos parece admissível que a acção seja proposta pelos que votaram as deliberações, por tal constituir um caso de *venire contra factum proprium*.

Nas alíneas b) e c) do n.º 1 do artigo 56.º estão referidos os casos de nulidade substancial ou de conteúdo da deliberação[190].

Na alínea b), são aludidas as deliberações *cujo conteúdo não esteja, por natureza, sujeito a deliberação dos sócios*. Esta fórmula, tal como a da alínea seguinte, está ligada aos limites da autonomia dos sócios na deliberação. O poder jurígeno dos sócios no negócio jurídico deliberativo não é ilimitado, como bem demonstrou VASCO LOBO XAVIER[191]: nem tudo pode ser objecto de deliberação dos sócios e, se

---

[189] OLIVEIRA ASCENSÃO, *Invalidades das Deliberações dos Sócios*, cit., pág. 380, é de opinião negativa; PEDRO MAIA, *Invalidade de Deliberação Social por Vício de Procedimento*, ROA, 61, II, 2001, págs. 716-725, aceita a arguição do vício por qualquer sócio com o argumento de que a participação do sócio poderia ter influenciado uma deliberação diferente.

[190] Esta diferença ente o vício substancial e o vício procedimental é bem intuída pelo TRCoimbra 2.XII.92 (CJ, 1992, 5, 69) ao decidir: *I – Não obstante o disposto no artigo 56.º, n.º 1 do CSC, nem sempre a violação de normas imperativas gera nulidade das deliberações sociais; tal efeito só ocorre, em princípio, quando a contrariedade àquelas normas se traduza no «conteúdo» e não no procedimento, no modo ou processo de formação da deliberação.*

[191] VASCO LOBO XAVIER, *Anulação de Deliberação Social e Deliberações Conexas*, cit., págs. 121-145, distingue, nestas condições, várias categorias de deliberações: aquelas que disponham de direitos de terceiros (enquanto tal), as que disponham de direitos dos sócios enquanto terceiros, *aquelas que, organizando embora a "vida interna da sociedade", visam em primeira linha a defesa do interesse público*, e aquelas que *não obstante regularem a "vida interna da sociedade", visam directamente a protec-*

o for, não pode lograr validade e criar direito concreto. Há matérias que, pela sua própria natureza, não estão sujeitas à deliberação dos sócios. Por ilegitimidade, os sócios não podem deliberar sobre bens e interesses de que, nessa qualidade, não tenham a titularidade ou com os quais não tenham uma outra especial relação que lhe permita agir sobre eles. A ilegitimidade não se reduz a bens ou interesses alheios e exteriores à sociedade. Também no seu seio, há bens e interesses que estão fora da relação de legitimidade da deliberação dos sócios porque para agir sobre eles têm legitimidade exclusiva outros órgãos da sociedade, por exemplo, o órgão de gestão ou o órgão de fiscalização[192]. A este propósito, CARNEIRO DA

ção de terceiros estranhos ao grémio corporativo (por exemplo, os credores da sociedade). O fundamento do vício que afecta estas deliberações é, em nossa opinião, a ilegitimidade.

[192] A este propósito é frequentemente invocada como causa do vício a *incompetência do órgão*. PINTO FURTADO, *Deliberações dos Sócios*, cit., pág. 318, objecta que a violação das regras internas de competência das sociedades comerciais não é suficientemente grave para determinar a nulidade. Poderá ser-lhe reconhecida razão, mas tão somente no que respeita a regras de distribuição de competência entre órgãos que sejam dispositivas e que sejam fixadas por deliberação autónoma dos sócios; já quanto à violação de regras injuntivas legais de distribuição de competência entre órgãos sociais não podemos dar-lhe razão.

PINTO FURTADO, *Deliberações dos Sócios*, cit., pág. 320, propõe uma interpretação segundo a qual o preceito se referiria à impossibilidade física e legal da deliberação. MENEZES CORDEIRO, *Manual de Direito das Sociedades*, I, cit., pág. 645, refuta esta interpretação de um modo que nos parece definitivo, e opina que a *natureza* referida na alínea c) do n.º 1 do artigo 56.º *reporta-se à índole do conteúdo questionado e não à bitola da admissibilidade e refere-se àquilo que, pelo seu teor, não caiba na capacidade da pessoa colectiva considerada. Os próprios negócios celebrados fora da capacidade "natural" ou "legal" da sociedade são nulos, por impossibilidade legal. As deliberações que lhes estejam na origem são-no, igualmente, por via do artigo 56.º/1,c).* CARNEIRO DA FRADA, *Deliberações Sociais Inválidas no novo Código das Sociedades Comerciais*, cit., págs. 327-329, encara a questão na perspectiva da ultrapassagem dos limites da competência da assembleia geral. Contra, porém, OLIVEIRA ASCENSÃO, *Invalidades das Deliberações dos Sócios*, cit., págs. 381-382, entende que *o que se abrange, como estando por natureza fora das deliberações da sociedade, são antes de mais as matérias não jurídicas, pelos princípios gerais do Direito; e a seguir, efectivamente, as que extrapolem o âmbito da sociedade. Não são porém as que têm que ver simplesmente com a repartição de competências entre os órgãos.*

FRADA[193] distingue o caso em que a deliberação excede os limites de competência do órgão invadindo a de outro órgão (por exemplo, a assembleia geral delibera em matéria da competência exclusiva do conselho de administração) e aqueles em que *pretende interferir directamente na esfera de terceiros (ou dos sócios enquanto terceiros)*; em ambos os casos entende que foi ultrapassada a esfera de competência da assembleia, o que tem como consequência jurídica, não apenas a mera ineficácia, mas a nulidade propriamente dita, nos termos do artigo 56.º, n.º 1, alínea c).

Na alínea d), são aludidas as deliberações cujo conteúdo, directamente ou por actos de outros órgãos que determinem ou permitam, seja ofensivo dos bons costumes ou de preceitos legais que não possam ser derrogados, nem sequer por vontade unânime dos sócios. Esta expressão tem suscitado estranheza e não poucas dúvidas na doutrina. Importa dedicar-lhe um pouco de atenção.

A referência aos *preceitos legais que não possam ser derrogados, nem sequer por vontade unânime dos sócios* vem de VASCO LOBO XAVIER[194]. Com ela, pretendia o Autor estabelecer um critério de distinção entre aquilo que os sócios podem, ou não podem, estipular nos estatutos originários da sociedade, obviamente *por vontade unânime* de todos os fundadores. São, no fundo, os preceitos imperativos, injuntivos ou cogentes da lei, aqueles que estão fora do alcance da autonomia privada. Mas a questão não é tão simples assim. No Código das Sociedades Comerciais, que entrou em vigor aproximadamente uma década após a publicação do referido estudo de VASCO LOBO XAVIER,

---

[193] CARNEIRO DA FRADA, *Deliberações Sociais Inválidas no novo Código das Sociedades Comerciais*, cit., págs. 327-329.

[194] VASCO LOBO XAVIER, *Anulação de Deliberação Social e Deliberações Conexas*, cit., págs. 146-178, trata precisamente das *deliberações que contrariem regras que se impõem ainda mesmo à totalidade dos associados* (pág. 147), *de preceitos da lei que se impõem à totalidade dos sócios* (pág. 149), *de normas imperativas ou cogentes, no sentido (...) de normas que não podem ser arredadas nos estatutos primitivos, e que, portanto, nem à vontade unânime dos sócios é consentido vir mais tarde subverter através de deliberação que estabeleça uma disciplina divergente – ao menos sob a forma de alteração estatutária –, deliberação esta que terá de julgar-se ferida de nulidade* (pág. 153).

o n.º 3 do artigo 9.º contribui para iluminar o sentido da expressão *preceitos legais que não possam ser derrogados, nem sequer por vontade unânime dos sócios.*

O n.º 3 do artigo 9.º do Código das Sociedades Comerciais, ao estatuir que os preceitos dispositivos do Código *só podem ser derrogados pelo contrato de sociedade, a não ser que este expressamente admita a derrogação* vem introduzir no direito das sociedades comerciais três níveis de autonomia privada, onde o Direito Privado, em geral, conhece apenas dois. Entre a zona de heteronomia, onde os privados não têm o poder de estipular, e a zona de autonomia, onde a estipulação negocial é livre e jurígena, o artigo 9.º, n.º 3, introduz uma zona intermédia, em cujo âmbito os sócios podem estipular nos contratos, pactos ou estatutos sociais, conformando as suas versões originários ou alterações subsequentes, mas estão vedadas à autonomia dos sócios no que respeita a deliberações sociais. Simplificando: há matérias em que os sócios podem livremente estipular nos estatutos, mas sobre as quais não podem reger em deliberações sociais. Uma vez fixadas nos estatutos, não podem ser contrariadas salvo mediante alterações estatutárias (com maiorias qualificadas ou mesmo unanimidade, formalização em escritura pública, registo e publicação). Segundo o n.º 3 do artigo 9.º essa área abrange, em princípio, a totalidade dos *preceitos dispositivos desta lei.* Podemos designar estas três áreas por *absolutamente injuntiva* (aquela que se impõe mesmo à estipulação dos sócios nos estatutos originários), *estatutariamente disponível* (aquela em que a autonomia negocial dos sócios é total na estipulação estatutária, mas vedada em deliberações sociais que não alterem os estatutos) e *deliberativamente disponível* (aquela em que os sócios podem livremente dispor em deliberações sociais).

Lidos conjuntamente, o artigo 56.º, n.º 1, alínea d) *in fine* e o artigo 9.º, n.º 3 do Código das Sociedades Comerciais, deles decorre que os *preceitos legais que não possam ser derrogados, nem sequer por vontade unânime dos sócios* são aqueles que se impõem aos sócios e não podem ser derrogados na estipulação dos estatutos originais, nem nas suas alterações subsequentes, isto é, a zona mais *cogente* do direito das sociedades. A contrariedade de uma deliberação social com estes preceitos tem como consequência a nulidade, de acordo com o artigo 56.º, n.º 1, alínea d) *in fine*; a contrariedade da deliberação aos demais preceitos da lei, que o n.º 3 do artigo 9.º qualifica como *dispositivos*, tem como consequência a anulabilidade, por aplicação do artigo 58.º, n.º 1 alínea a)[195].

Mas quais são, afinal, os preceitos absolutamente injuntivos cuja violação tem como consequência a nulidade das deliberações sociais? VASCO LOBO XAVIER[196] fala de preceitos *que se destinam a proteger interesses que não são os dos sujeitos legitimados para a impugnação das deliberações sociais – ou por outra, interesses que não são interesses dos sócios.* Estes são aqueles que protegem interesses de terceiros e de ordem pública[197].

Há aqui um notório paralelismo com o preceito do artigo 280.º do Código Civil, naquilo em que comina com nulidade os actos e negócios jurídicos cujo conteúdo seja contrário a lei injuntiva, à ordem pública ou ofensivo dos bons costumes. É um limite genérico da autonomia privada que deve naturalmente viciar com nulidade o agir que o exceda. Para além desses limites, não tem força jurígena a autonomia privada e a consequência não pode sequer ser a anulabilidade porquanto, como demonstrou VASCO LOBO XAVIER, não é concebível que seja sanável pela inércia dos sócios. A injuntividade da lei é fundada na Ordem Pública e no Bem Comum; os Bons Costumes fundam-se na Moral[198]. São pois, aqui, a lei injuntiva, a ordem

---

[195] Concordamos com CARNEIRO DA FRADA, *Deliberações Sociais Inválidas no novo Código das Sociedades Comerciais*, cit., págs. 326-327.

[196] VASCO LOBO XAVIER, *Anulação de Deliberação Social e Deliberações Conexas*, cit., pág. 152.

[197] Não nos parece ter sido recebida no texto legal nem ser de seguir a proposta de VASCO LOBO XAVIER (ob. cit.) págs. 159 e segs.), inspirada em ALFRED HUECK, segundo a qual *com as normas cogentes da espécie agora em vista, o legislador entendeu proteger não só os "actuais", mas também os "futuros accionistas"*". Também não nos parece consagrada na lei nem de seguir a posição do Autor segundo a qual, *no silêncio do legislador, as normas que regulam as sociedades anónimas têm carácter cogente* (ob. cit., pág. 164).

[198] PAIS DE VASCONCELOS, *Teoria Geral do Direito Civil*, cit., págs. 424-427.

pública (Bem Comum) e os bons costumes (Moral), que impedem a validade e impõem a nulidade das deliberações dos sócios.

V. Os fundamentos da anulabilidade das deliberações dos sócios estão concentrados no artigo 58.º do Código das Sociedades Comerciais. As três alíneas do seu n.º 1 referem três categorias: (a) deliberações ilegais, (b) deliberações abusivas e (c) deliberações não precedidas do mínimo de informação.

Na alínea a) do n.º 1 do artigo 58.º, são referidas as deliberações que *violem disposições quer da lei, quando ao caso não caiba a nulidade, nos termos do artigo 56.º, quer do contrato de sociedade.* Este preceito tem carácter residual e compreende o regime geral da invalidade das deliberações dos sócios. Em regra são anuláveis, nos termos da alínea a) do n.º 1 do artigo 58.º, salvo quando lhes caiba a sanção da nulidade, nos casos do artigo 56.º. Mantém-se assim, embora não totalmente, a tendência anterior às obras de FERRER CORREIA e de VASCO LOBO XAVIER de concentrar na anulabilidade o regime dos vícios das deliberações dos sócios. Esta tendência, como se disse já, encontra justificação na necessidade de estabilização das situações jurídicas e de redução do tempo de instabilidade e de risco de impugnação das deliberações. O regime de nulidade, com a sua característica arguição a todo o tempo introduz uma insegurança no tráfego e na vida jurídica das sociedades que é dificilmente compatível com as necessidades do comércio. É exigido pela natureza das coisas que o tempo de instabilidade e de vulnerabilidade das deliberações dos sócios das sociedades comerciais seja muito curto. A regra é a da anulabilidade.

Quais são os casos abrangidos por esta alínea? Desde logo, todos aqueles em que as deliberações contrariem preceitos estatutários. Também se incluem no âmbito desta alínea a contrariedade a preceitos dispositivos da lei que não tenham sido derrogados no contrato, pacto ou estatutos da sociedade. Segundo o n.º 3 do artigo 9.º, os preceitos dispositivos do Código das Sociedades Comerciais *só podem ser derrogados pelo contrato de sociedade, a não ser que este expressamente admita a derrogação por deliberação dos sócios.* Assim, os sócios podem derrogá-los, se assim o entenderem, mas apenas nos estatutos da sociedade. Se o não fizerem, não podem derrogar esses preceitos em simples deliberações. Os sócios só poderão deliberar nessas matérias em deliberações de alteração dos estatutos, nas quais introduzam no contrato as derrogações desses preceitos dispositivos da lei. São inúmeros os casos em que a lei limita expressamente ao contrato a derrogabilidade do direito dispositivo do tipo legal[199]. A consequência da contrariedade à lei é a nulidade, quando a lei for injuntiva, e a anulabilidade, quando for dispositiva.

Na alínea b) do n.º 1 do artigo 58.º, são referidas como anuláveis as deliberações abusivas. Já tratámos delas a propósito do voto abusivo e para aí remetemos[200].

Na alínea c) do n.º 1 do artigo 58.º constam finalmente como anuláveis as deliberações que *não tenham sido precedidas do fornecimento ao sócio de elementos mínimos de informação*. O n.º 4 do artigo 58.º explicita que se consideram elementos mínimos de informação, para os efeitos deste artigo, (a) as menções exigidas pelo artigo 377.º, n.º 8 e (b) a colocação de documentos para exame dos sócios no local e durante o tempo prescritos pela lei e pelo contrato. Destas matérias será dado tratamento próprio a propósito do direito do poder de informação do sócio. Para aí se remete[201].

VI. Além destes casos, o Código das Sociedades Comerciais prevê ainda, no artigo 69.º, um *regime especial de invalidade das deliberações* de aprovação dos documentos de prestação de contas da sociedade.

Distingue, por um lado, os casos de *violação dos preceitos legais relativos à elaboração* dos documentos de prestação de contas e de irregularidade das contas propriamente ditas, que comina com anulabilidade, e, por outro, os casos em que tenha ocorrido violação de lei relativamente à constituição, reforço ou utilização da reserva legal e

---

[199] Por exemplo, os artigos 22.º, 24.º, 189.º, n.º 2, 190.º e muitos outros.
[200] *Supra* II.9.i).
[201] *Infra*, II.10.

186   *A Participação Social nas Sociedades Comerciais*

ainda de *preceitos cuja finalidade, exclusiva ou principal, seja a protecção dos credores ou de interesse público*, cuja consequência é a nulidade.

Este vícios têm de específico afectarem a deliberação de prestação de contas da sociedade.

l) O poder de impugnar deliberações dos gestores

I. O quadro descrito tem vindo a modificar-se, recentemente, com a transferência da conflitualidade intra-societária, das divergências entre sócios, para o confronto entre sócios e gestores. O reforço dos poderes das administrações, assistidas por consultoras e auditoras complacentes, e a prática crescente de contabilidade criativa têm tornado problemático o controlo da gestão, principalmente das grandes sociedades abertas cotadas. Por vezes, os sócios são tratados como meros *aportadores de capitais*, interessados apenas em ganhos especulativos possibilitados pela flutuação da cotação dos seus títulos, privados de uma suficiente informação sobre a economia e a gestão da sociedade e sobretudo do controlo da sua gestão. Casos recentes de falências gigantescas e a sobrevalorização dos interesses profissionais dos gestores revelam a ausência de mecanismos de controlo verdadeiramente eficientes.

Os sistemas tradicionais de controlo têm-se revelado ineficazes. Os órgãos de fiscalização não ultrapassam, na maior parte dos casos, o acompanhamento da actividade das empresas auditoras cujos membros aí desempenham a função do revisor oficial de contas (ROC). A composição pessoal dos órgãos de fiscalização é normalmente determinada pelas administrações, embora votada pelas assembleias; a sua remuneração é usualmente pouco mais que simbólica; a carga horária do seu desempenho raramente ultrapassa uma reunião por mês, quando não por trimestre; e o controlo que exercem é efectivamente quase nulo. Os órgãos de fiscalização, ou os respectivos membros, que exerçam competente e diligentemente a sua função são normalmente substituídos logo que terminam os seus mandatos.

A exigência legal de participação de revisores oficiais de contas (ROCS) ou de sociedades de revisores oficiais de contas (SROCS) nos órgãos de fiscalização tem conduzido a alguma melhoria do controlo, principalmente contabilístico e fiscal. ROCS e SROCS estão muitas vezes ligados a empresas auditoras, muitas vezes grandes auditoras internacionais. Estas continuam, não obstante certas declarações em contrário, a ser frequentemente remuneradas pelas mesmas sociedades por exercício de funções de consultoria, além da auditoria e, na sua remuneração, continua muitas vezes a ser muito superior a parte relativa à consultoria em relação à correspondente a auditoria, o que cria situações perversas de dependência económica em relação à sociedade que não permitem uma verdadeira independência. Este fenómeno agrava-se na fiscalização das multinacionais e das suas subsidiárias locais. Só após o colapso da maior e mais reputada empresa internacional de auditoria gravemente envolvida numa falência gigantesca, passaram a ser formuladas, com alguma frequência, reservas nas certificações legais de contas. Mas nem isso tem induzido modificações relevantes no *statu quo*.

Uma outra resposta a este estado de coisas tem sido esboçada com a instituição de códigos de (bom) governo das sociedades (*codes of corporate governance*). Estes, porém, não são juridicamente injuntivos e, não sendo adoptados ou cumpridos a não ser voluntariamente (*comply or explain*), não têm conseguido êxito suficiente. A instituição nos EUA da lei Sarbanes-Oxley (*SOX*), exportada extraterritorialmente para as sociedades cotadas em bolsas norte-americanas, chegou a criar, nas poucas sociedades portuguesas a que se aplica, situações estranhas de co-habitação do conselho fiscal com os administradores independentes (*watch dogs*), que as recentes alterações ao Código das Sociedades Comerciais, com a introdução da estrutura americana de assembleia geral, conselho de administração e comissão de auditoria permite evitar. Mas nem isto tem também induzido melhoras significativas no quadro descrito de défice de controlo da gestão das grandes sociedades anónimas abertas cotadas.

II. Para o controlo da licitude das deliberações dos conselhos de administração[202], a lei prevê, nos artigos 411.º e 412.º, um sistema próprio.

No artigo 411.º, são enumerados os casos de invalidade das deliberações do conselho de administração.

Na alínea a) são referidas as deliberações tomadas em conselho não convocado, salvo se todos os administradores tiverem estado presentes ou representados, ou caso o contrato o permita, tiverem votado por correspondência. Trata-se do único caso de vício procedimental. É paralelo ao da alínea a) do n.º 1 do artigo 56.º, quanto às deliberações dos sócios. Se o conselho não for convocado, as deliberações ali tomadas são nulas; mas não há nulidade se todos os administradores estiverem presentes ou representados, ou tiverem votado por correspondência, se o contrato o permitir. É compreensível a nulidade das deliberações tomadas em conselho não convocado. O n.º 3 do artigo 410.º exige que a convocação seja feita por escrito, o que se nos afigura excessivamente formal e que sabemos ser, em regra, desrespeitado, salvo nas sociedades em que o relacionamento entre os administradores é mau. É um exagero transportar para o conselho de administração o cerimonial procedimental da assembleia geral. Não obstante, o conselho não deve reunir à revelia de um ou mais administradores. A lei não exige que o aviso convocatório inclua uma ordem de trabalhos. Embora muitas vezes o conselho seja convocado com menção de matérias que aí serão tratadas, esta ordem de trabalhos não preclude o tratamento de outras matérias que se revele conveniente abordar. Uma vez que a convocação do conselho não inclui uma ordem de trabalhos propriamente dita, é razoável que a invalidade seja sanada pela presença de todos os administradores, pessoalmente ou por representação, ou por correspondência. O n.º 2 do

---

[202] Por simplicidade de expressão referimos normalmente apenas as deliberações do conselho de administração da sociedade anónima e omitimos a referência à direcção da sociedade anónima com estrutura de direcção, conselho geral e fiscal único, e ainda à comandita por acções; só lhes faremos referência quando for especificamente necessário ou útil.

artigo 411.º manda aplicar aqui, com as necessárias adaptações, o regime dos n.ᵒˢ 2 e 3 do artigo 56.º quanto aos vícios procedimentais das deliberações dos sócios.

Nas alíneas b) e c), mantendo o paralelismo com o regime dos vícios das deliberações dos sócios, são tidas como nulas as deliberações (b) *cujo conteúdo não esteja, por natureza, sujeito a deliberação do conselho de administração* e (c) *cujo conteúdo seja ofensivo dos bons costumes ou de preceitos legais imperativos.* Vale aqui o que se disse já quanto aos vícios das deliberações dos sócios. Na alínea b) está em causa a legitimidade do conselho para agir sobre bens ou interesses alheios à sociedade ou que, sendo da sociedade, estão confiados a outros órgãos da mesma. Na alínea c) são os limites da autonomia privada que estão em questão, embora seja de estranhar a omissão da referência à ordem pública.

No n.º 3 do artigo 411.º, refere como anuláveis as deliberações do conselho de administração que violem disposições da lei, quando lhe não caiba a sanção da nulidade, e dos estatutos. Também aqui se nota o paralelismo com o regime da anulabilidade das deliberações dos sócios, especificamente com a alínea a) do n.º 1 do artigo 58.º. Tal como nas deliberações dos sócios, a contrariedade aos estatutos acarreta a anulabilidade. No que concerne à violação da lei, parece-nos de manter a orientação adoptada quanto ao regime da invalidade das deliberações dos sócios: também as deliberações dos gestores podem colidir ou ser incompatíveis com preceitos da lei que sejam dispositivos – o que afasta a sanção da nulidade – mas que só possam ser derrogados nos estatutos, tal como impõe o n.º 3 do artigo 9.º. As deliberações dos gestores que sejam contrárias a estes preceitos são anuláveis.

III. O regime de arguição da invalidade está regulado no artigo 412.º. O seu n.º 1 permite que o próprio conselho ou a assembleia geral declarem a nulidade ou anulem deliberações inválidas dos gestores, a requerimento de qualquer gestor, do conselho fiscal ou de qualquer accionista com direito de voto. Este regime tem suscitado dificuldades e controvérsia na concretização. Discute-se se este é o

190   *A Participação Social nas Sociedades Comerciais*

único meio de impugnação das deliberações dos gestores ou se constitui uma via adicional, além da impugnação directa em juízo.

Na lei anterior ao actual Código das Sociedades Comerciais, não estava regulada especialmente a impugnação das deliberações dos gestores das sociedades comerciais, fossem eles administradores de sociedades anónimas, gerentes de sociedades por quotas ou de sociedades em nome colectivo. A doutrina e a jurisprudência recusavam a admissibilidade da providência cautelar de suspensão de deliberações sociais a estas deliberações do órgão de gestão[203].

O artigo 412.º inovou ao regular especialmente a impugnação das deliberações do conselho de administração das sociedades anónimas. Esta inovação suscita duas questões:

- O regime dos artigos 411.º e 412.º rege apenas sobre a impugnação das deliberações dos conselhos de administração, ou também sobre as dos demais órgãos de gestão?

---

[203] ALBERTO DOS REIS, *Código de Processo Civil anotado*, I, 3.ª ed. – reimpressão, Coimbra Editora, Coimbra, 1980, pág. 676: *a acção anulatória, e consequentemente o pedido de suspensão, não podem ser utilizados contra deliberações tomadas por órgãos administrativos propriamente ditos: gerência, direcção, administração.* Também para RODRIGUES BASTOS, *Notas ao Código de Processo Civil*, 2.ª ed., II, Lisboa, 1971, pág. 247, *as deliberações a que alude o preceito (artigo 396.º do Código de Processo Civil, sobre a suspensão de deliberações sociais) são as tomadas em assembleia geral, ou em reunião de sócios quando se verifique o condicionalismo previsto no art. 36.º, § 2.º da Lei das Sociedades por Quotas; tal termo não abrange as decisões dos órgãos directivos ou de fiscalização.* Ainda PINTO FURTADO, *Código Comercial Anotado*, I, Almedina, Coimbra, 1975, pág. 507, opinava: *se igualmente devem considerar-se deliberações sociais as do conselho de administração e do conselho fiscal, nem por isso pode deixar de notar-se que a anulação judicial estatuída neste art. 146.º (do Código Comercial) se restringe, na inequívoca expressão do preceito, às deliberações da «reunião ou assembleia geral de sócios»*; o Autor veio, mais tarde, a modificar esta sua opinião. Nos tribunais, é também recusada a susceptibilidade de suspensão, de anulação e de declaração de nulidades das deliberações de órgãos directivos ou de administração da sociedade, como se pode ver em STJ 26.III.46, RLJ 79.º, n.º 2830, págs. 139-142 (com três votos de vencido), STJ 21.IV.72, BMJ 216, 173, anotado na RT, 90.º, n.º 1867, Janeiro de 1972, págs. 349 e segs., e TRCoimbra 3.XII.91, CJ 1991, 5, 73 (este quanto à impugnação de uma deliberação da direcção de uma cooperativa).

– Estes preceitos esgotam o regime da impugnação das deliberações dos conselhos de administração, ou dos demais órgãos de gestão, ou são complementares de um regime geral de impugnação judicial directa?

Uma leitura literal da lei conduziria a limitar a aplicação do regime dos artigos 411.° e 412.° às deliberações tomadas em conselho de administração e conselho de administração executivo (artigo 433.°, n.° 1) de sociedades anónimas. Uma interpretação como esta excluiria do seu campo de aplicação as deliberações da gerência da sociedade em nome colectivo, da sociedade por quotas e da sociedade em comandita. A letra da lei sugere fortemente esta conclusão, apoiada até no facto de existir uma remissão expressa específica no artigo 433.°. É tentadora a conclusão *a contrario*: se houve uma remissão expressa de regime, estaria vedada a extensão onde não houvesse remissão. Esta conclusão parece formalmente correcta.

Mas a lógica jurídica não é apenas formal, é uma lógica material que, na concretização, não prescinde da mediação da natureza das coisas; mais do que uma lógica da racionalidade é uma lógica da razoabilidade. Como se referiu já, a escolha entre a analogia *a eadem ratio* e a exclusão *a contrario sensu* não é mecânica nem arbitrária e exige a apreciação das suas consequências[204]. Da natureza das coisas, devem ser tidas em consideração, entre os *enthia moralia*, a *ratio juris*, a razoabilidade, a utilidade e as consequências práticas da concretização. Perguntar-se-ia, então, porque razão haveria o Direito de aplicar o regime em questão nos casos referidos e exclui-lo nos demais, se a diferença das situações é de molde a justificar esta diversidade de tratamento jurídico, se algum inconveniente pode advir da generalização do regime, se alguma vantagem resulta da diferenciação.

Para obter resposta a estas perguntas há que apreciar a diferença entre o regime introduzido pelo Código das Sociedades Comerciais e o que lhe foi imediatamente anterior. No regime do Código

---

[204] PERELMANN, *Logique Juridique – Nouvelle rhetorique*, cit, págs. 55-57, 130 *accepter une analogie, c'est accepter les conséquences qui en découlent, soit pour structurer, soit pour évaluer des éléments du réel.*

192 A Participação Social nas Sociedades Comerciais

Comercial e da Lei das Sociedades por Quotas, nenhum preceito regulava especificamente a impugnação das deliberações dos órgãos de gestão. Como se viu, a doutrina mais representativa e a jurisprudência recusavam a admissibilidade do recurso aos tribunais contra estas deliberações.

Qual era então o regime, como reagia o Direito perante deliberações de órgãos de gestão que fossem contrárias à lei, à ordem pública, aos bons costumes, aos estatutos? Estas deliberações não estavam isentas do juízo de licitude e a sua validade não deixava de depender dos limites da autonomia privada. Sem um específico regime jurídico de controlo, estas deliberações estavam sujeitas ao regime geral de impugnação da validade de actos jurídicos. Quem para tal tivesse legitimidade, poderia suscitar a apreciação da sua validade, quer por acção, quer por excepção.

Todavia, a questão não suscitava grande interesse, nem na prática, nem na doutrina, porque na sua generalidade as deliberações dos órgãos de gestão não eram directamente eficazes fora da esfera interna da sociedade. Assim, por exemplo, se o conselho de administração deliberasse não cumprir um contrato promessa, ou omitir certas receitas perante a administração fiscal, ou celebrar um contrato ilegal, era necessário um acto jurídico da sociedade que, por acção ou omissão, desse execução a essa deliberação. Mesmo que a deliberação do órgão de gestão fosse tomada por unanimidade e ninguém tomasse a iniciativa de a impugnar, nem por isso o acto que a executasse deixaria de ser um acto ilícito, como acto da sociedade. Esse acto ilícito teria a consequência que, no caso, lhe fosse adequada. Em bom rigor, a deliberação do órgão de gestão tinha apenas eficácia interna. O interesse na sua impugnação era, pois apenas da sociedade e dos sócios. Os terceiros não eram por ele afectados e tinham sempre à sua disposição os meios adequados à impugnação do acto de execução da deliberação. Não deixavam, contudo, a sociedade e os sócios, de ter um interesse legítimo e atendível em que a gestão não formasse uma má intenção, não decidisse uma má política de gestão e em que se não mantivesse a deliberação tal como fora tomada. Mas a questão – repete-se – era interna.

Este seria também o regime jurídico se no Código das Sociedades Comerciais não tivessem sido introduzidos os artigos 411.º e 412.º. Mas estes preceitos muito pouco modificam em relação ao regime que seria vigente na sua ausência. Não é tão inovadora como pode parecer a atribuição ao próprio conselho e à assembleia geral de poderes para declarar a nulidade ou anular a deliberação. Trata-se da legitimidade activa da própria sociedade, através destes seus órgãos que, convém não esquecer, não têm personalidade jurídica nem judiciária. Além disto, na lei anterior, mais parlamentarista do que a actual, já a assembleia tinha poderes para revogar deliberações do órgão de gestão e este tinha também poderes para revogar as suas próprias deliberações, o que na prática tinha uma utilidade similar, embora juridicamente fosse diferente. A legitimidade activa para requerer a declaração de nulidade ou anulação da deliberação pela assembleia geral não se afasta relevantemente do que seria o resultado da aplicação da regra geral, senão apenas na exclusão do accionista sem direito de voto. É instituído um sistema de prazos de caducidade, que não resultaria do regime geral, e regulado, em termos específicos, o regime de renovação ou substituição da deliberação pela assembleia geral.

IV. No actual Código das Sociedades Comerciais, dois caminhos se abrem: alargar, por analogia, o regime dos artigos 411.º e 412.º às deliberações dos órgãos de gestão – e até de fiscalização – dos demais tipos legais de sociedades, ou mantê-lo restrito à administração da sociedade anónima.

Não vislumbramos uma razão imperiosa para afastar a analogia, nem de cariz teórico, nem de consequência prática. A limitação da legitimidade activa aos sócios com direito de voto não tem aplicação nos demais tipos legais de sociedades, onde todos os sócios têm direito de voto. O reconhecimento de competência à assembleia dos sócios e também ao próprio órgão de gestão para cassar deliberações deste último, também nada trazem de novo. Com as adaptações necessárias, o que sempre é implicado pela aplicação analógica, o regime dos artigos 411.º e 412.º é perfeitamente adequado à impugnação das deli-

194 A Participação Social nas Sociedades Comerciais

berações da gerência da sociedade em nome colectivo, da sociedade por quotas e da comandita, e a sua aplicação transtípica analógica nenhum inconveniente prático ou injustiça parece acarretar. Caso algum sócio queira pôr em questão a validade de uma deliberação do órgão de gestão, seja ele a gerência de uma sociedade em nome colectivo ou de uma sociedade por quotas, sempre poderá requerer a convocação de uma assembleia geral e, nesse foro, propor a sua revogação ou modificação. Não nos repugna que os sócios deliberem anular ou declarar a nulidade da deliberação do órgão de gestão. A declaração de nulidade e a anulação extrajudiciais pelos próprios autores do acto estão já previstas no n.º 1 do artigo 291.º do Código Civil[205], além de o estarem também no artigo 412.º do Código das Sociedades Comerciais. A deliberação do órgão de gestão é um acto da própria sociedade, porque o órgão de gestão não tem personalidade jurídica[206]. Nada impede, pois, que a sociedade delibere anular ou declarar a nulidade de uma deliberação do seu órgão de gestão – gerência ou conselho de administração – e que o faça por deliberação dos sócios, ou mesmo por deliberação do próprio órgão de gestão, tal como expressamente previsto no artigo 412.º.

A sistemática do Código, porém, não pode ser de todo ignorada. Quando um certo regime jurídico deve reger todos os tipos legais de sociedades, o Código insere-o na Parte Geral; quando deve reger apenas alguns, mas não todos os tipos legais, o Código localiza-o no regulamento do tipo mais desenvolvido e estende-o a outros tipos através de remissões específicas. De acordo com esta sistemática, o regime dos artigos 411.º e 412.º deve ser aplicado apenas à sociedade anónima e não à sociedade em nome colectivo ou à sociedade por quotas. Estes tipos legais de sociedades manteriam o regime jurídico de impugnação de deliberações do órgão de gestão que já tinham antes do actual Código das Sociedades Comerciais.

Mas qual a razão de ser da diferença de regimes? A dualidade de sistemas pode ser imputada ao carácter mais capitalista da sociedade

---

[205] PAIS DE VASCONCELOS, *Teoria Geral do Direito Civil*, cit., pág. 588.
[206] FLUME, *Die Juristische Person*, cit., § 11 V, págs. 405-408.

anónima. Neste tipo, há um maior distanciamento entre o órgão de gestão e os sócios. Na sociedade em nome colectivo, em que todos os sócios são tipicamente gerentes, é mesmo por vezes difícil distinguir a assembleia geral da gerência; e na sociedade por quotas assim sucede também, na maior parte dos casos. Esta proximidade entre sócios e gestores, entre assembleia geral e órgão de gestão, dispensa a necessidade de uma disciplina como a dos artigos 411.º e 412.º. Não é necessária a formalização da convocação da gerência da sociedade em nome colectivo, nem da gerência da sociedade por quotas, nem a fixação de uma especial periodicidade para as suas reuniões. Porém, só na sociedade anónima há matérias que são da competência reservada do conselho de administração que a lei coloca fora do alcance deliberativo da assembleia geral, nos moldes que resultam da combinação dos n.ºs 2 e 3 do artigo 373.º, por um lado, e dos artigos 405.º e 406.º, por outro. No que respeita à gerência da sociedade por quotas, o artigo 259.º submete a gestão ao *respeito pelas deliberações dos sócios*; este regime de domínio da assembleia dos sócios sobre a gestão é alargado à sociedade em nome colectivo por remissão do artigo 189.º, sem sofrer limitação no artigo 192.º. A hierarquia orgânica é inversa: diferentemente da sociedade em nome colectivo e da sociedade por quotas, na sociedade anónima e na comandita por acções, há matérias reservadas ao órgão de gestão que estão fora da competência deliberativa dos sócios. Esta maior independência do órgão de gestão em relação aos sócios e ao seu poder deliberativo pode justificar a introdução, nos artigos 411.º e 412.º, de um especial sistema de controlo interno da validade das deliberações do conselho de administração da sociedade anónima e da comandita por acções.

Atenta a sistemática do Código, a especial autonomia do órgão de gestão da sociedade anónima em relação ao poder deliberativo dos sócios, e a necessidade daí emergente de um especial sistema de controlo interno da validade das deliberações dos gestores nestes tipos legais de sociedades, somos de opinião que o regime jurídico contido nos artigos 411.º e 412.º do Código das Sociedades Comerciais não deve ser estendido aos tipos legais da sociedade em nome colectivo e da sociedade por quotas.

V. Resta ainda uma interrogação: para a impugnação das deliberações do conselho de administração o meio previsto nos artigos 411.º e 412.º é único, ou mantém-se aberta a via de recurso directo aos tribunais e, caso afirmativo, em que moldes?

A questão é controversa. RAÚL VENTURA[207] opinou que a exclusão do recurso directo aos tribunais para a impugnação das deliberações do conselho de administração seria inconstitucional *por violação do direito de acesso aos tribunais, garantido no art. 20.º, n.º 1 da Constituição.* Preferiu uma interpretação segundo a qual *o próprio conselho e a assembleia recebem essa competência por motivos práticos, sem deixar excluído o recurso aos tribunais.* Reconheceu, porém, que o silêncio da lei deixa em aberto *alguns delicados problemas.*

Esta posição veio, porém, a ser mais tarde contrariada pelo próprio Tribunal Constitucional[208] num acórdão cujos excertos mais significativos vale a pena transcrever:

> *Direito fundamental, o acesso aos tribunais para defesa de direitos e interesses legítimos há-de imperativamente ser facultado pelo legislador em termos que permitam uma tutela efectiva desses direitos e interesses.*

> *Mas dispõe o legislador de uma considerável margem de liberdade na regulação desse acesso. Liberdade que, no entanto, não pode configurar os meios utilizados para atingir o desiderato constitucional, de modo tal que o acesso se torne injustificado ou desnecessariamente complexo.*

> *Ora, é manifesto que da norma em causa, tal como foi interpretada no acórdão recorrido, não resulta a impossibilidade de o accionista sujeitar à sindicância jurisdicional a questão da validade da decisão do conselho de administração, isto através da deliberação da assembleia geral que a não declare nula ou a não anule.*

> *Nesta medida, não pode, desde logo, afirmar-se que a lei impede o acesso aos tribunais.*

---

[207] RAÚL VENTURA, *Estudos Vários sobre Sociedades Anónimas*, Almedina, Coimbra, 1992, págs. 558-560.

[208] TC 24.IX.03 (acórdão n.º 15/2003).

Os poderes dos sócios 197

E não pode igualmente entender-se que o meio sempre facultado ao accionista para tal acesso (sem necessidade de deter os 5% de capital para requerer a convocatória de uma assembleia geral nos termos do artigo 375.°, n.° 2 do CSC) – requerimento, dirigido à assembleia geral, de declaração de nulidade ou de anulação da decisão do conselho de administração, ou proposta no mesmo sentido na assembleia geral que vise a apreciação geral da actuação dos administradores – se revista de particular complexidade ou onerosidade.

De resto, esta exigência não é destituída de fundamento, não só em função da relativa proeminência das assembleias gerais nos órgãos societários, como por razões de ordem prática, referidas pelos recorridos, no sentido de evitar nocivas perturbações, ou paralisações, na actividade gestionária da sociedade.

Por outro lado, não está excluído que, apesar da correspondência das maiorias entre os conselhos de administração e as assembleias gerais, a assembleia geral venha a decidir em sentido favorável ao requerente, assim evitando ao accionista o recurso aos tribunais para tutela do seu direito; o "recurso" à assembleia geral não é, pois, necessariamente inútil.

Deste modo, o Tribunal Constitucional decidiu que a Constituição é respeitada desde que se admita o recurso indirecto aos tribunais. Esse recurso indirecto é assegurado pela impugnabilidade judicial da deliberação da assembleia geral que, nos termos previstos no artigo 412.°, se pronunciar sobre a validade da deliberação do conselho de administração. Neste entendimento, os sócios da sociedade anónima que queiram impugnar uma deliberação do conselho de administração terão de seguir o sistema do artigo 412.° e requerer a convocação de uma assembleia geral extraordinária, *sem necessidade de deter os 5% do capital para requerer a convocatória (...) nos termos do artigo 375.°, n.° 2 do Código das Sociedades Comerciais.* Nessa assembleia devem formular uma proposta de anulação ou declaração de nulidade da deliberação devidamente fundamentada. A assembleia debaterá a questão e decidirá por voto maioritário. Esta deliberação da assembleia geral, poderá, por sua vez, ser impugnada no tribunal judicial (no Tribunal do Comércio), quer aprove a proposta de anulação ou declaração de nulidade, quer a denegue. Se a proposta simplesmente não obtiver os votos necessários, não deixará de poder ser impugnada, como deliberação negativa, no tribunal judicial competente, com fundamento em não ter deliberado anular ou declarar a nulidade, quando o deveria ter feito. Neste modelo de impugnação, há uma necessária mediação prévia da assembleia, ainda no interior da sociedade.

O Tribunal Constitucional seguiu uma orientação já adoptada pela doutrina[209]. A mediação necessária da assembleia geral na impugnação da validade das deliberações do conselho de administração não viola o direito fundamental de acesso aos tribunais. Apenas exige uma prévia formalidade.

Mas o Tribunal Constitucional não excluíu a possibilidade de recurso directo aos tribunais em paralelo e como alternativa cumulativa à convocação de uma assembleia geral. O argumento da inconstitucionalidade invocado por RAÚL VENTURA foi refutado. Mas não mais. Resta apreciar a possibilidade de abrir dois caminhos entre os quais os sócios possam escolher consoante a sua conveniência: a convocação de uma assembleia geral extraordinária para a impugnação da deliberação do conselho de administração, ou a proposição directamente no tribunal de uma acção de anulação, de declaração de nulidade ou de inexistência, ou mesmo de uma providência cautelar de suspensão da deliberação do conselho de administração[210]. A escolha dependeria do cálculo do sócio: na normalidade das circunstâncias, não é difícil para o sócio prever se virá a ter, ou não, o apoio da assembleia, se virá, ou não a conseguir obter, nesse foro, a maioria necessária para anular ou declarar a nulidade ou a inexistência da deliberação do conselho de administração.

Se souber de antemão que tem uma maioria favorável na assembleia, será mais prático para o sócio, suscitar a questão perante os

---

[209] PEREIRA DE ALMEIDA, *Sociedades Comerciais*, cit., pág. 318, OSÓRIO DE CASTRO, *Valores Mobiliários,* cit., pág. 76(17).

[210] Parecer ser esta a orientação seguida no recente STJ 21.II.06, *CJ-STJ* 2006, 1, 71.

Os poderes dos sócios 199

sócios e obter aí uma deliberação que anule ou declare a nulidade ou a inexistência da deliberação do conselho de administração. A questão ficará resolvida no interior da sociedade, sem necessidade de expor ao conhecimento público matérias e questões que podem ser reservadas, confidenciais e que não convenha divulgar. Caberá a algum sócio discordante e vencido, se houver, recorrer então a juízo para impugnar esta deliberação da assembleia geral.

No caso contrário, se souber de antemão que não encontrará apoio maioritário na assembleia geral, a convocação e reunião dos sócios constituirá uma perda de tempo. Ele já sabe que vai perder a votação e que terá de recorrer, depois, a juízo. Será, neste caso, muito mais rápido e pragmático, prescindir da reunião da assembleia geral (com o resultado negativo que adivinha) e dirigir-se directamente ao tribunal competente.

Esta solução dual é menos dogmática, mas parece mais pragmática, o que poderia ser aconselhável atenta a característica do Direito Comercial que prefere a praticabilidade à dogmaticidade das soluções. Ambas são dogmaticamente possíveis, e aparentam praticabilidade. Nenhuma delas nos repugna *a priori*.

Todavia, algumas objecções se suscitam.

A admissibilidade da providência cautelar de suspensão de deliberações sociais − tal como prevista nos artigos 396.º e segs. do Código de Processo Civil e tal como usualmente processada e decidida pelos tribunais judiciais − revelar-se-á previsivelmente catastrófica para as sociedades anónimas. A paralisia da gestão provocada pela citação, a demora do processamento não obstante os prazos que os tribunais invariavelmente não cumprem, e a ligeireza com que muitas vezes é proferido o despacho de citação, irá previsivelmente deixar a vida das sociedades à mercê dos *sócios corsários* cujos *raids* passarão, com este poderosíssimo meio de ataque, a ter um êxito quase garantido de antemão. Se a suspensão das deliberações sociais das assembleias gerais têm já − hoje − efeitos dramáticos na vida das sociedades comerciais, a admissão da suspensão das deliberações do órgão de gestão terá previsivelmente consequências irreparáveis.

200   *A Participação Social nas Sociedades Comerciais*

Outro argumento nos impressiona. Se o órgão de gestão deliberar – mesmo que por unanimidade – a prática de um acto ilícito, o facto de não ser impugnado por qualquer dos sócios não faz com que o acto deliberado, passe a ser lícito. Uma vez praticado, como acto da autoria da sociedade, o acto é nulo, com todas as correspondentes consequências.

Mais ainda. A convocação de uma assembleia geral extraordinária para sindicar a licitude das deliberações do órgão de gestão tem a vantagem adicional de obrigar os gestores a dar explicações aos sócios e de permitir aos sócios que, além de libertarem a sociedade de deliberações ilícitas (que são naturalmente graves para a sociedade) – declarando a sua nulidade ou decretando a sua anulação – deliberem ainda destituir os gestores por elas responsáveis e responsabilizá-los pelos custos e danos que com a sua actuação tenham causado à sociedade. Esta intervenção dos sócios é muito virtuosa no que permite de fiscalização e controlo da gestão que é sempre útil que fiquem, tanto quanto possível, confinados ao seio da sociedade, sem a publicidade e – até o escândalo – que a via judicial sempre proporciona. Em matéria de gestão de sociedades comerciais, os sócios podem revelar-se melhores juízes do que os magistrados judiciais que – como a prática dos Tribunais de Comércio bem tem demonstrado – não estão vocacionados nem preparados para a compreender.

A admissão de uma dupla via de impugnação traria uma questão delicada quanto aos respectivos prazos. A impugnação perante a assembleia tem o prazo previsto no artigo 412.º, n.º 1: um ano a contar do conhecimento do vício, dentro dos três anos subsequentes à deliberação. Qual seria, então, o prazo para a impugnação directa perante o tribunal: o previsto no artigo 59.º, ou o do artigo 412.º, n.º 1? Na primeira alternativa, o decurso do prazo de 30 dias (artigo 59.º) perderia a sua principal eficácia de sanação do vício (de anulabilidade), uma vez que o vício continuaria a poder ser invocado perante a assembleia geral durante pelo menos mais onze meses. Na segunda alternativa, se a acção judicial pudesse ser proposta no prazo de um ano a contar do conhecimento do vício, dentro dos três anos subsequentes à tomada da deliberação (prazo previsto no artigo 412.º, n.º

1), qual seria, então o prazo para o requerimento da providência cautelar de suspensão? Manter-se-ia o curtíssimo prazo de dez dias? E a partir de quando: da deliberação ou do seu conhecimento? A admissão da dupla via de impugnação introduz uma complexa dificuldade no que respeita aos respectivos prazos de caducidade. Tudo isto vem criar ainda mais complexidade e insegurança numa matéria que se impõe que seja simples, clara e incontroversa.

Finalmente, a admissão da dupla via de impugnação viria a tornar possível a concorrência de impugnações, sempre que, por exemplo, um ou mais sócios optassem pela impugnação judicial directa e um ou mais sócios pela impugnação da mesma deliberação perante a assembleia geral.

A Doutrina não pode limitar-se a um jogo puramente lógico de conceitos e tem de ter em conta as consequências práticas das orientações que sustenta. É o argumento de praticabilidade – ou, melhor, de impraticabilidade – que nos leva, *ultima ratio*, a afastar o recurso directo aos tribunais para a impugnação das deliberações dos órgãos de gestão e de fiscalização das sociedades comerciais. Talvez com outra lei e outros tribunais, mas nunca no presente *statu quo*.

Pelas razões expostas, preferimos uma orientação segundo a qual a impugnação das deliberações dos órgãos de gestão e de fiscalização seja feita previamente perante a assembleia geral, cujas deliberações, nesta matéria, são – essas, sim – impugnáveis directamente nos tribunais, nos termos gerais. É este o regime que está na lei e é também este o regime mais adequado na prática para esta matéria.

VI. O regime de impugnação das deliberações do conselho de administração consagrado no direito português das sociedades é complexo e não encontra paralelo nos direitos estrangeiros.

No direito alemão, a impugnação das deliberações do *Vorstand* ou do *Aufsichtsrat* é omissa na *Aktiengesetz*, que regula apenas, nos § 241 e segs., a impugnação das deliberações da assembleia geral (*Hauptversammlung*). A doutrina diverge entre a aplicação analógica do regime próprio da impugnação das deliberações da assembleia geral[211] e a regra geral da invalidade dos actos jurídicos, prevista nos §§ 134 e 138 do BGB, aplicável à impugnação das deliberações das associações. Também o direito belga, no artigo 60.° da LCSC (*Lois Coordonés sur les Sociétés Commerciales*) não prevê um regime específico para a impugnação das deliberações do conselho de administração das sociedades anónimas[212]. No direito francês[213], o artigo L. 235.1 (antigo 360.2) do *Code du Commerce* estatui em geral para todas as sociedades e todos os seus órgãos deliberativos a nulidade das deliberações *ne peut résulter que de la violation d'une disposition impérative du présente livre ou des lois qui régissent les contrats*. No direito suíço, o artigo 714.° do Código das Obrigações estende às deliberações do conselho de administração o regime de invalidade das deliberações da assembleia. No direito holandês, os artigos 14.° e 15.° do Código Civil (*Burgerlijk Wetboek*) manda aplicar às deliberações do conselho de administração o regime de impugnação das deliberações da assembleia geral. No direito italiano, antes da reforma de 2003 do direito das sociedades, as deliberações do conselho de administração eram, em princípio, inimpugnáveis, com excepção apenas das que fossem tomadas com o voto decisivo de um administrador que agisse em conflito de interesses[214]; o actual artigo 2388, n.° 4 do *Codice Civile*, prevê que as deliberações do conselho que sejam contrárias à lei ou aos estatutos sejam impugnadas pelo *collegio sindacale* ou por outros administradores e ainda que as deliberações lesivas dos direitos sociais dos sócios sejam por estes impugnadas[215]. No direito espa-

---

[211] BAUMS, *Der fehlerhafte Aufsichtsratbeschluß*, ZGR, 1983, pág. 300 e segs..

[212] KOEN GEENS/BART SERVAES, *Corporation and Partnerships in Belgium*, Kluwer, The Hague, London, Boston, Bruxelles, 1997, págs. 114 e segs..

[213] PHILIPPE MERLE, *Droit Commercial – Sociétés Commerciales*, cit., pág. 452, e LEGROS, *La nullité des décisions de sociétés*, Revue des Sociétés, 1991, 277.

[214] CAMPOBASSO, *Diritto delle società*, cit., pág. 382, antes da reforma do direito societário italiano, escrevia: *Estremamente scarna è anche la disciplina dell'invalidità delle deliberazione consiliari. L'impugnativa è ammessa espressamente in un solo caso: quando la delibera è stata adottata col voto determinante di un amministratore in conflitto di interessi (art. 2391).*

[215] É este o teor do n.° 4 do artigo 2388 do *Códice Civile*: *Le deliberazioni che non sono prese in conformità della lege o dello statuto possono essere impugnate solo dal colle-*

nhol[216], o artigo 143.º da LSA permite a impugnação, pelos administradores, das deliberações nulas ou anuláveis do conselho de administração ou de outros órgãos de gestão.

10. Poder de informação

I. Tanto a constituição como o funcionamento das sociedades comerciais se faz dominantemente no âmbito da autonomia privada. Para além da constituição, o mesmo sucede com a modificação e dissolução das sociedades comerciais. Também a aquisição e alienação ou disposição de partes sociais pressupõe liberdade e discernimento. Finalmente, o exercício jurídico no seio da sociedade, a tomada de deliberações, o voto, o exercício de cargos sociais supõem a liberdade e o esclarecimento. Embora não rareiem no seu regime legal preceitos de ordem pública, as sociedades comerciais integram o direito privado. O exercício jurídico, no que lhes concerne, é privado e autónomo.

O exercício da autonomia privada pressupõe a liberdade e o discernimento de quem age. Também no domínio das sociedades comerciais, a liberdade e o discernimento são imprescindíveis. Quando certo número de pessoas, ou apenas uma só, resolvem constituir uma sociedade, essa decisão tem de ser livre e esclarecida.

---

gio sindacale e dagli amministratori assenti o dissenzienti entro novanta giorni dalla data della delikerazione; si aplica in quanto compatibile l'articolo 2378. Possono essere altresì impugnate dai soci le deliberazioni lesive dei loro diritti; si applicono in tal caso, in quanto compabi'ili, gli articoli 2377 e 2378. O artigo 2377 regula a anulabilidade das deliberações da assembleia geral e o artigo 2378 o procedimento da sua impugnação. Sobre o actual regime de impugnação das deliberações do conselho de administração no sistema italiano, ANDREA BERNARDI, L'amministrazione: sistema tradizionale, monistico e dualístico, Il nuovo diritto societário, 2.ª ed., La Tribuna, Piacenza, 2005, págs. 141 e segs..

[216] ALCALÁ DÍAZ, La Impugnacion de Acuerdos del Consejo de Administracion de las Sociedades Anonimas, Civitas, Madrid, 1998, págs. 72 e segs., LEZCANO SEVILLANO, Los Acuerdos del Consejo de Admnistracion, Bosch, Barcelona, 1999, págs. 195 e seg..

204   *A Participação Social nas Sociedades Comerciais*

É necessário que saibam o que estão a fazer e que o façam livres de constrangimento. Como em todo o agir autónomo, não é exigível, nem sequer é possível, liberdade e discernimento totais, mas há mínimos abaixo dos quais a validade é posta em causa[217].

A liberdade e o discernimento exigem informação. O agir negocial pressupõe que a pessoa que age o faça informadamente. Por isto, a informação é imprescindível no exercício societário.

II. Porém, o exercício do comércio não suporta transparência sem limites. *O segredo é a alma do negócio.* Os comerciantes – e as sociedades comerciais são comerciantes (artigo 13.º, n.º 2 do Código Comercial) – não podem fazer os seus negócios, a sua mercância, de um modo completamente aberto e transparente. Há segredos comerciais e industriais que têm de ser preservados, há oportunidades de negócio que não convém partilhar, há listas de clientela e de fornecedores, há estudos de mercados que custam caro e devem manter-se confidenciais, há projectos comerciais e industriais que têm de manter-se secretos. Até a escrituração dos comerciantes tem carácter reservado e não pode ser acessível a quem quer que seja e em quaisquer circunstâncias (artigos 41.º a 44.º do Código Comercial). É da natureza das coisas, não pode deixar de ser assim.

A reserva, confidencialidade e segredo que são inerentes ao exercício do comércio têm de ser postos perante a necessidade de informação exigida pela negocialidade do exercício societário. Informação e confidencialidade não são fáceis de conciliar e a lei tenta encontrar soluções equilibradas que permitam que os sócios tenham a informação necessária para suportar decisões responsáveis sobre a aquisição ou a venda de partes sociais e sobre os respectivos preços, sobre o exercício esclarecido do voto nas deliberações eleitorais, de aprovação de contas ou de confiança na gestão, e até sobre a eventual responsabilização dos titulares dos cargos sociais, principalmente dos administradores ou gerentes, sem prejudicar o segredo do comér-

---

[217] PAIS DE VASCONCELOS, *Teoria Geral do Direito Civil*, cit., págs. 491-492.

Os poderes dos sócios

cio das sociedades, que permitam conciliar a informação societária e a confidencialidade mercantil.

a) Variação do direito à informação nos diversos tipos de sociedades

O regime jurídico do direito à informação varia conforme os tipos legais de sociedades. Há uma tendência de variação que se descortina facilmente na lei: a transparência é maior nas sociedades de pessoas e menor nas sociedades de capitais; é maior na sociedade em nome colectivo, menor na sociedade por quotas e ainda mais reduzida na sociedade anónima. Para além de uma regra geral sobre a informação, contida na alínea c) do n.º 1 do artigo 21.º, que se limita a remeter a determinação do direito à informação para os *termos da lei e do contrato*, é necessário apreciar os regimes próprios do direito à informação em cada tipo legal de sociedade. Nas comanditas, depende do respectivo subtipo: as comanditas simples, o das sociedades em nome colectivo; nas comanditas por acções o regime de informação relativamente aos sócios comanditados segue o regime das sociedades em nome colectivo (artigo 480.º), e os comanditários – *a contrario* – o das sociedades anónimas.

Em geral, é notória uma maior transparência das sociedades de pessoas em relação às sociedades de capitais. Na sociedade em nome colectivo, a partilha de informação é total. Na sociedade por quotas, o acesso dos sócios à informação começa a ser restringido. Nas sociedades anónimas, os accionistas só têm acesso à informação em condições e circunstâncias especificamente determinadas na lei.

Esta variação e graduação do direito à informação são indissociáveis do diferente grau de autonomia societária. Embora todos os tipos de sociedades comerciais, tenham personalidade jurídica e esta não seja susceptível de graduação, em cada tipo há diversos graus de autonomia entre a sociedade e os seus sócios. Na sociedade em nome colectivo a autonomia é tão débil que a própria personalidade jurídica das mesmas é por vezes recusada em ordenamentos jurídicos estrangeiros e mesmo no português foi contestada por GUILHERME

MOREIRA[218]; na sociedade por quotas há já uma autonomia clara, embora a presença e intervenção dos sócios seja ainda muito forte; na sociedade anónima os accionistas, como pessoas, são quase substituídos pelas acções de que são titulares e assumem um elevado grau de alheamento, principalmente nas grandes sociedades anónimas e nas sociedades abertas cotadas em que se não sabe geralmente quem são e só em assembleia geral se mostram alguns deles, muitas vezes apenas minorias.

Esta variação é claramente reflectida pelo respectivo regime legal.

b) Regime legal

I. Na sociedade em nome colectivo a informação dos sócios sobre a vida da sociedade é praticamente total.

O artigo 181.º confere aos sócios um acesso, em princípio, ilimitado a uma *informação verdadeira, completa e elucidativa sobre a gestão da sociedade*. Permite-lhes que consultem, na sede social, a respectiva escrituração, livros e documentos, pessoalmente e assistidos por revisor oficial de contas ou outro perito, que obtenham informações por escrito se assim o desejarem, podendo fotocopiar ou por outro modo reproduzir documentos, inspeccionar os bens da sociedade, e ainda obter informações sobre actos já praticados ou a praticar *quando estes sejam susceptíveis de fazer incorrer o seu autor em responsabilidade, nos termos da lei*.

A obtenção de informações pelos sócios não pode ser impedida nem dificultada com a invocação do risco, nem mesmo da certeza, de que serão utilizadas para prejudicar a sociedade ou outros sócios; a sociedade tem de suportar o risco da utilização danosa das informações podendo apenas, após o dano ocorrer, responsabilizar o sócio

---

[218] GUILHERME MOREIRA, *Instituições de Direito Civil Português*, I, Imprensa da Universidade, Coimbra, 1907, págs. 288 e 297-298. Esta opinião não foi aceite na doutrina contemporânea. Sobre a crítica que suscitou, BARBOSA DE MAGALHÃES, *Direito Comercial*, lições compiladas por GOMES DA SILVA e FRANCISCO JOSÉ VELOSO, 1938, págs. 292 e segs..

– em responsabilidade civil – e exigir dele a indemnização dos danos que decorrerem do uso danoso da informação. Perante a recusa de informação pode o sócio requerer inquérito judicial.

A transparência da sociedade em nome colectivo é praticamente sem limite, quer por força do artigo 181.º, quer pelo facto de, em regra, todos os sócios participarem da gerência (artigo 191.º). Confrontando o artigo 181.º com o artigo 214.º, do facto de este permitir a regulamentação no contrato do direito à informação, embora com limites, e de essa permissão não surgir consagrada na lei sobre a sociedade em nome colectivo, concluímos que o regime do artigo 181.º é injuntivo.

II. Na sociedade por quotas a transparência da sociedade é já bem menor.

Nos n.ºs 1, 3, 4 e 5 do artigo 214.º são reproduzidos os preceitos dos n.ºs 1, 2, 3 e 4 do artigo 181.º.

O n.º 2 do artigo 214.º, todavia, prevê já a possibilidade de regulamentação do direito de informação no pacto social, com a limitação de com essa regulamentação não ser *impedido o seu exercício efectivo ou injustificadamente limitado o seu âmbito.* Para dar mais precisão a uma fórmula tão vaga, a lei concretiza em seguida que o direito de informação não pode ser excluído por estipulação pactícia *designadamente* quando o sócio invocar, para a obter, a *suspeita de práticas susceptíveis de fazerem incorrer o seu autor em responsabilidade, nos termos da lei* ou quando justificar o pedido de informações com o *fim de julgar a exactidão dos documentos de prestação de contas* ou de *habilitar o sócio a votar em assembleia geral.* Com as referidas limitações, o regime do artigo 214.º é dispositivo, podendo ser modificado no pacto social das sociedades por quotas.

Diverso também do regime do direito à informação na sociedade em nome colectivo é o que consta, para a sociedade por quotas, do artigo 215.º. Se na sociedade em nome colectivo a informação pedida não pode ser recusada nem quando se saiba que vai ser utilizada em prejuízo da sociedade ou de um ou mais dos seus sócios,

208   *A Participação Social nas Sociedades Comerciais*

podendo apenas a sociedade exigir-lhe a indemnização dos danos que cause (artigo 181.º, n.ºs 5 e 6), na sociedade por quotas a sociedade pode, em regra – salvo estipulação estatutária em contrário – recusar *a informação, a consulta ou a inspecção (...) quando for de recear que o sócio as utilize para fins estranhos à sociedade e com prejuízo desta* e quando a prestação da informação acarretar a *violação de segredo imposto por lei no interesse de terceiros.*

No exercício do poder de informação, não deve haver discriminação entre sócios gerentes e sócios não gerentes. Não existe fundamento legal para uma discriminação como esta. Nem pode dizer-se que o sócio gerente ou o sócio administrador têm outros meios de obter as informações de que necessitam porque, como é intuitivo, se estão a invocar o seu poder de informação enquanto sócios, é porque lhes foi negada ou impedida a informação na qualidade de gerentes ou administradores. A questão tem importância, porque existem sobre ela divergências nos tribunais. Do Tribunal da Relação do Porto conhecemos dois acórdãos contraditórios nesta matéria: um de 13 de Abril de 1999, segundo o qual "o direito à informação a que alude o artigo 214.º apenas pode ser exercido pelo sócio não gerente"[219] e outro, de 19 de Outubro de 2004, que julgou que "I – O Código das Sociedades Comerciais não limita o direito à informação através do inquérito judicial aos sócios não gerentes ou não administradores. II – Também o sócio gerente pode requerer a abertura do inquérito"[220]. O Tribunal da Relação de Lisboa em acórdão de 7 de Fevereiro de 2002 decidiu: "O sócio que pode requerer inquérito à sociedade, nos termos do artigo 216.º, é o sócio não gerente"[221]. Em nossa opinião, deve urgentemente ser posto termo a estas contradições jurisprudenciais, pelo Supremo Tribunal de Justiça, no sentido de os sócios manterem o seu poder de informação, não obstante serem gerentes ou administradores.

---

[219] TRPorto 13.IV.99, *in* www.dgsi.pt, documento n.º RP199904139720483 e *in* BMJ, 486, pág. 369.

[220] TRPorto 19.X.04, *in* www.dgsi.pt, documento n.º RP200410190424278

[221] TRLisboa 7.II.02, *in* www.dgsi.pt, documento n.º RP199904139720483 e *in* CJ, 2002, I, pág. 103.

III. Na sociedade anónima, o direito à informação merece um tratamento mais detalhado. O Código distingue um *direito mínimo à informação* (artigo 288.°), o regime das *informações preparatórias da assembleia geral* (artigo 289.°), as *informações prestadas em assembleia geral* (artigo 290.°) e o *direito colectivo à informação* (artigo 291.°).

Ao *direito mínimo à informação"* melhor se poderia chamar direito a um mínimo de informação. Constitui o grau mínimo de informação a que tem direito qualquer accionista cuja participação alcance, pelo menos, um por cento do capital. Não depende da circunstância em que é exercido. O accionista com, pelo menos, um por cento do capital tem direito a obter da sociedade, em qualquer dia do ano (excluindo, naturalmente, domingos e feriados), estas informações através da consulta na sede da sociedade dos documentos listados nas alíneas do artigo 288.°. Estes documentos são relativos aos accionistas cuja identidade é cognoscível (registo de acções), à assembleia geral (convocatórias, actas, listas de presença), à gestão e às contas da sociedade (relatórios de gestão e documentos de prestação de contas), e ainda à remuneração dos administradores e dos empregados mais bem remunerados.

A consulta pode ser feita pessoalmente pelo accionista ou por pessoa que o possa representar em assembleia geral. Assim se permite que tenham acesso à informação os accionistas que sejam pessoas colectivas, que sejam incapazes, ou que simplesmente façam uso da representação voluntária nos moldes permitidos para a participação na assembleia geral. Na consulta, os accionistas podem fazer-se assistir por revisores oficiais de contas ou outros especialistas. Este poder é muito importante, principalmente quando se trata de examinar a escrita da sociedade. Os documentos de prestação de contas e de contabilidade são cada vez mais opacos e de difícil compreensão. Muitas vezes, mesmo os especialistas têm dificuldade em entendê-los sem o apoio de quem os elaborou. Além de se fazerem assistir por especialistas, os accionistas podem usar da faculdade reconhecida pelo artigo 576.° do Código Civil, isto é, podem *tirar cópias ou fotografias ou usar de outros meios destinados a obter a reprodução da coisa ou documento, desde que a reprodução se mostre necessária e se não lhe oponha motivo grave alegado* pela sociedade.

210 *A Participação Social nas Sociedades Comerciais*

Para terem acesso ao mínimo de informação, nos moldes previstos no artigo 288.º, os accionistas têm de alegar motivo justificado. Pode ser invocado logo no pedido de informação, ou mais tarde se a sociedade o exigir. Se a sociedade não considerar suficiente ou adequado o motivo invocado e recusar, com esse fundamento, a informação, restará aos accionistas em questão o recurso ao tribunal.

As informações preparatórias da assembleia geral devem estar disponíveis aos accionistas nos quinze dias anteriores à data da reunião da assembleia geral (artigo 289.º). Tal como no artigo 288.º, estas informações são obtidas pelos accionistas através da consulta de documentos na sede da sociedade; os titulares de acções nominativas ou de acções registadas ao portador que correspondam a pelo menos um por cento do capital da sociedade podem requerer que esses documentos lhes sejam enviados pelo correio ou, salvo se os estatutos o proibirem, por correio electrónico ou no sítio de internet da sociedade, se houver. Estes documentos estão listados nas alíneas do artigo 289.º; devem permitir aos accionistas conhecer os membros dos órgãos sociais, as propostas que se prevê de antemão que sejam submetidas a discussão e votação, as pessoas cuja eleição para órgãos sociais seja proposta, o relatório de gestão, as contas do exercício e demais documentos de prestação de contas quando a assembleia seja ordinária e ainda os requerimentos de inclusão de assuntos na ordem de trabalhos que tenham sido recebidos. Estas informações têm por finalidade permitir aos accionistas que se preparem para uma participação informada na assembleia.

No decurso dos trabalhos da assembleia geral os accionistas têm ainda o poder, nos termos do artigo 290.º, de requerer que lhes sejam prestadas informações que lhes permitam formar opinião fundamentada sobre os assuntos sujeitos a deliberação. Estas informações devem ser *verdadeiras, completas e elucidativas*. O âmbito material destas informações é determinado pelo das deliberações a que sejam ancilares e podem alargar-se às *relações entre a sociedade e outras sociedades com ela coligadas*. Formulados os requerimentos, as informações devem ser prestadas pelo órgão da sociedade a cuja área de competência pertença a respectiva matéria. Só pode ser recusada a resposta se e quando a prestação da informação *puder ocasionar grave prejuízo à sociedade ou a outra sociedade com ela coligada ou violação de segredo imposto por lei*. Não é difícil imaginar casos em que seja lícito recusar as informações: se resultarem na revelação à concorrência de segredos comerciais, por exemplo, relativos a novos produtos em desenvolvimento ou se implicarem a violação de deveres de sigilo[222]. A recusa injustificada da prestação de informações na assembleia geral é causa de anulabilidade das deliberações para cuja tomada os accionistas as requereram. O carácter justificado ou injustificado da recusa deve ser apreciado pelo tribunal que seja chamado a pronunciar-se sobre a anulação de deliberações pedida com este fundamento.

Os accionistas que sejam titulares de acções que correspondam a, pelo menos, dez por cento do capital da sociedade podem obter informações *sobre os assuntos sociais*, nos termos do artigo 291.º. O Código das Sociedades Comerciais designa este poder por *direito colectivo à informação*. A sua titularidade pode ser singular, de um só accionista, ou colectiva, de um grupo de accionistas[223]. O pedido de informação não depende de circunstâncias específicas e pode ser formulado a todo o tempo. Também não supõe a invocação de finalidades especiais. Deve ser dirigido, por escrito, ao conselho de administração ou ao conselho de administração executivo, que lhe devem responder também por escrito. A lei especifica os casos em que a respectiva resposta pode e em que não pode ser recusada. Pode ser re-

---

[222] A administração de um Banco, por exemplo, não pode, em assembleia geral, violar o segredo bancário a pedido de um accionista, assim como a administração de uma sociedade anónima que tenha por objecto a prestação de cuidados de saúde não pode revelar dados confidenciais relativos aos seus pacientes.

[223] RAÚL VENTURA, *Novos Estudos sobre Sociedades Anónimas e Sociedades em Nome Colectivo*, cit., pág. 147. A utilização na letra da lei do adjecivo *colectivo* não deve conduzir à exclusão do caso em que aquela percentagem do capital seja detida por apenas um accionista. O Autor é claro: *A lei partiu da suposição (razoável) de que normalmente 10% do capital duma sociedade anónima não pertencem a um só accionista e de que, portanto, será preciso reunir vários para atingir aquela percentagem. O factor decisivo para a concessão do direito não é a pluralidade de accionistas, mas sim o volume do interesse na sociedade, de modo que o direito poderá ser exercido por um só accionista titular de acções correspondentes a 10% do capital social.*

cusada apenas quando *for de recear que o accionista a utilize para fins estranhos à sociedade e com prejuízo desta ou de algum accionista*, quando a divulgação da informação pedida, independentemente dos referidos fins, *seja susceptível de prejudicar relevantemente a sociedade ou os accionistas* e quando a sua prestação cause *violação de segredo imposto por lei.* Não podem ser recusadas as informações que se destinem ao apuramento de responsabilidades de membros do conselho de administração, do conselho fiscal ou do conselho geral e de supervisão, *a não ser que, pelo seu conteúdo ou outras circunstâncias, seja patente não ser esse o fim visado pelo pedido de informação.*

c) Critérios de decisão

I. Importa discernir critérios materiais que permitam guiar a decisão sobre os dados ou informações que podem ou não podem, que devem ou não devem ser prestados ou revelados, no exercício do direito à informação. O exercício do direito à informação tem suscitado inúmeros conflitos e controvérsias, e servido mesmo de campo de batalha ou de arma de arremesso entre sócios desavindos em sociedades comerciais, por vezes com grave prejuízo das mesmas.

Constitui prática corrente, por parte das minorias insatisfeitas, exigir informações sobre as mais variadas matérias. Esta prática não deve ser considerada abusiva só por ser incómoda para a sociedade[224].

---

[224] OSÓRIO DE CASTRO, *Valores Mobiliários*, cit., pág. 91(34), entende que, não obstante serem titulares do direito à informação, *os accionistas não poderão "inundar" o órgão de administração com pedidos de informação que, na substância, equivalham a uma tentativa de proceder à respectiva fiscalização, substituindo-se indevidamente ao órgão com competência para o efeito (conselho fiscal ou conselho geral).* E acrescenta: *Os pedidos de fornecimento de elementos da escrita social (consubstanciando, por vezes, listas intermináveis), com que frequentemente topamos sugerem, por outro lado, que a prática confunde o direito à prestação directa de informações consagrado pelo art. 291.º do C.S.C. (como também pelo art. 290.º do C.S.C.), com o direito ao exame à escrita e à comunicação de elementos desta (a que se reportam os arts. 288.º e 289.º do C.S.C.).* No que respeita às sociedades abertas cotadas (ob. cit, pág. 75), na mesma linha de pensamento, propõe que para o exercício deste e de outros direitos de controlo, como direitos de minoria, se exigisse representatividade bastante, *retirando dessa forma aos* <u>*trouble*</u>

Os pequenos accionistas são sócios como os outros, e não podem ser tratados como meros aportadores de capitais, pois esse é o estatuto dos obrigacionistas que, nem por isso, deixam de ser titulares do direito à informação, ainda que em moldes naturalmente diferentes[225]. Quanto mais opaca for a gestão da sociedade, mais natural será a curiosidade e a necessidade de informação dos accionistas, quando não mesmo a incerteza e suspeição.

Mas não devem também ser aceites práticas abusivas de accionistas que se servem do direito à informação para fustigar as sociedades e as suas administrações com o fim de as forçar a comprar as suas acções por preços superiores ao respectivo valor num procedimento que, na gira societária é designado por *fazer a guerra para vender a paz*. Estas práticas, típicas dos *sócios corsários*[226], são ilícitas. Os tribunais devem qualificá-las como de abuso do poder de informação.

Em casos de litígio, a administração terá tendência para acusar de *corsários* ou de *flibusteiros* os accionistas que formulam os pedidos de informação incómodos e que se não satisfazem com as respostas que obtêm. Simetricamente, os accionistas terão tendência para se considerarem vítimas de opacidade e de práticas ilícitas de obstrução à informação.

---

makers com meia dúzia de títulos uma arma com que, face ao entendimento corrente da legislação actual, facilmente infernizam a vida das sociedades anónimas — às quais, frequentemente, não resta senão capitular, em desespero de causa, na esperança de que o seu algoz vá degolar outro inocente. Propõe em seguida: A este respeito, de resto, deverá sublinhar-se que a consideração dos accionistas como sujeitos a quem a sociedade se dirigiu enquanto financiadores e não como sócios já deveria conduzir os tribunais, mesmo de jure constituto, a repelir boa parte das aludidas investidas judiciais, recorrendo para o efeito ao instituto do abuso de direito. E argumenta: De facto, se o fim para o qual a lei confere aos pequenos investidores direitos políticos e administrativos reside na defesa da substância e rendibilidade económicas do seu investimento, parece evidente que se extravasarão os limites fixados por esse fim económico de todas as vezes em que tais substância e rendibilidade não são postas em crise pelo acto impugnado ou estejam adequadamente protegidas por via diversa.

[225] Faz parte das atribuições do representante comum dos obrigacionistas assistir às assembleias gerais da sociedade e receber e examinar toda a documentação da sociedade, enviada e tornada patente aos accionistas, nas mesmas condições estabelecidas para estes (artigo 359.º, n.º 1, alíneas c) e d)).

[226] *Supra*, III.20.h.i.

214   *A Participação Social nas Sociedades Comerciais*

É necessário encontrar ou construir critérios que sejam justos e operacionais. A lei contém alguns dados. Quanto à sociedade por quotas, o artigo 215.º, limita-se a permitir que a gerência se recuse a prestar as informações *quando for de recear que o sócio as utilize para fins estranhos à sociedade e com prejuízo desta, e bem assim, quando a prestação ocasionar violação de segredo imposto por lei no interesse de terceiros*. No que concerne à sociedade anónima, as informações pedidas em assembleia geral só podem ser recusadas, de acordo com o artigo 290.º, n.º 2, *se a sua prestação puder ocasionar grave prejuízo à sociedade ou a outra sociedade com ela coligada ou violação de segredo imposto por lei* e quanto ao direito colectivo à informação, nos termos do n.º 2 do artigo 291.º, o órgão de gestão não pode recusar as informações quando *no pedido for mencionado que se destinam a apurar responsabilidades de membros daquele órgão, do conselho fiscal ou do conselho geral e de supervisão, a não ser que, pelo seu conteúdo ou outras circunstâncias, seja patente não ser esse o fim visado pelo pedido de informação*, mas podem recusar a sua prestação, segundo o n.º 4 do mesmo artigo, *quando for de recear que o accionista a utilize para fins estranhos à sociedade e com prejuízo desta ou de algum accionista*, quando a divulgação, embora sem os fins acabados de referir, *seja susceptível de prejudicar gravemente a sociedade ou os accionistas* e quando *ocasione violação de segredo imposto por lei*.

II. Do texto da lei é possível extrair três directrizes: a informação não deve ser recusada quando se destine a possibilitar a responsabilização dos titulares dos órgãos de gestão ou de fiscalização da sociedade, mas pode sê-lo quando for prejudicial para a sociedade ou quando implique a violação de segredo.

A regra do n.º 2 do artigo 291.º só surge expressamente formulada acerca da sociedade anónima. Porém, tidas em consideração as semelhanças e diferenças entre o caso para que está expressamente prevista e os dos demais tipos societários legais, não se descortina, na sua *ratio legis*, por que deva a sua aplicação ser restrita à sociedade anónima. As necessidades de informação dos sócios para a responsabilização dos titulares dos órgãos de gestão e de fiscalização das respectivas sociedades existem em todos os seus tipos legais. Não há razão para que só nas sociedades anónimas não possam ser recusadas aos sócios as informações que peçam com aquele fim. Na sociedade em nome colectivo em que todos os sócios sejam gerentes aquela regra poderá não ser muito necessária, embora não possa ser considerada nociva. Mesmo na sociedade em nome colectivo pode suceder que nem todos os sócios façam parte da gerência e, ainda quando façam, são possíveis casos em que não consigam de outro modo obter as informações necessárias para a responsabilização de outros gerentes. Não é fundamentalmente diverso o que se passa na sociedade por quotas. Somos, pois, de opinião que, por analogia, também nos demais tipos legais de sociedades, não podem ser recusadas aos sócios as informações que por eles sejam pedidas com o fim declarado de apurar responsabilidades dos titulares dos órgãos de gestão ou de fiscalização.

A informação pode ser recusada quando a sua prestação for prejudicial para a sociedade. Esta orientação surge expressa quanto à sociedade por quotas e à sociedade anónima, embora com variações. No que respeita à sociedade por quotas, a letra da lei menciona o receio de que o sócio utilize as informações para fins estranhos à sociedade e com prejuízo desta. Em relação à sociedade anónima, a lei refere três vezes esta regra, sempre com uma formulação diferente: se a sua prestação *puder ocasionar grave prejuízo à sociedade ou a outra sociedade com ela coligada* (artigo 290.°, n.° 2), *quando for de recear que o accionista a utilize para fins estranhos à sociedade e com prejuízo desta ou de algum accionista* (artigo 291.°, n.° 4, alínea a)) e quando, a sua divulgação, embora sem aqueles fins, *seja susceptível de prejudicar relevantemente a sociedade ou os accionistas* (artigo 291.°, n.° 4, alínea b)). Comparados os textos dos excertos transcritos, não nos parece que sejam relevantes as variações de redacção que existem entre eles, nem que essas variações não possam ser expurgadas como meramente estilísticas, deixando o seu fundo comum: podem ser recusadas as informações pedidas por sócios sempre que seja de recear que quem as pede as venha a utilizar para fins estranhos à sociedade e com prejuízo dela ou de seus outros sócios. Também aqui nos parece dever ser estendida a regra, por analogia, à sociedade em nome colectivo, *a eadem ratio.* Já o que diferencia a sociedade em nome colectivo da sociedade por quotas e da sociedade anónima

216   *A Participação Social nas Sociedades Comerciais*

justifica que o regime da informação seja diverso nesta matéria.

Finalmente, constitui fundamento de recusa da informação o segredo imposto por lei. No regime da sociedade anónima surge duas vezes a referência à violação do segredo imposto por lei (artigo 290.°, n.° 2 e artigo 291.°, n.° 4, alínea c)); na sociedade por quotas apenas uma vez, com a adenda *no interesse de terceiros* (artigo 215.°, n.° 1). Esta diferença não nos parece também relevante, dado que a lei, ao impor segredo, o não faz no interesse da própria sociedade, mas antes sempre de terceiro. Se o fizesse no interesse da própria sociedade, esse segredo seria disponível. Por isso, concluímos ser redundante a referência ao interesse de terceiros que está no artigo 215.°, n.° 1. Este regime deve ser alargado à sociedade em nome colectivo, por analogia, por identidade de razão.

É intuitivo que o tipo legal da sociedade em nome colectivo, sendo o mais transparente, necessita menos de uma armadura regulativa do direito à informação do que o da sociedade por quotas, e esta do que o da sociedade anónima. Todavia, do facto de a necessidade ser menos intensa e de as questões dela emergentes serem menos frequentes não se deve concluir que os problemas não deixem de surgir. Se numa sociedade em nome colectivo, por exemplo, um sócio não necessitar de exigir informações especiais com vista à responsabilização de certo gerente porque, sendo também gerente, tem já, de outro modo, acesso às informações necessárias, tal não significa que seja inconveniente ou redundante a disponibilidade de outros meios, porque, no caso concreto, mesmo sendo também gerente, o sócio em questão pode ver-lhe recusadas ou impedidas as informações e necessitar de meios mais eficazes de as obter.

Por remissões dos artigos 474.° e 478.°, estas regras devem vigorar também para as sociedades em comandita simples e por acções.

11. Poder de participar nos órgãos da sociedade

Os sócios de sociedades comerciais têm o poder de ser investidos nos respectivos órgãos sociais. O artigo 21.° refere entre os direitos dos sócios, o de *ser designado para os órgãos de administração e fiscalização da sociedade, nos termos da lei e do contrato.* A letra do artigo diz, simultaneamente, de mais e de menos. Diz de mais quando fala dos órgãos de fiscalização, que não existem necessariamente em todas as sociedades; diz de menos quando omite a mesa da assembleia geral.

Em princípio, todos os sócios têm direito a participar na assembleia geral. Todavia, nas grandes sociedades anónimas, nem sempre é possível admitir a totalidade dos accionistas, em virtude do seu número elevadíssimo. Há então que restringir a participação aos que sejam titulares de um número mínimo de acções. O órgão de gestão pode ser preenchido por sócios, mas também pode sê-lo por não sócios. Nem todas as sociedades têm, na sua orgânica, um órgão de fiscalização. Quando o têm, não é obrigatório que os seus membros sejam sócios, embora o possam ser.

Esta flutuação e diversidade na ocupação por sócios dos cargos dos órgãos sociais leva a encarar com reserva a existência, na posição jurídica do sócio, de um direito a participar nos órgãos da sociedade, que seja vigente em geral. É necessário distinguir consoante os tipos legais e sociais de sociedades.

a) *Série de tipos*

A posição dos sócios em relação à participação nos órgãos sociais é acentuadamente diversa consoante os diferentes tipos societários legais.

Na sociedade em nome colectivo, todos os sócios têm, em princípio, lugar na assembleia geral e na gerência. A lei, no artigo 189.° remete o regime da assembleia e da gerência geral para o da sociedade por quotas. Neste preceito, porém, é admitida a diferente estipulação no contrato social. No entanto, a possibilidade de participação de todos os sócios da sociedade em nome colectivo na assembleia geral não pode, convencionalmente ser restringida, por força do n.º 5 do artigo 189.º; apenas pode o sócio ser impedido de votar, mas não de participar nos trabalhos. Não obstante a permissão legal ou estatutária, não é normal nem corrente, nos contratos sociais de sociedades em nome colectivo, serem estipuladas limitações desta ordem. É típico, na sociedade em nome colectivo, que todos os sócios sejam gerentes (artigo 191.º, n.º 1); mas pode, por estipulação estatutária, tal como permitido pelo n.º 1 do artigo 191.º, ser modificado esse regime e ser, por exemplo, limitada a participação de sócios na gerência. Por deliberação unânime pode ser designado gerente quem não for sócio (artigo 191.º, n.º 2). Os sócios que forem pessoas colectivas não poderão participar directamente na gerência e deverão nomear uma pessoa singular para, em nome próprio, integrar a gerência (artigo 191.º, n.º 3). Neste tipo de sociedade não há, em princípio, órgão de fiscalização, mas nada impede que, no respectivo contrato seja estipulada a sua existência.

Na sociedade por quotas, também a assembleia geral está aberta à participação de todos os sócios. Assim como na sociedade em nome colectivo o pacto pode estipular nesta matéria, mas a estipulação não pode impedir a participação de qualquer dos sócios na assembleia, embora possa impedi-lo de votar (artigo 248.º, n.º 5). É comum que nas sociedades por quotas todos os sócios sejam gerentes, embora nada o obrigue. O artigo 252.º estatui expressamente que os gerentes podem ser, ou não, sócios. Se, porém, faltarem todos os gerentes, todos os sócios assumem, *ex lege* a qualidade de gerentes (artigo 253.º, n.º 1). As sociedades por quotas podem ter ou não ter conselho fiscal, consoante seja estipulado no pacto. Porém, as que tenham uma dimensão importante e que claramente não correspondam já a pequenas empresas[227], se não tiverem conselho fiscal, devem ter um revisor oficial de contas (artigo 262.º, n.º 2). Tal como nas sociedades anónimas, os membros do conselho fiscal, podem ser sócios (artigo 262.º, n.º 1).

---

[227] O n.º 2 do artigo 262.º fixa como critério a ultrapassagem de dois de três índices: total do balanço superior a e 1.500.000, total de vendas líquidas e outros proveitos superiores a e 3.000.000 e número médio de trabalhadores durante o exercício superior a cinquenta.

Na sociedade anónima, todos os sócios têm, em princípio, direito a participar na assembleia geral. O n.º 1 do artigo 379.º confere o *direito de estar presente na assembleia geral e aí discutir e votar* a todos os accionistas que *segundo a lei e o contrato, tiverem direito a, pelo menos, um voto.* O n.º 2 do mesmo artigo reconhece ainda aos accionistas sem direito de voto o poder de *assistir às assembleias gerais e participar na discussão dos assuntos indicados na ordem do dia*, mas acrescenta adversativamente *se o contrato de sociedade não determinar o contrário.* O n.º 5 daquele artigo permite ainda, sempre que o contrato exija a titularidade de certo número de acções para a titularidade do direito de voto, que os accionistas que tenham um número inferior de acções se agrupem *de forma a completarem o número exigido ou um número superior e fazer-se representar por um dos agrupados.* Em regra, os accionistas sem direito de voto, mesmo que não usem da faculdade de se agruparem[228], podem *assistir às assembleias e participar na discussão dos assuntos indicados na ordem do dia*[229]; porém, essa participação pode ser denegada por disposição estatutária (artigo 379.º, n.º 2)[230]. Neste particular, os accionistas são pior tratados do que os sócios da sociedade em nome colectivo e da sociedade por quotas, que se justifica pelo elevadíssimo número que podem alcançar[231]. Os órgãos de gestão podem ser compostos por accionistas ou não accionistas (artigos 390.º, n.º 3 e 425.º, n.º 6); os órgãos de fiscalização podem ser constituídos por accionistas (artigos 414.º, n.º 3, 423.º-B, n.º 6 e 434.º, n.º 4). Na

---

[228] TRCoimbra 12.I.88, BMJ 373,613: *O accionista que, por não ter realizado o agrupamento previsto nos estatutos, não tem direito de voto nem por isso deixa de ter o direito de assistência à assembleia geral, intervindo na discussão dos assuntos da respectiva ordem do dia.* Neste sentido, ARMANDO MANUEL TRIUNFANTE, *A Tutela das Minorias nas Sociedades Anónimas – Direitos Individuais*, Coimbra Editora, Coimbra, 2004, pág. 92.

[229] STJ 23.I.01: *V – Mesmo no caso de estar impedido de votar, o sócio (...), porque tem o direito de participar numa assembleia geral, tem de para ela ser convocado, sob pena de invalidade do que se deliberar* (www.dgsi.pt, n.º convencional JSTJ00040918).

[230] PEREIRA DE ALMEIDA, *Sociedades Comerciais*, cit., pág. 299, OSÓRIO DE CASTRO, *Valores Mobiliários*, cit., pág. 90, LABAREDA, *Das Acções das Sociedades Anónimas*, AAFDL, Lisboa, 1988, págs. 160-161, LUCAS COELHO, *A Formação das Deliberações Sociais*, cit., pág. 50.

[231] *Supra*, II.11.b. O STJ 23.III.93, CJ STJ, 1993, II, 21, julgou que não é inconstitucional a norma limitativa do número de presenças às assembleias de

220　　　*A Participação Social nas Sociedades Comerciais*

sociedade em comandita, o artigo 470.° impede, em princípio, que os sócios comanditários sejam gerentes, mas permite que os estatutos disponham diversamente e também que os estatutos permitam que a gerência delegue poderes num sócio comanditário.

Dos regimes descritos, pode retirar-se uma tendência no sentido de os sócios estarem mais ligados à titularidade dos órgãos sociais nas sociedades de pessoas e menos nas de capitais. Do órgão de gestão, todos os sócios participam em princípio na sociedade em nome colectivo, apenas frequentemente na sociedade por quotas, acidentalmente na sociedade anónima.

É, pois, possível discernir uma outra linha de tendência: é mais forte a ligação dos sócios aos órgãos deliberativos, mais fraca aos órgãos de gestão e de fiscalização.

b) Poderes das minorias

I. As questões atinentes à participação em cargos sociais colocam-se de modo muito diferente em relação a sócios maioritários, ou integrados em maiorias, e a sócios minoritários. Os primeiros não encontram dificuldade em participar nas assembleias gerais e em fazer-se eleger para os demais órgãos sociais, se assim o pretenderem. São os minoritários que muitas vezes não conseguem ser eleitos para os órgãos electivos, embora a sua participação nas assembleias gerais só em casos de participações ínfimas seja posta em causa. É, por isso, a propósito de direitos das minorias, que o direito à participação nos órgãos sociais se torna mais relevante.

II. No que concerne à participação nas assembleias gerais, os sócios minoritários só podem enfrentar dificuldades na sociedade

---

accionistas que visa evitar que a discussão e votação dos assuntos sejam dificultados pelo elevado número de pessoas participantes. Tratava-se, no caso, do artigo 34.° do Decreto-Lei 42.641, de 12 de Novembro de 1959, que limitava a trezentos o número máximo de accionistas que podiam estar presentes nas assembleias gerais dos bancos.

anónima. Na sociedade em nome colectivo e na sociedade por quotas, como se viu já, o n.º 5 do artigo 248.º não permite que os sócios sejam impedidos de participar em assembleias gerais.

Na sociedade anónima, o n.º 1 do artigo 379.º limita a participação na assembleia geral aos accionistas que sejam titulares de um número de acções que seja suficiente para lhes assegurar o direito a, pelo menos, um voto. Aos accionistas cujo número de acções for inferior, permite o n.º 2 do mesmo artigo que assistam e participem na discussão das matérias pertencentes à ordem de trabalhos.

Consta, porém, da parte final do n.º 2 a expressão *se o contrato de sociedade não determinar o contrário*. Assim se permite que, nos estatutos da sociedade anónima seja introduzida a limitação da participação em assembleia geral de accionistas sem direito de voto. Essas limitações, são lícitas se forem objectivas, assentes em critérios de número mínimo de acções na titularidade do accionista ou de número máximo de presenças na assembleia[232].

III. No que respeita à participação no órgão de gestão, o artigo 392.º contém duas regras que visam permitir a grupos de accionistas minoritários que não sejam, na prática, excluídos da designação de membros do conselho de administração das sociedades anónimas e consigam *eleger um ou mais administradores, apesar do poder de voto dos accionistas maioritários*[233]. Assim se consegue que a maioria não esmague a minoria na eleição dos administradores e se permite que as minorias com uma importância relevante, possam ter influência real na composição do conselho de administração.

A primeira regra, nos n.ºs 1 a 5 do artigo 392.º, permite estipular nos estatutos de qualquer sociedade anónima que *um número de*

---

[232] Segundo ARMANDO MANUEL TRIUNFANTE, *A Tutela das Minorias nas Sociedades Anónimas – Direitos Individuais*, cit., pág. 93, para alcançar este efeito, os estatutos deverão estipular um duplo limite: um limite mínimo de titularidade de acções e a limitação da participação aos accionistas com direito de voto.

[233] RAÚL VENTURA, *Estudos Vários sobre Sociedades Anónimas*, cit., pág. 520.

222   *A Participação Social nas Sociedades Comerciais*

administradores não excedente a uma terço do órgão, pode ser eleito separadamente em listas propostas por grupos de accionistas titulares de acções correspondentes a pelo menos dez e não mais de vinte por cento do capital. Cada lista deve propor pelo menos dois candidatos para cada um dos cargos e um mesmo accionista não pode propor mais de uma lista. Para a eleição de cada um destes administradores, deve ser feita uma votação separada; se for apresentada mais de uma lista a votação incide sobre o conjunto. Só depois se procede à eleição dos demais administradores.

A segunda regra está nos n.os 6 e 7 do mesmo artigo e permite estipular no contrato que uma minoria de pelo menos dez por cento que tenha votado *contra a proposta que fez vencimento* na eleição dos administradores possa propor a eleição, com os seus votos, de um administrador que substituirá aquele que, na proposta eleita pela maioria, tenha sido menos votada ou, em caso de igualdade de votos, o que na proposta constar em último lugar.

Estas regras podem ser facultativamente inclusas nos estatutos de qualquer sociedade anónima, mas a vigência de, pelo menos uma delas é imperativa nas sociedades com subscrição pública e ainda nas sociedades concessionárias do Estado ou de entidade equiparada; se nenhuma o for, terá vigência ainda que não estipulada, a segunda daquelas regras (art. 392.º, n.º 8).

IV. Também na composição do órgão de fiscalização, as minorias podem ter uma participação específica.

O artigo 418.º prevê a nomeação pelo tribunal de um membro efectivo e um suplente do conselho fiscal, a requerimento de uma minoria correspondente a, pelo menos, dez por cento do capital, que tenha votado contra a proposta que teve vencimento na sua eleição e tenha feito consignar em acta o seu voto. Se houver mais do que uma minoria nestas condições, o tribunal pode nomear dois vogais efectivos e dois suplentes. O requerimento deve ser apresentado ao tribunal nos trinta dias subsequentes à data da eleição do conselho de administração e do conselho fiscal ou à que for posterior, caso o tenham sido em datas diferentes.

12. Poder de preferência na subscrição de aumentos de capital

I. O artigo 266.º, quanto à sociedade por quotas, e o artigo 458.º, quanto à sociedade anónima, consagram na posição jurídica do sócio, o poder de preferir nos aumentos do capital a realizar em dinheiro, sobre quem não for sócio e *pro rata* da respectiva participação[234].

Este poder tem por fim, por um lado, proteger o sócio da intrusão de outras pessoas no universo dos sócios e, por outro, defendê-lo de uma possível perda de posição relativa no capital da sociedade. Se todos os sócios exercerem este poder, o aumento do capital mantém a identidade dos sócios e as proporções das suas participações no capital da sociedade.

No modelo típico da sociedade em nome colectivo este poder não existe, mas também não é necessário, dado o regime do aumento do capital que, também no seu modelo típico, carece do voto unânime de todos os sócios. O poder de preferir só se torna necessário quando o aumento do capital pode ser deliberado por maioria, ainda que por maioria qualificada. Sempre que, no contrato de uma sociedade em nome colectivo, seja estipulado que o aumento do capital pode ser deliberado por maioria, deve entender-se, em princípio e salvo estipulação em contrário, que os sócios têm o poder de preferir, nos moldes dos demais tipos de sociedade, *mutatis mutandis*.

O poder de preferência é qualificável como um direito de preferência legal ao qual se aplica o respectivo regime. Sempre que seja violado, pode o accionista lesado recorrer a juízo nos termos comuns.

Por remissão legal, este poder de preferir assiste ainda aos sócios comanditários das comanditas por acções, mas não aos demais sócios.

---

[234] MENEZES CORDEIRO, *Da Preferência dos Accionistas na Subscrição de Novas Acções: exclusão e violação*, Banca, Bolsa e Crédito, Almedina, Coimbra, 1990, págs. 135 e segs., PEDRO DE ALBUQUERQUE, *Direito de Preferência dos Sócios em Aumentos de Capital nas Sociedades Anónimas e por Quotas*, Almedina, Coimbra, 1993, *passim*.

II. O poder de preferir nos aumentos do capital realizados em dinheiro pode ser suprimido nas condições expressas no artigo 460.°. A redacção deste artigo está construída de modo a deixar claro que a preferência constitui a regra e que a sua derrogação ou limitação são excepcionais[235].

O poder de preferir só pode ser suprimido ou limitado por deliberação da mesma assembleia geral que decida o aumento do capital, pela mesma maioria, em deliberação separada, e com fundamento no interesse social.

A lei prevê que, quando a supressão ou limitação seja proposta pelo conselho de administração, este submeta à assembleia um relatório de sua autoria em que seja demonstrado o interesse social da supressão ou limitação do poder de preferir dos sócios. Porém, como resulta *a contrario* do texto legal (artigo 460.°, n.° 5), a proposta pode ser da iniciativa de algum accionista, que não do conselho, e suscita-se, então, a questão de saber se o proponente tem também de submeter à assembleia aquele relatório. A lei não o diz[236]. Parece-nos razoável que quem formular a proposta deva também justificar a sua correspondência ao interesse social, mais até, que este a exige. Esta justificação deve ficar a constar em acta, nos moldes em que é feita, de modo a permitir que venha a ser eventualmente sindicada pelo tribunal. Já nos parece irrelevante que a fundamentação seja formalizada num relatório ou de outro modo.

Há várias circunstâncias e finalidades que justificam a supressão ou limitação da preferência dos sócios no aumento do capital em dinheiro. A sociedade pode necessitar de admitir parceiros estratégicos que lhe tragam capitais frescos, acessos a novos mercados, oportu-

---

[235] RAÚL VENTURA, *Alterações do Contrato de Sociedade*, Almedina, Coimbra, 1986, pág. 203.

[236] No seu comentário, RAÚL VENTURA, *Alterações do Contrato de Sociedade*, cit., págs. 210-211, alude à questão mas não lhe dá uma resposta expressa, embora do seu texto possa parecer, embora sem segurança, que dispensa o relatório quando a proposta não for da autoria do conselho de administração.

nicades de negócios, ou tecnologias, ou ainda outras utilidades. Pode ainda a entrada de novos accionistas permitir refrescar o tecido accionista de modo a construir novos equilíbrios entre sócios. Pode mesmo tornar-se imprescindível em operações de saneamento financeiro. Como bem observa RAÚL VENTURA, a supressão ou limitação da preferência na subscrição de aumentos de capital em dinheiro *não constitui um fim em si mesmo*, é instrumental de outras finalidades[237]. São estas finalidades que no caso concreto se pretende alcançar com a supressão ou limitação da preferência que devem ser exigidas pelo interesse social de tal modo que se justifique o sacrifício do interesse pessoal dos sócios cuja preferência venha a ter de ser limitada ou suprimida.

A limitação ou supressão da preferência pode ser obtida por renúncia espontânea dos accionistas. Nestes casos não se lhes aplica o regime do artigo 460.º. O poder de preferir é renunciável, quer total quer parcialmente.

13. Poder de disposição da parte social

I. Os sócios podem dispor da sua parte social. A disposição pode ser feita de vários modos e em várias modalidades. A mais corrente é a transmissão da titularidade entre vivos. Não menos corrente é a disposição por morte, quer por herança, quer por legado. Além da alienação, a disposição abrange ainda a oneração, que é frequente ser feita em garantia (penhor, penhora), mas também em comunhão ou usufruto. O abandono (*derelictio*) não é vulgar, mas pode ocorrer em participação constituída por acções ao portador tituladas.

Os vários tipos legais de sociedades comerciais com os diferentes sentidos e densidades sociais que lhes são próprios têm naturalmente diversos modos e regimes de transmissão de partes sociais.

Os sócios da sociedade em nome colectivo têm o poder de alie-

---

[237] RAÚL VENTURA, *Alterações do Contrato de Sociedade*, cit., pág. 207.

nar a sua parte social onerosa ou gratuitamente desde que para isso obtenham o consentimento dos seus consócios (artigo 182.°).

Na sociedade por quotas, também o sócio tem o poder de alienar a sua quota ou quotas gratuita ou onerosamente. Neste caso, porém, a alienação carece do consentimento da própria sociedade, salvo quando o adquirente for o cônjuge do alienante, seu ascendente, descendente, ou sócio da sociedade (artigos 228.° e 230.°)). Por estipulação no pacto, a alienação entre vivos pode ser proibida (artigo 229.°, n.° 1), e pode também ser permitida em geral (artigo 229.°, n.° 2).

Os accionistas da sociedade anónima também têm o poder de alienar as suas acções, gratuita ou onerosamente. O artigo 328.° expressamente impede que, nos estatutos, seja excluída ou limitada a transmissibilidade das acções *além do que a lei permitir*. A transmissibilidade das acções nominativas pode ser estatutariamente sujeita ao consentimento da sociedade ou à preferência dos outros accionistas, ou ser a sua transmissão, constituição sobre elas de penhor ou de usufruto submetida a outras condições ligadas com o interesse social (artigo 328.°, n.° 2).

Nas sociedades em comandita, os sócios comanditados podem alienar as suas partes sociais mediante o consentimento da própria sociedade (artigo 469.°). Os sócios comanditários podem alienar as suas partes sociais de acordo com o regime das sociedades anónimas ou das sociedades por quotas, consoante o respectivo subtipo (artigos 474.°, 475.° e 478.°).

II. No pólo mais pessoal e contratual, a sociedade em nome colectivo tem um regime de transmissão de partes sociais muito influenciado pela contratualidade e pela intimidade dos sócios. O mesmo se aplica aos sócios comanditados da sociedade em comandita (artigo 469.°). Assim, a transmissão da parte social necessita, em princípio, do consentimento de todos os demais sócios (artigo 182.°). Este regime alarga a contratualidade da transmissão, para além de transmitente e adquirente, ainda aos demais sócios. No negócio de transmissão há uma comunhão de acções de todos eles. A configuração do

Os poderes dos sócios 227

negócio de transmissão assemelha-se, assim, a um contrato plurilateral de todos os sócios, incluindo do sócio transmitente, que assim deixa de ser sócio, e do sócio adquirente, que assim ingressa na sociedade.

Há nisto muito de uma refundação da sociedade. Consegue-se deste modo defender os sócios contra o ingresso no grémio social de um sócio estranho com quem não queiram comungar o regime muito pessoal de gestão e sobretudo o regime de responsabilidade ilimitada e solidária. O sentido e regime jurídicos que lhe são próprios, justificam que os sócios não queiram ver o grémio societário invadido por alguém que não mereça a sua confiança. Pela mesma razão, não é permitida a venda executiva da parte social neste tipo de sociedade; na execução movida contra o sócio, apenas pode ser penhorado e vendido o direito aos lucros e à quota de liquidação (artigo 183.º).

A forma do negócio de transmissão é a mesma que era, na versão inicial do n.º 2 do artigo 182.º, a escritura pública, e a mesma exigida para a constituição da sociedade. Posteriormente, o Decreto-Lei n.º 237/01, de 30 de Agosto, com o objectivo de *redução do número de actos sujeitos a escritura pública e tendo ainda presente o propósito de simplificação da actividade notarial*, veio limitar a exigência de escritura pública apenas aos casos em que a sociedade *tiver imóveis*, regra que coincide com a da forma de constituição das sociedades civis simples (artigos 981.º, n.º 1 e 995.º do Código Civil). Na actual versão, introduzida pelo Decreto-Lei n.º 76-A/06, de 29 de Março, a forma da transmissão passou a ser simplesmente escrita.

Pelas mesmas razões que justificam o condicionamento da transmissão em vida, também a sucessão por morte na titularidade da parte social na sociedade em nome colectivo é fortemente condicionada. Segundo o artigo 184.º, em princípio, o herdeiro ou legatário do falecido não ingressa na sociedade. Os sócios sobrevivos podem optar entre *satisfazer ao sucessor (...) o respectivo valor* ou dissolver a sociedade. Neste caso, os direitos e obrigações inerentes à parte social, extinguem-se à data da sua morte, *operando-se a sucessão apenas quanto ao direito ao produto de liquidação da referida parte, reportado àquela data*

228   *A Participação Social nas Sociedades Comerciais*

e determinado nos termos previstos no artigo 1021.° do Código Civil. Se assim o preferirem, podem também os sócios sobrevivos continuar a sociedade com o sucessor ou sucessores do sócio falecido, mediante o expresso consentimento deste.

O regime legal restritivo da transmissão entre vivos e por morte da participação social na sociedade em nome colectivo não é injuntivo e pode ser derrogado por cláusulas estatutárias que regulem de um modo mais permissivo quer a cessão entre vivos – *cláusulas de cessão* – quer por morte do sócio – *cláusulas de continuação*[238].

III. Embora não tão restritivo como na sociedade em nome colectivo, o regime da transmissão entre vivos de quotas de sociedades por quotas é ainda condicionado e dependente do consentimento da própria sociedade e dos seus sócios. A sociedade por quotas não é já uma sociedade de pessoas e, embora por vezes seja qualificada como mista de pessoas e capitais, ela é claramente mais capitalista; em nossa opinião é mesmo uma sociedade de capitais, embora com algum pendor pessoalista. Sobretudo, nas suas relações internas, entre sócios, a sociedade por quotas mantém aspectos de proximidade e, mesmo, de intimidade pessoal que desaconselham o ingresso de estranhos. Por isso, sem ser em princípio excluída, como nas sociedades em nome colectivo, a cessão de quotas tem um regime que permite à própria sociedade e aos seus sócios que se defendam do ingresso de estranhos indesejados. Este regime aplica-se também à disposição das partes dos sócios comanditários nas sociedades em comandita simples (artigo 475.°).

As sociedades por quotas podem ser mais ou menos pessoalizadas. Por vezes são muito fechadas, aproximando-se das sociedades de pessoas; outras vezes são mais capitalistas, sendo para os sócios menos relevante, ou mesmo irrelevante, a identidade e características pessoais dos sócios. Esta variabilidade entre um pólo mais pessoalista e outro mais capitalista determina um regime típico com uma acen-

---

[238] PHILIPPE MERLE, *Droit Commercial – Sociétés Commerciales*, cit., págs. 182-184.

tuada elasticidade.

Assim, a cessão de quotas depende, em princípio, do consentimento da própria sociedade e só com este ganha eficácia[239]. Não obstante, pode ser estipulada no pacto social, quer a proibição da cessão[240], quer a dispensa do consentimento da sociedade[241].

O pedido de consentimento para a cessão deve ser formulado por escrito, com identificação do cessionário e informação de todas as estipulações respectivas, e deve ser concedido por deliberação dos sócios que não pode sujeitá-la a condições (artigo 230.º, n.os 1, 2 e 3)[242]. Se deliberar recusar o consentimento e a quota estiver há mais de três anos na titularidade do cedente (artigo 231.º, n.º 3), a sociedade deverá comunicar essa recusa ao sócio e deve, nessa mesma comunicação, propor a amortização ou a aquisição da quota em questão; esta proposta caduca se não for aceite no prazo de quinze dias, mantendo-se então a recusa do consentimento em relação à cessão. Não obstante o que ficou expresso, a cessão torna-se livre se for omitida a proposta, se o negócio proposto não for efectivado dentro dos sessenta dias seguintes à aceitação, se a proposta não abranger todas as quotas para cuja cessão o consentimento tiver sido pedido em

---

[239] ALEXANDRE SOVERAL MARTINS, *Sobre o Consentimento da Sociedade para a Cessão de Quotas*, BFD, Volume Comemorativo, Coimbra, 2000, págs. 673 e segs., JOÃO LABAREDA, *Posição do Sócio Alienante na Deliberação sobre o Pedido de Consentimento para a Cessão de Quotas*, Estudos em Homenagem ao Prof. Doutor Raúl Ventura, II, Faculdade de Direito da Universidade de Lisboa, Coimbra Editora, Coimbra, 2003, págs. 467 e segs.. Em princípio, o consentimento da sociedade é dispensado nas cessões de quotas entre sócios, entre cônjuges e entre ascendentes e descendentes (artigo 228.º, n.º 2); pode, porém, ser estipulada no acto a exigência do consentimento da sociedade, mesmo *para todas ou algumas* destas cessões (artigo 229.º, n.º 3).

[240] Quando for proibida a cessão, os sócios que assim forem impossibilitados de ceder poderão exonerar-se da sociedade, decorridos dez anos sobre o seu ingresso (artigo 229.º, n.º 1).

[241] A dispensa do consentimento pode ser geral, ou estipulada *para determinadas situações* (artigo 229.º, n.º 2).

[242] A cessão torna-se eficaz independentemente do consentimento se a sociedade não deliberar sobre ele no prazo de sessenta dias (artigo 230.º, n.º 4).

230 *A Participação Social nas Sociedades Comerciais*

simultâneo, se a proposta não oferecer uma contrapartida em dinheiro igual ao valor projectado para a cessão[243], e se propuser diferimento do pagamento da contrapartida sem oferecer garantia adequada. Se for deliberada a aquisição da quota, os sócios que assim o tiverem declarado no momento da deliberação, poderão adquiri-la para si próprios *pro rata* das suas participações; a quota só será adquirida pela sociedade se nenhum sócio a pretender adquirir (artigo 231.º, n.º 4).

A cessão de quotas, como se depreende do regime resumidamente descrito, pode ser livre, proibida ou depender do consentimento da sociedade. Este último regime constitui a regra. O interesse do sócio que pretende ceder é acautelado com um regime razoavelmente equitativo. Mas o valor dominante é a defesa dos sócios contra a intromissão de estranhos na sociedade, tal como na sociedade em nome colectivo, embora com muito menor energia.

Aqui se nota que, embora ambas a sociedade em nome colectivo e a sociedade por quotas tenham personalidade jurídica e esta, como qualidade, não seja graduável, há muito claramente uma maior autonomia na sociedade por quotas do que na sociedade em nome colectivo (em que é francamente reduzida). Esta diferença de autonomia entre a sociedade e os seus sócios tem reflexo sobre a natureza da parte social que na sociedade em nome colectivo é pouco mais que uma posição contratual e na sociedade por quotas se objectiva já muito mais, sem ganhar contudo a autonomia objectiva que se vai encontrar na transmissão das acções da sociedade anónima.

IV. A transmissão das partes sociais dos sócios da sociedade anónima é feita através da transmissão das acções que a integram. As acções são títulos de crédito[244] e como tais, são tipicamente destinadas a circular, e são também valores mobiliários que podem ser titu-

---

[243] Salvo se a cessão for gratuita ou se a sociedade *provar ter havido simulação do valor, caso em que deverá propor o valor real da quota* calculado, com referência ao momento da deliberação, de acordo com o artigo 1021.º do Código Civil.

[244] Há hoje uma tendência na Doutrina em recusar a qualificação de títulos de crédito às acções escriturais, pelo facto de terem perdido o seu suporte em papel

Os poderes dos sócios   231

lados ou escriturais. A sua circulação tem diversos regimes, consoante sejam tituladas ou desmaterializadas e conforme sejam ao portador ou nominativas. As acções tituladas ao portador circulam *por entrega do título ao adquirente ou ao depositário por ele indicado* (artigo 101.º do CVM) e as acções tituladas nominativas circulam *por declaração de transmissão, escrita no título, a favor do transmissário, seguida de registo junto do emitente ou junto de intermediário financeiro que o represente* (artigo 102.º do CVM). As acções escriturais, sejam elas nominativas ou ao portador[245], circulam *pelo registo na conta do adquirente* (artigo 80.º do

---

e circularem pelo registo. Não acompanhamos essa tendência, por várias razões. Em nossa opinião, as acções escriturais não deixam de ser títulos de crédito pelo facto de deixarem de estar tituladas em papel. O papel era a forma mais sofisticada de documentação no tempo em que historicamente surgiram os títulos de crédito. As acções escriturais estão documentadas de modo actualmente mais sofisticado, que é o registo em suporte informático. A característica típica dos títulos de crédito não é o papel, mas a titulação em suporte capaz de assegurar uma documentação segura e uma circulação célere, simples e com risco reduzido. O material – papel – não é essencial aos títulos de crédito; o que lhes é essencial é a documentação, e os valores mobiliários são também documentados num suporte que se subsume sem dificuldade ao conceito de documento consagrado no artigo 362.º do Código Civil: *qualquer objecto elaborado pelo homem com o fim de reproduzir ou representar uma pessoa, coisa ou facto.* Constitui uma perda doutrinária o abandono de toda a riquíssima doutrina dos títulos de crédito em consequência, apenas, do abandono parcial do papel como suporte documental. Há um riquíssimo acervo juscultural proveniente da teoria geral dos títulos de crédito que se não deve desprezar e que continua a ser útil para a dogmática dos valores mobiliários, desde que se proceda à sua adaptação e actualização. É claro que alguma adaptação terá de ser feita, mas fazê-lo não está fora do alcance dos especialistas na matéria. As dificuldades trazidas à teoria dos títulos de crédito pela desmaterialização dos valores mobiliários escriturais são facilmente ultrapassáveis adoptando um conceito amplo de título de crédito que abranja as acções escriturais e um conceito estrito que apenas inclua as acções tituladas. Neste sentido, PAIS DE VASCONCELOS, *O Problema da Tipicidade dos Valores Mobiliários*, Direito dos Valores Mobiliários, II, Coimbra Editora, Coimbra, 2001, págs. 61 e segs.. São exemplo da tendência que exclui as acções escriturais do âmbito dos títulos de crédito, LABAREDA, *Das Acções das Sociedades Anónimas*, cit., pág. 240(1), OLIVEIRA ASCENSÃO, *Direito Comercial*, IV, *Sociedades Comerciais – Parte Geral*, pág. 533, AMADEU FERREIRA, *Valores Mobiliários Escriturais*, Almedina, Coimbra, 1997, pág. 405.

232   *A Participação Social nas Sociedades Comerciais*

CVM). A transmissão das acções em mercado regulamentado, no mercado secundário, obedece a um regime tal que permite cindir a compra e venda unitária tradicional do Direito Civil e do Direito Comercial, em dois actos unilaterais e abstractos – uma venda e uma compra – em que o vendedor não sabe a quem vende e o comprador não sabe de quem compra[246].

Este regime de circulação é bem revelador da elevada objectivação da parte social na sociedade anónima. A pessoa do sócio é praticamente desconsiderada, na circulação, podendo alienar todas ou apenas parte das suas acções. O sócio é quase substituído pela acção. A sociedade chega mesmo a não saber, nem ter como saber quem são os seus sócios.

V. A transmissão da parte social tem como efeito jurídico a investidura do adquirente na posição jurídica do alienante, na posição jurídica de sócio daquela sociedade.

Esta investidura é oponível à sociedade, aos demais sócios e a terceiros. A oponibilidade ocorre, em princípio com o registo da transmissão, mas nem sempre assim sucede. Estão sujeitas a registo as transmissões de partes sociais em sociedades em nome colectivo, em sociedades por quotas, também as transmissões de partes dos sócios comanditados (artigo 469.°), dos comanditários em comandita simples (artigo 475.°), e ainda, nas sociedades anónimas e nas comanditas por acções, as transmissões de acções escriturais (artigo 80.° e segs. do CVM) e de acções tituladas nominativas e ao portador registadas ou depositadas (artigo 101.° e segs. do CVM). A transmissão de acções tituladas ao portador não registadas pode ser feita por depósito ou por

---

[245] A diferença jurídica entre as acções escriturais nominativas e ao portador, não reside já, hoje, no CVM, num diferente regime de circulação, mas antes na impossibilidade, por parte da sociedade emitente, de conhecer a identidade dos titulares das acções ao portador, porque estas não estão registadas na sociedade emitente (artigos 63.° e 64.° do CVM).

[246] PAULA COSTA E SILVA, *A Transmissão de Valores Mobiliários fora de Mercado Secundário*, Direito dos Valores Mobiliários, I, Coimbra Editora, Coimbra, 1999, pág. 227.

outro meio, incluindo a apresentação dos respectivos títulos (artigo 101.º do CVM).

A oponibilidade à sociedade é importante para o exercício dos poderes inerentes à participação social, designadamente os de participar em assembleias gerais e aí intervir e votar, de cobrar dividendos, de impugnar deliberações sociais, e os demais.

Também no que respeita à legitimidade activa na suspensão e impugnação de deliberações sociais, a transmissão da parte social tem relevância. O adquirente, ao ser investido na posição jurídica substantiva de sócio, fica com legitimidade para prosseguir no processo. Para tanto carece apenas de ser habilitado nos termos do artigo 271.º do Código de Processo Civil. A habilitação pode ser requerida pelo alienante ou pelo adquirente[247]. Esta habilitação só não será possível no caso da venda de acções em bolsa, por não ser possível, então, a identificação do adquirente pelo alientante, nem – vice-versa – do alienante pelo adquirente.

14. Poder de preferência na aquisição da parte social

I. Os sócios podem estipular, nos estatutos da sociedade, a preferência na transmissão da parte social. A preferência na transmissão da parte social é típica na compropriedade (artigo 1409.º do Código Civil), embora já o não seja na propriedade horizontal. Sendo as regras da compropriedade aplicáveis, com as necessárias adaptações, a outros tipos de comunhão (artigo 1404.º do Código Civil), pode concluir-se que a preferência na transmissão da parte social é típica do regime de comunhão. A proximidade entre a comunhão e a sociedade, principalmente a sociedade civil e as sociedades de pessoas sem personalidade jurídica, nota-se numa tendência para a estipulação do direito de preferência dos sócios na alienação pelos seus consócios da respectiva parte social.

---

[247] *Supra* 9.k)III e *infra* 41.IV.

A estipulação, nos estatutos, do direito de preferência na alienação da parte social significa um desvio do tipo no sentido da comunhão. Não quer dizer que a sociedade deixe de ser qualificada como tal e passe a sê-lo como comunhão. A elasticidade dos tipos legais de sociedades permite este desvio. O caso deixa de ser tipicamente central e passa a ser um pouco periférico, embora não muito, mas sem ultrapassar o limite do tipo. Este desvio em relação ao cerne do tipo indicia uma maior personalização da sociedade, uma sua maior centragem sobre o sócio em relação à pessoa jurídica sociedade. Significa sobretudo que se acentuou o *intuitus personae*: os sócios não querem perder o controlo da composição pessoal da sociedade, da identidade dos seus consócios e não querem ser confrontados com a entrada na sociedade de sócios indesejáveis ou simplesmente desconhecidos. Este direito de preferência não lhes dá, todavia, uma segurança total nesta matéria, que só um regime equivalente ao do artigo 182.º poderia assegurar. Sem ser absolutamente eficaz, o poder de preferência, permite, no entanto, um controlo importante, sem o inconveniente de aprisionar os sócios à sociedade. O seu sentido é claro: se algum sócio tiver objecção em relação à pessoa do projectado adquirente, caber-lhe-á substitui-lo na aquisição da parte.

II. No articulado legal, sobre os tipos de sociedades, constam preceitos com regimes próximos do poder de preferência na alienação das partes sociais.

O n.º 5 do artigo 183.º confere aos sócios da sociedade em nome colectivo o poder de preferência na venda ou adjudicação judiciais do direito aos lucros ou à quota de liquidação, na execução movida contra o sócio. A parte social da sociedade em nome colectivo não é, em princípio, susceptível de execução (artigo 183.º, n.º 1). Esta limitação decorre do regime do artigo 182.º, segundo o qual só com o consentimento dos demais sócios essa parte social pode ser alienada. Não nos parece, porém, que este regime seja injuntivo: os sócios podem estipular no contrato regimes mais permissivos e até, se assim o entenderem, a pura liberdade de alienação[248]. Quando assim suce-

---

[248] *Supra* II, 12, II.

der, deixa de se justificar o regime do artigo 183.º e deve ser admitida, em nossa opinião, a execução da quota do sócio por dívidas pessoais. Se for estipulado que os sócios podem alienar as suas partes, sem prévio consentimento, mas com preferência dos demais, é nosso parecer que, na adjudicação ou venda judiciais, deve aos outros sócios ser reconhecido esse poder de preferência.

No n.º 4 do artigo 231.º, está previsto um regime que tem também alguma semelhança com a preferência na alienação. No caso em que a sociedade recusa o consentimento para a alienação e se proponha adquirir a quota que o sócio projecta alienar, *o direito a adquiri-la é atribuído aos sócios que declararem pretendê-la (...) proporcionalmente às quotas que (...) possuírem; se os sócios não exercerem esse direito, pertencerá ele à sociedade.* Este regime jurídico, embora não estruturado como um poder de preferência, resulta na prática em algo de equivalente. Perante o projecto de alienação da quota, os demais sócios podem deliberar que essa quota seja por eles adquirida, ou pela sociedade. O preço da aquisição deve ser o mesmo (artigo 231.º, n.º 2, alínea d)) e as demais condições, de pagamento ou outras, parece-nos que também, apesar de a letra da lei o não mencionar expressamente, porque tal corresponde ao seu espírito.

No que respeita à sociedade anónima, a alínea b) do n.º 2 do artigo 328.º prevê a possibilidade de, nos estatutos, ser estipulado o poder de preferência na alienação de acções nominativas[249]. Esta estipulação deve ficar a constar das próprias acções quando sejam tituladas (artigo 328.º, n.º 4), *sob pena de serem inoponíveis a adquirentes de boa fé*, e deve ser registada, quando forem escriturais (artigo 68.º, n.º 1, alínea g) do CVM). À consagração do poder de preferência nos estatutos da sociedade pode acrescer a sua estipulação em acordo parassocial, o que pode obrigar a uma compabilização delicada[250].

---

[249] CALVÃO DA SILVA, *Preferência Societária e Venda Conjunta de Acções por Preço Global*, Estudos Jurídicos, Almedina, Coimbra, 2001, pág. 297 e segs..

[250] CALVÃO DA SILVA, *Notificação para Negociar e Notificação para Preferir*, Estudos Jurídicos, Almedina, Coimbra, 2001, pág. 291 e segs..

Haverá preferência legal, por aplicação dos artigos 1404.º e 1409.º do Código Civil, quando a parte social esteja em comunhão na titularidade de mais de uma pessoa. Porém, na falta de estipulação especial, esta preferência não poderá ser exercida em contradição das limitações legais estatuídas para a transmissão das partes sociais da sociedade em nome colectivo e na sociedade por quotas.

III. A preferência, quando estipulada nos estatutos, segue o regime geral da lei civil (artigos 414.º do Código Civil). Pode ser-lhe convencionada com eficácia meramente obrigacional ou com eficácia real.

Se for apenas estipulada, sem menção especial quanto ao regime, a sua eficácia será simplesmente obrigacional e a sua violação terá como consequência apenas a responsabilidade civil. Se forem respeitados os requisitos do artigo 421.º do Código Civil, à preferência pode ser atribuída eficácia real. Quando assim for, o preferente poderá obter judicialmente a aquisição da parte social em questão. Em rigor esta eficácia só é verdadeiramente real quando tenha por objecto acções tituladas nominativas ou ao portador registadas, que são coisas móveis; quando o seu objecto for constituído por direitos, como no caso das quotas e partes sociais em sociedades em nome colectivo ou em comandita, esta eficácia, não obstante a sua designação, é potestativa e oponível.

15. Poder de exoneração

As sociedades, sejam civis ou comerciais, constituem espécie do género associação, cuja diferença específica reside no intuito lucrativo. O princípio constitucional da liberdade de associação proíbe que alguém seja impedido de se associar, mas não permite também que alguém seja forçado a permanecer associado contra sua vontade (liberdade negativa de associação). Consta, na verdade, do n.º 3 do artigo 46.º da Constituição da República Portuguesa que *ninguém pode ser obrigado a fazer parte de uma associação nem coagido por qualquer meio a permanecer nela[251].*

Deste princípio decorre o chamado *direito de exoneração* que assiste aos membros de associações e sociedades. Não se trata propriamente de um direito subjectivo autónomo, como a designação comum sugere, mas antes do poder jurídico que o sócio tem de se afastar da sociedade quando o desejar, que integra funcionalmente o direito subjectivo complexo do sócio – o direito social. O principal fundamento da exoneração reside no princípio da liberdade de associação.

O fundamento da exoneração não se reduz à liberdade negativa de associação. Também a alteração de circunstâncias contribui para a justificar, quando haja modificações profundas na sociedade, por exemplo, a fusão, a cisão, a transformação ou a mudança de estatuto pessoal. Além desta, ainda a quebra da *affectio societatis* contribui para justificar que o sócio se aparte da sociedade, quando, como nos casos do n.º 2 do artigo 185.º e da alínea b) do n.º 1 do artigo 240.º, seja violada a relação de confiança e de *companhia* sem a qual a continuação do sócio na sociedade, contra a sua vontade, seria fonte de constrangimento, de mau relacionamento, quando não mesmo de conflito. Além destes, é possível discernir para os diferentes casos previstos na lei ainda outros fundamentos específicos: assim, por exemplo, no caso do artigo 45.º, a exoneração constitui um sucedâneo da invalidade parcial.

Na sociedade em nome colectivo, a exoneração está prevista no artigo 185.º. Tal como aí regulada, constitui um poder do sócio que se pretenda afastar da sociedade. Este poder pode ser regulado

---

[251] CURA MARIANO, *Direito de Exoneração dos Sócios nas Sociedades por Quotas*, Almedina, Coimbra, 2005, págs. 33 e segs. fundamenta a exoneração na deficiente formação da vontade (artigo 45.º, n.º 1), na alteração de circunstâncias e na susceptibilidade de denúncia das vinculações duradouras. MARIA AUGUSTA FRANÇA, *Direito à Exoneração*, Novas Perspectivas do Direito Comercial, Almedina, Coimbra, 1988, pág. 225, menciona *quatro ou cinco espécies de fundamentos diferentes*.

no contrato e, quando o não seja, encontra naquele preceito legal um regime supletivo.

Na sociedade por quotas, a exoneração do sócio está regulada no artigo 240.º que contém um regime também supletivo. Os sócios podem estipular no pacto o regime da sua exoneração.

Em ambos os casos, a exoneração dá lugar ao pagamento ao sócio do valor real da sua parte ou quota, avaliado por revisor oficial de contas, nos termos do artigo 105.º, n.º 2 do Código das Sociedades Comerciais.

Não está expressamente prevista a exoneração dos accionistas da sociedade anónima. A alienação potestativa e bem assim a OPA obrigatória servem de sucedâneo à exoneração.

A lei prevê ainda fundamentos de exoneração que são comuns a todos os tipos de sociedades. Em caso de deliberação de transferência da sede para o estrangeiro, os sócios que não tenham votado a favor da deliberação podem exonerar-se da sociedade (artigo 3.º, n.º 6). Também nos casos de fusão, cisão ou transformação da sociedade, e bem assim de deliberação de regresso à actividade após a dissolução, os sócios discordantes podem exonerar-se da sociedade, se o desejarem e a lei ou o contrato o permitirem (artigos 105.º, 120.º, 137.º e 161.º, n.º 5).

a) Exoneração e série de tipos

No que concerne às associações, a saída de sócios está prevista nos artigos 167.º, n.º 2 e 181.º do Código Civil. É permitida a estipulação nos estatutos das condições de saída, e proibido que ao associado que saia da associação sejam restituídas as quotizações que haja pago.

Nas sociedades civis, a exoneração dos sócios está regulada nos artigos 1002.º e 1021.º do Código Civil. Se a duração da sociedade não tiver sido fixada no contrato, ou a sociedade tiver sido constituída por toda a vida de um sócio ou por mais de trinta anos, a exoneração é livre; quando tenha sido fixada uma duração determinada para

Os poderes dos sócios

a sociedade, o sócio só pode exonerar-se nos termos previstos no contrato, ou ocorrendo justa causa. O sócio que se exonera tem direito a receber da sociedade o valor de liquidação da sua quota, valor este que é apurado por avaliação patrimonial da sociedade nos termos do artigo 1021.º do Código Civil. A parte social do exonerado extingue-se e a contrapartida é paga pela própria sociedade.

É semelhante o regime da exoneração de sócios nas sociedades em nome colectivo. O artigo 185.º do Código das Sociedades Comerciais prevê que o sócio se exonere nos casos previstos na lei e no contrato. Se à sociedade não tiver sido estipulada duração ou se tiver sido constituída por toda a vida de um sócio ou por mais de trinta anos, o sócio pode exonerar-se se ocorrer justa causa ou, independentemente dela, se mantiver essa qualidade há, pelo menos, dez anos. Segundo o n.º 5 do artigo 185.º, o sócio que se exonera tem direito a receber da sociedade o valor da sua parte social, calculado por revisor oficial de contas, nos termos do artigo 105.º n.º 2 do Código das Sociedades Comerciais, que remete para o artigo 1021.º do Código Civil. Também neste caso a exoneração provoca a extinção da parte social e a contrapartida é paga pela sociedade.

O regime de exoneração de sócios nas sociedades por quotas consta do artigo 240.º do Código das Sociedades Comerciais e é mais restritivo. O sócio pode exonerar-se nos casos previstos na lei e no contrato e, além destes, quando contra o seu voto expresso a sociedade tenha tomado ou deixado de tomar certas deliberações[252]. O sócio exonerado tem direito a receber uma contrapartida cujo valor é fixado também nos termos do artigo 105.º do Código das Sociedades Comerciais, isto é, do artigo 1021.º do Código Civil. Para a execução da exoneração, a sociedade pode proceder à amortização da quota, pode adquiri-la ou pode ainda fazer com que seja adquirida

---

[252] São elas as seguintes: *(a) ter deliberado um aumento do capital a subscrever total ou parcialmente por terceiros, a mudança do objecto social, a prorrogação da sociedade, a transferência da sede para o estrangeiro, o regresso à actividade depois de dissolvida; e (b) ocorrendo justa causa de exclusão de um outro sócio, a sociedade não ter deliberado a sua exclusão ou não ter promovido a sua exclusão judicial.*

240 *A Participação Social nas Sociedades Comerciais*

por um sócio ou um terceiro; e a contrapartida será suportada, consoante os casos, pela própria sociedade, pelo sócio ou pelo terceiro adquirente.

Nas sociedades anónimas, não está expressa e especificamente prevista a exoneração de sócios nos artigos 271.° a 464.° do Código das Sociedades Comerciais que contêm o núcleo central do seu tipo legal. A explicação desta ausência está no facto de a participação social ser expressa por acções, que são títulos de crédito (titulados ou escriturais) tipicamente circulantes e transmissíveis, o que dispensa na normalidade dos casos a necessidade de exoneração. O accionista que se pretende apartar da sociedade pode fazê-lo vendendo as suas acções[253-254].

As sociedades em comandita seguem o regime das sociedades em nome colectivo ou das sociedades anónimas, consoante sejam simples ou por acções.

Na parte geral do Código das Sociedades Comerciais, está ainda prevista a exoneração de sócios em caso de transferência da sede da sociedade para o estrangeiro com a correspondente mudança da lei pessoal (artigo 3.°, n.° 6), em caso de vício da vontade na celebração do contrato de sociedade por quotas ou anónima (artigo 54.°), e ainda em caso de fusão (artigo 105.°), de cisão (artigo 120.°) ou transformação (artigo 137.°). A contrapartida é calculada também por avaliação patrimonial, nos moldes do artigo 105.°, que remete para o artigo 1021.° do Código Civil. A amortização pode traduzir-se na aquisição da parte social pela própria sociedade ou por terceiro e será custeada pelo adquirente.

---

[253] MARIA AUGUSTA FRANÇA, *Direito à Exoneração*, cit., pág. 220.

[254] Esta falta não é compensada pela previsão do regime da amortização de acções, que tem uma diferente natureza de reembolso, com ou sem redução, do capital. A amortização pode servir de instrumento à exoneração mas, só por si, não a substitui.

Os poderes dos sócios

b) Sentido da variação de regimes da exoneração

Da análise comparativa do regime da exoneração de sócios nos vários tipos de sociedades, podem ser retirados ensinamentos interessantes. O regime da exoneração é mais liberal nas sociedades de pessoas e mais restritivo nas de capitais. Está claramente ligado à maior ou menor abertura do seu elemento pessoal. Nas sociedades civis, tal como nas sociedades em nome colectivo, os sócios têm, em princípio, um controlo total sobre a entrada de novos sócios. Este regime muito fechado é exigido pelo regime de administração e de responsabilidade ilimitada e principalmente pelas restrições à transmissibilidade das quotas ou partes sociais. Nas sociedades em nome colectivo, o artigo 182.º, exige o consentimento unânime de todos os restantes sócios para a transmissão da parte social. Perante a dificuldade na transmissão *inter vivos* da parte social, o princípio da liberdade de associação exige que o sócio se possa exonerar sem grande dificuldade.

Já nas sociedades por quotas, o regime da exoneração é mais restritivo, o que tem a ver com a maior facilidade de transmissão entre vivos das quotas. Os sócios mantêm o poder de se exonerar, embora em condições que se aproximam da justa causa[255]. O regime do artigo 231.º é sucedâneo da exoneração, naquilo em que permite ao sócio que se afaste da sociedade, quando lhe seja recusada a transmissão da quota. Também neste caso, a contrapartida é calculada por avaliação patrimonial da sociedade[256].

Nas sociedades anónimas, o típico regime de livre transmissibilidade e circulação das acções parece tornar supérflua a faculdade de exoneração de sócios. O sócio que se quiser apartar da sociedade,

---

[255] Estes casos assemelham-se aos que são previstos como justa causa de exoneração no n.º 2 do artigo 185.º do Código das Sociedades Comerciais.

[256] Curiosamente, a alínea d) do n.º 1 do artigo 231.º do Código das Sociedades Comerciais remete directamente para o artigo 1021.º do Código Civil, enquanto a alínea a) do n.º 1 do artigo 235.º remete para o artigo 105.º do Código das Sociedades Comerciais, o qual, por sua vez, remete para o artigo 1021.º do Código Civil.

242   *A Participação Social nas Sociedades Comerciais*

pode em princípio alienar livremente as suas acções[257]. Porém, para que haja alienação das acções do sócio que se quer apartar, é necessário que haja quem esteja disposto a adquiri-las. A prática tem demonstrado todavia que nem sempre o accionista que se quer afastar da sociedade consegue alienar as suas acções, ou porque não encontra interessado na sua aquisição, ou porque a contrapartida que lhe é oferecida não é suficiente[258].

Nos casos de modificação do estatuto pessoal, de fusão, cisão e transformação, dá-se uma modificação radical no estatuto da sociedade que justifica que ao sócio descontente seja facultada a possibilidade de se apartar[259].

É nesta perspectiva da exoneração do sócio perante modificações radicais do modo de ser da sociedade, que pode ser encarada a faculdade que a lei confere aos sócios de se apartarem quando ocorram concentrações importantes de capital que, pela sua importância, sejam de molde a reduzir relevantemente o poder efectivo do accionista na sociedade, o interesse do accionista em se manter sócio da mesma e o valor das suas acções.

c) Exoneração e alienação potestiva de acções

Assim sucede no caso da alienação potestativa (artigos 490.º do Código das Sociedades Comerciais e 196.º do Código dos Valores

---

[257] CALVÃO DA SILVA, *Preferência Societária e Venda Conjunta de Acções por Preço Global*, cit., pág. 305.

[258] Muitos dos litígios sociais em sociedades anónimas têm na sua origem situações de aprisionamento de sócios que, não conseguindo alienar as suas acções por preços que consideram aceitáveis, optam por criar litígios com a sociedade, como modo de a forçar, ou aos seus sócios, a adquirir as suas acções por um preço que acaba por ser negociado transaccionalmente como *preço da paz*. Por isto, é corrente a inserção de cláusulas de saída em acordos parassociais, embora só raramente estejam presentes nos estatutos de sociedades anónimas.

[259] Não é muito diferente o que está previsto no artigo 240.º, n.º 1, alínea a) do Código das Sociedades Comerciais, a propósito da exoneração de sócios de sociedades por quotas. Também aqui o fundamento está na modificação radical da feição da sociedade, tal como até então existia.

Os poderes dos sócios   243

Mobiliários) e no das ofertas públicas de aquisição (OPAs) obrigatórias (artigos 187.º a 193.º do Código dos Valores Mobiliários).

O preceito do artigo 490.º, pela sua novidade no ambiente jurídico português, começou por causar estranheza[260]. Houve quem o
considerasse contrário à Constituição, e o Supremo Tribunal de Justiça chegou mesmo a declará-lo inconstitucional por contrariar os
preceitos dos artigos 13.º e 62.º, n.º 1, da Constituição que tutelam
a livre iniciativa económica, a propriedade privada e o princípio da
igualdade[261]. Mas a doutrina dominante contrariou essa qualificação[262] e o Tribunal Constitucional[263] acabou por decidir pela sua
conformidade com a Constituição.

O regime de aquisição e de alienação potestativa que está no
artigo 490.º do Código das Sociedades Comerciais, apesar de constar
do texto da lei, não deixa de fazer parte do modelo regulativo dos
tipos da sociedade por quotas e da sociedade anónima. Nos artigos
194.º e 196.º do CVM, faz parte do modelo regulativo das sociedades abertas. Como tal, é recebido no respectivo regime jurídico por
força da estipulação privada negocial, no acto de constituição de cada
uma daquelas sociedades[264]. A aquisição potestativa não deve ser con-

---

[260] LABAREDA, *Das Acções das Sociedades Anónimas*, cit., pág. 276, considerou
a aquisição potestativa por efeito do artigo 490.º *um verdadeiro acto de expropriação
por utilidade particular*.

[261] STJ 2.X.97, BMJ 470, 619.

[262] ENGRÁCIA ANTUNES, *A Aquisição Tendente ao Domínio Total*, Coimbra
Editora, Coimbra, 2001, págs. 82 e segs., MENEZES CORDEIRO, *Da Constituciona-
lidade das Aquisições Tendentes ao Domínio Total (Artigo 490.º, n.º 3, do Código das
Sociedades Comerciais)*, BMJ 480, págs., 5-30.

[263] TC 26.XI.02 (publicado no DR, II Série, de 22.I.03 e disponível ainda
em www.tribunalconstitucional.pt, acórdão n.º 491/02) e comentado concordan-
temente por PINTO DUARTE, *Constitucionalidade da Aquisição Potestativa de Acções
Tendente ao Domínio Total – Anotação ao Acórdão do Tribunal Constitucional n.º 491/
/02*, Jurisprudência Constitucional, 1, 2004, págs. 43 e segs..

[264] Os sócios das sociedades constituídas já na vigência do actual Código das
Sociedades Comerciais não poderiam nunca considerar-se violentados pelo regime
jurídico do respectivo artigo 490.º, uma vez que o aceitaram tacitamente ao constituírem a sociedade ou, se não forem fundadores, ao adquirirem a respectiva participação social. Já quando a sociedade seja de constituição anterior ao actual

244 *A Participação Social nas Sociedades Comerciais*

fundida com uma expropriação; antes deve ser entendida como uma opção potestativa de compra (*call option*) ou de venda (*put option*) por preço a determinar. A sua eficácia, quer na aquisição quer na alienação potestativa, não é mais agressiva da propriedade privada do que outros regimes do direito das sociedades comerciais, como a dissolução, a fusão, a cisão, a transformação ou a amortização cuja constitucionalidade nunca foi posta em causa.

No caso do artigo 490.º do Código das Sociedades Comerciais, a concentração na titularidade de um ou mais accionistas, de noventa por cento, ou mais, do capital da sociedade pode ter como consequência a redução à insignificância prática das posições dos demais accionistas com a consequente redução do valor venal das respectivas acções[265] ou mesmo a impossibilidade de venda por falta de comprador. Os sócios minoritários que restarem podem ficar colocados numa situação de tremenda inferioridade. É claro que sempre se poderá dizer que eles continuam a ser titulares das mesmas acções que já detinham, e que se mantêm tão minoritários como já eram. Mas pode não ser assim. Os pequenos accionistas podem, em certas circunstâncias, ser importantes para a formação de maiorias. Nas grandes sociedades anónimas da actualidade não são raros os casos em que, em consequência da forte dispersão do capital, accionistas com percentagens proporcionalmente diminutas assumem mesmo a direcção da gestão. Perante a concentração de noventa por cento ou mais do capital num único accionista, directa ou indirectamente, as posições dos demais accionistas ficam fortemente enfraquecidas. Nestas cir-

---

Código, o artigo 451.º exclui a aplicação do artigo 490.º nos casos em que *a participação de 90% já existia à data da (sua) entrada em vigor*. No caso de sociedades constituídas no domínio da legislação anterior em que a participação de noventa por cento, ou mais, seja superveniente à entrada em vigor do novo Código, deve entender-se, *a contrario sensu* do artigo 451.º, que o artigo 490.º se aplica de pleno.

[265] ENGRÁCIA ANTUNES, *A Aquisição Tendente ao Domínio Total*, cit., pág.30. RAÚL VENTURA, *Estudos Vários sobre Sociedades Anónimas*, cit., pág. 168-169, encara a alienação potestativa pelo sócio como contrapartida da sua sujeição à aquisição potestativa: *mal se compreenderia* escreve *que este direito não tivesse contrapartida no direito de afastamento por parte do sócio maioritário* (pensamos que há aqui uma gralha e onde está *maioritário* deverá ler-se *minoritário*).

Os poderes dos sócios 245

cunstâncias será difícil ou mesmo impossível para os accionistas minoritários encontrar alguém interessado em lhes adquirir as suas acções por um preço correspondente à respectiva quota parte do valor patrimonial da sociedade. Sem o regime do artigo 490.°, n.ᵒˢ 5 e 6 do Código das Sociedades Comerciais, os accionistas minoritários ficariam numa péssima situação em que, por um lado, praticamente nenhum poder teriam na sociedade e, por outro, só conseguiriam previsivelmente vender as suas acções por preços fortemente degradados. A lei intervém em defesa dos accionistas minoritários de modo a dar-lhes a possibilidade prática de se apartarem da sociedade, se quiserem, alienando as suas acções por um preço equitativo. Este preço é referido na lei como *uma contrapartida em dinheiro ou nas suas quotas ou obrigações, justificada por relatório elaborado por revisor oficial de contas independente das sociedades interessadas* (artigo 490.°, n.° 2). O mesmo sucede no caso do artigo 196.° do Código dos Valores Mobiliários, de acordo com o qual, se ocorrer uma concentração de mais de noventa por cento em virtude de uma OPA geral, os titulares das acções restantes podem proceder à sua alienação potestativa em moldes análogos, mediante uma contrapartida calculada, agora, do modo da OPA obrigatória.

Embora a lei não o diga expressamente, a fixação do preço deve ser feita de modo equivalente à do artigo 105.° do Código das Sociedades Comerciais. Não se vislumbra na *ratio legis* algo que justifique uma avaliação diferente. Quer no artigo 1021.° do Código Civil, quer no artigo 105.° do Código das Sociedades Comerciais, quer ainda no artigo 490.° deste Código, a contrapartida a apurar é o valor equitativo apurado segundo as regras da arte, por avaliadores sérios, competentes e independentes[266]. Este valor deve corresponder à proporção – à quota parte – do sócio, no valor real da sociedade.

---

[266] Este valor não se confunde com o chamado *valor de balanço* que resulta da aplicação das regras contabilísticas da gestão corrente e que muitas vezes não corresponde à realidade em consequência das práticas de *contabilidade criativa* e não deve ser depreciado pelo carácter minoritário da participação. Deve antes corresponder à respectiva percentagem do valor patrimonial da sociedade.

246 *A Participação Social nas Sociedades Comerciais*

Também no artigo 196.º do CVM está previsto, em termos semelhantes, o poder de alienação potestativa, de acções por parte de accionistas minoritários sempre que quem tiver logrado obter mais de noventa por cento do capital de uma sociedade aberta, após o lançamento de uma oferta pública de aquisição (*OPA*), não tiver exercido o poder de aquisição potestativa que lhe é facultado pelo artigo 194.º do mesmo Código. A contrapartida, neste caso, é a correspondente ao preço da *OPA*.

Os sócios minoritários são assim protegidos contra a desvalorização que daquela concentração do capital possa resultar para as suas acções.

d) Exoneração e OPA obrigatória

É semelhante, *mutatis mutandis*, o que se passa no regime da OPA obrigatória previsto nos artigos 187.º a 193.º do Código dos Valores Mobiliários. As diferenças são induzidas pela circunstância de se tratar de sociedades abertas que estão, em princípio, cotadas no mercado[267] e não são especialmente relevantes.

No que concerne à identidade do adquirente e de quem suporta a contrapartida, o regime da alienação potestativa, previsto nos artigos 490.º e seguintes do Código das Sociedades Comerciais difere do regime da exoneração nas sociedades de pessoas, mas corresponde a uma das alternativas admitidas no tipo das sociedades por quotas e bem assim nos casos de fusão e cisão: a aquisição por um sócio a custas do mesmo. O montante da contrapartida é determinado de modo semelhante, através de uma avaliação económica.

No caso da OPA obrigatória, as acções são adquiridas pelo accionista dominante, a quem é imposto o lançamento da oferta e que

---

[267] O artigo 187.º, n.º 4, prevê expressamente a existência de sociedades abertas que não tenham as suas acções cotadas em mercado regulamentado e a confrontação entre os artigos 13.º e o artigo 27.º admite que temporariamente uma sociedade aberta possa não ter as suas acções cotadas. Trata-se, todavia, de uma situação atípica, que é contraditória com a designação legal *sociedades abertas ao investimento público*.

suporta o respectivo custo. O valor da contrapartida é determinado, agora, de modo diferente: em princípio, não resulta de uma avaliação económica das acções em função do património da sociedade em questão; a avaliação é agora feita em função do valor de mercado. Esta diferença de método de avaliação decorre de este caso se inserir numa dinâmica de mercado e de o mercado fornecer uma base de avaliação que nesta circunstância é, em princípio, mais adequada. A contrapartida, segundo o n.º 1 do artigo 188.º do Código dos Valores Mobiliários, não pode ser inferior ao maior de dois valores: o mais alto preço pago pelo adquirente nos últimos seis meses e o preço médio ponderado apurado no mercado nos últimos seis meses[268]. O sócio que se exonera nestas circunstâncias beneficia do valor que as acções assumiram no mercado nos seis meses anteriores e fica defendido contra as quebras valorativas subsequentes a uma tomada de controlo.

Ensina a experiência que, após o culminar de um processo de concentração ou de tomada de controlo, a cotação das acções costuma sofrer uma quebra acentuada que não é justo impor ao exonerado. A *ratio legis* da obrigatoriedade da OPA, como bem assinala CALVÃO DA SILVA[269], reside na *protecção dos interesses dos accionistas minoritários, em igualdade de tratamento, assegurando-lhes uma porta de saída da empresa em caso de mudança de controlo, se não quiserem ficar prisioneiros do novo domínio, do novo comando.* Numa perspectiva diferente, não se trata de defesa contra quebras subsequentes de cotação emergentes do domínio, mas antes de participar no benefício de uma alta induzida pelas aquisições dirigidas à tomada do domínio, designada geralmente como um *direito ao prémio de controlo*[270].

---

[268] Note-se que as acções da sociedade podem manter-se fora do mercado por um ano sem que a sociedade perca o estatuto de sociedade aberta. Nesse caso, não será possível determinar um preço médio ponderado no mercado.

[269] CALVÃO DA SILVA, *Suspensão do Dever de Lançamento de OPA*, Estudos Jurídicos, Almedina, Coimbra, 2001, págs. 24. No mesmo sentido, embora mais sucintamente, do Autor, *Fusão de Sociedades, Acordo de Voto e Derrogação da Obrigatoriedade de OPA*, Estudos Jurídicos, cit., pág. 58, e *OPA Convencional Obrigatória*, Estudos Jurídicos, cit., pág. 97.

[270] PAULO CÂMARA, *O Dever de Lançamento de Oferta Pública de Aquisição no Novo Código dos Valores Mobiliários*, em Direito dos Valores Mobiliários, II, Coimbra

Este valor pode todavia, segundo o n.º 2 do artigo 188.º, vir a ser determinado por avaliação de um auditor independente, se não puder sê-lo nos moldes previstos no n.º 1 ou se a CMVM entender que não está suficientemente justificado ou que não é equitativo, por deficiente ou excessivo. Mantém-se assim, embora num segundo plano, o recurso à avaliação económica para correcção da injustiça do preço determinado com base no mercado.

16. Poderes especiais

I. Os sócios podem estipular, nos contratos, nos pactos sociais ou nos estatutos das sociedades comerciais, a atribuição de poderes especiais.

O artigo 24.º do Código das Sociedades Comerciais refere-se especificamente aos direitos especiais dos sócios nas sociedades comerciais. Permite a sua criação (n.º 1) e regula o regime da sua transmissão (n.ºs 2, 3 e 4), da sua incidência (n.º 4) e da sua supressão ou coarctação (n.ºs 5 e 6), mas não os define, nem diz o que sejam.

II. A omissão da lei, no que concerne a uma definição, ou mesmo a uma descrição ou uma enumeração dos poderes especiais, não é criticável. Pelo contrário, é louvável que tenha resistido à tentação de definir, em que demasiadamente cai a lei portuguesa. As definições legais são perigosas[271]. Não têm valor científico e a sua eficácia restringe-se à delimitação do âmbito de aplicação material do regime legal a que correspondem. Cabe melhor à Doutrina e à Jurisprudência determinar qual o âmbito material de aplicação do artigo 24.º do Código das Sociedades Comerciais. A Doutrina

---

Editora, Coimbra, 2000, pág. 221. BRITO PEREIRA, *A OPA Obrigatória*, Almedina, Coimbra, 1998, pág. 39, alude, como vantagem apontada à OPA obrigatória, entre outras, ao seu contributo para assegurar a igualdade de tratamento entre os accionistas da sociedade visada.

[271] Sobre o valor jurídico das definições legais, PAIS DE VASCONCELOS, *Contratos Atípicos*, cit., págs. 168-179

Os poderes dos sócios 249

não tem ignorado esta matéria e a Jurisprudência tem-se pronunciado sobre ela.

Há dois modos de entender os poderes especiais. Num deles, mais restrito, são considerados poderes especiais apenas aqueles que são atribuídos apenas a alguns sócios ou categorias de sócios conferindo-lhes uma vantagem em relação aos demais. Este entendimento foi adoptado por RAÚL VENTURA[272], BRITO CORREIA[273], PEREIRA DE ALMEIDA[274], CARLOS OLAVO[275], PAULO OLAVO CUNHA[276], LABAREDA[277] e também por alguma jurisprudência[278]. Noutro entendimento, mais amplo, sustentado por VAZ SERRA[279], o *direito especial não significa que seja atribuído apenas a um ou alguns sócios, podendo sê-lo a todos os sócios, com o fim de acautelar o interesse de cada um deles, na relação entre estes, e na relação com a sociedade.* Este entendimento veio a ser

---

[272] RAÚL VENTURA, *Alterações do Contrato de Sociedade*, cit., pág. 80 define-os como *aqueles que são criados no contrato de sociedade para um ou alguns sócios ou, nas sociedades anónimas, para acções que fica formando uma categoria.* V. também, do Autor, *Direitos Especiais dos Sócios*, em O Direito, ano 121.º (1989), I, pág. 215.

[273] BRITO CORREIA, *Direito Comercial, II, Sociedades Comerciais*, cit., pág. 306, considera direitos especiais *aqueles de que só alguns sócios são titulares, ou de que alguns sócios são titulares em medida mais favorável do que outros.*

[274] PEREIRA DE ALMEIDA, *Sociedades Comerciais*, cit., pág. 105, entende como direitos especiais *aqueles que são atribuídos pelo pacto social a um ou mais sócios, ou categorias de sócios, conferindo-lhes uma vantagem relativamente aos demais.*

[275] CARLOS OLAVO, *Deveres e Direitos dos Sócios nas Sociedades por Quotas e Anónimas*, cit., pág. 60.

[276] PAULO OLAVO CUNHA, *Os Direitos Especiais nas Sociedades Anónimas: as Acções Privilegiadas*, Almedina, Coimbra, 1993, págs. 20 e segs.. Na sua opinião, a sua *«especialidade» assenta (...) nessa característica, e na qualidade relativa, de só poderem ser concedidos a alguns sócios.*

[277] LABAREDA, *Das Acções das Sociedades Anónimas*, cit., pág. 223: *por direitos especiais se entendem os direitos que são contratualmente atribuídos em particular a algum ou alguns sócios, constituindo-se numa posição de privilégio relativamente aos demais.*

[278] Por exemplo TRLisboa 4.II.99, CJ, 1999, I, 102: *I – Direito especial conferido a um sócio, em sentido amplo, é um direito privilegiado de um sócio em relação aos direitos de outros sócios, que se destina a favorecer, em termos patrimoniais ou não patrimoniais, dar supremacia ou vantagem a um ou mais sócios sobre os demais.*

[279] VAZ SERRA, em *RLJ*, ano 112.º, págs. 167-176, em anotação ao STJ 14.XII.78, (pág. 173).

250   *A Participação Social nas Sociedades Comerciais*

adoptado pelo STJ 20.XII.74[280] segundo o qual, *concedidos esses direitos (especiais) a todos os sócios, são os mesmos atribuídos a cada um deles em particular,* e seguido, mais tarde, por PINTO FURTADO[281]. MENEZES CORDEIRO aceita-os expressamente[282].

A segunda construção abrange os poderes que, embora abstractamente atribuídos a todos os sócios, cumprem o objectivo de defender cada um dos sócios, individualmente considerado, contra uma possível deliberação maioritária que possa ser tomada contra o seu voto. É este o sentido que melhor se harmoniza com o n.° 5 do artigo 24.°, quando exige o consentimento do titular para a sua supressão ou coarctação. Os poderes especiais são, no fundo, áreas de contratualidade, ressalvadas do regime da regra da socialidade que permite que a vontade individual de um sócio seja postergada por uma maioria. Se o regime de deliberação por maioria simples traduz a pura socialidade e o de maioria qualificada um compromisso entre a socialidade e a contratualidade, os poderes especiais são ilhas de contratualidade no mar de socialidade que constitui a regra geral nas deliberações sociais.

PAULO OLAVO CUNHA[283] opina que os direitos especiais que sejam generalizados a todos os sócios, deixam por esse facto de o serem e passam a dever ser qualificados como *direitos gerais (relativamente) inderrogáveis.* Discorda do STJ 20.XII.74 e argumenta que esta decisão confundiu os direitos especiais com os *direitos gerais inderrogáveis,*

---

[280] BMJ 242, 322.

[281] PINTO FURTADO, *Curso de Direito das Sociedades,* cit., pág. 234-236, depois de ter seguido o entendimento restrito, no TRLisboa 4.II.99 (CJ 1999, I, 102) por si mesmo relatado, veio a prescindir da exigência de que direitos especiais sejam da titularidade de um sócio ou uma categoria de sócios, sustentando que o direito especial *tem a natureza de um <u>privilégio</u>, em princípio, não necessariamente, atribuído <u>apenas a um ou alguns sócios</u>, ou a certa categoria de <u>accionistas</u>* e que *o carácter de <u>especialidade</u> pode não resultar da sua atribuição a um número restrito de sócios, mas da <u>sua própria natureza de privilégio inderrogável</u>.*

[282] MENEZES CORDEIRO, *Manual de Direito das Sociedades,* I, cit., págs. 505-506.

[283] PAULO OLAVO CUNHA, *Os Direitos Especiais nas Sociedades Anónimas: as Acções Privilegiadas,* cit., págs. 23-25.

mas renunciáveis, que cabem aos sócios enquanto tais e visam a realização do interesse social (dos interesses que são comuns a todos os sócios), enquanto *os direitos especiais são conferidos no interesse próprio e exclusivo do seu titular, ou dos titulares das acções de que fazem parte.* Depois de aludir ao regime de ineficácia da violação dos direitos especiais e da anulabilidade da violação dos direitos gerais (relativamente) inderrogáveis, argumenta ainda que *a generalização dos direitos especiais a todos os sócios torná-los-ia, assim, regime regra dos direitos dos sócios, convertendo-os, por isso, necessariamente em direitos gerais, pois os interesses tutelados por estes seriam comuns a todos.*

A restrição da qualificação como poderes especiais àqueles que são formalmente da titularidade de apenas alguns, que não todos os sócios, seria demasiado redutora. Para o demonstrar, constitui bom exemplo o poder de veto, usualmente denominado *direito de veto*. Este pode ser atribuído a um sócio apenas, a certos e determinados sócios, ou a todos os sócios em geral. O entendimento restritivo recusaria a qualificação e o regime de poder especial ao poder de veto, quando fosse atribuído a todos os sócios. Assim permitiria que uma maioria, sabendo que um ou mais sócios minoritários o iriam exercer, deliberasse de antemão alterar o contrato revogando esse direito por maioria qualificada com os votos contrários daqueles sócios. Assim se frustraria facilmente este poder de veto que, na realidade, nunca se poderia tornar útil: a maioria não precisaria dele porque lhe bastaria votar contra; a minoria nunca o poderia exercer porque ele seria antecipadamente eliminado por deliberação da maioria.

O entendimento restritivo excluiria, assim, o poder de veto em certas deliberações, que visa defender o seu titular, individualmente considerado, contra uma deliberação maioritária, e fá-lo-ia só pelo facto de ser formalmente da titularidade de todos os sócios, quando, na realidade, a sua titularidade e exercício só é útil para um ou alguns, que não todos os sócios: para os sócios minoritários. Mesmo quando são atribuídos a todos os sócios, poderes como estes encontram a sua utilidade específica no seu exercício por um ou mais sócios contra os outros. Se todos os sócios forem contrários a certa deliberação, nada haverá para vetar porque ela não será tomada. O poder de veto só tem, pois, sentido como um contra-poder, um poder que se destina a ser exercido por sócios que, sem ele, seriam derrotados numa deliberação. É um poder que, na sua actualização, é exercido por um ou mais sócios, mas nunca por todos; por sócios minoritários contra sócios maioritários. Por isto, ainda que seja atribuído a todos os sócios, não se destina a ser exercido por todos em conjunto, mas apenas por um ou por um certo número deles que sejam minoritários.

A opção entre o entendimento mais restritivo e o entendimento mais amplo não tem de assentar em considerações de ordem verbal ou em condicionamentos linguísticos[284], mas antes na maior ou menor adequação, eficácia, justiça, êxito. Ora, o entendimento restritivo, como se demonstrou com o exemplo do poder de veto de certas deliberações, tem efeitos perversos, indutores de injustiça e de inadequação. Mais justo, adequado, eficaz e mais razoável é o entendimento segundo o qual são poderes especiais aqueles que, embora formalmente atribuídos genericamente a todos os sócios, se destinem, na sua concretização, a ser exercidos como contra-poderes, apenas por um ou por um número restrito de sócios minoritários, em circunstâncias tais que o seu exercício se torne imprescindível para alcançar o seu objectivo. Não nos impressiona que sejam formalmente atribuídos a todos ou apenas a alguns dos sócios, mas sim que, no seu exercício, no momento aplicativo, se destinem a ser utilmente exercidos apenas por um, ou por um número restrito de sócios, contra os demais. Em nossa opinião, os chamados poderes especiais são contra-poderes. Por estas razões, inclinamo-nos para alargar a qualificação e o regime dos poderes especiais àqueles poderes que, embora atribuídos formalmente a todos os sócios em geral, se destinem a ser exercidos apenas por um ou alguns dos sócios, contra os demais, como contra-poderes que bloqueiem a eficácia das deliberações maioritárias em protecção de interesses individuais ou grupais de um ou mais sócios, e que não correspondam a interesses comuns dos sócios. A qualificação, em concreto, de certo poder como especial depende da interpretação do contrato social, e, no seu âmbito, da res-

---

[284] MENEZES CORDEIRO, *Manual de Direito das Sociedades*, I, cit., pág. 505.

Os poderes dos sócios 253

pectiva cláusula, atentas as circunstâncias da sua constituição e a vontade das partes, de acordo com as regras gerais da interpretação dos negócios jurídicos[285].

III. Recentemente, PAULO OLAVO CUNHA[286] manteve nesta matéria, a sua opinião já anteriormente expressa. Em nota de pé-de-página (nota 263, pág. 215) alude à nossa posição como *concordando substancialmente* com a sua construção, *mas baseando o seu entendimento no plano do exercício dos direitos (e não já da titularidade)*. A nossa divergência resume-se a isso mesmo, à referência determinante para a qualificação: titularidade ou exercício. Para nós, é indiferente que formalmente os poderes especiais sejam concedidos a todos os sócios; são poderes que existem (e se justificam) para serem exercidos apenas por um ou alguns dos sócios e contra os demais: são contra-poderes. Se o Autor admite que o que é verdadeiramente importante é o exercício e não tanto a titularidade, com esta precisão, as nossas construções são efectivamente próximas.

IV. Os poderes especiais têm uma tutela poderosa. São constituídos no contrato e não podem ser suprimidos nem coarctados sem o consentimento do respectivo titular (artigo 24.º, n.º 5). A deliberação que os revogue nos estatutos, ou que os limite ou agrida é ineficaz (artigo 55.º). Como tal não precisa sequer de ser impugnada. Como se deixou referido já, este regime revela uma natureza de certo modo contratual. Entre o titular do poder especial e a sociedade fica constituído um vínculo que esta não pode alterar, salvo por acordo. O poder especial, porém, é disponível e, por isso, o seu titular pode abster-se de o exercer.

Atenta a diversa natureza dos diversos tipos societários legais e a correspondente diferença de relacionamento entre a sociedade e o sócio, os poderes especiais assumem específicos regimes de circulação.

---

[285] Neste sentido, PINTO FURTADO, *Curso de Direito das Sociedades*, cit., pág. 235.

[286] PAULO OLAVO CUNHA, *Direito das Sociedades Comerciais*, Almedina, Coimbra, 2006, págs. 212 e segs..

254   *A Participação Social nas Sociedades Comerciais*

Na sociedade em nome colectivo, estão muito ligados à pessoa do sócio seu titular – *intuitus personae* – e são, em princípio, intransmissíveis, salvo estipulação em contrário (artigo 24.°, n.° 1). Na sociedade por quotas, há que distinguir entre os poderes especiais de natureza pessoal e patrimonial: salvo estipulação em contrário no pacto, estes são transmissíveis com a respectiva quota; aqueles não o são. Na sociedade anónima, os poderes especiais, sem deixarem de estar na titularidade dos sócios, são referidos às respectivas acções que passam a formar uma categoria especial de acções, com a qual se transmitem (artigo 24.°, n.° 4). O consentimento do titular para a supressão ou a coarctação dos poderes especiais, nas sociedades anónimas é concedido por deliberação dos accionistas titulares das acções que façam parte da respectiva categoria especial[287].

---

[287] Lucas Coelho, *Exercícios Vários Acerca da Presidência das Assembleias Especiais de Categorias de Accionistas*, Estudos em Homenagem ao Prof. Doutor Raúl Ventura, II, Faculdade de Direito da Universidade de Lisboa, Coimbra Editora, Coimbra, 2003, págs. 421 e segs..

CAPÍTULO III
Os deveres dos sócios

17. A componente passiva da posição jurídica do sócio

A posição jurídica do sócio tem uma componente passiva importante. O Código das Sociedades Comerciais enumera, logo no artigo 20.º, as obrigações de entrada com bens susceptíveis de penhora ou com indústria e de quinhoar nas perdas, *salvo o disposto quanto a sócios de indústria.*

Mas as situações jurídicas passivas, as vinculações e adstrições dos sócios de sociedades comerciais não ficam por aí. Há também vinculações relativas à manutenção e reforço do capital social, de suprimentos, de prestações acessórias ou suplementares, assim como há deveres de lealdade que se traduzem em prosseguir o interesse social, não sobrepor o interesse pessoal ao da sociedade, causando-lhe dano, de não lhe fazer concorrência, de aceitar a investidura em cargos sociais e exercê-los. Seria fastidioso tentar aqui enumerar exaustivamente tudo aquilo em que a participação social se revela passiva.

A componente passiva da participação social pode decompor-se em três grandes áreas: vinculações legais, vinculações contratuais e sujeições.

a) Vinculações legais

As vinculações legais, como a própria expressão indica, decorrem da lei. Mas há que distinguir os deveres legais objectivos que, ainda que estatuídos a propósito das sociedades comerciais, não estão com-

256 · A Participação Social nas Sociedades Comerciais

preendidos no âmbito material do regulamento dos respectivos tipos, e aqueles que preenchem o tipo legal, que são direito legal do tipo. Só estes nos interessam, porque só estes fazem parte da participação social.

No seio do tipo legal, a lei contribui com abundância de preceitos para a construção da respectiva disciplina. Também aqui se notam diferenças importantes consoante os diferentes tipos societários. A sociedade anónima mereceu o maior detalhe regulamentar e, de longe, o maior número de preceitos. O legislador, não obstante ter construído uma parte geral onde colocou o que entendeu serem regimes comuns a todos os tipos, elegeu ainda o tipo da sociedade anónima como paradigma da sociedade de capitais, onde construiu o regime de base de matérias importantes, como por exemplo as deliberações dos sócios (artigos 373.º a 389.º), estatuindo depois remissões com modificações específicas. Assim, na sociedade por quotas, o art. 248.º, n.º 1 remete para o regime da sociedade anónima, e na sociedade em nome colectivo o art. 189.º, n.º 1 remete para o regime da sociedade por quotas. Nas comanditas simples, o art. 474.º remete para o regime da sociedade em nome colectivo e, na comandita por acções, o art. 478.º remete para o regime da sociedade anónima. Há assim um sistema duplo de remissões que contribui relevantemente para aumentar a complexidade na aplicação do Código das Sociedades Comerciais: as remissões são feitas para a parte geral e para os tipos-padrão ou paradigmáticos. Exemplificando novamente com as deliberações dos sócios, numa sociedade em nome colectivo é necessário recorrer ao regime da própria sociedade em nome colectivo, também ao da sociedade por quotas, ao da sociedade anónima, e ainda à parte geral.

b) Vinculações negociais

As vinculações negociais, numa perspectiva formal, são as que emergem de cláusulas estatutárias que não fazem parte do tipo legal, que foram introduzidas no contrato, no pacto ou nos estatutos, por estipulação dos sócios, originária ou subsequente, e ainda as que são

Os deveres dos sócios

emergentes de deliberações sociais. O critério de distinção estaria na natureza formalmente legal ou negocial do preceito que as suportasse.

Este critério formal não é satisfatório. Nem todos os preceitos que a lei introduz no tipo legal têm o mesmo estatuto vinculativo. Como demonstrámos já[288], a intervenção da lei no conteúdo dos tipos de sociedades comerciais é feito injuntiva ou dispositivamente. Umas vezes a lei impõe regimes e soluções jurídicas, outras vezes, propõe-nas. O critério de injuntividade ou de dispositividade da lei reside na ordem pública[289]. Por vezes é a própria lei que esclarece a sua natureza, quando contém fórmulas, como, por exemplo, *salvo estipulação em contrário* ou equivalentes. Porém, sempre que o não faça, torna-se necessário discernir se o preceito em questão é de ordem pública, caso em que será injuntivo, ou de ordem particular, caso em que será dispositivo; será necessário entender a razão da sua juridicidade, se fundada na autonomia privada, se na heteronomia pública.

Numa perspectiva substancial, são vinculações legais aquelas que são heterónomas e encontram fundamento na ordem pública. As vinculações societárias que, muito embora decorrendo de preceitos escritos na lei, não encontrem fundamento na ordem pública e se justifiquem apenas por razões de ordem particular, e cuja juridicidade decorra da autonomia privada, embora formalmente legais, são substancialmente negociais. O processo de sedimentação dos tipos legais é feito, em muito do seu conteúdo, pela recepção de estipulações usuais que foram preenchendo os tipos sociais correspondentes. A sua recepção no tipo legal não lhes modifica a natureza negocial. São estas estipulações autónomas negociais,

---

[288] PAIS DE VASCONCELOS, *Contratos Atípicos*, cit., págs. 367-369, e *Teoria Geral do Direito Civil*, cit., pág. 419.

[289] Como expusemos na nossa *Teoria Geral do Direito Civil*, cit., pág. 427: *A Ordem Pública é o complexo de princípios e de valores que informa a organização política, económica e social da Sociedade e que são, por isso, e como tal, tidos como imanentes ao respectivo ordenamento jurídico. Constitui expressão e instrumento do interesse público, do bem comum, tal como é definido naquela colectividade, e corresponde geralmente aos grandes princípios consagrados na parte programática da respectiva constituição política.*

258   *A Participação Social nas Sociedades Comerciais*

originárias do tipo social, depois recebidas no tipo legal, que compõem o direito dispositivo do tipo legal.

São ainda vinculações negociais aquelas que assentem em cláusulas estatutárias estipuladas pelos sócios com derrogação de preceitos legais dispositivos ou em matérias não reguladas, dentro do âmbito material da autonomia privada e dos limites da elasticidade do tipo.

Finalmente, são de carácter negocial as vinculações dos sócios emergentes de deliberações sociais. As deliberações sociais são actos de autonomia privada, têm natureza negocial, e essa natureza comunica-se às vinculações que delas emirjam para os sócios.

c) Sujeições

I. Também sujeições fazem parte da componente passiva da posição jurídica do sócio. Ele pode ter de enfrentar a susceptibilidade de sofrer modificações na sua esfera jurídica, no que concerne à sua posição de sócio, sem possibilidade de o impedir, nem sequer de interferir. As sujeições, estão fora da tradicional dicotomia de obrigações e direitos dos sócios. Sendo situações jurídicas passivas, não são deveres nem obrigações. Mas não deixam de ser importantes.

II. De entre as sujeições que integram a posição jurídica do sócio, avulta pela sua relevância, a que decorre do art. 490.º do Código das Sociedades Comerciais, que confere a quem for titular de uma maioria de, pelo menos, 90% do capital o poder de adquirir potestativamente as acções dos sócios minoritários. Estes encontramse numa situação jurídica que é qualificável como uma sujeição. Estão sujeitos a que, por declaração unilateral potestativa, outros sócios, adquiram as acções de que são titulares, sem ou mesmo contra a sua vontade, e por um preço em cuja fixação não têm qualquer participação ou influência. Os artigos 94.º e 95.º do Código dos Valores Mobiliários contêm um regime análogo.

III. Há outras sujeições na posição jurídica do sócio. A título exemplificativo, podem ser aludidas duas com particular importância.

Na sociedade por quotas e na sociedade anónima, o sócio está sujeito à amortização da sua quota (artigos 232.º e segs.) ou das suas acções (artigos 346.º e segs.). Está sujeito à exclusão, na sociedade em nome colectivo (artigo 186.º) e na sociedade por quotas (artigos 241.º e 242.º).

18. O dever de contribuição para a formação e conservação do capital

I. O sócio tem o dever de contribuir para a formação do capital da sociedade. Logo na alínea a) do artigo 20.º do Código das Sociedades Comerciais consta expressa a obrigação de *entrar para a sociedade com bens susceptíveis de penhora ou, nos tipos em que tal seja permitido, com indústria.*

Esta obrigação do sócio é conatural ao tipo do contrato de sociedade. Faz parte da própria definição do conceito de contrato de sociedade a contribuição com bens ou serviços. O artigo 980.º do Código Civil, onde a generalidade da Doutrina situa a definição do conceito geral de contrato de sociedade, aplicável, quer às sociedades civis, quer a todos os tipos de sociedades comerciais, é muito claro nesse sentido: *o contrato de sociedade é aquele em que duas ou mais pessoas se obrigam a contribuir com bens ou serviços (…).*

Já FERREIRA BORGES[290], em *Jurisprudência do Contracto-mercantil de Sociedade*, pouco antes do Código Comercial de 1833, definia a sociedade como *um contrato, pelo qual duas ou mais pessoas convêm voluntariamente em pôr alguma cousa em comum para melhor negócio lícito e melhor ganho com responsabilidade na perda.* Poucas páginas adiante, explicita o Autor que *é da essência deste contrato, que cada uma das partes entre com alguma cousa na sociedade, ou com dinheiro, ou com outro haver, ou com a sua indústria.* Esta definição mantém-se na linha do Título 44 do Livro IV das Ordenações Filipinas: *contrato de companhia é o que duas*

---

[290] FERREIRA BORGES, *Jurisprudência do Contracto-Mercantil de Sociedade*, cit., pág. 1.

pessoas ou mais fazem entre si, ajuntando todos os seus bens ou parte deles, para melhor negócio e maior ganho.

A referência à obrigação de entrada, como essencial ao próprio conceito de sociedade, mantém-se depois, sempre. No Código Comercial de 1833, no artigo II (527) do Título XII, *é da essência de toda a associação comercial que cada associado ministre à associação alguma parte de seu capital, quer em cousas, quer em dinheiro, quer em crédito, quer em trabalho ou indústria.* O Código Civil de 1867 continha uma longa definição de sociedade, no artigo 1240.º, donde constava também a referência *pondo em comum todos os seus bens ou parte deles, a sua indústria, ou simplesmente, os seus bens e indústria conjuntamente*[291]. O Código Comercial de 1888 não contém uma definição de sociedade, assim como a não contém o actual Código das Sociedades Comerciais.

A contribuição inicial dos sócios fundadores na formação do capital das sociedades constituiu um foco de problemas já desde as companhias monopolistas. FIGUEIREDO MARCOS[292] dá abundante notícia das dificuldades de subscrição e de realização do capital nas companhias pombalinas e mesmo nas companhias monopolistas que as antecederam. Em tempos mais recentes, RAÚL VENTURA[293] expri-

---

[291] É o seguinte o teor completo do artigo 1240.º do Código Civil de 1867: *É lícito a todos os que podem dispor dos seus bens e indústria associar-se com outrem, pondo em comum todos os seus bens ou parte deles, a sua indústria, ou simplesmente, os seus bens e indústria conjuntamente, com o intuito de repartirem entre si os proveitos ou perdas, que possam resultar dessa comunhão. É o que se chama sociedade.*

[292] RUI FIGUEIREDO MARCOS, *As Companhias Pombalinas*, cit., principalmente, págs. 446 e segs. e 536 e segs..

[293] RAÚL VENTURA em *Apontamentos para a Reforma das Sociedades por Quotas de Responsabilidade Limitada*, cit., págs. 121 e segs., e *Anteprojecto de Reforma da Lei das Sociedades por Quotas – 2.ª redacção*, Separata do BMJ, 182, Lisboa, 1969, págs. 121-128, propôs, como subtipo de sociedade por quotas, a sociedade limitada por garantia, que seria constituída *mediante a assumpção pelos sócios de certa responsabilidade pelos débitos sociais.* Sobre o assunto, ver também, do Autor, *Sociedades por Quotas*, I, cit., pág. 55. JOSÉ GRABRIEL PINTO COELHO, *Sociedades Comerciais*, cit., pág. 313, manifesta-se contrário à admissão da constituição de sociedades em que os sócios, sem porem bens em comum, se limitem a assumir a responsabilidade perante terceiros.

mia dúvidas quanto à sinceridade da asserção de que o capital se encontrava integralmente realizado, constante da generalidade dos pactos sociais de sociedades por quotas e propõe a admissão de *sociedades limitadas por garantia* em que o capital fosse sendo subscrito à medida que se tornasse necessário. Mas esta proposta não teve resultados.

O actual Código das Sociedades Comerciais rodeia de cautelas e mecanismos de controlo a realização das entradas, quer na constituição das sociedades comerciais, quer nos reforços de capital subsequentes. Contém uma regulamentação que se quer rigorosa da matéria.

II. As sociedades comerciais necessitam de meios que financiem a sua actividade e possibilitem a prossecução dos seus fins. Recordando as antigas definições da *societas* cabe interrogar sobre se será necessário sempre, em todos os casos, que os sócios fundadores realizem entradas em bens económicos objectivos – dinheiro, coisas, direitos – e que o façam logo ao tempo da constituição.

O valor da parte de cada sócio deve coincidir com o da sua entrada. Não há razão para que, logo no momento da constituição da sociedade, exista divergência entre o valor da entrada de cada sócio e o da respectiva parte social. No artigo 25.º, n.º 1, a lei proibe que a parte social inicial tenha um valor superior ao da entrada. Quer isto dizer que não podem ser concedidos descontos aos sócios na subscrição e realização iniciais da sua parte. Mas poderá a entrada inicial de um sócio ter um valor superior à sua parte social? Embora aquele preceito o não proíba expressamente, e uma leitura puramente literal da lei o admita (apenas porque não é expressamente proibido), não se vê por que razão deverá ser permitido – *a contrario sensu* – que a parte inicial do sócio não inclua a totalidade da sua entrada, isto é, que o sócio atribua parte da sua entrada a outras verbas que não o capital social, por exemplo, a prémios ou reservas de subscrição. No início da vida da sociedade o capital deve corresponder ao seu património. Esta correspondência é cedo perturbada pelo custeio da constituição e registo, mas o desvio que assim se produz é proporcionalmente pouco importante e pode ser desconsiderado.

III. Nem sempre a sociedade necessita, logo de início, da totalidade dos capitais cujo investimento se prevê. Pode, possivelmente, iniciar a sua actividade com uma fracção apenas do que se projecta investir, e deixar para mais tarde o remanescente dos ingressos à medida do que se for revelando conveniente. Esta questão encontra resposta na estipulação estatutária do diferimento das entradas (artigo 26.º), ou na fixação dum capital inicial mais modesto com estipulação estatutária do seu reforço subsequente. Não é rara a estipulação da autorização ao órgão de gestão para deliberar ulteriores reforços de capital.

Pode também perguntar-se se não será possível limitar o investimento inicial dos sócios à assunção de garantias que permitam à sociedade financiar a sua actividade integralmente com capitais alheios. A proposta de RAÚL VENTURA[294] de admissão de sociedades de responsabilidade limitada por garantia não logrou converter-se em lei. Ficou apenas previsto, no artigo 198.º do Código das Sociedades Comerciais a possibilidade de se estipular nos estatutos das sociedades por quotas que, além do capital subscrito e realizado, um ou mais sócios fiquem responsáveis, solidariamente ou subsidiariamente com a sociedade, até certos montantes, perante os credores sociais. A responsabilidade pessoal do sócio apenas complementa parcialmente a entrada com *bens susceptíveis de penhora*. Mas a fiança pessoal do sócio não poderia ser considerada *susceptível de penhora*? Na sociedade em nome colectivo, a responsabilidade pessoal ilimitada, subsidiária em relação à sociedade e solidária com os consócios tem já o estatuto de regime típico. O capital subscrito e realizado desempenha uma função operacional, de suporte funcional da actividade social, mas não esgota a função de garantia, em que o património pessoal dos sócios o complemente necessariamente.

Perguntar-se-ia finalmente porque não admitir que o contributo dos sócios se quedasse pelas suas competências e serviços, que podem,

---

[294] RAÚL VENTURA, *Apontamentos para a Reforma das Sociedades por Quotas de Responsabilidade Limitada*, cit., págs. 121-128 e *Anteprojecto de Reforma da Lei das Sociedades por quotas – 2.ª redacção*, cit., artigos 76.º a 81.º, págs. 224-227.

na verdade, valer mais do que certas quantias em dinheiro. Embora não seja proibido, parece pelo menos pouco prático o funcionamento de sociedades em nome colectivo com apenas sócios de indústria[295]. As necessidades iniciais de fundos, designadamente para o pagamento das despesas de constituição, podem ser pouco elevadas e custeadas directamente pelos sócios, que ficam com o respectivo crédito sobre a sociedade. A sua actividade subsequente asseguraria a constituição de um capital de funcionamento e até de investimento. Os credores seriam garantidos, ou por um regime de responsabilidade ilimitada, ou por fianças, ou outras garantias dos sócios. Mas a lei não seguiu esse caminho e limitou-se a permitir a constituição de sociedades em nome colectivo com apenas sócios de indústria e sem capital (artigo 9.°, alínea f)).

IV. O regime das entradas de capital, varia com os diversos tipos de sociedades. As diferenças são determinadas pelo sentido próprio de cada um dos respectivos tipos. Não podia deixar de ser acentuadamente diferente o regime do capital e da sua entrada nas sociedades em nome colectivo, acentuadamente pessoalizadas, nas sociedades anónimas, fortemente capitalistas, nas sociedades por quotas, mais capitalistas do que aquelas e mais pessoais do que estas, e nas sociedades em comandita que reúnem sócios capitalistas e sócios empresários.

---

[295] VASCO LOBO XAVIER, *Sociedades por Quotas; Exclusão de Sócios; Deliberações sobre matéria Estranha à Ordem do Dia; Responsabilidade do Sócio por Perdas Sociais*, Anotação ao TRLisboa, 2.II.84, *RLJ*, 119.°, pág. 282, duvida da admissibilidade de sociedades em nome colectivo com apenas sócios de indústria. FERNANDO OLAVO, *Sociedade em Nome Colectivo*, Separata do BMJ 179, Lisboa, 1968, nos trabalhos preparatórios do actual Código das Sociedades Comerciais, não aborda a questão. Na Parte Geral do Código das Sociedades Comerciais, o artigo 9.°, n.° 1, alínea g) dispensou da indicação do valor do capital no contrato as sociedades em nome colectivo *em que os sócios contribuam apenas com a sua indústria*, o que resolveu a questão. Sobre o assunto, ver ainda RAÚL VENTURA, *Novos Estudos sobre Sociedades Anónimas e Sociedades em Nome Colectivo*, cit., págs. 234-235, PINTO FURTADO, *Curso de Direito das Sociedades*, cit., pág. 103.

264 *A Participação Social nas Sociedades Comerciais*

Tem interesse explicitar a série de tipos e as consequências de regime que lhe são inerentes.

Na sociedade em nome colectivo, os sócios respondem com todo o seu património pelo passivo social. Por isso, não é necessário fixar-lhes um capital mínimo, porque a garantia dos seus credores acaba por ter sempre o limite do património dos sócios. O valor económico do contributo dos sócios de indústria não soma na conta do capital (artigo 178.º, n.º 1). É-lhes suficiente o capital necessário às despesas de arranque. A ilimitação da responsabilidade está obviamente ligada à inexistência de limite mínimo de capital. A lei e os credores contam mais com o património dos sócios do que com o capital por eles subscrito e, por isso, se permite, no artigo 179.º, que a verificação das entradas em espécie seja substituída pela assunção expressa pelos sócios de responsabilidade solidária, não subsidiária, pelo respectivo valor. A lei não fixa o tempo das entradas, que depende assim das necessidades da sociedade, tal como avaliadas pelos respectivos sócios.

Nas sociedades por quotas, a limitação da responsabilidade exige uma mais séria disciplina da formação do capital. As sociedades por quotas não admitem participações de indústria (artigo 202.º, n.º 1). Para se constituírem é necessário um capital mínimo de € 5.000,00 que não pode ser posteriormente reduzido a valor inferior. Nenhuma das quotas pode ser de valor inferior a € 100,00. Só pode ser diferida a realização de metade das entradas em dinheiro, mas essa metade, somada com o valor nominal das entradas em espécie, deve alcançar, pelo menos, o valor do capital mínimo exigido por lei para este tipo de sociedades. O diferimento das entradas não pode prolongar-se indefinidamente: os pagamentos devem ser feitos em datas certas ou em datas dependentes de factos certos e pode ser exigido a partir dos cinco anos a contar da constituição. O não pagamento atempado das entradas diferidas tem consequências gravosas e pode conduzir à exclusão do sócio remisso, com perda das quantias já pagas ou das quantias em dívida. Os credores da sociedade podem exercer subrogatoriamente os créditos da sociedade contra os sócios relativos às entradas, a partir do seu vencimento, e mesmo antes se assim se tornar necessário *para a conservação ou satisfação dos seus direitos* (artigo 30.°, n.° 1).

Nas sociedades anónimas, são também excluídas as participações de indústria (artigo 277.°, n.° 1), mas não as entradas em espécie. O valor nominal mínimo do capital é de € 50.000,00. O capital é representado por acções, todas com o mesmo valor nominal, não inferior a um cêntimo (artigo 276.°).

a) Participação em dinheiro

As entradas são normalmente feitas em dinheiro. A liquidez e fungibilidade características do dinheiro tornam-no particularmente adequado à realização das entradas de capital. Dispensa a complexidade e insegurança das avaliações das entradas em espécie e é imediatamente utilizável. Estatisticamente é de longe maioritária a entrada em dinheiro. Pode mesmo dizer-se, sem exagero, que constitui a normalidade.

A lei contém um regime especial de verificação da efectividade das entradas em dinheiro. Não basta, em princípio, que os sócios fundadores declarem, na escritura de constituição, que o capital está realizado. No tempo do velho Código Comercial, era exigido para a constituição de sociedades anónimas o depósito prévio de 10% do capital inicial na Caixa Geral de Depósitos (artigo 162.°, § 3), mas para a constituição de sociedades em nome colectivo nada estava especialmente previsto neste particular; a Lei das Sociedades por Quotas exigia, na versão originária do seu artigo 5.°, que cada um dos sócios entrasse logo ao tempo da constituição com 10% do capital subscrito, percentagem que veio posteriormente a ser elevada para 50%[296], e assim ficasse declarado na respectiva escritura. Era, todavia, comum a prática de declarar falsamente a realização das entradas e os tribunais chegaram a qualificar criminalmente tal actuação[297].

---

[296] Alteração introduzida pelo Decreto-Lei n.° 43.843, de 5 de Agosto de 1961.

[297] STJ 24.I.68, BMJ 173, 179.

266 *A Participação Social nas Sociedades Comerciais*

Na sociedade em nome colectivo, o Código das Sociedades Comerciais nada diz directamente quanto à verificação das entradas em dinheiro nem quanto a um limite mínimo de realização das mesmas, embora se preocupe com a avaliação da indústria (artigo 176.º, n.º 1 alínea b)) e permita a dispensa da avaliação das entradas em espécie que pode ser substituída pela assunção expressa, pelos sócios, no contrato, da responsabilidade solidária, mas não subsidiária pelo seu valor (artigo 179.º). Será permitida a dilação das entradas de capital na sociedade em nome colectivo? BRITO CORREIA[298], opina que, na falta de texto legal e atento o preceito do artigo 26.º, pode deduzir-se não ser permitido o diferimento das entradas. Este argumento parece-nos, porém, meramente literal e é contrariado por um outro argumento, também literal, que se retira do n.º 2 do artigo 195.º, sobre a liquidação da sociedade em nome colectivo, em que se obriga os liquidatários a reclamar dos sócios as *dívidas de entradas*. Parece, pois, poder concluir-se que é lícito estipular no respectivo contrato o diferimento das entradas, cujo valor é da responsabilidade de todos os sócios. Esta solução era já sustentada por VASCO LOBO XAVIER, no seu ensino oral, segundo testemunha PAULO DE TARSO DOMINGOS[299]. É mais justa e mais harmónica com o sentido do tipo da sociedade em nome colectivo. A responsabilidade ilimitada dos sócios, típica da sociedade em nome colectivo, permite um regime mais liberal de diferimento das entradas do que nas sociedades de capitais. O suporte patrimonial dos créditos de terceiros abrange sempre o património da sociedade e o dos seus sócios, e não varia, por isso, com o diferimento das entradas. O argumento literal extraído do artigo 26.º é neutralizado pelo n.º 2 do artigo 195.º que implicitamente permite o diferimento. Mas são razões substanciais emergentes do sentido próprio do tipo da sociedade em nome colectivo e do regime de responsabilidade limitada que lhe é inerente, que militam no sentido da sua permissão.

---

[298] BRITO CORREIA, *Direito Comercial*, II, *Sociedades Comerciais*, cit., pág. 293.
[299] PAULO DE TARSO DOMINGUES, *Do Capital Social*, Studia Iuridica, 33, Universidade de Coimbra, 1998, pág. 84(275).

Nas sociedades de capital, há limites ao diferimento das entradas. Na sociedade por quotas não pode ser diferida a entrada de mais de metade do capital subscrito (artigo 202.°, n.° 2) e a parte imediatamente realizada, acrescida ao valor das entradas em espécie, se as houver, não pode ser inferior a, pelo menos, o valor do capital mínimo fixado na lei. Na sociedade anónima, não pode ser diferido mais de setenta por cento do valor das entradas (artigo 277.°, n.° 2). No caso de constituição com apelo à subscrição pública, os promotores devem subscrever e realizar pelo menos o valor do capital mínimo exigido por lei para o tipo da sociedade anónima (artigo 279.°, n.° 2) e, em caso de subscrição incompleta, as entradas devem ser restituídas, mas pode também a sociedade ser constituída com um capital inferior ao valor subscrito, desde que alcance pelo menos três quartos do previsto e assim tenha sido previsto no programa de oferta (artigo 280.°, n.° 3).

b) Participação em espécie

As entradas não têm de ser feitas necessariamente em dinheiro. Podem também sê-lo em *bens susceptíveis de penhora* (artigo 20.°, alínea a))[300]. Esta regra consta da parte geral e é, em princípio aplicável a todos os tipos societários.

---

[300] PAULO DE TARSO DOMINGUES, *Do Capital Social*, cit., págs. 143-145, opina que a exigência legal de que as entradas em espécie consistam em bens susceptíveis de penhora corresponde a uma *transposição menos exacta* do texto do artigo 7.° da Segunda Directriz sobre Sociedades, que exige apenas que sejam *susceptíveis de avaliação económica*, e defende que, não pretendendo a lei portuguesa afastar-se da solução comunitária, o preceito seja interpretado no sentido de admitir a entrada com bens susceptíveis de avaliação económica ainda que não penhoráveis. COUTINHO DE ABREU, *Curso de Direito Comercial*, II, *Das Sociedades*, cit., págs. 270-271, concorda expressamente com esta posição. Em nossa opinião, a divergência não tem grande relevância. A redacção da lei portuguesa, embora mais restrita, dificilmente exclui mais do que os bens previstos na alínea f) do artigo 822.° do Código de Processo Civil, e dois terços das pensões de reforma, indemnizações por acidente, rendas vitalícias ou prestações de natureza semelhante, previstos no artigo 824.°, n.° 1, alínea b) do Código de Processo Civil. Talvez por isto, a Doutrina não preste grande atenção à restrição.

268   *A Participação Social nas Sociedades Comerciais*

As entradas em espécie têm de ser avaliadas. É importante assegurar que o valor pelo qual são oferecidas é correcto. Se esse valor for inflacionado, for superior ao real, a realização da entrada será pelo menos parcialmente fictícia. Menos grave será o caso em que a entrada for subavaliada, em que apenas o sócio ficará a perder, mas a sociedade será beneficiada. É muito clara, na lei, a preocupação de que as entradas em espécie sejam efectivadas pelo seu valor real.

O sistema de avaliação das entradas em espécie está regulado, em geral, no artigo 28.°. Por deliberação dos sócios deve ser designado um revisor oficial de contas que procede à elaboração de um relatório no qual deve, pelo menos, descrever os bens objecto das entradas, identificar os seus titulares e proceder à sua avaliação, indicando o respectivo critério. Para garantir a seriedade da avaliação, a lei exige que o revisor oficial de contas não tenha interesses na sociedade e que na sua designação não participem os sócios cujas entradas sejam por ele avaliadas. Este relatório deve ser minimamente actual e não pode reportar-se a um tempo de anterioridade superior a noventa dias. Se todos os sócios fizerem entradas em espécie, será necessário designar mais do que um revisor, de modo que nunca a sua designação seja feita pelos sócios cujas entradas ele avalia.

Se vier a verificar-se que as entradas foram deficientemente avaliadas e que o seu valor real, ao tempo, era inferior, o sócio é responsável pela diferença, até ao valor nominal da sua entrada. Se, porém, houver uma perda de valor do bem que seja posterior ao tempo da entrada, há que apurar se a desvalorização posterior significa um seu valor inicial menor já ao tempo da avaliação, caso em que o sócio deverá completar o seu valor, ou se essa perda posterior de valor não é de molde a significar uma natureza que torne o bem menos valioso ao tempo da avaliação, caso em que será, em princípio, da sociedade o risco de desvalorização superveniente.

A regra de partilha, entre a sociedade e o sócio, do risco de desvalorização posterior ou até de perecimento posterior do bem ou direito objecto da entrada em espécie deverá resultar, em primeira linha, do regime jurídico concreto do acto de atribuição patrimonial em que a entrada se traduz. A entrada é um acto de atribuição patrimonial que, nos moldes da autonomia privada, pode corresponder a certo tipo ou mesmo ser atípico. Encontram-se na lei regras que determinam a aplicação transtípica do regime de certos tipos legais que podem dar um contributo importante na concretização do regime do risco.

Se entre o sócio e a sociedade pode ser convencionado que a entrada envolva a transmissão simples da propriedade de uma coisa sem condições nem termos, devem ser aplicadas as regras de distribuição do risco próprias da compra e venda. O recurso ao regime jurídico de partilha do risco da compra e venda decorre dos artigos 939.° e 984.°, alínea a) do Código Civil. De acordo com a doutrina tradicional que encontra no tipo da sociedade civil simples o tipo-padrão de todas as sociedades, o artigo 984.° seria de aplicação directa. Em nossa opinião, o tipo legal da sociedade civil simples, regulado nos artigos 980.° e seguintes do Código Civil, não é mais que um tipo entre outros e os preceitos que o integram só podem ser aplicados por analogia. Também o artigo 939.° implica uma aplicação transtípica analógica do regime de risco do tipo da compra e venda. A solução é igual em ambos os casos. Também o regime da alínea c) do artigo 984.° coincide com o do artigo 588.° do Código Civil. Já a regra da alínea b) do artigo 984.° não encontra duplicação.

O sistema de avaliação das entradas em espécie tem impedido grandes discrepâncias entre o valor real e o valor declarado das entradas, embora, na prática, se verifique alguma docilidade dos revisores em relação ao que os sócios entendem, ou pretendem, ser o valor dos bens com que realizam as suas entradas. Porém, as avaliações não deixam, em geral, de se fixar em valores, pelo menos, plausíveis ou aceitáveis, dentro dos parâmetros muitas vezes fluidos ou incertos que uma teoria do valor em ambiente de mercado dificilmente consegue evitar.

c) Participação de indústria

Na sociedade em nome colectivo e na sociedade em comandita, em relação aos sócios comanditados, a entrada pode ser feita em in-

270 *A Participação Social nas Sociedades Comerciais*

dústria. A indústria é actividade, é prestação de serviços à sociedade. O contributo dos sócios de indústria não se traduz em bens nem em direitos, mas sim numa actividade. A participação de indústria é vantajosa sempre que o sócio tem competências especiais que são úteis para a prossecução do fim da sociedade.

A indústria tem um valor económico que, embora não faça parte do capital, deve ser fixado no contrato *para o efeito da repartição de lucros e perdas* (artigo 176.º, n.º 1, alínea b)). Quando se torne impossível a prestação da indústria, o sócio pode ser excluído (artigo 186.º, n.º 1, alínea c)).

Nas sociedades de capitais – sociedade por quotas, sociedade anónima e sociedade em comandita por acções – não são admitidos os sócios de indústria. Tipicamente, os sócios contribuem apenas com dinheiro ou com bens avaliáveis em dinheiro, isto é, seus sucedâneos. As contribuições dos sócios são, em princípio, objectivas. Todavia, são permitidas as prestações acessórias que, de certo modo, se aproximam da prestação de indústria e que constituem um desvio daqueles tipos no sentido da aproximação à sociedade em nome colectivo[301].

d) *Participação inicial e subsequente no capital*

As entradas podem ocorrer na constituição da sociedade ou, mais tarde, por aumento do capital.

A formação inicial do capital na constituição da sociedade é simultânea ao acto constitutivo. Embora tenham de ser previamente depositadas as quantias correspondentes às entradas em dinheiro na sociedade por quotas e na sociedade anónima, só no acto e no momento da constituição estas se transmitem do património dos sócios para o da sociedade. Antes de tal momento, a sociedade não existe ainda. Porém, a sociedade só adquire personalidade jurídica com

---

[301] *Infra* III.18.h). JOSÉ GRABRIEL PINTO COELHO, *Sociedades Comerciais*, cit., fasc. I, págs. 316 e segs., admite as *acções industriais* mas limita-as ao direito *apenas a receber dividendo, mas não a participar na partilha do capital, quando a sociedade entra em liquidação, pois não correspondem a uma fracção deste.*

o registo definitivo (artigo 5.°). Entre a celebração do acto constitutivo e o registo definitivo medeia algum tempo, que pode ser relativamente longo. Durante esse tempo, não havendo ainda um novo ente jurídico, os bens das entradas integram um fundo comum que pertence a todos os sócios em comunhão. Este fundo comum deve reger-se pela disciplina do artigo 196.° do Código Civil e, enquanto não ocorrer o registo definitivo, nenhum dos sócios pode exigir a divisão e nenhum seu credor o pode fazer excutir[302].

O capital deve estar integralmente subscrito antes da celebração do acto constitutivo. Na sociedade anónima, o regime de constituição com apelo à subscrição pública introduz desvios ao regime geral, mas não altera o seu sentido: mesmo quando se não consegue a subscrição da totalidade do capital só pode constituir-se a sociedade com o capital subscrito (artigo 280.°, n.° 3). A sua realização pode ser diferida, com diferentes regimes conforme os tipos.

Nos aumentos de capital, a subscrição e as entradas ocorrem em relação a uma sociedade já constituída e com personalidade jurídica. Existindo já, no mundo do direito, o ente personalizado capaz de constituir o suporte de imputação de situações jurídicas, torna-se possível proceder às entradas antes do acto jurídico que consubstancia o aumento do capital. O artigo 89.° do Código das Sociedades Comerciais remete o regime das entradas para o da constituição da sociedade, com poucas modificações. As entradas cujo acto de transmissão não exija escritura pública devem ser efectuadas antes da escritura do aumento do capital; aquelas para as quais seja formalmente necessária a escritura são efectuadas nesse acto, em que deverá intervir também o transmitente. Quando não seja fixada data para o pagamento das entradas em dinheiro que tenham sido diferidas, estas vencem-se com

---

[302] A lei não prevê a dissolução da sociedade legalmente constituída, mas não registada. O seu registo pode ser requerido pelos seus directores, gerentes ou administradores e ainda pelos seus sócios ou outros interessados (artigo 29.° do Código do Registo Comercial). Sobre o assunto, BRITO CORREIA, *Direito Comercial*, II, *Sociedades Comerciais*, cit., págs. 192 e segs. e COUTINHO DE ABREU, *Curso de Direito Comercial*, II, *Das Sociedades*, cit., pág. 132(98).

o registo definitivo do aumento do capital. No aumento de capital por incorporação de reservas não há propriamente entradas que se traduzam em transmissões de bens ou atribuições patrimoniais, mas antes a transformação das reservas em capital. A verificação da existência das reservas a incorporar é feita através da elaboração de um balanço *ad hoc* (artigo 93.º).

e) Poderes sub-rogatórios dos credores da sociedade

As entradas devem ser pontualmente cumpridas. Quando diferidas, o contrato pode prever sanções para o seu incumprimento. Independentemente das sanções que forem estipuladas, os dividendos de que sejam credores sócios remissos não podem ser por eles recebidos e são compensados com a dívida de entrada. A mora no pagamento de entradas diferidas acarreta o vencimento imediato de demais prestações. O artigo 30.º do Código das Sociedades Comerciais prevê que qualquer credor da sociedade exerça sub-rogatoriamente os créditos de entradas da sociedade sobre os sócios quando estes se encontrem em mora ou, independentemente de mora, se tal se tornar necessário para a conservação ou satisfação dos seus créditos.

O crédito de entradas é um crédito da sociedade sobre o sócio remisso. A sociedade pode cobrá-lo quando assim o entender. Não obstante o rigor legal da limitação temporal do diferimento das entradas, não se encontra na lei um dever que recaia sobre a sociedade de cobrar as entradas em mora sobre os sócios remissos.

A dívida de entrada pode conduzir à exclusão do sócio. Na sociedade em nome colectivo, apenas a impossibilidade de prestação da indústria constitui fundamento de exclusão do sócio; a dívida da entrada, em dinheiro ou em espécie, permite à sociedade cobrá-la pelos meios comuns e sem a obrigar a tal. Só se encontra um dever de cobrar as entradas em mora, na sociedade em nome colectivo, no que respeita ao liquidatário (artigo 195.º, n.º 2). Na sociedade por quotas, o artigo 204.º confere à sociedade o poder de excluir o sócio e de vender a sua quota, mas não o impõe. Na sociedade anónima o artigo 285.º também confere à sociedade o poder de determinar a

Os deveres dos sócios 273

perda das acções cuja realização esteja em mora e bem assim das quantias que por conta dessa realização tenham já sido pagas, mas não obriga a sociedade a tomar essa atitude.

A realização do capital e o cumprimento das entradas visam primacialmente a protecção dos credores que, sem elas, podem ver prejudicado o suporte de garantia patrimonial dos seus créditos. Não é de interesse público, nada tem a ver com o bem comum. Por isso, embora a sociedade não tenha o dever de agir no sentido de forçar o cumprimento pelo sócio remisso das suas obrigações de entrada, a lei confere aos credores da sociedade o poder de se lhe subrogarem e exigirem dos sócios em favor da sociedade o pagamento das entradas em dívida e até daqueles que ainda não estejam em mora mas cujo pagamento seja necessário para a *conservação ou satisfação dos seus direitos* (artigo 30.º).

Este regime de subrogação permite discernir algo de interessante quanto ao conteúdo da participação social, da posição jurídica do sócio na sociedade. Este, está obrigado a realizar a sua entrada, em primeira linha perante a sociedade, a quem deve pagar a entrada; mas secundariamente é também perante os credores da sociedade que o sócio está vinculado a proceder às entradas. Os credores da sociedade são também indirectamente credores dos sócios remissos, mas os seus créditos têm um conteúdo peculiar: os sócios remissos estão vinculados, também para com os credores da sociedade a pagar as suas entradas à sociedade. Esta situação jurídica passiva dos sócios tem conteúdo e sentido diferente no que respeita aos sócios das sociedades por quotas e anónimas que é diferente do dos sócios da sociedade em nome colectivo que respondem ilimitadamente pelo passivo social, haja ou não sócios remissos.

f) A prestação de garantias pessoais

No artigo 198.º do Código das Sociedades Comerciais está prevista, a propósito da sociedade por quotas, que um ou mais sócios assumam, no pacto social, a responsabilidade pelo passivo da sociedade, perante os respectivos credores, até certo valor. Esta responsabilidade pode ser assumida em duas modalidades: numa delas pode ser solidária com a sociedade; noutra pode ser subsidiária e efectiva apenas na liquidação. Esta responsabilidade é limitada ao tempo em que se mantém a qualidade de sócio daquele que a assumiu. Se antes falecer, esta responsabilidade caduca e não entra na sucessão, embora assim suceda com as obrigações a que o sócio já estava vinculado em vida. O sócio que, nos moldes deste regime, tenha pago alguma dívida da sociedade fica com direito de regresso contra ela, mas não contra os seus sócios.

Este regime jurídico é específico da sociedade por quotas e vem do projecto de RAÚL VENTURA[303] em que foi proposta a dualização de subtipos de sociedade por quotas: limitada por capital e limitada por garantia. Esta dualização acabou por não vir a ser acolhida, mas deixou a sua marca no regime do artigo 198.º.

O regime jurídico do artigo 198.º do Código das Sociedades Comerciais traduz uma maleabilização do tipo da sociedade por quotas e uma sua aproximação ao tipo da sociedade em nome colectivo. Na vida real, raramente as sociedades por quotas são dotadas de capitais suficientemente importantes para satisfazerem os seus credores, principalmente aos bancos. Quase sempre lhes é pedida a prestação de avales ou outras garantias pessoais pelos sócios ou, pelo menos, pelos sócios-gerentes. Esta prática é socialmente típica. A recusa da prestação de aval é normalmente interpretada como falta de confiança e de empenhamento do sócio, ou do sócio-gerente, na sociedade, no seu projecto empresarial, na viabilidade do seu negócio. É da prática bancária associar o sócio ao risco empresarial da sociedade de modo a comprometê-lo no seu êxito e a não permitir que dele se desinteresse.

Esta associação do sócio, principalmente do sócio-gerente, ao risco da empresa societária é típico da sociedade em nome colectivo e da posição jurídica dos sócios comanditados. A sociedade por quo-

---

[303] RAÚL VENTURA, *Apontamentos para a Reforma das Sociedades por Quotas de Responsabilidade Limitada*, cit., págs. 121-128 e *Anteprojecto de Reforma da Lei das Sociedades por quotas – 2.ª redacção*, cit., artigos 76.º a 81.º, págs. 224-227.

Os deveres dos sócios

tas, em cujo pacto seja estipulado este regime, está ainda dentro do âmbito material do tipo, mas já muito próxima do seu limite, principalmente se a estipulação abranger todos os sócios. Mantém-se, porém, um limite de elasticidade do tipo: a responsabilidade assim assumida pelos sócios não pode ser ilimitada no seu valor, só se aplica a obrigações assumidas pela sociedade enquanto o sócio tiver essa qualidade. Diferentemente do que é característico da sociedade em nome colectivo, a responsabilidade patrimonial do sócio pelo passivo pode ser solidária não subsidiária.

g) As prestações suplementares

I. O Código das Sociedades Comerciais prevê, no tipo da sociedade por quotas, nos artigos 210.º a 213.º, que sejam exigidas aos sócios prestações suplementares *se o contrato de sociedade assim o permitir*. A obrigação de prestações suplementares pode constar da versão original do pacto ou ser nele posteriormente introduzida. No primeiro caso, a sua estipulação supõe o consentimento de todos os sócios logo no contrato constitutivo. Quando for estipulada posteriormente à constituição da sociedade, em alteração de estatutos, a obrigação de prestações suplementares só é eficaz para com os sócios que tenham votado favoravelmente a deliberação que a introduziu no pacto, como resulta do artigo 86.º, n.º 2 do Código das Sociedades Comerciais. A lei exige que o pacto especifique o montante das prestações suplementares e a identidade dos sócios que ficam obrigados à sua prestação.

Além de prevista no pacto, a exigência concreta das prestações suplementares pressupõe uma deliberação dos sócios que fixe o seu montante e o prazo do seu pagamento, que não deve ser inferior a trinta dias. As prestações suplementares obedecem ao regime dos sócios remissos (artigos 204.º e 205.º por remissão do artigo 212.º, n.º 1). O sócio que não cumprir a obrigação de as prestar, fica sujeito a exclusão com perda total ou parcial da sua quota a favor da sociedade, que pode proceder à sua venda.

276   *A Participação Social nas Sociedades Comerciais*

II. Se não estiverem previstas no pacto, não deixam de ser possíveis as prestações suplementares, desde que o sejam voluntariamente[304]. Os sócios podem deliberar, em assembleia geral, a chamada de prestações suplementares espontâneas, mesmo que no pacto não conste essa obrigação. De diferente do regime legal, esta modalidade tem, como característica, a sua não obrigatoriedade. Da circunstância de não haver obrigação não se pode concluir, sem mais, que haja proibição. Se no pacto nada constar que o impeça, a deliberação, em si, como acto de autonomia privada, nada tem de inválido. Porém, não havendo obrigação estatutária, não pode ficar vinculado pela deliberação o sócio que votar contra, se abstiver ou que não tiver participado na sua votação. Estas prestações suplementares são espontâneas e voluntárias. Já assim não será se porventura as prestações suplementares forem no pacto proibidas.

As prestações suplementares espontâneas, em nossa opinião, devem ser objecto de deliberação dos sócios que as qualifique como tais e lhes fixe o regime. Sem esta deliberação, as entradas espontâneas e voluntárias que os sócios façam para reforçar o património da sociedade, sem aumento do capital, não podem ser qualificadas como prestações suplementares. É preciso interpretar o acto que as consubstancia. Se da sua interpretação resultar que não são restituíveis, se forem *a fundo perdido*, deverão ser qualificadas como liberalidades; se se concluir que os sócios que as fazem, pretendem reaver o seu valor, ainda que sem fixação de prazo ou mesmo *cum potuerit*, como é corrente, devem então ser qualificadas como suprimentos.

---

[304] PINTO DUARTE, *Suprimentos, Prestações Acessórias e Prestações Suplementares*, em *Problemas do Direito das Sociedades*, Almedina, Coimbra, 2002, pág. 278, admite as prestações espontâneas de capital, mas nega que *tais prestações suplementares realizadas na ausência de cláusula estatutária que as permita sejam verdadeiras prestações suplementares — submetidas em tudo ao regime que seria aplicável se o previsto nos arts. 210 e 211 fosse observado* e opina que *ao incumprimento do acordo dos sócios nesse sentido não será aplicável o art. 212, n.° 1, por a pesada sanção daí resultante só parecer justificada quando haja violação de um dever estatutário*.

III. As prestações suplementares, obrigatórias ou espontâneas, são entradas em dinheiro feitas pelos sócios para reforço do património da sociedade. Delas resulta um acréscimo da sua situação líquida sem afectar o montante do capital social. São contabilizadas nos capitais próprios[305]. Podem vir a ser restituídas, mediante deliberação nesse sentido, desde que a situação líquida o permita, isto é, que após a sua restituição *não fique inferior à soma do capital e da reserva legal*. Não vencem juros.

As prestações suplementares têm origem nos §§ 26, 27 e 28 da versão original da *GmbHG* (*Nachschüssen*) e foram recebidas nos artigos 17.°, 18.° e 19.° da Lei das Sociedades por Quotas de 1901. Inicialmente não suscitaram interesse, mas recentemente têm sido por vezes utilizadas como um expediente sucedâneo dos suprimentos, em relação aos quais têm vantagens fiscais. Também em relação ao aumento de capital, como modo de reforço dos capitais próprios da sociedade, revelam vantagens de menor formalidade e custo inferior, e principalmente de poderem ser restituídas sem as dificuldades da redução do capital[306].

IV. A obrigação estatutária de prestações suplementares é típica da sociedade por quotas. A sua ordenação no tipo é periférica e não central porque, embora prevista na lei, precisa de ser estipulada. Não faz parte dos *naturalia negotii*: é, na classificação tradicional, um elemento acidental típico.

Pelo facto de a lei prever as prestações suplementares obrigatórias apenas no âmbito do tipo da sociedade por quotas, alguma doutrina tem sentido inclinação para as não admitir noutros tipos de sociedade[307]. Tal conclusão vem de um tropismo para a letra da lei que tem afectado negativamente a prática notarial. Pensamos que

---

[305] Segundo o Plano Oficial de Contas, são contabilizadas na conta 53, de capital, reservas e resultados transitados.

[306] RAÚL VENTURA, *Sociedades por Quotas*, I, cit., pág. 232, fala a este propósito do uso pouco ortodoxo que delas por vezes se fez.

[307] BRITO CORREIA, *Direito Comercial*, II, *Sociedades Comerciais*, cit., pág. 298, PINTO FURTADO, *Curso de Direito das Sociedades*, cit., pág. 322.

278 *A Participação Social nas Sociedades Comerciais*

nada obsta, em princípio, a que noutros tipos de sociedades os sócios façam constar dos estatutos a obrigação de prestações suplementares ou que, na falta dessa previsão, deliberem a entrada de prestações suplementares espontâneas.

No tipo da sociedade por quotas, a obrigação de prestações suplementares é típica, embora como elemento acidental. Não se situa no cerne do tipo porque é necessário que seja estipulada no pacto, mas na sua periferia porque está expressamente prevista na disciplina legal do tipo a possibilidade da sua estipulação.

Noutros tipos de sociedades, a estipulação de obrigação de prestações suplementares é atípica, porque não prevista no modelo legal típico, mas é suportada pela elasticidade do tipo. Não é contrária à lei, que as não proíbe; nem aos bons costumes, em relação aos quais é neutra; nem à ordem pública; e não se vislumbra onde possa ser incompatível com o sentido do tipo de tal modo que se torne inadmissível. A aplicação transtípica do regime das prestações suplementares é analógica e exige adaptação. A remissão feita no n.º 1 do artigo 212.º para os artigos 204.º e 205.º tem o sentido e a *ratio legis* de aplicar aos sócios que não cumpram a obrigação de pagar as prestações suplementares o regime jurídico do incumprimento das entradas diferidas estatuído na lei para cada tipo de sociedade ou nos respectivos estatutos. Assim, por exemplo, no caso da sociedade anónima, a remissão feita no n.º 1 do artigo 212.º para os artigos 204.º e 205.º deve entender-se feita aos artigos 285.º e 286.º. Nada impede também, em nossa opinião, que em assembleia geral de outros tipos de sociedades, seja deliberada a entrada de prestações suplementares espontâneas, embora sempre com a ressalva de que tal deliberação vincula apenas os sócios que a votarem favoravelmente; os sócios que não votarem favoravelmente a referida deliberação não ficam obrigados a pagá-las, mas podem fazê-lo voluntariamente.

h) As prestações acessórias

O Código das Sociedades Comerciais prevê em relação à sociedade por quotas (artigo 209.º) e à sociedade anónima (artigo

287.º)[308], a possibilidade de o contrato impor a todos ou alguns sócios *a obrigação de efectuarem prestações para além das entradas, desde que fixe os elementos essenciais desta obrigação e especifique se as prestações devem ser efectuadas onerosa ou gratuitamente.*

As prestações acessórias têm por objecto serviços ou coisas que os sócios facultem à sociedade. São um resíduo da indústria que, nas sociedades de capitais, não pode constituir conteúdo das entradas. A prestação de serviços à sociedade, pelos sócios, é típica da sociedade em nome colectivo, como indústria. Nas sociedades de capitais – sociedade por quotas e sociedade anónima – não são admitidos os sócios de indústria e todos os sócios devem fazer entradas de capital, seja em dinheiro seja em espécie. Porém, pode ser vantajoso, para a sociedade e para o sócio, que este, para além da sua entrada de capital, ponha à disposição da sociedade uma sua especial competência ou exerça uma específica actividade que seja útil para a prossecução do fim social. É algo de muito próximo da indústria, que não é em princípio exigido dos sócios, mas pode sê-lo se expressamente estipulado no pacto ou nos estatutos.

No direito alemão das sociedades, existe uma manifestação interessante de prestações acessórias em sociedades anónimas, na *Nebenleitungs-AG*[309]. Trata-se de um subtipo de sociedade anónima, com acções cuja transmissibilidade depende do consentimento da sociedade e em que os sócios, para além das entradas de capital, estão vinculados a deveres acessórios de prestação perante a sociedade, com carácter gratuito ou oneroso. Estes deveres acessórios estão legalmente previstos no § 55 da *AktG* sob a epígrafe *Nebenverpflichtungen der*

---

[308] Os artigos 209.º e 287.º do Código das Sociedades Comerciais têm redacção quase igual. De diferente têm apenas, no respectivo n.º 1, a referência a *sócios* no artigo 209.º a que corresponde *accionistas* no artigo 287.º, e no n.º 3 a frase *mas não pode exceder o valor da prestação respectiva* que surge apenas no artigo 287.º.

[309] Este subtipo tem origem histórica na *Rübenzucker-AG*, cujos sócios, agricultores, se obrigavam a cultivar beterraba em certas áreas dos seus campos e a fornecê-la, normalmente mediante contrapartida, à sociedade que com ela fabricava açúcar. Foi inicialmente prevista nos §§ 211 e 212 do HGB, hoje revogados. KARSTEN SCHMIDT, *Gesellschaftsrecht*, cit., § 26 III 2 f), págs. 773-774.

Aktionäre[310] que, diferentemente do que sucede na lei portuguesa, expressamente veda as prestações acessórias em dinheiro.

Também no direito italiano se prevê, no artigo 2345 do *Codice Civile*, a possibilidade de estipular nos estatutos da sociedade anónima (*Spa*) a obrigatoriedade de *prestazioni accessorie*. Este preceito exige também expressamente que as prestações acessórias sejam *non consisttenti in danaro*[311]. GALGANO[312] opina, a este propósito, que a previsão estatutária da obrigação de prestações acessórias dá lugar *a una sorta di causa mista endosocietaria, introducendo entre i tipi della società di capitali elementi caratteristici dei tipi della società di persona, come l'aporto di servizi*. No mesmo sentido, SABATO[313] refere *l'introduzione di un elemento personale siffato nella strutura della partecipazione alla società per azioni* e CAMPOBASSO[314] que *esso introducono tuttavia un elemento personalistico nella partecipazione sociale*[315].

---

[310] Que é do seguinte teor: *(1) Ist die Übertragung der Aktien an die Zustimmung der Gesellschaft gebunden, so kann die Satzung Aktionären die Verpflichtung auferlegen, neben den Einlagen auf das Grundkapital wiederkehrende, nicht in Geld bestehende Leistungen zu erbringen. Dabei hat sie zu bestimmen, ob die Leistungen entgeltlich oder unentgeltlich zu erbringen sind. Die Verpflichtung und der Umfang der Leistungen sind in den Aktien und Zwischenscheinen anzugeben. (2) Die Satzung kann Vertragsstrafen für den Fall festsetzen, daß die Verpflichtung nicht oder nicht gehörig erfüllt wird.*

[311] O artigo 2345 do *Codice Civile*, na nova redacção, tem o seguinte teor:
(*Prestazioni accessorie*). *Oltre l'obbligo dei conferimenti, l'atto costitutivo può stabilire l'obbligo dei soci di eseguire prestazioni accessorie non consistenti in danaro, determinandone il contenuto, la durata, le modalità e il compenso, e stabilendo particolari sanzioni per il caso di inadempimento. Nella determinazione del compenso devono essere osservate le norme applicabili ai rapporti aventi per oggetto le stesse prestazioni.*
Le azioni alle quali è connesso l'obligo delle prestazioni anzidette devono essere nominative e non sono trasferibili senza il consenso degli amministratori.
Se non è diversamente disposto dall'atto costitutivo, gli obblighi previsti in questo articolo non possono essere modificati senza il consenso di tutti i soci.

[312] FRANCESCO GALGANO, *Diritto commerciale – Le società*, 14.ª ed., Zanichelli, Bologna, 2004, pág. 175.

[313] FRANCO DI SABATO, *Diritto delle società*, cit., pág. 173.

[314] CAMPOBASSO, *Diritto delle società*, cit., 2002, pág. 197.

[315] Ver também PATRIZIA LIGUTI, *I conferimenti*, Il nuovo diritto societario, 2.ª ed., La Tribuna, Piacenza, 2005, pág. 69, MARIO SIRTOLI, *Manuale delle società*

Causa perplexidade a referência, embora sob a forma negativa, ao carácter pecuniário das prestações acessórias, que é feita no n.º 2 do artigo 209.º, a propósito da sociedade por quotas, e no n.º 2 do artigo 287.º, a propósito da sociedade anónima. Em ambos os casos se estatui que *se as prestações estipuladas forem não pecuniárias, o direito da sociedade é intransmissível*. Daqui se pode retirar uma dicotomia entre prestações acessórias pecuniárias e não pecuniárias; as pecuniárias são transmissíveis com a participação social e as não pecuniárias são intransmissíveis, estão ligadas à pessoa do sócio que as deve prestar.

PINTO DUARTE[316] escreve a este propósito que lhe *parece um erro legislativo* a admissão, no n.º 2 de ambos os preceitos, de que as prestações possam ser *pecuniárias*. É, na verdade, estranho que as prestações acessórias possam ser constituídas por quantias em dinheiro. Quando o sócio faculta à sociedade quantias em dinheiro, há que distinguir, em primeiro lugar, conforme o faz a título temporário ou definitivo; em segundo lugar, interessa também distinguir se o faz a título gratuito ou oneroso; em terceiro lugar, qual a finalidade com que o faz.

Na actual situação legislativa, os sócios tentam evitar os suprimentos, por razões fiscais, e substituem-nos, na prática, por prestações suplementares, nas sociedades por quotas, ou por prestações acessórias em dinheiro, nas sociedades anónimas. Esta prática está muito generalizada, principalmente por influência dos auditores e da tendência que lhes é muito própria de interpretar literalmente a lei, independentemente do seu sentido. Pensam que nas sociedades anónimas não são admissíveis as prestações suplementares, porque não expressamente previstas no respectivo tipo legal. Quanto aos suprimentos, revelam insegurança quanto à sua admissibilidade nas sociedades anónimas, também pela razão de estarem previstas na lei, apenas no tipo das sociedades por quotas. Resta-lhes, no seu modo literal de interpretar a lei, o recurso às prestações acessórias pecuniárias. E é assim

---

per azioni, 7.ª ed., Buffetti, Roma, 2004, pág. 37, MASSIMILIAN DI PACE, *Manuale de diritto societario*, Buffetti, Roma, pág. 22.

[316] RUI PINTO DUARTE, *Suprimentos, Prestações Acessórias e Prestações Suplementares*, cit., pág. 280.

que, na prática, sempre que é necessário reforçar a liquidez da sociedade, os auditores aconselham as prestações suplementares, se se tratar
de uma sociedade por quotas, e as prestações acessórias, se a sociedade
for anónima. É deste modo que acontece na prática, independentemente da natureza e sentido das prestações suplementares, das prestações acessórias e dos suprimentos. Esta prática parece-nos indesejável.

Já deixámos claro que as prestações suplementares de capital têm
um sentido específico de reforço dos capitais, em caso de falta de
liquidez ou de perdas acumuladas da sociedade, e que nos parece que
nada impede a sua aplicação também às sociedades anónimas.

Também as prestações acessórias têm um sentido próprio, ligado
à cooperação do sócio com a sociedade, na prestação de serviços que
esteja em especiais condições de fazer e que sejam particularmente
úteis ou mesmo necessários para a sociedade, ou na entrega definitiva
ou temporária da propriedade, da posse ou do uso de certas coisas que
lhe sejam necessárias ou úteis e que o sócio esteja em condições de
facultar. Dificilmente se concebe como podem as prestações acessórias consistir em dinheiro e, por isso, nos ordenamentos estrangeiros,
tal é expressamente vedado. Poder-se-ia pensar em prestações acessórias consistentes na prestação de fianças ou de avales, mas a letra da lei
parece alargar-se mesmo a entregas de dinheiro. Parece-nos, contudo,
que as obrigações de os sócios procederem a entregas de dinheiro,
para reforço da liquidez ou a cobertura de perdas, devem ser qualificadas como prestações suplementares, quer em sociedades por quotas,
quer em sociedades anónimas. Propomos, por isto, uma interpretação
restritiva do n.º 2 do artigo 209.º e bem assim do n.º 2 do artigo
287.º, de modo a que, como nos direitos alemão e italiano, excluam
do seu objecto o dinheiro.

i) Os suprimentos

Os suprimentos são empréstimos de dinheiro ou outra coisa fungível feitos pelos sócios à sociedade, com carácter de permanência.
No artigo 243.º do Código das Sociedades Comerciais o *contrato de
suprimento* é definido como *o contrato pelo qual o sócio empresta à socie-*

dade dinheiro ou outra coisa fungível, ficando aquela obrigada a restituir outro tanto do mesmo género e qualidade, ou pelo qual o sócio convenciona com a sociedade o diferimento do vencimento de créditos seus sobre ela, desde que, em qualquer dos casos, o crédito fique tendo carácter de permanência. Nos seus n.os 2 e 3, o artigo estabelece dois *índices de permanência* com funções de qualificação: a estipulação de um prazo superior a um ano para o pagamento ou a *não utilização da faculdade de exigir* o pagamento durante esse mesmo prazo.

Da definição legal e dos índices estatuídos no artigo 243.°, pode concluir-se que o suprimento pode ser feito, quer pelo abono à sociedade de dinheiro ou outras coisas fungíveis – *suprimento activo* – quer pela tolerância do sócio quanto ao pagamento de um crédito que tenha sobre a sociedade – *suprimento passivo*.

De todo o modo, para a qualificação é imprescindível que aquele crédito tenha *carácter de permanência*. Não é qualificável como suprimento um crédito de curto prazo que o sócio conceda ou tolere à sociedade. Como índice de permanência, a lei estabelece o prazo de um ano, quer este prazo seja estipulado, quer seja tolerado. Estes índices, no n.° 4 do artigo 243.°, são tidos como presunções elidíveis. O factor de qualificação não é apenas e simplesmente temporal: os suprimentos são tipicamente avanços dos sócios à sociedade *enquanto substitutos de novas entradas de capital*[317], como sucedâneos de aumentos de capital que os sócios deveriam ter feito. Os sócios podem ilidir aquelas presunções *demonstrando que o diferimento de créditos corresponde a circunstâncias relativas a negócios celebrados com a sociedade, independentemente da qualidade de sócio.* Por sua vez, os credores podem provar o carácter de permanência, ainda que o reembolso tenha ocorrido antes do prazo de um ano.

O regime do suprimento é aplicável, por força do n.° 5 do artigo 243.°, a créditos de terceiros sobre a sociedade que venham

---

[317] COUTINHO DE ABREU, *Suprimentos*, Estudos em homenagem ao Prof. Doutor Raúl Ventura, II, Faculdade de Direito da Universidade de Lisboa, Coimbra Editora, Coimbra, 2003, pág. 73.

284   *A Participação Social nas Sociedades Comerciais*

a ser adquiridos por um sócio, desde que em relação aos mesmos se verifiquem os *índices de permanência* referidos nos seus n.ᵒˢ 2 e 3. Na letra da lei, estes créditos não são qualificados como suprimentos, sendo-lhes apenas aplicado o respectivo regime jurídico. Esta diferença vem do tipo social de suprimentos, que está subjacente ao tipo legal, e segundo o qual, conforme as práticas usuais, vê nos suprimentos abonos de caixa ou apoios à liquidez da sociedade, feitos pelos sócios por acção ou por tolerância, mas que o são desde o início. Não encontra correspondência no tipo social o que se poderia denominar *suprimento superveniente*. Todavia, até para evitar práticas de contorno do regime legal, é de bom senso determinar a aplicação do regime do suprimento a estes créditos de terceiros supervenientemente adquiridos por sócios, desde que tenham o referido *carácter de permanência*.

De acordo com o tipo social e com a natureza das coisas, os suprimentos são de forma livre. A liberdade de forma, além de constituir regra geral em Direito Civil (artigo 219.º do Código Civil), corresponde também ao modo típico da sua prestação, pelo simples pagamento pelo sócio de débitos da sociedade, que é muito anterior à tipificação legal. Os suprimentos podem provar-se através da escrita da sociedade, de acordo com o artigo 43.º do Código Comercial, pois esta tem óbvio interesse e responsabilidade na questão[318].

II. Na prática social (tipo social) anterior à sua consagração na lei (tipo legal), os suprimentos não eram formalmente contratados. Traduziam-se na maior parte dos casos no pagamento pelos sócios de dívidas da sociedade (pagamento por terceiro); também eram correntes, embora menos frequentes, transferências de fundos ou depósitos em contas bancárias da sociedade; não era invulgar também a tolerância por longo tempo na mora do pagamento do dividendo quando a sociedade tinha dificuldades de liquidez. Não era normal formalizar contratualmente, muito menos por escrito, os suprimentos. Apenas assim sucedia, na normalidade dos casos, quando se convencionava

---

[318] Em acórdão do STJ, de 8 de Julho de 1980, (BMJ 299, 298) foi julgado que os suprimentos podem ser provados através da escrita da sociedade, nos termos do artigo 380.º do Código Civil.

que os suprimentos vencessem juros, usualmente de taxa equivalente àquela que a sociedade suportaria se tivesse de recorrer ao financiamento bancário. O tempo de duração dos suprimentos acabava, na generalidade dos casos, por se prolongar até que a sociedade tivesse a liquidez suficiente para os poder pagar sem dificuldade de maior ou sem perturbação do seu funcionamento. Não era considerado de bom tom que o sócio pedisse o levantamento dos suprimentos enquanto a sociedade não tivesse liquidez para os pagar ou noutras circunstâncias que lhe causassem dificuldades.

Não era, pois, fácil distinguir os suprimentos de simples adiantamentos precários de fundos para suprir carências pontuais de liquidez da sociedade. Na prática geral e comum, todos os adiantamentos dos sócios eram tidos como suprimentos. Nas pequenas sociedades por quotas, era corrente os sócios dominantes pagarem despesas da sociedade directamente do seu património pessoal, sacando cheques de sua própria conta bancária. Muitas sociedades por quotas de pequena dimensão nem sequer tinham conta no banco. O tratamento fiscal desfavorável dado aos suprimentos, com presunção de juros e incidência de imposto de capitais, veio suscitar a necessidade de distinguir entre adiantamentos precários para suprir dificuldades pontuais de liquidez da sociedade, com curta duração, que deixam, com a lei actual, de ser qualificáveis como suprimentos.

III. O Código das Sociedades Comerciais tipifica os suprimentos no modelo regulativo da sociedade por quotas. Daqui nasce a dúvida sobre a permissão de suprimentos noutros tipos societários legais, designadamente na sociedade anónima.

Com a maioria da doutrina[319], aceitamos a prestação de suprimentos na sociedade anónima e admitimos, neste caso, a aplicação analógica do regime dos artigos 243.º e seguintes do Código das Sociedades Comerciais; no que respeita à sociedade em nome colectivo, o seu regime típico de responsabilidade dos sócios pelo passivo

---

[319] RAÚL VENTURA, *Sociedades por Quotas*, II, cit., págs. 88-89, COUTINHO DE ABREU, *Suprimentos*, cit., pág. 78, BRITO CORREIA, *Direito Comercial*, II, *Socie-*

286   *A Participação Social nas Sociedades Comerciais*

social torna menos útil ou interessante a sua prestação e praticamente elimina a necessidade de protecção dos credores sociais, o que não obsta, porém, à sua admissibilidade. Também o Supremo Tribunal de Justiça assim o entendeu[320].

19. O dever de quinhoar nas perdas

a) A virtualidade de perda do capital investido

Segundo a alínea b), do artigo 20.º do Código das Sociedades Comerciais, o sócio tem a obrigação de *quinhoar nas perdas* da sociedade, *salvo o disposto quanto a sócios de indústria*. Esta obrigação tem uma natureza e feição complexa que a simples referência a *obrigação* não exprime bem. O que existe na posição jurídica dos sócios é algo de mais amplo do que uma simples obrigação de quinhoar nas perdas, é uma vinculação a suportar perdas. Esta vinculação é uma situação jurídica passiva que se traduz, não apenas em obrigações, mas também em simples sujeições. A referência feita na letra da lei a *obrigação* não deve ser entendida como restrição a situações jurídicas passivas que sejam qualificáveis estritamente como obrigações, com a exclusão de outras situações passivas como, por exemplo, as sujeições; trata-se antes do uso da expressão num sentido tradicional amplo e abrangente, com o sentido de vinculação ou adstrição.

A vinculação de quinhoar nas perdas engloba obrigações e outras vicissitudes para além de obrigações. No caso dos sócios de responsabilidade ilimitada, na sociedade em nome colectivo e no que respeita aos sócios comanditados da sociedade em comandita a situação passiva dos sócios inclui a obrigação, em sentido próprio, de pagar aos

---

dades Comerciais, cit., págs. 491-492, ALEXANDRE MOTA PINTO, *Do Contrato de Suprimento*, Almedina, Coimbra, 2002, págs. 289 e segs.. Contra, PEREIRA DE ALMEIDA, entende que *os suprimentos são um instituto próprio das sociedades por quotas, que decorre da natureza das quotas e de uma mais forte relação pessoal relativamente às sociedades anónimas.*

[320] STJ 14.XII.94, CJ 1994, 3, 173.

credores da sociedade as dívidas que o património social não consiga satisfazer. É também como obrigação *proprio sensu* que deve ser qualificada a vinculação do sócio de satisfazer aos credores sociais os seus créditos sobre a sociedade quando, numa sociedade por quotas tenha sido estipulada a *responsabilidade directa dos sócios* (artigo 198.°), quando numa sociedade unipessoal por quotas tenha havido violação do disposto nos n.ºs 1 a 3 do artigo 270.°-F, quando ocorra a falência de uma sociedade unipessoal (artigo 84.°) e ainda no caso da responsabilidade da sociedade directora e da sociedade com domínio total (artigos 491.°, 501.° e 502.°). Nestes casos existe, na esfera jurídica do sócio a obrigação de pagar quantias correspondentes ao passivo não suportado pelo património da sociedade.

Todavia, quando vigore o regime de responsabilidade limitada, não existe já propriamente, na esfera jurídica do sócio, uma obrigação de quinhoar nas perdas, mas antes a virtualidade de perder os capitais que investiu. Esta virtualidade não é uma sujeição, porque não depende do exercício de um poder potestativo. É uma pura possibilidade, que é potencial e que pode tornar-se acto, realidade, se for desfavorável a fortuna económica da empresa societária. Em bom rigor, esta virtualidade da perda do capital investido existe quer a responsabilidade seja limitada quer seja ilimitada. Em ambos os regimes o sócio pode perder os capitais investidos em caso de inêxito da empresa societária. A diferença está em que, quando o regime for de responsabilidade ilimitada, além da virtualidade da perda dos capitais investidos, o sócio fica obrigado a pagar as dívidas da sociedade que esta não tenha meios económicos para suportar.

Aquilo que a lei, na alínea b) do artigo 20.° do Código das Sociedades Comerciais, refere como *obrigação de quinhoar nas perdas* abrange tanto a virtualidade de perder o capital investido, como a obrigação propriamente dita de satisfazer aos credores sociais as dívidas da sociedade naquilo em que o seu património não consiga suportar.

b) A responsabilidade perante os credores

I. Além da virtualidade de perder o capital investido na sociedade, o sócio pode estar obrigado a pagar aos credores sociais as dívidas da sociedade. Este é o regime originário da *societas* romana, e da *companhia* das Ordenações. A limitação da responsabilidade pelas perdas ao capital investido é relativamente recente na história das sociedades. Surgiu, primeiro, com as sociedades anónimas privilegiadas[321]. Mesmo nestas, o regime começou por ser de responsabilidade ilimitada dos sócios pelo passivo social e só tardiamente e de um modo casuístico e pouco sistematizado a limitação da responsabilidade foi surgindo. Em Portugal a limitação da responsabilidade dos sócios perante os credores da sociedade (responsabilidade externa) encontra a sua primeira manifestação, em 1649, na *Companhia Geral para o Estado do Brasil*[322]. O regime jurídico das sociedades comerciais evoluiu no sentido da inversão do paradigma: originariamente era típica a ilimitação da responsabilidade; hoje sucede o contrário e são claramente dominantes as sociedades de responsabilidade limitada.

II. O paradigma do regime jurídico de responsabilidade ilimitada dos sócios perante os credores das sociedades encontra-se na sociedade em nome colectivo. Logo no artigo 175.° com que se inicia o Título II do Código das Sociedades Comerciais, sobre as sociedades em nome colectivo, sob a epígrafe *características*, se estatui que o respectivo sócio *além de responder individualmente pela sua entrada, responde pelas obrigações sociais subsidiariamente em relação à sociedade e solidariamente com os outros sócios*. Esta responsabilidade, segundo o n.° 2 do mesmo artigo, abrange as responsabilidades anteriores ao seu ingresso na sociedade, mas não as que forem posteriores à sua saída. Tendo sido chamado a honrar responsabilidades da sociedade, ou tendo-o feito de sua iniciativa para evitar que contra a sociedade fosse instaurada execução (n.° 4), o sócio tem direito de regresso contra os demais naquilo em que o que tiver pago exceder a sua proporção (n.° 3). No regulamento do tipo legal este regime de responsabilidade

---

[321] Segundo RUI FIGUEIREDO MARCOS, *As Companhias Pombalinas*, cit., págs. 555 e segs..

[322] RUI FIGUEIREDO MARCOS, *As Companhias Pombalinas*, cit., pág. 565.

do sócio assume um estatuto qualificante. Na classificação tradicional, constitui um *elemento essencial* da sociedade em nome colectivo.

Este regime de responsabilidade do sócio da sociedade em nome colectivo está muito ligado à sua natureza de sociedade de pessoas. Nos direitos estrangeiros, por exemplo, no direito alemão, inglês e italiano, as correspondentes *OHG* e *Partnership* e *società in nome collettivo* não têm personalidade jurídica. O reconhecimento de personalidade jurídica à sociedade em nome colectivo não é, porém, uma originalidade e tem correspondência, por exemplo, no sistema francês que reconhece também *personalité morale* à *société em nom colectif*[323]. No direito alemão, todavia, a *OHG* não constitui uma pessoa jurídica, é uma *Gesamthandgesellschaft* que se estrutura num contrato obrigacional e numa comunhão de mão comum[324]. A responsabilidade pessoal dos sócios pelo seu passivo é harmónica com a sua natureza não personificada. No direito inglês, em que a *Partnership* não tem personalidade jurídica, o regime de responsabilidade ilimitada de todos os sócios pelo seu passivo estrutura-se juridicamente no âmbito da *agency*[325]. Tanto na *OHG* como na *Partnership* o investimento comum e o exercício em comum induzem a responsabilidade comum pelo passivo.

Na construção portuguesa, que personifica todas as sociedades comerciais, mesmo as sociedades de pessoas, não há que recorrer às soluções representativas como a da *agency*, nem comunitárias como a da mão comum. A imputação dos actos e responsabilidades à sociedade é feita directamente na pessoa colectiva, como sujeito de direito.

---

[323] PHILIPPE MERLE, *Droit Commercial — Sociétés Commerciales*, cit., pág. 103 e segs.. Segundo o art. L-210-6 do Code de Commerce, *les sociétés commerciales jouissent de la personnalité morale à dater de leur immatriculation au registre du commerce et des sociétés*.

[324] FLUME, *Allgemeiner Teil des Bürgerlichen Rechts*, Erster Band/Erster Teil, *Die Personengesellschaft*, Springer, Berlin, Heidelberg, New York, 1977, § 7, págs. 87 e segs., *Die Juristiche Person*, cit., § 8 I, págs. 258 e segs., KARSTEN SCHMIDT, *Gesellschaftsrecht*, cit., § 46 II 1, pág. 1362.

[325] FRIDMAN, *The Law of Agency*, Butterworths, London, 1996, págs. 363 e segs.

290   *A Participação Social nas Sociedades Comerciais*

Não sendo reconhecida personalidade jurídica à sociedade em nome colectivo, a responsabilidade dos sócios pelo seu passivo não é difícil de entender. Porém, num regime que lhes reconhece expressamente a personalidade jurídica, a responsabilidade dos sócios perante os credores da sociedade suscita a necessidade de fundamentar.

Na doutrina portuguesa mais antiga, JOSÉ TAVARES[326] alude a um mandato recíproco para o que dissesse respeito às operações sociais, de modo que, assim, cada um obrigava ilimitadamente todos os outros. Esse mandato foi depois subentendido como consequência necessária do contrato. Esta justificação aproxima-se da solução inglesa assente na *agency*. Mais recentemente, BRITO CORREIA[327] interroga-se: tendo as sociedades personalidade jurídica, parece que a regra deveria ser sempre a inversa, uma vez que a sociedade – pessoa colectiva corresponde a um património próprio, separado dos patrimónios dos sócios e acaba por referir motivos que melhor se compreendem se se conhecer a história de cada um dos tipos de sociedades, sem todavia enunciar uma justificação dogmática para o regime de responsabilidade dos sócios.

Quando descrevemos o tipo da sociedade em nome colectivo[328], mostrámos já como o regime da responsabilidade ilimitada dos sócios está ligada ao peculiar regime jurídico do seu capital social, que é profundamente diferente do das sociedades de capitais. Desde logo, a sociedade em nome colectivo pode não ter capital social, se todos os seus sócios forem de indústria. Mesmo se não tiver sócios de indústria, ao contrário dos demais tipos legais de sociedades comerciais, a lei não lhes fixa um valor mínimo de capital, nem limita a dilação das entradas. Finalmente, não existe estatuído na lei um regime de controlo e verificação da efectividade das entradas de capital em dinheiro e mesmo a avaliação das entradas em espécie pode ser dispensada, embora neste caso com o agravamento da responsabili-

---

[326] JOSÉ TAVARES, *Sociedades e Empresas Comerciais*, 2.ª ed., Coimbra Editora, Coimbra, 1924, pág. 275.
[327] BRITO CORREIA, *Direito Comercial*, II, *Sociedades Comerciais*, cit., pág. 300.
[328] *Supra* I.4.

dade dos sócios que deixa de ser subsidiária e passa a ser solidária, entre os sócios e para com a sociedade. A lei e os credores contam mais com o património dos sócios do que com o capital da sociedade em nome colectivo como suporte patrimonial do respectivo passivo[329]. O regime jurídico peculiarmente aligeirado e permissivo do capital da sociedade em nome colectivo fundamenta e é fundamentado pelo regime de responsabilidade ilimitada dos sócios pelo passivo social. Este binómio de regime, em que os sócios têm francamente mais importância e peso do que o capital (que pode até não existir), e em que a garantia do passivo está mais no património dos sócios do que no capital ou no património social, é típico da sociedade em nome colectivo como paradigma da sociedade de pessoas.

III. O regime de responsabilidade ilimitada do sócio perante os credores da sociedade característico do tipo da sociedade em nome colectivo tem também vigência no que respeita aos sócios comanditados da sociedade em comandita. No que lhes respeita, na segunda parte do n.º 1 do artigo 465.º, o Código das Sociedades Comerciais estatui que *os sócios comanditados respondem pelas dívidas da sociedade nos mesmos termos que os sócios da sociedade em nome colectivo.*

A sociedade em comandita caracteriza-se por ter sócios de responsabilidade limitada – os *comanditários* – e sócios de responsabilidade ilimitada – os *comanditados*. Esta dualidade, que vem do contrato de comenda, configura a diferente posição do *commendator* que entrava com capitais (sócio capitalista) e do *tractator* que entrava com trabalho (sócio trabalhador). O sócio capitalista – comanditário – limita a sua responsabilidade aos capitais que investe no negócio, como é característico das sociedades de capitais; o sócio empresário – comanditado – tem uma posição análoga ao do sócio de indústria da sociedade em nome colectivo e responde ilimitadamente com o seu patri-

---

[329] KARSTEN SCHMIDT, *Gesellschaftsrecht*, cit., § 49 I 1, págs. 1409-1410, aponta como fundamento do regime de responsabilidade ilimitada dos sócios da *OHG* a falta de segurança do capital: *Der Schutzzweck dieser zwingend unbeschränkten gesetzlichen Haftung wird (...) mit der fehlenden Kapitalsicherung in Verbindung gebracht.*

mónio pessoal pelo passivo da sociedade cujo património não consiga suportar.

A responsabilidade ilimitada correspondente à dos sócios comanditados pode ainda incidir sobre um sócio comanditário ou mesmo sobre um terceiro, segundo o artigo 467.º, quando a firma da sociedade seja irregularmente composta e inclua o nome ou firma desse comanditado ou desse terceiro. Quando o sócio comanditário, ou mesmo um não sócio, consentirem *que o seu nome ou firma figure na firma social* da comandita, também eles respondem ilimitadamente perante os credores da sociedade pelos actos da sociedade praticados com uso dessa firma, mas podem exonerar-se desta responsabilidade demonstrando que esses terceiros sabiam que eles não eram sócios comanditados (artigo 467.º, n.º 3). Respondem também pelos actos praticados em nome da sociedade *sem uso expresso daquela firma irregular*, mas podem exonerar-se demonstrando que a inclusão do seu nome na firma social era desconhecida do credor em questão ou que, sendo conhecida, este sabia que não eram sócios comanditados (artigo 467.º, n.º 4). Ficam ainda sujeitos à mesma responsabilidade todos os que actuarem em nome da sociedade, *todos os que agirem em nome da sociedade cuja firma contenha a referida irregularidade, a não ser que demonstrem que a desconheciam e não tinham o dever de a conhecer* (artigo 467.º, n.º 5).

Este regime de responsabilidade, nos casos previsto nos n.ºs 3 e 4 do artigo 467.º, decorre da aparência da qualidade de sócio comanditado que se cria nos terceiros em relação ao sócio cujo nome ou firma figure na firma da comandita. Tal resulta da circunstância de a responsabilidade ser afastada quando, não obstante a aparência criada, o terceiro credor não tenha por ela sido induzido em erro e saiba efectivamente que aquele sócio é comanditário. O ónus da prova recai sobre o sócio em questão.

IV. O regime de responsabilidade do sócio pelo passivo da sociedade é de subsidiariedade externa e de solidariedade interna.

Externamente, perante os credores, o sócio só responde depois de esgotado o património da sociedade (artigo 175.º, n.º 1). Temporalmente, há que distinguir consoante as dívidas ou responsabilidade foram contraídas antes ou depois da sua saída da sociedade. O sócio só responde pelas dívidas ou responsabilidades geradas antes do seu ingresso na sociedade ou durante o tempo em que manteve a qualidade de sócio. Pelas dívidas ou responsabilidades contraídas posteriormente ao seu afastamento da sociedade, este já não responde. Esta solução é razoável, porque ao ingressar na sociedade o sócio aceita-a no estado patrimonial em que se encontra; mas, depois de se apartar dela, não é justo que sofra as consequências de uma gestão em que não participou, em que nem sequer os credores podiam ter a expectativa da sua responsabilidade.

Internamente, a responsabilidade dos sócios é solidária entre si. O n.º 3 do artigo 175.º é claro: o sócio que, por força do regime de responsabilidade ilimitada satisfaça alguma obrigação da sociedade, tem direito de regresso contra os demais sócios.

O direito de regresso do sócio de responsabilidade limitada que paga alguma dívida da sociedade existe, quer ele tenha sido forçado a pagar, em acção judicial, quer o tenha feito *a fim de evitar que contra ele seja intentada execução* (artigo 175.º, n.º 4).

O direito de regresso está limitado ao valor que exceda o correspondente à proporção do sócio que pagou. Entre os sócios, a responsabilidade é proporcional aos valores nominais das respectivas participações no capital (artigo 22.º). O sócio de indústria só responde pelas perdas sociais, em princípio, nas relações externas (artigo 178.º, n.º 2).

c) A responsabilidade do sócio único

I. A responsabilidade patrimonial ilimitada do sócio ocorre também em situações de unipessoalidade. Só recentemente a doutrina e a lei se conciliaram com a redução da sociedade a um único sócio, pela quase inevitável confusão que daí decorria ou podia resultar entre a sociedade e o sócio. Ambas a doutrina e a lei acabaram por ceder à realidade da vida e admitir a unipessoalidade como situação não anómala. No entanto, não deixaram de ter consciência de que

294 *A Participação Social nas Sociedades Comerciais*

a unipessoalidade facilita a confusão patrimonial entre a sociedade e o sócio, com riscos importantes para os credores, cujos créditos podem vir a ser frustrados. A resposta ao perigo de frustração dos créditos foi encontrada na responsabilidade ilimitada.

Em caso de unipessoalidade da sociedade, o respectivo sócio é responsável ilimitadamente pelo passivo nos casos previstos no artigo 84.º, no n.º 4 do artigo 270.º-F, e no artigo 501.º, por remissão do artigo 491.º do Código das Sociedades Comerciais[330].

II. No artigo 84.º, o sócio único é responsabilizado ilimitadamente pelo passivo em caso de falência da sociedade[331]. O preceito estabelece dois limites ao regime de responsabilidade ilimitada: um limite temporal e um limite condicional.

A responsabilidade do sócio é restrita, pelo n.º 1 do artigo, às dívidas *contraídas no período posterior à concentração* e, pelo n.º 2, *ao período de duração da referida concentração*. As responsabilidades originadas antes da concentração e depois de a mesma ter cessado não beneficiam do suporte patrimonial do sócio. A razão de ser desta limitação é clara: só se justifica a responsabilidade do sócio enquanto há unipessoalidade, porque só então existe o risco de confusão patrimonial entre ele e a sociedade. O critério é formal e pretende sê-lo. Embora a confusão patrimonial possa circunstancialmente ultrapassar estes limites temporais, importa estabelecer limites certos e seguros. Se a tutela dos credores é um valor dominante no Direito Comercial e é o valor que dirige este regime jurídico, a certeza e segurança, são também necessários ao permitirem conhecer antecipadamente e de modo incontroverso as regras jurídicas vigentes.

A responsabilidade ilimitada do sócio só ocorre, segundo o n.º 1 do artigo 84.º, contanto se prove que nesse período não foram observados os preceitos da lei que estabelecem a afectação do património da sociedade ao cumprimento das respectivas obrigações. Esta redac-

---

[330] PEREIRA DE ALMEIDA, *Sociedades Comerciais*, cit., pág. 39.

[331] BRITO CORREIA, *Direito Comercial*, II, *Sociedades Comerciais*, cit., págs. 304-305.

ção da lei não parece ser a mais feliz. Os intérpretes menos ágeis dificilmente encontrarão na lei preceitos que estabeleçam expressamente a afectação do património da sociedade ao cumprimento das suas obrigações. No entanto, esta é a regra geral: é o património da sociedade que, em princípio, constitui o suporte do seu passivo.

Note-se que o património da sociedade não tem apenas esta função. Além dela, e talvez mesmo mais do que ela, o património da sociedade tem por função financiar a sua actividade, a prossecução do seu fim. É lícito financiar a actividade social com capital alheio, com dívida. Uma das mais difíceis variáveis da gestão da sociedade é a da relação óptima entre capital e dívida. Uma gestão sã e competente deve fazer um uso inteligente dos meios económicos disponíveis e gerir a dívida do modo mais eficaz. Tanto o sobre-individamento como o sub-individamento são nocivos e o equilíbrio óptimo é difícil de alcançar. Além disto, nem sempre está ao alcance da gestão dominar este equilíbrio, face às circunstâncias do mercado e às variáveis económicas vigentes.

O mero sobre-individamento não deve, só por si, desencadear a consequência legal prevista no artigo 84.º do Código das Sociedades Comerciais. Mas há limites legais. A lei proscreve a atribuição aos sócios de bens da sociedade que coloque a sua situação líquida abaixo de certos limites. Além do artigo 29.º, que se aplica apenas a aquisições por sócios de bens de sociedades anónimas e comanditas por acções, os artigos 31.º a 34.º do Código das Sociedades Comerciais são finalisticamente dirigidos a impedir que o património da sociedade seja transferido para os sócios com detrimento da garantia dos credores. Para além destes preceitos, a responsabilidade do sócio único deve ocorrer sempre que seja violado o princípio da separação patrimonial entre a sociedade e o sócio, como, por exemplo, quando, directa ou indirectamente, o sócio celebre com a sociedade ou estabeleça com ela relações que resultem em diminuições patrimoniais da sociedade em benefício do sócio.

III. Semelhante é o regime estatuído no n.º 4 do artigo 270.º-F do Código das Sociedades Comerciais. Na sociedade unipessoal por quotas, são apertadamente regulados os negócios entre a sociedade e o sócio e comina o desrespeito desta regulamentação, além da nulidade dos negócios, com a responsabilidade ilimitada do sócio.

Em primeiro lugar, a lei exige que os negócios celebrados entre a sociedade unipessoal por quotas e o respectivo sócio sirvam a *prossecução do objecto da sociedade*. Esta exigência deve ser entendida em ligação com o artigo 6.º, sobre a capacidade da sociedade, e com o artigo 64.º, sobre o dever de gestão. Os actos que estejam fora do objecto social não são afectados por falta de capacidade, como demonstra o artigo 6.º, mas violam o dever de exercer a gestão no interesse da sociedade. Os negócios jurídicos que não sirvam, nem sequer indirecta ou acessoriamente, para a prossecução do objecto social são, em princípio, válidos, mas dão lugar a responsabilidade civil de quem os pratique, em nome da sociedade, no exercício da gestão, desde que sejam danosos. No caso das sociedades unipessoais por quotas, a consequência agrava-se com a responsabilidade ilimitada do sócio único. Há aqui uma manifestação de desconsideração de personalidade.

Em segundo lugar, a lei exige que o negócio esteja autorizado *na escritura de constituição da sociedade ou da escritura de alteração do pacto social ou da de aumento do capital social*. Esta autorização é objecto de publicidade registal (artigo 3.º, alínea a) do Código do Registo Comercial) e os terceiros estão em condições de a conhecerem. Quando se pretenda celebrar entre a sociedade unipessoal por quotas e o respectivo sócio um negócio que não esteja já previamente autorizado na respectiva escritura, será necessário proceder previamente a uma nova escritura que autorize a sua celebração. Assim se procura obter uma garantia suplementar de segurança no que respeita à celebração de negócios entre a sociedade e o sócio.

Em terceiro lugar, o n.º 2 do artigo 270.º-F impõe que o negócio seja celebrado, pelo menos, por forma escrita, se outra mais solene não for exigida por lei. Deste modo se alcança segurança quanto à titulação e à prova do conteúdo do negócio.

Finalmente, os documentos que titulem o negócio *devem ser pa-*

tenteados conjuntamente com o relatório de gestão e os documentos de prestação de contas e poder ser consultados, a todo o tempo, por qualquer interessado, na sede da sociedade.

Sempre que estas exigências legais não sejam cumpridas, além da nulidade do negócio, a lei *responsabiliza ilimitadamente o sócio* pelas obrigações dele emergentes. Não se trata de responsabilidade civil, como a que resulta do n.º 4 do artigo 6.º do Código das Sociedades Comerciais, mas sim de responsabilidade patrimonial.

IV. Em caso de subordinação ou de domínio total de uma sociedade por outra, resulta do artigo 501.º do Código das Sociedades Comerciais, por si e conjugado com o artigo 491.º, a responsabilidade patrimonial ilimitada da sociedade directora e da sociedade totalmente dominante pelas dívidas da sociedade dominada. A responsabilidade abrange as obrigações já anteriores à celebração do contrato de subordinação ou à constituição do domínio total, mas não as posteriores à sua cessação.

d) A reconstituição do capital perdido

I. A sorte dos negócios da sociedade pode ser desfavorável e resultar em perdas. É banal que assim aconteça. É mesmo frequente que o seu plano de negócios (*business plan*) preveja a ocorrência de perdas durante um ou mais exercícios. Os investimentos raramente são reprodutivos no próprio exercício em que são feitos. Os ciclos de investimento são normalmente plurianuais.

Os resultados negativos podem também não ser esperados e decorrerem de uma evolução desfavorável dos negócios sociais. As perdas podem ser incidentais ou persistentes. No termo do exercício são contabilizadas na conta de resultados transitados, com sinal negativo. Estes resultados podem acumular-se ao longo dos exercícios. A sua soma afecta a situação líquida que, com o acumular dos prejuízos, acabará por se tornar negativa. A situação líquida corresponde à soma dos activos subtraída da soma dos passivos, sem incluir neste o capital. A situação líquida é negativa quando o passivo exigível é superior ao

298 *A Participação Social nas Sociedades Comerciais*

activo. Neste caso, as perdas sofridas terão como consequência a erosão do seu património.

É desejável que o património da sociedade não seja inferior ao valor do capital social acrescido da reserva legal. É esse o objectivo que norteia os preceitos dos artigos 31.º a 34.º do Código das Sociedades Comerciais. Porém, pode suceder, e sucede com alguma frequência que, em consequência de perdas, o património da sociedade se torne inferior ao valor do capital social. Esta situação não é grave se as causas das perdas não forem persistentes e a sociedade mantiver perspectivas de recuperação económica. A publicidade das contas, resultante do seu depósito é suficiente para manter informados os terceiros, entre eles os credores, sobre a situação económica da sociedade[332]. No entanto, há limites além dos quais é preciso intervir. O artigo 35.º do Código das Sociedades Comerciais fixa em metade do valor do capital da sociedade o limite da redução do seu património.

Quando a situação líquida é de tal modo negativa que atinge metade do capital social, o artigo 35.º do Código das Sociedades Comerciais impõe aos gerentes ou administradores que convoquem ou façam convocar a assembleia geral para que nela os sócios sejam informados da situação e tomem *as medidas julgadas convenientes*. Nessa assembleia devem ser postas aos sócios, como providências possíveis, *pelo menos* a dissolução da sociedade, a redução do seu capital ou a realização pelos sócios de *entradas para reforço da cobertura de capital*.

II. O artigo 35.º não entrou em vigor no início da vigência

---

[332] O depósito das contas é obrigatório para todas as sociedades de responsabilidade limitada de acordo com o artigo 70.º do Código das Sociedades Comerciais. O artigo 70.º-A sujeita ainda a depósito as contas das sociedades em nome colectivo e das sociedades em comandita simples sempre que os sócios de responsabilidade ilimitada sejam, por sua vez, sociedades de responsabilidade limitada, mas dispensa o depósito quando não ultrapasse dois dos limites do n.º 2 do artigo 262.º do Código das Sociedades Comerciais.

do Código das Sociedades Comerciais. O Decreto-Lei n.º 262/86 de 2 de Setembro, que aprovou o Código, no n.º 2 do seu artigo 2.º, estatuiu que a data da entrada em vigor do artigo 35.º seria fixada em diploma legal especial. Mais tarde, o Decreto-Lei n.º 237/01, de 30 de Agosto, determinou que entrasse em vigor. O artigo 35.º tinha-se mantido quinze anos sem entrar em vigor, o que havia criado a expectativa de que tal nunca viria a suceder[333]. A entrada em vigor do artigo 35.º, não obstante ser conhecido há já muitos anos — o que deveria ter dado tempo mais do que suficiente para que os seus destinatários se preparassem para ele — causou uma preocupação quase geral nos meios empresariais quanto às suas consequências, perante os balanços de muitas sociedades, algumas com enorme importância social e económica. Dessa preocupação nasceram o Decreto-Lei n.º 162/02, de 11 de Julho, e o Decreto-Lei n.º 19/2005, que por duas vezes modificaram a redacção do artigo 35.º. Recentemente, o Decreto-Lei n.º 76-A/06, de 29 de Maio, voltou a retocar a redacção do artigo 35.º do Código das Sociedades Comerciais, mas agora apenas para eliminar a palavra "directores" do n.º 1.

Vale a pena comparar o texto originário com os subsequentes:

(Artigo 35.º na versão originária)

1 — Os membros da administração que, pelas contas de exercício, verifiquem estar perdido metade do capital social devem propor aos sócios que a sociedade seja dissolvida ou o capital seja reduzido, a não ser que os sócios se comprometam a efectuar e efectuem, nos 60 dias seguintes à deliberação que da proposta resultar, entradas que mantenham pelo menos em dois terços a cobertura do capital.

2 — A proposta deve ser apresentada na própria assembleia que apreciar

---

[333] BRITO CORREIA, *Direito Comercial, II, Sociedades Comerciais*, cit., pág. 349-352, justifica a longa *vacatio* do artigo 35.º com a situação económica e os défices acumulados de muitas sociedades ao tempo da entrada em vigor do Código das Sociedades Comerciais. MENEZES CORDEIRO, *Perda de Metade do Capital Social das Sociedades Comerciais*, ROA, ano 56.º, 1996, pág. 177, e *Manual de Direito Comercial*, II, cit., pág. 238, chegou a comentar que a entrada em vigor do artigo 35.º tinha sido suspensa *sine die*.

300   *A Participação Social nas Sociedades Comerciais*

as contas ou em assembleia convocada para os 60 dias seguintes àquela ou à aprovação judicial, nos casos previstos pelo artigo 67.º.

3 – Não tendo os membros da administração cumprido o disposto nos números anteriores ou não tendo sido tomadas as deliberações ali previstas, pode qualquer sócio ou credor requerer ao tribunal, enquanto aquela situação se mantiver, a dissolução da sociedade, sem prejuízo de os sócios poderem efectuar as entradas referidas no n.º 1 até ao trânsito em julgado da sentença.

(Artigo 35.º na segunda versão):

1 – Os membros da administração que, pelas contas do exercício, verifiquem estar perdido metade do capital social devem mencionar expressamente tal facto no relatório de gestão e propor aos sócios uma ou mais das seguintes medidas:

A dissolução da sociedade;

A redução do capital social;

A realização de entradas em dinheiro que mantenham pelo menos em dois terços a cobertura do capital social;

A adopção de medidas concretas tendentes a manter pelo menos em dois terços a cobertura do capital social.

2 – Considera-se estar perdida metade do capital social quando o capital próprio constante do balanço do exercício for inferior a metade do capital social.

3 – Os membros da administração devem apresentar a proposta prevista no n.º 1 na assembleia geral que apreciar as contas do exercício, ou em assembleia convocada para os 90 dias seguintes à data do início da assembleia, ou à aprovação judicial, nos casos previstos no artigo 67.º.

4 – Mantendo-se a situação de perda de metade do capital social no final do exercício seguinte àquele a que se refere o n.º 1, considera-se a sociedade imediatamente dissolvida, desde a aprovação das contas daquele exercício, assumindo os administradores, a partir desse momento, as competências de liquidatários, nos termos do artigo 151.º[334].

(Artigo 35.º na terceira versão):

---

[334] Este mesmo diploma aditou ao artigo 141.º do Código das Sociedades Comerciais uma alínea f), segundo a qual *a perda de metade do capital social, nos termos do n.º 4 do artigo 35.º* passou a constituir causa de dissolução imediata da sociedade. O n.º 2 do artigo 2.º deste Decreto-Lei estatuiu: *Considera-se que o exercício de 2003 é o primeiro exercício relevante para efeito da dissolução imediata prevista no n.º 4 do artigo 35.º do Código das Sociedades Comerciais.* Deste modo, segundo o próprio preâmbulo do diploma, *a dissolução imediata prevista no n.º 4 do artigo 35.º só ocorrerá a partir do momento da aprovação das contas do exercício de 2004, ou seja, em 2005.*

Os deveres dos sócios 301

1 – Resultando das contas do exercício ou de contas intercalares, tal como elaboradas pelo órgão de administração, que metade do capital social se encontra perdido, ou havendo em qualquer momento fundadas razões para admitir que essa perda se verifica, devem os gerentes convocar de imediato a assembleia geral ou os administradores ou directores requerer prontamente a convocação da mesma, a fim de nela se informar os sócios da situação e de estes tomarem as medidas julgadas necessárias.

2 – Considera-se estar perdida metade do capital social quando o capital próprio da sociedade for igual ou inferior a metade do capital social.

3 – Do aviso convocatório da assembleia geral constarão, pelo menos, os seguintes assuntos para deliberação pelos sócios:

a) A dissolução da sociedade;

b) A redução do capital social para montante não inferior ao capital próprio da sociedade, com respeito, se for o caso, do disposto no n.º 1 do artigo 96.º;

c) A realização pelos sócios de entradas para reforço da cobertura do capital.

(Artigo 35.º na quarta versão):

1 – Resultando das contas do exercício ou de contas intercalares, tal como elaboradas pelo órgão de administração, que metade do capital social se encontra perdido, ou havendo em qualquer momento fundadas razões para admitir que essa perda se verifica, devem os gerentes convocar de imediato a assembleia geral ou os administradores requerer prontamente a convocação da mesma, a fim de nela se informar os sócios da situação e de estes tomarem as medidas julgadas necessárias.

2 – Considera-se estar perdida metade do capital social quando o capital próprio da sociedade for igual ou inferior a metade do capital social.

3 – Do aviso convocatório da assembleia geral constarão, pelo menos, os seguintes assuntos para deliberação pelos sócios:

a) A dissolução da sociedade;

b) A redução do capital social para montante não inferior ao capital próprio da sociedade, com respeito, se for o caso, do disposto no n.º 1 do artigo 96.º;

c) A realização pelos sócios de entradas para reforço da cobertura do capital.

O sentido do artigo 35.º não se alterou profundamente. Em

302   *A Participação Social nas Sociedades Comerciais*

todas as redacções, a perda de metade do capital obriga à tomada de providências. A verificação da perda de metade do capital não se modificou substancialmente, as providências previstas não são muito diferentes. Na segunda versão, foi acrescentada a alínea d) do n.º 1 que correspondia à solução de *harmónio*[335] usualmente adoptada ao tempo e ainda, no n.º 4, a dissolução *ope legis*, caso a perda do capital se mantivesse no exercício seguinte. Da primeira para a segunda versão, a dissolução deixou de ser dependente de requerimento e passou a ser automática, embora diferida para mais tarde. Na terceira, desapareceu o n.º 4 e a dissolução da sociedade ficou apenas dependente de deliberação dos sócios. A última alteração, de 2006, nada modificou de relevante.

A aproximar-se o tempo da entrada em vigor do artigo 35.º, na sua segunda versão, houve consciência de que determinaria a dissolução de inúmeras sociedades, entre as quais se encontravam importantes transportadoras estatais. Foi *in extremis* que foi decretada a terceira redacção que, principalmente, excluiu do regime legal a dissolução *ope legis* evitando as consequências que se temiam. A introdução da expressão *pelo menos* no corpo do n.º 3 do artigo 35.º conferiu-lhe maleabilidade permitindo todas as demais soluções que se afigurarem adequadas ao caso. Se mantiverem o capital próprio igual ou inferior a metade do capital social, em vez da dissolução prevista na segunda versão, as sociedades por quotas, anónimas e em comandita por acções são agora obrigadas a mencionar, nos seus actos externos, além do valor do capital realizado o do capital próprio. A situação de subcapitalização mantém-se, mas é publicitada de modo a ser conhecida pelos terceiros que com a sociedade contactem ou contratem[336].

---

[335] *Infra* III.19.e).

[336] Muito crítico em relação a esta obrigação de dar publicidade à perda de metade, ou mais, do capital social, MENEZES CORDEIRO, *A Perda de Metade do Capital Social e a Reforma de 2005: Um Repto ao Legislador*, ROA, ano 65 (2005), I, pág. 85, refere *o inusitado dever de publicidade ora inserido no artigo 171.º/2* e comenta que *o facto de esse preceito se destinar a letra morta não é consolo* e que *não vemos que*

III. O artigo 35.º do Código das Sociedades Comerciais não institui uma obrigação para os sócios, em sentido próprio. São antes os gerentes e os administradores que ficam vinculados a um dever de agir: quando verifiquem a perda de metade do capital, devem mencionar tal facto no relatório de gestão e, em assembleia geral, propor aos sócios as providências adequadas. Se o não fizerem, incorrem na pena prevista no artigo 523.º do mesmo Código.

Na posição jurídica do sócio, o artigo 35.º insere uma sujeição. Quando se verifique a sua previsão, ficam numa situação em que têm de deliberar, ou a dissolução da sociedade, ou a redução do seu capital social, ou a realização de entradas em dinheiro que permitam que o património alcance o valor, pelo menos, de dois terços do capital, ou outras providências que produzam esse resultado. Esta situação constitui tecnicamente um ónus: o ónus de dissolver a sociedade, de repor a sua situação líquida mínima legal, sob a consequência penosa de ter de publicitar a sua subcapitalização.

IV. O ónus de reconstituir a situação líquida da sociedade, quando ela desça abaixo de dois terços do capital social, vem já do artigo 120, n.º 5.º do Código Comercial, hoje revogado. Dele constava que a sociedade se dissolvia *pela diminuição do capital social em mais de dois terços, se os sócios não fizerem logo entradas que mantenham pelo menos num terço o capital social.* O § 4.º do mesmo artigo 120.º estatuía ainda: *os credores de uma sociedade anónima podem requerer a sua dissolu-*

---

o suplemento de protecção aos credores possa advir de tal dispositivo, uma vez que *qualquer operação significativa levará sempre os interessados a consultar as contas e, daí, a aperceber-se – mas agora, no contexto! – das perdas graves.* E prossegue: *estas* (perdas graves), *atendendo ao sector – por hipótese – ou ao facto de se tratar de empresa em início de actividade, podem nada ter de alarmante.* E conclui: *mas publicitar, em papel timbrado, uma situação de perda grave só pode é dificultar qualquer recuperação.* A crítica é certeira. Tratar por igual todas as perdas graves, independentemente da sua causa ou do contexto em que ocorram, é gravemente desrazoável. A protecção dos credores cabe aos próprios, que dispõem dos meios mais do que suficientes para se acautelarem contra a debilidade financeira das empresas com que contratam. Antes de concederem crédito, os comerciantes podem – e devem – investigar qual a sua situação financeira. Trata-se de uma diligência que lhes incumbe.

ção, *provando que, posteriormente à época dos seus contratos, metade do capital social está perdido; mas a sociedade pode opor-se à dissolução, sempre que dê as necessárias garantias de pagamento aos seus credores.*

A Directriz 77/91/CEE, de 13 de Dezembro de 1976 (Segunda Directriz sobre Direito das Sociedades)[337], no seu artigo 17.° estatui:

No caso de perda grave do capital subscrito, deve ser convocada uma assembleia geral no prazo fixado pelas legislações dos Estados-membros, para examinar se a sociedade deve ser dissolvida ou se deve ser adoptada qualquer medida.

Para os efeitos previstos no n.° 1, a legislação de um Estado-membro não pode fixar em mais de metade do capital subscrito o montante da perda considerada grave.

O preceito do artigo 35.° do Código das Sociedades Comerciais, não corresponde a uma transposição correcta deste artigo da Directriz. A orientação geral é análoga à do artigo 120.° do Código Comercial, mas a sua aplicação para além do tipo da sociedade anónima alarga injustificadamente o seu âmbito de aplicação[338]. A elevação do limite de um terço para metade é de origem comunitária, mas o regime legal é mais exigente. Além disto, o artigo 1.° da Directriz restringe a sua aplicação às sociedades anónimas, enquanto o artigo 35.° do Código das Sociedades Comerciais alarga injustificadamente a sua aplicação geral a todas as sociedades comerciais.

V. Qual a natureza jurídica destas entradas feitas pelos sócios para reconstituir a situação líquida da sociedade de modo a satisfazer a exigência do artigo 35.°? A questão tem suscitado perplexidade na Doutrina. RAÚL VENTURA[339] refere expressamente as prestações suplementares de capital como sendo convenientes *para cobrir perdas de*

---

[337] Segundo o artigo 1.° da Segunda Directriz (Directriz 77/91/CEE do Conselho, de 13 de Dezembro de 1976), o respectivo regime jurídico aplica-se apenas às sociedades anónimas.

[338] MENEZES CORDEIRO, *A Perda de Metade do Capital Social e a Reforma de 2005: Um Repto ao Legislador,* ROA, ano 65 (2005) I, pág. 84.

[339] RAÚL VENTURA, *Sociedade por Quotas,* I, cit., pág. 233.

capital. São complementares das entradas iniciais (na constituição) ou das subsequentes (em aumentos do capital) e não implicam um aumento do capital, mas apenas a sua reconstituição.

Porém, a sua qualificação como prestações suplementares de capital tem sido contestada pela doutrina mais recente. PINTO FURTADO[340] considera *imprópria a designação que por vezes se lhe dá, na prática, de prestações suplementares de capital;* entende que são *entradas em dinheiro com vista a reforçar o património da sociedade, cobrindo eventualmente perdas, que se verifiquem,* constituem *um reforço monetário que acresce ao capital, embora não sejam capital, na estrita acepção do mesmo, nem estejam subordinadas ao seu regime jurídico.* PEREIRA DE ALMEIDA[341] afirma que *não podem revestir a natureza de subscrições de aumento de capital social, nem de suprimentos ou prestações suplementares, pois, nesse caso, manter-se-ia a situação de perda do capital social, uma vez que as entradas seriam lançadas simultaneamente no activo e no passivo do balanço;* em sua opinião, *trata-se (...) de entradas como que "a fundo perdido",* as quais não podem ser impostas aos sócios e devem respeitar o princípio da igualdade. PAULO DE TARSO DOMINGUES e ALEXANDRE MOTA PINTO consideram-nas contribuições espontâneas dos sócios efectuadas a fundo perdido[342].

No direito alemão das sociedades, KARSTEN SCHMIDT[343] opina que as entradas voluntárias com que o sócio reforça o património da sociedade, sem aumentar o seu capital social, sendo voluntárias (*Freiwillige Zuzahlungen*), nada têm a ver com a obrigação de efectuar prestações suplementares de capital (*Nachschüssen*). Neste direito, porém,

---

[340] PINTO FURTADO, *Curso de Direito das Sociedades,* cit., pág. 322.

[341] PEREIRA DE ALMEIDA, *Sociedades Comerciais,* cit., pág. 218.

[342] PAULO DE TARSO DOMINGUES, *Do Capital Social,* cit., pág. 127, e *Garantias de Consistência do Património Social,* Problemas do Direito das Sociedades, Instituto de Direito das Empresas e do Trabalho, Almedina, Coimbra, 2002, pág. 539; ALEXANDRE MOTA PINTO, *O Artigo 35.º do Código das Sociedades Comercais na Versão Mais Recente,* Temas Societários, Instituto de Direito das Empresas e do Trabalho, Almedina, Coimbra, 2006, pág. 136.

[343] KARSTEN SCHMIDT, *Gesellschaftsrecht,* Carl Heymanns, 4. Aufl., cit., págs. 1129-1130 é peremptório *Freiwillige »Zuzahlungen«, die das Eigenvermögen der Gesellschaft vermehren, sind möglich, aber sie haben nichts mit einer Nachschußpflicht zu tun.*

A Participação Social nas Sociedades Comerciais

os preceitos correspondentes ao artigo 35.° do Código das Sociedades Comerciais português, limitam-se a exigir que o órgão de gestão convoque os sócios a reunir em assembleia geral e os informe da situação; não obriga os membros da administração a propor o que quer que seja, como faz o n.° 1 do artigo 35.°, e não prevêem que os sócios se comprometam a efectuar e efectuem entradas que mantenham pelo menos em dois terços a cobertura do capital. A diferença de regimes jurídicos afasta a adequação da opinião de KARSTEN SCHMIDT perante o direito português.

VI. A realização de entradas, prevista na alínea c) do n.° 3 do artigo 35.° pode ser feita através de prestações suplementares de capital[344]. As prestações suplementares não esgotam, nesta finalidade, a sua utilidade e utilização. Servem também, designadamente para reforçar a liquidez da sociedade, sem que tenha sido alcançada a situação líquida negativa prevista no artigo 35.°. Mas podem, sem dúvida, servir para este fim.

Há que distinguir então, consoante os estatutos da sociedade prevêem, ou não, a obrigatoriedade das prestações suplementares. Em caso afirmativo, a assembleia geral poderá deliberar o seu chamamento para elevar a situação líquida até pelo menos ao limite mínimo permitido. Caso não esteja estatutariamente prevista a sua obrigatoriedade, a deliberação só será vinculativa para os sócios que votarem favoravelmente a proposta. Aqueles que votarem contra, que se abstiverem ou mesmo que não tenham participado na votação, não são obrigados a fazê-las.

As prestações suplementares são contabilizadas na conta de capi-

---

[344] Contra, PEREIRA DE ALMEIDA, *Sociedades Comerciais*, cit., pág. 218, assumindo que as prestações suplementares seriam lançadas simultaneamente no activo e no passivo do balanço, pelo que nesse caso, manter-se-ia a situação de perda do capital social. Em nossa opinião, as prestações suplementares são contabilizadas na conta de capital e, por isso, não entram em conta no apuramento da situação líquida, o que as torna hábeis para a reconstituição do capital prevista no artigo 35.° do Código das Sociedades Comerciais.

tal e não agravam a situação líquida. Esta característica das prestações suplementares constitui uma vantagem importante em relação ao aumento do capital, que eleva correspondentemente o valor do limite de situação líquida requerido e obriga, por isso, a que o mesmo objectivo exija que o aumento do capital seja de montante mais elevado que as prestações suplementares. Já a prestação de suprimentos é neutra e não contribui para modificar a situação líquida; porém, se houver suprimentos prestados, a sua conversão em prestações suplementares pode ser eficaz.

As entradas para a reconstituição do mínimo de situação líquida podem ainda ser feitas *a fundo perdido*[345]. Deste modo, também não agravam o passivo e evitam a dificuldade inerente ao aumento do capital. Em relação às prestações suplementares, esta solução envolve o inconveniente de não permitir a restituição, uma vez recuperado o património da sociedade, mesmo que a restituição possa ser feita sem afectar a situação líquida positiva da sociedade.

VII. Uma outra solução possível pode ser a reavaliação do activo da sociedade.

O regime contabilístico-fiscal das sociedades comerciais em Portugal tem conduzido, desde já há longos anos, a uma sistemática subvalorização de activos nos balanços. Basta olhar, por exemplo, para o valor com que, em muitos casos, são contabilizados os imóveis de que a sociedade seja proprietária há muitos anos. A sua reintegração ao longo dos anos e os elevados valores da inflação nos anos setenta e

---

[345] PEREIRA DE ALMEIDA, *Sociedades Comerciais*, cit., pág. 218, após afastar a susceptibilidade das prestações suplementares, com o argumento exposto na nota anterior, propõe a realização de entradas em dinheiro a fundo perdido. PAULO DE TARSO DOMINGUES, *Do Capital Social*, cit., pág. 127, e *Garantias de Consistência do Património Social*, cit., pág. 539, propõe a solução das entradas a fundo perdido por, implicitamente, apenas admitir as prestações suplementares na sociedade por quotas e por não admitir as prestações suplementares espontâneas. Admitida a susceptibilidade de prestações suplementares noutros tipos de sociedades e admitidas as prestações suplementares espontâneas, as entradas a fundo perdido não deixam de ser possíveis, mas deixam de ser atraentes.

oitenta resulta em valores muitas vezes ridículos.

Ora, o regime do artigo 35.°, com todo o seu rigor, só se justifica desde que a situação que o desencadeia seja apurada perante valores verdadeiros de activo e passivo. O regime de contabilização pelo custo histórico, vigente no Plano Oficial de Contas, é dificilmente compatível com o sistema do artigo 35.°. Quando o activo ou o passivo, expressos no balanço, estiverem artificialmente inflacionados ou diminuídos, como sucede em muitos casos, deve, em nossa opinião, a situação económica da sociedade ser avaliada pelos seus valores reais.

Com esse fim, pode a sociedade proceder à reavaliação do seu activo e contabilizar o acréscimo de valor daí eventualmente resultante numa conta de reserva de reavaliação, no activo. O valor emergente da reavaliação pode ter como consequência a elevação do activo acima do limite do artigo 35.°. Se assim suceder, este deixará de ser aplicável sem que seja prejudicada a sua intencionalidade normativa. Se em consequência da reavaliação, a situação líquida da sociedade passar a ser positiva, a sociedade poderá incorrer em custos fiscais.

e) A redução do capital para absorção de perdas e as operações de harmónio

I. Uma das soluções previstas no artigo 35.° do Código das Sociedades Comerciais, mais concretamente, na alínea a) do seu n.° 3, é a redução do capital. Quando tenha por finalidade a *cobertura de perdas* da sociedade, a redução do seu capital, segundo o n.° 3 do artigo 95.° não necessita de autorização judicial prévia. É suficiente a deliberação da assembleia geral, tomada em princípio por unanimidade, no caso da sociedade em nome colectivo (artigo 194.°); ou por maioria qualificada de três quartos, se se tratar de uma sociedade por quotas (artigo 265.°), ou de dois terços se for uma sociedade anónima (artigos 383.°, n.° 2, e 386.°, n.° 3).

A redução do capital para absorção de perdas melhora a situação líquida e pode mesmo torná-la positiva. Quando a redução do capital tenha outra finalidade que não a cobertura de perdas, é necessária prévia autorização judicial que não deverá ser concedida se, em consequência da redução, a situação líquida não ficar a exceder o capital em, pelo menos, vinte por cento (artigo 95.°, n.° 2).

A dispensa da autorização judicial, estatuída no n.° 3 subsequente, não parece dever ser entendida como abrangendo também a exigência de que a situação líquida se torne superior ao capital em, pelo menos, vinte por cento. Quando a redução do capital tenha por fim a cobertura de perdas, torna-se ainda mais intensa a exigência de saneamento financeiro da sociedade e, por isso, não tem sentido dispensar aquela exigência. Reduzir o capital para cobertura de perdas, sem as cobrir integralmente não vale a pena.

Porém pode suceder que as perdas sejam de tal modo elevadas que ultrapassem mesmo a totalidade do capital. Neste caso, mesmo uma redução integral do capital não é suficiente para cobrir a totalidade das perdas. Esta situação não é infrequente e tem muitas vezes que ser enfrentada em processos de recuperação de empresa. A experiência já relativamente longa das providências de recuperação de empresa permitiu consolidar uma prática usualmente denominada *operação de harmónio*.

II. A chamada *operação de harmónio* consiste em deliberar a redução do capital *destinada à cobertura de perdas* tal como previsto no n.° 3 do artigo 95.°, seguida de um aumento do capital realizado em dinheiro ou por *apport* de créditos sobre a sociedade. Quando a redução do capital ao limite mínimo não seja suficiente, pode ser repetida a operação, então designada *harmónio duplo* ou mesmo *triplo*. A operação de harmónio tem sido utilizada com êxito como providência de recuperação de empresa.

O artigo 96.° permite que o capital seja reduzido abaixo do capital mínimo da sociedade em questão, desde que fique condicionada, na respectiva deliberação, a um aumento do capital que reponha o mínimo legal do capital, a deliberar nos sessenta dias subsequentes[346]. O limite mínimo legal do capital deixa, assim, de constituir um em-

---

[346] Este regime vem do artigo 34.° da Segunda Directriz.

310 *A Participação Social nas Sociedades Comerciais*

pecilho à operação de harmónio.

Raúl Ventura[347] opina que, não obstante a dispensa do mínimo legal, no artigo 96.°, na operação de harmónio, o capital não pode ser reduzido a zero e subsequentemente aumentado, com entradas dos credores ou de terceiros. A sua argumentação pode resumir-se do seguinte modo: esta operação teria como resultado, na prática, a exclusão dos sócios, cujas partes sociais se extinguiriam; extintas as suas partes sociais, os sócios não poderiam votar o aumento do capital.

Não acompanhamos esta opinião. Da redução do capital a zero não resulta necessariamente, na prática, a exclusão dos sócios. A redução do capital, neste caso, é deliberada em conexão necessária com um subsequente aumento do capital. Assim o exige o artigo 96.° do Código das Sociedades Comerciais. Haverá, pois, ou uma deliberação complexa ou uma união de deliberações. No primeiro caso, a mesma deliberação determina a redução do capital e o seu concomitante aumento, sem que chegue a ocorrer *tempo jurídico* entre ambos; no segundo, não obstante a separação temporal entre as duas deliberações, que pode durar sessenta dias, a primeira deliberação só se torna eficaz se e quando se concluir a segunda. O n.° 1 do artigo 96.° é claro: a redução abaixo do mínimo legal, o que inclui a redução a zero, deve *ficar expressamente condicionada à efectivação de aumento do capital para montante igual ou superior àquele mínimo, a realizar nos 60 dias seguintes àquela deliberação.* Esta condição, como se compreende, é suspensiva. Após a deliberação de redução do capital a zero, uma vez que a sua eficácia fica suspensa, os sócios mantêm a titularidade das suas participações até ao termo do processo deliberativo do subsequente aumento do capital. Assim, nada impede a sua participação e voto na segunda deliberação em que o capital é aumentado. Estando suspensa a eficácia da deliberação de redução do capital a zero, os sócios mantêm a plenitude da participação social e, no seu âmbito, o direito de voto e o direito de preferência na subscrição do aumento do capital. Não é, pois, convincente o argumento de que, reduzido o capital a

---

[347] Raúl Ventura, *Alterações do Contrato de Sociedade*, cit., págs. 352-356.

zero, os sócios perderiam os direitos de voto e de preferência no aumento de capital subsequente.

Os sócios de sociedades por quotas e anónimas têm direito de preferência na subscrição do aumento do capital nos termos, respectivamente, dos artigos 266.° e 458.° a 460.° do Código das Sociedades Comerciais. Nas sociedades em nome colectivo, a questão não se põe porque ambas as deliberações devem ser tomadas por unanimidade, salvo diferente estipulação no contrato. O sócio pode assim evitar a extinção da sua participação social, subscrevendo o aumento do capital conexo com a redução.

Se algum sócio não quiser subscrever e realizar o aumento do capital conexo com a redução, não vemos que seja razoável objectar à extinção da sua participação social. Constitui uma das virtudes da operação de harmónio permitir excluir da sociedade sócios que não tenham a vontade ou a capacidade de investir nela os seus capitais: os chamados *sócios mortos*. Muitas vezes, a raiz da dificuldade empresarial está nos sócios, que conflituam uns com os outros, que descapitalizam a sociedade, ou que a não sabem gerir. A recuperação da empresa não dispensa, então, além de providências de carácter financeiro, também a recomposição do seu substrato pessoal. Ensina a experiência que muitas vezes é mesmo inviável a recuperação da empresa sem essa recomposição pessoal.

A opinião de RAÚL VENTURA é geralmente aceite e tem sido dominante na prática. Dela tem resultado a permanência na sociedade, com participações de valor muito diminuto, frequentemente reduzido ao mínimo legal, dos sócios que não participam no subsequente aumento do capital. Este resultado é mau para os sócios que ficam nessa situação e também para a própria sociedade. Não obstante a autoridade daquela opinião, não havendo obstáculo na lei e sendo útil para a sociedade, somos de opinião de que o capital pode ser reduzido a zero e subsequentemente aumentado, mesmo que daí resulte a extinção da participação social de um ou mais, ou mesmo todos os sócios anteriores.

20. O dever de lealdade

I. Além dos deveres relativos à constituição e conservação do capital e à participação nas perdas, avulta ainda, pela sua importância na posição jurídica do sócio, o dever de lealdade.

No âmbito da sociedade, os sócios relacionam-se entre si e com a sociedade. Este relacionamento está sujeito ao princípio da boa fé. Os sócios, cada um dos sócios, devem, no seu relacionamento interno, agir com lealdade.

O dever de lealdade não foi expressamente referido no preceito do artigo 20.º do Código das Sociedades Comerciais, onde são enumeradas as *obrigações dos sócios*. Só mais tarde, na reforma de 2006, já após a publicação da 1.ª edição deste livro, o Código das Sociedades Comerciais veio a consagrar expressamente o dever de lealdade, na alínea b) do n.º 1 do artigo 64.º, e ainda assim, tão só a propósito dos deveres dos gestores. Tal não significa, porém, que não existam outras situações jurídicas passivas, na posição jurídica do sócio, umas expressas na lei e outras não, qualificáveis como manifestações de um dever de lealdade que o vincule.

II. A importância do dever de lealdade no âmbito da participação social e a sua concretização no caso concreto deve ser aferida perante os tipos legal e social da sociedade e do sócio.

Tradicionalmente, a existência do dever de lealdade começou por ser aceite nas sociedades de pessoas, em que as relações interpessoais dos sócios entre si são mais relevantes; mas recusada nas sociedades de capitais, com o argumento de, nestas, os sócios se relacionarem apenas com a sociedade e não uns com os outros. Progressivamente, porém, veio a ser também admitida nas sociedades de capitais; primeiro nas sociedades por quotas e, mais tarde nas sociedades anónimas[348].

---

[348] No direito alemão, esta evolução é muito claramente descrita em KARSTEN SCHMIDT, *Gesellschaftsrecht*, cit., § 20 IV 2, págs., 589-593.

Todavia, a simples consideração do tipo legal de sociedade não tem mais do que uma utilidade indiciária. As relações de lealdade, no âmbito da sociedade são mais naturais, porque mais típicas, na sociedade em nome colectivo do que na sociedade por quotas, e mais nesta do que na sociedade anónima. Mas esta realidade é ainda excessivamente formal.

Importa também – e até talvez principalmente – concretizar do dever de lealdade perante os tipos sociais de sociedade e – mais ainda – perante os tipos sociais de sócios.

Como se viu[349], os tipos legais de sociedade são elásticos e cada sociedade, individualmente considerada, pode corresponder ao cerne do tipo ou à sua periferia. Assim, uma sociedade em nome colectivo pode ser mais ou menos pessoalizada, uma sociedade por quotas pode aproximar-se mais da sociedade em nome colectivo ou da sociedade anónima, e uma sociedade anónima pode ter características mais capitalistas, como sucede na sociedade aberta, ou mais pessoalistas. Não deve, pois, partir-se apenas da consideração do tipo legal de sociedade para a concretização do dever de lealdade.

Além disto, é necessário também atender ao tipo social da sociedade. Os tipos sociais de sociedades são mais ricos e mais diferenciados do que os tipos legais. Há sociedades familiares, que podem adoptar um dos tipos legais, sem que deixem de ser familiares. Até simples sociedades entre cônjuges, podem adoptar os vários tipos legais; é corrente que se conformem como sociedades por quotas, mas não é raro que surjam como sociedades anónimas. Há também a clássica sociedade comercial entre dois ou três sócios que se empenham pessoalmente num pequeno comércio, e em que todos, por exemplo, afiançam ou avalizam as dívidas sociais, trabalhando pessoalmente na sociedade. Há sociedades por quotas em que coexistem sócios capitalistas, que se limitam a entrar com capitais, e sócios trabalhadores, que exercem a gestão quotidiana e que vivem desse seu trabalho. Também nas sociedades anónimas, para além dos diversos estatutos de acções

---

[349] *Supra* I.5.

314   *A Participação Social nas Sociedades Comerciais*

permitidas pelo tipo legal, é uma realidade a coexistência de sócios cuja posição e atitude social real se diferencia, por exemplo, entre aqueles que apenas se interessam pelo dividendo, os que se limitam a tentar ganhar uma mais valia, os que detêm posições suficientemente importantes para assegurarem o exercício de cargos sociais, os que são titulares de minorias de bloqueio ou de posições de controlo, ou ainda os que se assumem como parceiros estratégicos por tempo limitado com acordos de saída por preços e com fórmulas de determinação já acordadas. Mesmo nas sociedades abertas se verificam na prática diferenças relevantes de tipo social e de tipo social de sócio.

O dever de lealdade é sensível, na sua concretização, não só ao tipo legal de sociedade, mas também ao seu tipo social e ainda ao tipo social do sócio. É necessário ponderar em concreto qual o tipo legal da sociedade; dentro desse tipo, se a sociedade em questão corresponde ao seu cerne ou à sua periferia, quais os desvios que existam em relação ao tipo legal e qual o seu sentido e relevância para a concretização; é necessário, ainda, atender ao tipo social da sociedade e ao sentido com que ele pode imbuir o dever de lealdade; e finalmente qual o tipo social do sócio ou mesmo qual a sua posição concreta, ainda que atípica, e qual o contributo que essa situação pode dar à concretização.

III. Na sua concretização, o dever de lealdade pode existir na relação entre o sócio e a sociedade, ou na relação dos sócios entre si. A lei contém já, de certo modo dispersos e não sistematizados, alguns casos tipificados de deveres de lealdade que importa visitar e discernir o seu sentido e regime.

Para além dos casos tipificados na lei, importa decidir sobre a existência, no caso em apreciação, de um dever de lealdade; em seguida, há que apreciar qual a sua amplitude ou extensão e conteúdo; em terceiro lugar, é imprescindível ajuizar qual a sua função de protecção e quem é a pessoa protegida.

Finalmente, as consequências jurídicas da violação do dever de lealdade são várias e devem ser as adequadas ao conteúdo e sentido do dever violado e à reparação da lesão causada. Em caso de violação do dever de lealdade, afiguram-se adequadas as pretensões de abstenção, a responsabilidade civil e a impugnação de deliberações.

a) O interesse social

I. Um dos principais vectores do dever de lealdade é o interesse social.

A doutrina está dividida quanto ao modo de concretização do interesse social. Há duas linhas de pensamento distintas, com diferentes pressupostos filosóficos, que encaram o interesse social, numa perspectiva nominalista e numa perspectiva realista. É o velho fantasma da querela dos universais que continua a dividir o pensamento europeu.

No pólo realista, de cariz institucionalista, encontramos PEREIRA DE ALMEIDA[350]. Em sua opinião, o interesse social corresponde ao interesse da empresa como entidade colectiva que constitui o substrato da sociedade comercial; existe um interesse da sociedade que pode não coincidir com o interesse de cada um dos sócios ou grupo de sócios.

Também numa posição institucional, MARQUES ESTACA[351] sustenta que o interesse da sociedade prende-se em primeira linha com uma certa visão institucionalista de conservação e rentabilidade da empresa, criada, nas vertentes ontológico-social e económico-financeira, orientação que se encontra em perfeita consonância quer com a determinação concreta do objecto social, que baliza a actividade da empresa, quer o seu escopo ou finalidade.

Numa linha ainda realista, mas mais moderada, o pensamento de OLIVEIRA ASCENSÃO autonomiza o interesse social em relação aos interesses individuais dos sócios[352]. Distingue, porém, o interesse da sociedade do interesse da empresa[353]. O interesse social não coincide,

---

[350] PEREIRA DE ALMEIDA, *Sociedades Comerciais*, cit., pág. 53.

[351] MARQUES ESTACA, *O Interesse da Sociedade nas Deliberações Sociais*, Almedina, Coimbra, 2003.

316 *A Participação Social nas Sociedades Comerciais*

na sua opinião, com o interesse egoísta dos sócios ou da sua maioria, mas também não corresponde ao interesse objectivo da empresa que a sociedade estrutura. Assim, é lícito, acrescenta, sacrificar a capacidade produtiva da empresa à situação ou ao resultado financeiro da sociedade. Pode suceder que seja financeiramente útil reduzir a produção ou mesmo a capacidade produtiva alienando parte do seu aparelho produtivo: *em princípio, a eficiência produtiva não é controlada.* E conclui: *o interesse da sociedade que se protege contra as deliberações abusivas é pois, o interesse da estrutura jurídica. Este pode não ser o dos sócios; por isso, ele manifesta-se mesmo perante uma posição unânime dos sócios. O órgão de fiscalização deve nomeadamente intervir ainda nesse caso, ficando responsabilizado se o não fizer: contra o que já se afirmou entre nós.*

II. No pólo oposto, de radical nominalista, a maioria da doutrina portuguesa identifica o interesse social com os interesses dos sócios.

A posição mais clara, neste sentido, é a de RAÚL VENTURA[354]. É muito crítico em relação à parte final da versão originária do artigo 64.º[355], demonstrando uma clara vontade de se desmarcar da sua redacção. Afirma com clareza que *o interesse social é o interesse dos sócios, nesta qualidade, ou seja, o interesse que os levou a efectuar contribuições para o exercício comum de uma actividade, a fim de partilharem os lucros.* Prossegue: *Os interesses dos trabalhadores estão protegidos pelas leis do traba-*

---

[352] OLIVEIRA ASCENSÃO, *Direito Comercial*, IV, *Sociedades Comerciais – Parte Geral*, cit., págs. 68-69.

[353] OLIVEIRA ASCENSÃO, *Invalidade das Deliberações Sociais*, Problemas do Direito das Sociedades, cit., págs. 390-392.

[354] RAÚL VENTURA, *Sociedades por Quotas*, III, Almedina, Coimbra, 1996, págs. 150-151.

[355] O artigo 64.º do Código das Sociedades Comerciais teve originariamente o seguinte teor:

Artigo 64.º
(Dever de diligência)
Os gerentes, administradores ou directores de uma sociedade devem actuar com a diligência de um gestor criterioso e ordenado, no interesse da sociedade, tendo em conta os interesses dos sócios e dos trabalhadores.

lhe e da segurança social, às quais os gerentes devem obediência, não por força do artigo 64.º, mas sim por força delas próprias. Acrescenta que *o art. 64.º não tem o intuito de alargar essa protecção para extensão indeterminada* e conclui que lhe parece que *a referência aos interesses dos trabalhadores neste artigo constitui um «toque» de preocupação social, sem conteúdo concreto.*

Com responsabilidade, assumida, na redacção originária do artigo 64.º do Código das Sociedades Comerciais, BRITO CORREIA[356] escreve: *a expressão interesse da sociedade quer apenas traduzir a ideia de que a finalidade a prosseguir não é, em rigor, um interesse duma ou várias pessoas físicas concretas, mas um interesse juridicamente definido como a resultante da conjugação de interesses dos sócios enquanto tais, por um lado, e dos trabalhadores da sociedade (quando existam, obviamente), por outro lado; (...) reconduz-se a interesses de pessoas físicas relacionadas com a sociedade.* Todavia *não é qualquer interesse comum dos sócios, nem tão pouco qualquer interesse comum dos sócios que possa ser realizado pela sociedade, mas aquele interesse comum dos sócios para cuja satisfação a sociedade foi constituída, e que em cada momento se define como aquele interesse que for comum aos sócios dentro do limite marcado pelo pelos fins da sociedade. (...) Como interesse social, valerá então o interesse que, dentro desse limite, for em cada momento comum a todos ou à maioria dos sócios.*

COUTINHO DE ABREU[357] distingue o papel do interesse social no âmbito das deliberações dos sócios e no da gestão. No que respeita às deliberações dos sócios, havendo divergência, é a maioria quem decide *qual o bem, qual o meio mais apto para conseguir o fim social, é ela que determina o interesse social em concreto.* Mas adverte, logo em seguida: *não se confunda, todavia, o interesse social com o interesse da maioria ou com*

---

[356] BRITO CORREIA, *Direito Comercial*, II, *Sociedades Comerciais*, cit., págs. 49 e segs..

[357] COUTINHO DE ABREU, *Curso de Direito Comercial*, II, *Das Sociedades*, cit., págs. 286-303. O Autor havia já dedicado a sua atenção a esta matéria nas suas anteriores obras *Do Abuso do Direito*, Almedina, Coimbra, 1999, págs. 114-121 e *Da Empresarialidade – As Empresas no Direito*, Almedina, Coimbra, 1999, págs. 225-243 que, sem divergência substancial, preparam a sua actual posição. Citamo-lo, por isso, na sua obra mais recente.

318   *A Participação Social nas Sociedades Comerciais*

uma qualquer definição que dele dê a maioria. Prossegue: *além do mais, tal confusão levaria a concluir que todas as deliberações dos sócios (porque tomadas com a maioria exigida) seriam necessariamente conformes ao interesse social; não haveria deliberações abusivas. Cabe à maioria optar, mas sempre entre interesses comuns a todos os sócios — tendo sempre o fim social comum como "estrela polar".* E conclui: *pode definir-se o interesse social como a relação entre a necessidade de todo o sócio enquanto tal na consecução de lucro e o meio julgado apto a satisfazê-la*[358]. Já a redacção do artigo 64.º, ao fixar como critério reitor o *interesse da sociedade, tendo em conta os interesses dos sócios e dos trabalhadores,* mantendo embora dominante o contratualismo, como *quadro de referência válido no domínio do comportamento dos sócios, quanto à actuação (principalmente) dos órgãos de administração,* marca presença o institucionalismo — embora moderado *(já por apenas os interesses dos trabalhadores deverem ser tidos em conta juntamente com os interesses dos sócios, já porque aqueles interesses possuem menor peso do que estes)*[359].

PEDRO DE ALBUQUERQUE[360], depois de apreciar a questão com profundidade acaba por concluir que *o interesse social não pode ser senão o interesse comum dos sócios* e que, *quer a disciplina das sociedades comerciais, quer a disciplina jurídica da empresa, aparecem como formas de regulamentação de interesses de grupo e não de série.*

A construção mais crítica em relação à ancoragem do interesse social na empresa é a de MENEZES CORDEIRO[361]. Para o Autor, a empresa *não tem, hoje, uma dogmática minimamente capaz de lhe conferir um papel nuclear ou, sequer, substancial, no Direito do comércio e não é configurável atribuir-lhe «interesses» próprios, capazes de ditar, inflectir ou esclarecer regimes.* A personalidade colectiva, como a entende, analisa-se *em*

---

[358] COUTINHO DE ABREU, *Curso de Direito Comercial,* II, *Das Sociedades,* cit., pág. 293.

[359] COUTINHO DE ABREU, *Curso de Direito Comercial,* II, *Das Sociedades,* cit., pág. 302.

[360] PEDRO DE ALBUQUERQUE, *Direito de Preferência dos Sócios em Aumentos de Capital nas Sociedades Anónimas e por Quotas,* cit., pág. 340.

[361] MENEZES CORDEIRO, *Da Responsabilidade Civil dos Administradores das Sociedades Comerciais,* cit., págs. 521-522.

complexos normativos, que se antepõem entre os destinatários, necessariamente singulares, e a realidade da vida. E prossegue: *uma regra, dirigida a uma pessoa colectiva, será sempre, em última instância, uma norma destinada aos administradores ou aos sócios (...) mas é-o em* **modo colectivo**, *isto é, pela particular técnica ideologicamente significativa, da personalidade colectiva.* (...) *Assim, tal regra − que implicará sempre a intermediação de numerosas outras regras − não se confunde com os comandos, directamente dirigidos aos administradores e aos sócios.* E conclui: *aqui temos a chave do artigo 64.°. Os «interesses», nele referidos, são, simplesmente, normas e princípios jurídicos. Os administradores devem usar de determinada diligência, acatando as normas e princípios relativos à sociedade, isto é, aos sócios e aos trabalhadores, mas em* **modo colectivo**, *ou seja, através da particular técnica da personalidade colectiva.*

III. É útil partir da teoria do interesse, tal como desenvolvida por IHERING e GOMES DA SILVA. O interesse exprime a aptidão de certo meio ou bem para a satisfação de uma necessidade ou de um fim da pessoa. O interesse distingue-se em subjectivo quando assumido conscientemente pelo seu titular, ou objectivo quando significa a aptidão do meio para a realização do fim independentemente da vontade e da consciência do titular. No modo subjectivo, o interesse aproxima-se ou confunde-se mesmo com uma apetência, no objectivo com a ideia de utilidade.

É necessário tomar como ponto de partida o fim, que é o de lucro da sociedade. Aqui, pode haver discrepância entre o modo subjectivo e o modo objectivo da concretização do interesse. No segundo, ele coincide com a utilidade para a lucratividade, apreciada objectivamente; no primeiro, a consideração é subjectiva e corresponde àquilo que a sociedade, subjectivamente, entende que é adequado para a prossecução do seu fim. Ainda na perspectiva subjectiva, é fácil confundir o interesse na perspectiva subjectiva da sociedade ou na perspectiva subjectiva de cada um dos sócios. Não é apenas a sociedade que tem o lucro por objectivo; também os sócios e cada um deles pretendem obtê-lo para si próprios. Se a sociedade tem personalidade jurídica − e no direito português todas as sociedades comerciais a têm − é inevitável que haja diferenciação subjectiva entre a

320   *A Participação Social nas Sociedades Comerciais*

sociedade e o sócio.

Na questão do interesse social, a perspectiva subjectiva deve sobrevaler sobre a objectiva. É a própria sociedade, através dos seus órgãos que concretiza subjectivamente o seu interesse. Essa concretização é, em princípio, autónoma. São raras as intromissões heterónomas nesta concretização. A obrigatoriedade de constituição da reserva legal, prevista no artigo 218.º para a sociedade por quotas e nos artigos 295.º e 296.º para a sociedade anónima, corresponde à concretização objectiva do interesse da sociedade, mas já a constituição de reservas livres corresponde à concretização subjectiva do seu interesse. Em princípio, a concretização do interesse social é subjectiva, deve ser feita pela própria sociedade, e não se compreende que um tribunal seja chamado a pronunciar-se objectivamente, por exemplo, sobre a melhor ou pior concretização do interesse social de uma política de financiamento da sociedade, mais assente sobre emissões de obrigações ou sobre emissões de acções.

Dentro da concretização subjectiva, surgem por vezes dificuldades devidas à proximidade e à dificuldade de distinção entre o interesse lucrativo da sociedade e o dos sócios. Ambos, sociedade e sócios, têm interesse subjectivo na obtenção de lucro. O lucro do sócio pode decorrer da distribuição de dividendos da sociedade, o que pressupõe que esta tenha tido lucro, mas não só. A retenção de lucros pela sociedade através de uma política de dividendos baixos, pode aumentar o valor da participação do sócio e permitir-lhe que obtenha lucro na sua revenda. Mas o contrário também é verdadeiro: uma política de distribuição de dividendos altos, pode facilitar o financiamento da sociedade através da emissão de capital, e contribuir assim para uma melhor lucratividade da sociedade e para um maior lucro dos sócios. Tudo depende das circunstâncias.

Isto não significa que não haja casos em que os sócios enfraquecem financeiramente a sociedade através da distribuição excessiva de lucros, mesmo que dentro dos limites legais; assim como não são raros os casos em que os sócios maioritários prejudicam os minoritários com a imposição de políticas de baixo dividendo, com a invocação, por vezes abusiva, do interesse objectivo da sociedade.

A concretização do interesse social pode ser muito controvertida e constitui frequente tema de conflito.

Não obstante, de vários preceitos da lei, ressalta clara a opção a favor do interesse da sociedade, sobre o interesse dos sócios, quando sejam conflituantes. Note-se que na maior parte dos casos, não há conflito entre o interesse social e o interesse dos sócios. A sociedade tem interesse em obter o maior lucro e os sócios têm também esse interesse. Mas pode haver conflito e, quando assim seja, deve prevalecer o interesse social.

Para além destes conflitos, é comum haver diferentes opiniões acerca do interesse social. Os sócios podem divergir quanto à concretização e ao modo de prosseguir o interesse social numa certa circunstância da sociedade. É saudável que assim seja e é por isso que existem órgãos sociais, como as assembleias gerais, especialmente vocacionados *inter alia* para debater essas matérias. Se for obtido um consenso, tanto melhor; se não for, funciona a regra da maioria. Há matérias mais banais em que é suficiente a maioria simples, e outras mais delicadas em que é necessária maioria qualificada. Nas sociedades de pessoas é frequente a exigência de unanimidade, que pode também ser estipulada nos estatutos nos outros tipos de sociedades. É mesmo lícita a estipulação de poderes de veto como poderes especiais.

A concretização do interesse social cabe, em princípio, à própria sociedade, através dos seus órgãos deliberativos.

IV. Mas não deixa de haver algo de objectivo na concretização do interesse social.

Desde logo, avultam as imposições legais injuntivas quanto à defesa do capital social, que visam defender a sociedade (além dos credores e dos trabalhadores) contra a descapitalização da sociedade pelos sócios. Quanto a estas não há divergências na doutrina.

Foi muito controvertida a imposição, na versão originária do artigo 64.º, de que, na administração, o interesse social seja prosseguido, *tendo em conta os interesses dos sócios e dos trabalhadores*. Na nova versão, a referência expressa aos "deveres de lealdade, no interesse da sociedade, atendendo aos interesses de longo prazo dos sócios e ponderando os interesses dos outros sujeitos relevantes para a sustentabilidade da sociedade, tais como os seus trabalhadores, clientes e credores", não obstante a infelicidade da redacção, é mantido o papel central da própria sociedade como titular de um interesse social próprio e reforçado ainda o interesse de terceiros, como os trabalhadores, clientes e credores, além de "outros sujeitos relevantes para a sustentabilidade da sociedade", cuja identificação deverá ser feita no caso. A restrição do interesse social aos interesses – apenas – dos sócios ficou claramente afastada.

É útil considerar que este preceito rege apenas quanto à administração da sociedade e não já quanto às deliberações dos sócios em assembleia geral. Porquê?

No que respeita aos interesses dos sócios a resposta é intuitiva: nos conselhos de administração os sócios não estão necessariamente presentes, e os administradores profissionais sacrificam por vezes os interesses dos sócios, principalmente daqueles que não detêm posições dominantes. A história recente tem demonstrado, principalmente nalgumas grandes sociedades abertas, uma crescente desconsideração das administrações pelos interesses dos sócios, cada vez mais tratados como simples *aportadores de capitais*, a quem nem sequer uma informação suficiente sobre os negócios sociais é facultada, e que muitas vezes acabam por sofrer perdas que podem e devem ser juridicamente imputadas, nos termos do artigo 79.º do Código das Sociedades Comerciais, aos administradores que sejam por elas responsáveis. Ao contrário, as assembleias gerais são compostas pelos sócios que aí podem acautelar que o interesse social é prosseguido tendo em conta os seus interesses como sócios.

No que respeita aos trabalhadores, é preciso começar por lembrar que as sociedades não têm necessariamente trabalhadores. Mas muitas vezes têm, e algumas têm muitos. Quando não têm trabalhadores, a questão naturalmente não se põe. Mas quando os têm, principalmente quando têm muitos, não devem desconsiderar o seu interesse na saúde económica da sociedade, porque dela dependem os seus postos de trabalho e a sua estabilidade e segurança económica familiar e bem assim a sua progressão profissional.

A Constituição da República contém, nos seus artigos 59.º e 61.º, o estatuto fundamental dos direitos dos trabalhadores e da iniciativa económica privada. A referência aos interesses dos trabalhadores no artigo 64.º corresponde à transposição para o Código das Sociedades Comerciais da harmonização entre a iniciativa económica privada, da qual as sociedades comerciais são uma componente importantíssima, e os direitos dos trabalhadores, tal como consagrados constitucionalmente. Poder-se-á dizer que não era necessário que o artigo 64.º o consagrasse e que sem aquela referência os direitos fundamentais constitucionais nada sofreriam, assegurada já a sua aplicação directa pelo artigo 18.º da Lei Fundamental. É verdade que assim é, mas também o é que *quod abundat non nocet* e que esta é uma das matérias em que não faz mal recordar algo que um recente hiperliberalismo tem tendência a esquecer.

MENEZES CORDEIRO[362], na vigência da versão originária do artigo 64.º, ligou a introdução da fórmula *no interesse da sociedade, tendo em conta os interesses dos sócios e dos trabalhadores* na parte final do texto do artigo 64.º a uma antecipação do regime da co-gestão previsto para as sociedades anónimas no projecto da 5.ª Directriz. No direito alemão das sociedades, o princípio da protecção dos trabalhadores (*Arbeitnehmerschutz*) está muito ligado ao instituto da co-gestão (*Mitbestimmung*)[363]. Este instituto nunca veio a ser introduzido no direito português das sociedades, principalmente por oposição das estruturas sindicais mais representativas e também pela desconfiança dos empresários. Não obstante, veio a manter-se um seu vestígio na figura do *director do trabalho*, na estrutura orgânica das sociedades anónimas com conselho geral e direcção, que veio depois a ser eliminado com a revogação do n.º 3 do artigo 427.º. Poder-se-á considerar que

---

[362] MENEZES CORDEIRO, *Direito Europeu das Sociedades*, cit., págs. 747 e segs..

[363] WIEDEMANN, *Erfahrungen mit der Gestaltungsfreiheit im Gesellschaftsrecht*, Gestaltungsfreiheit im Gesellschaftsrecht, cit., pág. 9.

a referência aos trabalhadores no artigo 64.° constitui uma marca da falhada transposição da co-gestão alemã e da 5.ª Directriz para o direito societário português? É uma sugestão atraente que encontra pontos de apoio muito convincentes no texto e na história daquele projecto de Directriz. Parece claro que a inserção daquela frase no texto do artigo 64.° terá sido feita na expectativa de uma futura aprovação da Directriz. Porém, a referência ao interesse dos trabalhadores, no artigo 64.°, tem um âmbito muito mais amplo do que o regime da co-gestão do direito societário alemão e do seu regime no projecto da 5.ª Directriz: alarga-se muito além das sociedades anónimas com estrutura dualista e dos casos de *Mitbestimmung*. Para além do que seja a história do preceito, não nos parece, pois, que seja possível extrair do regime da co-gestão algo de útil para a concretização do interesse dos trabalhadores, na aplicação do artigo 64.°.

Da referência aos interesses dos trabalhadores no artigo 64.° não resulta que a administração não possa despedir trabalhadores, que não possa prosseguir políticas de redução de pessoal ou de contenção salarial. As políticas de contenção salarial e de redução de número de trabalhadores podem ser necessárias à competitividade e à saúde económica da sociedade, e podem até ser cruciais para a sua sobrevivência. O interesse da sociedade é dominante mas, na sua prossecução, a administração não pode esquecer os interesses dos trabalhadores. Diferentemente do que opina RAÚL VENTURA[364], em nossa opinião, a referência aos interesses dos trabalhadores no texto do artigo 64.° não constitui apenas *um «toque» de preocupação social, sem conteúdo concreto*. Pelo contrário, tem um conteúdo perceptivo importante que se traduz em vincular os administradores, cada um deles, a não violar as leis laborais, de segurança no trabalho, de segurança social ou outras que protejam estes interesses. Assim, a violação destas leis, para além da ilicitude da acção da sociedade propriamente dita, acarreta também a ilicitude dos actos e omissões dos administradores em que essas violações se traduzam. Os administradores em questão tornam-se, assim, também autores daquelas acções ilícitas, com as respectivas conse-

---

[364] RAÚL VENTURA, *Sociedades por Quotas*, III, cit., pág. 151.

quências. Daqui pode resultar, além do mais, a sua responsabilidade civil perante os trabalhadores, como terceiros, nos termos do artigo 78.º do Código das Sociedades Comerciais, sempre que a sociedade fique em condições de lhes não poder pagar salários em virtude de *inobservância culposa das disposições legais ou contratuais destinadas à protecção destes*, e ainda nos termos do artigo 79.º por outros *danos que directamente lhes causarem no exercício das suas funções*[365].

b) Interesse social e lealdade do sócio

I. O dever de lealdade exige do sócio que não contrarie o interesse social no seu comportamento enquanto sócio.

Tendo o sócio e a sociedade individualidades jurídicas e fins próprios, é sempre possível que os seus interesses colidam. Sempre que surja uma colisão de interesses entre a sociedade e o sócio, este não deve agir de modo a contrariar ou a atraiçoar o interesse social, nem subordinar o interesse social ao seu interesse pessoal. Deve tentar compatibilizar ambos os interesses, sempre que tal seja possível.

II. O desencontro entre o interesse do sócio e o interesse social

---

[365] MENEZES CORDEIRO, *Direito Europeu das Sociedades*, cit., pág. 749, conclui, neste tema, que *embora a 5.ª Directriz não esteja em vigor impõe-se, aqui, em nome das "circunstâncias em que a lei foi elaborada", uma como que interpretação conforme com a Directriz, que lime arestas. No fundo, o artigo 64.º pretende muito simplesmente dizer que os administradores exercem uma função, devendo assumir a generalidade das adstrições a ela inerentes.* Segundo MENEZES LEITÃO, *Pressupostos da Exclusão do Sócio nas Sociedades Comerciais*, AAFDL, Lisboa, 1989, pág. 39(37), *o que o legislador pretende ao indicar que o administrador deve actuar no interesse da sociedade é referir o interesse <u>contratual</u> do conjunto dos sócios na prossecução do objecto social, sendo os interesses pessoais dos sócios e dos trabalhadores também referidos, mas unicamente pela razão de o administrador se encontrar em especial posição de lhe causar reflexamente danos, no caso de má administração, permitindo o preceito a sua responsabilização em face deles (art. 483.º, n.º 1 do C.C.).* Ainda neste sentido, PEDRO DE ALBUQUERQUE, *Direito de Preferência dos Sócios em Aumentos de Capital nas Sociedades Anónimas e por Quotas*, cit., pág. 332, conclui: *A razão da parte final do artigo 64.º do Código das Sociedades Comerciais é, assim, a de permitir, de forma clara, a responsabilização dos administradores e gerentes perante os sócios e os trabalhadores, nos termos do artigo 483.º do Código Civil.*

326   *A Participação Social nas Sociedades Comerciais*

é banal. Numas ou noutras matérias, podem não ser exactamente coincidentes aqueles interesses. Mesmo que não sejam contrários, podem divergir, e a divergência pode ser apenas quantitativa ou traduzir-se em algo de mais profundo.

A distribuição de lucros constitui um bom tema para exemplificar a divergência de interesses entre sócios e sociedade. Tanto a sociedade como os sócios almejam o lucro. Uma vez obtido este, depois de apurado no balanço, pode ser deliberada uma sua distribuição em maior ou menor parte. Do artigo 33.º retira-se que nem todo o lucro pode ser distribuído. Além deste, o artigo 218.º, quanto à sociedade por quotas, e os artigos 295.º e 296.º, no que respeita à sociedade anónima, exigem a constituição de reservas legais. Os artigos 217.º e 294.º impõem porém a distribuição de, pelo menos, metade dos lucros apurados no exercício das sociedades por quotas e anónimas, salva deliberação em contrário por maioria qualificada de três quartos do capital social. Entre estes limites máximos e mínimos, a assembleia geral da sociedade pode deliberar distribuir uma maior ou menor parte dos lucros apurados no exercício.

Pode dizer-se que é típico que os sócios tenham interesse na distribuição da maior parte dos lucros e que a sociedade prefira distribuir o mínimo possível. Mas, no caso concreto, pode suceder o contrário. A sociedade pode ter interesse numa política de dividendos altos, de modo a reforçar a cotação das suas acções em bolsa e conseguir assim financiar-se no mercado primário através da emissão de acções; assim como pode suceder que os sócios tenham interesse em reforçar a solidez financeira da sociedade para que, por exemplo, lhes não sejam exigidas garantias pessoais.

São os sócios quem delibera, na assembleia geral, sobre a política de dividendos da sociedade. Nessa deliberação, eles próprios e cada um deles, no seu voto, procede à compatibilização dos seus interesses pessoais com o interesse social. Aqueles que não lograram alcançar maioria não podem, sem mais, ser acusados de deslealdade social, assim como não podem, sem mais, acusar disso os que fizeram maioria.

III. A divergência entre o interesse dos sócios e o interesse social, para ser relevante enquanto deslealdade social, tem de ser grave[366].

A exigência de gravidade surge clara em vários preceitos do Código das Sociedades Comerciais. Na alínea a) do n.º 1 do artigo 186.º, sobre exclusão de sócios da sociedade em nome colectivo, fala-se de *violação grave das suas obrigações para com a sociedade*. No n.º 1 do artigo 242.º, a propósito também da exclusão, mas quanto à sociedade por quotas, a lei refere *o sócio que, com o seu comportamento desleal ou gravemente perturbador do funcionamento da sociedade, lhe tenha causado ou possa vir a causar-lhe prejuízos relevantes*. A própria violação do dever de não concorrência, referida no artigo 180.º, só constitui causa de exclusão quando seja qualificada, no artigo 186.º como *grave*.

IV. Além das causas de exclusão da sociedade, é também nas deliberações abusivas que se revela com clareza uma outra manifestação da relevância jurídica da deslealdade do sócio para com a sociedade. Trata-se do caso, tipificado na alínea b) do n.º 1 do artigo 58.º, em que uma deliberação é apropriada para satisfazer o propósito do sócio de beneficiar pessoalmente, ou para beneficiar terceiro, em detrimento da sociedade ou de outros sócios.

No caso das deliberações abusivas é controverso se tem de haver um intuito subjectivo danoso do sócio que vota, ou se é suficiente que, independente do intuito concreto (que é sempre difícil de demonstrar), o voto em si, no quadro circunstancial em que se insere, seja objectivamente *apropriado para satisfazer o propósito* de quem vota de conseguir, através dele, *vantagens especiais para si ou para terceiros, em prejuízo da sociedade ou de outros sócios, ou simplesmente de prejudicar aquela ou estes*. Seja como for, na versão subjectiva ou na objectiva, o que inquina o voto abusivo é a sua desfuncionalidade, é a contrariedade entre o seu fim e a função que devia dirigi-lo.

---

[366] AVELÃS NUNES, *O Direito de Exclusão de Sócios nas Sociedades Comerciais*, Almedina, Coimbra, reimpressão da edição de 1968, 2002, págs. 170 e segs..

328   *A Participação Social nas Sociedades Comerciais*

O voto abusivo, em vez de ser exercido no interesse da sociedade, foi-o no interesse do sócio votante, contra o interesse da sociedade ou de outros sócios. A invalidade do voto contrário ao interesse da sociedade, do voto em que o sócio faz sobrevaler o seu próprio interesse, ou de terceiro, sobre o interesse da sociedade e o exerce contra esta ou contra o interesse de outros sócios revela que o interesse reitor do voto deve ser o da sociedade.

V. Mas, cabe perguntar, neste tema, se o direito das sociedades exige do sócio o altruísmo perfeito, se lhe é exigido que esqueça completamente o seu interesse económico como sócio e se consagre, com um desprendimento franciscano, exclusivamente à prossecução do interesse da sociedade. A resposta só pode ser negativa. O interesse típico do sócio da sociedade é o de beneficiar pessoalmente e economicamente, é o de obter uma vantagem económica, quer através do dividendo, quer da quota de liquidação, quer da mais valia na venda da sua parte social, quer de outro modo lícito. O interesse social tem de ser respeitado, mas o interesse do sócio não tem de estar ausente.

É lícito que o sócio oriente o seu voto pelo seu interesse pessoal. É mesmo natural que assim faça, mas dentro dos limites do interesse social. O interesse pessoal tem de ser compatível com o interesse social. Em cada deliberação concreta há um debate, ou pelo menos, a oportunidade de debate, entre os sócios que permite – deve permitir – a discussão. Ao debater as propostas, os sócios devem ponderar as consequências que da sua aprovação previsivelmente resultarão para a sociedade. Não têm de sacrificar completamente os seus interesses pessoais económicos no altar do interesse social, mas também não devem prejudicar o interesse social. É daqui que decorre, em parte, a grande importância da informação, quer prévia, quer na assembleia geral: só se houver uma informação completa e verdadeira, o debate das propostas é produtivo.

VI. Assim se torna mais clara a relação entre o interesse social e os interesses dos sócios. São os próprios sócios que fixam, em princípio livremente, o objecto social e que o modificam. São eles que

Os deveres dos sócios	329

determinam e concretizam qual o interesse social e o modo de o prosseguir. Qual, então, a diferença entre o interesse social e os interesses individuais dos sócios? A diferença está no *modo individual* e no *modo societário*.

Uma coisa é o interesse da cada sócio no seu modo individual, e outra o interesse desse mesmo sócio em posição de sócio, em relação societária, no âmbito da participação social. É útil aqui convocar a construção de MAIHOFFER[367], sobre os papéis, posições e situações típicas da vida e a jurisdicidade que transportam imanente consigo. Cada pessoa, no direito, é uma pessoa diferente enquanto colocada nas diversas posições e no desempenho dos vários papéis em que intervém na vida jurídica e social. Assim como é juridicamente diferente o meu *eu*, enquanto pai de família, enquanto Professor da Faculdade, enquanto cidadão eleitor, também é diverso, embora próximo, o meu *eu* individual e o meu *eu* societário, na posição de sócio. A posição do sócio de uma sociedade no quadro da sua participação nessa sociedade não é dissociável, nem da sua coexistência e relação com os demais sócios, nem da sua relação com a sociedade.

Com excepção das sociedades unipessoais, em que o sócio é solitário e se relaciona apenas com a sociedade, nas demais sociedades ele existe *em companhia, em sociedade* com os seus consócios ou, dito de outra maneira, *em modo colectivo*[368] ou *em modo societário*. Em todas as sociedades, o sócio está também em relação com a sociedade e coexiste com ela. A posição do sócio não é, pois, nunca, puramente isolada, puramente individual e, por isso, ele não deve desconsiderar a sociedade e os seus consócios no exercício do seu direito social.

Não pode, todavia, ser considerada unitariamente a posição do sócio abstracto da sociedade abstracta com consócios abstractos. Uma

---

[367] WERNER MAIHOFER, *Die Natur der Sache*, Archiv für Rechts- und Sozialphilosophie, XLIV (1958), págs. 166 e segs.. Ver também PAIS DE VASCONCELOS, *A Natureza das Coisas*, Estudos em Homenagem ao Professor Doutor Gomes da Silva, Coimbra Editora, Coimbra, 2001, págs. 726-727, 743-744, e *passim*.

[368] A expressão é de MENEZES CORDEIRO, *Da Responsabilidade Civil dos*

abstracção como esta falsearia a realidade. É necessário distinguir consoante o tipo legal e até o tipo social de sócio, de sociedade, de consócios. Já vimos que a posição do sócio é diferente na sociedade em nome colectivo, na sociedade por quotas, na sociedade anónima, nas sociedades em comandita simples ou por acções. Também o é nas sociedades abertas ou fechadas. E ainda o é nos diversos tipos sociais de sociedades comerciais. Há diferenças típicas e concretas na posição típica dos sócios de sociedades comerciais que são muitíssimo relevantes em matéria de lealdade social. É obviamente muito diferente a relação e o dever de lealdade na pequena sociedade por quotas com dois sócios que são amigos e trabalham conjuntamente na sociedade no seu quotidiano, ou na posição do pequeno accionista-investidor de uma grande sociedade anónima aberta cotada que ali investiu especulativamente a curto prazo. A concretização do dever de lealdade tem de ser feita em concreto, tendo em atenção o tipo legal da sociedade, o seu tipo social e ainda a própria sociedade que está em questão.

VII. O interesse social é o principal vector de orientação do dever de lealdade do sócio. A sua concretização cabe aos próprios sócios em dois momentos diferentes: quando determinam o objecto social na constituição da sociedade ou numa posterior modificação de estatutos, e nas deliberações sociais.

Não obstante ser concretizado pelos sócios, o interesse social não coincide necessariamente com o conjunto dos interesses pessoais dos sócios. Há que distinguir os interesses dos sócios enquanto sócios, na posição de sócios, e os interesses extra-sociais dos sócios, na posição de terceiros. Os primeiros integram a participação social como posição jurídica do sócio enquanto tal; os segundos têm também como titular o sócio, mas já numa posição jurídica diversa. A diversidade das posições jurídicas do sócio enquanto sócio e do sócio enquanto terceiro permite que, não obstante a identidade da pessoa jurídica que delas é titular, seja diferente o sentido e conteúdo jurídico que lhes é próprio, que as preenche e que orienta o agir do seu titular.

O sócio, posto na posição típica de sócio daquela sociedade, deve colocar-se na posição típica da sociedade a que pertence e, nessa posição, discernir, encarando-se a si mesmo, qual ou quais são as expectativas que a sociedade razoavelmente pode ter em relação ao seu comportamento enquanto seu sócio, de acordo com a regra de ouro e o imperativo categórico. E vice-versa.

Estas posições típicas não devem confundir-se com as posições jurídicas abstractas do sócio e da sociedade, em geral. Não se deve, sequer, ficar pelos tipos legais. É com os tipos sociais, reais, jurídico-sociológicos, que se deve operar. No quadro da normatividade imanente nestes tipos de relacionamento interpessoal está ínsita a reciprocidade postulada pela *regra de ouro*, e a multiplicidade própria do *imperativo categórico*, este último amputado da generalidade cósmica que lhe costuma ser imputada e restrita à pluralidade do âmbito material do tipo de que se tratar.

Exemplificando. Se pode ser razoavelmente expectado, na relação entre os dois únicos sócios de uma pequena sociedade por quotas, que estrutura uma empresa de importação e exportação, que prestem o seu aval ou fiança pessoal às respectivas responsabilidades bancárias, o mesmo não pode já ser esperado dos pequenos accionistas de uma grande sociedade anónima aberta; mas já pode ser exigido por um Banco Central aos accionistas dominantes de um Banco em dificuldades que assumam a responsabilidade financeira e obtenham, de si mesmos ou de terceiros, os capitais necessários para manter os respectivos níveis de solvabilidade.

O Direito Comercial – e, no seu âmbito, o Direito das Sociedades Comerciais – é radicalmente assente numa normatividade imanente às *coisas*, às relações e posições comercialmente típicas, das quais é possível discernir os critérios de dever ser concreto – e em concreto – que desde sempre vêm permitindo encontrar soluções justas, adequadas e aceites para problemas (uns novos, outros velhos) que sempre surgem no quotidiano da vida mercantil, numa muito característica *praxis* prudencial que se designa *aequitas mercatoria*.

332   *A Participação Social nas Sociedades Comerciais*

A normatividade imanente nas situações, posições e relações societário-comerciais típicas, enquanto *entia moralia* no âmbito da *natureza das coisas*, permite discernir, em concreto, os critérios do interesse e da lealdade sociais. Há casos de deslealdade que, em virtude da sua frequência, se tornaram típicos na vida e vieram a ser tipificados na lei. Constituem seu exemplo, a concorrência entre o sócio e a sociedade, nas sociedades de pessoas, e as deliberações abusivas. A lei funciona, nestes casos como um repositório de casos conhecidos, como uma memória do sistema. Mas há também casos novos, casos infrequentes, casos anómalos, *hard cases*, para os quais a lei dificilmente encontra uma solução típica. É nestes casos e para os solucionar que a natureza das coisas, do modo acima descrito, tem um papel a desempenhar.

O dever de lealdade exige do sócio que, na sua actuação enquanto sócio, respeite o interesse social, tal como concretizado no modo societário pelos órgãos da sociedade. São os sócios que, em modo deliberativo, concretizam o interesse social. Cada um dos sócios, enquanto tal, tem o dever de ser leal ao interesse social assim concretizado.

c) Deveres de lealdade legalmente típicos ou atípicos

I. A lei tipifica alguns deveres de lealdade. Assim sucede, por exemplo, com o dever de não concorrência que está expressamente consagrado no artigo 180.º do Código das Sociedades Comerciais para os sócios da sociedade em nome colectivo e, por remissão do artigo 474.º, para os sócios da sociedade em comandita simples. Nestes casos não subsiste dúvida quanto à existência do dever, embora possa haver quanto à sua qualificação e concretização.

A vinculação dos sócios a deveres de lealdade não tem de estar expressamente consagrada na lei. Os casos legalmente típicos representam a *memória do sistema*, o adquirido de experiência que a repetição e a reiteração de casos precipitou em tipos sociais, primeiro, e depois, por intervenção legislativa, em tipos legais. O direito das sociedades comerciais tem já a profundidade de experiência que permite identificar casos típicos de deslealdade social.

Os tipos legais de deslealdade social são concretizações típicas de violações do dever de lealdade, são casos exemplares, frequentes, especialmente significativos, que podem ajudar a discernir o conteúdo vinculativo de um dever geral de lealdade, mas cujo sentido não permite que sejam tidos como exaustivos. Quem se associa a outrem para a prossecução de um fim ou objectivo comum tem o dever de agir no sentido da prossecução desse fim ou objectivo comum e deve abster-se de condutas activas ou omissivas que o dificultem ou impeçam[369]. Este é um dever geral que é implicado pela própria natureza da sociedade, que é inerente ao relacionamento associativo, e que é natural na interacção societária. Nada no direito das sociedades permite concluir que os sócios tenham o direito de agir com deslealdade sempre que não esteja escrita na lei a obrigação de agirem com lealdade. A lealdade é moralmente positiva e a deslealdade moralmente negativa. O dever de lealdade corresponde ao mandamento de *honeste agere*, ao núcleo central da ortonomia.

II. A concretização do dever de lealdade em casos não tipificados na lei suscita dificuldades e exige cautelas. Em primeiro lugar há que distinguir, no âmbito do legalmente atípico, o que é socialmente típico e o que o não é. A tipicidade social envolve já a frequência e reiteração dos casos como contrários ao modo devido de relacionamento entre os sócios e a sociedade e dos sócios entre si. Os tipos sociais de deslealdade não permitem uma subsunção do caso ao tipo, num modo silogístico. O seu *modus operandi* é diferente, parte da comparação entre o caso e o tipo para discernimento de semelhanças e diferenças, prossegue com a avaliação dessas semelhanças e diferenças perante um critério de lealdade devida, e culmina com a concretização da decisão ou da solução, no caso e nas suas circunstâncias, medeada pela natureza das coisas.

O critério de lealdade devida não é unitário nem rígido. Não é necessariamente o mesmo para todos os tipos legais e sociais de sociedades. Como ficou já exposto, há tipos mais densos e mais fluidos[370].

Administradores das Sociedades Comerciais, cit., págs. 521-522.

[369] KARSTEN SCHMIDT, *Gesellschaftsrecht*, cit., § 20 V 1. a), pág. 595.

334 *A Participação Social nas Sociedades Comerciais*

Pode entender-se, de um modo quase geral, que nas sociedades de pessoas o dever de lealdade é, em princípio, mais intenso do que nas sociedades de capitais e, de entre estas, mais nas sociedades fechadas do que nas abertas. A intensidade do dever de lealdade pode ser diferente em diversos tipos sociais de sociedades de acordo com os respectivos sentidos. Ainda no âmbito de uma mesma sociedade, o dever de lealdade pode variar com as circunstâncias, por exemplo, ser mais forte em tempo de dificuldade económica.

Sem prejuízo da especificidade concreta, pode dizer-se que o dever de lealdade exige dos sócios que cooperem entre si e com a sociedade para a prossecução do fim comum (formulação positiva) e que não a dificultem ou impeçam (formulação negativa).

III. Além da sua formulação geral, contribui também para a compreensão do conteúdo e sentido do dever de lealdade a análise dos deveres de lealdade expressamente previstos e regulados na lei, os tipos legais de deveres de lealdade. Mas não só estes, também deveres de lealdade não expressamente previstos na lei mas consagrados e observados na prática da vida societária e aí entendidos como dotados de dever-ser ajudam a entender, em geral, o dever de lealdade e a concretizá-lo, no caso.

Os deveres legalmente atípicos de lealdade podem ser tipificados socialmente consoante os usos da prática. A experiência acumulada na vida das sociedades comerciais, quer nas práticas societárias pacíficas quer na sua conflitualidade, permite identificar tipos sociais – ou usuais – de deveres legalmente atípicos de lealdade. Trata-se de vinculações dos sócios uns para com os outros ou para com as respectivas sociedades que, não estando tipificados na lei (como tipos jurídicos estruturais), não deixam de ser vigentes na prática. De entre eles, e sem exaustividade, como é próprio dos tipos jurídicos, podem identificar-se o dever de participação nos órgãos sociais, deveres de cooperação patrimonial e deveres de cooperação funcional. Em todos eles a concretização pode ser positiva ou negativa.

d) Deveres de cooperação nos órgãos sociais

I. É na assembleia geral que os sócios exercem o seu direito de voto. Neste exercício, os sócios defendem os seus interesses enquanto sócios e também o interesse da sociedade a que pertencem. É necessário compatibilizar e harmonizar estes interesses. No funcionamento da assembleia, nas intervenções, nos debates, nas votações e em tudo o mais, os sócios devem agir com lealdade.

II. A alínea b) do n.º 1 do artigo 58.º do Código das Sociedades Comerciais tipifica um caso de deslealdade no exercício do direito de voto em deliberação dos sócios. Quando prevê as deliberações que *sejam apropriadas para satisfazer o propósito de um dos sócios de conseguir, através do exercício do direito de voto, vantagens especiais para si ou para terceiros, em prejuízo da sociedade ou de outros sócios ou simplesmente de prejudicar aquela ou aqueles*, a lei está a referir o voto como comportamento voluntário juridicamente relevante do sócio. Neste caso, o voto foi exercido deslealmente, propositadamente em detrimento da sociedade ou de outros sócios e em benefício do próprio sócio votante ou de terceiros; pode também ter sido intencionalmente exercido apenas em detrimento da sociedade ou de outros sócios sem o ter movido o intuito de obter vantagens, seja para si mesmo, seja para outros. O voto intencionalmente danoso e agressivo, seja ou não também interessado ou interesseiro, é inválido por deslealdade. A deliberação em que se inseriu pode ser afectada se não puder subsistir sem ele. Neste caso, mais correcto seria cominar o voto com invalidade e ter a deliberação como não tomada, se os demais votos favoráveis válidos que tenha obtido não forem suficientes para a sua aprovação[371].

O dever de lealdade nas deliberações dos sócios não se confina ao caso das chamadas deliberações abusivas. O comportamento do sócio durante os trabalhos da assembleia deve também pautar-se pela lealdade. Devem ser tidos como ilícitos os comportamentos obstru-

---

[370] *Supra*, I.4.c.
[371] *Supra* I.9.i.VIII.

336 *A Participação Social nas Sociedades Comerciais*

tivos, agressivos, quezilentos ou simplesmente descorteses. Nas disposições penais do Código das Sociedades Comerciais, o artigo 516.° incrimina os comportamentos impeditivos ou perturbadores da assembleia geral.

III. O artigo 118.° do Código Comercial previa, entre os deveres dos sócios, o de *exercer os cargos para que a sociedade o nomear*. Esta obrigação vinculava, em geral, os sócios de todos os tipos de sociedades reguladas no Código. Quanto à sociedade por quotas, então regida pela Lei de 11 de Abril de 1901, esta obrigação tinha vigência por força do artigo 62.° que mandava observar subsidiariamente, *as disposições gerais sobre sociedades de comércio*.

No actual Código das Sociedades Comerciais, o dever de exercer cargos na sociedade já não consta das *obrigações dos sócios* enumeradas em geral, no artigo 20.°, para todos os tipos de sociedades. No artigo 191.°, quanto à sociedade em nome colectivo, consta que *são gerentes todos os sócios*, em princípio; exceptuam-se os casos em que haja cláusula em contrário no contrato e em que o sócio seja uma pessoa colectiva, caso em que pode nomear uma pessoa singular para, em nome próprio, exercer o cargo (artigo 191.°, n.° 3)). No que respeita à sociedade por quotas, os sócios podem ser ou não ser gerentes, e os gerentes podem ser ou não ser sócios; apenas quando faltem todos os gerentes, o n.° 1 do artigo 253.° estatui que *todos os sócios assumem por força da lei os poderes de gerência, até que sejam designados os gerentes*. Na sociedade anónima é ainda mais clara, é mesmo típica, a desvinculação entre a qualidade de sócio e a de titular da administração; os administradores podem ser indiferentemente accionistas ou terceiros. Pode, assim, concluir-se que no actual regime, não vigora para os sócios das sociedades comerciais um dever legal de exercer cargos na sociedade. Mesmo nas sociedades civis, todos os sócios têm igual poder de administrar, na falta de convenção em contrário, mas não têm o dever de o fazer. A obrigação legal de aceitar e exercer os cargos para que forem eleitos mantém-se ainda residualmente, por exemplo, nas cooperativas, hoje não qualificadas pela lei como sociedades comerciais[372]. Também quanto aos demais cargos sociais das sociedades comerciais, não existe na lei, uma obrigação de aceitação e exercício.

Hoje, nas sociedades comerciais, o exercício de cargos sociais pode constituir um direito dos sócios, mas não é, em princípio, um dever[373]. O regime do n.º 1 do artigo 253.º, que investe legalmente todos os sócios da sociedade por quotas na posição de gerentes, em caso de sua falta integral, não é qualificável como um dever ou uma obrigação, mas antes como uma sujeição legal.

IV. A inexistência de um dever legal de aceitação e exercício de cargos sociais por parte dos sócios das sociedades comerciais não impede que, nos estatutos das sociedades seja convencionada essa obrigação para todos ou alguns dos sócios. Uma estipulação como esta revela uma forte personalização da sociedade.

É corrente, nos pactos sociais de sociedades por quotas estipular-se que todos os sócios são gerentes. Esta estipulação tem sido entendida, mais como uma prerrogativa do que como uma vinculação, como um direito especial à gerência que não poderia ser derrogado por deliberação maioritária sem o consentimento do sócio, nos moldes do n.º 5 do artigo 24.º do Código das Sociedades Comerciais. Esta cláusula veio a gerar controvérsias e litígios quanto à sua amplitude, que vieram a dar lugar ao actual n.º 3 do artigo 252.º segundo o qual se entende, em princípio, limitada aos gerentes contemporâneos à sua estipulação.

V. Quando não estatuído na lei nem estipulado nos estatutos, poderá entender-se que sobre os sócios impende um dever de aceitar e exercer cargos na sociedade? Os sócios têm o dever de cooperar na

---

[372] O artigo 34.º, n.º 2, alínea b) do Código Cooperativo, aprovado pela Lei n.º 51/96 de 7 de Setembro, estatui, para os cooperadores o dever de *aceitar e exercer os cargos sociais para os quais tenham sido eleitos, salvo motivo justificado de escusa.*

[373] CARLOS OLAVO, *Deveres e Direitos dos Sócios nas Sociedades por Quotas e Anónimas*, cit., pág. 62.

338　　　*A Participação Social nas Sociedades Comerciais*

prossecução do fim da sociedade e, nessa perspectiva, a sociedade deve poder contar com eles para o desempenho dessas tarefas. É preciso, porém, distinguir consoante os tipos de sociedades e as circunstâncias.

As sociedades necessitam que os seus órgãos tenham titulares. Em caso de falta dos titulares dos órgãos sociais, a lei prevê soluções, embora não para todos os casos. Quanto à sociedade em nome colectivo, a lei nada prevê quanto à falta de titulares dos órgãos sociais. Na sociedade por quotas, o artigo 253.° prevê o caso da falta de todos os gerentes e estatui que, quando assim suceda, os poderes da gerência são assumidos por todos os sócios. Na sociedade anónima, a lei distingue a falta dos membros da mesa da assembleia geral, a falta dos administradores e a falta dos membros do conselho fiscal. No que respeita aos membros da mesa da assembleia geral, os n.ºs 3 e 4 do artigo 374.° determinam que o presidente da mesa seja substituído pelo presidente do conselho fiscal, da comissão de auditoria ou do conselho geral e de supervisão e que o secretário seja substituído por um accionista presente; na falta dos presidentes do conselho fiscal, da comissão de auditoria ou do conselho geral e de supervisão, o presidente da mesa é substituído por um accionista. A falta dos administradores é suprida pela chamada de suplentes, por cooptação ou por eleição (artigo 393.°); se nem assim for suprida a falta, por nomeação judicial (artigo 394.°). A falta dos membros do conselho fiscal é suprida pela chamada de suplentes, por eleição (artigo 415.°, n.ºs 4 e 5), ou por nomeação de um revisor oficial de contas pela respectiva Câmara (artigo 416.°). Por remissões dos artigos 248.°, n.° 1 e 262.°, n.° 1, aplicam-se à sociedade por quotas as regras da sociedade anónima quando faltem os membros da mesa da assembleia geral ou do conselho fiscal, se existirem. Na sociedade em nome colectivo, a lei não prevê a substituição dos gerentes, sendo razoável aplicar analogicamente o regime da sociedade por quotas; quanto à assembleia geral, o n.° 1 do artigo 189.° remete para o regime da sociedade por quotas.

VI. A aceitação da titularidade de cargos na sociedade e o seu exercício são, em princípio, livres. Porém, em concreto, pode suceder que a sociedade necessite do contributo dos sócios, ou de certo sócio, na titularidade e exercício de certo cargo social. Alguns sócios podem ter especiais qualidades de gestão ou ser merecedores de uma especial confiança por parte de credores ou clientes da sociedade, ou ainda de outros terceiros que com ela tenham um relacionamento especialmente relevante. Assim sucede, na prática, com alguma frequência. Também têm ocorrido casos de sociedades por quotas com sócios capitalistas maioritários e sócios trabalhadores minoritários, em que apenas estes são investidos na gerência; assim evitam os sócios capitalistas maioritários a responsabilidade da gerência, sem verdadeiramente perderem o poder de domínio da sociedade. Em situações como estas, que são cada vez menos raras, pode ser de crucial importância para a sociedade que certos sócios assumam a titularidade de certos cargos sociais e os exerçam efectivamente, ou também que não renunciem aos mesmos.

Em casos como estes, a recusa de assumir a titularidade e o exercício de cargos sociais, ou a renúncia aos mesmos, pode violar o dever de lealdade do sócio para com a sociedade. Há que distinguir, por um lado, a recusa de aceitação do cargo e, do outro, a renúncia ao mesmo.

É consensual, nos usos societários, que seja obtida a prévia anuência de quem é proposto para um qualquer cargo social. Mas há ainda que distinguir consoante se trata da investidura inicial, concomitante com a constituição da sociedade, ou numa investidura subsequente, já com a sociedade constituída. No caso da investidura inicial, a intenção de ser investido na titularidade e de exercer certos cargos está ligada à intenção negocial de constituição da sociedade e só formalmente pode ser dela desligada. Uma divergência profunda nesta matéria afectará a própria decisão negocial de constituir a sociedade, e o sócio em questão nem sequer participará no acto constitutivo. Normalmente, os sócios fundadores acordam entre si, além dos estatutos da sociedade, também a composição inicial dos seus órgãos sociais. Muitas vezes, até, celebram entre si acordos parassociais em que regulam, entre outras, essa matéria. Apenas quando o sócio, depois de anuir informalmente na investidura inicial em certo cargo social, o venha depois a recusar, se vislumbra como possível a violação do dever de lealdade. Neste caso, porém, o dever de lealdade e boa fé

340 *A Participação Social nas Sociedades Comerciais*

violados não é aquele que liga o sócio à sociedade, mas o que vincula os sócios entre si.

Na investidura subsequente, há ainda que distinguir conforme o sócio era ou não já titular do cargo. São diferentes as situações em que um sócio que nunca exerceu qualquer cargo na sociedade é solicitado para o fazer, e aquela em que, por exemplo, um sócio administrador de uma sociedade anónima, tendo terminado o seu mandato, não deseja ser reeleito[374]. Se o sócio não exerceu até aí qualquer cargo e a sociedade o solicita a fazê-lo, ocorre um desvio na posição efectiva do sócio perante a sociedade. Este desvio pode ser aceite e pode até ser desejado pelo sócio; mas pode não o ser. O sócio pode estar interessado em manter a posição de não participação nos órgãos sociais, pode não querer assumir as inerentes responsabilidades, pode estar ocupado noutras actividades, e pode até ser-lhe inconveniente por variadíssimas razões assumir a titularidade de cargos sociais. Se a sociedade viveu até então sem o seu contributo, caber-lhe-á demonstrar qual a razão e os fundamentos para esta modificação da posição social do sócio.

VII. Também na renúncia ao cargo social se pode suscitar a questão da quebra de lealdade.

A deserção do gestor pode, em certos casos, criar problemas sérios à sociedade. Certo administrador, ou gerente, ou certo titular de outro cargo, pode ter uma competência específica que não seja substituível, assim como pode ser ele que merece o crédito de que a sociedade beneficia, ou que contribui de tal modo para esse crédito que sem ele a sociedade perde a confiança dos seus financiadores, quer dos seus fornecedores, quer dos seus clientes. Por vezes, os terceiros que contactam e que contratam com a sociedade não o fazem com aquele ente jurídico que se chama sociedade, mas muito mais

---

[374] Poderiam ainda ser contempladas hipóteses de investidura do sócio num outro cargo que não o anteriormente exercido, ou também aquela em que o sócio tinha já exercido cargos na sociedade, mas não ultimamente; porém, o que tais hipóteses traziam de complexidade acrescida não seria relevantemente compensado por enriquecimento da análise que delas poderia resultar.

Os *deveres dos sócios* 341

com as pessoas que a compõem, que a gerem, que a representam. A saída de uma dessas pessoas pode perturbar a relação do terceiro com a sociedade. Este fenómeno de transposição da sociedade para a pessoa é importante e é frequente. É corrente dizer-se que certa sociedade *é* aquele gerente, ou que sem aquele administrador certa sociedade não é já a mesma. É também banal que o Banco financiador de certa sociedade assente a confiança que suporta o crédito na presença de certa pessoa na titularidade dos órgãos sociais, seja na gestão, seja no próprio conselho fiscal, seja pela sua seriedade, seja pela sua competência, seja pela sua solvabilidade, seja ainda pela respeitabilidade, ou pela capacidade de contactos importantes ou de angariação de negócios. Há casos em que a saída de certa pessoa de certo órgão de certa sociedade pode ser catastrófica. Perguntar-se-á então se essas pessoas estão condenadas a manter-se na titularidade e exercício dos seus cargos na sociedade, mesmo contra a sua vontade? Se a sociedade tem o direito de exigir que essas pessoas se mantenham nos seus cargos?

Um administrador, ou um titular de outro cargo social, pode ter as razões mais atendíveis para querer deixar de exercer certo cargo. Desde razões pessoais até razões sociais. Entre estas últimas avulta a discordância com a política seguida pela sociedade, com a prática de certo ou certos actos ou mesmo dificuldades de relacionamento ou incompatibilidades pessoais com outros titulares. A experiência ensina que são muitas e variadas as razões que levam os titulares de cargos sociais a porem termo ao seu exercício e, além disso, que nem sempre as razões invocadas são as verdadeiramente determinantes. É vulgar a invocação de razões pessoais, quando se não quer revelar as razões realmente determinantes.

A saída do titular de um órgão social pode suscitar questões de confidencialidade e de sigilo, principalmente quando se trata de gestores ou membros do conselho fiscal. A memória das pessoas não se apaga com a saída do cargo e o titular leva consigo conhecimentos muitas vezes de importância crucial. É desleal o comportamento do sócio que deixa o cargo de que é titular na sociedade para ingressar num cargo equivalente de uma outra sociedade concorrente, à qual

342   *A Participação Social nas Sociedades Comerciais*

proporciona o conhecimento de factos próprios da sociedade de origem. Uma actuação como esta que seria já desleal se o titular do órgão não fosse sócio, é-o ainda com mais intensidade e reprovabilidade se for sócio.

VIII. No exercício de funções de gestão, o dever de lealdade do sócio é mais exigente do que o dever de lealdade que vincula à sociedade o gestor profissional não sócio. O sócio gestor, seja ele gerente ou administrador, não tem uma vinculação meramente profissional, cuja contrapartida seja um simples salário[375]. Diferentemente, o gestor profissional presta à sociedade um serviço em troca de uma contraprestação pecuniária. Fá-lo por um tempo, em princípio limitado e em moldes tipicamente precários. Não se lhe pode exigir que esqueça a precariedade do seu vínculo e deixe de procurar progredir na sua profissão, designadamente, promovendo a sua imagem e reputação profissionais e procurando posições profissionalmente mais interessantes. O gestor profissional não deve ser um mercenário, mas não deixa de ser um terceiro em relação à sociedade, apesar de ser titular de um seu órgão. A sua posição em relação à sociedade é interessada: ele tem um interesse próprio contraposto ao da sociedade. Diversamente, o sócio gestor exerce essa função na qualidade de sócio e, embora seja remunerado pelo seu exercício, não tem uma posição de terceiro em relação à sociedade, da qual é membro e da qual faz parte. No exercício da gestão, o sócio gestor não tem um interesse contraposto ao da sociedade. Apenas o interesse da sociedade rege a sua actuação.

O Código das Sociedades Comerciais contém regras sobre os deveres dos gestores, sem distinguir se são sócios ou se são terceiros. Conceptualmente, a diferença entre as posições jurídicas do gestor sócio e do gestor não sócio resulta do que ficou expresso. Tipologicamente, pode ainda ser enriquecida a apreciação com a construção

---

[375] Esta perspectiva não se modifica relevantemente quando, como cada vez é mais frequente, fazem parte da remuneração do gestor contrapartida em acções, por exemplo, *stock options*.

Os deveres dos sócios 343

de tipos de situações de deslealdade. Estes tipos, como tais, são fragmentários e não exaustivos. Exprimem situações da vida societária cuja reiteração tipificou na vida e que contêm imanente um sentido que pode ser útil na concretização de situações semelhantes.

Como tipos de frequência, exemplificativos, podem ser identificados na prática quatro tipos de deslealdade do gestor para com a sociedade. Outros poderiam ser identificados, mas estes parecem-nos os mais correntes e mais significativos.

Primeiro caso: o sócio gestor sai para a concorrência e leva conhecimentos, segredos, clientela ou negócios. Recentemente sucedeu que um gestor de uma importante sociedade fabricante de automóveis saiu para uma outra fabricante, também muito importante e concorrente da primeira. Na segunda, promoveu o lançamento de um novo modelo que alcançou assinalável êxito no mercado. No meio profissional foi muito especulado que esse modelo teria sido por aquele gestor desenvolvido na primeira das fabricantes e depois levado consigo para a segunda. Não chegou, que se saiba, a ser formalizada qualquer queixa ou procedimento, mas o caso suscitou controvérsia e reprovação[376]. Este caso é de concretização difícil. O gestor profissional não pode deixar de enriquecer a sua experiência de gestão e não lhe é exigível que deixe de aproveitar tudo aquilo que o exercício profissional lhe faculta como memória e como cultura de gestão. Não lhe é exigível também que, sem mais, se abstenha de exercer novos cargos no mesmo sector de actividade económica. A especialização e a competência assim o exigem. Já o sócio gestor deve ter uma maior fidelidade à sociedade a que pertence. Mas também não lhe é exigível que se mantenha aprisionado à sociedade e inibido de exercer cargos noutras sociedades, no mesmo ou noutro sector de actividade, seja como sócio gestor seja como gestor profissional. Esta matéria é por vezes, embora não frequentemente, objecto de convenção entre a sociedade e o gestor previamente ao início ou

---

[376] Um comportamento como este poderá constituir um caso de concorrência desleal, mas de parte da outra sociedade que tiver aliciado o gestor. Não é esta a perspectiva que aqui nos interessa.

ao termo do mandato. Quando nada for estipulado, deve entender-se, em princípio, que nenhuma limitação tem vigência. Não é porém permitida a comunicação de segredos da sociedade de origem.

Segundo caso: o sócio gestor faz negócios com a sociedade em detrimento dela e vantagem sua. Esta prática tem já reflexo na lei, no artigo 397.º, que impõe a autorização específica do conselho de administração e o prévio parecer concordante do conselho fiscal aos negócios celebrados entre o administrador e a sociedade. A lei encara a questão na perspectiva da actuação do administrador independentemente da sua qualidade de sócio ou não sócio. Mas, como no tipo anterior, há uma diferença que não deve ser desconsiderada. Neste caso, o gestor é sócio e a vantagem que obtém, ou visa obter, com o negócio vai verificar-se na sua pessoa como sócio. O intuito do sócio gestor pode não visar directamente o detrimento da sociedade; pode ser apenas eventual e aceitá-lo como possível embora não procurado. O diverso modo da intencionalidade é relevante no juízo sobre a reprovabilidade concreta da conduta (culpa). A ilicitude da conduta vem da violação do interesse da sociedade, com apoio legal no artigo 64.º do Código das Sociedades Comerciais.

Terceiro caso: o sócio gestor aproveita informações obtidas no exercício do cargo para fazer negócios vantajosos com terceiros sem prejuízo para a sociedade ou faculta essa informação a terceiros. Este caso é frequente, mas difícil de provar. A lei tipifica-o como ilícito no artigo 378.º do Código dos Valores Mobiliários, como abuso de informação privilegiada (*insider trading*), mas este preceito tem um âmbito de aplicação limitado.

Quarto caso: o administrador apropria-se de oportunidades de negócio da sociedade. As oportunidades de negócio com que o sócio gestor se depara no exercício do cargo não devem ser desviadas para negócios próprios ou alheios. Devem ser oferecidos à sociedade e só no caso de esta se não interessar por eles é lícito que o sócio gestor os aproveite para si próprio ou os disponibilize a terceiros.

e) Deveres de cooperação económica

I. Os sócios têm o dever de contribuir economicamente para a prossecução do fim social com a realização das entradas de capital ou com a prestação de indústria. É da essência da sociedade a cooperação para a prossecução do fim social.

Também neste particular o conteúdo e concretização do dever diferem acentuadamente com o tipo da sociedade, do tipo legal e do tipo social. Nas sociedades de pessoas, principalmente nas sociedades sem personalidade jurídica, de natureza contratual e de mão comum, o envolvimento pessoal dos sócios na cooperação entre si e com a sociedade é intenso. Nas sociedades com personalidade jurídica, a separação entre os sócios e a sociedade investe a sociedade na titularidade das posições jurídicas e das actividades e deixa os sócios numa posição quase inerte de mero titular de uma participação social. Ao sócio basta-lhe então sê-lo; é à sociedade, pessoa jurídica, que cabe agir. No direito português, com a personalização de todas as sociedades comerciais, a doutrina, os juristas e o próprio legislador habituaram-se a pensar na personalidade colectiva como o modo natural de existência da sociedade. Ultrapassada a tentativa de GUILHERME MOREIRA[377] de pôr em causa a personalidade à sociedade em nome colectivo, restam apenas as sociedades civis simples cuja personalidade é discutida, como derradeiros vestígios da sociedade não personalizada. A referência à sociedade está fortemente associada à personalidade colectiva. A personalização das sociedades comerciais, coloca os sócios na posição de quase-terceiros que com a sociedade se relacionam dum modo privilegiado. Por outro lado, a raridade das sociedades em nome colectivo e, principalmente, dos sócios de indústria, acaba por limitar, na prática, as participações dos sócios às entradas de capital. Faz então parte dos deveres dos sócios a realização de entradas, não enquanto concretização do dever de lealdade, mas como deveres autónomos integrados na participação social.

Nas sociedades com personalidade jurídica, mormente nas so-

---

[377] GUILHERME MOREIRA, *Instituições de Direito Civil Português*, I, cit., págs. 288 e 297-298.

ciedades de capitais, torna-se importante delimitar com rigor as obrigações pecuniárias dos sócios perante a sociedade. O sócio investe certos capitais na sociedade, mas não mais do que eles, e é importante que, nem a sociedade, nem os demais sócios, nem os credores, venham exigir dos sócios sacrifícios e investimentos com que não contavam e que não estejam dispostos a fazer. O nível de investimento dos sócios consta dos estatutos, do registo, é publicitado e ninguém o pode justificadamente ignorar. Nas sociedades de responsabilidade ilimitada – sociedades em nome colectivo e comanditas simples – a ilimitação da responsabilidade dos sócios consta também dos estatutos, do registo e beneficia da mesma publicidade. Na matéria de responsabilidade patrimonial dos sócios é importante que não haja incerteza: os sócios só são obrigados àquilo que consta da lei, dos estatutos, do registo, que está publicitado, e nada mais.

II. Para além das obrigações de entrada fundadas na lei e nos estatutos – de direito estrito – verificam-se, na prática e na vida das sociedades e dos negócios, pressões sobre os sócios para que assumam outras obrigações patrimoniais assentes no dever de lealdade.

São vulgares as pressões dos bancos credores para que os sócios caucionem as responsabilidades sociais, dos parceiros de negócios ou dos trabalhadores para que reforcem os capitais da sociedade, lhe façam suprimentos ou prestações suplementares. São cada vez mais fortes no direito fiscal as tentativas de responsabilizar os sócios, ou os gerentes pelas dívidas fiscais incobráveis. Os trabalhadores pressionam os sócios a contratar preferencialmente com a sociedade de modo a lhe assegurar viabilidade económica.

O dever de lealdade, só por si e desacompanhado de outras fontes de vinculação, não constitui fundamento suficiente para obrigar os sócios a prestar à sociedade outras vantagens económicas a que a lei ou o contrato os não obriguem. Mas tal não significa que o dever de lealdade seja completamente vazio de conteúdo e ineficaz. Caso o sócio queira voluntariamente prestar à sociedade uma caução, lhe queira fazer suprimentos ou prestações suplementares, contratar preferencialmente com ela, ou dar-lhe outras vantagens a que não esteja estritamente obrigado, o dever de lealdade dá causa, fundamento, título jurídico, a estas actuações, que não são rigorosamente liberalidades. É por lealdade à sociedade, que não a título donatório, que o sócio o faz.

III. É muito frequente que as instituições financeiras peçam à sociedade que os seus sócios, ou os seus sócios principais, ou os seus gestores, muitas vezes com os respectivos cônjuges, prestem caução às responsabilidades sociais. Fazem-no, por vezes, como condição de concessão de crédito, outras quando o crédito concedido alcança determinados valores. Esta atitude é justificada, por um lado, pelo facto de o crédito da sociedade ter excedido o nível de endividamento suportado pela situação económica da sociedade, de acordo com os padrões de prudência bancária e, por outro lado, pela conveniência de associar os sócios, principalmente os sócios gestores, com o respectivo património familiar, ao risco do empreendimento da sociedade.

A prestação da caução, neste caso, não constitui uma obrigação jurídica, mas antes um pressuposto económico e empresarial da concessão do crédito. Os sócios sabem, contudo, que, sem prestarem a caução não obterão o crédito e o êxito – senão mesmo a viabilidade – da sociedade ficam comprometidos.

É corrente a prestação de cauções por sócios gestores e até por sócios não gestores da sociedade, acompanhados muitas vezes pelos respectivos cônjuges. A prestação destas cauções é geralmente gratuita, mas não constitui uma liberalidade.

IV. É também normal, na vida das sociedades comerciais, que os sócios de sociedades comerciais se vejam compelidos a reforçar os respectivos capitais, a fazer-lhes suprimentos ou prestações suplementares, por pressão dos credores e principalmente dos respectivos banqueiros.

O tecido empresarial português sofre endemicamente de subcapitalização. As sociedades comerciais giram com capitais próprios exíguos e quase sempre insuficientes para os respectivos negócios. Os

348   *A Participação Social nas Sociedades Comerciais*

próprios sócios têm tendências marcadas para descapitalizar as suas sociedades através de práticas variadas e conhecidas que seria aqui deslocado descrever.

Os banqueiros exigem, por isso, vulgarmente a recapitalização das empresas como condição prévia à concessão de crédito ou à manutenção do crédito já concedido. A consequência da recusa é usualmente o corte do crédito, com a justificação de que não há fundamento para o banqueiro arriscar os seus capitais no empreendimento se os próprios empresários que o protagonizam não lhe confiam os seus.

Como no caso da prestação de cauções, também aqui não há uma obrigação jurídica que vincule o sócio a agir deste modo e esse comportamento não lhe pode ser juridicamente exigido. É o dever de lealdade, na modalidade de cooperação económica do sócio com a sociedade, que constitui o fundamento e a justificação jurídica do comportamento do sócio.

V. Embora menos frequente do que os casos anteriores, acontece que os sócios de responsabilidade limitada assumam para si dívidas da sociedade. Na liquidação, quando a situação líquida da sociedade é negativa, os sócios das sociedades em nome colectivo estão obrigados, pelo n.º 2 do artigo 195.º, a suportar o passivo: nas sociedades de responsabilidade limitada, a liquidação negativa dá lugar à falência e, para a evitar, não é invulgar que os sócios suportem o passivo remanescente. Também os passivos emergentes de dívidas fiscais ou à segurança social são por vezes assumidos pelos sócios para evitar as pesadas consequências legais da sua não satisfação.

Os sócios de responsabilidade limitada não são obrigados a pagar dívidas da sociedade. Podem fazê-lo voluntariamente, na modalidade de pagamento por terceiro (artigo 767.º do Código Civil); quando o façam, o respectivo valor é-lhes usualmente creditado a título de suprimentos. Estes suprimentos são, depois, ou pagos, ou convertidos em capital através do respectivo reforço.

Os deveres dos sócios 349

Salvo quando haja dever legal ou estatutário que o vincule, o sócio de responsabilidade limitada não pode ser obrigado a pagar dívidas da sociedade; mas pode fazê-lo voluntariamente. Quando o faça, não pratica uma liberalidade, mas age de acordo com o dever de lealdade, na modalidade da cooperação económica com a sociedade.

VI. É por vezes discutido se o sócio tem o dever de contratar preferencialmente com a sociedade. Com frequência, é mal vista a actuação do sócio que celebra com outrem contratos que poderia celebrar com a sociedade e com os quais esta beneficiaria comercial e economicamente. Na dinâmica dos grupos de sociedades é normal contratar dentro do grupo de modo a beneficiar das respectivas sinergias. Há uma forte tendência para considerar que, pelo menos em condições equivalentes, o sócio deveria dar à sociedade, senão uma preferência, pelo menos uma prioridade na contratação. Só quando a sociedade se desinteressasse, poderia facultar a oportunidade de negócio a outrem.

Do mesmo modo que nos casos anteriores, deve deixar-se claro que não existe aqui um dever juridicamente vinculante para o sócio. Assim, por exemplo, aquele que tem acções de certo Banco não comete deslealdade se abrir conta num outro Banco, se lhe pedir um financiamento ou celebrar com ele outro negócio. O accionista do Banco não fica, pelo facto de ser dele accionista, obrigado a estabelecer relações bancárias apenas com ele. Uma obrigação como esta constituiria uma excessiva restrição da liberdade económica do sócio, além de poder corresponder a uma *prática* restritiva da concorrência susceptível de ser sancionada por lei[378].

A contratação preferencial do sócio com a sociedade justifica-se, por um lado pela confiança que a sociedade pode suscitar no sócio e também pela vontade de a beneficiar com o contrato. Este intuito benéfico corresponde ao dever de lealdade, na modalidade da coope-

---

[378] Cfr. artigo 4.º da Lei nº 19/03, de 11 de Junho.

350   *A Participação Social nas Sociedades Comerciais*

ração económica do sócio com a sociedade. É, pois lícito que o sócio assim aja, embora não esteja estritamente obrigado a fazê-lo.

VII. Na sociedade em nome colectivo o artigo 180.° do Código das Sociedades Comerciais proíbe a concorrência do sócio com a sociedade, salvo quando tal seja consentido por todos os outros sócios. Este consentimento presume-se quando a actividade concorrencial do sócio seja anterior ao ingresso do sócio na sociedade e conhecida por todos os demais sócios (artigo 180.°, n.° 5).

O conceito de concorrência, para este efeito, é mais amplo do que aquele que informa, por exemplo, o que tem vigência no direito da concorrência ou na concorrência desleal. Segundo o n.° 3 do artigo 180.°, o âmbito material da actividade económica que delimita a concorrência não é o efectivamente exercido pela sociedade, mas antes todo aquele previsto no seu objecto social, mesmo que a sociedade o não exerça efectivamente. Este alargamento de amplitude justifica-se porque, embora a sociedade não exerça todo o espectro de actividade económica ou empresarial a que corresponde o seu objecto social, pode vir a exercê-lo em qualquer momento. A actividade concorrente do sócio, em sector abrangido pelo objecto social da sociedade, mas não exercido efectivamente por ela, é também danoso, embora não tanto como se coincidisse com uma actividade efectivamente exercida. Constitui também concorrência, para este efeito, *a participação de, pelo menos, 20% no capital ou nos lucros de sociedade em que o sócio assuma responsabilidade limitada* (artigo 180.°, n.° 4).

A violação, pelo sócio da sociedade em nome colectivo, da proibição de concorrência tem como consequência a obrigação de indemnizar a sociedade dos danos que assim lhe causar (artigo 180.°, n.° 2). Porém, a prova dos danos poderá revelar-se problemática. Por isto, poderá ser mais conveniente, para a sociedade, optar por exigir que os negócios feitos pelo sócio com violação daquela proibição sejam tidos como de sua autoria e ainda que lhe sejam por ele entregues os respectivos proventos. Esta substituição do sócio pela sociedade, expressamente permitida pela segunda parte do n.° 2 do artigo 181.°, é muito mais vantajosa para a sociedade, sempre que daqueles negócios resultem proventos efectivos. A violação, pelo sócio, do dever de não concorrência pode ainda ter como consequência a sua exclusão da sociedade (artigo 186.º, n.º 1, alínea a)).

Nos demais tipos legais de sociedades comerciais não surge expressamente na lei esta proibição.

f) Deveres de cooperação funcional

Nas pequenas sociedades, principalmente em pequenas sociedades por quotas com dois ou três sócios e uma pequena loja, é corrente todos os sócios trabalharem juntos no seu estabelecimento. Mesmo em casos com empresas maiores, é vulgar os sócios trabalharem na sociedade. Sem se limitarem a uma posição de sócio passiva, restrita à participação nos órgãos sociais, os sócios trabalham efectivamente, quotidianamente, na sociedade. Sem receberem propriamente um salário, como empregados, levantam certas quantias mensalmente por conta de dividendos futuros. Assim sucede, também normalmente, nas sociedades profissionais, que são sociedades civis fortemente pessoalizadas. O trabalho do sócio na sociedade está tipicamente muito ligado ao carácter pessoal da sociedade, à sua pouca autonomia.

Na sociedade em nome colectivo, o trabalho do sócio na sociedade estrutura-se juridicamente através da indústria. Na sociedade por quotas e na sociedade anónima, que não admitem as participações de indústria, pode estruturar-se através de prestações acessórias (artigo 209.º e 287.º). O sócio, para além da entrada, fica ainda obrigado a prestar à sociedade um serviço consistente no seu trabalho.

Para além dos casos em que está obrigado a prestar indústria ou a prestações acessórias, o sócio não está impedido de praticar actos avulsos ou actividades mais ou menos duradouras de cooperação com a prossecução do fim social. A prática destes actos e actividades funda-se no dever de lealdade e não constitui liberalidade, como se disse já sobre os casos anteriores.

A sociedade não pode exigir dos seus sócios a prática de actos ou de actividades de cooperação funcional a que eles não estejam já obrigados a título de indústria, de prestações acessórias ou outro. Mas eles podem fazê-lo espontaneamente.

g) A deslealdade como fundamento de exclusão e de indemnização

I. Os sócios podem ser excluídos da sociedade por violação do dever de lealdade.

Na alínea a) do n.º 1 do artigo 186.º é admitida a exclusão dos sócios da sociedade em nome colectivo *quando lhe seja imputável violação grave das suas obrigações para com a sociedade*. No n.º 1 do artigo 242.º, é permitida a exclusão judicial de sócios da sociedade por quotas *que, com o seu comportamento desleal ou gravemente perturbador do funcionamento da sociedade, lhe tenha causado ou possa vir a causar-lhe prejuízos relevantes*. A lei não prevê a exclusão de sócios da sociedade anónima. No que respeita à sociedade em comandita, o regime da exclusão é regido pelas regras próprias das sociedades anónimas e das sociedades em nome colectivo, consoante se trate de comanditas por acções ou de comanditas simples. A lei só regula expressa e directamente a exclusão, com fundamento em deslealdade, a propósito da sociedade em nome colectivo e da sociedade por quotas.

Os preceitos citados recorrem a cláusulas gerais acentuadamente vagas: no artigo 186.º, *a violação grave das suas obrigações para com a sociedade*; no artigo 242.º, *o comportamento desleal ou gravemente perturbador do funcionamento da sociedade* (que) *lhe tenha causado ou possa vir a causar-lhe prejuízos relevantes*. Em ambas estas fórmulas, mais na segunda que na primeira, cabe um espectro muitíssimo amplo, de factos e de situações.

II. A deslealdade pode também dar lugar a indemnização. Se se verificarem os pressupostos da responsabilidade civil, se houver ilicitude, culpa, dano e nexo de causalidade.

A exclusão pode ser acompanhada de indemnização, se os factos que a fundarem tiverem causado dano e esse dano for indemnizável. Pode haver exclusão sem indemnização, se os factos que a fundam não preencherem os pressupostos da responsabilidade civil. Pode ainda haver indemnização sem exclusão, se os factos cometidos pelo sócio preencherem os pressupostos da responsabilidade civil, mas não os da exclusão. Exclusão e indemnização podem cumular-se ou dissociar-se.

III. Nem toda a violação do dever de lealdade funda a exclusão do sócio. A exclusão é uma consequência grave que só se justifica quando a deslealdade for tal que quebre a confiança imprescindível entre o sócio e a sociedade ou entre o sócio desleal e os demais sócios, e que essa quebra de confiança ponha em causa a continuação do funcionamento normal e saudável da sociedade.

É importante ser prudente na aplicação da sanção da exclusão. A vida da sociedade e as relações dos e com os sócios no seu âmbito não têm que ser idílicas. O confronto de ideias sobre o modo de gerir a sociedade, o debate interno e os conflitos de interesses e de pessoas podem existir e, até certos limites, é saudável que existam. A controvérsia pode ser virtuosa. A *paz podre* não é saudável.

Mas há limites ao comportamento dos sócios perante a sociedade e para com os outros. A dialéctica, o debate, a controvérsia não permitem tudo. Tem de haver um limite para além do qual deixa de ser possível manter o sócio na sociedade, deixa de ser exigível à sociedade e aos outros sócios que suportem a sua participação. A concretização tem de ser feita no caso e nem sempre será fácil. Haverá sempre a tendência para a maioria considerar inadmissivelmente desleal o comportamento da minoria rebelde, e para a excluir de modo a recuperar a *tranquilitas animi* de que necessita para continuar a governar a sociedade no caminho que entende ser o adequado. Mas não pode admitir-se que a exclusão se torne um instrumento de tirania interna e de supressão de minorias.

Qual a gravidade de deslealdade para que funde a exclusão? Os únicos preceitos da lei que podem dar algum contributo para a res-

354   *A Participação Social nas Sociedades Comerciais*

posta a esta questão são os da alínea a) do n.º 1 do artigo 186.º que, para a exclusão do sócio da sociedade em nome colectivo, exige que *lhe seja imputável violação grave das suas obrigações para com a sociedade* e do n.º 1 do artigo 242.º que, para a exclusão do sócio da sociedade por quotas, exige *que, com o seu comportamento desleal ou gravemente perturbador do funcionamento da sociedade, lhe tenha causado ou possa vir a causar-lhe prejuízos relevantes.* A diferença de redacção destes dois preceitos não parece ser significativa. O dever de lealdade do sócio para com a sociedade é tipicamente mais exigente na sociedade em nome colectivo do que na sociedade por quotas. Essa maior exigência pode fundar o âmbito mais amplo da alínea a) do n.º 1 do artigo 186.º, que refere a *violação grave de quaisquer obrigações,* do que o do n.º 1 do artigo 242.º que, na sua letra, se restringe ao *comportamento desleal ou gravemente perturbador do funcionamento da sociedade.* De ambos os preceitos se pode concluir que tem de haver violação de deveres dos sócios para com a sociedade, que essa violação tem de ser grave, ou desleal, ou perturbadora do funcionamento da sociedade ou danosa, actual ou virtualmente.

Ainda assim, o critério de decisão continua acentuadamente vago. A deslealdade está especificamente prevista quanto à sociedade por quotas, no n.º 1 do artigo 242.º, e é sem dúvida subsumível ao conceito de violação grave de obrigações do sócio, previsto na alínea a) do n.º 1 do artigo 186.º, quanto à sociedade em nome colectivo.

A deslealdade do sócio só deve fundar a sua exclusão quando ponha em perigo a continuação da sociedade impedindo o seu funcionamento normal e a prossecução do seu fim. Assim pode suceder se a deslealdade for de tal modo grave que tenha quebrado aquele mínimo de confiança sem o qual não é possível o relacionamento dos sócios na sociedade ou da sociedade com eles, ou com algum ou alguns deles.

A exclusão de sócios por deslealdade só é permitida na lei, na sociedade em nome colectivo e na sociedade por quotas. A omissão da exclusão de sócios na sociedade anónima deve ser entendida no sentido de não ser admissível a exclusão nesse tipo de sociedade e ainda no que respeita aos sócios comanditários na comandita por acções. É nas sociedades de pessoas como a sociedade em nome colectivo, nas sociedades mistas de pessoas e capitais como a comandita simples e na sociedade por quotas, que o relacionamento interpessoal é importante. Na sociedade anónima, sociedade de capitais por excelência, não é tipicamente relevante o relacionamento interpessoal. Embora possa ser estipulada nos estatutos a possibilidade de exclusão de sócios, o que significará um desvio pessoalista em relação ao tipo, na falta de estipulação, no seu regime típico, os sócios não estão sujeitos a exclusão.

Esta ligação da exclusão de sócios com a pessoalidade da sociedade tem um sentido. Nas sociedades cujo funcionamento supõe e exige o relacionamento pessoal entre os sócios e destes com a sociedade, a quebra de confiança que ponha em causa ou impeça este relacionamento faz perigar ou impede mesmo o funcionamento regular e saudável da sociedade. Nesse caso, será melhor solução excluir o sócio cuja deslealdade seja a causa do problema. O sócio excluído tem direito ao valor real da sua quota e não é, em princípio, grandemente prejudicado com a exclusão, desde que a avaliação da sua quota seja feita com seriedade.

IV. A violação do dever de lealdade pode dar lugar a responsabilidade civil quando se verificarem os respectivos pressupostos. Seria deslocado tratar aqui da matéria da responsabilidade civil, mas importa reter que será necessário que o comportamento do sócio seja ilícito, culposo, danoso e que entre ele e o dano haja nexo de causalidade.

São concebíveis casos em que haja indemnização sem exclusão. Desde logo nas sociedades anónimas em que a possibilidade de exclusão não tenha sido estipulada nos estatutos e que, por isso, a não admitem. Mesmo nos outros tipos de sociedades pode suceder que, embora a actuação do sócio tenha causado dano à sociedade e esta deva ser indemnizada, se conclua que o caso não é suficientemente grave para obstar ao funcionamento regular e são da sociedade e permite a continuação do sócio no âmbito da sociedade.

A indemnização deve corresponder aos danos causados à sociedade e aos sócios lesados. Os danos não são os mesmos. A responsabilidade emergente da violação do dever de lealdade é contratual, uma vez que o dever de lealdade cuja violação gera ilicitude se integra na participação social e emerge do contrato de sociedade ou, caso não seja contratual, do correspondente negócio jurídico.

No caso de exclusão com indemnização, o valor da participação do sócio excluído deverá ser compensado com a indemnização por ele devida.

VIII. O dever de lealdade[379] pode ser concretizado como um dever positivo ou como um dever negativo. Como dever positivo, o dever de lealdade traduz-se na obrigação de cooperar na prossecução do escopo da sociedade através da adopção de comportamentos activos; como dever negativo, o dever de lealdade concretiza-se na abstenção de comportamentos contrários ou nocivos à realização do fim social. Tanto COUTINHO DE ABREU[380] como PEREIRA DE ALMEIDA[381], acentuam o conteúdo negativo do dever de lealdade, como obrigação de abstenção, de omissão de condutas obstativas.

A ênfase sobre a concretização negativa ou omissiva do dever de lealdade não é neutra. Significa uma atitude restritiva, ou apenas prudente, que admite mais facilmente a vinculação do sócio a abster-se de comportamentos desleais do que a obrigação de adoptar específicos comportamentos. Este entendimento do dever de lealdade tem subjacente a ideia de que o sócio só está obrigado a entrar com o capital e, além disto, àquilo que a lei ou os estatutos previrem. Assim se defende o sócio de eventuais deliberações da sociedade (ou outros modos de concretização) em que, a título de concretização do dever de lealdade, lhes sejam impostos comportamentos ou sacrifícios injustificados. Mas a necessidade de defesa dos sócios contra concretizações

---

[379] Também designado dever de colaboração por AVELÃS NUNES, *O Direito de Exclusão de Sócios nas Sociedades Comerciais*, cit., págs. 79-95.

[380] COUTINHO DE ABREU, *Curso de Direito Comercial*, II, *Das Sociedades*, cit., pág. 304.

[381] PEREIRA DE ALMEIDA, *Sociedades Comerciais*, cit., pág. 70.

imprevistas ou surpreendentes do dever de lealdade não se restringe à imposição de condutas; também a imposição de omissões, a proibição de condutas pode ser lesiva, excessivamente onerosa e injustificada. Em ambos os casos, são necessárias cautelas que defendam os sócios de concretizações imprevistas, surpreendentes ou excessivamente onerosas do dever de lealdade. A concretização do dever de lealdade deve ser juridicamente correcta, quer se traduza na imposição, quer na proibição de condutas dos sócios.

Em si mesmo considerado, o dever de lealdade vincula o sócio a ser leal, a agir com lealdade e a abster-se de agir com deslealdade. Nesta perspectiva, não tem muito sentido distinguir entre o dever de ser leal e o dever de não ser desleal. Em concreto, na concretização perante o caso, a conduta devida pode ser activa ou omissiva. Assim, o dever de lealdade é concretizado negativamente, por exemplo, na proibição de concorrência; a sua concretização é positiva, designadamente, quando se traduz na obrigação de prestações suplementares ou de prestação de garantias a favor da sociedade.

Na prática da concretização, porém, verifica-se um maior peso da concretização negativa sobre a positiva. No que respeita aos deveres de cooperação nos órgãos sociais, por exemplo, a deslealdade surge com mais frequência e relevância na renúncia injustificada ao exercício de cargos do que na recusa da respectiva investidura ou no exercício do cargo de modo desleal; no que concerne aos deveres de cooperação económica, a deslealdade ocorre mais no aproveitamento parasitário de fundos, de negócios ou de oportunidades de negócio da sociedade do que na recusa de prestação de cauções, de suprimentos ou de outras entradas de fundos, ou na recusa de contratação preferencial; quanto à cooperação funcional, a deslealdade ocorre mais na concorrência com a sociedade do que na recusa de prestação de trabalho. Neste sentido, a concretização do dever de lealdade, como assinalam, COUTINHO DE ABREU[382] e PEREIRA DE ALMEIDA[383] é mais negativa que positiva.

---

[382] COUTINHO DE ABREU, *Curso de Direito Comercial*, II, *Das Sociedades*, cit., pág. 304.

[383] PEREIRA DE ALMEIDA, *Sociedades Comerciais*, cit., pág. 70.

h) Tipos de frequência de comportamento desleais

De entre os casos de deslealdade, alguns são de tal modo frequentes e correntes que constituem já tipos sociais de frequência[384]. Como modelos comparativos, são úteis para a compreensão e a concretização da disciplina da deslealdade do sócio. Com naturais variações, estes tipos correspondem já a usos, alguns de tal modo conhecidos e divulgados que, uma vez iniciados, se torna mesmo possível prever o seu desenvolvimento subsequente. É útil apreciar os mais frequentes.

Esta enumeração, como todas as séries tipológicas, é fragmentária, não é exaustiva e nada impõe que os casos concretos lhes correspondam exactamente. Outros casos, para além destes, não deixam de ocorrer.

i. O sócio corsário e o sócio flibusteiro

Uma das ocorrências que mais perturba a vida da sociedade é o ingresso de um novo sócio, que adquire uma posição minoritária e que, na sua titularidade, passa a levantar problemas com o fim de persuadir a sociedade ou os seus outros sócios a adquirirem a sua parte social por um preço mais elevado do que pagou por ela. Geralmente começa por formular um pedido de informação cuja resposta conduz a um novo pedido e assim sucessivamente. Quando obtém resposta, acusa-a de insuficiente ou incorrecta; quando a resposta lhe é recusada, requer inquérito judicial. Explora exaustivamente as ilegalidades ou irregularidades, reais ou imaginárias, que possam embaraçar a sociedade. Impugna as deliberações das assembleias gerais, requer as correspondentes providências cautelares de suspensão de deliberação e aproveita o efeito praticamente suspensivo da respectiva citação (artigo 397.º, n.º 3 do Código de Processo Civil) para tentar paralisar a vida da sociedade. Chega a fazer-se assistir por peritos e auditores. Por vezes os sócios corsários actuam em grupo num sistema de

---

[384] Sobre os tipos de frequência, PAIS DE VASCONCELOS, *Contratos Atípicos*, cit., págs. 53 e segs..

Os deveres dos sócios 359

alcateia em que o ataque é concertado. A pouca rapidez e eficiência do sistema judicial e timidez dos tribunais na condenação em litigância de má fé, facilitam este tipo de ataque e conduzem, por vezes, a que a sociedade ou os seus outros sócios, desesperados, acabem por ceder e adquirir a participação do *corsário*, numa prática de *comprar a paz*.

Esta prática é desleal e abusiva, e justifica a exclusão do sócio assim como a indemnização dos danos com ela causados. Constitui abuso de direito do sócio e violação do dever de lealdade[385]. Nas sociedades anónimas não é tipicamente admitida a exclusão o que restringe a consequência jurídica à responsabilidade civil. Tal constitui uma deficiência do modelo típico legal, uma vez que é neste tipo de sociedades que é mais fácil o ingresso de estranhos e que, por isso, é mais vulnerável ao ataque de corsários. O sócio corsário quer manter-se na sociedade o mais curto tempo possível e sai, vendendo a sua participação, logo que o consegue fazer com o lucro almejado.

O sócio corsário não se confunde com o sócio flibusteiro. Este caracteriza-se por fazer intervenções prolongadas e por vezes conflituosas, agressivas ou atritivas, com o fim de perturbar o funcionamento da assembleia, e de o prolongar até que alguns dos presentes, cansados, se afastem ou desistam,das suas posições, e conseguindo, com esta prática, que deixe de se manter uma maioria ou mesmo o *quorum*. O corsário distingue-se do flibusteiro, porque o seu intento

---

[385] Constitui um bom exemplo deste tipo de comportamento, o caso *Kochs Adler* (BGHZ 107, 296, NJW 1989, 2689, JuS, 1990, 269) em que a assembleia geral da sociedade *Kochs Adler AG* deliberou a fusão com a sociedade *Dürkopp GmbH*, cujos sócios maioritários detinham já mais de três quartos das acções da *Kochs Adler AG*. Um accionista minoritário pediu a anulação da deliberação contra a *Kochs Adler AG* e esta alegou abuso do direito por parte do autor. O tribunal decidiu que pode haver abuso do direito de participação social (*Mitgliedschaftsrecht*), quando o direito é exercido manifestamente com o fim de obter uma prestação a que o seu titular não tem direito. Para KARSTEN SCHMIDT, *Gesellschaftsrecht*, cit., § 20 IV, pág. 594, a proscrição do exercício abusivo dos direitos sociais integra o conteúdo do dever de lealdade e a acção de anulação abusiva é também contrária à boa fé: *Das Verbot, Mitgliedschaftsrechte mißbräuchlich auszuüben, ist Bestandteil der mitgliedschaftlichen Treupflicht, die mißbräuchliche Anfechtungsklage also stets auch eine treuwidrige Anfechtungsklage.*

360 *A Participação Social nas Sociedades Comerciais*

vai muito além da intenção obstrutiva em relação a uma ou mais deliberações concretas; o corsário pretende, com a sua actuação, pressionar a venda da sua parte por um preço injustificadamente elevado. Costuma dizer-se em relação ao sócio corsário que *compra a guerra para vender a paz*. O sócio flibusteiro, diversamente, visa impedir ou dificultar certa ou certas deliberações ou orientações da sociedade, mas quer manter-se nela; o sócio corsário é um invasor, escolhe uma presa fraca, ataca-a, e afasta-se com o saque que conseguir obter; o sócio flibusteiro é apenas um perturbador.

ii. O sócio parasita

O sócio parasita, ao contrário do corsário, perdura na sociedade. Em vez de uma pequena participação, o sócio parasita tem geralmente uma posição importante, quando não maioritária. Geralmente tem um relacionamento pacífico com a sociedade e os seus demais sócios e alcança posições de poder e de gestão. No seu exercício obtém da sociedade vantagens desproporcionadas e injustificadas em detrimento da sociedade e dos demais sócios. Entre elas costumam ser obtidas remunerações directas de gestão muito elevadas, que se traduzem na prática, num sucedâneo da atribuição de dividendos especiais à custa dos demais sócios; na obtenção de remunerações indirectas (*fringe benefits*) também muito importantes; na obtenção de *stock options*, prémios de gestão com atribuição anual de percentagens dos lucros; utilização de automóveis, aviões e helicópteros custeados pela sociedade; custeio de despesas pessoais sem ligação com o exercício do cargo, seguros de vida ou outros produtos financeiros; contratos de consultoria ou assistência técnica, etc.. O sócio parasita enriquece à custa da sociedade por meios muito variados. Para além do que seria a justa remuneração do exercício do cargo ou justo dividendo, obtém assim para si uma parcela desproporcional e importante dos resultados da sociedade, com violação do princípio da igualdade dos sócios e até, por vezes, da integridade do capital[386]. Esta prática é desleal porque

---

[386] Constitui bom exemplo deste tipo de comportamento o *ITT-Fall* (NWJ 1976, 191), em que a sócia maioritária de uma sociedade por quotas, que tinha por objecto o controlo de um grupo de sociedades, obteve por sua influência, em seu

no interesse pessoal do sócio e em detrimento da sociedade e dos demais sócios. Em geral tem uma maioria de apoio que lhe permite obter votações favoráveis na assembleia geral.

iii. O sócio tirano

O sócio tirano tem uma posição de domínio, sozinho ou em coligação com outros sócios. Dirige a sociedade com a colaboração de outros sócios ou outros gestores a quem impõe a sua vontade. Não partilha o poder e não admite pluralidade de opiniões. Recusa a distribuição de dividendos, ou restringe o seu valor para além do necessário, com o argumento da supremacia do interesse social sobre o dos sócios. Com esta prática, provoca a desvalorização das partes sociais (usualmente lotes de acções) dos sócios minoritários, sempre argumentando que a situação económica (do mundo, do país, do sector ou da sociedade) está mal e que, por isso, não pode distribuir dividendos (ou apenas o pode fazer moderadamente). Perante as queixas económicas dos demais sócios, compra as suas partes sociais por valores baixos, para a própria sociedade e com o dinheiro dos dividendos que não pagou. Acaba por aumentar ou alcançar o domínio total da sociedade, que gere como se fosse sua propriedade. O sócio tirano, contrariamente ao que argumenta, faz prevalecer os seus interesses aos dos outros sócios e da sociedade, violando o dever de lealdade e abusando da sua posição dominante. É frequentemente causador de terríveis batalhas de sócios que fazem sofrer, quando não mesmo soçobrar, a sociedade.

iv. O sócio abutre

O sócio abutre caracteriza-se por adquirir o controlo de uma sociedade em má situação económica, por um preço inferior ao dos componentes do seu estabelecimento. No exercício da gestão e com

---

benefício e em detrimento da sociedade, contratos de prestação de serviço e de consultoria (*service agreements* e *Beratungsverträge*), através dos quais obtinha vantagens em detrimento das sociedades. O tribunal admitiu que a existência de deveres de lealdade se não confinava à relação entre o sócio e a sociedade e se alargava também à relação dos sócios entre si.

o poder da sua maioria, procede à venda dos componentes (*spin off*) adquirindo ele mesmo (ou sociedades por si controladas) os que são rentáveis, e acaba por dissolver a sociedade, assim tornada irrecuperável. A alienação dos componentes pode ser feita por cisão, se a maioria que detiver o permitir, ou por cisão indirecta, através de trespasses a favor de outras sociedades. O sócio abutre beneficia economicamente à custa da sociedade cuja inviabilidade definitiva assim acaba por causar. Também faz prevalecer o seu interesse económico pessoal sobre o interesse social, numa prática que viola o dever de lealdade.

Com o sócio abutre não deve ser confundido o sócio que toma o controlo da sociedade, procede à alienação de activos não estratégicos e activos não rendosos e saneia assim a sociedade, que torna lucrativa. Pode, depois, mantê-la ou aliená-la com lucro. Mas a sua actuação, embora interessada, é benéfica para a sociedade e no seu interesse. Neste caso não há deslealdade.

v. O sócio predador

O sócio predador adquire uma posição de domínio da sociedade. Essa aquisição decorre da concessão de crédito, emergente de financiamento bancário ou como fornecedor, e da sua subsequente conversão em capital. Após a tomada do controlo, a gestão é subordinada à estratégia do predador, da sua empresa ou do seu grupo de empresas, em que a sociedade é assim integrada. O predador começa por conceder crédito excessivo cujo pagamento exige quando sabe que a sociedade não está em condições de o fazer. Força, em seguida, a conversão do seu crédito em capital, ou num simples aumento do capital com o consentimento dos sócios originários ou, havendo sua oposição, através de um *harmónio* em processo de recuperação de empresa. Consegue assim capturar a sociedade para o âmbito do seu grupo empresarial. Os casos mais frequentes desta prática ocorrem na relação do principal com o concessionário que é assim absorvido, ou na relação de instituições financeiras com clientes subcapitalizadas estrategicamente interessantes para o banqueiro.

Este tipo não deve ser confundido com o do credor que, para a recuperação do seu crédito, não vê outra alternativa senão a respectiva conversão em capital da sociedade devedora, com subsequente intervenção porventura dominante na sua gestão, de modo a obter o seu saneamento financeiro e a posterior alienação da sua participação com recuperação indirecta do seu crédito.

O sócio predador planeia a concessão de crédito excessivo como modo de captura da sociedade visada e fá-lo com o fim imediato de lhe criar o desequilíbrio financeiro. Age no seu interesse egoísta em detrimento e com sacrifício intencional da sociedade visada. Viola assim o dever de lealdade.

vi. O sócio assassino

O sócio assassino é tipicamente um concorrente da sociedade visada. A sua actuação típica é semelhante à do sócio predador na tomada do controlo da sociedade visada. Porém, em vez de a integrar no seu grupo, procede à sua dissolução, eliminando assim um concorrente e apropriando-se do seu mercado. Na dissolução da sociedade visada pode adquirir o seu estabelecimento ou partes dele, marcas, patentes, ou outros activos, e pode ainda contratar alguns dos seus técnicos ou outros trabalhadores que tenha interesse em utilizar.

O sócio assassino toma o controlo da sociedade visada intencional e planeadamente para a destruir. Obviamente viola o dever de lealdade com o seu comportamento.

Nem sempre, porém a deliberação de dissolução da sociedade constitui violação de um dever de lealdade. Os sócios podem fazê-lo, por exemplo, em caso de perda excessiva do capital, no caso previsto no artigo 35.º, com outros fins de reorganização empresarial[387].

---

[387] É interessante, a este propósito, o caso *Linotype* (BGHZ 103, 184, JZ 1989, 443, anotado por WIEDEMANN, JR 1988, 505, anotado por BOMMERT, NJW 1988, 1579 anotado por TIMM) em que a sociedade *Linotype GmbH* era accionista com 96% da sociedade *B-AG* e pretendia obter a sua fusão por incorporação da segunda. Para ultrapassar a oposição dos accionistas minoritários, *Linotype GmbH* propôs e obteve com os seus votos a deliberação de dissolução da *B-AG*. Os accionistas minoritários propuseram acção de anulação da deliberação. O LG e o OLG indeferiram o pedido, mas o BGH anulou a deliberação e decidiu que a delibera-

364   A Participação Social nas Sociedades Comerciais

V. O dever de lealdade e as suas violações devem ser concretizados com cautela e sem precipitações.

Nem sempre se pode acusar de corsário ou de flibusteiro o sócio minoritário que, na defesa da sua posição, causa incómodo à administração ou à maioria. Os minoritários, principalmente os pequenos accionistas, não são apenas aportadores de capitais a quem se possa recusar a informação que solicitam, com o argumento de que apenas pretendem ganhar mais valias na Bolsa, sendo-lhes indiferente a gestão e o dividendo. Uma atitude como esta é injustificável até porque os próprios obrigacionistas – esses, sim, meros aportadores de capitais – têm o poder de obter informações da sociedade, designadamente sobre a sua gestão, de acordo com o artigo 359.º[388].

Foi discutido na Alemanha se deveriam ser reconhecidos deveres de lealdade entre accionistas da mesma sociedade anónima. O reconhecimento dos deveres de lealdade em sociedades de pessoas foi mais fácil do que entre sociedades de capitais, *maxime*, sociedades anónimas[389]. No caso AUDI-NSU, o tribunal reconheceu a existência do dever de lealdade entre sócios, mesmo em sociedades anónimas, apesar de ter recusado que naquele caso concreto, esse dever tivesse sido violado[390]. Também nem todas as divergências na orientação da vida

---

ção de dissolução não estava, em geral, sujeita a uma apreciação material do tribunal, mas podia ser sindicada com fundamento na violação dos deveres de lealdade. Não nos parece que tenha havido aqui uma violação do dever de lealdade.

[388] PAIS DE VASCONCELOS, *As Obrigações no Financiamento da Empresa*, Problemas do Direito das Sociedades, Almedina, Coimbra, 2002, pág. 328.

[389] KARSTEN SCHMIDT, *Gesellschaftsrecht*, cit., § 28 I 4, págs. 799 e segs..

[390] No caso *Audi-NSU* (BGH,WM 1976, 449 = JZ 1976, 561, anotado por LUTTER), um accionista da *Audi-NSU* vendeu precipitadamente as suas acções por um preço desvantajoso, por ocasião de um processo muito controvertido de subordinação e fusão daquela empresa com a *VW*, seguida de fusão. Após a fusão, o ex--accionista accionou a *VW*, pedindo indemnização da perda sofrida no preço de venda e considerando que a *VW* era responsável por não ter dado as informações necessárias, de modo a evitar que procedesse a essa venda precipitadamente. Foi decidido que entre sócios de uma mesma sociedade anónima podem existir deveres de lealdade; todavia e só pelo facto de o serem, não existem deveres de lealdade que obriguem um dos sócios a dar aos outros informações sobre a sua própria

e do futuro da sociedade podem ser tidas como casos de deslealdade, mesmo quando venham a ter más consequências[391].

i) Dever de lealdade dos sócios gestores

Nas sociedades comerciais, nem sempre os sócios ou todos os sócios exercem a gestão. É típico que na sociedade em nome colectivo, todos os sócios sejam gerentes, na sociedade por quotas isso é muitíssimo frequente e nas sociedades anónimas em geral não sucede. Nas pequenas sociedades anónimas não é estranho que todos os accionistas sejam administradores, mas fora desse âmbito, os casos mais frequentes são aqueles em que apenas os principais accionistas são administradores, ou que nenhum accionista exerce essa função, sendo todos os administradores gestores profissionais.

Há pois, que distinguir as posições na sociedade dos sócios que exercem a gestão – os *sócios gestores* – dos sócios que a não exercem – os *sócios simples*. Aos sócios gestores podem ser equiparados, para este efeito, aqueles que, não estando investidos em cargos de gestão, exercem outras funções na orgânica da sociedade, por exemplo, no conselho fiscal, no conselho de auditoria ou no conselho geral e de supervisão, ou na mesa da assembleia geral e até na comissão de vencimentos (quando existe). Estes sócios têm posições privilegiadas de poder e de informação na sociedade. Têm uma possibilidade de influenciar a vida da sociedade francamente maior que a dos simples

---

actuação futura, de modo a evitar que estes outros evitem alienar precipitadamente e por preços menos vantajosos as acções de que sejam titulares.

[391] A este propósito, pode aludir-se ao *caso Girmes* (BGHZ 129, 136, NJW 1995, 1739 anotado por ALTMEPEN), em que o saneamento da sociedade *Girmes AG* carecia de um aumento do capital nominal com a participação dos maiores credores. Foi proposto um aumento do capital na proporção de 5:2. Porém, um não accionista obteve a representação de um número elevado doutros accionistas e com esses votos propôs e obteve a aprovação de uma proposta de *harmónio*, com redução do capital seguida de aumento até 5:3. A aprovação desta proposta fez gorar o saneamento da sociedade, levou accionistas não representados a accionar aquele representante, pedindo indemnização por terem perdido todo o investimento que tinham feito. O Tribunal não deferiu.

sócios e têm acesso a um grau de informação também incomparável com o daqueles. Esta especial posição dos sócios gestores – sócios gerentes e sócios administradores – confere-lhes um poder acrescido na sociedade. É justo que lhes traga uma correspondente responsabilidade[392]. O poder responsabiliza. Um maior poder aumenta a responsabilidade, A diferença de poder deve traduzir-se em diferença de responsabilidade.

O sócio gestor está vinculado ao dever de lealdade enquanto sócio e, bem assim, aos deveres de diligência (de cuidado) e de lealdade como gestor. Estes deveres não se somam, mas cada um agrava o outro. Se os dever de diligência e de lealdade do gestor se intensificam[393] pela sua qualidade de sócio, também o dever de lealdade dos sócios se torna mais exigente pela cumulação com o exercício do cargo de gestão. O sócio a quem é confiado o exercício de funções de gestão ou a titularidade de outros cargos na orgânica social, salvo quando todos sejam gestores, está em vantagem sobre os demais: ele sabe melhor o que se passa na sociedade e tem um maior poder de determinar a sua actuação. É-lhe mais exigível que, no seu agir, melhor respeite o interesse social e é-lhe mais reprovável que o desconsidere. Ao ser apreciada a sua actuação em sede de dever de lealdade, o grau de exigência pode e deve ser mais severo.

Importa todavia fazer uma distinção. O agravamento da exigência no respeito do dever de lealdade deve restringir-se ao sócio que é gestor enquanto sócio, por causa da sua qualidade de sócio, mais ainda quando se trate de um sócio maioritário ou titular de uma posição importante e influente. Já não se justifica, porém, esta maior exigência quanto ao gestor profissional que é titular de algumas, poucas, acções ou uma *stock option*, sem que a sua posição accionista tenha relevância ou seja determinante na sua investidura no cargo. Em casos como estes a dupla qualidade pode ser desconsiderada.

---

[392] KARSTEN SCHMIDT, *Gesellschaftsrechts*, cit., § 20 IV, pág. 588, fala, a este propósito, de *die Korrelation zwischen Rechtsmacht und Verantwortung*, como fundamento do dever de lealdade.

[393] *Supra* II. 8. a) IV.

CAPÍTULO IV
Conteúdo e objecto da participação social

21. Âmbito jurídico material da participação social

É geralmente afirmado que a participação social é constituída por um conjunto de direitos e obrigações. Independentemente da qualificação jurídica da participação social, matéria que será tratada no próximo capítulo, é consensual que, no que concerne ao seu âmbito jurídico-material, a participação social abrange situações jurídicas, tanto activas como passivas. É este, sem dúvida, o sentido da referência que geralmente é feita a *direitos e obrigações*. Preferimos designá-los como *poderes* e *deveres*.

Os poderes e vinculações dos sócios podem ser classificados, do lado activo, em poderes administrativos e poderes patrimoniais, e do lado passivo, em deveres de acção e deveres de abstenção (ou omissão).

a) Poderes patrimoniais e poderes administrativos

I. A classe dos chamados direitos patrimoniais dos sócios compreende os poderes que lhes permitem obter a sua quota parte dos lucros, quer na modalidade de dividendos, quer na de quota de liquidação, também os poderes de aquisição, de alienação e de oneração da participação social, e ainda os de receber a contrapartida da amortização da sua parte social, da exoneração e da exclusão.

A classe dos chamados direitos administrativos abrange fundamentalmente os poderes dos sócios que lhes permitem tomar parte na vida da sociedade, participar nos seus órgãos, obter informações,

368   *A Participação Social nas Sociedades Comerciais*

intervir, debater e formular propostas, votar, impugnar deliberações, exonerar-se da sociedade, e ainda o poder de impugnar deliberações dos órgãos sociais.

Em vez de *direitos*, preferimos referi-los como *poderes*. Na verdade, não nos parece que tenham uma função e finalidade autónoma e independente; são antes instrumentos hábeis para a realização dos fins dos sócios, traduzem a disponibilidade de meios jurídicos para que sejam alcançados esses fins. Parece-nos pois mais correcta a sua designação como poderes (*Befugnisse*), embora seja tradicional e corrente a sua referência como *direitos*.

II. Os poderes patrimoniais têm eficácia real, creditícia e potestativa.

Existe eficácia real na compra, na venda e na oneração, por usufruto ou por penhor, da parte social. Mantemos a designação de eficácia real, embora só as acções tituladas das sociedades anónimas sejam propriamente coisas móveis. Em relação às partes sociais nas demais sociedades e ainda no que respeita às acções escriturais, a titularidade, bem como a eficácia não são propriamente reais, embora lhes sejam análogas. Não obstante, prestando homenagem à tradição, continuaremos a falar de eficácia real, com esta reserva.

Têm eficácia creditícia, designadamente, as pretensões do sócio relativas à cobrança de dividendos, da quota de liquidação, da contrapartida da amortização, da exoneração, da exclusão, da restituição de dividendos, do levantamento de prestações suplementares. Têm também eficácia creditícia das pretensões da sociedade sobre os sócios relativas à realização das entradas, da indústria, das prestações suplementares, das prestações acessórias, etc.. Trata-se de poderes de créditos e obrigações que se inserem na relação jurídica social.

Têm eficácia potestativa os poderes, na titularidade do sócio, de convocar assembleias gerais, de aditar assuntos à ordem de trabalhos, de formular propostas em assembleia, de votar, de exoneração, de impugnar deliberações sociais. São também potestativos os poderes da sociedade, de amortizar partes sociais, de excluir sócios, de alterar

Conteúdo e objecto da participação social 369

os estatutos, de aprovar os balanços e as propostas de distribuição ou de retenção de resultados, de dissolução e liquidação, entre outros.

b) Deveres de prestação e deveres de abstenção

No lado passivo da participação social há vinculações de duas espécies: de prestação e de abstenção.

São deveres de prestação, desde logo, o de prestação de indústria e o de entrada inicial ou subsequente, em aumento do capital. Constituem também deveres de prestação aqueles que têm por objecto prestações acessórias, prestações suplementares e suprimentos. Estes deveres de prestação têm natureza patrimonial e por vezes, embora nem sempre, pecuniária.

Há deveres de prestação com carácter patrimonial não pecuniário. A realização das entradas de capital, seja inicial, na constituição, seja subsequente, em aumento do capital, não tem de ser feita em dinheiro, embora o seja na maior parte das vezes. O capital pode ser realizado em outros bens, que não dinheiro, desde que sejam *susceptíveis de penhora* (artigo 20.º, alínea a)). Também a indústria, como entrada, nos casos em que é permitida, tem valor patrimonial, embora não seja pecuniária. Muito próximas da indústria estão as prestações acessórias, quando tenham por objecto uma prestação de serviços. Mas as prestações acessórias podem ter por objecto prestações de coisa, caso em que se afastam já francamente da indústria, sem deixarem de ter natureza patrimonial não pecuniária. Na lei portuguesa, o n.º 2 do artigo 209.º e o n.º 2 do artigo 287.º permitem *a contrario sensu* a estipulação de prestações acessórias com carácter pecuniário[394].

Estatutariamente, os sócios podem ainda obrigar-se a exercer cargos sociais, a prestar caução a dívidas da sociedade, a contratar pre-

---

[394] O n.º 2 do artigo 209.º e o n.º 2 do artigo 287.º, quanto respectivamente às prestações acessórias na sociedade por quotas e na sociedade anónima, têm exactamente o mesmo teor: *Se as prestações estipuladas forem não pecuniárias, o direito da sociedade é intransmissível.*

ferencialmente com ela, a dar-lhe uma primeira escolha em oportunidades de negócio.

Há também deveres de abstenção que vinculam os sócios. Entre eles avultam os deveres negativos de lealdade, como o dever de não concorrência.

22. Objecto da participação social

I. No direito português, todas as sociedades comerciais têm personalidade jurídica. Por isto, os sócios não têm um direito sobre o património nem sobre o estabelecimento da sociedade. Se não tivesse personalidade jurídica, a participação social incidiria sobre esse património e sobre esse estabelecimento. No direito societário alemão, em que as sociedades de pessoas não têm personalidade jurídica, é pacífica a qualificação do seu património como comunhão em mão comum (*Gesamthand*) dos respectivos sócios. Atenta a personalidade de todas as sociedades comerciais, a participação dos sócios nessas sociedades incide sobre a *parte social*.

Nos vários tipos legais de sociedades comerciais, a parte social assume designações diversas. Na sociedade anónima, a parte social não tem uma designação específica e os sócios são proprietários de acções; na sociedade por quotas as respectivas partes sociais são denominadas quotas; na sociedade em nome colectivo, são chamadas partes ou partes sociais; nas sociedades em comandita a parte social dos comanditados designa-se como na sociedade em nome colectivo, a dos comanditários e comanditas simples segue o regime de transmissão das quotas e pode ser designada como tal, nas comanditas por acções, os comanditários são donos de acções.

O objecto da participação social é a parte social, é sobre ela que incide. Só nas sociedades unipessoais a parte social corresponde à totalidade da sociedade; nas sociedades pluripessoais, corresponde a uma parte dela, e daí a sua designação.

II. O entendimento da parte social como objecto da participação social enfrenta uma dificuldade dogmática. Se a sociedade é pessoa jurídica, então não poderia ser objecto, porque é sujeito[395].

A objecção só aparentemente é relevante. Costuma ser invocada contra a construção do direito subjectivo de personalidade como um *jus in se ipsum*: o direito subjectivo de personalidade não pode ter como objecto a própria pessoa do seu titular porque, enquanto pessoa, não pode ser objecto de um direito subjectivo. Porém, ao ser transposto para as pessoas colectivas o argumento perde quase toda a sua força, porque só as pessoas individuais são dotadas de uma dignidade e de um estatuto no Direito que não permite que possam ser objecto de direitos. As pessoas colectivas, diferentemente das pessoas individuais, não têm, no Direito, nem a dignidade das pessoas singulares, nem o seu estatuto ético-ontologicamente fundante. A personalidade colectiva é uma técnica jurídica de regulação de interesses humanos, institucionalizados ou colectivos.

Destituído, assim, de quase toda a sua força persuasiva, o argumento mantém ainda, pelo menos aparentemente, algum peso: um sujeito de direito (independentemente de ser singular ou colectivo) é um centro de imputação de titularidade de situações e posições jurídicas, de direitos e de obrigações, e não pode, por isso, ser simultaneamente sujeito e objecto de direitos. Substituídos os valores ético-ontológicos pelos técnico-jurídicos, a questão torna-se meramente técnica e, como tal, susceptível de manipulação orientada à sua eficácia. Nesta perspectiva de utilidade operativa, nada impede e tudo aconselha a que, no que respeita – apenas e tão só – às pessoas colectivas, se admita que, além do seu estatuto técnico-jurídico de sujeito de direito, possam também assumir o de seu objecto, se tal contribuir positivamente, com eficácia e utilidade, para a melhor compreensão e operação prática do sistema jurídico.

---

[395] Este argumento é oposto por DIETER REUTER, recensão a HABERSACK *Die Mitgliedschaft – subjektives und "sonstiges" recht*, em AcP 197 (1997), 3, pág. 325: *Der Verband ist kein Rechtsobjekt ("Gegenstand"), sondern ein Rechtssubjekt.*

No caso das sociedades comerciais, a sua institucionalização como pessoas jurídicas não é algo de eticamente exigido, nem de ontologicamente necessário. Constitui, antes, uma técnica jurídica hábil para melhor permitir dar tratamento jurídico à titularidade dos sócios, à sua transmissão em vida e por morte, à sua oneração e, sobretudo à distinção entre a sociedade e o sócio, no seu modo singular e no seu modo colectivo. É por esta razão que o legislador tem uma relativa liberdade de conformação das sociedades, por exemplo, das sociedades de pessoas como pessoas jurídicas. As sociedades em nome colectivo tanto podem ter personalidade jurídica, como não ter, sem que daí resultem consequências sérias. A velha comenda, em versão personalizada é a comandita e em versão não personalizada é a associação em participação. Já a despersonalização da sociedade anónima, por exemplo, trar-lhe-ia dificuldades operacionais, principalmente no que respeita à circulação das acções.

Se fosse técnico-juridicamente aceitável graduar a personalidade colectiva das sociedades comerciais, concluir-se-ia com facilidade que a sociedade anónima teria mais personalidade do que a sociedade em nome colectivo. É, todavia possível, graduar a sua autonomia, a autonomia entre a sociedade e os sócios (*Trennungsprinzip*) e aí discernir uma graduação polar entre a sociedade anónima aberta cotada, no pólo mais autónomo, e a sociedade em nome colectivo no outro pólo.

A personificação das sociedades comerciais responde a uma necessidade técnico-jurídica de facilitar a autonomização entre o sócio e a sociedade, no aspecto pessoal (imputação de situações jurídicas) e patrimonial (principalmente a limitação da responsabilidade), e ainda de titularidade e transmissão, circulação e oneração da participação social. A personalidade colectiva, no que respeita às sociedades comerciais veio facilitar, trazer ganho de eficácia, e melhorar a praticabilidade do exercício jurídico. Esta utilidade ficaria frustrada ou fortemente diminuída, se a participação social não pudesse ser tratada como objecto de direitos, principalmente no que concerne ao tratamento jurídico da sua titularidade, da sua transmissão e da sua oneração.

III. Nesta perspectiva de eficiência e de praticabilidade no exercício jurídico, há que distinguir entre as sociedades com personalidade e aquelas que a não têm. Na sociedade sem personalidade, a participação social incide sobre a comunhão, o fundo comum e, por isso, no direito alemão é designada como sociedade de mão comum (*Gesamthandgesellschaft*)[396]. Na sociedade personalizada – no direito português das sociedades comerciais, todas o são – a participação social não incide sobre o fundo comum, nem sobre o património, nem sobre o estabelecimento da sociedade – que são dela, sociedade – mas sim sobre a parte social, sobre a quota ou sobre as acções, consoante o respectivo tipo legal[397].

Esta conclusão não deve ser retirada dedutivamente de uma natureza jurídica pré-assumida, mas antes do seu regime. O regime de titularidade, de transmissão e de oneração da parte social está técnico-juridicamente construído de tal modo que a parte social nele intervém como objecto. As partes sociais, as quotas e as acções são objecto de transmissão (cessão de quotas, compra e venda de acções), de sucessão por morte (legado) e também de oneração (usufruto, penhor, penhora). No regime jurídico das entradas, há uma transmissão do respectivo objecto da titularidade do sócio para a da sociedade. Até no direito fiscal, a participação social é tratada como património do sócio.

No seu regime técnico-jurídico, a parte social é tratada como objecto de direitos. Este objecto não tem de ser uma coisa, embora possa sê-lo, como no caso das acções tituladas que são coisas móveis. Já as quotas não estão juridicamente coisificadas como as acções[398]

---

[396] Mesmo no direito alemão, esta qualidade é negada à *stille Gesellschaft*, que tem natureza meramente contratual e em que não existe fundo comum.

[397] ALEXANDRE SOVERAL MARTINS, *Da personalidade e Capacidade Jurídicas das Sociedades Comerciais*, Estudos de Direito das Sociedades, 5.ª ed., Almedina, Coimbra, 2002, pág. 72, 76.

[398] Enquanto coisas, as acções tituladas são susceptíveis de posse e de usucapião, ao contrário das quotas, que o não são. Neste sentido, STJ 10.XI.92, BMJ 421, 450, STJ 22.II.84, BMJ 334, 430, TRLisboa 21.XII.82, CJ 1982, V, 143, MENEZES CORDEIRO, *A Posse: Perspectivas Dogmáticas Actuais,* 2.ª reimpressão da 3.ª

374 *A Participação Social nas Sociedades Comerciais*

e mantêm-se como direitos que são transmitidos por cessão[399] e o mesmo, por aplicação do artigo 588.° do Código Civil, se deve entender quanto à transmissão da parte na sociedade em nome colectivo.

Enquanto objecto de direitos, a parte social, é um bem em sentido técnico, algo que tem utilidade, um meio hábil para a prossecução de fins de pessoas individualmente consideradas. Esses fins, no que respeita às sociedades comerciais concentram-se no lucro de um investimento. Este investimento pode traduzir-se na subscrição e realização do capital, na constituição, ou em subsequente aumento do capital, assim como pode materializar-se na aquisição da parte social. Salvo quando seja adquirida por acto gratuito, a investidura na titularidade da parte social constitui um investimento económico, em dinheiro, em espécie, em indústria ou até em prestações acessórias. Este investimento, tipicamente, não é desinteressado nem altruísta e o seu titular – o sócio – pretende obter com ele o maior lucro possível. O lucro visado pelo sócio pode ser obtido de vários modos, ou através da percepção do dividendo, ou da quota de liquidação, ou do preço de alienação, ou em casos mais periféricos, na amortização, na exoneração, ou noutras vantagens económicas indirectas de vária ordem.

Concluímos, pois, que o objecto da participação social é a parte social.

---

ed., Almedina, Coimbra, 2005, pág. 81, e Assunção Cristas, *Transmissão Contratual do Direito de Crédito*, Almedina, Coimbra, 2005, pág. 541. Já as acções escriturais, que não estão estão incorporadas num documento e não constituem coisas móveis, não nos parece que sejam susceptíveis de posse e de usucapião, como afirma Menezes Cordeiro, ob e loc. cit.. Diferentemente, Palma Carlos, em *Parecer* publicado na CJ 1983, I, 7-9, sustenta que o quotista é proprietário da quota, que pode sobre ela ter posse e que esta é susceptível de usucapião.

[399] Raúl Ventura, *Sociedades por Quotas*, I, cit., pág. 572, qualifica a cessão de quotas como uma cessão de posição contratual.

23. Contitularidade e oneração da participação social

A participação social pode ser investida na titularidade de mais de uma pessoa, em contitularidade. O Código das Sociedades Comerciais rege sobre a contitularidade de participações sociais nos artigos 7.º, n.º 3 e 8.º, n.º 2, nos artigos 222.º a 224.º e no artigo 303.º.

a) Participação social em comunhão conjugal

No n.º 2 do artigo 8.º, a lei rege sobre a comunhão conjugal da participação social. Nos regimes matrimoniais de comunhão geral e de comunhão de adquiridos, a participação social pode integrar a comunhão conjugal. Sendo a comunhão de adquiridos o regime matrimonial supletivo, esta situação é muito frequente. Na normalidade dos casos em que assim acontece, a participação social está formalmente investida na titularidade apenas de um dos cônjuges, embora pertença a ambos.

Sempre que um dos cônjuges, casados em regime de comunhão geral ou de comunhão de adquiridos, adquire uma participação social de modo formal, como sucede com a parte social numa sociedade em nome colectivo ou uma quota de uma sociedade por quotas, podem intervir ambos os cônjuges na aquisição, seja ela originária (na constituição da sociedade) ou superveniente (por transmissão), ou apenas um deles; mas a respectiva inscrição no registo comercial deve ser feita em nome de ambos os cônjuges. Porém, quando a aquisição for informal, como sucede na transmissão de acções ao portador tituladas não depositadas, ou na transmissão de acções em mercado secundário, pode intervir como adquirente apenas um dos cônjuges, e é assim que sucede normalmente.

As participações sociais assim adquiridas não deixam de integrar a comunhão conjugal, embora aparentemente na titularidade do cônjuge que interveio na sua aquisição. É esta realidade que está subjacente à redacção do n.º 2 do artigo 8.º do Código das Sociedades Comerciais, quando refere o cônjuge *por quem a participação tenha vindo ao casal* e determina que é ele que será considerado como sócio nas relações com a sociedade.

O preceito é muito útil no caso, frequentíssimo na prática, em que marido e mulher casados em regime de comunhão de adquiridos são os únicos sócios de uma sociedade por quotas. A participação dos cônjuges nesta sociedade é expressamente permitida pelo n.º 1 do artigo 8.º do Código das Sociedades Comerciais, como já o era pelo artigo 1714.º do Código Civil[400]. Mesmo a constituição originária de uma sociedade por quotas entre cônjuges, nunca foi posta em causa na vigência do artigo 1714.º do Código Civil[401]. Não obstante ambas as quotas pertencerem à comunhão conjugal, na relação com a sociedade, cada um dos cônjuges é considerado como titular da uma quota, como sendo a sua quota.

O n.º 2 do artigo 8.º deve ser aplicado supletivamente na falta de disposição dos cônjuges. Não se vislumbra razão para que não seja possível aos cônjuges decidir que, nas relações com a sociedade, a participação seja encabeçada no outro cônjuge. Também se não aplica a regra do n.º 2 do artigo 8.º quando a participação social seja formalmente adquirida por ambos os cônjuges. Neste caso, deve aplicar-se o regime geral da contitularidade. A *ratio* do preceito é muito clara no sentido de resolver questões de legitimidade que sem ela se suscitariam, perante o costume muito espalhado de adquirir e encabeçar as participações sociais num apenas dos cônjuges (na maior parte das vezes, o marido), não obstante integrarem a comunhão conjugal.

---

[400] AZEVEDO E SILVA, *Estudos de Direito Commercial*, Lisboa, 1906, págs. 109--126, insurge-se contra a nulidade da sociedade entre cônjuges. Acaba por concluir (pág. 126): *Deve apreciar-se se houve realmente a intenção de associar-se (affectio societatis) ou qualquer outro fim. A intenção dos pactuantes será sempre a final o melhor critério para a verdadeira clarificação do contracto, que bem pode deixar de ser o de sociedade embora celebrado com as respectivas formalidades externas e segundo os trâmites da lei.* Merece ênfase o modo como o Autor, encara a questão, na perspectiva da qualificação, o que nos parece francamente mais adequado.

[401] OLIVEIRA ASCENSÃO, *Direito Comercial*, IV, *Sociedades Comerciais — Parte Geral*, cit., pág. 273. No direito francês, PHILIPPE MERLE, *Droit Commercial — Sociétés Commerciales*, cit., págs.75-76.

Conteúdo e objecto da participação social

O n.º 3 do artigo 8.º expressamente permite que os poderes de administração de um dos cônjuges sobre a participação social sejam exercidos pelo outro quando aquele estiver impossibilitado de os exercer.

b) Comunhão da participação social nos diversos tipos societários legais

I. O Código das Sociedades Comerciais contém regimes especiais de comunhão na participação social no que respeita aos tipos da sociedade por quotas e da sociedade anónima, mas não da sociedade em nome colectivo nem da sociedade em comandita.

II. No que respeita à sociedade anónima, rege o artigo 303.º. Os contitulares de acções devem exercer os seus direitos por intermédio de um representante comum, a quem devem também ser dirigidas as comunicações da sociedade. Esta é uma regra de legitimidade activa e passiva. É necessário que se saiba com clareza quem, de entre os contitulares, tem legitimidade para contactar em nome de todos com a sociedade e para os vincular perante ela; e vice-versa, com quem, de entre os contitulares, deve a sociedade contactar.

Esta regra de legitimidade não afecta o regime de responsabilidade dos contitulares das acções pelas obrigações que dessa titularidade resultem. Segundo o n.º 3 do artigo 303.º esse regime é de solidariedade entre os contitulares. A solidariedade é excepcional em Direito Civil (artigo 513.º do Código Civil), mas constitui a regra em Direito Comercial (artigo 100.º do Código Comercial). As obrigações emergentes do contrato de sociedade comercial para os respectivos sócios são obrigações comerciais, porque o próprio acto constitutivo da sociedade comercial é um acto de comércio objectivo. Assim o regime seria o da solidariedade, mesmo que não existisse o preceito do n.º 3 do artigo 303.º do Código das Sociedades Comerciais.

O n.º 4 do artigo 303.º remete o regime da contitularidade para os artigos 223.º e 224.º, relativos ao tipo legal da sociedade por quotas.

III. O regime da contitularidade das quotas das sociedades por quotas consta dos artigos 222.º a 224.º.

Os n.ºs 1, 2 e 3 do artigo 222.º contêm um regime idêntico ao do artigo 333.º: os contitulares devem exercer o seu direito social por intermédio de apenas um deles com quem a sociedade deve contactar, e são solidários nas obrigações para eles decorrentes da participação social.

A designação do representante comum é regulada minuciosamente no artigo 223.º. Pode ser designado por lei ou testamento e, quando o não for, é nomeado por deliberação maioritária nos moldes do artigo 1407.º do Código Civil ou de acordo com uma diferente regra que seja convencionada entre os contitulares e comunicada à sociedade. Pode ser designado qualquer dos contitulares ou o seu cônjuge, mas só pode ser designado um terceiro se o pacto o autorizar expressamente ou permitir que os sócios se façam representar por estranhos nas deliberações sociais. Se não puder ser designado deste modo, o representante comum será nomeado por tribunal, que poderá também destitui-lo, com justa causa, a pedido de qualquer contitular. A designação deve ser comunicada por escrito à sociedade, mas esta pode, mesmo tacitamente dispensar a comunicação.

Na falta ou impedimento do representante comum, quando se apresente uma pluralidade de contitulares a pretender exercer o direito e não houver consenso entre todos, prevalece a vontade da maioria dos contitulares correspondente a pelo menos metade do valor da quota. Esta regra coincide com a regra geral do artigo 1407.º do Código Civil para a qual se remete na primeira parte do n.º 1 do artigo 224.º para o exercício dos direitos sociais dos contitulares. As deliberações maioritárias dos contitulares quanto ao exercício dos direitos sociais têm apenas eficácia interna e não são oponíveis à sociedade, pelo que, o incumprimento pelo representante comum da deliberação, o desvio ou o abuso dos poderes de representação são questões meramente internas a dirimir entre os contitulares, que poderão dar lugar a responsabilidade civil mas não afectam a validade e eficácia do acto praticado.

É, porém, necessária a unanimidade dos contitulares para a prática de actos ou o exercício de poderes que excedam a administração. A letra da lei, na segunda parte do n.° 1 do artigo 224.°, revela uma preocupação de clareza e certeza quando, em vez de recorrer à fórmula tradicional e doutrinária dos actos de administração e de disposição, exclui da regra da maioria e exige expressamente a unanimidade para *a extinção, alienação ou oneração da quota, o aumento de obrigações, renúncia ou redução dos direitos dos sócios.*

IV. O Código das Sociedades Comerciais nada prevê expressamente quanto à contitularidade da parte social na sociedade em nome colectivo. Poderia ter feito uma remissão, total ou parcial e com ou sem modificações, como no n.° 4 do artigo 303.°. Mas não o fez. Daqui se poderia concluir *a contrario* pela aplicabilidade do regime geral da comunhão constante dos artigos 1403.° e seguintes do Código Civil, por remissão do artigo 1404.° do mesmo Código.

Todavia, há matérias que o regime geral da comunhão não trata e que são imprescindíveis no que respeita à comunhão da parte social na sociedade em nome colectivo. Desde logo, não nos parece dispensável a designação de um representante comum. Não vemos razão para que haja diferença de regime, nesta matéria, em relação aos tipos da sociedade por quotas e da sociedade anónima. A remissão do artigo 1407.° e do artigo 996.° para o artigo 985.° (todos) do Código Civil permitiria que qualquer dos contitulares tivesse legitimidade activa e passiva para se relacionar com a sociedade em tudo o que não fosse a disposição ou oneração da parte social. A designação do representante comum é exigida pela natureza das coisas. Se se pode admitir que a sociedade contacte com qualquer um dos contitulares, sem que daí venha grande inconveniente, já parece grave que qualquer dos contitulares e mesmo vários ou todos eles se possam apresentar, por exemplo, a participar e votar em assembleia geral e, mais grave ainda, que todos eles sejam gerentes. Isto seria gravemente perturbador do funcionamento da sociedade, mesmo que fossem concordantes as suas opiniões e actuações; se, porém, fossem discordantes, gerar-se-ia o caos.

380 *A Participação Social nas Sociedades Comerciais*

O modo de formação da maioria dos contitulares é idêntico, dada a remissão do artigo 224.º, n.º 1 do Código das Sociedades Comerciais para o artigo 1407.º do Código Civil. A discriminação das matérias que são de administração e de disposição tem o mesmo sentido, sendo a diferença decorrente de uma melhor precisão, mais adequada ao direito das sociedades comerciais.

Por estas razões, somos de opinião que os artigos 222.º a 224.º do Código das Sociedades Comerciais sejam aplicados por analogia à contitularidade da parte social na sociedade em nome colectivo.

O regime da contitularidade de participações sociais na sociedade em comandita, resulta das remissões dos artigos 474.º e 478.º.

V. Numa apreciação geral, o regime da contitularidade de participações sociais, não é fundamentalmente diverso do regime geral da compropriedade, que constitui o seu modelo, segundo o artigo 1404.º do Código Civil. Contém adaptações que são necessárias pela especificidade da matéria das sociedades comerciais. Entre elas avulta a designação obrigatória de um representante comum e a especificação das matérias que exigem a intervenção da totalidade dos contitulares. São adaptações exigidas pela necessidade de operacionalidade que é típica do Direito Comercial e do Direito das Sociedades Comerciais.

Não nos parece feliz a arrumação sistemática da matéria no Código das Sociedades Comerciais, concentrada no tipo da sociedade por quotas, com remissão para o da sociedade anónima e esquecimento da sociedade em nome colectivo. Melhor teria sido sedeada na parte geral do Código. Comparando o regime dos artigos 222.º a 224.º com o do artigo 303.º nota-se que este último muito pouco diverge, no fundo, em relação àqueles. O n.º 1 do artigo 303.º contém um regime que não é diferente do n.º 1 do artigo 222.º: os direitos dos contitulares devem ser exercidos por um representante comum. Também iguais são os regimes do n.º 2 do artigo 222.º e do n.º 2 do artigo 303.º: para comunicar com os contitulares a sociedade dirige-se, em princípio, ao representante comum ou, na falta dele, a qualquer um dos contitulares. O mesmo sucede com o n.º 3 de ambos os artigos 222.º e 303.º: os contitulares respondem solidariamente pelas dívidas inerentes à participação social comum. O n.º 4 do artigo 303.º remete para os artigos 223.º e 224.º. Ficou de fora o n.º 4 do artigo 222.º que seria o único preceito aplicável à sociedade por quotas mas não à sociedade anónima. É dificilmente compreensível por que razão o legislador recorreu a esta arquitectura legislativa para excluir apenas o regime jurídico do n.º 4 do artigo 222.º e, também, qual a razão desta exclusão. Parece-nos tratar-se aqui de uma imperfeição legislativa que merece ser corrigida numa futura revisão do Código das Sociedades Comerciais.

c) Usufruto de participações sociais

I. As participações sociais são susceptíveis de usufruto. O usufruto implica uma repartição do gozo (uso e fruição) entre o nu titular[402] e o usufrutuário.

Na vigência do Código Comercial de 1888 houve aceso debate doutrinário sobre o regime de usufruto de participações sociais. Na falta de um regime legal específico, os autores dividiram-se e o Supremo Tribunal de Justiça, num acórdão d 14 de Março de 1947[403], considerou que a qualidade de sócio cabia ao nu titular.

---

[402] Parece-nos mais adequada a denominação *nu titular* em vez de *nu proprietário*, porque a maioria das participações sociais não é susceptível de propriedade. Apenas as acções tituladas, como títulos de crédito, são coisas móveis susceptíveis de propriedade.

[403] Publicado no Boletim Oficial do Ministério da Justiça, ano 7.º, n.º 40 (1947), pág. 184. Este acórdão suscitou o aplauso de JOSÉ GABRIEL PINTO COELHO, *Usufruto de Acções*, Separata da RLJ, ano 90.º, n.ᵒˢ 3097-3117, e 91.º, n.ᵒˢ 3118-3122) e também em *Sociedades Comerciais*, cit., fasc., II, pág. 60. Manifestaram discordância ANSELMO DE CASTRO, *Anotação ao STJ 14/3/1947*, RDES, ano 3.º (1947), n.º 1, pág. 67-70 e segs., que entendia dever a qualidade de sócio residir no usufrutuário, e BARBOSA DE MAGALHÃES, *Usufruto de Acções, de Partes e de Quotas Sociais*, ROA, ano 12.º (1952), págs. 50 e segs., considerando que *o usufrutuário é tão sócio como o proprietário, pois que a acção, a parte social ou as quotas pertencem a ambos; — ambos são sócios, porque a um e outro competem alguns direitos e obrigações, que a lei confere e impõe aos sócios*. No artigo 51.º do projecto de VAZ SERRA sobre a *Assembleia Geral*, Separata do BMJ n.º 197, Lisboa, 1971, pág. 77, consta que *o direito de*

382   *A Participação Social nas Sociedades Comerciais*

II. A questão está hoje ultrapassada. Há já critérios legais. Nos moldes gerais do usufruto, cabe ao usufrutuário o uso e fruição, e depende de consentimento do nu titular tudo aquilo que possa afectar a substância da participação social. É dentro deste critério que o artigo 23.° do Código das Sociedades Comerciais remete para os artigos 1466.° e 1467.° do Código Civil a base regulativa da partilha entre um e outro dos poderes integrados na posição jurídica do sócio. Assim, o usufrutuário está obrigado a relacionar e prestar caução (artigos 1468.° e segs. do Código Civil) e o usufruto extingue-se nos termos comuns.

De acordo com a sua sistemática própria, o Código das Sociedades Comerciais, introduz, depois regras especiais quanto aos tipos societários legais.

O tipo legal da sociedade em nome colectivo tem um preceito – o n.° 3 do artigo 182.° – que manda aplicar o regime da transmissão da parte social à constituição de *direitos reais de gozo* sobre ela. A constituição de usufruto segue, pois, o regime geral da transmissão.

No que respeita à sociedade por quotas, o n.° 8 do artigo 214.° reconhece ao usufrutuário o direito à informação quando lhe caiba também o direito de voto. No regime do consentimento do sócio na amortização das quotas, o n.° 4 do artigo 233.°, exige o consentimento também do seu usufrutuário. O artigo 269.° estatui que, havendo usufruto da quota, o *direito a participar no aumento* do capital que lhe corresponder será do nu titular, ou do usufrutuário ou de ambos, conforme acordado entre si. Na falta de acordo, esse direito cabe em princípio ao nu titular, mas devolve-se ao usufrutuário se aquele o não exercer na primeira metade do correspondente prazo.

---

voto inerente à acção sujeita a usufruto, salvo convenção em contrário entre o titular de raiz e o usufrutuário, pertence ao usufrutuário nas assembleias gerais ordinárias, e conjuntamente ao usufrutuário e ao titular da raiz nas assembleias gerais extraordinárias. Explicita ainda que *o usufrutuário, caso lhe pertença o direito de voto, responde para com o titular da raiz, se não tomar os interesses deste em equitativa consideração, e o titular da raiz, caso o direito de voto lhe pertença, responde para com o usufrutuário, se não tomar em equitativa consideração os interesses deste.*

Quem subscrever o aumento do capital, seja o nu titular, seja o usufrutuário, fica pleno titular da *nova quota*, salvo acordo em contrário dos interessados. Se ambos acordarem na alienação onerosa da preferência em aumento do capital, a respectiva contrapartida é entre eles distribuída de acordo com a proporção dos seus direitos.

Também a sociedade anónima mereceu especialidades de regime. Quando ao usufrutuário caiba o direito de voto, o artigo 293.º reconhece-lhe também o direito à informação. A alínea c) do n.º 2 do artigo 328.º alarga o regime de limitação da transmissibilidade das acções à constituição de usufruto sobre elas. O regime da unidade do voto, contido no artigo 385.º é estendido, no seu n.º 3, ao caso de acções em usufruto. O aumento do capital, segundo o artigo 462.º, pode ser exercido pelo nu titular ou pelo usufrutuário ou por ambos conforme for acordado entre si. Na falta de acordo, deve sê-lo, em princípio, pelo nu titular, mas este deve fazê-lo na primeira parte do respectivo prazo sem o que será esse direito deferido ao usufrutuário. Exercido o direito, as novas acções ficam em titularidade plena, salvo acordo em contrário. Se o direito de preferência for alienado onerosamente, a respectiva contrapartida é partilhada na proporção do valor de cada direito.

III. Como por vezes sucede no Código das Sociedades Comerciais, a partilha entre a parte geral e a parte especial não parece feliz e o seu critério deixa dúvidas.

Por um lado, é difícil de entender porque, no que respeita à transmissão da participação social, apenas se estatuiu em especial para a sociedade em nome colectivo o n.º 3 do artigo 182.º ou, numa outra perspectiva, porque se adoptou este preceito, que é claramente supérfluo face ao n.º 1 do artigo 23.º.

Por outro lado, o reconhecimento do direito à informação ao usufrutuário com direito de voto tem fundamentalmente o mesmo regime na sociedade por quotas e na sociedade anónima, e não se descortina razão que obste ao seu alargamento a todos os tipos societários, pelo que melhor teria sido incluído na parte geral com uma formulação adequada. Algo de muito semelhante pode ser observado em relação ao regime da participação em aumentos de capital.

384 *A Participação Social nas Sociedades Comerciais*

O regime especial do consentimento do usufrutuário na amortização de quotas (artigo 233.°, n.° 4) bem poderia ser estendido à amortização de acções com redução do capital (artigo 347.°); e o mesmo se pode observar em relação à unidade do voto. O regime de limitação da transmissibilidade da parte social em usufruto especialmente estatuído quanto à sociedade anónima no artigo 328.°, n.° 2, alínea c), em bom rigor, parece supérfluo, perante o n.° 3 do artigo 23.°.

IV. O regime legal não permite, pois, prescindir da concretização do regime do usufruto de partes sociais, com base no regime geral do usufruto. O artigo 23.° remete expressamente para ele, mas a fonte de inspiração e de procura de critério de decisão seria sempre essa, mesmo que a remissão expressa não existisse. O sentido da relação entre o nu titular e o usufrutuário é bem conhecido nos direitos reais e não envolve dificuldades particulares de concretização no campo da participação social.

Ao usufrutuário da participação social cabe aproveitar a sua utilidade enquanto durar o seu direito, sem prejudicar nem pôr em causa a expectativa do nu titular. Este espera vir a ser investido na integralidade da participação social quando o usufruto se extinguir. Está vedado ao usufrutuário tudo aquilo que prejudique a expectativa do titular de raiz. É isto que explica que, na falta de estipulação, ao usufrutuário seja vedada a intervenção em deliberações que importem modificações estruturais da sociedade (alterações de estatutos, aumentos ou reduções do capital, fusão, cisão ou transformação) ou a sua extinção.

Tal como no usufruto de direitos reais de gozo, o relacionamento entre o nu titular e o usufrutuário e a partilha do direito sobre que incide são matéria de autonomia privada, como os respectivos limites. Tanto no acto de constituição do usufruto, como posteriormente, entre o nu titular e o usufrutuário pode ser estipulado o regime do usufruto. Só em matéria excluída da autonomia privada ou na falta de estipulação negocial devem intervir os preceitos da lei. Nada impede, pois, que seja estipulado, por exemplo, que o usufrutuário possa participar e votar em assembleias gerais extraordinárias desde que não prejudique a expectativa do nu titular e mesmo até que possa vender a participação ficando o preço da venda sujeito ao usufruto; do mesmo modo, pode ser estipulado um regime que force uma intervenção mais activa do nu titular no exercício dos poderes inerentes à participação.

Assim se tornam claros, senão mesmo intuitivos, os regimes jurídicos geral e especial do Código das Sociedades Comerciais sobre o usufruto da participação social.

d) Penhor de participações sociais

I. As participações sociais podem ser dadas em penhor. O penhor, como direito real de garantia, confere ao credor pignoratício o poder de se fazer pagar pelo produto da venda do bem ou direito penhorado, com preferência sobre os demais credores (artigo 666.º do Código Civil). O regime geral do penhor está nos artigos 666.º e seguintes do Código Comercial. Mas o penhor da participação social tem especialidades inerentes à natureza do seu objecto. Na Parte Geral do Código das Sociedades Comerciais, o artigo 23.º rege sobre o penhor de participações sociais, conjuntamente com o seu usufruto.

II. A constituição do penhor sobre a participação social, segundo o n.º 3 do artigo 23.º, está sujeita à forma exigida para a sua transmissão entre vivos. Este regime é razoável, uma vez que a constituição do penhor é um acto de oneração que implica uma sempre possível alienação.

Pela mesma razão, a constituição de penhor sobre participações sociais está sujeita às limitações que incidam sobre a sua alienação em vida e ao correspondente regime jurídico. Nem se compreenderia que assim não fosse. Seria incongruente que, uma vez constituído e vigente o penhor, este não pudesse ser executado por condicionamentos ou limitações no regime da venda do seu objecto. Por outro lado, se se entendesse que a venda em execução do penhor era livre

386 *A Participação Social nas Sociedades Comerciais*

não obstante as limitações da venda voluntária, a constituição do penhor acabaria por constituir uma forma fácil de tornear as limitações da transmissão entre vivos da participação social. O penhor da participação social é, assim, tratado na lei como uma sua virtual alienação.

O exercício dos *direitos inerentes à participação* social, especialmente do direito aos lucros, cabe, em princípio, ao respectivo titular[404], embora possa ser convencionado que sejam exercidos pelo titular do penhor.

III. Para além das regras gerais contidas no artigo 23.º, aplicáveis a todos os tipos legais de sociedades, o Código das Sociedades Comerciais contém ainda algumas regras especiais, localizadas nos regimes especiais dos tipos legais societários.

O artigo 182.º, n.º 3, exige o consentimento expresso dos demais sócios para a constituição do penhor sobre partes sociais de sociedades em nome colectivo, o que se revela supérfluo perante o preceito do n.º 3 do artigo 23.º. Também a alínea c) do n.º 2 do artigo 328.º, permite que o contrato subordine a determinados requisitos a constituição de penhor sobre acções nominativas. Nada consta, porém, da parte especial do Código das Sociedades Comerciais quanto à cessão de quotas empenhadas.

No n.º 4 do artigo 233.º, uma regra especial exige a autorização do titular do penhor para a amortização da quota empenhada, embora já nada a lei estatua nesse sentido quanto à amortização de acções dadas em penhor.

O titular do penhor sobre acções tem direito à informação igual ao do correspondente sócio, segundo o artigo 293.º, com respeito à sociedade anónima. Todavia, a lei nada estatui em especial sobre o direito à informação do credor pignoratício de uma quota ou de uma parte numa sociedade em nome colectivo.

---

[404] Esta era a solução preconizada, na vigência do Código Comercial de 1888, por JOSÉ GABRIEL PINTO COELHO, *Sociedades Comerciais*, cit., fasc. II, págs. 50 e segs.

O Código das Sociedades Comerciais contém ainda um preceito especial sobre a unidade de voto na sociedade anónima – o artigo 385.°, n.° 3 – que permite o voto em sentido diverso do sócio e do credor pignoratício das acções. Este regime só poderá ser aplicado, porém, quando tenha sido convencionado, normalmente no próprio contrato de penhor, a atribuição de direito de voto ao credor pignoratício.

Em geral, o Código das Sociedades Comerciais reúne o regime especial do penhor com o do usufruto. Todavia, o regime especial do penhor de participações sociais deixa de acompanhar o do usufruto no caso do n.° 8 do artigo 214.°, sobre o direito à informação na sociedade por quotas, e do artigo 269.°, quanto ao aumento do capital também na sociedade por quotas.

IV. Torna-se aqui aparente, mais uma vez, uma certa insegurança de critério na divisão entre a parte geral e a parte especial.

No que respeita ao regime da constituição do penhor sobre a participação social, não se compreende que o n.° 3 do artigo 182.° exija o consentimento de todos os sócios, regime que resultaria já da regra geral do n.° 3 do artigo 23.°. Aliás, à execução do penhor da parte do sócio da sociedade em nome colectivo é aplicável o regime do n.° 1 do artigo 183.° que não permite, em princípio, a execução da parte social propriamente dita, mas antes apenas dos respectivos dividendos ou da correspondente quota de liquidação.

Quanto à amortização de participações sociais sobre as quais incida penhor, não se compreende que a exigência de autorização do credor pignoratício estatuída quanto às quotas no n.° 4 do artigo 233.° seja depois omitida quanto à amortização de acções empenhadas.

Também no que concerne ao direito à informação, o artigo 293.° alarga-o especialmente ao titular de penhor sobre acções, mas esse alargamento falta ao titular do penhor sobre quotas ou sobre parte de sociedades em nome colectivo.

São casos em que a uma identidade de razão não corresponde uma identidade de regime.

CAPÍTULO V

Natureza jurídica da participação social nas sociedades comerciais

24. O problema da natureza jurídica da participação social

I. Feita a descrição do que existe de principal no conteúdo da participação social, cabe qualificar a sua natureza jurídica. Não é metodologicamente correcto partir da natureza jurídica da participação social para o seu regime. Ao contrário, o ponto de partida deve estar no seu conteúdo; a natureza jurídica é uma conclusão[405]. E esta conclusão deve decorrer do seu regime jurídico. Foi por isso que se procedeu, até agora, à descrição do regime jurídico dos principais poderes e vinculações dos sócios das sociedades comerciais, nessa mesma qualidade, isto é, na qualidade de sócios. A descrição não é exaustiva, nem poderia sê-lo, mas é suficientemente ampla para servir de base à apreciação jurídica da participação social.

II. A participação social pode ser entendida de modos diversos. Os direitos e obrigações, os poderes e vinculações dos sócios podem ser encarados como uma multiplicidade atomística não unitária. Noutro modo de pensar, pode aquela pluralidade ser compreendida unitariamente, como uma globalidade estruturada, seja como uma

---

[405] DIETER REUTER, recensão a HABERSACK *Die Mitgliedschaft — subjektives und "sonstiges" Recht*, cit., pág. 324, critica a dedução de consequências jurídicas a partir de uma natureza da participação social: *Es widerspricht der heutigen juristischen lex artis, umgekehrt Rechtsfolgen aus einer Rechtsnatur der Mitgliedschaft zu deduzieren, die nicht einmal ihrerseits problem-, sondern ausschließlich strukturbezogen bestimmt worden ist.*

390   *A Participação Social nas Sociedades Comerciais*

relação jurídica, como a posição jurídica do sócio nessa relação, como um direito subjectivo ou ainda como um *status*.

Estes diferentes modos de entender e de construir dogmaticamente a participação social estão ligados a diversas perspectivas sobre o Direito em geral e sobre as sociedades comerciais em particular. É importante compreender todos estes modos de pensar a participação social, mais do que optar por um deles em detrimento dos outros.

III. A participação social tem diferenças assinaláveis de conformação no que concerne à sociedades de pessoas sem personalidade jurídica ou à pessoa jurídica. FLUME[406] distingue a este propósito, entre associação de pessoas (*Personenverband*) e pessoa associativa (*Verbandsperson*) nos termos seguintes: enquanto a associação de pessoas existe nos seus membros que lhe são interiores, na associação personalizada os respectivos membros são-lhe exteriores.

No direito português, todas as sociedades comerciais têm personalidade jurídica e, por isso, este tipo de distinção assume menor importância. Não obstante, a sociedade em nome colectivo e a sociedade em comandita simples, como sociedades de pessoas, têm uma muito menor autonomia em relação aos seus sócios do que as sociedades de capitais. Se não é correcto graduar a personalidade entre os vários tipos de sociedades comerciais, é admissível e útil distinguir diferentes graus de autonomia entre essas sociedades e os respectivos sócios.

Para além desta dicotomia, é possível discernir, mesmo nas sociedades de capitais, tipos sociais mais personalizados (*Personenbezogen*), frequentes na sociedade por quotas e até na sociedade anónima fechada com um limitado número de accionistas[407].

IV. Consoante o tipo de sociedade, tipo legal e tipo social, a participação social assume diferenças qualitativas importantes.

---

[406] FLUME, *Die Personengesellschaft*, cit., § 7, págs. 87 e segs. e *Die juristische Person*, cit., § 8 I, págs. 259 e segs.,

[407] FLUME, *Die juristische Person*, cit., § 8 I, págs. 261.

Esta diversidade é assinalada em MENEZES CORDEIRO[408], quando distingue entre a sociedade em nome colectivo como paradigma das sociedades de pessoas, a sociedade por quotas como tipo misto, e a sociedade anónima como paradigma das sociedades de capitais: *conforme o tipo de sociedade considerado, assim nos situaríamos dentro da escala indicada: nas sociedades de pessoas teríamos a qualidade de sócio; nas mistas, a titularidade de uma posição; nas de capitais, a própria posição, independentemente do seu titular.*

É incontestável que assim é. Mas, pode ir-se mais além, referindo especificamente cada tipo legal de sociedade: sociedade em nome colectivo, sociedade em comandita simples, sociedade por quotas, sociedade anónima e sociedade em comandita por acções. Todos estes cinco tipos têm sentidos diferentes que não podem deixar de se reflectir na participação social de cada sócio. Mesmo dentro de um mesmo tipo é possível fazer distinções, por exemplo, na sociedade em nome colectivo, é diferente a posição do sócio de indústria e a do sócio de capital. Também na sociedade por quotas, há diferença entre a participação dos sócios numa sociedade pluripessoal e a do sócio único na sociedade unipessoal por quotas. E na própria sociedade anónima não pode deixar de se distinguir entre a participação na sociedade fechada e na sociedade aberta.

Saindo dos tipos e subtipos legais, há também diferença entre os tipos sociais de sociedades. Não são iguais, em sentido, as participações em sociedades familiares; em pequenas sociedades por quotas em que todos os sócios exercem a gerência e trabalham efectivamente; em sociedades instrumentais que estruturam sectores diferenciados, por exemplo os serviços de contabilidade, de um grupo; ou em sociedades *offshore* que se limitam a parquear imóveis ou participações sociais. Também nestes tipos sociais – que, como é próprio das tipologias, não esgotam a realidade – o sentido das participações sociais é distinto, mais ou menos, muito ou pouco, mas inevitavelmente de algum modo.

---

[408] MENEZES CORDEIRO, *Manual de Direito das Sociedades*, I, cit., pág. 498.

As especificidades típicas são de atender na concretização, principalmente nos *hard cases* em que nem os preceitos da lei, nem as estipulações estatutárias, prevêem soluções, mas não ocupam todo o espaço jurídico da participação social, que mantém, não obstante, uma zona comum susceptível de generalização.

25. Perspectivas atomísticas e unitárias

I. Constitui uma tradição, na lei portuguesa, a enumeração de direitos e obrigações dos sócios. Assim sucedia nos artigos CXV (640) e seguintes do Código de Ferreira Borges e também nos artigos 118.º e 119.º do Código de Veiga Beirão. O mesmo se mantém nos artigos 20.º e 21.º do Código das Sociedades Comerciais.

De acordo com esta tradição, FERREIRA BORGES trata das obrigações e direitos dos sócios sem unidade[409]. Do mesmo modo atomístico tratam dos direitos e deveres dos sócios GASPAR PEREIRA DA SILVA[410], RICARDO TEIXEIRA DUARTE[411], SAMPAIO PIMENTEL[412], INOCÊNCIO SOUSA DUARTE[413] e TAVARES DE MEDEIROS[414].

A doutrina do Código de Veiga Beirão comunga também, nos seus escritos, da perspectiva atomística da lei. Assim, ADRIANO ANTERO[415] não vai além do comentário a cada um dos direitos e obrigações dos sócios, sem ensaiar uma visão de conjunto, o VISCONDE DE

---

[409] FERREIRA BORGES, *Diccionario Jurídico-comercial*, cit., págs. 388-390.

[410] GASPAR PEREIRA DA SILVA, *Fontes Próximas do Código Comercial Português*, Tipografia Comercial Portuense, Porto, 1843, págs. 177 e segs.,

[411] RICARDO TEIXEIRA DUARTE, *Comentário ao Título XII, Parte I, Livros II, do Código Comercial Português*, Imprensa Nacional, Lisboa, 1872, págs. 29 e segs..

[412] SAMPAIO PIMENTEL, *Projecto de Código de Comércio*, Imprensa da Universidade, Coimbra, 1870, artigo 213 e segs. e *Anotações de Síntese Anotada do Código do Comércio*, II, Imprensa da Universidade, Coimbra, 1875, págs. 116-117.

[413] SOUSA DUARTE, *Diccionario de Direito Comercial*, cit., pág. 435 e segs..

[414] TAVARES DE MEDEIROS, *Commentario da Lei das Sociedades Anonimas de 22 de Junho de 1867*, Livraria Ferreira, Lisboa, 1886, *passim*.

[415] ADRIANO ANTERO, *Comentário ao Código Comercial Português*, 2.ª ed., I, cit., págs. 274 e segs., em anotação aos artigos 120.º e 121.º.

CARNAXIDE[416] alude a cada direito ou obrigação dos accionistas avulsamente a propósito de outros institutos ou circunstâncias da vida da sociedade. AZEVEDO E SILVA[417] nem sequer dedica aos direitos e obrigações dos sócios uma particular atenção.

Já em vésperas do novo Código das Sociedades Comerciais, RAÚL VENTURA[418] discordava da unidade da participação social. Para esta sua conclusão, encontrava fundamento no regime do artigo 999.º do Código Civil que, na execução movida contra os sócios de uma sociedade civil simples, não permite a penhora da sua quota; mas admite, antes e apenas, a penhora do direito do sócio executado ao dividendo ou à quota de liquidação. Neste regime, encontrou apoio suficiente para pôr em causa a unidade da participação social e para extrair três conclusões: *a) A participação social não é constituída por um só direito do sócio; b) Os direitos patrimoniais componentes da participação podem ser isolados para o efeito de serem transmitidos; c) A transmissão tem por objecto os direitos, tal como compõem a quota.* Estas palavras de VENTURA são anteriores ao actual Código das Sociedades Comerciais, embora não muito anteriores, mas neste o artigo 183.º, a respeito do tipo legal da sociedade em nome colectivo, contém uma disciplina equivalente e que o Autor considera ter uma redacção aperfeiçoada. Ao escrever sobre a natureza jurídica da cessão de quotas, na sociedade por quotas, nega que seja *um acto de transmissão de um só direito, o Mitgliedschaft ou societariat, porque repudiamos essa concepção unitária da situação jurídica do sócio*"[419]. Admite contudo que *a lei trata manifestamente a cessão como um só acto jurídico, nada permitindo ao intérprete desdobrá-lo em tantos actos quantos os direitos ou as vinculações cuja titularidade se altera,* e conclui que se trata de uma cessão de posição contratual.

---

[416] VISCONDE DE CARNAXIDE, *Sociedades Anónimas*, cit., *passim*. Sobre esta obra, pronuncia-se elogiosamente BARBOSA DE MAGALHÃES, *Sociedades Anónimas*, Gazeta da Relação de Lisboa, 27.º ano, n.º 29, 1913, págs. 225-226.

[417] AZEVEDO E SILVA, *Commentario ao Novo Código Commercial*, I, Lisboa, 1881, págs. 130-132, e *Estudos de Direito Commercial*, cit., *passim*.

[418] RAÚL VENTURA, *Reflexões Sobre Direitos de Sócios*, CJ, IX, 1984, 3, págs. 7-12.

[419] RAÚL VENTURA, *Sociedades por Quotas*, I, cit., pág. 572.

394 *A Participação Social nas Sociedades Comerciais*

Podemos concluir que, embora negue a unidade da participação social como um único direito subjectivo, a aceita todavia, na cessão de quotas, como uma posição contratual que é cedida.

Muito clara e convictamente atomista é ainda a posição recente de ARMANDO TRIUNFANTE[420] que entende como direitos subjectivos – pelo menos aparentemente – autónomos a generalidade dos poderes dos sócios e desiste de *definir a figura* da participação social.

Na doutrina alemã, a defesa da natureza plural, não unitária, da participação social é assumida com muita clareza principalmente por

---

[420] ARMANDO TRIUNFANTE, *A Tutela das Minorias nas Sociedades Anónimas – Direitos de Minoria Qualificada – Abuso do Direito*, Coimbra Editora, Coimbra, 2004, págs. 74-75, opina que *não constituirá motivo suficiente para negar a categoria de direito a toda uma série de situações jurídicas activas que a lei atribui a cada accionista, nessa qualidade, isolado ou em conjunto com os outros. Em conformidade com este entendimento, carece de sentido converter em direito subjectivo toda a posição jurídica de sócios protegida por normas de direito imperativo. Desta forma, direito do accionista é um direito na sociedade, com um conteúdo próprio, não directamente enquadrável em categorias dogmáticas pensadas para outros ramos de direito, sem atender às particularidades societárias.* Não explicita, porém, qual o critério que permite distinguir quais as situações jurídicas do sócio que devem ser qualificadas como direitos subjectivos e quais as que o não devem ser. Em *A Tutela das Minorias nas Sociedades Anónimas – Direitos Individuais*, cit., pág. 49 (37), ao abordar, em nota de pé-de-página, a questão da natureza jurídica da participação social, depois de refutar algumas posições alheias, exclusivamente da doutrina portuguesa, acaba por desistir e conclui: *Tal facto, por si só, mostra-se suficiente para que nos possamos aquilatar da dificuldade da questão e da sua virtual incapacidade para gerar consensos. Pensamos que a tentativa de reduzir toda a complexidade da situação jurídico-societária aos quadros institucionais preexistentes e configurados para outros domínios (um bom exemplo é o direito subjectivo) corre o risco de falhar por manifesta insuficiência ou inadequação destes quadros. Pelo contrário, definir a figura recorrendo a conceitos vagos e imprecisos (como estado ou posição jurídica complexa) é de comprovada inutilidade e em nada contribui para o estudo da mesma. Sem pretensões de solucionar, de forma definitiva, a questão, parece-nos que a complexidade e originalidade da mesma só se coaduna com uma revolução doutrinal dos conceitos vigentes para outros ramos de direitos. Dessa forma, entendemos que o caminho certo passará pela construção de novos modelos ou figuras, aplicáveis, em exclusivo, para o domínio societário. O desenvolvimento coerente e sustentado que se pretende para o direito das sociedades terá de partir da sua própria autonomia dogmática, por oposição aos restantes direitos privados.* Acaba, assim, por desistir de dogmatizar a participação social.

Natureza jurídica da participação social nas sociedades comerciais   395

HADDING[421]. Trabalhando apenas sobre as sociedades de pessoas, sem personalidade jurídica, discorda da construção unitária da *Mitgliedschaft* como um direito subjectivo global principal (*Stammrecht, Mutterrecht*) do qual nasçam outros direitos subjectivos derivados (*Folgerechte, Töchterrechte*). O suposto carácter unitário da participação social, em sua opinião, é afirmado como natural, na linha de uma corrente jurisprudencial pacífica, seguida pela doutrina, mas não tem um verdadeiro fundamento numa sua essência. Não há verdadeira unidade na participação social, que não deve ser qualificada como um direito subjectivo. Na participação social, para este Autor, existe uma relação jurídica complexa, que comporta os direitos e obrigações actuais e que podem vir a dela emergir no futuro de um modo dinâmico. A *Mitgliedschaft* é a posição jurídica do sócio nesta relação jurídica complexa.

HEINZ KLINK[422] e SÖNKE PETERS[423] secundam a posição de HADDING, reforçando-a com novos argumentos.

A enunciação, em separado, dos direitos e das obrigações dos sócios é frequente nos manuais e comentários de direito das sociedades, em língua alemã[424]. LARENZ[425] refere-se no plural aos direitos

---

[421] HADDING, *Die Mitgliedschaft in handelsrechtlichen Personalgesellschaften – ein subjektives Recht?*, Festschrift für Rudolf Reinhard, Verlag Dr. Otto Schmidt KG, Köln-Marienburg, 1972, págs. 249-262.

[422] HEINZ KLINK, *Die Mitgliedschaft als "sonstiges Recht" im Sinne des § 823 I BGB?*, Shaker, Aachen, 1995.

[423] SÖNKE PETERS, *Der gesellschaftsrechtlicher Grundsatz der Einheitlichkeit der Mitgliedschaft*, Peter Lang, Frankfurt am Main; Berlin, Bern, Bruxelles, New York, Oxford, Wien, 2000.

[424] THOMAS RAISER, *Recht der Kapitalgesellschaften*, Vahlen, München, 1983, WALTER KASTNER, *Grundriß des österreichischen Gesellschaftsrechts*, 4. Aufl, Manzsche, Wien, 1983, págs. 223 e segs., HEFERMEHL/BUNGEROTH, *Aktiengesetz Kommentar*, Vahlen, München, Band I, Driter Teil, 1984, § 53 a., REINHARD/SCHULTZ, *Gesellschaftsrecht*, 2. Aufl., Mohr, Tübingen, 1981, *passim*, SPANGEMACHER, *Handels- und Gesellschaftsrecht*, 9. Aufl., Erich Fleicher, Achim bei Dresden, 1999, BARBARA GRÜNEWALD, *Gesellschaftsrecht*, 5. Aufl., Mohr, Tübingen, 2002, *passim*, HUECK//WINDBICHLER, *Gesellschaftsrecht*, 20. Aufl., Beck, München, 2003, págs. 255 e 360 (*Eine Reihe einzelner Rechte und Pflichten*), BRAUNSCHNEIDER, *Handels- und Gesells-*

que integram a participação social. Na sua construção, estes são direitos subjectivos autónomos e, embora o não refira expressamente, do texto não resulta o seu englobamento num direito subjectivo unitário. Não obstante, admite a sua tutela aquiliana nos termos do § 823 I do BGB.

II. No direito português das sociedades comerciais e ainda na vigência do Código de 1888, FERRER CORREIA[426] entendia que *o direito do sócio não é um direito único, mas antes um feixe de direitos vários, de vária natureza e conteúdo (...) que exprime a sua posição ou participação na sociedade*. Posição semelhante foi adoptada por VAZ SERRA[427] e VASCO LOBO XAVIER[428]. Estas construções não são já puramente atomísticas e, embora neguem a unidade da participação social como um direito subjectivo, unificam-na enquanto um feixe de direitos e uma posição ou participação na sociedade. Embora mantendo a pluralidade, vislumbra-se já, nestas posições, um embrião de unidade.

---

chaftsrecht, Bund-Verlag, Frankfurt am Main, 2003, *passim*, KLUNZINGER, *Grundzüge des Gesellschaftsrechts*, 13. Aufl., Vahlen, München, 2004, *passim*, principalmente, págs. 157 e segs., EISENHARD, *Gesellschaftsrecht*, 11. Aufl., Beck, München, 2003, *passim*, NEU, *Gesellschaftsrecht*, Springer, Berlin, 2004, *passim*, WÖRLEN, *Handelsrecht mit Gesellschaftsrecht*, 7. Aufl., Heymanns, München, 2005, *passim*, ENDERS/ /HESSE, *Gesellschafts- und Handelsrecht*, 2. Aufl., Boorberg, Stuttgart, München, Hannover, Berlin, Weimar, Dresden, 2005, *passim*, NIEDERLE, *Einführung in das Gesellschaftsrecht*, Niederle-media, Altenberge, 2005, *passim*.

[425] LARENZ/WOLF, *Allgemeiner Teil des Bürgerlichen Rechts*, 8. Aufl., Beck, München, 1997, § 15 VI 4 119, pág. 316: *Obwohl keine absoluten Herrschaftsrechte sind die Anteils- und Mitgliedschaftsrechte durch ihre Integration in die Mitgliedschaft und die gesellschaftsrechtliche Beteiligung als sonstige Rechte nach § 823 Abs. 1 geschützt*.

[426] FERRER CORREIA, *Lições de Direito Comercial*, cit., pág. 398. Algumas páginas atrás (pág. 239), no entanto, o Autor tinha referido a participação social como *"direito de conteúdo complexo e heterogéneo, que se analisa em subdireitos de vária ordem"* o que sugere uma posição mais unitária.

[427] VAZ SERRA, *Acções Nominativas e Acções ao Portador*, Separata do BMJ, n.os 175, 176, 177 e 178, Lisboa, 1968, págs. 65 e segs.

[428] VASCO LOBO XAVIER, *Anulação de Deliberação Social e Deliberações Conexas*, cit., págs. 177(76) e segs..

Na vigência do actual Código das Sociedades Comerciais, esta perspectiva atomística mitigada, evoluindo para uma concepção global, mantém-se em CARLOS OLAVO[429], ao referir que *o estatuto de sócios numa sociedade comercial caracteriza-se por um conjunto de deveres e direitos a que o mesmo sócio esteja adstrito ou de que seja titular.* Também PUPO CORREIA[430] define a participação social como *um estado ou conjunto de situações jurídicas, correspondentes aos direitos e obrigações de sócios para com a sociedade, para com os outros sócios e até para com terceiros (em especial, os credores da sociedade)* e algumas páginas adiante[431], reforça a componente unitária da sua perspectiva, escrevendo: *a expressão <u>participação social</u>, além de designar a situação jurídica constituída pelo conjunto de direitos e deveres do seu titular para com a sociedade, os demais sócios e até para com terceiros, é também usada para designar <u>um bem, integrante do património do sócio, já que tal participação é em si mesma objecto de direitos e obrigações</u>.* Tal como as de FERRER CORREIA e de VASCO LOBO XAVIER, estas construções são já mais unitárias do que atomistas. As referências que fazem a um *estatuto* e a um *estado*, embora não desenvolvidas, dão-lhe uma certa unidade.

Na actualidade, pensamos que são dominantes as visões mais ou menos unitárias. A doutrina portuguesa foi evoluindo de um atomismo mitigado para uma globalização conseguida com recurso à ideia de *conjunto* ou *feixe de direitos* ou de posição ou participação. O regime jurídico da participação social surge, na maior parte dos casos, unificado, quer como uma relação jurídica complexa, quer como uma posição jurídica, quer como direito subjectivo, quer ainda como *status* do sócio.

III. A unificação, a globalização, da participação social é frequentemente adoptada sem uma particular explicação. No entanto, a opção entre uma concepção unitária, ou globalizadora, necessita de ser fundamentada.

---

[429] CARLOS OLAVO, *Deveres e Direitos dos Sócios nas Sociedades por Quotas e Anónimas*, cit., pág. 57.

[430] PUPO CORREIA, *Direito Comercial*, 5.ª ed., SPB, Lisboa, 1997, pág. 524.

[431] PUPO CORREIA, *Direito Comercial*, cit., pág. 547.

398 *A Participação Social nas Sociedades Comerciais*

A unidade da participação social decorre do seu regime jurídico, no que respeita à susceptibilidade de destacamento ou de autonomização dos seus componentes, seja no seu exercício, seja na sua transmissão. A licitude do destacamento foi já invocada a propósito da execução movida contra o sócio da sociedade civil simples e da sociedade em nome colectivo, em que a lei proíbe a execução da quota, na sua globalidade, mas permite a penhora e venda judicial do direito aos lucros e à quota de liquidação[432]. Além deste caso, são invocados o usufruto e o penhor da participação social, dos quais resulta o seu desmembramento entre o nu titular e o usufrutuário e, bem assim, entre o sócio e o credor pignoratício. Pensamos poder acrescentar ainda o dos chamados *direitos destacáveis*[433].

A unidade da participação social não pode ser aceite sem a apreciação destes casos e a superação das dificuldades que possam suscitar. Sem querer, nem poder, ser exaustivos, concentramos a nossa análise nos autores que nos parecem mais representativos e que tratam a matéria como tema central nos seus escritos.

WIEDEMAN[434] entende a participação social de um modo unitário, como um direito subjectivo. Esse direito subjectivo tem semelhanças com o direito de propriedade, com o direito de crédito, com os direitos de propriedade intelectual e pode ser globalmente transmitido, onerado com usufruto ou com penhor, mesmo ser objecto de renúncia ou abandono. Na sua construção, a participação social tem uma dupla qualidade (*Doppelcharakter*), como relação jurídica e também igualmente como direito subjectivo, e a circunstância de envolver uma pluralidade de poderes com parcial autonomia não obsta a que a posição jurídica do membro seja qualificada como um único direito subjectivo. Em sua opinião, também o direito de propriedade,

---

[432] RAÚL VENTURA, *Reflexões Sobre Direitos dos Sócios*, cit., págs. 11-12.

[433] PAIS DE VASCONCELOS, *Direitos Destacáveis – O Problema da Unidade e Pluralidade do Direito Social como Direito Subjectivo*, Direito dos Valores Mobiliários, cit., págs. 167-176.

[434] WIEDEMANN, *Gesellschaftsrecht*, I, Beck, München, 1980, pág. 95, e *Die Übertragung und Vererbung von Mitgliedschaftsrechten bei Handelsgesellschaften*, cit., § 2 III 1, pág. 39.

é um direito-fonte (*Stammrecht*) do qual emergem actuais ou potenciais direitos específicos para o proprietário. O objecto do direito do sócio é a posição jurídica na sociedade, que pode, como se disse, ser vendida, transmitida, onerada ou mesmo abandonada. Mais recentemente, WIEDEMANN/FREY[435] definem a *Mitgliedschaft* como a conjunção de todas as relações jurídicas do sócio com a própria sociedade e com os demais sócios num direito subjectivo com carácter parcialmente pessoal e parcialmente patrimonial.

Também MARCUS LUTTER[436] afirma categoricamente a unidade estrutural da participação social: *Die Mitgliedschaft ist in privatrechtlichen Korporationen ist von durchaus einheitlicher rechtlicher Struktur.* Entende essa estrutura jurídica unitária de um modo plúrimo, como relação jurídica, como objecto de direitos susceptível de transmissão e de oneração, e como direito subjectivo.

Na mesma linha de pensamento, HABERSACK[437] unifica a participação social como um direito subjectivo de participação que engloba numa posição unitária os poderes e direitos do sócio. Mas a participação social não se esgota no direito subjectivo e abrange também a posição do sócio nos deveres na relação jurídica de participação. Aceita como não contraditória uma dupla natureza da participação social enquanto direito subjectivo e relação jurídica na qual, porém, as vinculações são acessórias ao direito subjectivo do sócio.

Para KARSTEN SCHMIDT[438], a participação social é a posição jurídica de certa pessoa emergente da sua pertença à associação. Descreve-a como relação jurídica e como direito subjectivo. Considera

---

[435] WIEDEMANN/FREY, *Gesellschaftsrecht*, 6. Aufl., Beck, München, 2002, pág. 11: *Als "Mitgliedschaft" bezeichnet man heute die Zusammenfassung aller Rechtsverhältnisse eines Gesellschafters, und zwar im Verhältnis zur Gesellschaft selbst und im Verhältnis zu den übrigen Mitgesellschaftern – in einem subjektiven Recht mit teils personenrechtlichem, teils vermögensrechtlichem Charakter.*

[436] MARCUS LUTTER, *Theorie der Mitgliedschaft*, AcP, 180 (1980), *passim* e pág. 158.

[437] HABERSACK, *Die Mitgliedschaft – subjektives und "sonstiges" Recht*, cit., págs. 62-103, principalmente, págs. 98-99.

[438] KARSTEN SCHMIDT, *Gesellschaftsrecht*, cit., § 19 III 4, págs. 547 e 560-562.

400 *A Participação Social nas Sociedades Comerciais*

correctas ambas as qualificações e apenas aparente a sua contradição. A unidade da participação social tem como consequência a proibição do seu desmembramento (*Abspaltungsverbot*). Não podem, em princípio, ser autonomizados da participação social nem transferidos separadamente para a titularidade de terceiros os direitos, principalmente os direitos potestativos, que integram a participação social. Mas esta proibição não é absoluta e nem sempre é fácil concretizá-la. Entende o Autor que não é permitida a transmissão isolada de direitos sociais como o direito de voto, o direito de acção social (*Klagerecht*) e o direito à informação, a investidura de terceiros no exercício destes direitos e a outorga a terceiros de procuração irrevogável para o seu exercício.

Esta posição, com naturais cambiantes, pode ser considerada dominante na Alemanha, embora não deixem de existir outras construções que recusam a unidade da *Mitgliedschaft* e a qualificam como relação jurídica entre o sócio e a sociedade e entre os sócios ou como posição jurídica do sócio nessa relação.

26. A participação social como relação jurídica

I. A referência à participação social como uma relação jurídica é corrente. O recurso à relação jurídica como estrutura fundamental do Direito domina o pensamento jurídico desde SAVIGNY e a sua influência continua ainda a ser enorme, embora já não com o carácter de quase exclusividade que chegou a assumir. Na doutrina mais avançada, a estrutura da relação jurídica já perdeu a exclusividade e vai deixando de ser dominante. Continua, porém, a manter um papel importantíssimo. Se tem vindo a ser abandonada na área dos direitos absolutos, mantém-se como a estrutura típica dos direitos relativos, designadamente as relações jurídicas creditícias. A relação jurídica, tal como é hoje utilizada pelo pensamento jurídico, é mais um instrumento dogmático ao lado de outros, como a situação jurídica, a posição jurídica, o direito subjectivo, o *status*.

É banal a interligação da relação jurídica com o direito subjectivo. No pólo activo da relação está ancorado um direito subjectivo, e

Natureza jurídica da participação social nas sociedades comerciais 401

no seu pólo passivo um dever. É assim que são configurados usualmente o direito subjectivo de crédito e a correspondente obrigação. Já no que concerne a direitos absolutos, como os direitos reais, a capacidade estruturante da relação jurídica tem sido posta em causa, pelo menos como estrutura única[439].

II. É muito frequente o recurso ao operador da relação jurídica na construção ou explicitação dogmática da participação social. Tem particular aptidão para estruturar aquilo que a participação social tem de relacional, e que é muito: o contacto jurídico da sociedade com os sócios e o dos sócios entre si.

Na doutrina alemã é particularmente clara a distinção, neste tema, entre as sociedades sem e com personalidade jurídica. Nas sociedades sem personalidade jurídica os autores referem usualmente a participação social como uma relação jurídica entre os sócios; nas sociedades com personalidade jurídica, como uma relação jurídica entre os sócios, ou cada um deles, de um lado, e a sociedade, do outro[440].

No direito português, todas as sociedades comerciais são dotadas de personalidade jurídica. As dúvidas suscitadas por GUILHERME MOREIRA[441] quanto à personalidade da sociedade em nome colec-

---

[439] OLIVEIRA ASCENSÃO, *Relações Jurídicas Reais*, Morais, Lisboa, 1962, págs. 23 e segs.. Também MANUEL HENRIQUE MESQUITA, *Obrigações Reais e Ónus Reais*, Almedina, Coimbra, 1990, págs. 47 e segs., critica, de um modo igualmente convincente, a *relação passiva universal*. Não obstante estas poderosas refutações, há ainda autores como, por exemplo, CAPELO DE SOUSA, *Teoria Geral do Direito Civil*, Coimbra Editora, Coimbra, 2003, pág. 183, que continuam a aceitar a *obrigação passiva universal.*

[440] Por todos, KARSTEN SCHMIDT, *Gesellschaftsrecht*, cit., § 19 III 3, págs. 552 e segs.. e FLUME, Erster Teil, *Die Personengesellschatf*, cit., § 7, págs. 87 e segs., e *Die Juristische Person*, cit., § 8 I, págs. 258 e segs..

[441] GUILHERME MOREIRA, *Instituições de Direito Civil Português*, I, cit.. Na página 288, o autor mantém a sua discordância quanto à personalidade da sociedade em nome colectivo, mesmo após a entrada em vigor do Código Comercial de 1888, escrevendo: *Discutindo-se antes da publicação do código comercial, se as sociedades civis gozavam do direito de personalidade, essa questão está hoje formalmente resolvida*

tivo não tiveram eco e estão hoje esquecidas. Mesmo a discussão sobre a personalidade das sociedades civis simples não conduziu ainda à dogmatização da sociedade não personalizada. Existe na cultura jurídica portuguesa um hábito fortemente enraizado de identificar sociedade com personalidade colectiva. Porém, noutros ordenamentos jurídicos, como o alemão, o inglês ou o italiano, não é reconhecida personalidade jurídica colectiva às sociedades em nome colectivo e, em geral, às chamadas sociedades de pessoas, pelas mesmas razões que levaram GUILHERME MOREIRA a rejeitá-la entre nós.

---

pelo que respeita às sociedades civis que se constituam pela forma estabelecida na lei comercial, às quais se atribui, do mesmo modo que às sociedades comerciais e sem que entre elas se faça distinção alguma, o direito de personalidade (cod. com. arts. 106.° e 108). Dizemos que a questão está formalmente *resolvida, porque é opinião nossa que não pode reconhecer-se o direito de personalidade a todas as formas de sociedades civis e comerciais.* Mais adiante, nas págs. 297-298, revela o carácter patrimonialista da sua concepção da personalidade jurídica das sociedades, que o conduz a pôr em causa a personalidade da sociedade em nome colectivo, por causa do seu regime típico de ilimitação da responsabilidade e da falta de autonomia patrimonial perfeita entre a sociedade e os sócios.

Escreve aí o Autor: *A separação que, pelo carácter de autonomia atribuído ao património social, se dá nas sociedades entre este património e o individual dos sócios, e a administração unitária que nas sociedades existe, fez com que o nosso legislador atribuísse às sociedades comerciais individualidade jurídica diferente da dos associados (cod. com., art. 108.°).* Objecta em seguida: *Note-se, porém, que essa individualidade jurídica só existe em relação a terceiros. É nestes precisos termos que às sociedades comerciais se reconhece no artigo citado individualidade jurídica, significando-se assim, que nas relações dos sócios entre si e com o património não existe, ou, melhor, pode deixar de existir um sujeito de direito diverso do de cada um deles.* Prossegue: *Seria realmente incompatível com o conceito duma individualidade jurídica diferente da de cada um dos sócios, não só quanto a terceiros, mas ainda em relação aos próprios sócios, a responsabilidade ilimitada pelas dívidas da sociedade que a estes é imposta nas sociedades em nome colectivo, de modo que a falência da sociedade tem como consequência a de cada um dos sócios (cod. proc. com., art. 340.°), e dificilmente poderia explicar-se a dissolução da sociedade por morte ou interdição de um dos sócios.* E conclui: *A individualidade jurídica atribuída às sociedades comerciais significa em princípio, segundo o nosso parecer, que o património comum dos sócios, pela constituição da sociedade, se separa do património individual de cada um deles, no sentido de que fica sendo uma propriedade colectiva, que, pelo fim a que é destinada, goza de uma certa autonomia.* Este excerto revela, com clareza, a influência da doutrina alemã sobre o autor que, no fundo, pensa a sociedade em nome colectivo, e também a sociedade civil, como uma sociedade de mão comum, uma *Gesamthandgesellschaft*.

Embora não existam, no direito português, sociedades comerciais sem personalidade jurídica, a doutrina nacional não é unânime quanto à personificação das sociedades civis simples que, em nossa opinião podem ter, ou não, personalidade jurídica[442]. As sociedades sem personalidade jurídica conjugam três estruturas jurídicas: um contrato de cariz associativo celebrado entre os sócios, um património em mão comum na sua titularidade e uma relação representativa de todos eles pelos membros do órgão de direcção. No direito português dá-se mais relevância ao contrato, a doutrina alemã acentua a comunhão em mão comum (*Gesamthand*) e no direito da família anglo-saxónica é enfatizada a representação (*agency*).

III. Não é rara, na literatura jurídica portuguesa, a refutação da titularidade directa da massa patrimonial societária pelos sócios, com o argumento da interposição da pessoa jurídica da sociedade[443]. Este argumento padece de uma petição de princípio. Na verdade, nas sociedades com personalidade não há titularidade dos sócios sobre a massa patrimonial societária, assim como, vice-versa, nas sociedades sem personalidade jurídica os sócios são directamente titulares, embora em comum, em mão comum, do património social[444]. Vis-

---

[442] PAIS DE VASCONCELOS, *Teoria Geral do Direito Civil*, cit., págs. 202-208.

[443] BRITO CORREIA, *Direito Comercial*, II, *Sociedades Comerciais*, cit., págs. 289--290, observa que o entendimento da participação social como um direito do sócio sobre o património social é uma *teoria antiga (...) manifestamente de rejeitar, pois os sócios de sociedades comerciais não têm qualquer poder directo sobre os bens da sociedade, visto que esta tem personalidade jurídica e, por consequência, é titular do seu próprio património.* Também PEREIRA DE ALMEIDA, *Sociedades Comerciais*, cit., pág. 46, escreve a este propósito: *Os autores mais antigos, não avaliando inteiramente os efeitos da personalidade jurídica da sociedade relativamente ao seu património e contribuições dos sócios, qualificaram o direito dos sócios como uma compropriedade ou propriedade colectiva dos bens sociais.*

[444] A mais clara das comparações entre a *Personengesellschaft*, como *Personenverband* e a *Körperschaft* como *Verbandsperson* parece ser a de FLUME, *Die juristische Person*, cit., § 8 I, pág. 259: *Der Unterschied der Mitgliedschaft in einer körperschaftlichen juristischen Person und derjenigen in einer Gesamthandspersonengesellschaft wird dadurch bestimmt, daß die körperschaftliche juristische Person „Verbandsperson" ist, an welcher die Mitglieder teilhaben, während die Personengesellschaft ein „Personenverband" ist, deren Verbund auf dem Gesellschaftsvertrag beruht.* Também WIEDEMANN, *Die Übertragung*

404   *A Participação Social nas Sociedades Comerciais*

lumbramos nela influência de uma transposição imperfeita da doutrina alemã que, em geral, dualiza ambos os regimes: na sociedade de mão comum (*Gesamthandgesellschaft*) ou sociedade de pessoas (*Personengesellschaft*), sem personalidade jurídica, o património está na titularidade directa dos sócios, em regime de mão comum (*Gesamthand*); na corporação (*Körperschaft*), sociedade com personalidade jurídica, o património social pertence à própria sociedade que, por sua vez, se relaciona com os sócios.

Importa, pois, manter a distinção entre sociedades com e sem personalidade jurídica. Nas sociedades personalizadas, existe uma relação jurídica complexa entre a sociedade e os sócios; nas sociedades sem personalidade, a relação jurídica estabelece-se entre os próprios sócios.

IV. Na participação social existe relação jurídica. Seja entre a sociedade e os sócios, seja dos sócios entre si, é inegável que se estabelecem relações jurídicas. É uma relação jurídica, em princípio, duradoura e da qual, como tal, vão emergindo poderes e vinculações com uma elasticidade que a sua duração no tempo vai exigindo[445].

Aceitar que existe relação jurídica na participação social não significa, porém, admitir que a participação social se esgote numa relação jurídica. Como é muito claramente explicitado em LARENZ[446], WIEDEMANN[447], KARSTEN SCHMIDT[448], LUTTER[449] e HABERSACK[450],

---

und Vererbung von Mitgliedschaftsrechten bei Handelsgesellschaften, cit., págs. 30-31, estabelece, com muita clareza a distinção entre as sociedades com personalidade, em que os sócios se relacionam com a própria sociedade e não com o respectivo património, e a sociedade sem personalidade em que os sócios são contitulares do património social em regime de mão comum.

[445] MÜLLER-ERZBACH, *Das private Recht der Mitgliedschaft als Prüfstein eines kausalen Rechtsdenkens*, cit., págs. 23 e 36.

[446] LARENZ/WOLF, *Allgemeiner Teil des bürgerlichen Rechts*, cit., § 15 VI, págs. 313 e segs..

[447] WIEDEMANN, *Gesellschaftsrecht*, cit., § 2 I 2, pág. 95, e também em *Die Übertragung und Vererbung von Mitgliedschaftsrechten bei Handelsgesellschaften*, cit., § 2 III 1, pág. 39, onde se lê: *Die Mitgliedschaft ist ein Rechtsverhältnis. Sie gestaltet die Beziehungen einer Person zu anderen Personen. Aber es steht nichts entgegen, sie auch in*

na participação social há relação jurídica e também há direito subjectivo, sem que esta dupla qualidade seja incompatível. Naturalmente, um direito subjectivo não é o mesmo que uma relação jurídica. Mas a participação social é a posição de membro de uma sociedade, e dela resulta um relacionamento jurídico duradouro e também uma posição jurídica subjectiva do sócio, qualificável como um direito subjectivo susceptível de tutela perante terceiros como *sonstiges Recht*.

É útil distinguir, de um lado, relações jurídicas que integram posições jurídicas e direitos subjectivos e, do outro, posições jurídicas ou direitos subjectivos que integram ou dos quais emergem relações jurídicas. Mais concretamente, há relações jurídicas complexas que contêm direitos subjectivos que não são autónomos entre si e que derivam daquela relação na qual se integram, mas da qual se podem autonomizar, perdendo a ligação uns com os outros. Estas são as relações jurídicas que poderemos denominar *primárias*. Outras, que designaremos *secundárias*, integram uma posição activa, que pode ser complexa, que é dominante, e que inclui poderes e vinculações que são agregados por uma destinação funcional a assegurar, a permitir ou a facilitar o êxito de uma afectação de um bem, da tutela de um interesse, da protecção de um valor ou da realização de um fim.

---

der Personengesellschaft gleichzeitig als subjektives Recht, und zwar als Recht mit personenrechtlichem und vermögenrechtlichem Doppelcharakter aufzufassen.

[448] KARSTEN SCHMIDT, *Gesellschaftsrecht*, cit., § 19 I 3, pág. 549: *Die Mitgliedschaft wird bisweilen beschrieben als ein Rechtsverhältnis, aus dem sich subjektive Rechte und Pflichten ergeben. Die Mitgliedschaft wird aber auch selbst als subjektives Recht bezeichnet. Herkömmlich wurden diese beiden Beschreibungen als miteinander streitende Thesen über die Rechtsnatur der Mitgliedschaf begriffen, aber beide sind richtig. Nur scheinbar ist dies ein logischer Widerspruch.* Com mais clareza, em *Die Vereinsmitgliedschaft als Grundlage von Schadensersatzansprüchen – Positive „Vertragsverletzung" und „sonstiges Recht" im Innenrecht des Vereins*, JZ 46 (1991) págs. 157-158, escreve: *Im Mittelpunkt des Streits um die Rechtsnatur der Mitgliedschaft steht die Frage, ob die Mitgliedschaft als ein subjektives Recht zu begreifen ist oder als ein Rechtsverhältnis, aus dem sich subjektive Rechte lediglich ergeben. Die nur auf den ersten Blick überraschende Antwort lautet: Beides ist richtig.*

[449] MARKUS LUTTER, *Theorie der Mitgliedschaft*, cit., págs. 97-102.

[450] HABERSACK, *Die Mitgliedschaft – subjektives und "sonstiges" Recht*, cit., § 6, págs. 62 e segs..

406 *A Participação Social nas Sociedades Comerciais*

A diferença resulta de uma relação entre principal e acessório. No primeiro caso, no que designamos *relações jurídicas primárias*, a relação é principal e os poderes e deveres ou vinculações, as posições jurídicas activas e passivas relacionadas são acessórias; no segundo – *relações jurídicas secundárias* – é a posição jurídica ou o direito subjectivo que são principais, sendo acessórias as relações jurídicas que emergem do seu exercício.

A distinção entre relações jurídicas primárias (principais) e secundárias (acessórias) decorre de um nexo funcional; a distinção entre direitos subjectivos e simples poderes integrados em relações jurídicas complexas resulta desse nexo funcional e ainda do regime jurídico de transmissibilidade autónoma. A diferença revela-se com maior clareza quando exemplificada com os direitos de crédito, as obrigações, e os direitos reais de domínio, por exemplo, a propriedade.

De um modo semelhante, LARENZ[451] distingue, no âmbito de uma relação jurídica complexa, entre o que são direitos subjectivos autónomos e meros poderes (*Befugnisse*) acessórios: aqueles têm uma autonomia funcional e jurídica que lhes permite serem transmitidos autonomamente; estes, ao contrário, são simples instrumentos funcionais da relação jurídica e não têm, por isso, uma autonomia que lhes permite uma transmissão separada da relação jurídica que integram.

A obrigação é naturalmente relacional. Na sua estrutura, a relação jurídica é principal[452] e são acessórios os diversos poderes jurídicos que a integram e que dela emergem. Constitui um bom exem-

---

[451] LARENZ/WOLF, *Allgemeiner Teil des bürgerlichen Rechts*, § 13 III, cit., págs. 266 e segs.. HABERSACK, *Die Mitgliedschaft – subjektives und "sonstiges" Recht*, cit., págs. 62 e segs., segue também este caminho para relacionar e contrapor o direito social dos poderes dos sócios e a relação complexa entre eles e a sociedade e dos sócios entre si.

[452] GOMES DA SILVA, *Conceito e Estrutura da Obrigação*, reimpressão, Centro de Estudos de Direito Civil da Faculdade de Direito da Universidade de Lisboa, Lisboa, 1971, pág. 265.

plo de poder acessório, o poder de concentração nas obrigações genéricas, ou o poder de interpelar nas obrigações sem prazo. Não são propriamente direitos subjectivos autónomos, mas antes poderes jurídicos ancilares do relacionamento do credor com o devedor. Por isso, o seu regime jurídico não permite que sejam autonomizados e alienados ou transmitidos em separado.

Já na propriedade, é claramente dominante o direito subjectivo do proprietário – uma posição jurídica activa – de cujo exercício emergem relações jurídicas com outras pessoas, por exemplo, relações de vizinhança. Não se colocam no mesmo plano o direito subjectivo do dono sobre a sua coisa e as relações que se vão eventualmente estabelecendo com os seus vizinhos ou mesmo quem, sem o ser, entre episodicamente em contacto com a coisa. Estas relações existem para assegurar o êxito da afectação jurídica da coisa ao seu dono e para evitar e regular os conflitos com outros donos de outras coisas vizinhas. As relações jurídicas reais existem, mas são eventuais e acessórias. São eventuais porque só existem em certas circunstâncias; só há, por exemplo, relações de vizinhança se houver vizinhos. São acessórias porque a sua função é de auxiliar e de regular conflitos actuais ou potenciais com outros. As relações jurídicas de vizinhança visam assegurar a regulação do contacto do proprietário com os seus vizinhos, prevenindo e solucionando conflitos. Não é da relação de vizinhança que emerge o direito de propriedade, mas antes o contrário: é do direito de propriedade e do seu exercício que podem surgir relações jurídicas de vizinhança.

Mais claro ainda é o caso da propriedade horizontal. No seu regime jurídico existe uma relação jurídica complexa entre os condóminos e os direitos subjectivos de propriedade (horizontal) de cada um deles. Há até uma organização composta pela assembleia de condóminos e a administração; e há deliberações que mal se distinguem das deliberações sociais. Cada condómino pode alienar ou onerar o seu direito subjectivo sem que os demais tenham, sequer, direito de preferência; mas não pode alienar em separado o seu poder de usar as partes comuns. A parte relacional do regime da propriedade horizontal é, em nossa opinião, secundária, acessória e instrumental, por-

408 *A Participação Social nas Sociedades Comerciais*

que tem como função assegurar a coexistência harmónica da pluralidade dos condóminos. Principal é o direito de propriedade (horizontal) de cada um deles. Isso explica que o direito de propriedade horizontal do condómino integre a obrigação de pagar as despesas do condomínio.

Na participação social não deixa de haver relação jurídica. Esta relação exprime a conexão dos sócios entre si e com o património social, na sociedade sem personalidade, e a ligação dos sócios com a sociedade com personalidade jurídica e também, embora mais limitadamente, entre os sócios. Mas a qualificação da participação social como relação jurídica, só por si, permite, mas não implica nem exclui a sua qualificação também como posição jurídica, como *status* ou como direito subjectivo.

É necessário avançar e apreciar a posição do sócio na relação jurídica social.

27. A participação social como posição jurídica

I. A participação social surge também muito frequentemente referida como uma posição jurídica.

Para KARSTEN SCHMIDT[453] a participação social é a posição jurídica de uma pessoa emergente da sua pertença a uma associação. HEINZ KLINK[454] entende a participação social como a posição jurídica do sócio na sociedade, emergente da relação jurídica que tem com a sociedade, com os demais sócios e com os titulares dos órgãos sociais, da qual emerge uma pluralidade de poderes e vinculações. Para FLUME[455], a participação social numa sociedade de pessoas é a

---

[453] KARSTEN SCHMIDT, *Gesellschaftsrecht*, cit., § 19 I 1, pág. 547: *der auf der Zugehörigkeit zu einem Verband beruhende Rechtsstellung einer Person.*

[454] HEINZ KLINK, *Die Mitgliedschaft als "sonstiges Recht" im Sinne des § 823 I BGB?*, cit., pág. 208.

[455] FLUME, *Die Personengesellschaft*, cit,. § 9, pág. 125: *die Mitgliedschaft in einer Personengesellschaft ist die Rechtsposition, die alle Rechtsbeziehungen des Gesellschafters*

Natureza jurídica da participação social nas sociedades comerciais

posição jurídica que engloba todas as vinculações jurídicas do sócio com a sociedade e com os seus consócios, emergentes da relação jurídica societária.

MENEZES CORDEIRO[456] alude à posição jurídica do sócio, posição esta que é complexa e contém direitos e deveres.

Também COUTINHO DE ABREU[457] vê a participação social como uma unitária posição jurídica (feita de direitos e obrigações) do sócio (enquanto tal) e explicita: *a posição de um sujeito situado num dos pólos da relação jurídica que permanentemente o liga à sociedade (e, por via desta, eventualmente a outros sócios) (...) que normalmente (exceptuando, nomeadamente, o caso das sociedades unipessoais ab intio) será posição contratual.* Neste sentido, é seguido por ALEXANDRE SOVERAL MARTINS[458].

PAULO OLAVO CUNHA[459] opina que *a participação social é uma* situação *(recheada de direitos deveres, ónus, expectativas jurídicas) ou* posição *complexa (que resulta da sua participação, do regime legal do tipo de sociedade e das cláusulas que subscreveu) perante a pessoa jurídica societária.*

O recurso à posição jurídica, como se vê, não exclui a referência à relação jurídica. A posição jurídica é frequentemente inserida numa relação jurídica. Tratar-se-ia, então, da posição jurídica do sócio, enquanto tal, na relação jurídica que tem com a sociedade, ou com os demais sócios quando a sociedade não tenha personalidade. Assim, RAÚL VENTURA, ao apreciar a natureza jurídica da cessão de quotas,

---

aufgrund des Gesellschaftsverhältinisses sowohl zu der Gesellschaft wie zu den anderen Gesellschaftern umfaßt.

[456] MENEZES CORDEIRO, *Manual de Direito das Sociedades*, I, cit., pág. 506.

[457] COUTINHO DE ABREU, *Curso de Direito Comercial*, II, *Das Sociedades*, cit., pág. 218.

[458] ALEXANDRE SOVERAL MARTINS, *Sobre o Consentimento da Sociedade para a Cessão de Quotas*, cit., pág. 675, citando COUTINHO DE ABREU: *a participação social será por nós entendida como o «conjunto unitário de direitos e obrigações actuais e potenciais do sócio (enquanto tal)».*

[459] PAULO OLAVO CUNHA, *Breve nota sobre os Direitos dos Sócios*, Novas Perspectivas do Direito Comercial, Almedina, Coimbra, 1988, pág. 231. O Autor mantém esta opinião na sua recente obra *Direito das Sociedades*, Almedina, Coimbra, 2006, págs. 184 e 186-187.

410   *A Participação Social nas Sociedades Comerciais*

fala de *cessão de posição contratual*[460]. Também PINTO FURTADO[461] qualifica o acervo de direitos, obrigações e relações jurídicas que integram a participação social como uma *posição contratual*.

II. A posição jurídica corresponde a uma situação jurídica que tanto pode ser relacional como não relacional. É relacional uma posição jurídica que se insere numa relação jurídica. É o caso, por exemplo, da situação do credor ou do devedor numa relação jurídica creditícia (*relação jurídica primária*). Não é já relacional a situação jurídica emergente da titularidade de um direito absoluto. A situação do proprietário, por exemplo, não se insere numa relação jurídica, embora possa envolver relações jurídicas reais, como as de vizinhança (*relações jurídicas secundárias*). Também os direitos de personalidade não são relacionais, assim como o não são as situações jurídicas em que se materializam, embora possam desenvolver relações jurídicas secundárias, por exemplo, quando o seu titular convencione, com outrem, limitações ao seu exercício, nos moldes permitidos pelo artigo 81.° do Código Civil. É mais eficiente exprimir por *posição jurídica* a situação jurídica, relacional ou não, em que se encontra colocado alguém, no Direito. Fala-se assim, da posição jurídica do proprietário, do usufrutuário, do comprador ou do vendedor, do credor, do devedor, dos pais ou do marido, do herdeiro ou do legatário, do falido, do interdito ou do ausente independentemente de a relação jurídica em que se inserem ser primária ou secundária.

A posição jurídica pode ser típica ou não. Às posições jurídicas típicas correspondem normalmente posições sociais típicas que têm imanente uma certa normatividade social que não deixa de ser mais ou menos relevante para o Direito. Mas as posições jurídicas não têm de ser típicas, nem jurídica nem socialmente. Quando o não sejam, haverá de aferir no caso e nas circunstâncias qual o seu conteúdo jurídico activo e passivo.

---

[460] RAÚL VENTURA, *Sociedades por Quotas*, I, cit., pág. 572.
[461] PINTO FURTADO, *Curso de Direito das Sociedades*, cit., pág. 223.

Natureza jurídica da participação social nas sociedades comerciais 411

As posições jurídicas podem ser activas e passivas e muitas vezes uma mesma posição jurídica terá componentes activas e passivas. A componente activa das posições jurídicas traduz-se fundamentalmente em poderes, usado este termo num sentido muito amplo; a componente passiva traduz-se em deveres, vinculações ou adstrições, usadas estas expressões em sentidos também muito alargados.

Como operador jurídico, a posição jurídica permite exprimir melhor e dar um tratamento jurídico mais eficiente a situações e relações complexas que, tanto a lei como a doutrina, costumam desarticular. É o caso da posição jurídica do sócio, que envolve uma componente activa e uma passiva que o Código das Sociedades Comerciais separa em preceitos diferentes como *direitos* e *obrigações dos sócios* e que aparecem dispersos em inúmeros artigos da lei. A posição jurídica permite exprimir não apenas o típico direito do sócio – *direito social* – que engloba um riquíssimo complexo activo e passivo, mas também a posição jurídica concreta de um certo sócio de uma determinada sociedade. A posição jurídica globalmente entendida compreende ainda, imanente, um sentido ético e funcional que é de uma grande utilidade na concretização e no exercício jurídicos.

III. A concepção da participação social como posição jurídica do sócio na sociedade é dificilmente contestável. O que se discute dogmaticamente não é propriamente a qualificação como posição jurídica, mas antes a sua referência.

Os autores que negam a qualificação da participação social como direito subjectivo, referem a posição jurídica à relação jurídica e entendem-na como posição jurídica do sócio na relação jurídica social; aqueles que, diferentemente, a qualificam como direito subjectivo, referem a posição jurídica do sócio na sociedade.

O entendimento da participação social como posição jurídica propricia também a sua qualificação como estatuto jurídico do sócio, ou *status socii*.

28. A participação social como *status*

I. ASCARELLI[462] constrói a participação social como o *status* do sócio.

Admitida a personalidade jurídica das sociedades comerciais, o Autor interroga-se sobre a natureza jurídica do relacionamento entre o sócio e a sociedade[463]. Não pode ser a de comunhão no património social porque é a própria sociedade, enquanto pessoa jurídica e sujeito de direito, que tem essa titularidade; não é também a de um credor da sociedade, porque a sua posição envolve uma série de poderes e direitos reconhecidos a um único sócio que mal se poderiam enquadrar no direito das obrigações, por exemplo, o de participar na administração da sociedade e o direito de voto.

Responde, então: *se nos concentrarmos (sofermiamo) sobre a posição do sócio no âmbito da sociedade comercial, devemos reconhecer como esta é um pressuposto de ulteriores direitos e obrigações, um status, do qual, por sua vez, directamente ou com o concurso de ulteriores circunstâncias, derivam direitos e obrigações*[464]. Estes direitos podem ser de diversa natureza e a sua diversidade não altera a unidade da natureza jurídica da posição do sócio, porque esta não se identifica com um dos direitos e obrigações que dela decorrem, mas vem considerada como um seu constante pressuposto. Isto ajuda a compreender porque razão a posição do sócio é sempre juridicamente a mesma não obstante a variedade dos

---

[462] ASCARELLI, *Appunti di diritto commerciale*, 2.ª ed., Foro Italiano, Roma, 1933, págs. 219 e segs., *Saggi giuridici*, Giuffrè, Milano, 1949, pág. 345 e segs., *Principî e problemi delle società anonime*, em *Studi in tema di società*, Giuffrè, Milano, 1952, pág. 36 e segs., principalmente, nota (77), *In tema di società per azioni con un solo azionista e di divisione ereditaria*, em *Studi in tema di società*, cit., pág. 341, *Liquidazione e personalità della società per azioni*, em *Studi in tema di società*, cit., pág. 374, e *Teoria Geral dos Títulos de Crédito*, Saraiva, São Paulo, 1943, pág. 185.

[463] ASCARELLI, *Appunti di diritto commerciale*, cit, pág. 219. Note-se que o autor publica este texto em 1933, ainda na vigência do Código Comercial italiano, anterior ao Código Civil de 1942, em que a todos os tipos de sociedades comerciais era reconhecida personalidade jurídica, em moldes semelhantes aos do Código Comercial Português de 1888.

[464] ASCARELLI, *Appunti di diritto commerciale*, cit., pág. 220.

Estabelece, então, a analogia entre a posição do sócio no âmbito da sociedade e a do cidadão no âmbito do Estado. A qualidade de sócio da sociedade é análoga à da cidadania no âmbito do Estado. Não se trata de uma relação jurídica, mas antes de um *pressuposto* de relações jurídicas. Admite que o carácter voluntário da sociedade comercial em contraposição ao carácter necessário e natural da família e do Estado não obsta a que se possa acolher numa mesma categoria posições que, juridicamente e portanto formalmente, apresentam características idênticas.

seus direitos no caso concreto, como pode ser reconhecida independentemente da subsistência de alguns direitos que dela decorrem e que exigem, para surgir, além da posição de sócio, ainda a concorrência de outros requisitos que possam faltar no caso concreto.

Estabelece, então, a analogia entre a posição do sócio no âmbito da sociedade e a do cidadão no âmbito do Estado. A qualidade de sócio da sociedade é análoga à da cidadania no âmbito do Estado. Não se trata de uma relação jurídica, mas antes de um *pressuposto* de relações jurídicas. Admite que o carácter voluntário da sociedade comercial em contraposição ao carácter necessário e natural da família e do Estado não obsta a que se possa acolher numa mesma categoria posições que, juridicamente e portanto formalmente, apresentam características idênticas.

Distingue *status* de simples qualidade. Os *status* podem ser diversamente qualificados pela subsistência de particulares características, as quais se referem todavia sempre a um mesmo *status*, e portanto sempre à relação com um mesmo ordenamento. E assim, o *status* de sócio pode ser qualificado pela presença de um privilégio reconhecido a uma determinada categoria de sócios, por exemplo, no recebimento de dividendos, onde podemos distinguir entre os sócios ordinários e os privilegiados. É nesta perspectiva das diversas qualificações de um mesmo *status* que fala de qualidade jurídica, assim distinguindo os dois conceitos[465].

Mais tarde, explicita melhor a sua construção[466]. Nas suas palavras, *a complexidade da disciplina da sociedade anónima põe em evidência (...) a impossibilidade de identificar os direitos do sócio em «um» direito, seja real, seja obrigacional. Deve, ao invés, falar-se de uma «posição», de um pressuposto, um status, do qual − subsistindo outros requisitos, diversos nos vários casos − derivam, de um lado, deveres (em relação à liberação das acções) e, do outro, direitos de carácter patrimonial (por exemplo, o direito ao dividendo, o direito à quota de liquidação) e não patrimonial (por exemplo, o direito de*

---

[465] ASCARELLI, *Appunti di diritto commerciale*, cit, pág. 220-221.

[466] ASCARELLI, *Saggi Giuridici*, Giuffrè, Milano, 1949, págs.345 e segs. e *Studi in tema di società*, cit., págs. 36 e segs.

414 *A Participação Social nas Sociedades Comerciais*

informação, o direito de participar na assembleia); os direitos e poderes extra-patrimoniais contribuem para tutelar os direitos patrimoniais do accionista. Estes direitos e obrigações têm o seu regime jurídico próprio, têm diversos momentos de constituição e extinção, de aquisição e perda, que podem ocorrer separadamente do momento da aquisição e perda da qualidade de sócio, e até mesmo a transferência de alguns deles pode ter lugar independentemente da transmissão da posição de sócio. *Todos estes direitos, poderes, obrigações têm um pressuposto comum: a qualidade de sócio. A acção refere-se a este pressuposto e não, directamente, aos direitos que dela derivam.*

Sustenta que *ficam assim superadas as discussões relativas à natureza (real ou obrigacional) do direito do sócio. Estas discussões têm em realidade posto em evidência a variedade dos direitos do sócio; razão pela qual é necessário considerar distintamente, por um lado, a «posição» do sócio como pressuposto comum de uma séria de direitos, obrigações, poderes, e, por outro, os vários direitos que derivam dessa posição.*

Admite que se discute acerca da possibilidade de considerar, tecnicamente, esta posição como um *status*. A resposta a esta questão depende da concepção de *status*, diversa nos vários autores. *Alguns autores consideram que apenas se pode falar de status quando o sujeito pertence a uma colectividade organizada e de carácter necessário; outros, que se pode falar dele só para indicar que o direito considera directamente uma determinada qualificação jurídica, independentemente dos factos em que se funda. Frequentemente refere-se como status uma situação que não se funda sobre a vontade do próprio sujeito, contrapondo assim, «status» e «contrato», e evidenciando assim a evolução do sistema jurídico do «status» para o «contrato».* No seu parecer, *é possível empregar o termo «status» para indicar o pressuposto comum de uma multiplicidade de obrigações e direitos do sujeito, em consideração da sua participação numa colectividade, ainda que fundada sobre a sua vontade.* Recorre-se assim ao conceito de «status» num sentido formal, como uma expressão sintética tendente a pôr em evidência a participação do sujeito numa colectividade, e, portanto, *o pressuposto comum e constante de uma série de consequências jurídicas. Quando, de facto, a um certo sujeito jurídico cabe uma multiplicidade de direitos e deveres, tendo todos como pressuposto comum e constante a sua participação numa colectivi-*

dade, é necessário ter sempre presente este pressuposto, examinando a sua disciplina jurídica, independentemente daquela disciplina jurídica, diversa, de cada um dos direitos ou das obrigações que dela derivam, quando realizados ou outros requisitos que lhes são necessários.

Aceita que o facto de esse pressuposto não se fundar sobre a vontade do sujeito constitui sem dúvida *um elemento de grande importância e sociologicamente fundamental.* Mas não lhe parece porém que sempre que a posição se funde sobre a vontade do sujeito e, mais precisamente, sobre um contrato, ocorra a impossibilidade de falar de «status» num sentido jurídico formal.

II. A referência ao *status* do sócio é corrente na doutrina portuguesa do direito das sociedades comerciais.

É adoptada por FERRER CORREIA[467].

MENEZES CORDEIRO[468] opta também pelo recurso ao estado para exprimir *de modo sintético, todo um mutável mas consistente conjunto de posições jurídicas que, por lei, pelo contrato de sociedade, por outros acordos (designadamente: os parassociais) e por deliberações societárias lhe possam advir.*

PEREIRA DE ALMEIDA[469] entende a participação social como *um status, condição de sócio ou situação jurídica e aceita cada uma destas expressões (como) apropriada para expressar o conceito de um complexo unitário e indivisível de direitos, poderes, obrigações, ónus e sujeições do sócio face à sociedade que decorre da participação social.*

De um modo menos claro, PUPO CORREIA[470] começa por referir a participação social como *um conjunto ou feixe de direitos e obrigações*, mas acaba por defini-la como *um estado ou conjunto de situações*

---

[467] FERRER CORREIA, *A Representação dos Menores Sujeitos ao Pátrio Poder na Assembleia Geral das Sociedades Comerciais*, cit., pág. 105.

[468] MENEZES CORDEIRO, *Manual de Direito das Sociedades*, cit., págs. 497 e segs., principalmente págs. 506-507.

[469] PEREIRA DE ALMEIDA, *Sociedades Comerciais*, cit., pág. 49.

[470] PUPO CORREIA, *Direito Comercial*, cit., pág. 524.

416 — A Participação Social nas Sociedades Comerciais

jurídicas, correspondentes aos direitos e obrigações dos sócios para com a sociedade, para com os outros sócios e até para com terceiros (em especial, os credores da sociedade).

III. A construção da posição do sócio como um *status* não deixa de ser contestada, mesmo na doutrina italiana. O autor mais representativo desta crítica é RIVOLTA[471]. Na sua crítica, a qualificação da participação social como um *status* é incompatível com a qualidade pessoal do *status* e com a transferibilidade da participação social.

RIVOLTA parte de um conceito «*tecnico*» de *status* como condição ou qualidade pessoal inseparável da pessoa (individual) do seu titular, intransmissível e indisponível, alheia à autonomia, contraposta ao contrato e ao direito subjectivo. Assim o *status* de pessoa assim como o de cidadão são pessoais–individuais e intransmissíveis, tal como a personalidade jurídica ou os direitos de personalidade. A investidura da pessoa do seu *status* é alheia à autonomia e à vontade ou liberdade do seu titular, o que torna problemática a admissão de um *status* de casado. O *status*, no seu sentido *técnico* seria também exclusivamente pessoal, no sentido de não patrimonial, o que excluiria o chamado estado de falido. Como pura qualidade pessoal o *status* seria também intransmissível, indisponível, e insusceptível de usufruto, de penhor ou de penhora e execução.

Se fosse verdadeiramente um *status* pessoal do sócio, a participação social seria intransmissível. Esta objecção, porém, não atinge todos os fenómenos associativos como, por exemplo, as associações, em que a posição de sócio ou de membro não é transmissível. Mesmo em relação a sociedades de pessoas, como as sociedades em nome colectivo,

---

[471] GIAN CARLO RIVOLTA, *La partecipazione sociale*, Giuffrè, Milano, 1965, págs. 129 e segs.. Também em *La società a responsabilità limitata*, Giuffrè, Milano, 1982, pág. 187, considera que a construção da participação social como *status* é *incompatibile com la matrice contrattuale del rapporto sociale ed incompatibile con la circolazione e con l'espropriazione della quota*. E prossegue: *Se poi, con il termine «status socii», si vuol alludere semplicemente al «pressuposto comune di una molteplicità di obligazioni e diritti», non si risolve il problema, trattandosi di formula sintetica (equivalente a «posizione» o «qualità» di socio), idonea a riassumere qualsiasi contenuto.*

Natureza jurídica da participação social nas sociedades comerciais 417

a transmissão das participações sociais implica tipicamente deliberação unânime e, na prática, uma recontratação da sociedade. Contudo, em relação às sociedades comerciais, principalmente às sociedades de capitais, mais concretamente às sociedades por quotas e às sociedades anónimas, cujas participações sociais são tipicamente transmissíveis, o argumento não deixa de ter peso. Mesmo no que concerne às sociedades comerciais de capitais, principalmente sociedades anónimas, em que é típica a circulabilidade das acções, o argumento da intransmissibilidade do *status* tem resposta. A ser aceite como característica *sine qua non* do conceito de *status* (o que não deixa de ser contestável), a intransmissibilidade só impediria a transmissão em sentido próprio, que dá lugar no transmitente a uma alienação e no transmissário a uma aquisição derivada, mas não a circulação autónoma. As participações sociais nas sociedades comerciais poderiam circular, de um modo propriamente circulatório (não transmissivo), pela cessação do *status* do sócio antecedente e pela investidura originária do sócio subsequente nesse *status*. Pela transmissão, o alienante perderia a qualidade de sócio e o adquirente seria investido numa nova qualidade de sócio, na titularidade autónoma da participação social. Em vez de uma aquisição derivada, haveria a cessação do *status* do anterior sócio, seguida pela investidura do novo sócio num seu pessoal e autónomo *status socii*. O que se transmitiria seria a parte social e não o *status*, a qualidade de sócio: alienada a parte social, o *status socii* extinguir-se-ia no alienante e o adquirente seria investido num novo, autónomo e próprio *status socii*. O mesmo sucederia em caso de vendas executivas como as emergentes do penhor ou da penhora. Já quanto ao usufruto, este incidiria sobre a parte social – as acções, a quota, a parte social – e não sobre o *status* decorrente da sua titularidade; o *status* no caso de usufruto, é partilhado entre o nu titular e o usufrutuário, dependendo essa partilha do título do usufruto e do respectivo regime legal.

ASCARELLI[472] ultrapassa estas objecções com facilidade: nas sociedades em nome colectivo e comanditas simples, a sucessão por morte não envolve uma transmissão, mas antes o ingresso dos herdei-

---

[472] No caso das sociedades anónimas, ASCARELLI, *Appunti di diritto commerciale*, cit., págs. 236-238.

418 *A Participação Social nas Sociedades Comerciais*

ros na sociedade, se for essa a sua vontade e os estatutos o permitirem; na transmissão entre vivos da participação na sociedade em nome colectivo, há uma modificação dos estatutos; na sociedade anónima, o novo accionista é investido no *status socii* em virtude da aquisição da ou das acções. Construção semelhante, restrita, embora, à circulação de acções, como valores mobiliários, em bolsa (mercado secundário), a contado, é adoptada por PAULA COSTA E SILVA[473] que a estrutura em dois negócios jurídicos unilaterais, um de alienação e outro de aquisição, sem contrato, *que são sobrepostos por um sistema*, em que o anterior accionista perde o respectivo *status*, que cessa, e o novo é instituído num *status socii* que é autónomo do anterior.

O argumento da individual-pessoalidade e da não patrimonialidade não tem valor e envolve uma petição de princípio. Estas características do *status* não lhe são essenciais: antes decorrem da restrição do respectivo conceito a uma das suas espécies, da do *status* pessoal, e isto é *quod erat demonstrandum*. O argumento é circular: as posições jurídicas e qualidades com conteúdo patrimonial não são *status* porque o *status* é puramente pessoal; e o *status* é puramente pessoal porque não admite uma componente patrimonial. Ora, a história recorda que os próprios *status* medievais tinham muito de patrimonial sem deixarem de ser pessoais. Também circular é o argumento da individualidade. Esta característica vem dos estados puramente pessoais como o *status civitatis* ou o *status familiae*. Mas a individualidade destes *status* não lhe advém da natureza do *status* mas antes da essência da cidadania e da família, como instituições.

O alheamento à autonomia privada decorre historicamente de uma época e de uma sociedade pouco povoadas de liberdade, em que, à míngua da cidadania, os súbditos se situavam na comunidade por *status* que lhes advinham, as mais das vezes, por nascimento e não por opção pessoal livre[474]. Assim sucedia com a nobreza ou com a servi-

---

[473] PAULA COSTA E SILVA, *Compra, Venda e Troca de Valores Mobiliários*, Direito dos Valores Mobiliários, Lex, Lisboa, 1997, págs. 243-266, principalmente, pág. 251-253.

Natureza jurídica da participação social nas sociedades comerciais 419

dão, com o estatuto de judeu ou de mouro, mas já não, por exemplo, com o *status* de eclesiástico, ou com o de liberto[475], ou de mercador. A falta de autonomia e de liberdade é mais uma característica da Idade Média do que do *status*. Não existe uma antinomia essencial entre *status* e contrato; a dualização entre ambos é histórica e circunstancial. Historicamente, o contratualismo veio suceder ao que poderia chamar-se a *era do status*. Esta diferença é patente, por exemplo, no direito medieval inglês, nos pleitos que estão na origem da *action of assumpsit*, em que o réu era accionado por não ter cumprido, ou não ter cumprido bem, obrigações para si inerentes ao seu *status* de médico, de estalajadeiro, de ferreiro, de barqueiro, etc., sem que a pretensão assentasse numa obrigação contratualmente assumida[476]. O ferreiro, por exemplo, estava vinculado a ferrar os animais que lhe apresentassem para o efeito, sem sequer poder recusar-se a fazê-lo. A sua obrigação não decorria de ter especialmente contratado tal serviço, mas antes do seu *status*, da sua específica posição, do seu papel na comunidade, consistente em exercer essa função. O contratualismo veio introduzir uma nova visão das coisas, assumindo em cada caso um contrato, pelo menos tácito ou implícito. É neste sentido que se diz que o contrato sucedeu historicamente ao *status*, num movimento celebrizado por MAINE[477] na fórmula *from Status to Contract*. Mas daqui não se pode concluir pela incompatibilidade entre contrato e *status*; apenas pela sequência histórica entre os *status* feudais e o con-

---

[474] No *Sachsenspiegel*, ninguém podia adquirir algum direito, a não ser por nascimento: *Kein mag erwerbin ander recht, wen alse im an geboren iz* (http:www.sachsenspiegel-online.de). V. LA TORRE, *Disavventure del diritto soggettivo*, Giuffrè, Milano, 1996, pág. 53.

[475] GUIDO DONATUTI, *Lo statulibero*, Giuffrè, Milano, 1940, págs. 6 e segs..

[476] A. W. B. SIMPSON, *A History of the Common Law of Contract — The Rise of the Action of Assumpsit*, Clarendon, Oxford, 1987, págs. 199-207.

[477] HENRY MAINE, *Ancient Law*, BeardBooks, Washington D.C., 2000 (reimpressão do original editado em Londres em 1861), pág. 100: *If then we employ Status, agreeably with the usage of best writers, to signify these personal conditions only, and avoid applying the term to such conditions as are the immediate or remote result of agreement, we may say that the movement of the progressive societies has hitherto been a movement from Status to Contract.*

420 *A Participação Social nas Sociedades Comerciais*

tratualismo moderno.

Não existe também incompatibilidade entre *status* e direito subjectivo. Como estruturas jurídicas de subjectivação, ou de subjectividade jurídica, o direito subjectivo sucedeu historicamente ao *status*. Este englobava poderes, privilégios, deveres e sujeições, ligados à ocupação de uma posição na comunidade e à sua inerente qualidade pessoal. Diferentemente, o direito subjectivo não surge englobado numa posição ocupada na comunidade: é pessoal, individual e independente de uma especial qualidade do seu titular. O surgimento do direito subjectivo está ligado ao humanismo e à libertação das vinculações medievas.

Também BRUNO CARBONI[478] critica o recurso ao *status* para exprimir a posição jurídica do sócio na sociedade: o *status*, na sua concepção, *non individua una peculiare qualità giuridica della persona o l'esistenza di un rapporto tra privati o tra individuo e il grupo, ma tra il singolo e l'ordinamento*. Conclui que *debbano essere definitivamente abbandonate quelle prospettazioni atomistiche che individuano lo stato quale complesso di situazioni soggettive attive e passive che afferiscono ad un soggetto in quanto appartenente ad una determinata, più o meno ampia, o necessaria collettività, familiare o nazionale che sia, per essere il rapporto di stato intercorrente sempre tra il singolo e l'ordinamento che fa capo, se proprio vuol parlarsi di collettività, all'intera collettività alla quale egli appartiene.* Esta construção, porém, faz decorrer os poderes e vinculações dos sócios do direito objectivo (lei) em vez do contrato de sociedade e acaba por excluir a estipulação negocial da génese do regime jurídico da sociedade, o que só muito forçadamente é sustentável e colide com o regime jurídico, quer da constituição da sociedade, quer das alterações estatutárias. Seguimo-lo quando contesta o atomismo, mas já não podemos acompanhá-lo quando constrói o *status socii* como uma relação jurídica entre cada sócio e o ordenamento jurídico objectivo.

Na doutrina italiana, podemos ainda mencionar a posição de

---

[478] BRUNO CARBONI, *Status e soggettività giuridica*, Giuffrè, Milano, 1998, págs. 11(21) e 133-134 e 136-137.

BUONOCORE[479] que nega a qualificação como *status* da posição jurídica do sócio na sociedade, preferindo qualificá-la como direito subjectivo. Argumenta de modo diverso. Não parte de um conceito pré--dado de *status* para refutar a qualificação. Antes enfatiza aspectos do regime jurídico da sociedade, ou melhor, do sócio na sociedade, que considera incongruentes com essa qualificação. Em primeiro lugar, não seria possível qualificar a posição do sócio como um direito subjectivo emergente ou inerente a um *status socii* e simultaneamente afirmar os concretos poderes do sócio como emergentes do contrato de sociedade (págs. 79 e segs.). Invoca, também, o direito de opção conferido ao sócio no aumento do capital depois de o mesmo ter sido reduzido a zero e argumenta: como poderia justificar-se este privilégio concedido aos velhos accionistas, se não houvesse uma situação subjectiva preexistente, com claro conteúdo patrimonial, a tutelar? Não seria decerto possível, prossegue, sustentar que o direito de opção é concedido para protecção de um *status* ou de uma posição complexa de direitos e obrigações: e isto porque este direito é concedido, não para a conservação da posição ou do *status*, mas para a conservação de uma posição patrimonial do interior da sociedade. A opção, enquanto tal, tem um preciso ponto de referência constituído pelo património social, sobre o qual e no qual o sócio tem um interesse mais do que evidente em conservar a mesma participação inicial (pág. 181). Alude ainda à expropriação da participação social para adjectivar como absurda a possibilidade de a constituição de direitos reais sobre um pressuposto ou uma posição jurídica ou *para--jurídica* (pág. 185). Finalmente considera incompatíveis com a qualificação como *status* a possibilidade de transmissão entre vivos da participação social e, bem assim, de usufruto e de penhor (pág. 216).

As críticas de BUONOCORE assentam em pressupostos relativamente frágeis. Os poderes do sócio na sociedade podem continuar a ter fonte no contrato social não obstante a qualificação da sua posição como *status*: se se entender *status* como pressuposto, nada impedirá que a sua fonte seja o contrato, mas que a titularidade dependa

---

[479] VINCENZO BUONOCORE, *Le situazione soggettive dell'azionista*, Morano, Pompei, 1960.

daquele pressuposto. Pressuposto e fonte não devem confundir-se. Se o *status* for compreendido como síntese, nada poderá ser objectado a que constitua a *síntese ideal* dos efeitos dos direitos e obrigações que para o sócio emergirem do contrato social. Os argumentos assentes no direito de opção, na expropriação, na transmissão e, bem assim, na constituição de direitos reais como o usufruto e o penhor só impressionam se não se distinguir o *status* do direito subjectivo do sócio; a opção, a expropriação, a transmissão, o usufruto e o penhor, incidem sobre o direito subjectivo do sócio, o direito social, mais exactamente, sobre a parte social, e não sobre o respectivo *status*.

Na doutrina portuguesa, PINTO FURTADO[480] adere a uma linha crítica semelhante à de RIVOLTA e argumenta que *se por status se entende, na dogmática, o acervo de poderes, deveres e relações que nascem com a própria pessoa (logo, originários) e que para ela resultam das suas situações na comunidade social, como expressão da organização do Estado – como status civitatis, o status libertatis ou o status familiae – parece evidente, que a posição de sócio jamais poderá verdadeiramente traduzir-se num status socii.*

A questão é conceptual. O próprio RIVOLTA reconhece que o termo *status* pode ser usado em sentido «*atecnico*»[481] com referência ao conjunto da posição subjectiva em que o sócio é investido pelo facto de o ser. A estas críticas tinha já previamente respondido ASCARELLI quando advertiu, com razão, que tudo dependia do conceito de *status* adoptado por cada autor. O conceito de *status* evoluiu muito desde o direito medieval, em que exprimia a pertença de cada pessoa a cada classe social, a cada *estado*, até à actualidade, em que tem sido muito ampliado o seu âmbito, de modo a compreender todas as posições jurídicas subjectivas decorrentes de uma certa qualidade considerada juridicamente relevante e a que corresponde um certo regime jurídico complexo e típico. A Idade Moderna pôs termo à concepção medieval de *status*, de origem Aristotélica, como posição da pessoa numa comunidade separada em estratos sociais rígidos e impermeáveis, assumidos muitas vezes por nascimento, ligados inseparavelmente

---

[480] PINTO FURTADO, *Curso de Direito das Sociedades*, cit., págs. 222-223.
[481] GIAN CARLO RIVOLTA, *La partecipazione sociale*, cit., pág. 139.

a cada pessoa e que a acompanhava do nascimento até à morte. Os *status* eram fonte e fundamento de sujeições e vinculações (é neles que se estruturam as servidões pessoais) e também de privilégios de classe e de casta. O crepúsculo dos *status* medievais ocorre historicamente com o grande movimento de libertação pessoal-individual que ocorre com a Revolução Americana[482], com a Revolução Francesa, que o substitui pela ideia de contrato, de propriedade e de cidadania, e com a influência do kantismo no pandectismo alemão, que culmina com a referência à *Rechtsfähigkeit*, no § 1.º do BGB[483].

As críticas atrás expostas decorrem principalmente da sobrevivência anacrónica de conceitos tradicionais e muito restritos de *status*. Chegados a este ponto, a discussão passa a ser um exercício de conceptualismo jurídico, quase uma logomaquia.

IV. Como operador jurídico, o *status*, após um quase apagamento decorrente do enfraquecimento das instituições jurídicas do *ancien régime*, na linha do ideário de LOCKE, recuperou notoriedade com GEORG JELLINEK[484], quando distinguiu o *status libertatis*, o *satus civitatis* e o *status activae civitatis*. O *status*, em GEORG JELLINEK, exprime

---

[482] GEORG JELLINECK, *Sistema dei diritti pubblici subbiettivi*, Società Editrice Libraria, Milano, 1912, págs. 105 e segs.

[483] THIBAUT, *System des Pandekten-Rechts*, 9. Ausg., Band 1, Jena, 1846, § 101, pág. 38, ao tratar da *Rechstfähigkeit*, mistura-a ainda com o *status*, num parágrafo que, de tão elucidativo, vale a pena transcrever: *Die bürgerliche Rechtsfähigkeit ist das, was die Römer caput oder status nennen. Die Neueren nennen sie dagegen, verbunden mit allen durch die Gesetze erzeugten Eigenschaften, wovon einzelne Rechte abhängen, status civilis; die natürliche Rechtsfähigkeit hingegen, verbunden mit physischen Eigenschaften, welche besondere Rechtsverhältinisse zur Folge haben; status naturalis.* FALZEA, *Capacità – Teoria generale*, Enciclopedia del dirittto, VI., pág. 11 e segs., explica a relativa juventude do conceito de capacidade jurídica com o facto de ter vindo a substituir o conceito de *status*, que se foi tornando obsoleto perante a progressiva generalização da ideia de igualdade, nos ordenamentos modernos, *la semplice qualità umana è dunque sufficiente a rendere il soggetto portatore potenziale di tutti gli interessi giuridici tutelati dal sistema, nonché titolare di un insieme di diritti e di garanzie che si collegano immediatamente alla sua personalità.* BRUNO CARBONI, *Status e soggettività giuridica*, cit., págs. 32 e segs..

[484] GEORG JELLINECK, *Sistema dei diritti pubblici subbiettivi*, cit., págs. 92 segs..

424 *A Participação Social nas Sociedades Comerciais*

a condição jurídica da pessoa numa comunidade. A perspectiva é tipicamente publicista, mas não deixa de nos interessar. A pessoa tem uma posição e um papel na comunidade; o *status* exprime a inclusão da pessoa na comunidade e bem assim a posição que ocupa e o papel que nela desempenha. Esta mesma ideia, embora com uma conotação ideológica específica, está também na *Gliedsstellung* do LARENZ dos anos trinta (do século XX) e nos estatutos profissionais e corporativos dos vários fascismos da primeira metade do século XX[485].

Mas o regresso ao *status*, na segunda metade do século XX, e o seu prolongamento no século XXI, já nada tem dos vínculos e privilégios medievais. É agora uma forma, uma técnica de regulação social, estruturada através do encabeçamento de posições jurídicas complexas em pessoas que se encontram em certas situações e posições sociais típicas, como a de consumidor, de investidor, de trabalhador estudante, etc., às quais aderem necessária e mesmo inconscientemente todas as pessoas que se encontrem nessas mesmas situações. Isto é notório no estatuto ou *status* do consumidor do qual comunga *todo aquele a quem sejam fornecidos bens, prestados serviços ou transmitidos quaisquer direitos, destinados a uso não profissional, por pessoa que exerça com carácter profissional uma actividade económica que vise a obtenção de benefícios*[486]. Numa perspectiva mais ampla, CASTANHEIRA NEVES[487] refere-se ao *estatuto social* como *o complexo de prerrogativas e deveres, de faculdades e responsabilidades que titulamos como membros, participantes e*

---

[485] NICOLA PINTO, *Lo status professionale. Saggio di una teoria degli status*, Giuffrè, Milano, 1941. O autor distingue no *status* um elemento subjectivo, como condição de uma pessoa, e um elemento objectivo, enquanto depende da pertença de uma pessoa a um grupo (pág. 25), e define o *status* como *a relação do indivíduo com o grupo que, na sua generalidade, compreende todas as possíveis relações jurídicas particulares do indivíduo com os outros membros do grupo e, portanto, todos os direitos e deveres em que aquelas relações se resolvem* (pág. 87). Sobre o *status* profissional no fascismo italiano, ainda RESCIGNO, *Situazione e status nell'esperienza del diritto*, Rivista di diritto civile, 1973, I, pág. 219.

[486] Artigo 2.º, n.º 1, da Lei n.º 24/1996, de 31 de Julho (Lei de Defesa do Consumidor).

[487] CASTANHEIRA NEVES, *Curso de Introdução ao Estudo do Direito*, Coimbra, 1976, pág. 2.

responsáveis, de uma determinada sociedade, da comunidade nacional desde logo e até, em último termo, da comunidade internacional.

V. A ideia de *status* envolve uma certa ambiguidade. Por um lado, sugere o velho operador medieval que, antes do surgimento do direito subjectivo, protagonizava a posição jurídica da pessoa, ou de cada uma delas, na comunidade e na sua ordem jurídica. Por outro lado, é uma posição jurídica complexa. A distinção nem sempre é muito aparente, mas não deixa de existir.

Numa perspectiva institucional, o *status* tem um forte conteúdo funcional. Traduz a ligação, a inserção, a pertença, a qualidade de membro (*membership, Mitgliedschaft*), de uma pessoa em relação a uma instituição comunitária, seja ela a família, a aldeia, o município, a classe social (o terceiro estado, por exemplo), o ofício, a igreja, a nação, etc.. O estado de membro da instituição acarreta *per se* a vinculação à prossecução dos fins institucionais e dos respectivos deveres funcionais e ainda os poderes funcionalmente necessários à prossecução da *missão* ou ao desempenho do *papel* que lhe é próprio. Este sentido do *status* é antigo, mas nem por isso deixa de ser actual. Mantém-se hoje em muitíssimos casos de pertença de pessoas, ou de uma pessoa, a uma instituição com fins não egoístas. Constituem bons exemplos, o *status* de professor universitário, de membro de uma ordem religiosa, de juiz, deputado ou membro do Governo. A investidura da pessoa no *status* investe-a também, *ipso jure*, numa massa de situações jurídicas activas e passivas, de poderes e vinculações. Esta massa não é caótica e tem inerente um sentido, um *logos*, que orienta o seu exercício e que dá critério à concretização. Disso constitui muito bom exemplo a paternidade e a maternidade, em que pai e mãe são investidos, e cujos poderes e deveres são claramente orientados por fins que são conhecidos e assumidos, em princípio espontaneamente, sem necessidade de consulta de textos legais. O *status* institucional é funcional. Nele predomina a componente passiva, de tal modo que os poderes são geralmente ancilares do dever funcional de prosseguir e proteger os fins institucionais respectivos. Assim acontece com clareza no estatuto jurídico – *status* – do pai e da mãe, do juiz,

426 A Participação Social nas Sociedades Comerciais

do professor, do sacerdote, etc..

Mas o *status* nem sempre é institucional e não o é necessaria-mente. O *status* pode ser simplesmente estrutural. Tanto num como no outro, a investidura no *status* implica a titularidade de poderes e vinculações. Mas o *status* jurídico-estrutural não está funcionalmente dirigido à prossecução de um fim institucional. Por isso, ao contrário do *status* institucional, o *status* estrutural pode ser mais activo do que passivo. Como exemplo de *status* jurídico-estrutural podemos invocar o estatuto do condómino na propriedade horizontal. A simples aqui-sição da propriedade de uma fracção autónoma investe o adquirente na titularidade do *status*, na pertença ao condomínio, sem mediação, numa pluralidade de poderes e vinculações. Porém e ao contrário dos casos anteriormente aludidos, agora esta pluralidade está globalmente orientada para a satisfação dos interesses e fins do próprio condó-mino. Por isto, neste caso, são os poderes que predominam sobre as vinculações, e estas que são acessórias e ancilares daqueles. O *status* estrutural é, em princípio, dominantemente activo[488].

Seja institucional, seja estrutural, o *status* é inerentemente colec-tivo. Esta característica contribui para o distinguir do direito subjec-tivo. No *status*, a investidura é feita tipicamente em modo colectivo. Quer isto dizer que não é este professor universitário ou aquele embaixador que são individual e pessoalmente investidos naquele complexo de poderes e vinculações; são todas e quaisquer pessoas que se encontrem nessas posições. Mesmo em casos que possam parecer individuais, porque apenas uma pessoa se possa neles encontar, por exemplo, o Reitor da Universidade de Lisboa, o Presidente da Repú-blica Portuguesa ou o Papa da Igreja Católica, não deixam de ser ine-rentemente colectivos porque referem a posição de todos e cada um dos Reitores, dos Presidentes, dos Papas, e não específica, pessoal e individualmente deste ou daquele. Diversamente, no direito subjec-tivo dá-se a investidura de uma pessoa no que pode ser um complexo

---

[488] A injustiça da crítica de PINTO FURTADO à qualificação da participação social como um *status* decorre de o Autor ter tido em mente apenas o *status* insti-tucional pessoal/familiar.

Natureza jurídica da participação social nas sociedades comerciais 427

de poderes e também de deveres, mas essa investidura é especificamente pessoal e individual, é daquela pessoa concreta e não de outra.

O *status* é típico. Dele decorre um regime jurídico que é o mesmo – ou tendencialmente o mesmo – para todas as pessoas que o tenham ou que nele se encontrem. Assim sucede, com toda a clareza, com o *status civitatis* (cidadania, nacionalidade), com o chamado estado civil, com o estado de incapaz, ou de falido. Esta tipicidade não é rígida e permite alguma variação, como por exemplo no caso do inabilitado em que o tribunal pode introduzir especificidades de regime, ou no estado de casado, em que o regime de bens permite uma variação acentuada. Porém, não deixa de ser característico do *status* a tipicidade do regime jurídico dele decorrente. Em princípio, todas as pessoas, que comungam dum mesmo *status*, estão sujeitas ao mesmo regime jurídico. Pode, assim, ser entendido o *status socii* como um tipo de posição jurídica, um tipo jurídico estrutural, quando referido aos tipos legais de sociedades, ou um tipo social, quando referido aos tipos sociais, como, por exemplo, as sociedades familiares, as sociedades instrumentais, as sociedades *offshore*. Como tipo, constitui um modelo que permite modificações e que é hábil para a comparação analógica e para a concretização de casos.

O *status* pode ser sintético ou genético. O *status* sintético corresponde à síntese ideal de um regime jurídico complexo, de poderes e de vinculações, de direitos e de obrigações[489]. É uma forma verbal designativa um puro *nomen*, diriam dele os nominalistas; é um modo sintético de designação de um regime jurídico típico. O *status* é genético quando da sua investidura decorre a titularidade dos poderes e vinculações que lhe respeitam. O *status* genético constitui pressuposto do correspondente regime jurídico. GUIDO ALPA observa, com razão, que o *status* foi genético, neste sentido, no tempo pré-revolucionário, e sintético, após a Revolução[490]. Na sociedade contemporânea, o *status* rejuvenesceu[491]: comporta restrições que são

---

[489] RESCIGNO, *Situazione e status nell'esperienza del diritto*, cit., pág. 220.
[490] GUIDO ALPA, *Status e capacità*, Laterza, Roma, Bari, 1993, págs. 123-126.

impostas – por razões de ordem social – a situações livremente escolhidas, através da criação de regimes jurídicos especiais que visam proteger os mais débeis, ao contrário do que sucedia nos séculos passados em que visava a protecção dos poderosos[492]. O *status* tem uma *natura composita* e pode ser visto como genético ou como sintético consoante a perspectiva. Uma perspectiva não exclui a outra. A condição humana da pessoa concebida (ou nascida, para quem assim o entender) constitui pressuposto da personalidade jurídica e da titularidade de direitos fundamentais e de personalidade: é um *status* genético. Por sua vez, o regime de consumidor ou de investidor, é uma síntese jurídica: um *status* sintético. Neste último sentido, DI SABATO, por exemplo, identifica como sinónimos *partecipazione sociale* e *status di socio*[493], como uma síntese verbal de direitos e obrigações que lhe competem.

Recorrendo à terminologia própria da querela dos universais, dir-se-ia que o *status* genético é um *universale ante rem*, enquanto o *status* sintético é um *universale post rem*. Na construção de ASCARELLI[494], por exemplo, o *status socii* é o pressuposto e o fundamento dos poderes e vinculações do sócio, os quais não decorrem do contrato, mas simplesmente do *status*; este *status*, assim entendido, é claramente genético. Já numa visão como, por exemplo, a de PEREIRA DE ALMEIDA[495], o *status* do sócio, como *complexo unitário e indivisível de direitos, poderes, obrigações, ónus e sujeições do sócio face à sociedade, que decorre da sua participação social* é, embora não tão claramente, um *status* sintético.

Em nossa opinião, o *status socii* tem ambas as características, não como um somatório de notas, mas sim numa síntese em desenvolução, em que o *status* é pressuposto do regime jurídico do sócio, sem que este regime jurídico deixe de conter e reger o conteúdo, o

---

[491] RESCIGNO, *Situazione e status nell'esperienza del diritto*, cit., pág. 222.

[492] GUIDO ALPA, *Status e capacità*, cit., pág. 30.

[493] FRANCO DI SABATO, *Diritto delle società*, cit., pág. 194.

[494] ASCARELLI, *Saggi di diritto commerciale*, cit., pág. 345 e segs., *Studi in tema di società*, cit., pág. 36 e segs..

[495] PEREIRA DE ALMEIDA, *Sociedades Comerciais*, cit., pág. 49.

regime jurídico e, com ele, os pressupostos do próprio *status*. Assim, a propriedade de uma acção constitui pressuposto do *status* de sócio da sociedade anónima; este *status* é pressuposto do correspondente regime jurídico; e é este mesmo regime jurídico que rege a aquisição da propriedade da acção. O *status socii* é inerentemente genético e sintético, pressupõe e designa, é aquilo que na já citada linguagem da querela dos universais poderia ser designado um *universale in re*, tal como o entende ARTHUR KAUFMANN[496].

VI. A maioria da doutrina trata da participação social de um modo abrangente que inclui tanto as sociedades comerciais, como as associações, como outras colectividades ou comunidades[497]. A posição do membro destas organizações (utilizando este termo num sentido intencionalmente não comprometido), tanto pode corresponder a um *status* institucional como a um *status* estrutural. À qualidade de membro de uma associação de benemerência, ou a uma igreja, ou à diplomacia ou à magistratura, por exemplo, corresponde um *status* institucional; já a pertença a um condomínio ou uma sociedade comercial, também por exemplo, corresponde um *status* jurídico-estrutural. Naqueles, os poderes estatutários só devem ser exercidos na prossecução do fim institucional, que sobreleva os fins pessoais dos membros; nestes, são os deveres e outras vinculações que são acessórios aos poderes e que servem para possibilitar, facilitar e propiciar o seu exercício e a prossecução dos interesse e fins dos seus titulares.

O carácter institucional ou estrutural do *status* depende, pois, do fim inerente àquela realidade a que se refere. Deve, desde logo distinguir-se consoante o fim seja egoísta ou altruísta. A pertença a uma instituição de beneficência ou de solidariedade social é profunda-

---

[496] ARTHUR KAUFMANN, *Analogie und "Natur der Sache"*, 2. Aufl., R. v. Decker & C. F. Müller, Heidelberg, 1982, pág. 44.

[497] LARENZ/WOLF, *Allgemeiner Teil des Bürgerlichen Rechts*, cit., § 15 IV, págs. 313 e segs., FLUME, *Die juristische Person*, cit., § 8, págs. 258 e segs., MARKUS LUTTER, *Theorie der Mitgliedschaft*, cit., págs. 86-102, HABERSACK, *Die Mitgliedschaft – subjektives und "sonstiges" Recht*, cit., págs. 29 e segs., KLINK, *Die Mitgliedschaft als "sonstiges Recht" im Sinne des § 823 I BGB?*, cit., págs. 86-88.

430 A Participação Social nas Sociedades Comerciais

mente diferente da pertença a uma sociedade comercial. Naquela, o fim está fora do universo dos membros e para além deles; nesta, o fim é dos próprios membros. Para esta distinção, tem relevância, por exemplo, a consideração do tipo de sociedade ou de associação, porque as sociedades têm tipicamente fim lucrativo e as associações não. Porém há sociedades, como as sociedades de desenvolvimento regional (SDR), cujo fim não é egoísta e não se traduz em lucro dos sócios[498]. É, pois, necessário, apreciar, em cada caso concreto, qual o fim da instituição, comunidade, colectividade, pessoa colectiva ou sociedade em questão. O *status* de insolvente, por exemplo, tem como fim a tutela do interesse dos credores; o de consumidor, o dos consumidores; o de interdito, o do incapaz; o de funcionário público, o do Estado ou da comunidade (consoante a perspectiva). O *status* de sócio de uma sociedade comercial propriamente dita está finalisticamente orientado para o interesse patrimonial dos sócios.

Por outro, lado, não vemos razão para que o *status* tenha necessariamente como titular pessoas singulares. Historicamente, assim sucedia; mas manter essa limitação nos dias de hoje, acarretaria uma restrição de conteúdo excessiva e injustificada. Do mesmo modo, parece-nos uma herança do passado, já sem sentido nos dias de hoje, a contraposição entre o *status* e o contrato; ou entre o *status* e o direito subjectivo. É verdade que historicamente o contrato e o direito subjectivo vieram, a partir do renascimento e principalmente a partir da Idade Moderna, substituir o *status* como estruturas de subjectivação jurídica. Mas não há, hoje, razão para pôr em causa o *status* de casado, por causa de uma natureza contratual do casamento, ou do *status* de sócio por causa do carácter contratual ou não contratual da sociedade ou por causa da possível qualificação da posição jurídica do sócio como um ou mais direitos subjectivos. Parece-nos sobretudo injustificada a restrição do *status* à relação entre o indivíduo e o orde-

---

[498] Regidas pelo Decreto-Lei n.º 25/91 de 11 de Janeiro, as sociedades de desenvolvimento regional têm por objecto a promoção do investimento produtivo na área da respectiva região e por finalidade o apoio ao desenvolvimento económico e social da mesma. No fundo, são mais associações do que sociedades.

Natureza jurídica da participação social nas sociedades comerciais

namento jurídico objectivo estatal.

Na esteira de ASCARELLI, aceitamos como possível um conceito amplo e estrutural (formal) de *status* susceptível de enquadrar a posição jurídica do sócio como membro da sociedade comercial.

29. A participação social como direito subjectivo complexo

I. Assim como na doutrina italiana é banal a qualificação da participação social como um *status*, na doutrina alemã é dominante a sua qualificação como um direito subjectivo, um direito subjectivo complexo e *sui generis*, que se distingue da propriedade, do direito de crédito e até da propriedade intelectual, mas que se coloca ao seu lado. Os autores mais representativos assim a qualificam, embora não excluam uma sua dupla qualidade, também como relação jurídica ou ainda como posição jurídica e até como objecto. A participação social, segundo a doutrina alemã dominante, não é apenas direito subjectivo, mas é também e fundamentalmente direito subjectivo. A este direito subjectivo chamaremos *direito social*.

Sem pretensão de exaustividade, que seria inalcançável e até perniciosa, vale a pena mencionar os autores mais representativos desta tendência.

WIEDEMANN entende, já no seu *Gesellschaftsrecht*[499], a participação social como um direito subjectivo comparável à propriedade, ao direito de crédito e aos direitos sobre bens imateriais, susceptíveis de ser transmitidos, de ser onerados com penhor ou usufruto e ainda de ser objecto de renúncia. Mas é em *Übertragung und Vererbung von Mitgliedschaftsrechten bei Handelsgesellschaften*[500], obra especificamente dirigida ao tema, que o trata com profundidade. Qualifica, então, a partici-

---

[499] WIEDEMANN, *Gesellschaftsrecht*, I, cit., 1I§2, pág. 95.

[500] WIEDEMANN, *Die Übertragung und Vererbung von Mitgliedschaftsrechten bei Handelsgesellschaften*, cit., § 2 III 1, pág. 39: *Die Mitgliedschaft ist ein Rechtsverhältnis. Sie gestaltet die Beziehungen einer Person zu anderen Personen. Aber es steht nichts entegegen, sie auch in der Personengesellschaft gleichzeitig als <u>subjektives Recht</u>, und zwar als Recht mit personenrechtlichem und vermögensrechtlichem Doppelcharakter aufzufassen.*

pação social como relação jurídica e também como direito subjectivo.

KARSTEN SCHMIDT[501] qualifica a participação social como direito subjectivo (embora a qualifique também como relação jurídica). Não se trata, em sua opinião, de uma mera posição jurídica, nem de um feixe ou conjunto de relações jurídicas subjectivas, mas antes de uma globalidade, um todo (*ein Ganzes*), que admite inúmeras variações de conteúdo, determinadas tanto pelo tipo legal como pelo tipo social, mas que se mantém como tal, tanto nas sociedades de pessoas sem personalidade, como nas sociedades personalizadas[502].

Também MARCUS LUTTER[503], sem excluir as qualificações como relação jurídica e como objecto de direitos, opta pela qualificação da participação social como um direito subjectivo global que liga e une uma multiplicidade de poderes, vinculações e relações de diversa ordem na colectividade: *Mitgliedschaft ist subjektives Recht im Verband*.

A participação social é ainda um direito subjectivo para HABERSACK[504]. Este Autor aprofunda a questão na perspectiva da susceptibilidade de a considerar como um *sonstiges Recht* para os efeitos do § 823.1 do BGB. Juntamente com MARCUS LUTTER, é HABERSACK que mais profundamente investiga e constrói a participação social enquanto direito subjectivo.

Noutros autores, como, por exemplo, HIRTE[505], EISENHARDT[506] e THIELEMANN[507], a qualificação da participação social como direito

---

[501] KARSTEN SCHMIDT, *Gesellschaftsrecht*, cit., § 19 I 3, pág. 550.

[502] FLUME, *Die juristischen Person*, cit., § 8 I, pág. 260, nega que possa ser entendida de um modo unitário a participação social nas sociedades não personalizadas e nas que têm personalidade.

[503] MARCUS LUTTER, *Theorie der Mitgliedschaft*, cit., págs. 101-102.

[504] MATHIAS HABERSACK, *Die Mitgliedschaft – subjektives und "sonstiges" Recht*, Mohr, Tübingen, 1996, pág. 98 e *passim*.

[505] HERIBERT HIRTE, *Aktiengesetz, GmbH-Gesetz*, 37. Aufl., Beck, München, 2004, pág. XVIII: *Unter der Mitgliedschaft versteht man die person- und vermögensrechtliche Stellung des Teilhabers in der Gesellschaft. Sie ist ein subjektives Recht, das den Eigentums –, Forderungs- und Immaterialgüterrechten vergleichbar ist und deshalb insgesamt übertragen, belastet oder aufgegeben werden kann.*

[506] ULRICH EISENHARDT, *Gesellschaftsrecht*, cit., pág. 83.

subjectivo é adoptada sem demonstração especial.

Na doutrina portuguesa, JOSÉ GABRIEL PINTO COELHO[508] escreve: *O direito ou parte social é, com efeito, um direito complexo, que abrange tanto direitos de carácter económico ou patrimonial (direito aos dividendos, à quota de liquidação, etc.) como direitos chamados administrativos ou políticos, como são os de participar nas assembleias de sócios e aí discutir e deliberar sobre os assuntos respeitantes à vida da sociedade, o de ocupar os cargos sociais e de eleger os que os devam desempenhar, etc.* Explicita que *este complexo de faculdades ou poderes, e até de obrigações, que da posição de sócios resultam para as pessoas que compõem a sociedade, é que nós designamos pelas expressões «parte social» ou «direito social». Poder-se-á falar em parte social porque muitas vezes esse conjunto de direitos e de obrigações está materializado num título, que representa, no fundo, uma parte, isto é, uma participação na organização social.* E prossegue na distinção entre direito social e parte social: *Há, porém, muitas vezes confusão entre o aspecto objectivo e o aspecto subjectivo desta participação. A expressão «parte social» designará mais propriamente o aspecto objectivo; a designação «direito social» é mais adequada a referir o aspecto subjectivo.*

OLIVEIRA ASCENSÃO[509] aceita a qualificação da participação social como um direito subjectivo, que designa como *direito social.* Na sua opinião, não constitui óbice a esta qualificação a grande extensão das faculdades que o integram, porque tal sucede também, por exemplo, no direito de propriedade. Afasta a sua qualificação como *um <u>estatuto</u> do sócio,* argumentando que *isso não constitui alternativa ao direito subjectivo* e que, se a qualificação como estatuto *é para acentuar os deveres, eles encontram-se também nos direitos subjectivos.* O fundamental, no seu entendimento, *está em saber se ao sócio se faz a atribuição de um bem,* o que constitui *o traço essencial do direito subjectivo.* Conclui nesse sen-

---

[507] THIELEMANN, *Gesellschaftsrecht*, Bd.2, *Kapitalgesellschaften*, Deutscher Anwaltverlag, Bonn, 2005, § 6, pág. 165.

[508] JOSÉ GABRIEL PINTO COELHO, *Usufruto de acções*, cit., pág. 2, e *Sociedades Comerciais*, cit., fasc. I, pág. 198.

[509] OLIVEIRA ASCENSÃO, *Direito Comercial, IV, Sociedades Comerciais – Parte Geral*, cit., págs. 253-256.

tido, afirmando que *o direito social é uma posição pessoal de vantagem: não se reduz a uma função;* (...) *a própria posição social é o bem que é objecto do direito do sócio; e que ele pode defender autonomamente, no seu interesse pessoal, como é próprio do direito subjectivo.* Este direito não é um direito de crédito, pertence a uma categoria mais vasta, é um direito de participação, um direito corporativo.

PEDRO DE ALBUQUERQUE[510] adopta a qualificação da participação social como um *direito subjectivo, cujo conteúdo é – tal como o pode ser o de qualquer outro direito subjectivo – instável e dinâmico. Este direito é inerente à qualidade de sócio* (...).

Também nós, ao escrever acerca dos chamados direitos destacáveis, qualificámos a participação social como direito subjectivo, como uma posição activa, mas também passiva, que configura um direito subjectivo complexo: *o direito social*[511].

II. A qualificação da participação social como direito subjectivo, mesmo como direito subjectivo complexo, o direito social, vem introduzir na questão a problemática do direito subjectivo e os desentendimentos que lhe estão dogmaticamente associados. Existe forte dissenso na doutrina sobre o que seja o direito subjectivo. A qualificação da participação social como direito subjectivo além de uma opção dogmática sobre o que seja a participação social implica também uma opção dogmática sobre o que seja o direito subjectivo.

Como se verá adiante, estas opções resultam de posicionamentos de fundo em matéria jus-filosófica. As diversas perspectivas e modos de pensar o direito nada têm de neutro. Correspondem a diferenças fundamentais de filosofia jurídica. Trataremos desta matéria adiante, a propósito do relacionamento entre o *status* e o direito subjectivo.

30. A participação social como objecto de direito

---

[510] PEDRO DE ALBUQUERQUE, *Direito de Preferência dos Sócios em Aumentos de Capital nas Sociedades Anónimas e por Quotas*, cit., pág. 413.

[511] PAIS DE VASCONCELOS, *Direitos Destacáveis – O Problema da Unidade e Pluralidade do Direito Social como Direito Subjectivo*, cit., pág. 170.

I. Marcus Lutter[512] nega que a *Mitgliedschaft* seja relação jurídica, sobretudo que possa ser qualificada *primariamente* como tal. A *Mitgliedschaft* é objecto jurídico, objecto da ordem jurídica. Neste objecto são englobados, numa unidade, todos os direitos e obrigações, actuais e potenciais do sócio de certa colectividade e investidos na titularidade de adquirente da participação social.

Esta qualificação é indiscutível, na posição do Autor, para as sociedades por acções; mas tem sido posta em causa, com fundamento na proibição de transmissão da parte social nas cooperativas, nas associações e nas sociedades de pessoas, no carácter fortemente obrigacional das relações entre os membros dessas colectividades e ainda no seu carácter primacialmente pessoal.

Estes argumentos não o impressionam. Nas sociedades de pessoas, pode ser estipulada no contrato a liberdade de transmissão das participações, o que significa que tais limitações legais têm natureza simplesmente típica ou pragmática, mas não são essenciais. O carácter acentuadamente obrigacional das relações entre os membros das sociedades de pessoas não permite qualificar a sua transmissão como uma cessão de contrato ou de posição contratual, pois que também a transmissão do estabelecimento ou da empresa (trespasse) tem por objecto uma multiplicidade de coisas, direitos e obrigações, consideradas como um objecto unitário. O carácter acentuadamente pessoal é também próprio do respectivo tipo e não da sua essência.

Conclui que, tanto as transmissões, como as onerações da participação social têm carácter unitário, e incidem sobre um objecto uno – e não sobre uma pluralidade – mesmo no caso das sociedades de pessoas, com excepção apenas dos casos em que a lei proíba injuntivamente a transmissão da participação social, como sucede nas cooperativas.

Também Karsten Schmidt[513] entende a participação social

---

[512] Marcus Lutter, *Theorie der Mitgliedschaft*, cit., págs. 99-101.

436   *A Participação Social nas Sociedades Comerciais*

unitariamente como objecto de direito, no seu regime de transmissão e oneração. UWE HÜFFER[514], depois de problematizar a questão, acaba por qualificar a participação social como objecto de um direito subjectivo.

II. A participação social não deve ser identificada com a parte social. A participação social é a posição jurídica dos sócios na sociedade e perante a sociedade. Incide sobre a parte social, que constitui o seu objecto[515]. Quando na doutrina alemão se fala da *Mitgliedschaft* como objecto de direito, esse conceito é referido no sentido de parte social, da parte em que o sócio participa na sociedade[516].

A parte social pode ser transmitida e onerada como um objecto unitário. Pode ser objecto de aquisição e de alienação em vida, de sucessão por herança ou por legado, pode ser onerada com usufruto e com penhor, pode ser penhorada e vendida em execução.

Nas sociedades de pessoas – sociedade em nome colectivo e sociedade em comandita simples – a transmissibilidade da participação social é limitada. Em princípio, carece do consentimento unânime dos sócios (artigo 182.º), mas este preceito é dispositivo e os sócios podem estipular no contrato um regime mais liberal de transmissão[517]. Seja como for, quando ocorre a transmissão da participação social em qualquer dos tipos de sociedade, a transmissão é unitária. Isto é muito claro na cessão de quotas. Na venda de acções,

---

[513] KARSTEN SCHMIDT, *Gesellschaftsrecht*, cit., § 19 IV, págs. 563 e segs.: *Die Mitgliedschaft ist nicht nur als subjektives Recht, sie ist auch als Rechtsgegenstand einheitlich.*

[514] UWE HÜFER, *Gesellschaftsrecht*, Beck, München, 2003, págs. 92: *Die Teilhabe an der Gesellschaft begründet die Mitgliedschaft des Gesellschafters. Sie ist nach richtiger, wenngleich bestrittener Auffassung Gegenstand eines subjektiven Rechts.*

[515] *Supra* IV. 20. JOSÉ GRABRIEL PINTO COELHO, *Sociedades Comerciais*, cit., fasc. I, pág. 198, considera que a parte social *designa(rá) mais propriamente o aspecto objectivo* da participaçãp social.

[516] Isto é muito claro principalmente em MÜLLER-ERZBACH, *Das private Recht der Mitgliedschaft als Prüfstein eines kausalen Rehtsdenkens*, cit., págs. 326 e segs..

[517] *Supra* II.13.II.

Natureza jurídica da participação social nas sociedades comerciais 437

embora cada acção seja um título de crédito e, como tal, uma coisa móvel, não nos parece razoável conceber separadamente a venda de cada acção que integre o mesmo lote. Também não seria razoável entender a reivindicação da participação social como de cada um dos direitos e obrigações, dos poderes e vinculações que compreende.

Não nos parecem, pois, de aceitar construções atomistas, como, por exemplo, a de SÖNKE PETERS que, na transmissão da *Mitgliedschaft*, separam a transmissão de cada um dos direitos ou obrigações que a integram. Se o direito português não enfrenta dificuldades na dogmatização da transmissão e da reivindicação unitárias e do estabelecimento comercial, nenhuma dificuldade pode sentir na transmissão, na oneração, na sucessão e na reivindicação unitária e global da participação social.

A pluralidade de poderes e vinculações que integram a participação social não obsta, pois, à consideração da parte social como objecto unitário de direito.

31. Relacionamento dogmático entre as alternativas expostas

I. Tem interesse dogmático relacionar as construções da participação social como pluralidade atomística de direitos e obrigações, como relação jurídica entre a sociedade e o sócio ou dos sócios entre si, como posição jurídica do sócio na sociedade, como *status* complexo de sócio, como direito subjectivo e como objecto de direito.

Estas diferentes construções da participação social estão ligadas a diferentes visões metodológicas do Direito, às quais não são alheias diversas filosofias jurídicas.

II. A construção atomista está ligada originariamente ao positivismo legalista oitocentista, embora não se encerre exclusivamente no seu quadro. Tal como a entende, a participação social não tem unidade. É uma pluralidade de direitos e obrigações estatuídos na lei como disciplina legal das sociedades comerciais. A sua fonte, no fundo, é a lei, embora surjam a propósito do contrato de sociedade

438   *A Participação Social nas Sociedades Comerciais*

e da sociedade propriamente dita. É a lei que os impõe e que lhes dá força jurídica, são direito legal. Vem historicamente da dogmática da Revolução Francesa e está muito ligada à escola francesa da exegese e ao positivismo legalista de influência francesa. Foi dominante na cultura jurídica portuguesa até à introdução do pandectismo por GUILHERME MOREIRA, mas não se extinguiu com ele e mantém-se ainda difusa na prática profissional e judicial.

O atomismo perdura hoje, todavia, fora dos pressupostos filosófico-dogmáticos do positivismo legalista. LARENZ[518], por exemplo, trata de um modo plural e não unitário dos direitos subjectivos emergentes da participação social embora nada na sua construção possa ser ligado ao positivismo legalista da escola francesa da exegese. Não se encontra já, nesta construção de LARENZ, vestígio do que foi o seu objectivismo dos anos trinta do século XX[519]. O Autor abandonou a sua antiga concepção de direito subjectivo como posição jurídica (*Rechtsstellung*) de membro de comunidade (*Gliedstellung*) e, agora, ao tratar do direito subjectivo em geral e dos direitos sociais em particular, evita globalizar.

Não nos parece de aceitar o atomismo da participação social. A sua unidade é uma exigência de ambas as referências à sociedade e ao sócio. Trata-se, por um lado, da participação na sociedade, da qualidade de membro de uma sociedade. Daqui resulta a unificação na sociedade, de todo o regime jurídico próprio da participação social.

---

[518] LARENZ/WOLF, *Allgemeiner Teil des Bürgerlichen Rechts*, cit., § 15 VI, págs. 313 e segs..

[519] LARENZ, *Rechtsperson und subjektives Recht*, Junker und Dünnhaupt, Berlin, 1935, págs. 24-25: *Die Rechtsstellung ist keine Macht des subjektiven Willens, sondern eine Konkretionsweise des objektiven Rechts, der Gemeinschaftsordnung. Ihr Inhalt ist nicht in erster Linie ein Wollendürfen oder Können, sondern ein Sollen, das aus einem Sein, nämlich dem Glied-Sein des Rechtsgenossen, fließt; sie ist eine Aufgabe, eine Funktion, ein Teilhaben. Das Bestimmende in ihr ist die Pflicht, aus der möglicherweise eine Berechtigung folgt. In seiner Aufgabe und seiner Pflicht hat der Volksgenosse aber auch seine persönliche Ehre; insofern hat er in seiner Rechtsstellung "sein Recht" im Sinne des ihm in der gemeinschaft nach seiner Leistung Zukommenden.* Sobre a sua concepção do Direito nos anos trinta do século XX, v. também, *Deutsche Rechtserneuerung und Rechtsphilosophie*, J.C.B.Mohr (Paul Siebeck), Tübingen, 1934.

Natureza jurídica da participação social nas sociedades comerciais   439

Por outro lado, a participação social é também unificada na sua referência ao sócio, a um sócio. É verdade que pode haver contitularidade da participação social, quer em comunhão conjugal, quer no regime geral da contitularidade, mas em todos esses casos, o exercício não deixa de ser unitário, salvo em caso de partilha, em que deixa de haver uma parte social e passa a haver uma pluralidade de partes, a que corresponderá então uma pluralidade de sócios. Unificada nos dois pólos da relação social – sociedade e sócio – a participação social não pode, em nossa opinião, deixar de ser considerada unitária.

Finalmente, a participação social não é, em princípio, cindível. Não obstante serem admissíveis casos especiais de destaque de direitos[520], o regime típico é, sem dúvida, unitário. Não é juridicamente admissível a alienação isolada de parte da participação social, por exemplo, do direito à informação, do direito de participação na assembleia geral, ou do direito de impugnar deliberações sociais. Também deste regime resulta a unidade da participação social como objecto jurídico.

III. O recurso à relação jurídica é tributário da dogmática savignyana. Apoiada pela poderosa metodologia pandectista, mantém raízes profundas no pensamento jurídico, tanto na academia como no foro. Com ela, a participação social encontra uma explicação clara na relação jurídica.

Não conseguindo estruturar satisfatoriamente os direitos absolutos, sem ter de recorrer à solução dogmaticamente artificial e vulnerável da situação passiva universal, a relação jurídica acabou por assumir o seu verdadeiro papel de operador sectorial, limitado aos direitos relativos. Perdida a universalidade, abriu espaço para o surgimento de outros operadores estruturantes como a posição jurídica. A participação social encontrou na posição jurídica uma estrutura mais adequada. Se a relação jurídica comporta, na sua modalidade mais típica, pelo menos duas posições jurídicas, a participação social encontra

---

[520] PAIS DE VASCONCELOS, *Direitos Destacáveis – O Problema da Unidade e Pluralidade do Direito Social como Direito Subjectivo*, cit., *passim*.

440 *A Participação Social nas Sociedades Comerciais*

melhor estrutura naquela parte da relação jurídica entre a sociedade e o sócio, naquela sua posição em que está investido o sócio. Nesta perspectiva, a participação social unilateraliza-se e polariza-se. Continuando a abranger todo o relacionamento jurídico entre o sócio e a sociedade, ou entre cada sócio e os demais, localiza-se mais concentradamente, situa-se, coloca-se na posição assumida pelo sócio nesse relacionamento. Unifica a relação jurídica e o direito subjectivo na perspectiva do sócio, tal como ele, seu titular, os protagoniza no Direito; e como ambos – relação jurídica e direito subjectivo – se inscrevem globalmente, na esfera jurídica do sócio, como o sócio assume a sua titularidade.

A construção da participação social como resumida a uma relação jurídica enfrenta dificuldades em dogmatizar a respectiva oponibilidade a terceiros. Não seria possível opor a terceiros a posição jurídica do sócio, reivindicar a qualidade de sócio, a titularidade da quota, a propriedade de um lote de acções contra um terceiro, sem admitir que a participação social se não esgota numa simples relação jurídica entre a sociedade e o sócio. A oponibilidade da participação social a terceiros exige que nela exista algo mais que uma simples relação jurídica entre sociedade e o sócio. É por isto que, na doutrina alemã, se discute com tanta vivacidade a natureza jurídica da *Mitgliedschaft* como *sonstiges Recht* para os efeitos do § 823 I do BGB. Esta problemática não é, em nossa opinião, directamente transponível para o direito português. Mas não deixa de ser interessante a diferença de natureza e regime das pretensões de indemnização da sociedade ou do sócio contra o administrador: no primeiro caso, emerge da relação jurídica de administração existente entre a sociedade e o seu administrador e tem natureza obrigacional; no segundo, só pode ter natureza aquiliana[521]. No direito português o *Schärenkreuzer-Urteil*[522], obteria talvez uma decisão semelhante, mas com fundamentos diferentes.

---

[521] MENEZES CORDEIRO, *Da Responsabilidade dos Administradores das Sociedades Comerciais*, cit., págs. 498 e 493-497.

[522] *Infra* IV.41.III.

Natureza jurídica da participação social nas sociedades comerciais 441

IV. Os defensores da participação social como relação jurídica, como por exemplo HADDING[523], sem prejuízo dessa qualificação, entendem-na como a posição jurídica do sócio na relação jurídica.

As posições jurídicas são algo de mais substancial e mais concreto do que as situações jurídicas[524]. São situações jurídicas, que tanto podem ser relacionais como não relacionais, que tanto se podem inserir em relações jurídicas como corresponder a posições absolutas, em que pessoas concretas se encontram colocadas, no Direito. Podem ser activas ou passivas, ou mistas, assim como podem ser socialmente típicas, juridicamente típicas ou mesmo atípicas.

As posições jurídicas são situações da vida com relevância jurídica, de pessoas determinadas, concretamente situadas; são complexos do acontecer em que as pessoas (subjectividade) se inserem no mundo (objectividade) e coexistem umas com as outras e com as suas circunstâncias[525]. As posições jurídicas típicas têm inerente um regime jurídico que lhes é próprio; as posições sociais típicas têm imanente um sentido de inserção na sociedade e de relacionamento interpessoal. Na sua maioria, as posições juridicamente típicas são também socialmente típicas e trazem consigo uma normatividade própria, carregada de valoração sócio-ético-jurídica capaz de dar critério de acção e de decisão.

Estruturada como posição jurídica, como posição social e juridicamente típica, a participação social ganha uma ancoragem mais forte e mais rica na pessoa do seu titular, quer dizer, do sócio, melhor dito, daquele sócio. A sua posição na sociedade já não é apenas aquele conjunto atomístico, ou aquele complexo funcionalmente unificado, de poderes e vinculações, englobado numa relação entre o sócio e a sociedade ou dos sócios entre si. É mais do que isso, é aquele posicionamento daquele individuado sócio perante aquela determinada sociedade, naquela concreta circunstância da vida.

---

[523] HADDING, *Die Mitgliedschaft in handelsrechtlichen Personalgesellschaften – ein subjektives Recht?*, cit., pág. 262.

[524] PAIS DE VASCONCELOS, *Teoria Geral do Direito Civil*, cit., págs. 633-634.

[525] MAIHOFER, *Die Natur der Sache*, ARSP, Bd. XLIV (1958), pág. 167.

442   *A Participação Social nas Sociedades Comerciais*

Enquanto posição jurídica, a participação social tem no seu conteúdo mais do que os direitos e obrigações estatuídos na lei, engloba ainda o convencionado no contrato, no pacto ou nos estatutos, ainda o que tiver sido deliberado pelos órgãos sociais, e ainda as práticas e usos, ou costumes, daquela sociedade e naquela sociedade que, ao longo do tempo e no quotidiano da vida social, se foram criando e consolidando, explícita ou implicitamente, e que suscitam nos sócios, na sociedade e entre eles, consensos e expectativas.

V. A posição do sócio na sociedade pode ser entendida mais centrada subjectivamente no sócio, ou mais envolvida objectivamente na sociedade.

Enquanto posição jurídica do sócio, posição dominantemente activa, mas também passiva, funcionalmente orientada ao aproveitamento pelo sócio da vantagem que lhe é proporcionada pela sociedade, com o maior êxito possível, a posição jurídica do sócio pode ser construída dogmaticamente como um direito subjectivo complexo.

Mas a posição jurídica permite também a estruturação da participação social na perspectiva da pertença do sócio à sociedade, como um *status*, como o estatuto jurídico, o complexo de direitos e vinculações em que os sócios de certa sociedade são investidos pelo simples facto de o serem, isto é, de adquirirem a qualidade de sócios, ou de nela serem investidos. Este *status* funciona como um direito-fonte (*Stammrecht*), matricial, do qual emergem concretos e particulares direitos subjectivos.

VI. É difícil optar por uma destas estruturas, o direito subjectivo ou o *satus* de sócio, com exclusão da outra. Ambas parecem adequadas e pode mesmo dizer-se que são igualmente hábeis, como operadores jurídicos, a cumprir satisfatoriamente a tarefa de construção jurídica eficaz que à dogmática se pede.

A opção pressupõe, em nossa opinião, uma outra questão que, pensamos, nunca virá a encontrar uma solução definitiva ou um consenso geral, porque depende de pontos de partida filosóficos e de modos de pensar que corporizam a maior e mais profunda clivagem do pensamento europeu: a querela dos universais. Nominalismo e realismo hão-de continuar a dividir o modo de pensar das pessoas cultas e a induzir divergências dogmáticas que, em nossa opinião, são insuperáveis.

Esta dificuldade não deve, porém, travar o passo à investigação jurídica. O discernimento da participação social pede, agora, que seja revisitado o direito subjectivo, na presença do nominalismo e do realismo. Não vale a pena ignorar e não deve passar-se ao lado da questão, por mais dificuldades que envolva.

32. As raízes do direito subjectivo no nominalismo occamiano

Embora não sem controvérsia, são dominantemente aceites as teses de MICHEL VILLEY[526] sobre a origem histórica do direito subjectivo, como hoje o entendemos, na doutrina franciscana da pobreza evangélica e na querela dos franciscanos, principalmente de OCCAM, contra o aristotelismo tomista da Corte Papal de João XXII.

Em *Opus nonaginta dierum*[527], OCCAM polemiza sobre o *usus facti*, como fundamento para a demonstração do despojamento da

---

[526] MICHEL VILLEY, *Philosophie du Droit*, I, *Définition et Fins du Droit*, 2e ed., Dalloz, Paris, 1978, págs. 149 e segs., *Les origines de la notion de droit subjectif*, Archives de Philosophie du Droit, Nouvelle Sériem 1953-1954, págs. 163-187, *Droit Subjectif I (La genèse du droit subjectif chez Gillaume d'Occam), Droit Subjectif II (Le droit de l'individu chez Hobbes)* e *Droit Subjectif III (Le droit subjectif chez Jhering)*, em *Seize Essais de Philosophie du Droit, dont un sur la crise universitaire*, Dalloz, Paris, 1969, respectivamente, págs. 140-178, 179-207 e 208-220. No mesmo sentido, HELMUT COING, *Zur Geschichte des Begriffs "subjektives Recht"*, Das subjektive Recht und der Rechtsschutz der Persönlichkeit, Alfred Metzner Verlag, Frankfurt am Main, Berlin, 1959, págs. 9-13. Sobre o assunto, na perspectiva da escolástica peninsular, AVELINO FOLGADO, *Evolución Histórica del Concepto del Derecho Subjetivo*, I, San Lorenzo de El Escorial, 1960, *passim* também CESARINI SFORZA, *Diritto soggettivo*, Enciclopedia del diritto, XII, pág. 672 e segs., que salienta a influência anterior de MARSILIO DE PÁDUA.

[527] Utilizamos a recente e autorizada tradução inglesa de *Opus nonaginta dierum* de WILLIAM OF OCKHAM, de JOHN KILCULLEN e JOHN SCOTT, publicada em

Ordem Franciscana e dos seus membros de toda a propriedade, da pobreza evangélica. Segundo a bula *Exit qui seminat*, de Nicolau III (1279), os franciscanos estavam limitados ao *simplex usus facti* dos bens de que se serviam, ficando investido no Papado o respectivo *dominium*. Em reacção contra os excessos pauperistas dos *espirituais*, o Papa João XXII, em quatro bulas – *Ad conditorem canonum, Cum inter nonnullos, Quia quorundam* e *Quia vir reprobus* –, abriu uma gravíssima polémica com a Ordem Franciscana, ao arguir que os franciscanos, não obstante afirmarem não ter o *dominium* sobre as coisas de que se serviam, na realidade aproveitavam a sua utilidade, tinham o seu uso e fruição. Exemplificou com as coisas consumíveis, como a sopa, o pão, a água que comiam e bebiam e até a roupa que vestiam, e que seriam insusceptíveis de um *usus facti* porque o seu uso implicava a sua destruição (*abusus*). Pelo menos das coisas que consumiam, os franciscanos seriam donos (*domini*), o que desmentiria o seu despojamento de toda a pertença de bens materiais. O *simplex usus facti* de coisas consumíveis seria impossível. Na bula *Ad conditorum cannonum*, chega a argumentar que o próprio São Francisco, quando comia um pedaço de queijo, dele se tornava proprietário. Ao implicar a sua destruição, o aproveitamento das coisas consumíveis não podia constituir mero *usus facti* e traduziria inexoravelmente o *dominium*.

A defesa da Ordem de São Francisco foi assumida pelo próprio OCCAM que, em noventa dias, escreveu uma obra notável – *Opus nonaginta dierum* – na qual, respondendo à bula *Quia vir reprobus*, refutou as teses papais, construindo o que vieram a ser as raízes do direito subjectivo. No seu virtuosismo nominalista, o *venerabilis inceptor* distingue o *jus poli* do *jus fori*. O *usus facti* franciscano é lícito de acordo com o *jus poli*, mas não participa do *jus fori*. Há *jus fori* quando se trata de actos justos em sentido estrito, quer dizer, actos de justiça particular e de justiça legal; há *jus poli* quando se trata de actos justos em sentido lato, quer dizer, actos simplesmente lícitos ou rectos na

---

dois volumes com o título *A Translation of William of Ockham's Work of Ninety Days*, editada por The Edwin Mellen Press, Lewiston, Queenston, Lampeter, 2001.

Natureza jurídica da participação social nas sociedades comerciais   445

ordem moral[528]. O direito de recorrer a juízo redefine o termo *jus* que, tanto quanto postula, deixa de referir apenas um bem a que se tem acesso de acordo com a justiça — *id quod justum est* — e passa a significar algo de mais restrito e mais preciso: o poder que se tem sobre esse bem, poder — *jus fori* — que permite também alienar, usar com qualquer fim e, até, recorrer a juízo para reagir contra o esbulho. Em vez de referir a licitude do uso, da fruição, do consumo (*abusus*), refere a titularidade de um poder. Cada direito é determinado pelo conteúdo desse poder.

O *simplex usus facti* dos franciscanos, não implica a ausência de licitude no uso ou mesmo no consumo do bem, mas antes e apenas uma renúncia, em relação a ele, ao *jus fori*, isto é, à *potestas vindicandi et defendendi in humano judicio*. Os franciscanos, segundo a tese de OCCAM, usam bens, mas abstêm-se de reagir contra quem lhos retirar, esbulhar ou usurpar. Seguindo o mandamento cristão — *sede mansos* — não se arrogam o domínio de coisa alguma, nem sequer da sua roupa, e não reagem contra quem perturbar ou impedir o seu uso, nem sequer contra o esbulhador ou o usurpador. É este desprendimento total em relação aos bens terrenos que constitui a forma mais santa de vida e de imitação de Cristo: a pobreza evangélica.

---

[528] No capítulo 64 de *Opus nonaginta dierum*, OCCAM enfrenta o argumento de JOÃO XXII, segundo o qual aquele que usa uma coisa, ou o faz justa ou injustamente: se o faz justamente fá-lo de acordo com um direito de usar; se o faz injustamente, fá-lo ilicitamente; e o que o faz mediante uma permissão, tem um direito emergente dessa permissão. Assim contesta a possibilidade de um *usus* lícito que não seja *de jure*. OCCAM objecta que o uso permitido implica um direito tão só quando a permissão é irrevogável, mas já não quando a permissão é livremente revogável: *Now sometimes a permission to use things is given that can be revoked at will, as people who grant the Friars Minor permission to live in their places can revoke that permission at will, and the Brothers cannot by virtue of that permission in any way litigate in court for living in these places; they therefore acquire no rights by means of such permission* (pág. 433 do vol. I, da citada tradução de JOHN KILCULLEN e JOHN SCOTT). Prosseguindo, no capítulo 65, OCCAM distingue o *jus poli* do *jus fori*, este último correspondente ao recurso a tribunal; a licitude basta-se com o *jus poli*, que torna lícito o uso, mas não constitui um direito, porque não permite o recurso a juízo. Sobre esta última distinção, AVELINO FOLGADO, *Evolución Historica del Concepto del Derecho Subjetivo*, I, cit., págs. 132-133.

446   *A Participação Social nas Sociedades Comerciais*

Com esta construção subtilíssima, o franciscano GUILHERME DE OCCAM, por muitos considerado o fundador do nominalismo[529], intelectualmente o contrário de SÃO TOMÁS DE AQUINO e do realismo neo-aristotélico, refuta a acusação papal de que, embora o negassem, os franciscanos seriam verdadeiramente proprietários (*domini*), pelo menos, dos bens que consumiam, ao menos no acto de o fazerem.

Nas palavras de OCCAM[530], *dominium est potestas principalis rem temporalem in judicium vindicandi, et omnimodo, qui non est jure naturalis prohibitus, pertractandi.* Diversamente da doutrina papal, o *dominium* não se caracteriza pelo aproveitamento da utilidade da coisa, pelo *usus*, e mesmo o uso de bens consumíveis, implicando a sua destruição, o seu consumo (*abusus*), não implica o *dominium*. No capítulo II de *Opus nonaginta dierum*, fica bem expressa, com abundância de detalhes e finura de argumentação, a ideia de que o que caracteriza o *dominium* é antes o poder de recorrer ao tribunal. Distingue o *dominium* em sentido amplo, em sentido estrito e intermédio. Em sentido amplo, implica o poder humano de recorrer a tribunal humano para reclamar e defender um bem temporal[531]; num sentido estrito, acrescenta-se à definição ampla o poder de tratar essa coisa de qualquer modo não proibido pela lei natural[532]. Esta última definição exclui o *dominium* do clero sobre coisas temporais, no entender dos franciscanos que se opõem ao Papa João XXII, mais concretamente do Superior da Ordem, Miguel de Cesena, porque, embora tenham o poder

---

[529] Antes de OCCAM, também ABELARDO é considerado *fundador do nominalismo*. Não obstante a enorme importância que tem para o pensamento europeu, a sua obra não tem um tão directo interesse para a dogmática do direito sujectvo.

[530] OCCAM, *Opus nonaginta dierum*, 2.2397, em *A Translation of William of Ockham's Work of Ninety Days*, de JOHN KILKULLEN e JOHN SCOTT, Texts and Studies in Religion, Vol. 87a, cit., pág. 70. As referências a esta obra de OCCAM, são doravante feitas a esta tradução.

[531] KILCULLEN/SCOTT, *Work of Ninety Days*, cit., pág. 67: *Lordship is a principal human power of laying claim to end defending some temporal thing in a human court.*

[532] KILCULLEN/SCOTT, *Work of Ninety Days*, cit., pág. 70: *Lordship is a principal human power of laying claim to a temporal thing in court, and of treating it in any way not forbidden by natural law.*

de recorrer a juízo para defender ou reclamar as coisas que lhe pertencem, não podem usá-las de qualquer maneira, como os leigos, porque elas lhe foram dadas pelos fiéis para o serviço da Igreja[533]. Distingue ainda a existência de modos intermédios de *dominium*, conforme maior ou menor for a limitação do uso das coisas[534]. Sustenta que os frades menores, embora tenham o uso das coisas, mesmo das que são consumíveis com o uso, não têm delas o *dominium* porque têm um simples uso de facto – *simplex usus facti* –, que não inclui o poder de recorrer ao tribunal para defender ou vindicar a coisa contra a perturbação do uso ou o esbulho.

Desta construção resulta que o *dominium* se distingue, não pelo uso, pelo aproveitamento lícito da utilidade da coisa, mas antes pelo poder de recorrer a tribunal. A variação de referente é radical: em vez de referir aquilo que a cada um cabe segundo o direito – *ipsa res justa* – passa a ser entendido como o poder de recorrer a tribunal – ao tribunal humano – para vindicar ou defender a coisa – *potestas*. Este entendimento aproxima-se muito, se não se confunde mesmo, com a *actio*. Como poder pessoal (subjectivo) que se exerce perante o tribunal e se dirige à vindicação ou defesa da coisa e que se exerce livremente como uma opção pessoal no exercício da liberdade, o direito deixa de ser objectivo e passa a ser subjectivo.

---

[533] KILCULLEN/SCOTT, *Work of Ninety Days*, cit., pág. 70: *The attackers* (são assim referidos os franciscanos em conflito com o papado e cujas posições são defendidas por Occam) *therefore say that in many of the Church's things prelates of the Church and ecclesiastics have lordship. Thus the Church, in them has lordship in some way over things of the Church which have been given to the Church by the faithful freely and without condition. For although in such things the Church does not have full power of management as laymen have in theirs, the ecclesiastics nevertheless have as full power of laying claim in court in the name of the Church; and the Church should not be deprived of theirs – though some ecclesiastical persons can be deprived for a reason more easily of things assigned to them. And so, since they have power to claim to and to defend Church property in court and such power does not belong more principally to anyone else than it does to them, it follows that in some way they have lordship.*

[534] KILCULLEN/SCOTT, *Work of Ninety Days*, cit., pág. 70: *Thus it is certain that the more (or the less) people are limited to certain ways of managing and treating their things, the more (or the less) lordship they have in them.*

O *Opus nonaginta dierum* de OCCAM ultrapassou a intenção com que o seu autor o construiu e deu origem à ideia, até então desconhecida, de direito em sentido subjectivo, como *meum*, em contradição com a ideia de direito objectivo como *ipsa res justa*, como *suum*. Ao construi-lo, para o rejeitar, OCCAM deu vida a um novo modo de pensar e de entender o Direito, o *modo subjectivo*. Foi dele que nasceu o direito subjectivo.

33. Desenvolvimento subsequente do direito subjectivo

Foi na construção estóico-nominalista que o direito subjectivo iniciou a sua vida no mundo jurídico. Nesse sentido, no humanismo calvinista, DONELO[535] refere o direito, em sentido subjectivo, como *facultas seu potestas utendi, eundi, persequendi, (…) facultas et potestas jure atributa* e constrói o seu sistema sobre o direito subjectivo, do qual a *actio* constitui apenas um remédio.

Mas a concepção subjectiva do direito não se manteve no exclusivo referencial estóico-nominalista. O voluntarismo humanista vem revelar-se também na escolástica tardia pensinsular que vai paulatinamente adoptando o conceito subjectivo de direito como *potestas, licentia, facultas*[536]. Na escolástica peninsular, MO-

---

[535] DONELLUS, *Commentariorvm de ivre civili libri viginti octo*, Francofurti, 15—?, I, III: *Tertio modo significatione superiore à genere ad speciem traducta, ius dicitur non generaliter & indefinite, quod cujusq; est iure; sed specialiter facultas & potestas iure tributa, quod fieri ex adiuncto tunc intelligimus, quoties verbo faciendi ius adiugitur. Sic verbi usus est, cum dicitur ius vsusfructus ius utendi, fruendi, iter ius eundi, actio ius persequendi, & alia innumera: quorum in illis intelligitur facultas, seu potestas utendi, eundi, persequendi, sed ius ideo; quia iuris est haec potestas, id est, iure constituitur, alioqui nulla futura.*

[536] Os teólogos da escolástica peninsular conheciam os autores nominalistas e, embora apostados em restaurar o legado de S. Tomás, deixaram-se por eles influenciar. Segundo BEATRIZ EUGENIA SOSA MORATO, *La Nocion de Derecho en "Los Seis Libros de la Justicia y el Derecho" de Luis de Molina*, Universidade de Navarra, Pamplona, 1985, pág. 206, foram mais autónomos em relação ao realismo tomista os Jesuítas, entre os quais LUIS DE MOLINA e FRANCISCO SUAREZ, do que os Dominicanos, dos quais se destacaram FRANSCISCO VITÓRIA e DOMINGOS DE SOTO.

LINA[537] adopta a concepção de *jus* em sentido subjectivo como *facultas* e descreve a polémica dos frades menores com o Papa João XXII, seguindo o *Opus nonaginta dierum* de OCCAM, e contribuindo, assim, para a sua divulgação[538]. Mas é FRANCISCO SUAREZ que, no *Tractatvs de legibvs ac deo legislatore*, combina melhor o conceito tradicional objectivo tomista de direito – *jus objectum justitiae*[539] – com o conceito subjectivo moderno[540]: *"solet proprie jus vocari facultas quadam quam unusquisque habet vel circa rem suam vel ad rem sibi debitam"* e *"Illa ergo actio seu moralis facultas quam unusquisque habet ad rem suam, vel ad rem se aliquo modo pertinentem vocatur jus et ilud preprie videtur esse objectum justitiae"*[541].

---

[537] MOLINA, *De justitia et de jure*, II, 1, 1: *Nec video posse jus in ea acceptione alier commodius definiri quam si dicamus: Est facultas aliquid faciendi, sive obtinendi, aut in eo insistendi, vel aliquo alio modo se habendi, cui sine legitima causa, contraveniatur, injuria fit eam habendi*. Sobre o conceito de direito em LUÍS DE MOLINA, BEATRIZ EUGENIA SOSA MORATO, *La Nocion de Derecho en "Los Seis Libros de la Justicia y el Derecho" de Luis de Molina*, cit., págs. 224 e segs. Ainda para a concepção do direito subjectivo em MOLINA, *Los Seis Libros de La Justicia e el Derecho*, traduzido e comentado por MANUEL FRAGA IRIBARNE, Madrid, 1941, Tomo I, Vol. I, pág. 81 e segs. onde se lê que, *para MOLINA, el teólogo del libré albedrío, el sistema de la Justicia y el Derecho sólo se puede asentar sobre la base de los derechos subjectivos. Para MOLINA, el derecho «es la facultad de hacer, obtener, insistir o, en general, actuar de cierto modo sobre alguna cosa, que si se contraviene sin causa legitima, se causa una injuria al investido de dicha facultad»*. Por tanto, *sólo los seres libres y dotados de voluntad, en acto o en potencia, son capaces de derechos*.

[538] MOLINA, *De justitia et de jure*, II, 6.

[539] FRANCISCO SUAREZ, *De Legibus ac Deo legislatore*, I, II, 4: *Nam juxta ultimam etymologiam ius idem significat quod iustum et auquum, quod est obiectum iustitiae*. Há tradução portuguesa do livro I, editada por Tribuna da História, Lisboa, 2004.

[540] FRANCISCO SUAREZ, *De Legibus ac Deo legislatore*, I, II, 5: *Et juxta posteriorem et strictam iuris significationem solet proprie ius vocari facultas quaedam moralis, quam unusquisque habet vel circa rem suam vel ad rem sibi debitam; sic enim dominus rei dicitur habere ius in re et operarius dicitur habere ius ad stipendium ratione cuius dicitur dignus mercede sua*.

[541] Há nesta construção de SUAREZ um aspecto voluntarista, que poderia ser considerado uma concessão incoerente ao nominalismo, mas que PAULO MERÊA, *Suarez, Grócio, Hobbes*, Arsénio Amado, Coimbra, 1941, págs. 38-39, considera apenas *o voluntarismo inerente a toda a Escola do Direito Natural e é uma consequência fatal do individualismo que lhe está na base*. A este propósito, PISTACCHINI MOITA,

450 — A Participação Social nas Sociedades Comerciais

O debate é integrante. Influenciado por SUAREZ[542] e também possivelmente por MOLINA, GROTIUS[543] escreve: *Jus est qualitas moralis personae competens ad aliquid juste habendum vel agendum*[544].

HOBBES[545], por sua vez, entende *Right* como *Liberty* e *Civil Law*, como *Obligation*. No capítulo XXVI, parte II, do *Leviathan*, comenta: *I find the words Lex Civilis, and Jus Civile, that is to say, Law and Right Civil, promiscuously used for the same thing, even in the most learned Authors; which nevertelesse ought not to be so. For Right is Liberty, namely that Liberty which the Civil Law leaves us; but Civil Law is an Obligation; and takes from us the Liberty which the Law of Nature gave us. Nature gave a Right to every man to secure himselfe by his own strength, and to invade*

Introdução a *De Legibus*, Tribuna da História, Lisboa, 2004, pág. 75, negando embora o *pretenso voluntarismo suareziano*, vê aqui *a moderna afirmação do sujeito como sendo simultaneamente o princípio e o lugar próprio da lei*.

[542] SUAREZ, jesuíta, inflecte para o voluntarismo a doutrina do direito natural da escolástica peninsular, afastando-se, assim de VITÓRIA, dominicano, que se manteve mais fiel ao objectivismo tomista. Também o jesuíta MOLINA estuda atentamente o *Opus nonaginta dierum* de Occam. Mas é em SUAREZ que GRÓCIO vem receber a influência da concepção subjectiva do direito como *moralis facultas*. Sobre esta influência, ANDRÉ-VINCENT, *La notion moderne de droit naturel et le volontarisme (de Vitoria et Suarez à Rousseau)*, Archives de Philosophie du Droit, 8, *Le dépassement du droit*, 1963, págs. 243 e segs.; e BEATRIZ EUGENIA SOSA MORATO, *La Nocion de Derecho en "Los Seis Libros de La Justicia y el Derecho" de Luis de Molina*, cit., págs. 205 e segs..

[543] GROTIUS, *De jure belli ac pacis libri tres*, I, cap. I, § IV: *Ab hac juris significatione divers ete altera, sed ab hac ipsa veniens, quae ad personam referetur: quo sensu jus est Qualitas moralis personae competens ad aliquid juste habendum vel agendum. Personae competit jus, etiamsi rem interdum sequatur, ut servitutes praediorum, quae jura realia dicuntur, comparatione facta ad alia mere personalia; non quia non ipsa quoquer personnae competent, sed quia non alii competunt, quam qui rem ceta habeat. Qualitas autem moralis perfecta, facultas nobis dicitur; minus perfecta, aptitudo: quibus respondent in naturalibus, illi quidem actus, huic autem potentia.*

[544] Segundo JOHN KILCULLEN/JOHN SCOTT, *A Translation of William of Ockham's Work of Ninety Days*, cit., II, págs. 912 e segs., a construção de GROTIUS não é original e representa uma síntese do que havia já sido criado pela segunda escolástica peninsular, cujos textos mostra conhecer.

[545] HOBBES, *Leviathan*, II, XXVI. Utilisamos a edição de Penguin Classics, London, 1987, págs. 334-335.

a suspected neighbour, by way of prevention; but the Civil Law takes away that Liberty, in all cases where the protection of the Law may be safely stayd for. Insomuch as Lex and Jus, are as different as Obligation and Liberty.

No século XVIII, CHRISTIAN WOLFF[546] adopta também um sentido de direito em sentido subjectivo como *facultas agendi*. WOLFF influencia KANT, e este influencia SAVIGNY.

A construção do direito subjectivo deixou de ser monopólio do nominalismo estóico. Alargou-se à escolástica peninsular católica, mantendo-se no nominalismo protestante. Passou, assim, a cobrir o espectro global do pensamento jurídico moderno. Em ambos os campos de poderoso debate de ideias que marca, desde então, o pensamento europeu, há espaço para uma concepção subjectiva do direito, que só no século XIX vem a ser denominada como *direito subjectivo*. Todavia, embora ambas as correntes do pensamento jurídico incluam nos seus quadros a referência ao direito em sentido subjectivo, mais tarde o direito subjectivo, cada uma continua a pensá-lo de acordo com os seus quadros ético-ônticos, de um modo diferente.

34. O objectivismo no *status* e no direito subjectivo

Ao tempo da construção occamiana, não havia, no Direito, algo que pudesse assemelhar-se ao que hoje entendemos por direito subjectivo. Mas não deixava de haver a posição da pessoa no Direito. No direito intermédio, segundo VILLEY[547], o direito que cada um reivindica como seu é o seu estatuto: *le jus que chacun revendique n'est guère encore que son statut*. No objectivismo, de radical platónico-aristotélico, cada um tem uma posição na comunidade e um papel que aí desempenha. Esse é o seu *estatuto*.

---

[546] CHRISTIAN WOLFF, *Jus naturae methodo scientifica per tractatum*, I, § 23, 1764-1766.

[547] MICHEL VILLEY, *Les origines de la notion de droit subjectif*, Archives de Philosophie du Droit, cit., pág. 179.

Este entendimento vem já de Platão e de Aristóteles e das suas visões de uma sociedade naturalmente existente, estática – ou, pelo menos, estável –, onde as pessoas desempenham os papéis que justamente lhes cabem e os bens estão distribuídos de acordo com uma ordem natural. É nesta perspectiva que ULPIANO dizia que a justiça, a qualidade do justo, era a *constans ac perpetua voluntas suum quique tribuendi*. É justo reconhecer a cada um aquilo que lhe cabe de acordo com o plano objectivo do dever-ser. Trata-se, neste modo de pensar, de atribuir ou de reconhecer aos outros aquilo que lhes cabe de acordo com o direito (modo objectivo), e não de cada um reivindicar para si aquilo que entender que lhe cabe (modo subjectivo).

Numa sociedade estratificada em classes e distribuída por ofícios, cada um tem o seu *estatuto*, que corresponde à sua posição e ao seu papel na comunidade. Esse estatuto está inseparavelmente ligado à pertença a um certo *estado*, a um certo *ofício*. Ao pertencer a um *estado* ou a um *ofício*, ao ingressar nele, ao ser membro dele, a pessoa é, por esse mesmo facto, investida numa teia complexa de poderes e deveres, que constitui o seu *estatuto*. O estatuto corresponde, pois, à posição da pessoa, seja na família – *estatuto familiar (status familiae)* –, seja na sociedade – *estatuto social* –, seja na profissão – *estatuto profissional* –, seja no direito – *estatuto jurídico*.

Esta construção objectivista estatutária da posição de cada um no Direito é historicamente anterior ao surgimento e à divulgação da concepção subjectiva iniciada com o nominalismo occamiano, mas não desaparece com ela. No grande conflito europeu (e, a partir de certo tempo, também americano), ao liberalismo emergente do nominalismo voluntarista de radical estóico, que alimentou a Revolução Americana e a Revolução Francesa, e as demais revoluções e evoluções que se lhes seguiram, continuou a ser oposto um restauracionismo que se manifestou na persistência das monarquias europeias continentais, ideologicamente alimentadas pelo ideário platónico-aristotélico[548]. É nesta linha de ideias que se mantém, ainda no

---

[548] KARL POPPER, *A Sociedade Aberta e os Seus Inimigos*, II, Fragmentos, Lisboa, (sem data), *passim*, mas principalmente págs. 36 e segs..

Natureza jurídica da participação social nas sociedades comerciais 453

século XIX, o recurso ao *status*, como estatuto subjectivo de cada pessoa no direito objectivo. O *status* ressurge, assim, em GEORG JELLINECK, talvez o mais importante teórico do restauracionismo tardio dos finais do século XIX, como a base de construção do *direito público subjectivo*[549]. Mais tarde LARENZ, nos anos trinta do século XX, ao construir a teoria jurídica do nacional socialismo, recorre à posição jurídica (*Rechtsstellung*) com o sentido de *status*, de posição jurídica de cada um na comunidade de direito (*Gliedstellung*)[550]. Este estatuto jurídico está impregnado por um sentido de função, que orienta no interesse alheio o exercício dos poderes inerentes, seja no interesse da comunidade, seja no interesse de outras pessoas individuais ou colectivas[551]. É assim que sucede com o exercício de funções públicas no interesse da comunidade, do poder paternal no interesse do filho, ou dos cargos de direcção em pessoas colectivas no interesse destas.

O recurso metodológico ao *status* é a contrapartida objectivista, platónico-aristotélica, do subjectivismo nominalista, voluntarista, neo-estóico do direito subjectivo. Na concepção objectivista, hoje, o *status* não exclui o direito subjectivo nem se lhe substitui, mas constitui uma das suas fontes. Os direitos subjectivos de que cada um é titular emergem – não só, mas também – do *status* a que pertencem. A diferença é profunda e ético-ideologicamente não é neutra: o direito subjectivo neo-estóico é nominalista e voluntarista, e tem como radical a individualidade de cada pessoa; o direito subjectivo emergente do *status* decorre da posição da pessoa na comunidade e do papel que aí desempenha ao antigo modo platónico-aristotélico, medievo e neotomista. Naquele, é a partir do indivíduo que se constrói a sociedade;

---

[549] GEORG JELLINECK, *Sistema dei diritti pubblici subbiettivi*, cit., págs. 92 e segs.. Sobre a inserção desta construção na evolução da teoria do direito subjectivo, MASSIMO LA TORRE, *Disaventure del diritto soggetivo*, Giuffrè, Milano, 1996, págs. 133 e segs., e CICU, *Il concetto di «status»*, em *Scritti minori*, I, Giuffrè, Milano, 1965, págs. 181-183.

[550] MASSIMO LA TORRE, *La «lotta contro il diritto soggettivo»*, Milano, 1988, pág. 276 e segs..

[551] JEAN DABIN, *Droit Subjectif et Prérogatives Juridiques*, Académie Royale de Belgique, Bruxelles, 1960, págs. 48 e segs..

454 *A Participação Social nas Sociedades Comerciais*

neste, é a comunidade que constitui a estrutura fundamental da existência humana no mundo e o indivíduo limita-se a ser um seu membro, a pertencer-lhe.

35. O renascimento do objectivismo a partir da construção de Jhering

I. A crítica de JHERING abalou a construção voluntarista do direito subjectivo[552]. Trocada a liberdade exercida através da vontade, pela vontade psicológica de domínio sobre actos próprios e actos alheios, o direito subjectivo tinha dificuldade de explicar como podia estar na titularidade de quem não tivesse liberdade e vontade psicológicas, como as crianças e os loucos. A resposta de WINDSCHEID, ao recorrer à vontade do Estado[553], não foi convincente. Mas foi premonitória de uma nova viragem referencial do direito subjectivo, da pessoa individual para a comunidade, para o Estado.

Em JHERING, o direito subjectivo objectiva-se francamente. Da pessoa transfere-se para o bem, para a utilidade, para o interesse, como ligame entre pessoa, meio e fim. Note-se que, diversamente do que é muito vulgarizado, na construção de JHERING, o direito subjectivo não é simplesmente um *interesse juridicamente protegido*. Depois de o referir, o Autor explicita, logo em seguida, que o mais importante não é primacialmente o interesse, mas antes a protecção jurídica do interesse[554]. Aqui, volta a aproximar-se de OCCAM quando, no *jus fori*,

---

[552] O afastamento do direito subjectivo da posição fundante do sistema jurídico, característica do jusnaturalismo racionalista e iluminista, ainda dominante em ZEILER e no ABGB austríaco, começa já a notar-se em SAVIGNY quando centra o sistema sobre a relação jurídica, deixando ao direito subjectivo uma posição secundária.

[553] WINDSCHEID, *Diritto delle Pandette*, tradução italiana, I, Unione Tipografico-Editrice, Torino, 1902, pág. 171(3), em resposta à crítica de JHERING, reconhece que a vontade imperante no direito subjectivo não é a vontade do titular, mas *a vontade do ordenamento jurídico*. Com esta resposta, o Autor objectiva uma sua posição originariamente subjectivista.

[554] JHERING, *O Espírito do Direito Romano*, III, Alba, Rio de Janeiro, 1943, págs. 216 e segs., argumenta: *Se a vontade fosse o objectivo do direito, como viriam a ter*

Natureza jurídica da participação social nas sociedades comerciais 455

enfatiza a tutela judicial. Mas diverge radicalmente do nominalismo occamiano. Como se deixou atrás descrito, em OCCAM é a suscepti-

---

direito as pessoas sem vontade? Seria direitos que mentiriam ao seu fim e ao seu destino? Óculos nas mãos de cegos? Afastada a construção do direito subjectivo como assente na vontade do titular, o Autor expõe a sua construção. *Dois elementos constituem o princípio do direito: um <u>substancial</u>, que reside no fim prático do direito, produzindo a utilidade, as vantagens e os lucros que asseguram; outro, <u>formal</u>, refere-se a esse fim, unicamente como meio, a saber: <u>protecção</u> do direito, <u>acção da justiça</u>. Este é o fruto e aquele o tegumento ou a casca protectora. Por isso mesmo, o Estado só cria um estado de facto, útil ou de gozo (interesse de facto) como outro qualquer, a seu prazer, tem o meio ou pode, impunemente, a cada instante, destruir ou mandar. Esta situação vem a ser não menos precária, nem menos instável, que quando a lei a protege. A segurança jurídica do gozo é a base jurídica do direito. <u>Os direitos são interesses juridicamente protegidos</u>.* E prossegue: *<u>Utilidade, bem, trabalho, gozo, interesse</u>, tal é a sucessão de ideias que desperta o primeiro elemento submetido ao nosso estudo.*

Existem outros interesses, além da fortuna, que se devem garantir ao homem.

Acima da fortuna se colocam os bens da natureza moral, cujo valor é muito maior: a personalidade, a liberdade, a honra, os laços de família. Sem esses bens, as riquezas exteriores não teriam nenhum valor.

Todo o direito privado existe para assegurar ao homem um bem qualquer, socorrer as suas necessidades, defender os seus interesses, concorrer ao cumprimento dos fins da sua vida. O <u>destinatário</u> de todos os direitos é o <u>homem</u>. O objectivo é o mesmo para todos os direitos, digam respeito às coisas, ou se refiram às pessoas. Todos devem conseguir um serviço, uma utilidade, uma vantagem; tanto a liberdade como a propriedade, o matrimónio como a obrigação.

Em seguida define bem: *Chamamos bem a tudo aquilo que nos pode servir para alguma coisa. (...) O conteúdo de todo o direito consiste, pois, num bem. Qualquer definição do direito que não parta da ideia do bem, em seu sentido amplo, pecaria, em nossa opinião, por falta de base.*

À ideia de bem aliam-se as noções do valor e do interesse. A do valor contém a medida da utilidade do bem; a do interesse exprime o valor em sua relação especial com o sujeito e seus fins. Um direito que, por si mesmo, tem um valor, pode não o ter para determinado sujeito. Por exemplo, a servidão de vista para um cego, a entrada num concerto para um surdo.

(...)

Qualquer que seja a diversidade do interesse que apresentem os diferentes direitos, todo o direito estabelecido é a expressão de um interesse reconhecido pelo legislador, que merece e reclama sua protecção. Os direitos transformam-se à medida que mudam os interesses da vida; assim interesses e direitos são, de certo modo, historicamente paralelos.

(...)

Segundo o que acabámos de dizer, o elemento substancial do direito, ou seja o gozo, domina a vontade. A vontade nada tem mais a representar que a ideia de dominação ou de

456 *A Participação Social nas Sociedades Comerciais*

bilidade de recurso a juízo que qualifica o direito subjectivo como tal e que o constitui e esgota; o gozo é secundário e, quando desprovido de acção por renúncia voluntária do utente, não é suficiente para o qualificar.

A construção de JHERING mantém-se muito mais objectiva naquilo que liga o direito subjectivo à utilidade de um bem, enquanto meio para a realização de um fim, ao interesse e à sua tutela jurídica,

---

força; o seu papel se amplia e torna-se mais importante. (...) *Gozar, tal é o fim próprio do direito; reivindicar um direito é, pois, o meio de chegar a poder gozar dele.* (...) *Assim, o que a vontade parece perder de importância, quando desce das alturas a que a falsa abstracção a elevou, colhe, amplamente, tomando parte eficaz e activa no movimento do direito. Tomado em seu conjunto, pode designar-se o direito como força (poder). Mas não se deve esquecer que a força (poder) não é o fim do direito, mas a forma mediante a qual o direito deve atingir o seu fim.*

Depois de demonstrar como a substância do direito subjectivo é o interesse e o gozo, que não o poder, nas págs. 227 e segs. trata do *elemento formal ou exterior do direito: O segundo elemento do direito é a protecção jurídica que se lhe concede. Os direitos são interesses juridicamente protegidos. O direito é a segurança jurídica do gozo.*

E explicita: *Nem todos os interesses reclamam protecção jurídica, alguns há que não podem esperá-la.* Depois distingue a protecção reflexa de interesses da sua tutela directa: *quando, em favor de determinadas indústrias, certa lei estabelece direitos proteccionais, aproveita aos fabricantes, protege-os, mas não lhes dá nenhum direito. Quanto à sua tutela directa é necessário considerar que o titular do direito tem por si mesmo a missão de proteger os seus interesses. Para obter essa protecção, não há necessidade da intervenção de terceiro, porque o autor mesmo toma a iniciativa. Essa iniciativa, no Direito Romano, desenvolve-se sob a forma de acção em juízo; acção que é o recurso de se socorrer do juiz civil, obrigado pela lei a outorgar a protecção judicial. O direito não é, pois, mais que o interesse que se protege a si mesmo. Que o titular do direito exerça pessoalmente essa acção, ou que os seus representantes o façam por ele, como os tutores pelas pessoas incapazes de obrigar-se, a acção sempre aparece intentada em nome do titular do direito e em seu benefício.*

A acção é, pois, a verdadeira pedra de toque dos direitos privados. Onde não há lugar para a acção, o direito civil deixa de proteger os interesses, e a administração ocupa o seu posto. Não existe acção quando vêm a faltar as únicas condições que a tornam possível, isto é, a exacta precisão da pessoa a quem compete a acção, o objecto sobre que versa, as condições que a cercam, os efeitos que pode acarretar, e, nos casos de dúvida, a possibilidade de provar a existência de todos esses elementos, no processo civil.

Quando os interesses não são individuais, mas da comunidade, do público, há lugar, segundo o Autor, *à acção popular.*

quer dizer, à sua afectação jurídica a uma pessoa individual como tal considerada. Mas JHERING não ignora o poder de recorrer a juízo. Numa dialéctica já de influência hegeliana, contrapõe o interesse, como elemento substancial do direito subjectivo, à sua tutela pelo direito, ao poder de recorrer a juízo, como elemento formal. O direito subjectivo, em concreto, é constituído pela síntese destes dois elementos.

A construção de JHERING é poderosa e consegue uma larguíssima divulgação. O seu recurso à utilidade faz lembrar o pragmatismo benthamiano e, de algum modo, beneficia dele. Com ele, alterna e hostiliza o jusnaturalismo subjectivista centrado sobre a pessoa, o indivíduo.

JHERING está para SAVIGNY como BENTHAM para LOCKE. Não obstante a sua poderosa crítica ao voluntarismo, não logra afastar dos manuais nem da prática, a construção de SAVIGNY e de WINDSCHEID do direito subjectivo como poder de vontade tutelado pelo Direito.

II. Em THON[555], numa construção mais objectiva, a tutela do interesse é elevada a direito subjectivo, quando o ordenamento abandona a coercibilidade das próprias normas à iniciativa do interessado e só neste ponto promete prestar-lhe ajuda. O direito subjectivo não é idêntico a pretensão, mas antes à garantia de uma eventual pretensão. O direito subjectivo surge tutelado pela norma do direito objectivo, segundo a qual, no caso de transgressão da própria norma, é assegurado ao sujeito um meio, uma pretensão, dirigida à realização do fim que era protegido ou de remover o que o impeça. Comentando JHERING, THON diz que o direito não é um interesse juridicamente protegido, mas antes é ele mesmo o meio de protecção de um interesse.

III. O objectivismo na construção do direito subjectivo acentua-se ainda mais com GEORG JELLINEK. Na dualização do direito

---

[555] THON, *Norma giuridica e diritto soggettivo,* Cedam, Padova, 1939, págs. 205-206.

público subjectivo e do direito subjectivo privado, faz prevalecer o primeiro sobre o segundo. Critica a teoria dos direitos subjectivos originários da Revolução Americana e da Revolução Francesa e até da Constituição Austríaca de 1847. O Estado não é, na sua concepção, uma organização com a missão de proteger os indivíduos e os seus direitos (subjectivos), mas é no Estado e integradas no Estado que as pessoas assumem a sua personalidade jurídica e têm os seus direitos.

A partir da dualização entre *dürfen* (*licere*), resultante de uma permissão que é de direito privado, e *können* (*posse*), resultado de uma concessão que é de direito público, distingue o direito subjectivo privado (*Wollendürfen*), como uma permissão de querer, e o direito público subjectivo (*Wollenkönnen*), como um poder de querer. Todo o *licere* tem como pressuposto um *posse*; ao contrário, um *posse* pode existir sem um *licere*. *Os direitos privados estão sempre conexos com uma pretensão jurídica de direito público ao reconhecimento e à tutela*[556], situam-se no âmbito do *licere* e dependem do reconhecimento e da tutela pública, designadamente do direito de acção judicial ou de acesso aos tribunais, que se situa no âmbito do *posse*.

O critério de distinção, assente na diferenciação entre o *Können* e o *Dürfen*, é formal. Materialmente, os direitos privados subjectivos tutelam interesses individuais, enquanto nos direitos públicos subjectivos os interesses são prevalentemente gerais, os interesses públicos. O direito público subjectivo pertence ao seu titular, não enquanto indivíduo, mas pela sua qualidade de membro do Estado (*status*), reconhecendo como próprios os interesses do Estado. Os direitos públicos subjectivos são os que resultam da condição (*status*) de membro do Estado[557].

O direito subjectivo privado é submetido ao direito público subjectivo, à norma, ao ordenamento jurídico objectivo, ao Estado. Fica, assim, invertida a relação entre direito subjectivo e direito objectivo

---

[556] GEORG JELLINEK, *Sistema dei diritti publici soggettivi*, cit., págs. 55 e segs..
[557] GEORG JELLINEK, *Sistema dei diritti publici soggettivi*, cit., págs. 96 e segs..

Natureza jurídica da participação social nas sociedades comerciais　　459

do direito natural iluminista, e regressa-se ao domínio do objectivo sobre o subjectivo, do Estado sobre o indivíduo.

IV. HANS KELSEN prossegue no caminho da objectivação do direito subjectivo.

Começa por distinguir dele os chamados direitos reflexos que outra coisa não são *senão o dever do outro ou dos outros*[558]. Depois de afastar a concepção iluminista dos direitos naturais, que separa direito e dever e submete este àquele, o autor conclui *se se afasta a hipótese dos direitos naturais e se reconhecem apenas os direitos estatuídos por uma ordem jurídica positiva, então verifica-se que um direito subjectivo, no sentido aqui considerado, pressupõe um correspondente dever jurídico, é mesmo este dever jurídico*[559].

Critica a concepção do direito subjectivo como interesse juridicamente protegido por, em seu entender, envolver uma dualização entre o direito em sentido subjectivo e o direito em sentido objectivo, o que *contém em si uma contradição insolúvel*. Objecta que o direito subjectivo não pode ser um interesse juridicamente protegido, mas antes a protecção jurídica do interesse, o que acaba por conduzir o direito subjectivo, assim, entendido, para o campo dos direitos reflexos, quer dizer, para o dever jurídico do obrigado.

Porém, ao criticar a concepção do direito subjectivo como poder da vontade, acaba por admitir que, nesta construção, *o momento essencial é o poder jurídico, conferido ao último (o titular) pela ordem jurídica, de fazer valer, através da acção, o não cumprimento do dever do primeiro (o obrigado)*. E prossegue: *só que este poder jurídico constitui uma situação diferente do dever jurídico que se faz valer através do seu exercício; só que, no exercício deste poder jurídico, o indivíduo é «sujeito» de um direito, diferente do dever jurídico*. E conclui: *Somente quando a ordem jurídica confere um tal poder jurídico é que existe um direito, no sentido subjectivo, diferente do dever jurídico — um direito subjectivo em sentido técnico, que é o poder jurídico con-*

---

[558] HANS KELSEN, *Teoria Pura do Direito*, Arsénio Amado, Coimbra, 1976, págs. 186 e segs.
[559] HANS KELSEN, *Teoria Pura do Direito*, cit., pág. 189.

ferido para fazer valer o não cumprimento de um dever jurídico. O exercício deste poder jurídico é exercício de um direito no sentido próprio da palavra[560].

Autonomizado, no direito reflexo, o poder de fazer valer, através da acção judicial relativa ao não cumprimento de um dever jurídico, KELSEN recondu-lo à norma. *A essência do direito subjectivo, que é mais do que o simples reflexo de um dever jurídico, reside em que uma norma confere a um indivíduo o poder jurídico de fazer valer, através de uma acção, o não cumprimento de um dever jurídico. É a esta norma jurídica que nós nos referimos quando, nas páginas subsequentes – seguindo a terminologia tradicional – falamos de um direito subjectivo sem sentido técnico como de um poder jurídico conferido a um indivíduo*[561].

Deste modo, o Autor afasta o dualismo entre direito em sentido objectivo e direito em sentido subjectivo, reduzindo o subjectivo ao objectivo. *A Teoria Pura do Direito afasta este dualismo ao analisar o conceito de pessoa como a personificação de um complexo de normas jurídicas, ao reduzir o dever e o direito subjectivo (em sentido técnico) à norma jurídica que liga uma sanção a determinada conduta de um indivíduo e ao tornar a execução de sanção dependente de uma acção judicial a tal dirigida; quer dizer: reduzindo o chamado direito em sentido subjectivo ao direito objectivo*[562].

KELSEN desvaloriza, assim, toda a construção do direito subjectivo desde o humanismo, passando pelo iluminismo e pelo romantismo. O direito subjectivo deixa de ser a expressão da dignidade e da liberdade de cada pessoa, da sua centralidade no mundo e na sociedade, como fundamento ético-ôntico do Direito. Reduzido ao dever e à norma, o direito subjectivo passa a ser um instrumento técnico-jurídico do legislador, que o pode utilizar como entender, mas que dele pode também prescindir.

---

[560] HANS KELSEN, *Teoria Pura do Direito*, cit., pág. 195.
[561] HANS KELSEN, *Teoria Pura do Direito*, cit., pág. 197.
[562] HANS KELSEN, *Teoria Pura do Direito*, cit., pág. 265.

V. Na sequência de KELSEN e na sua linha de desenvolvimento, EUGEN BUCHER[563] sustenta uma construção segundo a qual o direito subjectivo é um poder de criação de normas (*Normsetzungzbefugnis*). Partindo do pressuposto de que a ordem jurídica é uma ordem normativa, isto é, uma pluralidade de normas de comportamento submetidas ao direito, se se pretender incluir os direitos subjectivos no âmbito desta ordem jurídica, deve conceber-se o direito subjectivo normativamente. A figura do direito subjectivo pode então ser compreendida como fazendo parte da ordem jurídica quando se reconheça que, através dele, são regidos comportamentos humanos, isto é, são normativamente regulados. O poder do titular do direito, entendido como a permissão de impor determinados comportamentos a terceiros, numa perspectiva jurídica normativa, apresenta-se irrecusavelmente como uma permissão de criação de normas jurídicas, concedida ao titular do direito. A concessão de direitos subjectivos constitui um caso de delegação de poderes normativos. O direito subjectivo não apenas depende do direito objectivo, mas pode ser nele integrado, e constitui o último nível da hierarquia de delegação na criação de direito. BUCHER distingue e separa conceitos jurídico-materiais (*Rechtsinhaltbegriffe*) e conceitos jurídico-formais (*Rechtsformbegriffe*). Os primeiros têm como conteúdo um regime ou uma regulação jurídicos actuais ou históricos como, por exemplo, a propriedade, a posse, o penhor, em certa ordem jurídica; os segundos são válidos em geral e não se referem a nenhuma ordem jurídica em particular, por isso, não têm um conteúdo específico e apenas exprimem formas, como por exemplo, norma, dever-ser, validade, infracção, etc.. O conceito de direito subjectivo é condicionado directamente através do conceito de norma e, como tal, um conceito jurídico-formal[564].

Sem se afastar do normativismo da construção kelseniana, AICHER[565] coloca o acento tónico da construção do direito subjec-

---

[563] EUGEN BUCHER, *Das subjektive Recht als Normsetzungsbefugnis*, J. C. B. Mohr, Tübingen, 1965, págs. 55 e segs..

[564] EUGEN BUCHER, *Das subjektive Recht als Normsetzungsbefugnis*, cit., pág. 37.

[565] JOSEF AICHER, *Das Eigentum als subjektives Recht*, Dunker & Humblot, Berlin, 1975, págs. 61-64.

462 *A Participação Social nas Sociedades Comerciais*

tivo, não no poder de recorrer a juízo e de obter aí a tutela do direito (KELSEN), nem no poder de criação normativa (BUCCHER), mas antes na pretensão concreta, na qual, em sua opinião, o direito subjectivo se constitui, e na qual se precisa o sentido de impulso (*Stoßrichtung*) do direito subjectivo. Nas suas palavras, a pretensão é a *ponta de lança* (*Speerspitze*) do direito subjectivo.

No desenvolvimento desta linha metódica, sem abandonar a construção normológica, JAN SCHAPP continua a conceber o direito subjectivo no quadro da norma. No seu entender, a norma desempenha uma função externa de solucionar conflitos de interesses na realidade social, e uma função interna de tutelar pretensões, no campo do jurídico[566]. Estes conflitos de interesses surgem no quadro de um sistema económico, assente na propriedade, e de um sistema valorativo assente na liberdade. O sistema jurídico, económico e valorativo, é evolutivo. O sistema económico, a ordem económica da propriedade, evolui segundo decisões políticas gerais que decorrem da evolução de valores éticos e metafísicos, da metafísica da liberdade. A separação entre o conceito de liberdade e a ordem económica permite melhor relacionar a propriedade com a liberdade. Ambas são um produto do sistema global. O sistema económico é apenas um meio da decisão política geral através da qual o conceito de liberdade se deve realizar. *Die politische Gesamtentscheidung ist also gewissermaßen über das Wirtschaftssystem als Instrument auf einen bestimmten Freiheitsbegriff als obersten Wert bezogen*[567]. O direito subjectivo mantém-se estruturalmente no âmbito e na dependência da norma cujas duas funções, repete-se, são: externamente, na realidade social, de decisão de conflitos de interesses; internamente, no campo do direito (*im juristischen Raum*), de tutelar pretensões.

Estes autores não esgotam, mas ilustram, como paradigmas, a evolução fortemente objectiva e normativa da construção dogmática

---

[566] JAN SCHAPP, *Das subjektive Recht im Prozeß der Rechtsgewinnung*, Dunker & Humblot, Berlin, 1977, págs. 14 e segs.

[567] JAN SCHAPP, *Das subjektive Recht im Prozeß der Rechtsgewinnung*, cit., pág. 21.

do direito subjectivo, que se afasta, agora, completamente do subjectivismo neo-estóico e humanista.

36. O objectivismo utilitarista inglês e o direito subjectivo

Com maior influência na doutrina anglo-americana do que na portuguesa, o positivismo benthamiano abriu mais um caminho à evolução do direito subjectivo assente no princípio da utilidade. Numa construção fortemente negativista, parte do dever para o direito subjectivo. O dever precede o direito e este decorre daquele[568]. Na sua esteira, AUSTIN[569] entende que o Estado cria os deveres e deles decorrem os direitos; direitos e deveres são poderes e vinculações, criados por factos operativos, transmitidos por outros factos e extintos por um terceiro tipo de factos. E também HART[570] vê, no Direito Civil, o direito (subjectivo) como correlativo da obrigação e reconhece como sua única fonte o direito objectivo, a lei. O realismo jurídico americano afasta-se ainda mais de uma concepção subjectiva do direito, do direito subjectivo e, na visão de HOLMES, entende aquilo que chamamos direitos e deveres simplesmente como símbolos da

---

[568] JEREMY BENTHAM, *Nonsense upon Stilts*, The Collected Works of Jeremy Bentham, Clarendon Press, Oxford, 2002, págs. 318-375. Em *Of Laws in General*, Apendix B, Part I, University of London, The Athlone Press, London, 1970, pág. 251 pode ler-se logo no início: *1. Power, right, prohibition, duty, obligation, burden, immunity, exemption, privilege, property, security, liberty — all these with a multitude of others that might be named are so many fictious entities which the law upon one occasion or another is considered in common speech as creating or disposing of. Not an operation does it ever perform, but it is considered as creating or in some manner or other disposing of these its imaginary productions.*

[569] JOHN AUSTIN, *Lectures on jurisprudence or the philosophy of positive law*, 12th impression, London, 1913, pág. 193: *My definition briefly is this: — A party has a right, when another or others are bound or obliged by the law, to do or to forbear, towards or in regard of him.* Em nota, na pág. 117, submete o direito ao dever, e este ao poder estatal: *For every right (divine, legal or moral) rests on a relative duty. And, manifestly, that relative duty would not be a duty substantially, if the law which affects it impose it were not sustained by might.*

[570] HERBERT HART, *O Conceito de Direito*, Gulbenkian, Lisboa, 3.ª ed., pág. 97.

previsão da consequência jurídica dos comportamentos humanos. A negação da *realidade* dos direitos subjectivos é ainda mais agressiva no movimento chamado do *realismo escandinavo*. O direito subjectivo não passa, nesta perspectiva, de uma fórmula verbal usualmente utilizada para facilitar a designação de normas e situações jurídicas, *não tem referente semântico e nem sequer denota algo imaginário*, embora *possa ser identificada com uma situação de facto*[571].

Esta tendência é, todavia, contrariada pelos trabalhos de DWORKIN[572] que, expressamente divergindo de HART e do positivismo utilitarista, reconhece um papel de elevado relevo ao direito subjectivo na ordem jurídica e defende que, nos *hard cases*, os tribunais devem discernir *rights*, ainda quando não tenham sido previamente criados por actos políticos do Estado nem consagrados na lei. Na sua visão, *individual rights are trumps held by individuals*[573].

A concepção utilitarista e pragmática do direito subjectivo como produto da lei do Estado, embora pouco presente na academia, não está ausente de uma legislação cada vez mais utilizada como instrumento de utilidade prática e de um *social engineering* tecnocrático. Numa visão *promocional* do direito[574], o Estado *produz legislação* que, com a força da sua soberania e com o fim de satisfazer as necessidades da sociedade e das pessoas, de promover a riqueza, a segurança,

---

[571] KARL OLIVECRONA, *El Derecho como Hecho*, Labor, Barcelona, 1980, págs. 172-174.

[572] RONALD DWORKIN, *Taking Rights Seriously*, 7th impression, Duckworth, London, 1994, págs. ix-xiii, e *Law's Empire*, Fontana Press, London, 1991, págs. 160-164.

[573] RONALD DWORKIN, *Taking Rights Seriously*, cit., pág. xi, e prossegue: *Individuals have rights when, for some reason, a collective goal is not a sufficient justification for denying them what they wish, as individuals, to have or to do, or not a sufficient justification for imposing some loss or injury upon them.* Mais adiante (pág. 94(1)) distingue *rights against the state* dos *rights against fellow citizens* segundo o critério: *The former justify a political decision that requires some agency of the government to act; the later justify a decision to coerce particular individuals.*

[574] NORBERTO BOBBIO, *La funzione promozionale del diritto*, Dalla struttura alla funzione, Nuovi studi di teoria del diritto, 2.ª ed., Edizioni di Comunità, Milano, 1984, págs. 24 e segs..

Natureza jurídica da participação social nas sociedades comerciais 465

o progresso e, em última análise, a felicidade geral e individual[575], cria ou extingue direitos que encabeça nos indivíduos, para a tutela dos seus interesses egoístas e para cujo exercício e defesa lhes concede poderes, principalmente o de recorrer a juízo (*actio*).

Do radical estóico evolui-se, assim, para o utilitarismo hedonista.

37. Subjectivismo e objectivismo na doutrina portuguesa actual do direito subjectivo

Regressando à doutrina portuguesa actual, ambas as construções, subjectivista e objectivista, coexistem.

a) O subjectivismo voluntarista de MANUEL DE ANDRADE *e* MOTA PINTO

Como paradigmas da concepção subjectiva voluntarista do direito subjectivo, podem ser apontados MANUEL DE ANDRADE e CARLOS MOTA PINTO.

MANUEL DE ANDRADE[576] define o direito subjectivo como *a faculdade ou poder atribuído pela ordem jurídica a uma pessoa de exigir ou pretender de outra um determinado comportamento positivo (fazer) ou negativo (não fazer), ou por um acto da sua vontade — com ou sem formalidades —, só de per si ou integrado depois por um acto da autoridade pública (decisão judicial) produzir determinados efeitos jurídicos que se impõem inevitavelmente a outra pessoa (adversário ou contraparte).*

Na mesma linha de pensamento, MOTA PINTO[577] define o direito subjectivo como *o poder jurídico (reconhecido pela ordem jurídica*

---

[575] LUIGI LOMBARDI VALAURI, *Corso de filosofia del diritto*, Cedam, Padova, 1981, págs. 281 e segs..

[576] MANUEL DE ANDRADE, *Teoria Geral da Relação Jurídica*, I, 3.ª reimpressão, Coimbra Editora, Coimbra, 1972, págs. 3.

[577] MOTA PINTO, *Teoria Geral do Direito Civil*, 4.ª ed., por ANTÓNIO PINTO MONTEIRO e PAULO MOTA PINTO, Almedina, Coimbra, 2005, págs. 178-184.

466   *A Participação Social nas Sociedades Comerciais*

a uma pessoa) de livremente exigir ou pretender de outrem um comportamento positivo (acção) ou negativo (omissão) ou de por um acto livre de vontade, só de per si ou integrado por um acto de autoridade pública, produzir determinados efeitos jurídicos que inevitavelmente se impõem a outra pessoa (contraparte ou adversário). Constitui característica *sine qua non* do direito subjectivo, segundo o Autor, o seu exercício estar dependente da vontade do seu titular, ser de livre exercício. Por isso *o direito subjectivo é uma manifestação e um meio de actuação da autonomia privada – autonomia, não por se criar um ordenamento a que se fica submetido, como sucede com o negócio jurídico, mas como sinónimo de <u>liberdade de actuação</u>, <u>de soberania do querer</u>. Ficam, assim, excluídos ao âmbito do conceito de direito subjectivo os chamados <u>poderes-deveres ou poderes funcionais ou «ofícios»</u>.* Exclui também *os <u>poderes jurídicos</u> «stricto sensu» ou <u>faculdades</u> (p. ex., a faculdade de testar, de contratar, de ocupar as res nullius, etc.) que são manifestações imediatas da capacidade jurídica dos sujeitos de direitos.* Ao definir o direito subjectivo como um poder jurídico, o Autor considera *apenas um aspecto <u>estrutural</u> e desconsidera o lado <u>funcional, que se identifica com o interesse visado</u> pelo direito subjectivo.*

Estas construções são muito ortodoxas no seu voluntarismo subjectivo. Ao concentrarem o conceito de direito subjectivo no poder, enfatizam o seu aspecto estrutural. O direito subjectivo, que definem, corresponde, no fundo, à estrutura do direito subjectivo. O seu aspecto funcional não é ignorado, mas é excluído do âmbito do conceito. Estas concepções fazem prevalecer a estrutura sobre a função, a forma sobre a substância. São legítimas sucessoras do direito subjectivo nominalista moderno, na sua versão savigny-windsheidiana. Tanto MANUEL DE ANDRADE como MOTA PINTO assim o aceitam ao excluírem a relevância definitória do interesse e da função e, com eles, a concepção de IHERING[578].

Já antes, PIRES DE LIMA (em texto coligido por ANTUNES VARELA)[579] tinha adoptado o clássico conceito voluntarista – *faculdade ou*

---

[578] MANUEL DE ANDRADE, *Teoria Geral da Relação Jurídica*, I, cit., pág. 7; MOTA PINTO, *Teoria Geral do Direito Civil*, cit., pág. 180.

[579] PIRES DE LIMA, *Noções Fundamentais de Direito Civil*, I, Coimbra Editora, Coimbra, 1945, pág. 6.

poder de agir de uma forma determinada – e a definição legal do artigo 2.º do Código de Seabra: *faculdade moral de praticar ou deixar de praticar certos actos*.

E também CABRAL DE MONCADA[580] concebera o direito subjectivo de um modo voluntarista ao defini-lo, numa formulação dupla, como *ou a faculdade em abstracto, que cada um de nós tem de, em harmonia com a lei, gozar e exigir dos outros o respeito de certos interesses e fins reconhecidos legítimos e tutelados pela ordem jurídica em geral;* – *ou o poder concreto de exigir também dos outros o respeito das situações jurídicas que quanto a nós se subjectivaram definitivamente por um acto da nossa vontade, manifestada ao abrigo da lei, e ainda o respeito de todas as consequências jurídicas que desse acto resultam, sob a forma de deveres e obrigações para os outros*.

É marcante, aqui, a influência da velha fórmula jusracionalista do VISCONDE DE SEABRA, do direito subjectivo como *a faculdade moral, que o homem tem, de empregar os meios, de que a Natureza o dotou para preencher os fins da sua existência*[581]. Esta fórmula da *faculdade moral* entronca directamente na tradição iluminista.

---

[580] CABRAL DE MONCADA, *Lições de Direito Civil*, Parte Geral, I, Atlântida, Coimbra, 1932, pág. 50.

[581] É interessante a construção de ANTÓNIO LUÍS DE SEABRA, autor do Código Civil de 1867, em cujo artigo 2.º se define o direito subjectivo como *faculdade moral*. Em *A Propriedade*, Coimbra, 1850, pág. 9, escreve:

A ideia do Direito compreende pois três elementos distintos: – *o indivíduo, como existência necessária e inteligente;* – *os meios apropriados para cumprir o seu destino;* – *e a vida de relação do homem com os demais entes da sua espécie.*

Considerando a ideia do Direito em relação ao indivíduo, ou subjectivamente, como se diz nas escolas, poderemos defini-lo – *a faculdade moral, que o homem tem, de empregar os meios, de que a Natureza o dotou para preencher os fins da sua existência.* – *Se os fins não podem existir sem os meios, os meios são tão necessários, como os fins, e constituem a parte objectiva daquele Direito.*

Ora este Direito, assim tomado em abstracto, reveste diferentes qualificações, segundo os objectos, a que se refere, e em que, por assim dizer, se torna concreto. Tal é o Direito de Propriedade na acepção jurídica vulgar, mas que em última análise compreende e absorve todos os Direitos do Homem, ou, para melhor dizer, é a origem e fundamento de todos eles.

Como poder orgânico inteligente, o seu primeiro Direito é sem dúvida o de dispor livremente dos meios de acção, ou das faculdades, de que é dotado. Estes meios de acção, ou estas

468   *A Participação Social nas Sociedades Comerciais*

b) O substancialismo personalista de GOMES DA SILVA e a sua influência

Influenciada pelo objectivismo tomista, pelo funcionalismo de JHERING, e pelo personalismo católico, a construção de GOMES DA SILVA é muito rica.

Do neotomismo absorve o finalismo entelequial e de JHERING a subordinação do poder à realização do fim e a ênfase no interesse e na utilidade do bem. A concepção de GOMES DA SILVA não foi estática e evoluiu. Em *O Dever de Prestar e o Dever de Indemnizar* é ainda acentuadamente objectivista, mas subjectiva-se e personaliza-se já francamente no *Esboço de uma Concepção Personalista do Direito*. A segunda exposição não desmente a primeira, antes a completa e enriquece. Embora nas palavras do Autor não haja diferença qualitativa entre ambas, atrevemo-nos a ver na segunda uma viragem do objectivismo tomista para um personalismo ontológico, que é muito próprio do Autor, que com ele atinge a plenitude da maturidade do seu pensamento, e que apenas a ele mesmo pode ser referido.

Em *O Dever de Prestar e o Dever de Indemnizar*, o Autor define o direito subjectivo como *afectação jurídica dum bem à realização dum ou mais fins de pessoas individualmente consideradas*[582]. Esta definição culmina um processo de conceptuação muito rico em que parte da análise dos conceitos de poder, de interesse, de bem, de objecto, para concluir numa definição.

No seu entender, poder *consiste na disponibilidade, para certa pessoa, de meios que a lei declara legítimos para alcançar determinado fim, ou o que atribui eficácia para tal, quando esse fim depende da ordem jurídica*[583]. (...) *Há duas espécies muito diferentes de poderes jurídicos: poderes que são meras faculdades naturais cujo exercício a lei declara lícito e poderes que representam*

---

faculdades, são pois a sua primeira propriedade: esta é a razão, por que o homem designa indistintamente, na sua linguagem, os atributos inerentes a cada ser pelas palavras <u>faculdades</u> ou <u>propriedades</u>, como se fossem sinónimas.

[582] GOMES DA SILVA, *O Dever de Prestar e o Dever de Indemnizar*, I, Lisboa, 1944, pág. 52.

[583] GOMES DA SILVA, *O Dever de Prestar e o Dever de Indemnizar*, cit., pág. 27.

Natureza jurídica da participação social nas sociedades comerciais 469

a disponibilidade dum meio, que o titular não possuía, de realizar certos objectivos de natureza jurídica; estes últimos exercem-se por actos humanos conseguintemente praticáveis por qualquer homem, transformados, porém, pela ordem jurídica em meios para alcançar fins que materialmente nunca poderiam atingir. No primeiro avulta, como eficácia jurídica, a licitude do agir, e tem a ver com o gozo; no segundo, a produção de efeitos jurídicos na esfera jurídica alheia corresponde ao poder potestativo. Não *é essencial existir um poder para haver direito subjectivo* pois, no caso da licitude de acção assim como no direito a prestações de facto negativas, estes direitos *são realizados quase exclusivamente através de deveres impcstos a pessoas diferentes do titular deles*[584]; (...) *por outro lado, também não parece indispensável, para haver poder existir algum objecto sobre que ele se exerça*[585]. (...) Os poderes potestativos podem ser autónomos, como por exemplo a faculdade de aceitar um contrato, ou estar integrado num direito subjectivo, como sucede com o poder de escolha da coisa a prestar, quando caiba ao credor. Mas o direito subjectivo não pode ser constituído apenas por poderes porque, por um lado, as crianças e os loucos não os poderiam exercer pessoalmente (recebe, aqui, a crítica de JHERING a WINDSHEID), por outro, porque na heterogeneidade do poder, na susceptibilidade de no direito subjectivo coexistirem vários poderes, *a noção de direito subjectivo perde aquela unidade fictícia que lhe dava a ideia imprecisa de poder e fica, assim, parcelada, a menos que se encontre para ela outro substracto mais uno e estável que os poderes; e por outro lado ainda, deve reconhecer-se que os poderes, em qualquer das duas categorias, podem fazer parte do conteúdo de deveres*[586].

Analisa, depois, o conceito de interesse, trabalhando fundamen-

---

[584] GOMES DA SILVA, *O Dever de Prestar e o Dever de Indemnizar*, cit., págs. 34 e 40.

[585] GOMES DA SILVA, *O Dever de Prestar e o Dever de Indemnizar*, cit., pág. 34: *nos direitos de personalidade, se a vida foi concedida ao homem para atingir determinados fins objectivos e se, utilizando as possibilidades que ele lhe oferece, pode, na verdade, atingi-los, isto é bastante para se dizer que ele tem um poder. A ideia de objecto nada interessa para aqui.* Por isso, escreve: *A noção de poder não pressupõe por isso a existência de um objecto sobre que ele se exerça.*

[586] GOMES DA SILVA, *O Dever de Prestar e o Dever de Indemnizar*, cit., pág. 40.

talmente sobre a construção de JHERING[587]. Discerne o interesse subjectivo, que afasta com o argumento jheringuiano de não poder ocorrer nas crianças e nos loucos, não sendo concebível um interesse presumido. No que respeita ao interesse objectivo, entendido como utilidade, *não indica nenhum elemento de conexão da coisa com pessoa determinada e não pode explicar, por esse motivo, como é que a protecção da utilidade pode redundar numa situação individual. Há-de haver algo que se acrescente à utilidade e que justifique a atribuição dela a um indivíduo determinado. (...) A lei não pode proteger um interesse sem ter um fim em vista.* Interroga-se, depois, *por que o fim individualiza os direitos subjectivos? Há fins tão diferentes que manifestamente não podem ser protegidos em conjunto, e devem, portanto, gerar direitos subjectivos distintos; mas há fins mais próximos em que o critério da distinção não se descobre com facilidade neles próprios. Reduzido o direito subjectivo à protecção jurídica de interesses, não se sabe como distinguir (...) o verdadeiro direito subjectivo daquilo a que se chama direitos reflexos*[588].

A resposta a estas dificuldades, segundo GOMES DA SILVA, está na ideia de *bem*[589]. Os bens são os *meios extra-jurídicos, físicos ou intelectuais, os quais, exactamente porque permitem realizar objectivos humanos*; (...) *bem pode ser, portanto, uma faculdade natural do homem, uma coisa material, ou um acto alheio (prestação).* O direito subjectivo é concedido pela lei para se atingir um fim que ele protege independentemente ou, até, contra a vontade do titular. Os fins humanos atingem-se através da utilização de bens. Assim se pode explicar o papel do dever, ou dos deveres, no

---

[587] GOMES DA SILVA, *O Dever de Prestar e o Dever de Indemnizar*, cit., págs. 41-46.

[588] GOMES DA SILVA, *O Dever de Prestar e o Dever de Indemnizar*, cit., pág. 41. JHERING tenta ultrapassar esta dificuldade, dizendo que a protecção do interesse, no direito subjectivo, dá lugar à acção; *onde não há lugar para a acção, o direito civil deixa de proteger os interesses, e a administração ocupa o seu posto* (JHERING, *O Espírito do Direito Romano*, III, pág. 228). Mas o critério é formal e não tem evitado que, à sua sombra, cada vez mais se confunda a tutela reflexa de interesses com direitos subjectivos, como sucede quando se fala, por exemplo, em *direitos dos animais*.

[589] GOMES DA SILVA, *O Dever de Prestar e o Dever de Indemnizar*, cit., págs. 49-52.

conteúdo do direito subjectivo: os deveres correlativos do poder destinam-se a assegurar a utilização dum bem, daquele bem em cuja disponibilidade consiste o poder. *E nos casos em que o direito subjectivo se realiza pelo dever, como se atinge o fim? É por meio de uma prestação (...) que por ser apta para esse efeito entra na noção do bem.* Além de explicar o modo como o dever se pode inserir no direito subjectivo, a ideia de bem permite ainda distinguir a tutela directa que é característica do direito subjectivo, da tutela meramente reflexa: *esta não implica a afectação dum bem aos fins duma pessoa em particular.*

Aborda, depois, o tema da variabilidade do conteúdo do direito subjectivo[590]. Como a realização do fim em vista no direito subjectivo *é condicionada por circunstâncias variadas da vida real, esses efeitos hão-de forçosamente variar dum para outro caso concreto, e a determinação deles há-de fazer-se sempre em função do fim que se pretende alcançar. É por isso o fim concreto que constitui o princípio da organização jurídica de cada uma das situações jurídicas criadas pela lei.* Do carácter concreto do fim decorre que *o direito subjectivo é uma relação concreta dum bem com o fim duma pessoa, resultante da vontade legal de que esse bem seja aproveitado para aquele fim, vontade que é activa, que frutifica em poderes e deveres adaptados às circunstâncias, mais ou menos amplas, em cada momento, segundo as necessidades.* Conclui, numa fórmula particularmente feliz, que *o direito subjectivo é, assim, um centro jurídico, uma célula de energia normativa, que se interpõe entre a lei geral e as pessoas.* O direito subjectivo tem um conteúdo variável cujos contornos são consequência das necessidades impostas pelo seu fim concreto e pelas circunstâncias concretas em que é exercido. *Esta adaptabilidade do direito subjectivo às circunstâncias prova-nos que ele tem um conteúdo instável, o que permite explicar o facto de, por vezes, a lei alterar os efeitos por que ele se manifesta, modificando os poderes que dele derivam.*

E conclui: *o poder jurídico aparece-nos como simples instrumento de realização do direito ou do dever*[591].

---

[590] GOMES DA SILVA, *O Dever de Prestar e o Dever de Indemnizar*, cit., págs. 52-54.

[591] GOMES DA SILVA, *O Dever de Prestar e o Dever de Indemnizar*, cit., pág. 57.

472   *A Participação Social nas Sociedades Comerciais*

II. A construção do direito subjectivo, que GOMES DA SILVA deixou expressa em *O Dever de Prestar e o Dever de Indemnizar*, foi acusada de excessivamente objectivista[592]. O próprio Autor o reconheceu em *Esboço de uma Concepção Personalista do Direito*[593].

Começa por afirmar que *o direito subjectivo é qualquer coisa que é <u>inerente à pessoa</u> e que lhe outorga uma situação de privilégio perante as outras*. Admite que a sua anterior concepção *incorre na falta de privar aquela figura do <u>quid</u> de subjectividade que ela apresenta como essencial na noção vivida espontaneamente pelos homens.*

Recapitulando, enuncia no direito subjectivo, *antes de mais, um fim humano que é sempre um desdobramento da exigência de realização do homem e que, como tal, tem de ser um fim concreto. Este fim concreto é sempre dotado de valor objectivo: é fim de um homem determinado, mas tem valor cognoscível pelos outros e susceptível de se impor ao direito.*

Em segundo lugar, prossegue, *o direito subjectivo importa a existência de uma coisa ou bem concreto, utilizável para a realização daquele fim.*

Finalmente, conclui, *o direito subjectivo envolve um conjunto de vínculos jurídicos (poderes no sentido de licitude, poderes de produzir efeitos jurídicos ou poderes potestativos, deveres especiais, ónus ou deveres livres (...) por meio dos quais a lei assegura a efectiva aplicação daquela coisa ou bem à realização do referido fim concreto: um conjunto de vínculos jurídicos por meio dos quais a lei afecta juridicamente a coisa ou bem à consecução de um fim concreto de pessoa ou pessoas determinadas.*

Estes três elementos do direito subjectivo, referidos como seus elementos técnicos, não prescindem da consideração do fim. *O fim do direito subjectivo, considerado como privativo de certas pessoas, mas ao mesmo tempo visto como dotado de valor objectivo, só tem sentido, perante a nossa exposição anterior, como sendo precisamente um daqueles fins em que se desdobra o fim último e supremo do homem. Quer essa finalidade particular seja*

---

[592] CASTRO MENDES, *Teoria Geral do Direito Civil*, I, AFDL, Lisboa, 1978, pág. 323.

[593] GOMES DA SILVA, *Esboço de uma Concepção Personalista do Direito*, cit., págs. 153 e segs..

absoluta, no sentido de ser exigida pela natureza, quer resulte da autonomia e poder criador do homem, sempre ela se apresentará, como fim humano que é, como um daqueles fins intermédios em que o homem tem de desdobrar o seu fim último para o atingir. Esses fins integram-se, portanto, na exigência ontológica de actuação da personalidade pelo cumprimento do fim último[594].

A sua conclusão insere-se no substancialismo personalista que lhe é tão próprio: *De tudo deve concluir-se que, quando a lei garante a utilização de certo bem para determinado fim, o que faz é assegurar a satisfação de um aspecto da exigência ontológica da realização do fim último. O direito subjectivo consiste fundamentalmente, portanto, e seja qual for a construção técnica que dele se faça, numa explicitação ontológica de realização do fim último ou, o que é o mesmo, de actuação da personalidade humana. (…) A lei não cria propriamente o direito subjectivo. O que ela faz é recortar, da exigência ontológica de realização do homem, certo aspecto respeitante a determinado fim de pormenor, para lhe garantir a satisfação nesse aspecto. (…) O direito subjectivo consiste num aspecto ou manifestação da exigência ontológica da actuação da personalidade que a lei explicita e garante mediante afectação jurídica de certo bem a uma finalidade capaz de integrar esse aspecto da mesma exigência*[595].

A repetição da mesma conclusão, que acabamos de transcrever, é veemente: *o direito subjectivo está ancorado na própria dignidade humana, não na dignidade geral da espécie humana, mas na dignidade de cada uma das pessoas, pessoalmente considerada, infungível e irrepetível, dignidade que exprime como uma exigência ontológica, quer dizer, como inerente ao próprio ser da pessoa como pessoa, e à sua existência concreta e situada no mundo.*

A compreensão da concepção do direito subjectivo em GOMES DA SILVA não prescinde da leitura conjunta de *O Dever de Prestar e o Dever de Indemnizar* e do *Esboço de uma Concepção Personalista do Direito*. O objectivismo, de que havia sido acusado ao primeiro texto, foi corrigido no segundo. Mas não deve, porém, em nossa opinião, ser

---

[594] GOMES DA SILVA, *Esboço de uma Concepção Personalista do Direito*, cit., pág. 155.

[595] GOMES DA SILVA, *Esboço de uma Concepção Personalista do Direito*, cit., pág. 156.

474 *A Participação Social nas Sociedades Comerciais*

vista no segundo texto uma mudança de opinião, induzida quiçá pela mudança dos tempos: dos anos quarenta para os anos sessenta do século XX. O personalismo ontológico de GOMES DA SILVA não mudou. Como ele confessou, o excessivo objectivismo da primeira formulação *resultou, segundo cremos, de nos havermos restringido ao campo em que se movem as teorias correntes, no qual se atende, afinal, apenas àquilo que, no pensamento actual, não passa de um conjunto de elementos por assim dizer, técnicos, utilizados pela lei para estruturar o direito subjectivo*[596].

III. Na esteira de GOMES DA SILVA, OLIVEIRA ASCENSÃO[597], parte também das ideias de bem, de fim e de afectação de um bem a um fim do titular do direito subjectivo.

Sente porém a necessidade de corrigir o pendor objectivista que desde o início marcava essa construção. Para acentuar a subjectividade e centrar melhor o direito subjectivo na posição do sujeito, introduz a referência a uma *posição de vantagem*[598] e recorre à ideia de autodeterminação: *o espaço de autodeterminação mínima parece todavia ser sempre assegurado:*

— *por serem as pessoas quem determina a prossecução dos fins, ou ao menos a sua medida*
— *por ser-lhes sempre reconhecido o poder de tutela da situação*[599].

Sem divergir, no fundo, da construção de GOMES DA SILVA, OLIVEIRA ASCENSÃO reforça assim a sua subjectivação, aproximando-se um pouco do voluntarismo, sem perder todavia as matrizes do interesse, do bem e da sua afectação ao fim do titular. Reconhece receber de SAVIGNY *a exigência de um espaço de autodeterminação*, de JHERING a demonstração de que *a tutela dum interesse válido representa o núcleo substancial do direito subjectivo* e de GOMES DA SILVA a consideração de

---

[596] GOMES DA SILVA, *Esboço de uma Concepção Personalista do Direito*, cit., pág. 154.

[597] OLIVEIRA ASCENSÃO, *Direito Civil — Teoria Geral*, III, Coimbra Editora, Coimbra, 2002, págs. 57 e segs.

[598] OLIVEIRA ASCENSÃO, *Direito Civil — Teoria Geral*, III, cit., págs. 70-71.

[599] OLIVEIRA ASCENSÃO, *Direito Civil — Teoria Geral*, III, cit., pág. 78.

que *a função do direito subjectivo resulta suficientemente de se referir a afectação jurídica aos fins das pessoas.*

Acaba por definir o direito subjectivo como *uma posição de vantagem, de pessoas individualmente consideradas, resultante da afectação de meios jurídicos, para permitir a realização de fins que a ordem jurídica aceita como dignos de protecção*[600].

IV. Também nós seguimos GOMES DA SILVA. A nossa posição parte da consideração dos fins das pessoas individualmente consideradas; dos bens, que são os meios hábeis ou úteis para os alcançar; dos poderes, que são a disponibilidade dos meios para alcançar os fins; e do interesse, que é a relação entre os fins das pessoas e os meios (bens) que são necessários, hábeis ou úteis para os alcançar[601].

Distinguimos o direito subjectivo enquanto forma, como os poderes que são hábeis para que o titular do direito subjectivo possa alcançar com êxito o respectivo fim, do direito subjectivo enquanto substância, que traduz a afectação funcional de meios jurídicos à realização com êxito dos fins do seu titular. Os poderes informam o conteúdo do direito subjectivo, a afectação constitui a sua substância.

Introduzimos a referência ao êxito no direito subjectivo. É fruste um direito subjectivo que não logre a realização dos fins do seu titular. Para ter êxito na afectação, o direito subjectivo pode ter – e tem normalmente – mais de um poder, no seu conteúdo. Pensamos, pois, que não há necessariamente um direito subjectivo sempre que há um poder, que nem todo o poder corresponde a um direito subjectivo, porque muitas vezes esse poder se limita a fazer parte de um direito subjectivo que é mais amplo e que engloba ainda outros poderes, isto é, a disponibilidade de outros meios necessários convenientes ou úteis para que o titular tenha êxito na realização do respectivo fim. O direito subjectivo tem um conteúdo complexo e móvel, que varia com as circunstâncias e com as dificuldades que enfrenta na realização do

---

[600] OLIVEIRA ASCENSÃO, *Direito Civil – Teoria Geral*, III, cit., pág. 79.
[601] PAIS DE VASCONCELOS, *Teoria Geral do Direito Civil*, cit., págs. 635 e segs..

476   *A Participação Social nas Sociedades Comerciais*

fim. Esta ideia recebemo-la de GOMES DA SILVA[602], quando afirma que o direito subjectivo é *uma célula de energia normativa*, que é dotado de *adaptabilidade* (...) *às circunstâncias* e que *tem um conteúdo instável*. A cada situação concreta, a ameaça ou a perturbação que seja enfrentada pela realização daquele fim daquela pessoa seu titular, o direito subjectivo responde com um poder adequado, com um meio jurídico que seja hábil para lhe assegurar o êxito. Isso é muito claro, por exemplo, no direito subjectivo de personalidade que foi historicamente desenvolvendo novos poderes, novos meios defensivos contra as novas ofensas que o foram agredindo. E assim, se há umas dezenas de anos ninguém pensava em *direito à integridade genética*, a disponibilidade de meios jurídicos (poderes) para a defender está hoje na ordem do dia.

A tipificação dos direitos subjectivos nos Códigos, principalmente dos direitos reais, tornou-os rígidos. Para reduzir essa rigidez, os textos legais contêm listas, mais ou menos completas, dos poderes que mais usualmente, mais frequentemente, mais tipicamente, são necessários ao titular do direito subjectivo para que tenha, ou mantenha, o êxito na realização do fim. Na linguagem jurídica corrente, são normalmente referidos como direitos, mas não passam de poderes.

Tal como o entendemos, o direito subjectivo, na sua complexidade e na sua mobilidade, pode conter também vinculações, adstrições e ónus[603]. GOMES DA SILVA aludiu já também à existência de deveres no seio do direito subjectivo[604]. Esses deveres vinculariam terceiros, como no caso dos direitos de crédito, ou mesmo o próprio titular do direito subjectivo. A componente de dever no conteúdo do direito subjectivo revela-se com clareza nos casos de contitularidade. Na comunhão e na compropriedade, por exemplo, os consortes têm deveres uns para com os outros e, na propriedade horizontal, há deveres de prestação pecuniária que encontram similar nos deveres de prestação dos sócios. Estes deveres são acessórios da realização do

---

[602] GOMES DA SILVA, *O Dever de Prestar e o Dever de Indemnizar*, cit., pág. 53.
[603] PAIS DE VASCONCELOS, *Teoria Geral do Direito Civil*, cit., págs. 650.
[604] GOMES DA SILVA, *O Dever de Prestar e o Dever de Indemnizar*, cit., págs. 40--41 e 56-57.

Natureza jurídica da participação social nas sociedades comerciais   477

fim próprio do direito subjectivo e, por isso, não lhe retiram a qualidade dominantemente activa.

Não obstante poder comportar deveres ou vinculações, o direito subjectivo é fundamentalmente liberdade. É um espaço de liberdade de que o seu titular se pode servir se quiser, mas sem ser forçado a fazê-lo. Por isto, sem deixar de estar ligado ao bem, o direito subjectivo está sobretudo ligado à pessoa do seu titular. É subjectivo.

O direito subjectivo não é norma, embora não seja estranho ao aparelho normativo da ordem jurídica objectiva, sem o qual o seu êxito seria limitado à auto-tutela. O direito subjectivo faz parte do Direito, da ordem jurídica global, que fornece um dos principais instrumentos da sua tutela: a acção. Porém, o papel importantíssimo que, na tutela e no êxito do direito subjectivo, cabe à acção, ao direito de acção judicial, ao direito de recurso aos tribunais, à norma e ao Estado, não nos leva a identificá-los, nem a submeter o direito subjectivo ao direito objectivo. Se o direito subjectivo fosse reduzido à norma, o seu titular ficaria dependente da boa vontade do Estado para o seu exercício e para a sua defesa, os quais seriam sempre problemáticos, senão mesmo frustes, sempre que tivessem de ser exercidos contra o mesmo Estado. O diálogo entre direito subjectivo e direito objectivo é integrante. Reflecte a relação entre a pessoa individual e a comunidade, entre o indivíduo e o Estado, entre o *eu* e o *nós*, entre o bem próprio e o bem comum, no âmbito da ordem jurídica.

O direito subjectivo, considerado em geral, independentemente de um certo titular, de um concreto bem, de uma circunstância existente, de um determinado fim, de um ordenamento jurídico em que se insira, é uma abstracção. Não tem existência substancial. É um conceito formal (*Rechtsformbegriff*). É útil para o estudo do Direito e para o diálogo académico, mas não muito mais. Importa, por isso, evitar confundi-lo com os direitos subjectivos existentes, substanciais, de que são titulares pessoas verdadeiras, em circunstâncias reais da vida, que envolvem a afectação de bens (meios) verdadeiros, à realização de fins concretos. O direito subjectivo abstracto é um operador técnico-jurídico-formal. Não tem conteúdo: é pura forma.

478 *A Participação Social nas Sociedades Comerciais*

Entendemos, pois, o direito subjectivo como uma posição jurídica pessoal de vantagem, de livre exercício, dominantemente activa, inerente à afectação, com êxito, de bens e dos correspondentes meios, isto é, de poderes jurídicos e materiais, necessários, convenientes ou simplesmente úteis, à realização de fins específicos de um seu concreto titular[605]. Este entendimento não é definitivo nem final. Representa tão só um momento, este momento, numa interrupção artificial de um caminho que continuamos a trilhar.

c) MENEZES CORDEIRO *e a moderna escola jurídico-formal do direito subjectivo*

MENEZES CORDEIRO[606] inova, no ambiente doutrinário português, em matéria de direito subjectivo.

Começa por analisar a evolução dogmática do direito subjectivo, para nela discernir o sentido de evolução. Nas suas palavras, *mais importante do que apontar – ou querer apontar – uma solução definitiva, numa pretensão que logo, só por si, se revelaria acientífica, é descobrir o sentido de uma evolução, passada, presente e, na medida do razoável, futura.*

Da *moderna escola jurídico-formal,* recebe a construção do direito subjectivo como *um importante instrumento dogmático, actuante em múltiplas soluções, que é inevitavelmente abstracto, pela sua generalidade: mas não tanto que perca o seu contacto com a própria ordem jurídica. A referência às normas é útil e parece assente*[607].

Não abdica, porém, *sem mais, do nível significativo-ideológico do direito subjectivo.* Numa sociedade ocidental aberta, como a nossa, com uma cultura de raiz liberal, o direito subjectivo não é sentido como *uma mera instrumentação técnica, a manipular pelos juristas, mas como uma vantagem pessoal, a conquistar, preservar e defender.*

---

[605] Esta é uma fórmula desenvolvida daquela, mais sintética, que adoptámos na nossa *Teoria Geral do Direito Civil,* cit., pág. 676.

[606] MENEZES CORDEIRO, *Tratado de Direito Civil,* I, I, cit., pág. 311 e segs..

[607] MENEZES CORDEIRO, *Tratado de Direito Civil,* I, I, cit., pág. 331.

Propõe então, como definição do direito subjectivo a fórmula *permissão normativa específica de aproveitamento de um bem.*

Esta fórmula resulta, ou procura resultar, segundo o Autor, de uma síntese, *que não é um somatório: antes implica um estádio diferente, na evolução global da ideia em que, de algum modo se encontram e superam os seus antecedentes. De acordo com esta síntese, direito subjectivo é sempre técnico: traduz a presença, no seu âmbito, de uma linguagem clara e eficiente, que permita percorrer a via que, à fonte, liga o caso concreto. Mas é, também, significativo-ideológico: traduz a projecção, também nesse âmbito, da competente fenomenologia social subjurídica. Apresentado como pedra angular do privatismo, o direito subjectivo não deve alhear-se de nenhum desses aspectos: ficaria mais pobre, pois o oscilar repetido entre ambos exprime a essencialidade dos dois.*

O Autor explicita, em seguida: *uma técnica jurídico-subjectiva, porque relativa ao Direito e ao sujeito, é significativo-ideológica; um subjectivismo significativo-ideológico, porque jurídico, é técnico. (…) Nesta linha, considerar o direito subjectivo como uma permissão normativa de aproveitamento específico é integrar a «moderna escola jurídico-formal», correspondendo às necessidades técnicas que a ditara. Mas é ainda introduzir, no coração do Direito privado, e em condições que facultaram uma divulgação máxima, a permissibilidade, isto é, o âmbito de liberdade concreta, reconhecido ao sujeito. O direito subjectivo tem limites. Mas parte-se da permissão para os deveres, o que alarga a primeira e obriga a assumir, com clareza os segundos.*

Depois de apreciar a construção de GOMES DA SILVA, admite que um último passo poderia ser dado, definindo o direito subjectivo como uma *permissão normativa específica*[608]. Mas não vai tão longe: essa *seria a solução ideal, mas conduziria a, do direito subjectivo, fazer um conceito analítico, e não compreensivo. (…) Ora,* prossegue, *o Direito positivo vigente, fruto da História e da cultura e não de construções racionais, reporta os direitos subjectivos aos bens,* pelo que, *sob o pano de fundo da permissão aferida ao bem podem, por desfibramento, revelar-se várias «permissões de actuação» e outras realidades.*

---

[608] MENEZES CORDEIRO, *Tratado de Direito Civil*, I, I, cit., pág. 334.

480 *A Participação Social nas Sociedades Comerciais*

d) Posições eclécticas

Nem todos os autores adoptam construções tão claramente alinhadas com um dos pólos do pensamento sobre o direito subjectivo. Na linha da síntese de REGELSBERGER[609], preferem compatibilizar e colher em cada um os aspectos que julgam mais elucidativos para a compreensão do direito subjectivo e enunciam definições compreensivas que recolhem em ambos algo de significativo.

JOSÉ TAVARES[610] define *em três palavras toda a estrutura do direito subjectivo: é o poder jurídico do interesse.*

PAULO CUNHA[611] integra o direito subjectivo no *lado activo* da relação jurídica e define-o como *um poder conferido pela norma a um sujeito para a realização por este de interesses.* A este poder corresponde, no extremo oposto, *a adstrição de um sujeito – sujeito passivo – a uma vinculação, por força da qual a liberdade de agir do mesmo sujeito aparece juridicamente diminuída e limitada* (vol. I, pág. 20). Mais adiante, precisa melhor: (…) *primacialmente, o direito subjectivo é poder;* (…) *poder é, em si, uma disponibilidade de meios, para atingir o certo fim – no nosso caso a realização de um interesse;* (…) *e assim, mais completamente, pode dizer-se que direito subjectivo é poder de realização de um interesse juridicamente protegido* (vol. II, pág. 21).

Também DIAS MARQUES[612] integra o direito subjectivo no lado activo da relação jurídica.

---

[609] REGELSBERGER, *Pandekten*, Bd. 1, Duncker & Humblot, Leipzig, 1893, pág. 57: *Die Rechte ruhen sämtlich auf den Boden des Rechts. Das will besagen: was jemand an Rechtsbefugnissen (Recht im subjektiven Sinne) zusteht, har er vermöge der Anerkennung in den Rechtssatzungen (Recht im objektiven Sinne).*

[610] JOSÉ TAVARES, *Os Princípios Fundamentais do Direito Civil*, I, Coimbra Editora, Coimbra, 1922, pág. 200.

[611] PAULO CUNHA, *Teoria Geral de Direito Civil*, Reprodução, sem actualizações, de apontamentos colhidos nas aulas de Teoria Geral de Direito Civil, no ano lectivo de 1961-62, vol. I, pág. 20 e vol. II, pág. 21.

[612] DIAS MARQUES, *Noções Elementares de Direito Civil*, 7.ª ed., do Autor, Lisboa, 1992, pág. 10.

Natureza jurídica da participação social nas sociedades comerciais 481

Por sua vez, CASTRO MENDES começa por seguir GOMES DA SILVA, ao definir direito subjectivo como *uma posição pessoal de vantagem, resultante da afectação jurídica dum bem à realização dum ou mais fins de pessoas individualmente consideradas*[613]; mas vem defini-lo, mais tarde, como *o poder concedido pela ordem jurídica para a tutela de um interesse ou de um núcleo de interesses de uma ou mais pessoas determinadas*[614].

ORLANDO DE CARVALHO[615] define o direito subjectivo como a *posição ou situação de poder em confronto da pessoa cujo interesse se sacrifica e que se coloca, portanto, numa posição de dever ou de sofrer (...) um poder de vontade juridicamente protegido.*

CARVALHO FERNANDES[616] assume também uma posição ecléctica em que o entende como *o poder jurídico de realização de um fim de determinada pessoa, mediante a afectação jurídica de um bem.*

HÖRSTER[617], sem adoptar uma definição própria de direito subjectivo, descreve-o como *um poder conferido ao seu titular* (pág. 226), mas admite que o seu conteúdo *pode comportar também certos deveres* (pág. 227), tem *por via de regra* um objecto, embora possa não o ter, como no caso dos direitos familiares, de personalidade e potestativos, embora deva ter sempre um conteúdo (pág. 226), e *está-lhe subjacente um interesse que o justifica,* que constitui *a razão em virtude da qual a lei atribui esse poder* e o seu *móbil,* embora não faça parte dele (pág. 226). *A ordem jurídica protege o direito subjectivo sempre de acordo com o seu respectivo conteúdo, inclusive os deveres nele integrados, e em função dos interesses legítimos do seu titular, mas já não de acordo com o seu objecto, aliás nem sempre existente* (pág. 228). Sem se apegar às fórmulas clássicas, a cons-

---

[613] CASTRO MENDES, *O Direito de Acção Judicial,* Suplemento da Revista da Faculdade de Direito da Universidade de Lisboa, Lisboa, 1957, pág. 45.

[614] CASTRO MENDES, *Teoria Geral do Direito Civil,* I, cit., pág. 325.

[615] ORLANDO DE CARVALHO, *Teoria Geral do Direito Civil,* Sumários desenvolvidos para uso dos alunos do 2.º ano (1.ª turma) do Curso Jurídico de 1980/81, Centelha, Coimbra, 1981, pág. 19.

[616] CARVALHO FERNANDES, *Teoria Geral do Direito Civil,* II, 3.ª ed., Universidade Católica, Lisboa, 2001, pág. 549.

[617] HEINRICH EWALD HÖRSTER, *A Parte Geral do Código Civil Português – Teoria Geral do Direito Civil,* Almedina, Coimbra, 1992, pág. 226 e segs..

482 *A Participação Social nas Sociedades Comerciais*

trução do Autor é mais subjectiva do que objectiva, embora não deixe de ter em consideração a referência ao interesse do titular.

e) Influência das concepções sobre o direito subjectivo no modo de entender a participação social

A pluralidade de modos de entender a participação social está muito ligada aos diversos modos como se compreende o direito subjectivo.

Para quem entende o direito subjectivo como um poder da vontade, uma *facultas agendi*, a participação social assemelha-se a um conjunto de direitos e obrigações, de poderes e vinculações. Esta é a construção de autores, como por exemplo RAÚL VENTURA, que se inserem numa linha contratualista, subjectivista, voluntarista. Esta pluralidade de direitos e obrigações é unificada, no regime da lei, principalmente na sua transmissão, na unidade de voto, na oneração por penhor, no usufruto, e até na incorporação na acção. Nessa sua unidade, o conjunto de direitos e obrigações pode ser entendido como uma posição jurídica, a posição jurídica do sócio, ou o *status socii* sintético e estrutural.

Quem construir objectivamente e substancialmente o direito subjectivo como uma posição jurídica complexa, integrada por uma multiplicidade móvel de poderes, vinculações e ónus, agregados como meios jurídicos que sejam necessários, convenientes, ou mesmo apenas úteis, para a realização do fim do seu titular, a participação social compreende-se melhor como a posição jurídica do sócio na sociedade, como o *status socii* genético e institucional, do qual decorrem (brotam) os respectivos poderes e vinculações.

Na visão subjectivista voluntarista, o *status socii* representa o conjunto de direitos e obrigações, de poderes e vinculações, de situações jurídicas activas e passivas, que integram a participação social. Estes poderes e vinculações não nascem do *status socii*. O *status*, nesta perspectiva não é gerador desses poderes e vinculações mas antes a sua estrutura organizativa, a sua síntese ideal. Nesta perspectiva técnico-

Natureza jurídica da participação social nas sociedades comerciais

-jurídica os poderes e vinculações pré-existem ao *status socii*, mas estruturam-se nele e constituem-no.

Na visão objectivista substantivista, o *status socii* constitui a fonte dos poderes e vinculações que emergem da participação social. O sócio, ao adquirir essa qualidade, é investido no *status socii* e é desta posição jurídica complexa que nascem os poderes e vinculações sociais. Nesta perspectiva, ao contrário da anterior, é o *status socii* que precede e que constitui os poderes e vinculações que integram a participação social. Como posição jurídica subjectiva móvel e complexa, o *status socii*, é um direito-fonte (*Stammrecht*), que vai gerando poderes e vinculações que, nas circunstâncias, vão sendo necessários, convenientes ou úteis a uma afectação, com êxito, ao sócio, do bem que constitui a participação social.

Esta dualidade de perspectivas de modos de ver e de entender a participação social obriga, para melhor poder ser compreendida, à enunciação e perspectivação de uma outra dualidade de estruturas jurídicas: o *status* e o direito subjectivo.

38. *Status* e direito subjectivo

I. O *status* e o direito subjectivo estão divididos por uma profunda diferença original, radical.

No direito romano, o *status* estava ligado a uma qualidade, uma condição, uma posição pessoais com relevância jurídica. Eram reconhecidos o *status libertatis*, o *status civitatis*, o *status familiae*. Os *status* estavam ligados ao sistema das *capitis deminutiones*[618].

No direito pré-moderno, anterior ao Renascimento e ao Humanismo, antes do surgimento do direito subjectivo, não deixava de ser estruturada a posição individual subjectiva de cada pessoa na comunidade e na ordem jurídica que a regia. Numa estrutura ética e política dominada pelo pensamento platónico-aristotélico, a cada

---

[618] MAX KASER, *Direito Privado Romano*, cit., pág. 100.

pessoa cabia na comunidade (família, convento, aldeia, vila, cidade, feudo, reino) uma tarefa, um lugar, um papel, uma função específica. Também os bens da terra estavam distribuídos de acordo com uma ordem natural estável, em geral, aceite. O *status*, estado ou estatuto, exprimia a posição da pessoa na comunidade. Os estatutos decorriam da pertença das pessoas a classes, estados, a ofícios. Os nobres podiam pertencer, dentro da nobreza, a diferentes estatutos; os clérigos podiam ser regulares ou ordinários, de diversas ordens religiosas, de diferentes conventos, onde ocupavam este ou aquele estatuto, ou posição e onde desempenhavam esta ou aquela função ou tarefa; também os artesãos, pertenciam a este ou aquele ofício e dentro desse ofício tinham diversos estatutos; o mesmo sucedia com os plebeus e com os mercadores, os mouros e os judeus, os homens livres e os escravos, etc. Cada pessoa tinha o seu estatuto e era desse estatuto que para si resultavam os respectivos privilégios ou onerações. Os poderes e vinculações não eram, porém, atribuídos individualmente, mas antes colectivamente em função de cada estatuto – *status* –, da pertença ao correspondente grupo. Os *status* medievos mantêm-se historicamente até muito tarde, conforme a evolução de cada sistema jurídica, e acabam por ser praticamente extintos com as legislações post-revolucionárias de abolição dos privilégios, dos vínculos e demais instituições medievais, já no século XIX.

Longe, porém, de se extinguir e de ser substituído pelo contrato e pelo direito subjectivo, o *status* renasce com GEORG JELLINEK[619], na sua teoria dos direitos públicos subjectivos, como estrutura jurídica da posição do indivíduo perante o Estado. O *status* não é direito subjectivo nem se confunde com ele; é pressuposto e fonte de direitos subjectivos atribuídos ou reconhecidos ao indivíduo conforme o seu *status*. O autor distingue o *status libertatis*, o *status civitatis* e o *status activae civitatis*.

O *status*, como operador jurídico e como modo de construir ou de exprimir a posição jurídica de cada pessoa na comunidade, a subjectividade jurídica, acaba por contaminar o próprio direito subjec-

---

[619] GEORG JELLINEK, *Sistema dei diritti publici subbjettivi*, cit., pág. 92 e segs..

tivo. Na construção nacional-socialista do LARENZ[620] dos anos trinta, o direito subjectivo é construído como um *status*, como a sua posição que não constitui um poder da vontade subjectiva, mas sim um modo de concretização do direito objectivo, da ordem comunitária, cujo conteúdo não é, em primeira linha, um *querer-poder*, mas antes *um dever que emerge do ser*, designadamente do *ser-membro* da comunidade; é uma missão, é uma função.

II. Diversamente do *status*, o direito subjectivo, como hoje o entendemos, mesmo com as conhecidas divergências doutrinárias, é relativamente recente. Não se encontra no direito romano, nem no intermédio[621].

É com o renascimento, com o humanismo, que vem a surgir e com o iluminismo que se consolida. A sua maturidade é alcançada na idade moderna, com a Revolução. Depois, é exaustivamente trabalhado dogmaticamente pelo pandectismo e hoje constitui, com o negócio jurídico, um dos principais institutos da autonomia privada. Diferentemente do *status*, o direito subjectivo

---

[620] LARENZ, *Rechtsperson und subjektives Recht. Zur Wandlung der Rechtsgrundbegriffe*, Junker und Dünnhaupt, Berlin, 1935, pág. 24-25: *Die Rechtsstellung ist keine Macht des subjektiven Willens, sondern eine Konkretionsweise des objektiven Rechts, der Gemeinschaftsordnung. Ihr Inhalt ist nicht in erster Linie ein Wollendürfen oder Können, sondern ein Sollen, das aus einem Sein, nämlich dem Glied-Sein des Rechtsgenossen, fließt; sie ist eine Aufgabe, eine Funktion.* Esta concepção nacional-socialista de status, de *Gliedstellung*, de *Rechstgenosse*, de membro da comunidade de raça é melhor explicitada em *Deutsche Rechtserneuerung und Rechtsphilosophie*, Mohr, Tübingen, 1934.

[621] Embora não seja consensual, a afirmação da inexistência no direito romano e no direito intermédio de um direito subjectivo, como estrutura ou instituto jurídico autónomo, que não fosse o simples reflexo da *actio*, seguimos aqui MICHEL VILLEY, *Droit Subjectif, I, (La genèse du droit subjectif chez Guillaume d'Occam)*, Seize essais de philosophie du droit dont un sur la crise universitaire, cit., pág. 149 e segs.. Sobre o debate sobre esta questão, HELMUT COING, *Zur geschichte des Eegriffs "subjektives Recht"*, em *Das subjektive Recht und der Rechtsschutz der Persönlichkeit*, Arbeiten zur Rechtsvergleichung, 5, cit., págs. 7-23, e MAX KASER, *Direito Privado Romano*, cit., págs. 55 e segs.. Em ligação com este tema e sobre o sentido etimológico da palavra *ius*, SEBASTIÃO CRUZ, *Ius, Derectum (Directum)*, 7.ª ed., Coimbra, 1986, *passim*.

486 *A Participação Social nas Sociedades Comerciais*

é de titularidade individual, em princípio independente da pertença a certo grupo, classe, ou estado na comunidade. Nesse sentido é muito mais subjectivo do que o *status*, porque é primariamente subjectivo, enquanto o *status* é primariamente objectivo e só secundariamente subjectivo.

39. A neutralização do *status* e do direito subjectivo

A diferença histórica entre o *status* e o direito subjectivo não tem de se manter, ainda hoje, com toda a sua componente ética e até de antagonismo político e ideológico. Sem a esquecer, porque é importante para melhor a compreender, é útil, hoje, neutralizar ética e ideologicamente a diferença entre o *status* e o direito subjectivo.

A participação social pode ser entendida como *status*. A doutrina italiana fá-lo correntemente sem que isso signifique ou implique uma opção dogmática objectivista. Também na doutrina portuguesa, MENEZES CORDEIRO, por exemplo, recorre ao *status* como operador jurídico na qualificação da participação social sem que, com isso, possa ser alinhado no objectivismo dogmático-jurídico.

A participação social também pode ser pensada como direito subjectivo complexo. O recurso dominante da doutrina alemã ao operador do direito subjectivo não significa, só por si, uma opção pelo subjectivismo voluntarista de radical neo-estóico. É importante, em nossa opinião, libertar este tipo de opções do seu passado e da carga ideológica a que esse passado as aprisionaria. Na doutrina portuguesa hodierna, os autores adoptam posições diversas, sem que se sintam envolvidos num ou noutro dos dois grandes modos europeus de pensar a realidade.

É necessária uma neutralização ontológica, ética e ideológica que permita retirar de ambos os operadores – *status* e direito subjectivo – o que de melhor podem proporcionar à dogmática da participação social. Esta neutralização tem sido feita espontaneamente pela doutrina e é bom que se mantenha[622]. Ela permite, mesmo, usar de uma inversão que é útil e que doutro modo seria ilegítima.

A neutralização da carga ideológica do direito subjectivo é muito clara em SAVIGNY. Na sua obra, o direito subjectivo, ainda não designado como tal, mas antes e apenas como direito em sentido subjectivo[623], é um *dominium* (*Macht, Befugnis*), como no objectivismo pré-occamiano, mas ligado à vontade individual da pessoa, num espaço em que a sua vontade domina, e não à vontade global do ordenamento objectivo. Nisto revela influência da ética kantiana da boa vontade individual[624] e do entendimento da liberdade como único direito inato, como *independência do arbítrio compulsivo dos demais segundo uma lei geral,* direito que *cabe a todo o homem em virtude da sua própria humanidade*[625]. Em KANT, o direito subjectivo é ainda e principalmente liberdade da pessoa, *citoyen,* na mesma perspectiva da Revolução. KANT tinha simpatia pela Revolução Francesa[626] e pela

---

[622] MEDICUS, *Allgemeiner Teil des BGB,* 3. Aufl., C.F.Müller, Heidelberg, 1988, § 10 II 1. pág. 31, desvaloriza a questão das concepções do direito subjectivo como poder de vontade ou como interesse juridicamente protegido, e comenta que *viel Bedeutung hat dieser Streit jedoch nicht.*

[623] SAVIGNY, *System des heutigen römischem Rechts,* I, Berlin, 1940, § 4, pág. 7: *Betrachten wir den Rechtszustand, so wie er uns im wirklichen Leben von allen Seiten umgiebt und durchbringt, so erscheint uns darin zunächst die der einzelnen Person zustehende Macht: ein Gebiet, worin ihr Wille herrscht, und mit unsrer Einstimmung herrscht. Diese Macht nennen wir ein Recht dieser Person, gleichbedeutend mit Befugnis: Manche nennen es das Recht im subjektiven Sinn.*

[624] KANT, *Fundamentação da Metafísica dos Costumes,* tradução portuguesa de Paulo Quintela, Edições 70, Lisboa, 1988, págs. 21 e segs..

[625] KANT, *Metafísica dos Costumes, Apêndice à Introdução à Teoria do Direito,* tradução castelhana de Felipe González Vincen, Pons, Madrid, 1977, pág. 55.

[626] KANT, *Le Conflit des Facultés,* Vrin, Paris, 1935. Neste texto, que só veio a poder ser publicado em 1798, após a morte de Frederico Guilherme II, na secção II, *Conflit de la Faculté de philosophie avec la Faculté de droit,* no 6. *D'un événement de notre temps qui prouve cette tendance morale de l'humanité,* é expressa simpatia, embora com reservas, para com a revolução e o regime republicano. Sobre esta simpatia de KANT pela Revolução Francesa, e implicitamente também pela Revolução Americana, NORBERTO BOBBIO, *A Era dos Direitos,* Editora Campus, Rio de Janeiro, 1992, págs. 134 e segs. e MORUJÃO, *Kant,* em *Logos – Enciclopédia Luso Bra-*

488   *A Participação Social nas Sociedades Comerciais*

sua doutrina da Liberdade. Por isso, no seu pensamento, o direito subjectivo está ainda referido à liberdade individual de cada um enquanto pessoa individual, digna e livre, *sui juris*. Mas SAVIGNY não admira a Revolução Francesa, é ainda um homem do *Ancien Régime* e, na sua construção, não obstante a influência kantiana, a ideia revolucionária de liberdade, é substituída pela de vontade, de vontade livre, é certo, mas sobretudo de vontade dominante sobre as vontades de outros, de *dominium*, de *Herrschaft*. Assim, com SAVIGNY, o direito subjectivo desliga-se da ideologia revolucionária da liberdade, e muda de referencial para o da vontade de domínio, que introduz já o subjectivismo e o voluntarismo românticos.

Esta mudança de referencial revela-se, com mais clareza, em WINDSCHEID. Nele, a vontade que suporta o direito subjectivo não é tanto a vontade livre, o livre arbítrio, como a vontade psicológica. O direito subjectivo já não é o hino à liberdade do *sui juris*, do *citoyen*, da Revolução, mas a vontade psicológica[627] da burguesia dominante do romantismo girondino[628]. Embora ainda com origem no livre arbítrio, o acento tónico transita da *liberdade* (política e patrimonial) para a *vontade* (psicológica). Por isto, WINDSCHEID não consegue responder cabalmente à crítica de JHERING. Bastar-lhe-ia argumentar que a condição das crianças e dos loucos não os priva da qualidade de *sui juris*, da cidadania. Mas em WINDSCHEID, o direito subjectivo perdeu já a ligação à liberdade política, à Revolução, à cidadania. Nas

---

sileira de Filosofia, Verbo, Lisboa, São Paulo, 3, pág. 111. A simpatia de KANT pela Revolução Francesa é contestada por BION SMYRNIADES, *Les doctrines de Hobbes, Locke & Kant sur le droit d'insurrection*, La Vie Universitaire, Paris, 1921, págs. 113 e segs., que enfatiza as diferenças entre as doutrinas de HOBBES, LOCKE e ROUSSEAU e o horror de KANT pelo terror revolucionário, sem deixar de admitir, porém, a ideia de liberdade de autonomia e até de contrato social em KANT (págs. 117-121).

[627] A mudança de radical da vontade, da liberdade, para a psicologia, é depois muito clara em ERNST ZITELMANN, *Irrtum und Rechtsgeschäft*, Leipzig 1879, págs. 35 e segs..

[628] Sobre esta neutralização ideológica, ORLANDO DE CARVALHO, *A Teoria Geral da Relação Jurídica – seu sentido e limites*, Centelha, Coimbra, 1981, págs. 38 e segs..

mãos de SAVIGNY e de WINDSCHEID, o direito subjectivo foi ideologicamente domesticado e neutralizado.

Esta neutralização ideológica do direito subjectivo manteve-se
na doutrina do pandectismo e ainda hoje, na prática jurídica corrente,
não obstante tentativas de inversão como as protagonizadas pelo
nacional-socialismo do LARENZ dos anos trinta do século XX, ou do
solidarismo de DUGUIT[629]. O direito subjectivo é, hoje, ideologica-

---

[629] LÉON DUGUIT, *Fundamentos do Direito* (tradução portuguesa de *Manuel de
Droit Constitutionnel*), Inquérito, Lisboa, 1939 desvaloriza o direito subjectivo, que
submete ao direito objectivo, o qual exprime o dever de solidariedade social.
O direito subjectivo, na sua perspectiva, é o direito de cumprir o dever. O livro
tem início com palavras que vale a pena reter (pág. 1):

*Pela mesma palavra – <u>direito</u> – designam-se duas coisas que, sem dúvida, se penetram
intimamente, mas que são, todavia, diferentes: o <u>direito objectivo</u> e o <u>direito subjectivo</u>.*

*O <u>direito objectivo</u> ou a <u>regra de direito</u> é a norma de conduta que se impõe aos indi-
víduos que vivem em sociedade, normas cujo respeito se considera, num momento dado, pela
sociedade, como garantia do interesse comum e cuja violação determina reacção colectiva contra o autor de tal violação.*

*O <u>direito subjectivo</u> é um poder do indivíduo que vive em sociedade. É um poder para
o indivíduo obter o reconhecimento social do objecto que pretende, quando o motivo que determina o seu acto é um fim considerado legítimo pelo direito objectivo.*

*Adiante, nas págs. 26-27, explicita melhor o seu pensamento sobre o direito subjec-
tivo, do modo seguinte:*

*Fundando-se o direito objectivo na solidariedade social, o direito subjectivo daí deriva,
directa e logicamente. E sendo todo o indivíduo, com efeito, obrigado pelo direito objectivo a
cooperar na solidariedade social, resulta disso, necessariamente, que ele tem o direito de praticar todos aqueles actos pelos quais coopera na solidariedade social e de impedir que, seja
quem for, obste à realização do papel social que lhe incumbe. O homem que vive em sociedade tem direitos; mas esses direitos não são prerrogativas que lhe pertençam na qualidade de
homem; são poderes que lhe pertencem porque, sendo o homem social, tem um dever a cumprir e deve ter o poder de cumprir tal dever. Vê-se como se está longe a concepção do direito
individual. Não são os direitos naturais, individuais, imprescritíveis do homem que funda-
mentam a regra de direito que se impõe aos homens em sociedade. É, pelo contrário, porque
existe uma regra de direito que obriga cada homem a desempenhar um certo papel social, que
cada homem goza de direitos, – direitos que têm assim por princípio e por limites a missão
que devem desempenhar.*

*A liberdade, incontestavelmente, é um direito, – mas não uma prerrogativa que acom-
panha o homem pelo facto de ser homem. A liberdade é um direito porque o homem tem o
dever de desenvolver a sua actividade individual tão completamente quanto lhe seja possível,*

490   *A Participação Social nas Sociedades Comerciais*

mente neutro. Também o *status* perdeu entretanto o sentido medievo, pré e anti-liberal que lhe era inerente. Direito subjectivo e *status* são hoje operadores jurídicos, cuja utilização dogmática se libertou das suas raízes ideológicas e que estão disponíveis para uma utilização descomprometida.

40. Compatibilidade e inerência entre *status socii* e direito subjectivo

I. Neutralizadas ideologicamente as referências ao poder e ao fim, como feitas à estrutura e à substância do direito subjectivo[630], estas diferenças não impedem um entendimento jus-científico sobre o direito subjectivo. Sem prejuízo das perspectivas próprias, fundadas em modos diversos de entender o Direito, oriundas de quadros ôntico-éticos específicos, é possível o consenso mínimo indispensável para o diálogo científico.

Resta porém compatibilizar direito subjectivo e *status* como operadores jurídicos através dos quais se exprime a posição jurídica do sócio na sociedade comercial.

Direito subjectivo e *status* não são incompatíveis nem se excluem mutuamente na qualificação da posição jurídica do sócio. O direito subjectivo pode estar integrado no *status socii* ou dele decorrer; assim como o *status socii* pode gerar ou enquadrar o direito subjectivo do sócio.

Mas não deixa de haver uma diferença de perspectiva. Numa, há uma (logicamente) prévia investidura no *status socii* da qual decorre (consequentemente) a titularidade do direito subjectivo complexo do

---

– porque a sua actividade individual é factor essencial da solidariedade por divisão de trabalho. Tem, por conseguinte, o direito de desenvolver livremente a sua actividade; mas, ao mesmo tempo só possui esse direito na medida em que consagra a sua própria actividade à realização da solidariedade social. A liberdade assim compreendida recebe um fundamento inabalável, pois ela, só consiste na liberdade de se cumprir o dever social.

[630] Esta referência surge já com muita clareza em JHERING, *o Espírito do Direito Romano*, III, cit., págs. 213 e segs.. Ver também PAIS DE VASCONCELOS, *Teoria Geral do Direito Civil*, cit., págs. 648-657.

sócio, composto de uma pluralidade de poderes e vinculações (ou, na linguagem tradicional, de direitos e obrigações); noutra, a aquisição da titularidade de um direito subjectivo complexo de cuja titularidade decorre a investidura no *status socii*. Na primeira, parte-se do *status*; na segunda, do direito subjectivo. A questão é circular. Não tem interesse escolher uma em detrimento da outra. Ambas são possíveis e nenhuma delas envolve vantagem jurídico-pragmática ou melhor concepção metódica. Os juristas continuarão a pensar esta matéria de um ou de outro modo, sem que a diferença seja relevante.

II. Tanto o direito subjectivo como o *status* suscitam algum desconforto na qualificação e enquadramento da posição jurídica do sócio na sociedade. O direito subjectivo, por defeito, porque tem de ser levado ao limite para enquadrar a posição jurídica do sócio, se não ultrapassa mesmo de algum modo esse limite. O *status*, por excesso, porque é, em princípio, muito mais amplo do que a posição jurídica do sócio na sociedade. Se a posição jurídica do sócio encontra pouco espaço dentro do âmbito do direito subjectivo para a sua componente passiva, sobra-lhe espaço no âmbito do *status*. A posição jurídica do sócio está no limite máximo do direito subjectivo e talvez no limite mínimo do *status*.

O enquadramento da participação social no âmbito de um direito subjectivo não suscita dificuldades no que concerne à sua componente activa. Os diversos poderes do sócio (usualmente designados *direitos*) encontram com facilidade a unidade funcional imprescindível para que possam ser unificados num único direito subjectivo. Eles contribuem, cada um de *per si* e todos no seu conjunto, para que obtenha êxito a afectação jurídica ao sócio do bem patrimonial que para ele representa a participação social, para a realização do seu fim: obter lucro do seu investimento na sociedade. Esta unidade é confirmada pelo regime unitário da aquisição, da alienação e da oneração, da participação social, pela unidade do exercício do voto, sem prejuízo dos casos limitados em que é lícita a separação de poderes[631].

---

[631] PAIS DE VASCONCELOS, *Direitos Destacáveis – O Problema da Unidade e Pluralidade do Direito Social como Direito Subjectivo*, cit., págs. 168-169.

492 *A Participação Social nas Sociedades Comerciais*

É, pois possível, enquadrar e unificar num único direito subjectivo – o *direito social* – a componente activa da participação social.

Mas já a componente passiva da participação social suscita dificuldades de enquadramento num unitário direito subjectivo do sócio, conjuntamente com os poderes que integram a sua componente activa. Nem todas as concepções de direito subjectivo comportam uma componente passiva. Na típica concepção subjectiva voluntarista, o direito subjectivo, como poder da vontade, é exclusivamente activo. Neste entendimento, direito subjectivo é poder. Este poder relaciona-se com o dever na relação jurídica, mas não no âmbito do direito subjectivo. O dever é exterior, é externo, não faz parte do direito subjectivo. Compreendido deste modo o direito subjectivo e excluído do seu âmbito tudo o que for passivo, este operador não poderá compreender a participação social na sua globalidade. A unificação jurídica da participação social, com as suas componentes activa e passiva, necessitará do recurso a outros operadores, como a relação jurídica, a posição jurídica ou o próprio *status socii*.

Porém, se se entender o direito subjectivo como uma posição jurídica complexa de poderes e vinculações articulados na viabilização da afectação de um bem ao seu titular, já então a participação social, com todo o seu conteúdo activo e passivo poderá ser nele enquadrada sem perda de conteúdo. A susceptibilidade da qualificação da participação social como direito subjectivo depende, pois, do conceito de direito subjectivo que se adopte – ou com que se trabalhe.

Também a qualificação da participação social como *status* depende do respectivo conceito que se adopte ou com que se trabalhe. Na sua concepção histórica e medieval, o *status* é inábil para a qualificação ou para o enquadramento da posição jurídica do sócio na sociedade. As críticas formuladas contra o recurso ao *status* assentam em concepções clássicas, historicamente ortodoxas, deste conceito que, a serem adoptadas, impedem efectivamente a sua utilização. Porém, se, na esteira de ASCARELLI[632], se recorrer a um conceito dife-

---

[632] É sábia a afirmação de ASCARELLI, por exemplo, em *Saggi di diritto commerciale*, cit., págs.346(77) e em *Studi in tema di società*, cit., págs. 37(70), onde

rente de *status*, um conceito renovado e actual, de posição jurídica típica de uma pessoa – singular ou colectiva – decorrente de uma sua especial posição típica na sociedade, seja ela pessoal ou patrimonial ou mista, originária ou subsequente, disponível ou indisponível, dependente ou independente da sua autonomia, já o *status* passa a ser hábil para qualificar, referir ou enquadrar a posição jurídica do sócio na sociedade comercial. Como se disse já, a questão é hoje acentuadamente conceptual. A admissibilidade de um conceito renovado de *status*, como este, é cada vez mais confirmada na prática e na vida, em que o *status* de consumidor, de investidor, de insolvente, para mencionar apenas estes, são pacificamente aceites e utilizados sem que daí resulte algum inconveniente.

III. O *status* e o direito subjectivo não se colocam, porém, no mesmo plano do jurídico. O *status* sintético compreende o direito subjectivo; o *status* genético constitui o seu pressuposto. Na relação entre *status* e direito subjectivo, o direito subjectivo (na perspectiva unitária) ou os direitos e obrigações (na perspectiva atomista) do sócio, constituem o conteúdo do qual o *status* é o continente (na sua perspectiva sintética); ou constituem o efeito do qual o *status* (na sua perspectiva genética) é o pressuposto. Consoante, pois, a perspectiva genética ou sintética, o *status* é o pressuposto ou o continente do regime jurídico típico do sócio na sociedade.

Assim entendida a relação entre o *status socii* e o direito subjectivo, deixa de ser necessário optar entre um e outro destes operadores jurídicos. Eles não são alternativos, mas antes complementares. Ao ser investido no *status socii*, o sócio fica titular do direito social; do mesmo modo, ao tornar-se titular do direito social, o sócio é investido no *status socii*. Não há aqui um círculo vicioso, mas antes uma inerência: o *status socii* e o direito social são mútua e reciprocamente inerentes.

---

escreve (o texto é igual em ambos os locais): *Si discute circa la possibilità di considerare, tecnicamente, questa posizione come uno* status. *La risposta a questa domanda dipende dalla concezione, diversa nei vari autori, dello* status.

494   *A Participação Social nas Sociedades Comerciais*

Sendo mútua e reciprocamente inerentes, o direito social e o *status socii* não se confundem e não deixam de ser diferentes. A diferença é muito clara na transmissão e na oneração. O *status socii* não é transmissível nem onerável. O que se transmite é a parte social, na sua globalidade complexa e não o *status*. A transmissão da parte social implica a extinção do *status socii* do alienante e a investidura nele do novo sócio. Na constituição de usufruto sobre a parte social, ambos o nu titular e o usufrutuário participam do *status socii*, embora os respectivos direitos sejam diferentes. No caso do penhor, o credor pignoratício não adquire a qualidade de sócio, o *status socii*. Também não têm a qualidade de sócio e não são investidos no respectivo *status* o requerente do arresto, nem o beneficiário da penhora. Em consequência da respectiva execução, a venda executiva, quando admitida, investe o adquirente no *status socii* e faz cessar a qualidade de sócio do executado.

A diferença entre o *status socii* e o direito social é também de âmbito jurídico-material. O *status* é materialmente mais amplo do que o direito social e abrange, além deste, também o demais regime jurídico-legal a que o sócio fica sujeito pelo facto de o ser. O direito social, como direito subjectivo, situa-se no âmbito da autonomia privada; mas a qualidade de sócio, o *status socii* inclui também o seu regime de direito objectivo, que está fora da autonomia privada e que não tem por função assegurar, permitir, melhorar a afectação do bem jurídico que constitui a participação social como objecto jurídico, à realização, com êxito, ao fim do sócio. Este fim do sócio, como se disse já, corresponde à obtenção de lucro sobre o seu investimento na sociedade.

Como observa KARSTEN SCHMIDT[633] acerca das qualificações da participação social como relação jurídica e como direito subjectivo, em nossa opinião também as qualificações como direito subjectivo e como *status* são ambas correctas e só aparentemente são contraditó-

---

[633] KARSTEN SCHMIDT, *Gesellschaftsrecht*, cit., § 19 I 3, págs. 549-550, e *Die Vereinsmitgliedschaft als Grundlage von Schadensersatzansprüchen*, JZ 46 (1991), págs. 157-162.

Natureza jurídica da participação social nas sociedades comerciais   495

rias, porque referem perspectivas diversas da mesma realidade: o direito subjectivo, a perspectiva subjectiva do sócio em relação à sociedade; o *status*, a perspectiva objectiva da ordem jurídica em relação à posição do sócio na sociedade.

41. Participação social como relação jurídica, como direito subjectivo, como *status socii* e como objecto de direito

I. A qualificação jurídica da participação social, nas sociedades comerciais, deve ser plural. Não é possível qualificá-la como correspondendo exclusivamente a um dos operadores referidos, com exclusão de todos os outros. WIEDEMANN[634] admite que a *Mitgliedschaft* é relação jurídica, mas também é direito subjectivo, sem que haja contradição entre ambas as qualificações. A sua posição é expressamente adoptada por outros autores, entre eles KARSTEN SCHMIDT[635], LUTTER[636] e HABERSACK[637].

Esta qualificação plural é virtuosa. A opção por uma qualificação singela, exclusiva, seria redutora e não permitiria compreender a participação social na sua plenitude. Nada há que impeça, ou mesmo que desaconselhe, a qualificação plural.

Mas a dupla qualificação não é ainda suficiente. Em nossa opinião, é útil acrescentar ao binómio – relação jurídica/direito subjectivo – um terceiro termo: o *status socii*. A qualificação que propomos é tripla: a participação social nas sociedades comerciais é relação jurídica, é direito subjectivo e é o estatuto jurídico do sócio enquanto tal (*status socii*).

---

[634] WIEDEMANN, *Gesellschaftsrecht*, cit., pág. 95, e *Die Übertragung und Vererbung von Mitgliedschaftsrechten bei Handelsgesellschaften*, cit., § 2 III 1, pág. 39.

[635] KARSTEN SCHMIDT, *Gesellschaftsrecht*, cit., § 19 I 3, págs. 549-550, e *Die Vereinsmitgliedschaft als Grundlage von Schadensersatzansprüchen*, cit., págs. 157-162.

[636] MARKUS LUTTER, *Theorie der Mitgliedschaft*, cit., págs. 97-102.

[637] HABERSACK, *Die Mitgliedschaft – subjektives und "sonstiges" Recht*, cit., § 6, págs. 62 e segs..

II. Como se disse já[638], relação jurídica não é o mesmo que direito subjectivo. Também nenhum destes operadores é o mesmo que *status socii*. Relação jurídica, direito subjectivo e estatuto do sócio na sociedade são operadores diferentes que se não confundem entre si. Mas, se não se confundem, não deixam de se relacionar e de coexistir na participação social, sem incompatibilidade.

Designamos globalmente como relação jurídica social ou relacionamento societário, o conjunto destas relações jurídicas entre os sócios e a sociedade e dos sócios entre si na qualidade de consócios e no âmbito da sociedade[639].

É inegável que existe relação jurídica na participação social. Há relacionamento dos sócios uns com os outros, e também entre os sócios e a sociedade. Este relacionamento é muito diverso consoante os tipos legais de sociedades, os seus tipos sociais e até os casos concretos. Há algo de comum, que o Código das Sociedades Comerciais regulou na parte geral; há algo de típico, que foi regulado na parte especial; há algo de concreto que decorre dos contratos, pactos e estatutos de cada sociedade e até das respectivas deliberações sociais. Embora fora do âmbito da participação social, mas com ela conexas, há ainda relações parassociais instituídas pelos correspondentes acordos.

Esta relação jurídica – a relação social – é uma *relação jurídica secundária*, que é funcionalmente acessória do direito subjectivo, que lhe dá origem e sentido. O relacionamento societário, a relação jurídica social existe para permitir o êxito do direito subjectivo do sócio, de cada um dos sócios.

A componente passiva da relação jurídica social tem função acessória e ancilar da realização com êxito do fim do sócio na sociedade. As obrigações de entrada e de indústria, de prestações suplementares e acessórias, até de suprimentos, só encontram razão de ser na necessidade de conferir suporte económico à prossecução do fim lucrativo

---

[638] *Supra* V.26.III.
[639] *Supra* I.6.

Natureza jurídica da participação social nas sociedades comerciais 497

do sócio: sem investimento, não pode haver lucro. A sujeição às perdas é a simples expressão do risco económico do investimento do sócio. O dever de lealdade assenta funcionalmente na regulação da comunidade dos sócios, na prossecução do fim social e na inerência entre poder e responsabilidade[640]. Nenhuma sociedade consegue subsistir num ambiente de deslealdade total. A subsistência saudável da comunidade dos sócios, o bom funcionamento da sociedade exigem que, entre eles e a própria sociedade, haja um mínimo de lealdade e que cada um possa contar com um comportamento leal por parte dos outros. Nenhum dos deveres que integram a relação jurídica social é funcionalmente autónomo e nenhum deles encontra razão de ser fora da sua função de assegurar o êxito do direito subjectivo do sócio, do direito social.

Há, sem dúvida, uma componente relacional na participação social que a leva a participar da ideia de relação jurídica. É a relação jurídica social ou societária. Mas a relação jurídica, como estrutura jurídica, não esgota toda a complexidade da participação social e tem uma função acessória ao aproveitamento pelos sócios da utilidade económica inerente à sua participação na sociedade.

III. A participação social é também direito subjectivo.

Enquanto posição jurídica pessoal de vantagem, de livre exercício, dominantemente activa, inerente à afectação com êxito de bens e dos correspondentes meios, isto é, de poderes jurídicos e materiais, necessários, convenientes ou simplesmente úteis, à realização de um fim pessoal e específico do sócio, individualmente considerado, a participação social corresponde a um direito subjectivo do sócio que dela é titular.

O fim que o sócio prossegue é o lucro, a maximização económica do seu investimento. Esse lucro pode ser obtido através do dividendo, da quota de liquidação ou do preço de venda da parte social. O investimento do sócio corresponde à sua entrada, na constituição

---

[640] Karsten Schmidt, *Gesellschaftsrecht*, § 20 IV, pág. 588.

ou em aumento de capital da sociedade, ou ao preço pago pela aquisição da respectiva parte social, consoante for o caso. O meio – o bem – que é apto para a realização do fim é a parte social, é o quinhão em que o sócio participa e beneficia da organização de meios que a sociedade incorpora. Não é toda esta organização, mas a parte correspondente ao sócio: a sua parte social.

O direito social tem como objecto a parte social, o quinhão que o sócio tem na sociedade: a parte na sociedade em nome colectivo, a quota na sociedade por quotas, a acção ou o lote de acções na sociedade anónima. A parte social é um bem incorpóreo que se não confunde com o património social: a parte social pertence ao sócio; o património social pertence à sociedade. Enquanto direito subjectivo, a participação social é a posição jurídica do sócio na sociedade, que lhe permite beneficiar da sua parte social com o fim de alcançar êxito na realização de lucro sobre o seu investimento. É a parte social que constitui o bem que é afecto à realização daquele fim do sócio.

Esta posição jurídica – a participação social – é dominantemente activa, mas não deixa de ter a sua componente passiva integrada pelos deveres sociais de entrada, que são fundamentalmente as obrigações de contribuição com bens ou indústria, o dever de quinhoar nas perdas e o dever de lealdade.

Esta componente passiva é funcionalmente acessória e instrumental da realização do fim e, por isso, não impede a qualificação da participação social como um direito subjectivo complexo, embora inserido numa relação jurídica secundária.

A participação social, como direito subjectivo, denomina-se *direito social*. Não é um direito real, nem um direito de crédito. É um *tertium genus*, um direito complexo, que integra poderes creditícios como, por exemplo, o crédito do dividendo deliberado; poderes de domínio como, por exemplo, os de reivindicar a parte social, de a alienar e de a onerar; e poderes potestativos como, por exemplo, os de votar e de impugnar deliberações, ou de aquisição potestativa de acções. Como sustentado na mais representativa doutrina alemã, este direito complexo tem algo de absoluto e algo de relativo. Funda pre-

Natureza jurídica da participação social nas sociedades comerciais   499

tensões semelhantes às reais[641], como a de reivindicação da parte social; pretensões creditícias, como a cobrança do dividendo e de indemnização, e gera eficácia jurídica potestativa, por exemplo, na aquisição potestativa.

A reivindicação da participação social é uma acção real na sociedade anónima, quando incide sobre a propriedade da acção ou de um lote de acções tituladas, mas já o não é quando tem por objecto uma quota de uma sociedade por quotas ou uma parte de uma sociedade em nome colectivo. Em qualquer dos casos está sujeita a inscrição no registo comercial e é oponível a terceiros.

A acção de condenação da sociedade no pagamento do dividendo deliberado ou de suprimentos, por exemplo, corresponde ao exercício de uma pretensão creditícia, de natureza relativa, vigente apenas entre a sociedade e o sócio.

A pretensão de indemnização pode ter natureza de responsabilidade civil contratual quando tem fundamento na violação de obrigações pré-constituídas que integrem a relação social, seja a relação existente entre o sócio e a sociedade, seja a relação dos sócios entre si. Pode ter natureza aquiliana, quando não assente na violação do direito social ou que decorra de um interesse do sócio juridicamente protegido mas não inserido numa relação jurídica em que ele seja parte, como, por exemplo, no caso de responsabilidade do gerente, administrador, ou de um membro do órgão de fiscalização perante o sócio. O critério da distinção entre a responsabilidade civil contratual e a responsabilidade civil aquiliana, na tutela da participação social, é objecto de um vivo debate na doutrina alemã, principalmente após a decisão pelo BGH do célebre *Schärenkreuzer--Urteil*[642]. Esta discussão não é directamente transponível para o

---

[641] KARSTEN SCHMIDT, *Die Vereinsmitgliedschaft als Grundlage von Schadensersatzansprüchen*, cit., págs. 157-162.

[642] BGH 12.3.1990, BGHZ 10, 323, NJW 1990, 2877. No caso, o autor, proprietário de um veleiro de competição da classe *Schärenkreuzer*, accionou a respectiva associação de classe e um dos membros da sua direcção, com fundamento em terem recusado a homologação do seu barco por desrespeito das especificações

500 *A Participação Social nas Sociedades Comerciais*

direito português, atenta a diferença entre o artigo 483.º do Código Civil e o § 823 do BGB, mas não deixa de ter interesse. No direito

---

técnicas, o que o impediu de participar por duas vezes na regata *Rund-um-den-Bodensee*. Pediu indemnização pela desvalorização do barco, daí emergente, e ainda por gastos incorridos na sua modificação. Em primeira instância, foram indeferidos ambos os pedidos. Porém, em segunda instância, o OLG julgou procedente a acção contra a associação de classe, mas não contra o seu dirigente e ordenou a baixa do processo para a liquidação do valor da indemnização. O BGH confirmou integralmente a sentença. Provou-se que o barco efectivamente respeitava as especificações técnicas (não interessa aqui explicitar porquê) e ainda que o autor se tinha inscrito na associação de classe *Shärenkreuzer* com o único fim de participar em regatas com aquele barco. O tribunal entendeu que, ao recusar a homologação da embarcação, a associação havia lesado *no seu cerne* a participação social do autor (*traf die Weigerung der Bekl., die Yacht des Kl. als zu dieser Bootsklasse gehörig anzuerkennen, die Mitgliedschaft des Kl. bei der Bekl. zu 1 in ihrem Kern*). Na sua construção, a pretensão do sócio contra a associação encontra fundamento no § 31 do BGB a título semelhante ao da violação positiva do contrato (*die verletzung der Mitgliedschaftsrechte durch den Vorstand begründet – ähnlich der positiven Vertragsverletzung – Schadensersatzpflichten, für die der Verein nach § 31 BGB haftet*), mas também a título delitual (*zugleich als sonstiges Recht nach § 823 I BGB angesehen, dessen Verletzung, worauf noch im einzelnen unten unter II einzugehen sein wird, Schadensersatzansprüche auch nach deliktischen Grundsätzen auslösen kann. Dieser Schadensersatzanspruch kann sich, wenn die Voraussetzungen des § 31 BGB erfüllt sind, auch gegen den Verein als solchen richten*). O BGH admitiu, assim, a tutela indemnizatória da *Mitgliedschaft*, quer em responsabilidade civil obrigacional, quer em responsabilidade delitual aquiliana.

Esta decisão do BGH causou polémica e discordância: sobre ela se pronunciaram, entre outros, KARSTEN SCHMIDT, *Die Mitgliedschaft als Grundlage von Schadensersatzansprüchen – Positive „Vertragsverletzung" und „sonstiges Rech" im Innenrecht des Vereins*, cit., HABERSACK, *Die Mitgliedschaft – subjektives und "sonstiges" Recht*, cit., UWE HÜFFER, recensão a HABERSACK, *Die Mitgliedschaft – subjektives und "sonstiges" Recht*, ZHR 161 (1997), págs. 867 e segs., DIETER REUTER, recensão a HABERSACK, *Die Mitgliedschaft – subjektives und "sonstiges" Recht*, cit., HEINZ KLINK, *Die Mitgliedschaft als "sonstiges Recht" im Sinne des § 823 I BGB?*, cit.. KARSTEN SCHMIDT e HABERSACK, sem discordarem do recurso ao § 832 I do BGB, entenderam, todavia, que o fundamento da responsabilidade civil era outro: a violação do regulamento da classe na informação sobre a conformidade do barco do autor.

Com esta decisão, porém, e não obstante as dicordâncias que suscitou, ficou assente, no direito alemão, a qualificação da *Mitgliedschaft* como *sonstiges Recht*. V. também THOMAS, *Palandt, Bürgerliches Gesetzbuch*, 56. Aufl., Beck, München, 1997, § 823, pág. 949.

Natureza jurídica da participação social nas sociedades comerciais 501

português das sociedades, parece-nos de seguir o critério proposto por MENEZES CORDEIRO[643]: *a responsabilidade obrigacional traduz o desrespeito duma situação relativa ou relação jurídica, enquanto a delitual implica uma violação de posições absolutas, no sentido estrutural de desligadas de relações.* (...) No que respeita à violação de deveres instrumentais, *quando tais deveres visem o reforço de obrigações, temos deveres de protecção, derivados da boa fé; na hipótese de complemento da tutela aquiliana, temos deveres do tráfego; aos primeiros, aplica-se o regime obrigacional cabendo, aos segundos, o aquiliano.* De acordo com este critério, a violação do dever de lealdade do sócio perante a sociedade, ou da sociedade perante o sócio, dá lugar a responsabilidade obrigacional, como dever acessório de boa fé[644]; no caso de violação por terceiro, por exemplo, pelo gestor, que não tem com o sócio uma relação, a responsabilidade civil será aquiliana.

Tem natureza constitutiva a acção de alienação potestativa, de exoneração do sócio, ou de anulação de deliberações sociais.

IV. A participação social é ainda qualificada como objecto de direito[645]. Parece-nos, porém, que essa qualificação é mais apropriada à *parte social*, que é objecto da participação social, do que a esta última. Na verdade, o regime jurídico de transmissão e da oneração demonstra que o que é transmitido ou onerado, não é propriamente a participação social, mas antes o seu objecto, a parte social.

Tanto a compra e a venda de acções de sociedades anónimas, como a cessão de quotas, como a transmissão da parte social em sociedades em nome colectivo, como a constituição de penhor ou de penhora, ou de usufruto sobre as mesmas, e até herança ou legado que os inclua ou sobre eles incida, seriam juridicamente não concebíveis se lhe fosse recusada a natureza de objecto jurídico.

---

[643] MENEZES CORDEIRO, *Da Responsabilidade Civil dos Administradores das Sociedades Comerciais*, cit., págs. 487-488.

[644] É este o caso da acção em que a sociedade em nome colectivo exige do sócio que violou o dever de não concorrência, a indemnização dos danos que assim lhe causou.

[645] Principalmente, LUTTER, *Theorie der Mitgliedschaft*, cit., págs. 99 e segs.

É verdade que a parte social nem sempre é transmissível. Na sociedade em nome colectivo, a transmissão da parte social entre vivos, por sucessão, e bem assim a sua oneração são fortemente limitadas (artigo 181.° e seguintes). Regime semelhante é o da sociedade civil (artigo 995.° do Código Civil). Podem ainda ser limitadas estatutariamente a transmissão e oneração de quotas (artigos 225.° e seguintes) e de acções (artigos 328.° e seguintes).

Estas limitações, porém, não impedem que as respectivas participações sociais sejam consideradas transmissíveis, em vida e por morte, e oneráveis. A sua intransmissibilidade, assim como as limitações à sua transmissibilidade são disponíveis e não são inerentes à sua natureza jurídica. São antes uma consequência do carácter fechado que é típico da sociedade em nome colectivo[646], e podem ser estipuladas também nos estatutos de outros tipos de sociedades. No entanto, na própria sociedade em nome colectivo, é lícito estipular a liberdade de transmissão, o que afasta o carácter essencial da sua típica intransmissibilidade.

A transmissão da participação social investe o adquirente na posição jurídica do alienante. Esta investidura é oponível, quer à sociedade, quer a terceiros. A oponibilidade assenta no registo, quando a transmissão é registável, como sucede nos casos da sociedade em nome colectivo, da sociedade por quotas, das acções escriturais e ainda das acções tituladas nominativas e ao portador registadas; a oponibilidade da aquisição das acções tituladas ao portador não registadas faz-se por depósito ou outro meio, por exemplo, a apresentação dos próprios títulos. Nas acções judiciais ou arbitrais pendentes a transmissão da participação social implica a investidura do aquirente na posição processual do alienante, através da respectiva habilitação[647].

---

[646] PAIS DE VASCONCELOS, *Direito Destacáveis – O Problema da Unidade e Pluralidade do Direito Social como Direito Subjectivo*, cit, pág. 170.
[647] *Supra* 9.k)III e 13.V.

Natureza jurídica da participação social nas sociedades comerciais 503

Como tal, é indiscutível que as partes sociais podem ser objecto de direito.

A parte social tem um conteúdo diferenciado consoante os tipos legais de sociedades, o seu tipo social e até o caso concreto. São acentuadamente diversos, o conteúdo e o sentido das partes sociais em sociedades de pessoas e em sociedades de capitais. Nas sociedades de pessoas, a sua natureza é mais relacional, principalmente se não tiverem personalidade jurídica. Nas sociedades de capitais, principalmente nas sociedades anónimas abertas cotadas, a sua natureza é mais objectiva e o regime do mercado bolsista acarreta uma tipificação rígida que permite a fungibilidade. Em cada caso, porém, a parte social tem um conteúdo e sentido próprio que decorrem da lei, dos estatutos, das deliberações e até das circunstâncias. Por isto, falar em geral da participação social ou em parte social, é imprescindível para o seu tratamento dogmático, mas não deve fazer esquecer o que existe de específico em cada tipo de sociedade e em cada sociedade em concreto.

V. A participação social pode e deve ser qualificada pluralmente, como relação jurídica, como direito subjectivo e como *status socii*. Entendida como parte social, é objecto de direito.

Estas qualificações não são incompatíveis umas com as outras e exprimem, cada uma, algo de relevante, em diferentes perspectivas, do ente jurídico global que é a participação social. As várias qualificações têm uma aplicação mais intensa em certos tipos societários do que noutros. Assim, na sociedade em nome colectivo é mais relevante a componente relacional, na sociedade por quotas é mais intensa a qualificação da posição do sócio como direito subjectivo (principalmente na sociedade unipessoal por quotas), assim como na sociedade anónima aberta sobreleva a qualificação da posição do accionista investidor anónimo como um *status*, e em todas a participação social, como objecto de direitos – objectivada – é a parte social.

É por isto que a qualificação social nas sociedades comerciais, quando referida em geral, a propósito de todos os tipos societários

legais e sociais, e até a qualquer sociedade comercial, individualmente considerada, não pode deixar de ser plural. A opção por uma
das qualificações com exclusão das outras seria inevitavelmente
redutora e não conseguiria, nunca, exprimir com verdade a realidade de todas as sociedades comerciais, na sua diversidade, sem deixar algo na sombra.

BIBLIOGRAFIA

ABREU, Jorge Coutinho de
- *Curso de Direito Comercial*, II, *Das Sociedades*, Almedina, Coimbra, 2002
- *Da Empresarialidade – As Empresas no Direito*, Almedina, Coimbra, 1999
- *Do Abuso do Direito*, Almedina, Coimbra, 1999
- *Suprimentos*, Estudos em homenagem ao Prof. Doutor Raúl Ventura, II, Revista da Faculdade de Direito da Universidade de Lisboa, Coimbra Editora, 2003

AICHER, Josef
- *Das Eigentum als subjektives Recht*, Dunker & Humblot, Berlin, 1975

ALBUQUERQUE, Martim de
- *História do Direito Português*, II, Lisboa, 1983, em co-autoria com Ruy de Albuquerque

ALBUQUERQUE, Pedro de
- *Direito de Preferência dos Sócios em Aumentos de Capital nas Sociedades Anónimas e por Quotas*, Almedina, Coimbra, 1993

ALBUQUERQUE, Ruy de
- *História do Direito Português*, II, Lisboa, 1983, em co-autoria com Martim de Albuquerque

ALMEIDA, António Pereira de
- *Sociedades Comerciais*, 3.ª ed., Coimbra Editora, Coimbra, 2003

ALMEIDA, L. P. Moitinho de
- *Anulação e Suspensão de Deliberações Sociais*, 4.ª ed., Coimbra Editora, Coimbra, 2003

ALPA, Guido
- *Patto parasociale a favore della società*, Riv. dir. comm, LXXXI, 1983, págs. 407--412
- *Status e capacità*, Laterza, Roma, Bari, 1993

ANDRADE, Manuel de
- *Sobre a Validade das Cláusulas de Liquidação de Partes Sociais*, RLJ, ano 87, pág. 277 e segs.
- *Teoria Geral da Relação Jurídica*, I, 3.ª reimpressão, Coimbra Editora, Coimbra, 1972
- *Suspensão e Anulação de Deliberações Sociais*, RDES, III, págs. 329 e segs. em co--autoria com Ferrer Correia

ANDRÉ-VINCENT
- *La notion moderne de droit naturel et le volontarisme (de Vitoria et Suarez à Rousseau)*, Archives de Philosophie du Droit, 8, Le dépassement du droit, 1963

ANTERO Adriano
- *Comentário ao Código Comercial Português*, 2.ª ed., I, Companhia Portuguesa Editora, Porto, sem data

ANTUNES, José A. Engrácia
- *A Aquisição Tendente ao Domínio Total, da sua constitucionalidade*, Coimbra Editora, Coimbra, 2001

AQUINO, Tomás de
- *O Ente e a Essência*, Edições Contraponto, Porto, 1995

ARANGIO-RUIZ, Vincenzo
- *La società in diritto romano*, Jovene, Napoli, 1965

ASCARELLI, Tullio
- *Appunti di diritto commerciale*, 2.ª ed., Foro Italiano, Roma, 1933
- *Problemi giuridici*, II, Giuffrè, Milano, 1959
- *Saggi giuridici*, Giuffrè, Milano, 1949
- *Studi in tema di società*, Giuffrè, Milano, 1952
- *Saggi di diritto commerciale*, Giuffrè, Milano, 1955
- *Teoria Geral dos Títulos de Crédito*, Saraiva, São Paulo, 1943

ASCENSÃO, José de Oliveira
- *Direito Civil – Teoria Geral*, III, Coimbra Editora, Coimbra, 2002,
- *Direito Comercial*, IV, *Sociedades Comerciais – Parte Geral*, Lisboa, 2000
- *Invalidades das Deliberações dos Sócios*, Problemas do Direito das Sociedades, Almedina, Coimbra, 2002 e também em Estudos em Homenagem ao Prof. Doutor Raúl Ventura, Faculdade de Direito de Lisboa, Coimbra Editora, Coimbra, 2003, págs. 17 e segs.
- *Relações Jurídicas Reais*, Morais, Lisboa, 1962

AUSTIN, John
- *Lectures on jurisprudence or the philosophy of positive law*, 12th impression, London, 1913

AZEVEDO, Amândio de
- *Sindicatos de Voto*, Athena, Porto, 1974

BASTOS, Jacinto Fernandes Rodrigues
- *Notas ao Código de Processo Civil*, 2.ª ed., II, Lisboa, 1971

BAUMS, Theodor
- *Der fehlerhafte Aufsichtsratbeschluß*, ZGR, 1983, pág. 300

BENTHAM, Jeremy
- *Nonsense upon Stilts*, The Collected Works of Jeremy Bentham, Clarendon Press, Oxford, 2002, págs. 317 e segs.
- *Of Laws in General*, Apendix B, Part I, University of London, The Athlone Press, London, 1970

BELLEZZA, Enrico
- *Principi ispiratori e linee Guida del D. Lgs. 17 gennaio 2003 n. 6, in applicazione dei principi stabiliti dalla Legge Delega 3 ottobre 2001 n.º 366 e le principali novità da esso dettate*, Il nuovo diritto societario, La Tribuna, Piacenza, 2005

BERNARDI, Andrea
- *L'amministrazione: sistema tradizionale, monistico e dualístico*, Il nuovo diritto societário, La Tribuna, Piacenza, 2005

BLANC, Mafalda Faria
- *Estudos sobre o Ser*, Gulbenkian, Lisboa, 1998

BOBBIO, Norberto
- *A Era dos Direitos*, Editora Campus, Rio de Janeiro, 1992
- *La funzione promozionale del diritto*, em Dalla struttura alla funzione, Nuovi studi di teoria del diritto, 2.ª ed., Edizioni di Comunità, Milano, 1984

BORGES, José Ferreira
- *Diccionario jurídico-comercial*, 2.ª ed., Porto, 1856
- *Jurisprudência do Contrato-mercantil de Sociedade*, Londres, 1830

BRAUNSCHNEIDER, Hartmut
- *Handels- und Gesellschaftsrecht*, Bund-Verlag, Frankfurt am Main, 2003

508 *A Participação Social nas Sociedades Comerciais*

BUCHER, Eugen
– *Das subjektive Recht als Normsetzungsbefugnis*, J. C. B. Mohr, Tübingen, 1965

BUONOCORE, Vincenzo
– *Le situazioni soggettive dell'azionista*, Morano, Pompei, 1960

CAEIRO António Agostinho
– *A Exclusão Estatutária do Direito de Voto nas Sociedades por Quotas*, Separata do vol. XVIII do Suplemento do Boletim da Faculdade de Direito da Universidade de Coimbra
– *Anteprojecto de Lei das Sociedades Comerciais, Parte Geral*, I, em colaboração com Ferrer Correia, Separata do BMJ n.ºs 185 e 191
– *Direito aos Lucros e Direito ao Dividendo Anual*, RDE 5 (1979), págs. 369 e segs., em co-autoria com M. Nogueira Serens
– *Temas de Direito das Sociedades*, Almedina Coimbra, 1984

CÂMARA, Paulo
– *O Dever de Lançamento de Oferta Pública de Aquisição no Novo Código dos Valores Mobiliários*, em Direito dos Valores Mobiliários, II, Coimbra Editora, Coimbra, 2000

CAMPOBASSO, G. F.
– *Diritto commerciale, 2, Diritto delle società*, 5.ª ed., UTET, Torino, 2002

CANNU, Paul le
– *Code de Sociétés*, 20. ed., Dalloz, Paris, 2003

CARBONI, Bruno
– *Status e soggettività giuridica*, Giuffrè, Milano, 1998

CARLOS, Adelino Palma
– *Anotação a STJ 4/5/67*, O Direito, ano 103, págs, 231 e segs.
– *Parecer*, CJ 1983, I, 7-9
– *Prazo para requerer a anulação das deliberações sociais, quando se haja pedido a suspensão*, Revista dos Tribunais, 62.º

CARVALHO, Martins de
– *Deliberações Sociais Abusivas*, Economia e Finanças, (1952), XX, I, pág. 193 e segs.

CARVALHO, Orlando de
– *A Teoria Geral da Relação Jurídica – seu sentido e limites*, Centelha, Coimbra, 1981

- *Teoria Geral do Direito Civil*, Sumários desenvolvidos para uso dos alunos do 2.°
ano (1.ª turma) do Curso Jurídico de 1980/81, Centelha, Coimbra, 1981

CASTRO Anselmo de
- *Anotação ao STJ 14/3/1947*, RDES, ano 3.° (1947), n.° 1, págs. 61 e segs.

CASTRO, Carlos Osório de
- *Valores Mobiliários. Conceito e espécies,* Universidade Católica Portuguesa, Porto,
1988

CICU, Antonio
- *Il concetto di «status»*, Scritti minori, I, Giuffrè, Milano, 1965, págs. 181 e segs.

COELHO, Eduardo Lucas
- *A Formação das Deliberações Sociais*, Coimbra Editora, Coimbra, 1994
- *Exercícios Vários Acerca da Presidência das Assembleias Especiais de Categorias de Accionistas*, Estudos em Homenagem ao Prof. Doutor Raúl Ventura, II, Faculdade de
Direito de Lisboa, Coimbra Editora, Coimbra, 2003, págs. 421 e segs.
- *Formas de Deliberação e de Votação dos Sócios*, Problemas de Direito das Sociedades, Almedina, Coimbra, 2002

COELHO José Gabriel Pinto
- *Anotação ao Acórdão do STJ de 9 de Maio de 1961*, RLJ, 95.°, págs. 27 e segs.
- *Estudo sobre as acções das sociedades anónimas*, RLJ, anos 88 e 89
- *Lições de Direito Comercial, Obrigações Mercantis em Geral, Obrigações Mercantis em
Especial (Sociedades Comerciais)*, Souto, Lisboa, 1946
- *Usufruto de Acções*, Separata da RLJ, ano 90.° e 91.°, Coimbra, 1958

COING, Helmut
- *Zur Geschichte des Begriffs "subjektives Recht"*, Das subjektive Recht und der
Rechtsschutz der Persönlichkeit, Alfred Metzner Verlag, Frankfurt am Main,
Berlin, 1959

CORDEIRO, António Menezes
- *A Perda de Metade do Capital Social e a Reforma de 2005: Um Repto ao Legislador*,
ROA, ano 65 (2005), I
- *A Posse: Perspectivas Dogmáticas Actuais,* 2.ª reimpressão da 3.ª ed., Almedina,
Coimbra, 2005
- *Da Constitucionalidade das Aquisições Tendentes ao Domínio Total (Artigo 490.°,
n.° 3, do Código das Sociedades Comerciais)*, BMJ 480
- *Da Preferência dos Accionistas na Subscrição de Novas Acções: exclusão e violação*,
Banca, Bolsa e Crédito, Estudos de Direito Comercial e de Direito da Economia, I, Almedina, Coimbra, 1990

510 · A Participação Social nas Sociedades Comerciais

- *Da Responsabilidade Civil dos Administradores das Sociedades Comerciais*, Lex, Lisboa, 1997
- *Direito Europeu das Sociedades*, Almedina, Coimbra, 2005
- *Manual de Direito Comercial*, II, Almedina, Coimbra, 2001
- *Manual de Direito das Sociedades*, I, *Das Sociedades em Geral*, Almedina, Coimbra, 2004
- *Manual de Direito das Sociedades*, II, *Das Sociedades em Especial*, Almedina, Coimbra, 2006
- *Perda de Metade do Capital Social das Sociedades Comerciais*, ROA, ano 56.°, 1996
- *Tratado de Direito Civil*, I, I, 3.ª ed., Almedina, Coimbra, 2005

CORREIA, A. Ferrer
- *A Representação dos Menores Sujeitos ao Pátrio Poder na Assembleia Geral das Sociedades Comerciais*, Estudos Jurídicos, II, Coimbra, 1962
- *Anteprojecto de Lei das Sociedades Comerciais, Parte Geral*, I, com a colaboração de António A. Caeiro, Separata do BMJ n.ᵒˢ 185 e 191
- *Lições de Direito Comercial*, Reprint, Lex, Lisboa, 1994
- *Pacto leonino: espécies; proibição e seus fundamentos*, RLJ, 115.°
- *Sociedades por Quotas de Responsabilidade Limitada – anteprojecto de Lei – 2.ª redacção e exposição de motivos*, separata da RDE, ano 3, 1977, n.° 2, em co-autoria com Vasco Lobo Xavier/Maria Ângela Coelho/António Caeiro
- *Sociedades Fictícias e Unipessoais*, Atlântida, Coimbra, 1948
- *Suspensão e Anulação de Deliberações Sociais*, RDES, III, págs. 329 e segs., em co-autoria com Manuel de Andrade

CORREIA Luís Brito
- *Direito Comercial*, II, *Sociedades Comerciais*, 4.ª tiragem, AAFDL, Lisboa, 2000
- *Direito Comercial*, III, *Deliberações dos Sócios*, AAFDL, 3.ª tiragem, Lisboa, 1997
- *Os Administradores de Sociedades Anónimas*, Almedina, Coimbra, 1993

CORREIA, Miguel Pupo
- *Direito Comercial*, 5.ª ed., SPB, Lisboa, 1997

CRISTAS, Assunção
- *Transmissão Contratual do Direito de Crédito*, Almedina, Coimbra, 2005

CRUZ, Sebastião
- *Ius, Derectum (Directum)*, 7.ª ed., Coimbra, 1986

CUNHA, Paulo
- *Teoria Geral de Direito Civil*, vols. I e II, Reprodução, sem actualizações, de apontamentos colhidos nas aulas de Teoria Geral de Direito Civil, no ano lectivo de 1961-61

CUNHA, Paulo Olavo
– *Breve nota sobre os Direitos dos Sócios (das Sociedades de Responsabilidade Limitada) no Âmbito do Código das Sociedades Comerciais*, Novas Perspectivas do Direito Comercial, Almedina, Coimbra, 1988, págs. 229 e segs.
– *Os Direitos Especiais nas Sociedades Anónimas: as Acções Privilegiadas*, Almedina, Coimbra, 1993
– *Direito das Sociedades Comerciais*, Almedina, Coimbra, 2006

DABIN, Jean
– *Droit Subjectif et Prérogatives Juridiques*, Académie Royale de Belgique, Bruxelles, 1960

DAVIES, Paul L.
– *Gowers Principles of Modern Company Law*, 6th. Ed., Sweet & Maxwell, London, 1997

DIÁZ, Maria Angeles Alcalá
– *La Impugnación de Acuerdos del Consejo de Administración de las Sociedades Anónimas*, Civitas, Madrid, 1998

DOMINGUES, Paulo de Tarso
– *Do Capital Social*, Studia Iuridica, 33, Universidade de Coimbra, 1998,
– *Garantias de Consistência do Património Social*, em Problemas do Direito das Sociedades, Instituto de Direito das Empresas e do Trabalho, Almedina, Coimbra, 2002

DONATUTI, Guido
– *Lo statulibero*, Giuffrè, Milano, 1940

DONELLUS, Hugonis
– *Commentariorvm de ivre civili libri viginti octo*, Francofurti, 15—?

DUARTE, Inocêncio de Sousa
– *Diccionario de Direito Commercial*, Empresa Literária de Lisboa, Lisboa, 1880

DUARTE, Ricardo Teixeira
– *Comentário ao Título XII, Parte I, Livros II, do Código Comercial Português*, Imprensa Nacional, Lisboa, 1872

DUARTE, Rui Pinto
– *Constitucionalidade da Aquisição Potestativa de Acções Tendente ao Domínio Total – Anotação ao Acórdão do Tribunal Constitucional n.° 491/02*, Jurisprudência Constitucional, 1, 2004, págs. 43 e segs.

512   *A Participação Social nas Sociedades Comerciais*

– *Suprimentos, Prestações Acessórias e Prestações Suplementares*, Problemas do Direito das Sociedades, Almedina, Coimbra, 2002

DUARTE, Teófilo de Castro
– *O Abuso do Direito e as Deliberações Sociais*, 2.ª ed., Coimbra, 1955

DUGUIT, Léon
– *Fundamentos do Direito*, Inquérito, Lisboa, 1939

DWORKIN, Ronald
– *Law's Empire*, Fontana Press, London, 1991
– *Taking Rights Seriously*, 7th impression, Duckworth, London, 1994

ECO, Umberto
– *Kant e o Ornitorrinco*, Difel, Algés, 1999

EISENHARDT,Ulrich
– *Gesellschaftsrecht,* 11. Aufl., Beck, München, 2003

ENDERS, Theodor
– *Gesellschafts- und Handelsrecht*, 2. Aufl., Boorberg, Stuttgart, München, Hannover, Berlin, Weimar, Dresden, 2005, em co-autoria com Manfred Hesse

ESTACA, José N. Marques
– *O Interesse da Sociedade nas Deliberações Sociais*, Almedina, Coimbra, 2003

FALZEA, Angelo
– *Capacità – Teoria generale*, Enciclopedia del diritto, VI, págs. 8-47

FERNANDES Luís A. Carvalho
– *Teoria Geral do Direito Civil*, II, 3.ª ed., Universidade Católica, Lisboa, 2001

FERREIRA Amadeu
– *Valores Mobiliários Escriturais*, Almedina, Coimbra, 1997

FERREIRA Manuel Gonçalves Cavaleiro de
– *Acerca do Problema do Sindicato de Voto nas Sociedades Anónimas*, em Scientia Iuridica, IX, 1960

FIGUEIREDO Fausto
– *O Contrato Comercial de Dinheiro a Ganho, no antigo Direito Português*, RFDL, XVII (1964)

FLUME, Werner
– *Allgemeiner Teil des Bürgerlichen Rechts*, Erster Band, Erster Teil, *Die Personenge-sellschaft*, Springer, Berlin, Heidelberg, New York, 1977
– *Allgemeiner Teil des Bürgerlichen Rechts*, Erster Band/Zweiter Teil, *Die Juristische Person*, Springer, Berlin, Heidelberg, New York, Tokyo, 1983

FOLGADO, Avelino
– *Evolución Historica del Concepto del Derecho Subjetivo*, I, San Lorenzo de El Esco-rial, 1960

FORSTMOSER, Peter
– *Aktionärbindungsverträge*, Innominatverträge, Festgabe zum 60. Geburtstag von Walter R. Schluep, Schultess, Zurich, 1988, págs. 359 e segs.

FRADA Manuel Carneiro da
– *Deliberações Sociais Inválidas no novo Código das Sociedades Comerciais*, Novas Pers-pectivas do Direito Comercial, Almedina, Coimbra, 1988

FRANÇA, Maria Augusta
– *Direito à Exoneração*, Novas Perspectivas do Direito Comercial, Almedina, Coimbra, 1988

FRANCO, Manuel António Monteiro de Campos Coelho da Costa,
– *Tractado practico juridico e cível*, Lisboa, 1768

FREY, Kaspar
– *Gesellschaftsrecht*, 6. Aufl., Beck, München, 2002, actualização do original de Herbert Wiedemann

FRIDMAN, G. L. H.
– *The Law of Agency*, Butterworths, London, Charlottesville, Dublin, Durban, Edingurgh, Kuala Lumpur, Singapore, Sydney, Toronto, Wellington, 1996

FURTADO, Jorge Pinto
– *Código Comercial Anotado*, I, Almedina, Coimbra, 1975
– *Código Comercial Anotado – Das Sociedades em Especial*, II-II, Almedina, Coimbra, 1979
– *Curso de Direito das Sociedades*, 5.ª ed., Almedina, Coimbra, 2004
– *Deliberações dos Sócios*, Almedina, Coimbra, 1993
– *Deliberações de Sociedades Comerciais*, Almedina, Coimbra, 2005
– *O Voto nas Deliberações de Sociedades*, Estudos em Homenagem do Prof. Doutor Raúl Ventura, II, Faculdade de Direito da Universidade de Lisboa, Coimbra Editora, Coimbra, 2003

514   A Participação Social nas Sociedades Comerciais

GALGANO, Francesco
- *Diritto commerciale – Le società*, 14.ª ed., Zanichelli, Bologna, 2004

GEENS, Koen
- *Corporation and Partnerships in Belgium*, Kluwer, The Hague, London, Boston, Bruxelles, 1997, com Bart Servaes

GONÇALVES, Luís Cunha
- *Comentário ao Código Comercial Português*, Empreza Editora J. B., Lisboa, 1914

GROTIUS, Hugo
- *De jure belli ac pacis libri tres*, Cambridge, 1853

GRUNEWALD, Barbara
- *Gesellschaftsrecht*, 5. Aufl., Mohr, Tübingen, 2002

GUYON, Yves
- *Zur Gestatltungsfreiheit im französischen Gesellschaftsrecht*, Gestaltungsfreiheit im Gesellschaftsrecht, Walter de Gruyter, Berlin, New York, 1998

HABERSACK, Mathias
- *Die Mitgliedschaft – subjektives und "sonstiges" Recht*, Mohr, Tübingen, 1996
- *Europäisches Gesellschaftsrecht*, 2. Aufl., Beck, München, 2003

HADDING, Walther
- *Die Mitgliedschaft in Handelsrechtlichen Personalgesellschaften – Ein subjektives Recht?*, Festschrift für Rudolf Reinhardt, Otto Schmidt, Köln-Marienburg, 1972

HART, Herbert
- *O Conceito de Direito*, 3.ª ed., Gulbenkian, Lisboa, 2001

HEFERMEHL/BUNGEROTH,
- *Aktiengesetz Kommentar*, Vahlen, München, Band I, Driter Teil, 1984

HESSE, Manfred
- *Gesellschafts- und Handelsrecht*, 2. Aufl., Boorberg, Stuttgart, München, Hannover, Berlin, Weimar, Dresden, 2005, em co-autoria com Theodor Enders

HIRTE, Heribert
- *Aktiengesetz, GmbH-Gesetz*, 37. Aufl., Beck, München, 2004

HOBBES, Thomas
- *Leviathan*, Penguin Books, Penguin Classics, London, 1987

Bibliografia

HÖRSTER, Heinrich Ewald,
— *A Parte Geral do Código Civil Português — Teoria Geral do Direito Civil*, Almedina, Coimbra, 1992

HOMMELHOFF, Peter
— *Die Europäische Gesellschaft*, Otto Schmidt, Köln, 2005, em co-autoria com Marcus Lutter

HOPT, Klaus J.
— *Gestaltungsfreiheit im Gesellschaftsrecht in Europa — Generalbericht*, Gestaltungsfreiheit im Gesellschaftsrecht, Walter de Gruyter, Berlin, New York, 1998

HUECK, Götz/WINDBICHLER, Christine
— *Gesellschaftsrecht*, 20. Aufl., Beck, München, 2003, actualizado por Chritine Windbilcher

HÜFFER, Uwe
— *Gesellschaftsrecht*, 6. Aufl., Beck, München, 2003

IRIBARNE, Manuel Fraga
— *Comentário a Los Seis Libros de La Justicia e el Derechto*, de Luiz de Molina, Madrid, 1941

JELLINECK, Georg
— *Sistema dei diritti pubblici subbiettivi*, Società Editrice Libraria, Milano, 1912

JHERING, Rudolf von
— *O Espírito do Direito Romano*, III, Alba, Rio de Janeiro, 1943

KANT, Immanuel
— *Fundamentação da Metafísica dos Costumes*, tradução portuguesa de Paulo Quinteia, Edições 70, Lisboa, 1988
— *Le Conflit des Facultés*, Vrin, Paris, 1935
— *Metafísica dos Costumes, Apêndice à Introdução à Teoria do Direito*, tradução castelhana de Felipe González Vincen, Pons, Madrid, 1977

KASER, Max
— *Direito Privado Romano*, Gulbenkian, Lisboa, 1999

KASTNER, Walter
— *Grundriß des österreichischen Gesellschaftsrechts*, 4. Aufl, Manzsche, Wien, 1983

KAUFMANN Arthur
- *Analogie und "Natur der Sache"*, 2. Aufl., R. v. Decker & C. F. Müller, Heidelberg, 1982

KELSEN, Hans
- *Teoria Pura do Direito*, Arsénio Amado, Coimbra, 1976

KILCULLEN John
- *A Translation of William of Ockham's Work of Ninety Days*, 2 vol., The Edwin Mellen Press, Lewiston, Queenston, Lampeter, 2001 em co-autoria com JOHN SCOTT

KLINK, Heinz
- *Die Mitgliedschaft als "sonstiges Recht" im Sinne des § 823 I BGB?*, Shaker, Aachen, 1995

KLUNZINGER, Eugen
- *Grundzüge des Gesellschaftsrechts*, 13. Aufl., Vahlen, München, 2004

LABAREDA, João
- *Das Acções das Sociedades Anónimas*, AAFDL, Lisboa, 1988
- *Posição do Sócio Alienante na Deliberação sobre o Pedido de Consentimento para a Cessão de Quotas*, Estudos em Homenagem ao Prof. Doutor Raúl Ventura, II, Faculdade de Direito da Universidade de Lisboa, Coimbra Editora, Coimbra, 2003

LARENZ, Karl
- *Allgemeiner Teil des Bürgerlichen Rechts*, 8. Aufl., Beck, München, 1997, actualizado por Manfred Wolf
- *Deutsche Rechtserneuerung und Rechtsphilosophie*, J.C.B.Mohr (Paul Siebeck), Tübingen, 1934
- *Rechtsperson und subjektives Recht. Zur Wandlung der Rechtsgrundbegriffe*, Junker und Dünnhaupt, Berlin, 1935

LEGROS, Jean-Pierre
- *La nullité des décisions de sociétés*, Revue des Sociétés, 109 (1991), págs. 275 segs.

LEITÃO, Luís Menezes
- *Direito das Obrigações*, III, 2.ª ed., Almedina, Coimbra, 2004
- *Pressupostos da Exclusão do Sócio nas Sociedades Comerciais*, AAFDL, Lisboa, 1989

Bibliografia

LIGUTI, Patrizia
– *I conferimenti*, Il nuovo diritto societario, La Tribuna, Piacenza, 2005

LIMA, Fernando A. Pires de
– *Noções Fundamentais de Direito Civil*, I, Coimbra Editora, Coimbra, 1945

LISBOA, José de Silva
– *Princípios de Direito Mercantil e Leis da Marinha para Uso da Mocidade Portuguesa Destinada ao Comércio*, Lisboa, 1818

LOURENÇO, Santos
– *Das Sociedades por Cotas*, Lisboa, 1926

LUTTER, Marcus
– *Die Europäische Gesellschaft*, Otto Schmidt, Köln, 2005, em co-autoria com Peter Hommelhoff
– *Theorie der Mitgliedschaft*, AcP, 180 (1980), págs. 84 e segs.

MACHADO, José Carlos Soares
– *A Deliberação de confiança na Apreciação Anual da Situação da Sociedade*, ROA (1995), págs. 587 e segs.

MAGALHÃES, Barbosa de
– *Direito Comercial*, lições compiladas por Gomes da Silva e Francisco José Veloso, 1938
– *Sociedades Anónimas*, Gazeta da Relação de Lisboa, 27.º ano, n.º 26, 1913, págs. 225 e 226
– *Usufruto de Acções, de Partes e de Quotas Sociais*, ROA, ano 12.º (1952), págs. 45 e segs.

MAIA, Pedro
– *Deliberações dos Sócios*, Estudos de Direito das Sociedades, 5.ª ed., Almedina, Coimbra, 2002
– *Invalidade de Deliberação Social por Vício de Procedimento*, ROA, 61, II, 2001, págs. 699 e segs.
– *Tipos de Sociedades Comerciais*, Estudos de Direito das Sociedades, 5.ª ed., Almedina, Coimbra, 2002

MAIHOFER, Werner
– *Die Natur der Sache,* Archiv für Rechts- und Sozialphilosophie, XLIV, 1958, págs. 145 e segs.

518 *A Participação Social nas Sociedades Comerciais*

MAINE, Henry
- *Ancient Law*, BeardBooks, Washington D.C., 2000 (reimpressão do original editado em Londres, em 1861)

MARCOS, Rui Figueiredo
- *As Companhias Pombalinas. Contributo para a história das sociedades anónimas em Portugal*, Almedina, Coimbra, 1977

MARIANO, João Cura
- *Direito de Exoneração dos Sócios nas Sociedades por Quotas*, Almedina, Coimbra, 2005

MARQUES, José Dias
- *Noções Elementares de Direito Civil*, edição do autor, Lisboa, 1992

MARTINS Alexandre Soveral
- *As Participações Sociais*, Estudos de Direito das Sociedades, 5.ª ed., Almedina, Coimbra, 2002, em co-autoria com Maria Elisabete Ramos
- *Da personalidade e Capacidade Jurídicas das Sociedades Comerciais*, Estudos de Direito das Sociedades, 5.ª ed., Almedina, Coimbra, 2002
- *Sobre o Consentimento da Sociedade para a Cessão de Quotas*, BFD, Volume Comemorativo, Coimbra, 2000

MEDEIROS, João Jacinto Tavares de
- *Comentário da Lei das Sociedades Anónimas de 22 de Junho de 1867*, Livraria Ferreira, Lisboa, 1886

MEDICUS, Dieter
- *Allgemeiner Teil des BGB*, 3. Aufl., C.F.Müller, Heidelberg, 1988

MENDES João Castro
- *O Direito de Acção Judicial*, Suplemento da Revista da Faculdade de Direito de Lisboa, Lisboa, 1957
- *Teoria Geral do Direito Civil*, I, AFDL, Lisboa, 1978

MERÊA, Paulo
- *Suarez, Grócio, Hobbes*, Arsénio Amado, Coimbra, 1941

MERLE, Philippe
- *Droit Commercial, Sociétés Commerciales*, 9 ed., Dalloz, Paris, 2003

MESQUITA, Manuel Henrique
- *Obrigações Reais e Ónus Reais*, Almedina, Coimbra, 1990

MIOLA, Massimo
— *Lo statuto di Società europea nel diritto comunitario: dal l'armonizzazione alla concorrenza tra ordinamenti*, Rivista delle società, 48.°, 2003, págs. 322 e segs.

MIRANDA Gil
— *Sociedade em Comandita*, Separata do BMJ 221, 223 e 224, Lisboa, 1973 em co-autoria com Fernando Olavo

MOITA, Gonçalo Pistacchini
— *Introdução*, à tradução portuguesa de De Legibus, de Francisco Suarez, Tribuna da História, Lisboa, 2004

MOLINA, Luiz de
— *De justitia et de jure: tomus primus [-sextus]*, Moguntiae, Baltasar Lippius, 1614

MONCADA Luís Cabral de
— *Lições de Direito Civil*, Parte Geral, I, Atlântida, Coimbra, 1932

MONTEIRO, Pinto António
— *Comentário ao STJ 11.III.99*, RLJ, ano 132.°, págs. 41 e segs.

MORATO Beatriz Eugenia Sosa
— *La nocion de derecho en "Los Seis Libros de la Justicia y el Derecho" de Luis de Molina*, Universidad de Navarra, Pamplona, 1985

MOREIRA, Guilherme Alves
— *Instituições de Direito Civil Português*, I, Imprensa da Universidade, Coimbra, 1907

MORSE, Geoffrey
— *Company Law*, Sweet & Maxwell, 15th. Ed., London, 1995

MÜLLER-ERZBACH, Rudolf
— *Das private Recht der Mitgliedschaft als Prüfstein eines kausalen Rechtsdenkens*, Hermann Böhlhaus Nachfolger, Weimar, 1948

MORUJÃO, Alexandre
— *Kant*, em Logos — Enciclopédia Luso Brasileira de Filosofia, 3, Verbo, Lisboa, São Paulo, págs. 110 e segs.

NEU, Michael
— *Gesellschaftsrecht*, Springer, Berlin, 2004

520   *A Participação Social nas Sociedades Comerciais*

NEVES, António Castanheira
– *Curso de Introdução ao Estudo do Direito*, Coimbra, 1976

NIEDERLE, Jan
– *Einführung in das Gesellschaftsrecht*, Niederle-media, Altenberge, 2005

NOGUEIRA, José Duarte
– *O Contrato de Sociedade no Direito Romano e no Direito Português Actual*, Separata de Lusíada, n.os 1 e 2, 2001, Coimbra Editora

NUNES, A. J. Avelãs
– *O Direito de Exclusão de Sócios nas Sociedades Comerciais*, Almedina, Coimbra, reimpressão da edição de 1968, 2002

OCCAM, Guilherme de
– *Opus nonaginta dierum*, A Translation of William of Ockham's Work of Ninety Days, de John Kilkullen e John Scott, Texts and Studies in Religion, Vol. 87a, The Edwin Mellen Press, Lewiston – Quenston – Lampeter, 2001

OLIVECRONA, Karl
– *El Derecho como Hecho*, Labor, Barcelona, 1980

OLAVO Carlos
– *Deveres e Direitos dos Sócios nas Sociedades por Quotas e Anónimas*, Estruturas Jurídicas da Empresa, AAFDL, Lisboa, 1989

OLAVO, Fernando
– *Alguns Apontamentos sobre a Reforma da Legislação Comercial*, BMJ 293
– *Direito Comercial*, II, AAFDL, Lisboa, 1963
– *Sociedades Anónimas, Sindicatos de Voto*, O Direito, ano LXXXVIII, 1956, págs. 187-198
– *Sociedade em Comandita*, Separata do BMJ 221, 223 e 224, Lisboa, 1973, em co--autoria com Gil Miranda
– *Sociedade em Nome Colectivo*, Ensaio de Anteprojecto, Separata do BMJ 179, Lisboa, 1968

OTERO, Paulo
– *Da Criação de Sociedades Comerciais por Decreto-Lei*, Estudos em Homenagem ao Prof. Doutor Raúl Ventura, II, Faculdade de Direito da Universidade de Lisboa, Coimbra Editora, Coimbra, 2003, págs. 103 e segs.

PACE, Massimiliano di
– *Manuale di diritto societario*, Buffetti, Roma, 2004

PERALTA, Ana Maria
— *Sociedades Unipessoais*, Novas Perspecivas do Direito Comercial, Almedina, Coimbra, 1988, págs. 349 e segs.

PEREIRA, Antónia
— *O Direito aos Lucros nas Sociedades Desportivas*, Quid Juris, Lisboa, 2003

PEREIRA, Jorge Brito
— *A OPA Obrigatória*, Almedina, Coimbra, 1998

PERELMANN, Chaim
— *Logique Juridique — Nouvelle rhétorique*, 2 ed., Dallloz, Paris, 1979,

PETERS, Sönke
— *Der gesellschaftsrechtlicher Grundsatz der Einheitlichkeit der Mitgliedschaft*, Peter Lang, Frankfurt am Main; Berlin, Bern, Bruxelles, New York, Oxford, Wien, 2000.

PIMENTA Alberto
— *Suspensão e Anulação de Deliberações Sociais*, Coimbra, 1965

PIMENTEL, Sampaio
— *Anotações de Síntese Anotada do Código do Comércio*, II, Imprensa da Universidade, Coimbra, 1875.
— *Projecto de Código de Comércio*, Imprensa da Universidade, Coimbra, 1870

PINTO Alexandre Mota
— *Do Contrato de Suprimento*, Almedina, Coimbra, 2002
— *O Artigo 35.º do Código das Sociedades Comercais na Versão Mais Recente*, Temas Societários, Instituto de Direito das Empresas e do Trabalho, Almedina, Coimbra, 2006, págs. 107-151

PINTO, Carlos Mota
— *Teoria Geral do Direito Civil*, 4.ª ed., actualizado por António Pinto Monteiro e Paulo Mota Pinto, Almedina, Coimbra, 2005

PINTO, Eduardo Vera-Cruz
— *A Representação do Accionista para Exercício do Direito de Voto*, AAFDL, Lisboa, 1988

PINTO, Nicola
— *Lo status professionale. Saggio di una teoria degli status*, Giuffrè, Milano, 1941

522   *A Participação Social nas Sociedades Comerciais*

PITA, Manuel António
– *Direito aos Lucros*, Almedina, Coimbra, 1989

POPPER, Karl
– *A Sociedade Aberta e os Seus Inimigos*, II, Fragmentos, Lisboa, (sem data)

RAISER, Thomas
– *Recht der Kapitalgesellschaften*, Vahlen, München, 1983

RAMOS Maria Elisabete
– *As Participações Sociais,* Estudos de Direito das Sociedades, 5.ª ed., Almedina, Coimbra, 2002, em co-autoria com Alexandre Soveral Martins
– *Constituição das Sociedades Comerciais*, Estudos de Direito das Sociedades, 5.ª ed., Almedina, Coimbra, 2002

REGELSBERGER, Ferdinand
– *Pandekten*, Bd. 1, Duncker & Humblot, Leipzig, 1893

REINHARDT, Rudolf
– *Gesellschaftsrecht*, Mohr, Tübingen, 1981, actualizado por Dietrich Schultz

REIS, José Alberto dos
– *Acção de Anulação de Deliberações Sociais*, RLJ, 78.°, págs. 327 e segs.
– *Código de Processo Civil anotado*, I, 3.ª ed. – reimpressão, Coimbra Editora, Coimbra, 1980

RESCIGNO, Pietro
– *Situazione e status nell'esperienza del diritto*, Rivista di diritto civile, 1973, I, pág. 209 e segs.

RESCIO, Giuseppe Alberto
– *La Società Europea tra diritto comunitario e diritto nazionale*, Rivista delle società, 48.°, 2003, págs. 965 e segs.

REUTER, Dieter
– Recensão a HABERSACK, *Die Mitgliedschaft – subjektives und "sonstiges" recht*, em AcP 197 (1997), 3, págs. 322 e segs.

RIVOLTA,Gian Carlo
– *La partecipazione sociale*, Giuffrè, Milano, 1965
– *La società a responsabilitá limitata*, Giuffrè, Milano, 1982

Bibliografia 523

Rossi, Guido
— *Utile di bilancio, riserve e dividendo*, Giuffrè, Milano, 1957

Sabato, Franco di
— *Diritto delle società*, Guiffrè, Milano, 2003

Santoni, Giuseppe
— *Patti parasociali*, Jovene, Napoli, 1985

Santos, Filipe Cassiano dos
— *A Posição do Accionista Face aos Lucros do Balanço*, Studia Iuridica, Universidade de Coimbra, Coimbra Editora, Coimbra, 1996

Savigny, Friedrich Carl von
— *System des heutigen römischem Rechts*, I, Berlin, 1940

Schapp, Jan
— *Das subjektive Recht im Prozeß der Rechtsgewinnung*, Dunker & Humblot, Berlin, 1977

Schmidt, Karsten
— *Die Vereinsmitgliedschaft als Grundlage von Schadensersatzansprüchen – Positive "Vertragsverletzung" und "sonstiges Rech" im Innenrecht des Vereins*, JZ 46 (1991)
— *Gesellschaftsrecht*, 4. Aufl., Carl Heymanns, Köln, Berlin, Bonn, München, 2002

Schultz, Dietrich
— *Gesellschaftsrecht*, 2. Aufl., Mohr, Tübingen, 1981, actualização do original de Rudolf Reinhardt

Scott, John
— *A Translation of William of Ockham's Work of Ninety Days*, The Edwin Mellen Press, Lewiston, Queenston, Lampeter, 2001, em co-autoria com John Kilcullen

Seabra António Luís de
— *A Propriedade*, Coimbra, 1850

Serens, M. Nogueira
— *Direito aos Lucros e Direito ao Dividendo Anual*, RDE 5 (1979), págs. 369 e segs., em co-autoria com António Caeiro

Servaes, Bart
— *Corporation and Partnerships in Belgium*, Kluwer, The Hague, London, Boston, Bruxelles, 1997, com Koen Geens

SERRA, Adriano Vaz
– *Acções Nominativas e Acções ao Portador*, Separata do BMJ n.ᵒˢ 175, 176, 177 e 178, Lisboa, 1968
– *Anotação ao STJ 21.XI.72*, RLJ, ano 107.º, págs. 4-8
– *Anotação ao STJ 14.XII.78*, RLJ, ano 112.º, págs. 167-176
– *Assembleia Geral*, Separata do BMJ n.º 197, Lisboa, 1971

SEVILLANO, Nicolás Díaz de Lezcano
– *Los Acuerdos del Consejo de Administración. Especial referencia a su régimen de impugnación*, Bosch, Barcelona, 1999

SFORZA,Cesarini
– *Diritto soggettivo*, Enciclopedia del diritto, XII

SIMPSON, W. B.
– *A History of the Common Law of Contract – The Rise of the Action of Assumpsit*, Clarendon, Oxford, 1987.

SIRTOLI, Mario
– *Manuale delle società per azioni*, 7.ª ed., Buffetti, Roma, 2004

SILVA, Gaspar Pereira
– *Fontes Próximas do Código Comercial Português*, Tipografia Comercial Portuense, Porto, 1843

SILVA, João Calvão da
– *Acordo Parassocial Respeitante à Conduta da Administração e à Divisão de Poderes entre Órgãos Sociais*, Estudos Jurídicos, Almedina, Coimbra, 2001, págs. 233-252
– *Associação em Participação*, Estudos de Direito Comercial, Almedina, Coimbra, 1996, págs. 79-93
– *Conflito de Interesses e Abuso do Direito nas Sociedades*, Estudos Jurídicos, Almedina, Coimbra, 2001, págs. 105-140
– *Convocação de Assembleia Geral (Art. 357.º, n.º 2, do C.S.C.)*, Estudos de Direito Comercial, Almedina, Coimbra, 1996, págs. 265-274
– *Fusão de Sociedades, Acordo de Voto e Derrogação da Obrigatoriedade de OPA*, Estudos Jurídicos, Almedina, Coimbra, 2001, págs. 37-59
– *Notificação para Negociar e Notificação para Preferir*, Estudos Jurídicos, Almedina, Coimbra, 2001, págs. 277-295
– *OPA Convencional Obrigatória*, Estudos Jurídicos, Almedina, Coimbra, 2001, págs. 83-104
– *Preferência Societária e Venda Conjunta de Acções por Preço Global*, Estudos Jurídicos, Almedina, Coimbra, 2001, págs. 297-328

– *Suspensão do Dever de Lançamento de OPA*, Estudos Jurídicos, Almedina, Coimbra, 2001, págs. 7-35

SILVA, José Francisco Azevedo e
– *Commentario ao Novo Código Commercial*, Lisboa, 1881
– *Estudos de Direito Commercial*, Lisboa, 1906

SILVA, Manuel Gomes da
– *Conceito e Estrutura da Obrigação*, reimpressão, Centro de Estudos de Direito Civil da Faculdade de Direito da Universidade de Lisboa, Lisboa, 1971
– *Esboço de uma Concepção Personalista do Direito*, Separata da Revista da Faculdade de Direito da Universidade de Lisboa, Vol. XVII, Lisboa, 1965
– *O Dever de Prestar e o Dever de Indemnizar*, I, Lisboa, 1944

SILVA, Paula Costa e
– *A Transmissão de Valores Mobiliários fora de Mercado Secundário*, Direito dos Valores Mobiliários, I, Coimbra Editora, Coimbra, 1999
– *Compra, Venda e Troca de Valores Mobiliários*, Direito dos Valores Mobiliários, Lex, Lisboa, 1997

SMYRNIADES, Bion
– *Les doctrines de Hobbes, Locke & Kant sur le droit d'insurrection*, La Vie Universitaire, Paris, 1921

SOARES, António
– *O Novo Regime da Amortização de Quotas*, AAFDL, Lisboa, 1988

SODDU, Filippo
– *I patti parasociali*, Il nuovo diritto societário, La Tribuna, Piacenza, 2005

SOUSA, Rabindranath Capelo de
– *Teoria Geral do Direito Civil*, Coimbra Editora, Coimbra, 2003

SPANGEMACHER, Gerd
– *Handels- und Gesellschaftsrecht*, 9. Aufl., Erich Fleicher, Achin bei Dresden, 1999

SUAREZ, Francisco
– *De Legibus ac Deo legislatore: in devem libros distributus*, 1619

TAVARES, José
– *Os Princípios Fundamentais do Direito Civil*, I, Coimbra Editora, Coimbra, 1922
– *Sociedades e Empresas Comerciais*, 2.ª ed., Coimbra Editora, Coimbra, 1924

526   *A Participação Social nas Sociedades Comerciais*

TELLES, Fernando Galvão
– *União de Contratos e Acordos Parassociais*, ROA (1951), págs. 37-103

TELLES, Inocêncio Galvão
– *Amortização de Quotas*, ROA (1946), n.os 3 e 4, págs., 64 e segs.
– *Anulação de Deliberações Sociais. Actos Abusivos*, Anotação ao Acórdão do S.T.J., 21.IV.1972, O Direito, ano 104, 1972, págs. 319 e segs.

THIBAUT, Anton Friedrich Justus
– *System des Pandekten-Rechts*, 9. Ausg., Band 1, Jena, 1846

THIELEMANN, Michael
– *Gesellschaftsrecht*, Bd. 2, Kapitalgesellschaften, Deutscher Anwaltverlag, Bonn, 2005

THOMAS, Heinz
– *Palandt, Bürgerliches Gesetzbuch*, 56. Aufl., Beck, Münchem, 1997, § 823, pág. 949

THON, Augusto
– *Norma giuridica e diritto soggettivo*, Cedam, Padova, 1939.

TORRE, Massimo La
– *Disavventure del diritto soggettivo*, Giuffrè, Milano, 1996
– *La «lotta contro il diritto soggettivo»*, Milano, 1988

TRIGO, Maria da Graça
– *Os Acordos Parassociais sobre o Exercício do Direito de Voto*, Universidade Católica, Lisboa, 1998

TRIUNFANTE Armando Manuel
– *A tutela das Minorias nas Sociedades Anónimas – Direitos Individuais*, Coimbra Editora, Coimbra, 2004
– *A Tutela das Minorias nas Sociedades Anónimas – Direitos de Minoria Qualificada – Abuso de Direito*, Coimbra Editora, Coimbra, 2004

TURELLI, Silvia
– *Assemblea di società per azioni e nuove tecnologie,* Rivista delle società, 49.°, 2004, págs. 117 e segs.

VALAURI, Luigi Lombardi
– *Corso di filosofia del diritto*, Cedam, Padova, 1981

VALE, Maria de Lurdes Correia e
– *Evolução da Sociedade Anónima*, Estudos Sociais e Corporativos II, 1963, 6, 79--104

VASCONCELOS, Pedro Leitão Paes de
– *A Procuração Irrevogável*, Almedina, Coimbra, 2002

VASCONCELOS, Pedro Pais de
– *A Natureza das Coisas*, em Estudos em Homenagem ao Professor Doutor Manuel Gomes da Silva, Coimbra Editora, Coimbra, 2001
– *As Obrigações no Financiamento da Empresa*, Problemas de Direito das Sociedades, Almedina, Coimbra, 2002
– *Contratos Atípicos*, Almedina, Coimbra, 1995
– *Direitos Destacáveis – O Problema da Unidade e Pluralidade do Direito Social como Direito Subjectivo*, Direito dos Valores Mobiliários, I, Coimbra Editora, Coimbra, 1999
– *O Problema da Tipicidade dos Valores Mobiliários*, Direito dos Valores Mobiliários, II, Coimbra Editora, Coimbra, 2001
– *Teoria Geral do Direito Civil*, 3.ª ed., Almedina, Coimbra, 2005

VASQUES, José
– *Direito dos Seguros*, Coimbra Editora, Coimbra, 2005

VENTURA, Raúl
– *Alterações do Contrato de Sociedade*, Almedina, Coimbra, 1986
– *Anteprojecto de Reforma da Lei das Sociedades por Quotas – 2.ª redacção*, Separata do BMJ 182, Lisboa, 1969
– *Apontamentos para a Reforma das Sociedades por Quotas de Responsabilidade Limitada*, Separata do BMJ 182, Lisboa, 1969
– *Direitos Especiais dos Sócios*, em O Direito, ano 121.º (1989), I, págs. 207-222
– *Estudos Vários sobre Sociedades Anónimas*, Almedina, Coimbra, 1992
– *Novos Estudos sobre Sociedades Anónimas e Sociedades em Nome Colectivo*, Almedina, Coimbra, 1994
– *Reflexões Sobre Direitos de Sócios*, CJ, IX, 1984, 3
– *Sociedade por Quotas*, I, Almedina, Coimbra, 1987
– *Sociedades por Quotas*, II, Almedina, Coimbra, 1989
– *Sociedades Por Quotas*, III, Almedina, Coimbra, 1996.

VILLEY, Michel
– *Droit Subjectif, I, (La genèse du droit subjectif chez Guillaume d'Occam)*, Seize essais de philosophie du droit dont un sur la crise universitaire, Dalloz, Paris, 1969
– *Droit Subjectif, II (Le droit de l'individu chez Hobbes)*, em Seize Essais de Philosophie du Droit, dont un sur la crise universitaire, Dalloz, Paris, 1969
– *Droit Subjectif III (Le droit subjectif chez Jhering)*, em Seize Essais de Philosophie du Droit, dont un sur la crise universitaire, Dalloz, Paris, 1969

528   *A Participação Social nas Sociedades Comerciais*

– *Les origines de la notion de droit subjectif,* Archives de Philosophie du Droit, Nouvelle Série 1953-1954
– *Philosophie du Droit, I, Définition et Fins du Droit,* 2ᵉ ed., Dalloz, Paris, 1978

VISCONDE DE CARNAXIDE,
– *Sociedades Anónimas,* F. França Amado, Coimbra, 1913

WALMSLEY, Keith
– *Butterworths Company Law,* 10th. Ed., Butterworths, London, Dublin and Edimburgh, 1995

WIEDEMANN, Herbert
– *Die Übertragung und Vererbung von Mitgliedschaftsrechten bei Handelsgesellschaften,* Beck, München, Berlin, 1965
– *Erfahrungen mit der Gestaltungsfreiheit im Gesellschaftsrecht,* Gestaltungsfreiheit im Gesellschaftsrecht, Walter de Gruyter, Berlin, New York, 1998, págs. 5-32
– *Gesellschaftsrecht,* Beck, Munchen, 1980
– *Gesellschaftsrecht,* 6. Aufl., Beck, München, 2002, actualizado por Kaspar Frey

WINDBICHLER, Christine
– *Gesellschaftsrecht,* 20. Aufl., Beck, München, 2003, actualização do original de Götz Hueck

WINDSCHEID, Bernard
– *Diritto delle Pandette,* tradução italiana, I, Unione Tipografico-Editrice, Torino, 1902

WOLFF, Christian
– *Jus naturae methodo scientifica per tractatum,* Francofurti et Lipsiae, 1764-1766

WÖRLEN, Rainer
– *Handeslrecht mit Gesellschaftsrecht,* 7. Aufl., Heymanns, München, 2005

XAVIER, Vasco Lobo
– *Anulação de Deliberação Social e Deliberações Conexas,* Atlântida, Coimbra, 1976
– *A Validade dos Sindicatos de Voto no Direito Português Constituído e Constituendo,* ROA, 1985, págs. 639-653
– *Sociedades por Quotas; Exclusão se Sócios; Deliberações sobre matéria Estranha à Ordem do Dia; Responsabilidade do Sócio por Perdas Sociais,* Anotação ao TRLisboa, 2.II.84, RLJ, 119.º, págs. 186 e segs.

ZITELMANN, Ernst
– *Irrtum und Rechtsgeschäft,* Leipzig 1879

ÍNDICE

INTRODUÇÃO

1. Objecto da investigação.. 5
2. *Iter* da investigação... 7

CAPÍTULO I
Os tipos de sociedades comerciais

3. O conceito geral de sociedade 15
4. Série de tipos de sociedades comerciais......................... 30
   a) Raízes dos tipos societários 30
   b) Relacionamento tipológico no mesmo plano 37
   c) Relacionamento tipológico em série 38
      i. A posição pessoal dos sócios.............................. 39
      ii. Estrutura orgânica das sociedades...................... 41
      iii. Responsabilidade patrimonial 44
5. Elasticidade dos tipos de sociedades comerciais 45
6. A relação entre os sócios e a relação entre os sócios e a sociedade 55
   a) O relacionamento societário 55
   b) Relação entre os sócios... 58
   c) Relação entre os sócios e a sociedade........................ 66

CAPÍTULO II
Os poderes dos sócios

7. A componente activa da posição jurídica do sócio............ 69
8. Poder de participar no lucro da sociedade....................... 71
   a) Poder de exigir que a gestão da sociedade seja orientada para o lucro 71
   b) Lucro directo e indirecto 80

530   *A Participação Social nas Sociedades Comerciais*

c) As sociedades não lucrativas 82
d) As sociedades instrumentais como veículos especiais (*spe – special purpose entities*) 83
e) As sociedades vazias (*shell ou shelf companies*) 83
f) As sociedades gestoras de participações sociais 84
g) Lucro final e lucro intermédio 86
h) O apuramento do lucro do exercício 86
i) A prestação de contas... 88
j) Deliberação sobre o apuramento dos lucros.................................. 91
k) Deliberação sobre a distribuição dos lucros.................................. 93
l) A retenção de lucros 95
m) O vencimento do dividendo.. 109
n) Poder de cobrar a amortização da participação social.................... 111
o) Poder de cobrar a quota de liquidação 111

9. Poder de participar nas deliberações sociais...................................... 112
a) As deliberações sociais.. 112
b) O poder de requerer a convocação da assembleia geral e de incluir assuntos na ordem de trabalhos de assembleias já convocadas.......... 117
c) Limitação a um mínimo de participação... 118
d) A participação agrupada 123
e) A representação na participação... 124
f) O voto por correspondência 129
g) A unidade do voto... 131
h) Limites máximos de participação e participações qualificadas.......... 136
i) O conflito de interesses... 139
j) O voto abusivo 151
k) O poder de impugnar deliberações dos sócios............................... 162
l) O poder de impugnar deliberações dos gestores 186

10. Poder de informação 203
a) Variação do direito à informação nos diversos tipos de sociedades 205
b) Regime legal.. 206
c) Critérios de decisão... 212

11. Poder de participar nos órgãos da sociedade 217
a) Série de tipos 217
b) Poderes das minorias... 220

12. Poder de preferência na subscrição de aumentos de capital 223

13. Poder de disposição da parte social 225

14. Poder de preferência na aquisição da parte social 233

15. Poder de exoneração 236
a) Exoneração e série de tipos... 238

Índice   531

b) Sentido da variação de regimes da exoneração 241
c) Exoneração e alienação potestiva de acções 242
d) Exoneração e OPA obrigatória 246

16. Poderes especiais 248

CAPÍTULO III
Os deveres dos sócios

17. A componente passiva da posição jurídica do sócio 255
   a) Vinculações legais 255
   b) Vinculações negociais.. 256
   c) Sujeições 258
18. O dever de contribuição para a formação e conservação do capital...... 259
   a) Participação em dinheiro... 265
   b) Participação em espécie.. 267
   c) Participação de indústria.. 269
   d) Participação inicial e subsequente no capital........................ 270
   e) Poderes sub-rogatórios dos credores da sociedade.................... 272
   f) A prestação de garantias pessoais................................... 273
   g) As prestações suplementares 275
   h) As prestações acessórias 278
   i) Os suprimentos 282
19. O dever de quinhoar nas perdas 286
   a) A virtualidade de perda do capital investido......................... 286
   b) A responsabilidade perante os credores............................. 288
   c) A responsabilidade do sócio único.................................. 293
   d) A reconstituição do capital perdido................................. 297
   e) A redução do capital para absorção de perdas e as operações de har-
      mónio... 308

20. O dever de lealdade... 312
   a) O interesse social 315
   b) Interesse social e lealdade do sócio................................. 325
   c) Deveres de lealdade legalmente típicos ou atípicos.................. 332
   d) Deveres de cooperação nos órgãos sociais 335
   e) Deveres de cooperação económica.................................. 345
   f) Deveres de cooperação funcional................................... 351
   g) A deslealdade como fundamento de exclusão e de indemnização 352
   h) Tipos de frequência de comportamento desleais.......................358
      i. O sócio corsário e o sócio flibusteiro 358
      ii. O sócio parasita.. 360

532   *A Participação Social nas Sociedades Comerciais*

iii. O sócio tirano 361
iv. O sócio abutre 361
 v. O sócio predador 362
vi. O sócio assassino 363
i) Dever de lealdade dos sócios gestores 365

CAPÍTULO IV
Conteúdo e objecto da participação social

21. Âmbito jurídico material da participação social 367
   a) Poderes patrimoniais e poderes administrativos 367
   b) Deveres de prestação e deveres de abstenção 369

22. Objecto da participação social 370

23. Contitularidade e oneração da participação social 375
   a) Participação social em comunhão conjugal 375
   b) Comunhão da participação social nos diversos tipos societários legais 377
   c) Usufruto de participações sociais 381
   d) Penhor de participações sociais 385

CAPÍTULO V
Natureza jurídica da participação social
nas sociedades comerciais

24. O problema da natureza jurídica da participação social 389

25. Perspectivas atomísticas e unitárias 392

26. A participação social como relação jurídica 400

27. A participação social como posição jurídica 408

28. A participação social como *status* 412

29. A participação social como direito subjectivo complexo 431

30. A participação social como objecto de direito 435

31. Relacionamento dogmático entre as alternativas expostas 437

32. As raízes do direito subjectivo no nominalismo occamiano 443

33. Desenvolvimento subsequente do direito subjectivo 448

34. O objectivismo no *status* e no direito subjectivo 451

35. O renascimento do objectivismo a partir da construção de Jhering......	454
36. O objectivismo utilitarista inglês e o direito subjectivo......................	463

37. Subjectivismo e objectivismo na doutrina portuguesa actual do direito subjectivo.. 465

    a) O subjectivismo voluntarista de MANUEL DE ANDRADE e MOTA PINTO.. 465

    b) O substancialismo personalista de GOMES DA SILVA e a sua influência.....468

    c) MENEZES CORDEIRO e a moderna escola jurídico-formal do direito subjectivo.. 478

    d) Posições eclécticas... 480

    e) Influência das concepções sobre o direito subjectivo no modo de entender a participação social... 482

38. *Status* e direito subjectivo 483

39. A neutralização do *status* e do direito subjectivo 486

40. Compatibilidade e inerência entre *status socii* e direito subjectivo......... 490

41. Participação social como relação jurídica, como direito subjectivo, como *status socii* e como objecto de direito.. 495

Bibliografia.. 505

Índice 529